Die deutsche Literatur 1945 – 1960
In 4 Bänden

Die deutsche Literatur 1945 – 1960
Gesammelt und herausgegeben
von Heinz Ludwig Arnold

Band 1
»Draußen vor der Tür«
1945 – 1948

Band 2
»Doppelleben«
1949 – 1952

Band 3
Im Treibhaus
1953 – 1956

Band 4
Die Wunderkinder
1957 – 1960

Die deutsche Literatur 1945 – 1960
Band 1

»Draußen vor der Tür«
1945 – 1948

Gesammelt und herausgegeben
von Heinz Ludwig Arnold

Verlag C. H. Beck

Für Hannah, als sie lesen lernte

Die Deutsche Bibliothek – CIP-Einheitsaufnahme

Die *deutsche Literatur 1945 – 1960* / ges. und hrsg. von Heinz
Ludwig Arnold. – München : Beck.
  ISBN 3 406 39888 x
NE: Arnold, Heinz Ludwig [Hrsg.]
Bd. 1. »Draussen vor der Tür« : 1945 – 1948. – 1995

ISBN (für die Bände 1 – 4) 3 406 39888 x
Lizenzausgabe für die C. H. Beck'sche Verlagsbuchhandlung
(Oscar Beck), München 1995
Die Copyright-Vermerke sind im Anhang des Bandes zu finden.
© für die Ausgabe: 1995 Deutscher Taschenbuch Verlag, München
Satz: Wallstein Verlag, Göttingen
Druck: C. H. Beck'sche Buchdruckerei, Nördlingen
Einbandgestaltung von Bruno Schachtner, Dachau
Printed in Germany

Inhalt

Vorbemerkung 11

1945
MARIE LUISE KASCHNITZ: Von der Schuld 13
ERNST WIECHERT: Der Totenwald. Ein Bericht 17
THEODOR PLIEVIER: Stalingrad 22
WERNER BERGENGRUEN: Dies Irae. Eine Dichtung
    Die Lüge 28
    An die Völker der Erde 29
RUDOLF HAGELSTANGE: Venezianisches Credo 30
MAX FRISCH: Nun singen sie wieder. Versuch eines
    Requiems 33
STEPHAN HERMLIN: Ballade von den alten und neuen
    Worten 36
ERICH FRIED
    An der Bahn 39
    Krüppellied 39
    Ein Ostarbeiter 40
    Nach fünf Jahren Krieg 40
    Des Führers Erbe 40
HEINRICH MANN: Ein Zeitalter wird besichtigt 41
JOHANNES R. BECHER: Deutsches Bekenntnis 49
THOMAS MANN: Über die deutsche Schuld 55
WALTER VON MOLO: *An Thomas Mann* 57
FRANK THIESS: *Innere Emigration* 59
THOMAS MANN: Warum ich nicht nach Deutschland
    zurückgehe 63
ERNST JÜNGER: Der Friede 70
ERNST WIECHERT: Rede an die deutsche Jugend 1945 76

1946
ANONYM: 500. Rede an die deutsche Jugend 80
HANS SAHL: Der verlorene Sohn 82
ALFRED DÖBLIN: Als ich wiederkam 86
ERNST GLAESER: Das Unvergängliche 90
ERICH KÄSTNER: Marschlied 1945 94
OTTO FLAKE: Die Deutschen. Ein Verwaltungsobjekt 96
ANNA SEGHERS: Die Unschuldigen 99

ALFRED DÖBLIN: Der Oberst und der Dichter 104
HANS CAROSSA: Gestreift vom Todeswind. 1943 114
REINHOLD SCHNEIDER
    Schuld und Gnade 115
    Die Geschlagenen 116
ALBRECHT HAUSHOFER: Moabiter Sonette
    Maschinensklaven 116
    Gefährten 117
    Nachbarn 117
    Schuld 118
LUISE RINSER: Gefängnistagebuch 118
ERICH WEINERT: Die einige Front 120
GÜNTHER ANDERS: Sprachelegie 122
KARL KROLOW: An den Frieden 122
WALTER MEHRING: Desert Flower 123
ULRICH BECHER: Verhör eines Paßlosen 124
ERICH MARIA REMARQUE: Arc de Triomphe 127
ANNA SEGHERS: Das siebte Kreuz 131
CARL ZUCKMAYER: Des Teufels General 139
GÜNTHER WEISENBORN: Die Illegalen 145
KARL JASPERS: Die Schuldfrage 152
EUGEN KOGON: Gericht und Gewissen 158
ERICH KÄSTNER: Wert und Unwert des Menschen 164
FRIEDRICH GEORG JÜNGER: Ultima ratio 167
HANS CAROSSA: Verse an das Abendland 168
ODA SCHAEFER: Tote Stadt 169
GEORG BRITTING: Unruhe 170
MANFRED HAUSMANN: Oktoberlich 171
WILHELM LEHMANN
    Mit den Toten 172
    Entzückter Staub 172
    Fallende Blütenblätter 173
WOLFGANG WEYRAUCH: Die drei deutschen Todsünden . . . 173
HANS ERICH NOSSACK: Bericht eines Marsbewohners über
    die Menschen 177
WERNER KRAUSS: PLN. Die Passionen der halykonischen
    Seele 180
HERMANN HESSE: Das Glasperlenspiel. Versuch einer
    Lebensbeschreibung des Magister Ludi Josef Knecht
    samt Knechts hinterlassenen Schriften 182
FRANZ WERFEL: Stern der Ungeborenen 190

Inhalt

ALFRED ANDERSCH: Das junge Europa formt sein Gesicht . . 196
GUSTAV RENÉ HOCKE: Deutsche Kalligraphie 201
GÜNTER EICH: Gedichte aus dem Lager
   Pfannkuchenrezept 206
   Frühling 207
   Latrine 207
WOLFGANG BORCHERT
   Aranka 208
   Abschied 208
   Der Wind und die Rose 208
   Das graurotgrüne Großstadtlied 209
ELISABETH LANGGÄSSER: Das unauslöschliche Siegel 209
ERNST KREUDER: Die Gesellschaft vom Dachboden 218
FRIEDRICH GEORG JÜNGER: Die Perfektion der Technik . . . 223

1947

STEPHAN HERMLIN: Über Friedrich Georg Jüngers
   »Perfektion der Technik« 227
MAX HORKHEIMER UND THEODOR W. ADORNO: Dialektik der
   Aufklärung 231
THEODOR HAECKER: Tag- und Nachtbücher. 1939–1945 . . 234
FRIEDRICH PERCYVAL RECK-MALLECZEWEN: Tagebuch eines
   Verzweifelten 236
»De Profundis. Deutsche Lyrik in dieser Zeit.
Eine Anthologie aus zwölf Jahren«:
   JOSEPH DREXEL: Im Kerker 238
   GERTRUD VON LE FORT: Stimme des Heilands 239
   SUSANNE KERCKHOFF: Die Schuld 240
   INGE MOOSSEN: Gespensternacht 241
   RICARDA HUCH: Mein Herz, mein Löwe, hält seine
      Beute 242
   HENRI STERNBERG: Das Lied vom Brot 242
   GÜNTHER WEISENBORN: Anrufung II 243
FRANZ TUMLER: An der Waage. Aufzeichnungen aus dem
   Lagerhaus 244
HANS FALLADA: Jeder stirbt für sich allein 248
ELISABETH LANGGÄSSER: Schriftsteller unter der
   Hitler-Diktatur 258
ALFRED KANTOROWICZ: Deutsche Schriftsteller im Exil . . . 264
HERMANN KESTEN: Die Zwillinge von Nürnberg 274
ARNOLD ZWEIG: Das Beil von Wandsbek 277

LION FEUCHTWANGER: Der Schriftsteller im Exil 284
BERTHOLD VIERTEL
   Wo immer 289
   Der Haß des Bürgers 290
   Der nicht mehr deutsch spricht 291
   Ode an Deutschland 291
   Gedenkstein 292
NELLY SACHS
   O die Schornsteine 293
   O der weinenden Kinder Nacht! 293
   Wer aber leerte den Sand aus euren Schuhen 294
   Ihr Zuschauenden 294
HERMANN KASACK: Die Stadt hinter dem Strom 295
GERTRUD KOLMAR: Aus dem Dunkel 300
DAGMAR NICK: Flucht 302
MARIE LUISE KASCHNITZ: Das einfache Leben 302
WOLF VON NIEBELSCHÜTZ: Grave Doppio Movimento 303
RUDOLF ALEXANDER SCHRÖDER: Vom Beruf des Dichters
   in dieser Zeit 304
REINHOLD SCHNEIDER: An meinen Birnbaum 306
FRIEDRICH GEORG JÜNGER
   Zwar hat der Verstand bekräftigt 307
   Tadelst du den Gang 308
ELISABETH LANGGÄSSER
   In den Mittag gesprochen 308
   Rose im Oktober 309
IRMGARD KEUN: Der Hofnarr 310
GEORG VON DER VRING: Die Liebenden 311
FRITZ USINGER: Im reinsten Auge 311
MARTIN BEHEIM-SCHWARZBACH: Schlaflos 312
ALBRECHT GOES: Das Wort 312
WALTER VON MOLO: Lob des Leides 313
OTTO FREIHERR VON TAUBE: Eingangsgedicht 313
GEORG BRITTING: Der Tod an den Dichter 314
JOCHEN KLEPPER: Museum und Brücke 314
FRIEDRICH RASCHE: Geistfahrt 315
STEPHAN HERMLIN: *Wo bleibt die junge Dichtung?* 316
WOLFDIETRICH SCHNURRE: Alte Brücken – Neue Ufer 321
GÜNTER EICH: *Der Schriftsteller* 323
HERMANN BROCH: Der Tod des Vergil 326
THOMAS MANN: Doktor Faustus 330

INHALT

»Deine Söhne, Europa. Gedichte deutscher Kriegsgefangener«:
  GÜNTER EICH: Inventur 336
  GÜNTER EICH: Gefangener bei Nacht 337
  HEINZ FRIEDRICH: Einst hat uns vor dem Tod gegraut . 337
  HELMUT GÜNTHER: Vor den Baracken 338
  WOLFGANG LOHMEYER: Gefangennahme 339
  HANS WERNER RICHTER: Es ist ein müder Glanz 339
  HANS WERNER RICHTER: In dieser Nacht 340
  WOLFDIETRICH SCHNURRE: Heldenväter 341
  WOLFDIETRICH SCHNURRE: Der Schrei nach Aktualität . 341
  UNBEKANNT: Am Stacheldraht 342
  UNBEKANNT: Not 342
VICTOR KLEMPERER: LTI 343
WOLFGANG BORCHERT: Draußen vor der Tür 357
FRIEDRICH DÜRRENMATT: Es steht geschrieben 362
MAX FRISCH: Tagebuch mit Marion 369
WALTER KOLBENHOFF: Von unserem Fleisch und Blut 370
HEINRICH BÖLL: Die Botschaft 374
WOLFGANG BORCHERT: Das Brot 379
ERNST SCHNABEL: Der 29. Januar 1947 381
GÜNTER EICH: Zwischen zwei Stationen 384
WOLFDIETRICH SCHNURRE: Der Fremde 385
HORST LANGE: Die Eisblumen 388
OTTO FLAKE: Bettine 393

1948
WOLFDIETRICH SCHNURRE: Das Begräbnis 402
ERICH FRIED
  Weihnachtslied 408
  Gebet für den Zenturio 408
FRIEDRICH WOLF
  Vox Humana 409
  Dein Volk 410
  Ost und West 411
RUDOLF HAGELSTANGE: Der Strom der Zeit 412
HORST LANGE: Marschieren 413
OTTO FLAKE: Der Fortunat 414
ALFRED DÖBLIN: November 1918 423
ANNA SEGHERS: Transit 436
GÜNTHER WEISENBORN: Memorial. Erinnerungen 440
GERHARD NEBEL: Bei den nördlichen Hesperiden 442

HANS ERICH NOSSACK: Der Untergang 444
MARTIN KESSEL: Aphorismen 451
ERICH KÄSTNER: Kurz und bündig 453
GOTTFRIED BENN: Quartär – 455
BERTOLT BRECHT: Freiheit und Democracy 456
PAUL CELAN
    Der Sand aus den Urnen 462
    Mohn 462
    Todesfuge 462
ILSE AICHINGER: Die größere Hoffnung 464
ELIAS CANETTI: Die Blendung 470
BERTOLT BRECHT: Herr Puntila und sein Knecht Matti 480
HANS HENNY JAHNN: Armut, Reichtum, Mensch und Tier . . 484
PETER HUCHEL: Der Rückzug 487
GÜNTER EICH
    Die Häherfeder 494
    Dezembermorgen 495
KARL KROLOW: Fische 495
ILSE LANGNER: Nebel 496
GÜNTER EICH: Ende August 497
WOLFGANG WEYRAUCH: Traum des armen Fressers 497
LUISE RINSER: Die rote Katze 498
MAX BENSE: Das literarische Gewissen 503
ALFRED ANDERSCH: Deutsche Literatur im Vorraum der
    Freiheit 506

Editorische Notiz 515
Nachweise 517

Vorbemerkung

Als ich die Arbeit an dieser Dokumentation begann, war ein Band zur westdeutschen Literatur 1945 bis 1985 geplant, mit Texten auch aus Österreich, der Schweiz, später der DDR, sofern sie für den literarischen Entwicklungsprozeß in der alten Bundesrepublik wesentlich waren. Chronologisch wollte ich diesen Prozeß in der Spannung seiner Texte, in Spruch und Widerspruch, und mit ihrem Zeitgeist dokumentieren: Ein Zeitroman sollte entstehen, in wachsenden Bezügen und Verflechtungen.

Entstanden ist ein opulentes Lesewerk bereits für die Jahre 1945 bis 1960: eine Mischung, gewonnen aus subjektiver Einschätzung und objektivem Anspruch, ein Querschnitt, der keinen literarischen Kanon vorstellen, aber doch auch bis in kleinere Verästelungen des literarischen Entwicklungsprozesses hinein repräsentativ sein will. Es könnte das literarische Gedächtnis dieser Zeit sein.

Neben der traditionellen entwickelte sich seit Ende der vierziger Jahre eine neue Literatur, die sich bis tief in die fünfziger Jahre fast obsessiv abarbeitete an den Verbrechen im »Dritten Reich«, am Krieg und an den darin wurzelnden Problemen der Nachkriegszeit. Diese Literatur gewann zunehmend Welthaltigkeit und entfaltete ab Mitte der fünfziger Jahre immer reichere Formen. Sie schloß damit wieder an jene Moderne an, die 1933 so abrupt zuschanden gemacht worden war.

Nach 1989 wurde die Dokumentation, indem sie nun als gesamtdeutsche möglich wurde, als nur noch westdeutsche unmöglich. Da ich nur den geringen, zwischen 1949 und 1960 in der Bundesrepublik verbreiteten Anteil der DDR-Literatur berücksichtigt hatte, besorgte Eckhard Thiele 1991 noch die Auswahl der Texte aus der DDR – dafür danke ich ihm.

Ich habe die Literatur der DDR freilich nicht als gesonderten Teil ausgewiesen, sondern ihre Texte in die Sammlung integriert. Das macht Spannungen sichtbar, die nun einmal zum historischen Bild des gesamten geteilten Deutschland gehören.

Göttingen, im März 1995   Heinz Ludwig Arnold

Marie Luise Kaschnitz
Von der Schuld

Und was tatest Du?
Allerorten hören wir jetzt diese Frage, die uns seltsam anmutet aus Menschenmund, weil sie in ihrem schweren und tiefen Klang doch eigentlich jener höheren Prüfung zusteht, die sich am Ende allen Lebens vollzieht und die wir das Jüngste Gericht nennen. Da sie uns aber von Menschen vorgelegt wird, widerstrebt es uns fast, uns rechtfertigen zu sollen. Denn wir verstehen, daß mit unserer Tat nichts anderes gemeint ist als unser Kampf gegen das Böse schlechthin. Und nur allzurasch will sich ein Trotz erheben gegen die Frager, diese von der Geschichte aufgerufenen Zwischenrichter, von denen nicht einer ohne Sünde sich weiß.

Solchem Trotz Raum zu geben, steht uns nicht an. Was wir jetzt erfahren, ist nur ein Lautwerden der Stimmen, die uns lange quälten und die erst unter den furchtbaren Sühneschlägen des Schicksals wieder zum Schweigen kamen. Und die Fehlbarkeit der Urteilssprecher darf uns nicht hinwegtäuschen über die Notwendigkeit einer Besinnung, die wir selber vollziehen.

Die äußere Rechtfertigung aber und die innere Einkehr laufen auf dasselbe hinaus. Denn wir haben Nichts getan. Das einzige, das wir zu unseren Gunsten in die Waagschale legen können, ist unser Leiden und unsere Hoffnung auf den kommenden Tag.

Leiden und Hoffen, was bedeutet das in einer Zeit, die den inneren Vorgängen einen so geringen Wert zuzubilligen geneigt ist? Was bedeutet es, gemessen an den körperlichen Qualen von Hunderttausenden, gemessen an dem unbeirrbar waltenden Tod! Wir selbst sind nur allzu geneigt, unsere Empfindungen gering zu achten. Aber seltsam – wir vergessen sie nicht. Wie riesige Schatten erheben sie sich aus der Vergangenheit und wie oft noch wehren wir uns im Traum gegen den Alp auf unserer Brust.

Denn ungeheuerlich war die Fremdheit, der wir ausgeliefert waren. Den raschen Wellen eines scheinbar urkräftig dahinströmenden Flusses versuchten wir entgegenzustreben und während wir uns kaum auf der Stelle zu halten vermochten, schien das Leben selbst zu entgleiten und zu vergehen. Waren Ufer und Himmel nicht lange Zeit heiter und licht, trieben die Schiffe nicht reich beladen dahin? Wer den Wohlstand mißachtete, war des Volkes Feind; wer moralische Bedenken erhob, war ein Sonderling, dessen Mißgunst angeprangert und dessen Weltferne verspottet wurde. Und vereinsamte uns schon das Leiden, so stieß uns die Hoffnung vollends aus dem Kreis der Gemeinschaft aus. Denn was wir erhofften, war ja gleichbedeutend mit dem Untergang des Volkes, dem wir angehörten. Es war gleichbedeutend mit der Vernichtung des Landes, in dem wir lebten und in dessen Erde wir tiefer als wir ahnten verwurzelt waren.

Ich glaube, daß niemand, der solche Verwirrung des Gefühls nicht am eigenen Leibe erfahren hat, ihre Qual ermessen kann. Im Guten wie im Bösen zu seinem Lande zu stehen, war jahrhundertelang der Grundsatz der Besten einer Nation; wer sich, und sei es auch nur in Gedanken, dem Feinde verbündete, fiel noch immer der Verachtung – auch des Gegners – anheim. Es gibt kaum etwas Erschütterndes als den Aufschrei Nietzsches »Hier bin ich nicht geboren« oder die schmerzliche Fremdheit, die den leidenschaftlichen Deutschen Hölderlin von seinem Volke schied. Was den großen Einzelnen erlaubt war, gebührte sich noch nicht für die Kleineren und allezeit trug auch der freiwillig Verbannte sein Schicksal wie eine Last.

Aber das Verhältnis des einzelnen zur Allgemeinheit ist im Laufe dieses Jahrhunderts ein anderes geworden, und verändert hat sich auch das Wesen der Schuld. Es erscheint fast unmöglich, in der menschlichen Gesellschaft Typen von so ausgeprägter Schurkerei oder so vollendeter Güte zu finden wie sie noch in den Romanen Victor Hugos lebendig geworden sind. Wer heute Untaten begeht, begeht sie im Namen der Gemeinschaft; wer heute seinen Eigennutz überwindet, tut es unter dem Zwang einer massenverbindenden Idee. Gerade weil der Charakter des Einzelnen so ganz in dem mächtigen Willen der Allgemeinheit eingegangen ist, kann man von einer Massenschuld, einer Massenverantwortung sprechen. Und gerade deswegen kann sich der einzelne heute nur auf Kosten seines Glückes einer Einsamkeit verschwören, die ihn der Gemeinschaft entrückt.

Dennoch wird es immer wieder einige Menschen geben, die solche eigenen Wege gehen. Je mehr sie ihr Land lieben, desto empfindlicher werden sie für seine Schwächen und Fehler sein und desto leidenschaftlicher werden sie fordern, daß der klangvollen Fanfare der Ehre auch der reinere Ton der Sittlichkeit entströmt. Wenn man ihnen entgegenhält, daß die anderen nicht besser seien, werden sie es nicht glauben wollen, aus Furcht, jenem entsetzlichen Skeptizismus zu verfallen, der in der Geschichte der Menschheit nichts als eine Kette von grausamen und machtgierigen Handlungen erblickt.

Und unter Umständen werden sie lieber ihr eigenes Volk verdammen, als daß sie die ganze Menschheit, ja die ganze unendliche Schöpfung mit dem Siegel des Bösen und Unzulänglichen versehen.

Aber diese innere Freiheit, diese klare Einsicht entbindet uns so wenig von der Verantwortung, wie sie uns für immer von der Erde der Heimat oder den Menschen unseres Landes loszulösen vermag. Und die Anklage der Duldung des Unrechts und der Bewahrung des eigenen Lebens bleibt unabwendbar bestehen.

Gegen die Anklage mag es mancherlei Rechtfertigung geben. Vergegenwärtigen wir uns die Erfahrung eines Menschen, der auf einsamer Wanderung plötzlich in einiger Entfernung Hilferufe und alle Laute des Schreckens und der Qualen vernimmt. Er nähert sich einem einsam liegenden Haus, späht durch ein Fenster und begreift, daß dort drinnen ein schauerliches Morden sich vollzieht. Schon will er eingreifen, Einhalt gebieten, zum mindesten schreien. Aber die Absonderlichkeit des Vorgangs, bei dem in den Formen einer geheimnisvollen und schrecklichen Justiz mittelalterliche Folterung verübt wird, läßt ihn erstarren und über solchem Staunen wird der Augenblick des spontanen Zuhilfeeilens versäumt. Die Einsamkeit des Ortes, die Überzahl der dort drinnen ihres schauerlichen Amtes waltenden Männer macht sich geltend, ein Druck, der von andern Mächten herzurühren scheint als von der eigenen Todesangst, lähmt die Glieder des Zuschauers, ein mehr als selbstsüchtiges Entsetzen schnürt ihm die Kehle zu. Und während er bisher unbemerkt blieb, wird er nun plötzlich noch einbezogen in das düstere Geschehen. Eine Verbindung wird hergestellt zwischen drinnen und draußen, hergestellt von einem Paar Augen, dessen Blicke nicht mehr von ihm lassen, das ihn verfolgt, starr, glühend, aus einem erloschenen Gesicht. Und nun verfällt er der furchtbar bannenden Macht der Geister, welche denen, die unwillentlich ihr Reich betreten, ewiges Schweigen gebieten. Er erfährt die unmißverständliche Mahnung: Du bist der Nächste. Du mit allem, was Du auf Erden gewollt hast, mit allem, was Dir anhängt und was Dir teuer war. Hier wird Dein blühender Leib gemartert und zu Staub zerrieben, hier wirst Du für immer zum Schweigen kommen, ehe der leiseste Hall Deiner Stimme ein menschliches Ohr erreicht.

Und dieser Augenzeuge, dieser einsame Wanderer stürzt nicht hinein in den nun schon von den Schatten des Abends verhüllten und von seltsamen Gesängen widerhallenden Raum. Er schreit nicht, rennt nicht um Hilfe und – einmal zurückgekehrt in seine friedlich erleuchtete Kammer, erzählt er: nichts.

Das Bild dieses seltsam tatenlosen Zuschauers ist in mir aufgestiegen, als ich versuchen wollte, etwas von dem *mythischen Charakter des Terrors* in Worte zu fassen. Ich wollte etwas sagen von der schauerlichen Sinnlosigkeit des Opfers, die in der Erhebung gegen die Übermacht in diesen Jahren so viele Male zum Ausdruck gekommen ist. Der Leser sollte ahnen, daß dieser Zuschauer hinging, seinen Garten bestellte, sein Handwerk trieb oder seine Bücher schrieb und daß er dies alles tat in dem glühenden Wunsche, eine Welt aufrechtzuerhalten, die außerhalb seiner selbst nahezu untergegangen war. Und auch, daß er neben der bloßen Furcht so etwas wie einen Schauer der Ehrfurcht gegenüber dem Bösen empfand.

Ehrfurcht vor dem Bösen – was für eine aberwitzige und schreckliche Idee! Was für ein schlagender Beweis für das rasende Abgleiten auf der schrägen Ebene der Zeit. Nun, ich leugne dieses Abgleiten nicht. Aber wenn wir uns unserer selbst bewußt werden wollen, müssen wir auch die Bewegung aufzeichnen, die sich mit uns vollzieht. Wir müssen unsere geheimsten Regungen eingestehen, die vielleicht die entscheidenden sind.

Die Ehrfurcht, von der ich spreche, gilt den wandelnden Mächten, die auch das Zeitalter der Maschine noch hervorzubringen vermag. Diesen blinden drängenden und stoßenden Mächten, kraft derer Massen gegen Massen anstürmen und in der Wucht ihres Kampfes den einzelnen zerreiben zu Staub, kraft derer die Völker ihre Heimat verlassen und im Elend ihren Herd aufrichten müssen. Kraft derer sich totschlagen, die Brüder sein könnten, der Arme den Armen und der Fröhliche den Fröhlichen, und sie ahnen kaum warum. Ich weiß, daß fast alle Menschen dieser Zeit Opfer solcher geheimnisvoller und unwiderstehlicher Mächte sind. Aber es scheint mir, daß in dem Schicksal unseres Volkes wie nie und nirgendwo die Entfaltung eines urkräftig bösen und guten Willens zum Ausdruck gekommen sei. Und es scheint auch, daß wir als die vornehmlichsten Träger eines geschichtlichen Willens, mit der Schuld einer ganzen Epoche beladen, die Straße des Untergangs ziehen.

Von diesem Wege gibt es kein Abweichen mehr. Es hätte des richterlichen Spruches der Sieger nicht bedurft, um uns das zu sagen und um auch die abseits Lebenden zu Mitschuldigen und Mitsühnenden zu machen. Wohl aber besteht die Gefahr, daß wir angesichts ihres kalten Nichtverstehens zurücktreten in die graue, finstere und schweigende Menge, deren Augen sich so erwartungsvoll erhoben und so bitter enttäuscht niedergeschlagen haben.

Denn sie können uns nichts lehren, was wir nicht selber wüßten. Aber sie können uns in einen Trotz hineintreiben, der bewirkt, daß wir nicht imstande sind, unserem furchtbaren Abgleiten im richtigen Augenblick ein Ende zu setzen. In einen Stolz, hinter dem wieder ein falscher Anspruch und eine lügenhafte Rechtfertigung steht.

Ich bin mir bewußt, daß in diesen unter dem Eindruck der ersten verächtlichen Vorwürfe niedergeschriebenen Gedanken keine genügende Erklärung zu finden ist für die wunderliche und erschreckende Passivität derer, die weiter sahen und schmerzlicher zu erkennen verstanden. Und ich weiß auch, daß gerade der Mangel solcher Erklärung die Welt erbittert und verstimmt. Aber ich glaube doch, daß niemand uns maßregeln und erziehen kann, der nicht tiefer als es der Tag erfordert, in die geheimnisvolle Zweiheit von Aktivität und Besinnung einzudringen vermag. Wer richtet, muß ein Ahnung haben von der Zerrissenheit einer Seele, von Todessucht und Lebenswillen, von Grausamkeit und Traum. Und wenigstens einen schweigenden Augenblick lang muß er sich beugen vor der Macht des Unergründlichen, die so oft aller Vernunft und Sittlichkeit Hohn zu sprechen scheint, und in welcher sich auf Kosten des Glückes und des Ansehens von Generationen vielleicht auch ein zukunftgebärender Wille vollzieht.

Ernst Wiechert
Der Totenwald. Ein Bericht

Sie fuhren etwa eine halbe Stunde, bis der Wagen hielt. Was Johannes sah, war eine breite Lagerstraße, von Rasenflächen und niedrigen Baracken begrenzt, saubergehalten und nicht einmal eines dürftigen Blumenschmuckes ermangelnd. Doch ahnte ihm, daß dies wohl der Ort der Herrenwelt sei und daß die Sklavenwelt hinter einem Quergebäude mit einem Turm liegen müsse, auf dem er undeutlich den Umriß von Maschinengewehren zu erkennen meinte.

Auch blieb ihm keine Zeit, denn sie wurden in eine der Baracken gestoßen, in deren schmalem Gang sie in zwei Gliedern Aufstellung zu nehmen hatten. Alles in dem Raum war aus Holz, das Dach mit Dachpappe gedeckt, und die Sonne brannte durch die Fenster in ihren Rücken erbarmungslos auf sie herab. Hier mußten sie zwei Stunden bewegungslos unter dem Kommando »Stillgestanden!« stehen und dann nacheinander in den Schreibstubenraum treten, wo man ihre Personalien aufnahm oder verglich.

Nach der ersten halben Stunde sah Johannes, wie ein paar der älteren unter ihnen zu schwanken begannen. Sie wurden von ihren Gefährten gestützt, so gut es ohne Verletzung des Kommandos möglich war, doch stürzten sie dann doch vorneüber, mit dem Kopf gegen die Holzwände, und auch Johannes vermochte den vor ihm stehenden »Vater Hermann«, den Fabrikbesitzer aus seiner Zelle in Halle, nicht mehr zu halten. »Laßt die Schweine liegen!« schrie jemand, und so blieben sie, bis das Bewußtsein ihnen wiederkehrte.

Von Zeit zu Zeit kam einer der SS-Männer den Gang entlang, ging langsam die Reihe hinunter und starrte in jedes Gesicht, als suche er sich sein Opfer schon heraus. Da war ein über siebzigjähriger Jude mit einem bekannten Namen, der sich eben von der Erde wieder aufgerichtet hatte und der die Blicke der Vorübergehenden besonders auf sich zog. Fast jeder versprach, ehe er weiterging, »mit dieser alten Judensau schon Schlitten zu fahren«. Und ehe sie den Raum wieder verließen, war das alte Gesicht schon von Faustschlägen geschwollen.

Johannes nahm alles wie in einem Spiegel in sich auf. Er wollte nichts übersehen und nichts vergessen. Es war ihm, als sei er hierhergekommen, um einmal Zeugnis abzulegen vor einem Gericht, das er noch nicht kannte und vor dem jedes Wort gewogen werden würde. Er sah die Gesichter an, die vorüberkamen, und er erschrak vor der ungebändigten Roheit, die aus ihnen sprach. Es war ihm, als habe man sie aus Millionen ausgesucht, und es blieb ihm nun nicht der geringste Zweifel mehr an dem, was ihn erwartete.

Von nun an wußte er, daß Karl die Wahrheit gesprochen hatte.

Nach zwei Stunden erschien der Unterlagerführer wieder. Er hieß Hartmann, und sie sagten, er sei der Sohn eines Pfarrers. Sein Name soll hier aufbewahrt und in einem traurigen Sinn unsterblich bleiben.

Sie wurden durch das große, waffenstarrende Tor unter dem Quergebäude in den Hof geführt. Herumlungernde Wachmannschaften verfolgten grinsend jeder ihrer Schritte. Über dem Torbogen erblickte Johannes zwei Inschriften, ihm wohlbekannt, aber in unheimlicher Bedeutung an dieser Stelle. Die eine hieß: »Recht oder Unrecht: mein Vaterland!«, die andere darunterstehende: »Jedem das Seine!« Es ging ihm flüchtig durch den Sinn, daß es seltsam sei, sich zu solchen Zwecken das Wort eines fremden Volkes zu stehlen, und daß es beschämend sei, ein großes und schlichtes Königswort an solcher Stelle zu mißbrauchen. Doch blieb ihm keine Zeit zu solchen Gedanken. »An die Scheißhäuser!« brüllte der

Führer, und sie mußten auf dem Hof sich gleich nach links wenden, laufend, und dann wieder in zwei Gliedern regungslos stehen.

Hier, während sie die erste und letzte »Erziehungsstunde« geschenkt bekamen, versuchte Johannes, alles aufzufassen, was er sehen und hören konnte. Sie standen mit dem Rücken gegen den Hof gewendet, der auch der Appellplatz war, und was er sah, war nur ein langer Streifen des Drahthindernisses, der niedrige linke Flügel der Quergebäudes und dahinter der lockere Buchenwald. Das Hindernis zeigte zunächst einen breiten niedrigen Streifen, wie spanische Reiter durcheinandergeflochten (es war der Streifen, in den diejenigen sich zu werfen pflegten, die mit ihrem Dasein auf diese Weise ein Ende machen wollten; sie wurden dann von den Posten auf kurze Entfernung erschossen, obwohl von einer Flucht bei einem in diesen Drähten Hängenden natürlich nicht die Rede sein konnte). Dahinter stieg die hohe Wand der elektrisch geladenen Drahtmauer auf, mit Lampen gesäumt und von hohen Holztürmen unterbrochen, auf denen Posten mit Maschinengewehren standen.

(...)

Es war nämlich so, daß man hier einen großen Teil der jüdischen Belegschaft und unter ihr anscheinend auch die Schwächsten und Hinfälligsten zusammengetrieben hatte, um sich ihrer am leichtesten entledigen zu können. Hier standen die rohesten Posten, die rohesten Unterführer, die rohesten Vorarbeiter. Hier bekam der Siebzigjährige, der nur noch wie ein Schatten dahinwankte, dieselbe Last auf die Schultern geworfen wie der Siebzehnjährige, und wenn er dreimal zusammenbrach, so wurde sie ihm viermal aufgelegt, und wenn er liegenblieb, so »meuterte« er eben, und auf Meuterei stand die Todesstrafe.

Was im Steinbruch selbst sich abspielte, konnte Johannes nicht sehen, aber dieses hier mußte er sehen, wenn er nicht die Augen schloß, und wenn er die Augen schloß, so hörte er es, und er hatte keine Hand frei, um seine Ohren zuzuhalten.

Zunächst sah er jedesmal, wenn sie von der Höhe herabgestiegen kamen, einen oder zwei von ihnen am Boden liegen, unfähig, selbst bei den größten Martern, sich wieder zu erheben. Hier waren eben Körper, aus denen der letzte Hauch des Lebens schon im Entweichen war. Verhungerte, denn die Juden bekamen nur die halbe Brotration, am Sonntag kein Essen und bei jedem geringen Anlaß einen Hungertag. Verhungerte also, Entkräftete, Mißhandelte, Schwerkranke wie solche mit offener Tuberkulose, und vor allem Verzweifelte, die den Willen zum Leben nicht mehr besaßen. Die den Posten um eine Kugel anflehten, wie man um einen Trunk kalten Wassers fleht, und doch nicht bedachten, daß eine Kugel jenen ja den Spaß beendete und zerstörte. Die Kugel war eine Gnade, und das Wort »Gnade« war ausgestrichen aus dem Wörterbuch dieses Lagers wie aus dem einer »herrischen« Weltanschauung.

Johannes sah, wie nach einer Weile die Stockschläge auf den Entkräfteten niederfuhren. Wie das Opfer sich aufbäumte, um die Qual noch einmal zu beginnen, und wieder zusammenbrach. Und wie nach einer Weile dasselbe von neuem geschah, bis eine Krümmung des Weges ihm den barmherzigen Vorhang vor das Ende schob.

Johannes sah, wie einer von ihnen, taumelnd, schon voller Blut im Gesicht, zum Scharführer gerufen wurde, um sich zu verantworten. Wie er mit eisigem Hohn übergossen wieder zurückwankte und der Scharführer, lächelnd, einen kopfgroßen Stein mit voller Wucht in den Rücken des Nichtsahnenden schleuderte, so daß dieser auf seinem Gesicht liegenblieb.

Johannes sah, während sie auf der oberen Straße ein wenig ausruhen durften, den langen Zug der Verdammten aus der Tiefe den Hang heraufsteigen, mit Lasten, die für die Schultern von Athleten gedacht waren. Er sah die Gesichter, eines nach dem andern, wie sie an ihm vorüberkamen, erloschen, ertötet, bis auf die Knochen eingedörrt. Er sah die gekrümmten Gestalten, Skelette mit gespenstischen Armen und Beinen, von Wunden bedeckt, gefärbt von geronnenem Blut. Und er sah den Blick ihrer Augen. Nicht nur die Augen eines uralten Volkes, schwer von Wissen und Leid. Sondern die Augen von Sterbenden, abgewandt schon den Dingen dieser Welt, aber nicht getröstet von den Hoffnungen auf eine jenseitige. Augen, aus denen der Sinn des Lebens gewichen war und somit auch der des Todes. Irre, verstörte Augen, die wie leere Linsen in ihren Gesichtern standen. Die wohl die Formen dieser Erde noch spiegelten, aber nur auf eine mechanische, automatenhafte Weise. Die nichts mehr begriffen, weil alles Begreifbare in der Hölle der Qualen untergegangen war. Der Begriff des Menschen und auch der Begriff Gottes. Kinder und Tiere in der letzten Todesangst mochten solche Augen haben, wenn das Dunkel schon über ihnen zusammenschlägt und die Tafeln aller Gesetze, auch der einfachsten, klirrend in Scherben zerbrachen.

Johannes sah, wie einer von ihnen, verkrümmt und mit weißem Haar, geschlagen wurde. Er sah, wie der Scharführer, hinter ihm stehend, abwartete, wie die Schläge des Vorarbeiters fielen, und den

Augenblick abpaßte, in dem die Arme des Halbbewußtlosen das Gesicht frei ließen. Dann schlug er mit einem fingerstarken Stock zu, auf die Wangen, die Ohren, die Schläfen.

Johannes sah, indes sie selbst wieder aufbrachen, wie der Taumelnde von dem Vorarbeiter auf einen Weg gestoßen wurde, der in den Wald hineinführte und an dem Posten standen. Dessen Betreten also verboten war. Und eine halbe Minute später, während ihr eigener Weg nun in das Gebüsch abzweigte, hörte er fast gleichzeitig zwei Schüsse fallen, die dem Ganzen ein Ende machten.

Johannes sah dies alles, während das leere, eiskalte Gefühl in seinem Innern wuchs und wuchs. Er ging unter seiner Last dahin, wortlos, fühllos gegen die eigenen Schmerzen, den Blick vor sich hin auf den schmalen, steinigen Weg gerichtet. Die Sonne schien wohl, und die Wolken zogen wohl über ihnen dahin. Aber es war nicht mehr Gottes Sonne, und es waren nicht mehr Gottes Wolken. Gott war gestorben. Die Vorstellung von ihm, die jahrtausendealte Idee, der Glaube an sein Regiment, und mochte es auch ein hartes Regiment sein sollen, zerbrachen so, wie jenen Verdammten das Bild der Erde zerbrochen war. Wenn Gottes Erbarmen geringer war als menschliches Erbarmen, dann war dies alles ein Trugbild, auf einen Kinderhimmel gemalt, und wo der Kinderhimmel zerbrach, zerbrach auch das Trugbild.

Und mochten jene schuldig sein an manchem in der Summe ihres Lebens, mochte das ganze Volk schuldiger sein als andere Völker: hier zerging ihre Schuld in nichts vor der Schuld derjenigen, die sich als das neue Volk priesen. Furchtbarer war niemals gebüßt worden, als jene büßten. Und mehr Schande war niemals auf die Stirn eines Volkes gefallen als auf jenes, das nun ihre Henker stellte.

Sein Volk, dachte Johannes, sein eigenes Volk! Für dessen Erhellung und Reinigung und Tröstung sie alle ihr Leben verbracht hatten, zu denen auch er als ein Arbeiter im Weinberg gehörte. Das Volk, von dem sie sagten, daß an seinem Wesen einmal die Welt genesen werde, und das sich erhob über andere Völker, um eine neue Sittlichkeit aufzurichten, einen neuen Himmel, einen neuen Gott. Besser als die Sittlichkeit und der Himmel und die Götter »absterbender« Völker.

In dieser Stunde erkannte er mit einer unbeirrbaren Sicherheit, daß dieses Reich zerfallen würde, nicht in einem Jahr und vielleicht nicht in zehn Jahren, aber in einem menschlichen Zeitraum. So zerfallen und zerbrechen, daß keine Spur von ihm bleiben würde. Ausgebrannt wie ein Geschwür, und nur die grauenhafte Narbe würde zurückbleiben. Es gab keine Kultur, die auf Menschenblut sich aufbauen ließ. Staaten konnte man auf Blut oder Gewalt bauen, aber Staaten waren nur Kartenhäuser vor dem Wind der Ewigkeit. Was blieb, das stifteten die anderen. Nicht die Henker und Mörder. Nicht einmal die Feldherren. Und diese anderen vergossen kein Blut, außer daß sie ihr eigenes in das unsterbliche Werk verströmten. Noch war der Geist nicht ausgestorben in der Welt, die Liebe, die Schönheit. Noch waren sie da, wenn auch geschändet und geschlagen. Und einmal würden sie sich wieder aufheben aus dem Staube mit ihrem schmerzlichen Kinderlächeln und ihr leuchtendes Banner wieder aufrichten über den Schädelstätten der Völker.

Am Abend sprach er mit Josef über diesen Tag – Josef hatte er nun schon gefunden. »Du mußt nichts sehen und nichts hören«, sagte dieser in seiner stillen Art. »Du mußt durchgehen durch alles wie ein Stein, und erst später ... ja, erst später ...«

»Wer hier mitleidet«, sagte er nach einer Weile, »zerbricht!«

THEODOR PLIEVIER
Stalingrad

Gnotke lag wach bis zum Wecken. Dann gab es ein Stück Brot, ein Kochgeschirr voll Kaffeebrühe und man befand sich auf dem Weg zum Arbeitsplatz, es war noch vor Tagesanbruch. Aslang und auch Hubbe und Dinger blickten sich befremdet um, – nach Norden hin, wo sonst die russischen Batterien tätig waren, auch über das Sumpfgelände weg in der Richtung zum Don und in den wallenden Nebel hinein, wo seit Wochen Knattern und Kampfgetöse zu hören war und wo jetzt die Stille lauerte wie ein alles verschlingendes Loch.

Sie nahmen ihre Traggestelle auf und begannen ihren gewöhnlichen Trott. Und doch war alles ungewöhnlich. Auch das, und es war wie ein Traum – es war sogar ein wirklicher, ein vollkommener Traum, der Gnotke, wie er da mit hängenden Armen in den Dunst hineinschritt, umspann. Was war das, wo kam das her, was brach da auf! Eine Hand, eine Frauenhand – eine ruhende Gestalt, die Glieder, das Gesicht, alles verhüllt, die Form nur zu ahnen, wie bei einer halbverschütteten Soldatenleiche. Hier war die Hülle nicht Lehm und Erde, war ein Gewölk aus weichen Decken. Und sie lag nicht allein da; sie lag bei einem andern, nur ihre Hand war zu sehen, und diese Hand kannte er.

Aber was....
Die Erde zittert. Unterirdisches Beben. Das schlottert herauf. Die Hand, wo kommt das her ... Pauline! Die Erde, der Himmel! Der Himmel brennt, im Norden und auch über dem Don. Der Himmel über den Sümpfen und über der Donniederung war nicht mehr weiße Milch, war aufbrodelndes dickes Blut.
Artillerie.
Granatwerfer.
Brüllende Kanonen. Tausende Tonnen Pulver gehen in die Luft. Der Kalender zeigt den 19. November. Es dauert Stunden und sind nicht Stunden. Es ist ein ausgespieener Brocken außerhalb der Zeit.
Am Morgen des 19. November durchbrachen Sowjettruppen nordwestlich Stalingrad die deutsche Front. Gnotke befand sich an der am Donbogen angelehnten nördlichen Flanke der deutschen Front; er stand genau an der nördlichen Bruchstelle. Der Marsch auf Moskau – Gnotke hatte ihn mitgemacht und unter dem Feuer der russischen Artillerie war er mit seinem Regiment an 100 Kilometer zurückgefallen; und er hatte den Lauf über die Kursker Steppe und auch die Minenräumarbeit auf der Donsteppe hinter sich. Und alles, was sich seinen Augen an Feuerüberfällen, an Bombenschlägen, an Minenexplosionen mitgeteilt und was sein Trommelfell bis dahin aufgefangen hatte, waren Stufen gewesen, und hier war die erstiegene Höhe, oder – was dasselbe ist – der Absturz in nicht mehr meßbare Tiefe.
Aber was gewesen, was sich vor seinen Augen abgespielt, was sein Ohr an Schreien und Erschütterungen berührt hatte, sein Bewußtsein hat es nicht treffen können, schon lange nicht mehr; solcher Wesenskern, in dem Verlangen, Wollen, Gefühle, Mitfühlen, Liebe, auch Furcht ihren Ursprung haben, war bei ihm kaum noch zu erreichen, darüber lag Erde, lag Schnee, lag vieles. Aber er hatte seine genau blickenden Augen und sein Gehör war scharf geblieben.
Er sah und hörte!
Er sah und hörte auch, was in dieser Stunde am Erdboden und in der Luft geschah und was ihn umbrauste. Daß aber diese Stunde keine Stunde mehr war und sich dem Zeitmaß und überhaupt jedem gedachten Maße entzog, das galt auch für ihn. Wo das Traggestell geblieben war und welche Macht es seinen Händen entrissen hatte, das hätte er nicht angeben können, ebensowenig wie er in eine Erdspalte zu liegen gekommen und wie und wann er zum Loch

zurückgelangt war, um dort das Loch nicht mehr, sondern etwas anderes vorzufinden.

Er lag in der Erdspalte. Links begannen die sich zum Don hinziehenden Sümpfe und Treibsände, ein Gelände, das wegen des dicken Nebels, der wie blutiger Schaum aufwallte, nicht einzusehen war; doch unter der Nebel- und Schaumdecke heulte und pfiff es aus tausend aufgerissenen Mäulern. Voraus lagen die deutschen Bunker- und Batteriestellungen; darüber hinaus waren russische Stellungen zu erkennen, aber nicht auf lange. Die russischen Stellungen hüllten sich in eine brodelnde Rauchbank, in der rostrote Flecke aufglühten. Die roten Flecke dehnten sich aus, sie fraßen den Rauch, sie fransten den Himmel aus, erhoben sich zu einer hohen Steilküste aus rotem Feuer. Die deutschen Batterien kämpften, sie feuerten heraus, was sie konnten. Es war aber nicht anders, als ob glühende Kohlenstücke in einen hohen Steppenbrand hineingeworfen würden, und sie kämpften nicht lange.

Jenseits der deutschen Linie das Mündungsfeuer, die explodierenden Pulverladungen, die das Metall – Geschosse in flacher, Granaten in steiler Bahn – herüberschickten, und man sah es kommen und einschlagen und die Erde zerreißen. Wäre ein Wald voraus gewesen, hätten die Bäume sich wie Gräser unter den Streichen einer riesigen Sense umgelegt. Aber da war kein Wald, da war flaches baumloses Land, und das sah aus wie die Fläche eines Sees, über den Regenschauer hingehen und dicke Tropfen aufprasseln. Doch hier war es nicht Regen und aufprasselnder Wasserstaub, es war glühendes, in die Erde hineinfahrendes zerreißendes Metall, und was aufprasselte, waren Sand- und Lehmschichten, was zurückblieb, waren gähnend tiefe Trichter; und wo Schnee gelegen hatte und unter heißem Hauch die Grasnarbe hervortaute, war unter dem um sich fressenden braunen Brand gleich danach auch die Grasnarbe und die Humusdecke des Bodens verschwunden. Die Mondlandschaft kam näher und erfaßte das Gelände, wo nicht nur Sand und Lehm war, wo unterirdische Hohlräume und Gänge und Bunker mit eingebauten Batterieständen und Granatwerfer- und Maschinengewehrnestern, wo Lager für die Munition, Gefechtsstände mit Kartentischen, wo Pferdeställe und Schlafräume und Wohnräume unter dicken Erdschichten eingebettet lagen, und wo die zusammengepreßten deutschen Besatzungen – Auge am Richtglas, Hände am Abzugshebel, am Räderwerk von Schwenkvorrichtungen, Granaten und Kartuschen heranschleppend – in ihren Stellungen ausharrten und kämpften.

Aus den Rohren schossen Feuerblitze. Aus den Werfern stieg Granate um Granate. Brauner Rauch trieb über die Erdwälle. Wo MGs und Schützen zu feuern begannen, war es ausbrechende Panik, denn für MG- und Schützenfeuer gab es keine erkennbaren Ziele.

In Frontbreite betrat der Tod die deutschen Stellungen.

Wehende Vor- und Hintergründe von Qualm, von Staub, von Feuerschleim, himmelhoch aufquellend und wieder zusammenfallend. Ein feuerspeiender Berg und man mußte wissen, daß es die schwere Batteriestellung war, die in Form eines auseinandertreibenden Dreiecks in die Luft flog und daß die dunklen Brocken Metall- und Geschütztrümmer und die Leiber der Bedienung waren. Aufschlotterndes schwarzes Gewölk. Feuerblitze. Rauchballen. Zurückfallendes Gebälk. Stücke von Bunkerdecken. Ein aus dem Himmel fallendes Pferd, Beine und Hufe aufwärts. Ein Stacheldrahtverhau mit daran hängenden Pfählen kam nieder wie ein großes Netz. Es war ein Infanterieregiment mit der zugeteilten Divisionsartillerie, das in die Luft flog und auf die Erde zurückfiel und wieder erfaßt und abermals umgeschaufelt und zerpulvert wurde.

Und die aus einem Kraterloch auffahrenden Gestalten, die wie dürre Blätter vor dem Wind über den Boden fegten, übereinander hinfielen und liegen blieben oder wieder aufstanden und sich weiterschleppten und wieder hinfielen und wieder weiterliefen, das war schon kein Regiment mehr, das war »Spreu«. Und der lange Oberleutnant, der aus der Rauchzone herauskam und wie ein Betrunkener torkelte und gestikulierte und plötzlich in gellendes Gelächter ausbrach, war kein Zugführer einer Kompanie mehr, es war ein Wahnsinniger. Da war auch eine Gestalt, die sich wie ein Wurm über den Schnee schob und eine Blutspur nachzog und sich schließlich in eine Mulde hineinfallen ließ, das war der Kompanieführer einer Kompanie Panzergrenadiere, war Hauptmann Tomas vom Panzerregiment Vilshofen. Die dreck- und schneespritzende Wolke, die sich von Höhe 127 herunter der Landstraße entgegenbewegte, war Major Buchner, der mit einem Zug schwerer Flakgeschütze und unter Zurücklassung der Maschinenflak, der Scheinwerfer, der Richtungshörer und anderer Apparate aus seinen zerschossenen Stellungen flüchtete. Der Mann, der am Ausgang eines Bunkerdorfes dastand wie ein ragender Pfahl und alles, was herrenlos in seine Richtung trieb – Pioniere, Infanteristen, Panzerjäger – anhielt und um sich sammelte und dann, unter Ausnutzung der rückwärts gelegenen Schlucht, sich mit diesem Haufen in Marsch setzte, Richtung auf einen zerstörten Bauernhof, wohin er seine ihm von zweiundzwanzig Panzern verbliebenen sechs Wagen vorausgeschickt hatte, war der Panzerkommandeur Vilshofen.

Der Artillerieangriff erreichte eine neue Phase.

Vorn fielen noch vereinzelte Granaten und wühlten Trichter auf. Das massierte Feuer aber hatte sich erhoben. Es rauschte in den Lüften – ein Katarakt, der hoch oben seinen Bogen schlug – und das aufwühlende, zerhackende und zermalmende Metall erfaßte die rückwärtigen Stellungen und schlug auch in Kolonnen zurückfallenden Fußvolkes und zurücktreibender Geschütze ein. Noch etwas war an der linken Flanke unter der sich ausbreitenden Nebeldecke im Gange. Die Rumänen, die auf dem Sumpfgelände, und zwar in der Richtung des Hauptangriffsstoßes, gelegen hatten, waren geschlagen worden. Und jetzt waren Tausende russischer Hände und Tausende russischer Leiber, brusttief im eisigen Wasser, damit beschäftigt, kilometerlange Knüppelteppiche aufzurollen und über den Strom weg und über Sumpf und Treibsand (die anders Mann und Roß verschlingen würden) auszulegen. Das war die Lage, als Gnotke auftaumelte, den Weg zurückging und an die Stelle gelangte, wo die Grube ausgehoben und fast bis zum Rand angefüllt worden war.

Die Grube war nicht mehr da. Daneben war ein Trichter gerissen worden, so groß, daß eine Bauernhütte samt Dach darin hätte Platz finden können. Die sechzehn Kubikmeter Leichenmasse war in die Höhe gehoben worden, war wieder zurückgefallen, hing jetzt am Rand der Trichterböschung und ragte darüber hinaus. Und da (zuerst war es eine bekannte Gestalt, die ihn anzog) setzte Gnotke sich hin. Er hätte sich an den Boden des Trichters legen können, so wie Gimpf, der immer bei ihm gewesen war, es jedenfalls tat, dort wäre Platz genug gewesen und er hätte auch einige Deckung gefunden. Doch wenn Gnotke überhaupt etwas gedacht hatte, kann es nur gewesen sein, daß er nicht so tief in der Erde liegen und näher dem Himmel begraben sein wollte. Er setzte sich neben den mit Erdbrocken bestreuten Leichenhaufen, und der an seiner Seite saß, war Feldwebel Aslang. Feldwebel Aslang hatte ein völlig schwarzes Gesicht und bleckte die Zähne, so daß es aussah, als lachte er. Gnotke bemerkte es oder bemerkte es nicht, und ein toter Aslang war ihm eigentlich natürlicher als ein lebender, er fragte sich auch nicht, wo Hubbe und Dinger geblieben sein mochten. Verdreckt und beschmiert wie er dasaß und ohne sich zu regen mit weit offenen

Augen in die Luft starrte, sah er gestorbener aus als der grinsende Aslang und der Haufen der ihn übertürmenden und in dramatischen Verzerrungen erstarrten Leichen.

Der Haufen in seinem Rücken schützte ihn vor dem im Osten aufspringenden eisigen Wind. Der Körper Aslangs teilte nach einer Weile keine Wärme mehr mit. Gnotke rückte ein Stück weiter und lehnte sich an den heißen Leib eines Pferdes, das dort niedergesunken und verendet war. Sonst rührte er sich nicht von der Stelle und er bewegte sich auch nicht. Rauch und Nebel trieben vorbei und verengten das Gesichtsfeld. Das Tageslicht nahm ab, die Stunden waren überhaupt im Zwielicht geblieben. Die deutsche Front war durchbrochen, die Truppen der vordersten Linien niedergekämpft oder zersprengt oder flüchtend niedergehauen oder gefangen genommen worden. Durch die gerissene Bresche brachen in unaufhaltsamem Strom russische Infanterie- und Panzer- und Sturmverbände.

Was in der Blickrichtung Gnotkes war, das sah er; was rechts oder links davon vorging, das sah er nicht. Denn was auch geschah, und ob die Raupenketten eines Panzers hart neben ihm vorbeirollten, ob Gewehrschüsse aufpeitschten, ob Säbelhiebe durch die Luft schnitten und wilde Schreie aufheulten, er drehte den Kopf nicht. Er sah Panzer sich in der Kraterlandschaft bewegen und unter den treibenden Rauch- und Dunstfetzen auf- und abtauchen wie Boote in einer bewegten See; er sah auch das Mündungsfeuer ihrer Geschütze. Und er sah aus den Sümpfen dunkle Haufen heraufsteigen; das waren die Rumänen, sie liefen um ihr Leben. In die flüchtenden Haufen sprengten sich Pferdeköpfe und Reiter ein. Die Pferde drehten sich auf den Hinterbeinen herum, und die Reiter schlugen und hackten um sich.

Der an der Trichterböschung aufgetürmte Leichenhaufen schien die Wasserscheide auf dem Gelände der aufgerissenen Front zu bilden. Immer wieder zogen Abteilungen von Panzern vorbei und schwenkten hier auf einen neuen Kurs ein, nach Süden gegen Kalatsch. Und die vom Don heraufkommenden flüchtenden Haufen gelangten kaum über dieses Todesmal hinaus. Hier und im nahen und weiteren Umkreis wurden sie niedergesäbelt, und auch die russische Kavallerie schwenkte nach Süden gegen Kalatsch. Aber dieser mit Erde verkrustete und einen süßlichen Geruch ausströmende Haufen zog niemandes Aufmerksamkeit an; und wenn ein Panzerfahrer ihn plötzlich vor sich hatte, dann lenkte er die Raupenbänder seines Fahrzeuges daran vorbei und auch die Kosaken ritten darum herum. Auf nicht sichtbare Ziele wurde nicht mehr gefeuert und dieser Leichenhügel und der dazugehörige Gnotke waren kein Ziel, weder für ein Tankgeschoß, noch für die Kugel aus einem Karabiner, noch für einen Säbelhieb.

So war es Abend geworden. Der aus Osten blasende Wind zerriß die Wolkendecke. Ein Stück frostigen Winterhimmels lag bloß und der Mond trat hervor. Es war wüstes Licht, das sich über das Land legte. Das Büschel eines verholzten halbmannshohen Steppenkrautes zog den Blick Gnotkes auf sich. Das also war stehengeblieben, – ebenes Land, wieder eins dieser verholzten Steppenbüschel, ebenes weites Land, darüber weicher zerfahrener Schnee und das wüste Mondlicht, und es rauschte wie das Meer.

Aber es war die Leere, welche rauschte.

Werner Bergengruen
Dies Irae. Eine Dichtung

I
Die Lüge

Wo ist das Volk, das dies schadlos an seiner Seele ertrüge?
Jahre und Jahre war unsre tägliche Nahrung die Lüge.
Festlich hoben sie an, bekränzten Maschinen und Pflüge,
sprachen von Freiheit und Brot, und alles, alles war Lüge.
Borgten von heldischer Vorzeit aufrauschende Adlerflüge,
rühmten in Vätern sich selbst, und alles, alles war Lüge.
Durch die Straßen marschierten die endlosen Fahnenzüge,
Glocken dröhnten dazu, und alles, alles war Lüge.
Nicht nach totem Gesetz bemaßen sie Lobspruch und Rüge,
Leben riefen sie an, und alles, alles war Lüge.
Dürres sollte erblühn! Sie wußten sich keine Genüge
in der Verheißung des Heils, und alles, alles war Lüge.
Noch das Blut an den Händen, umfloren sie Aschenkrüge,
sangen der Toten Ruhm, und alles, alles war Lüge.
Lüge atmeten wir. Bis ins innerste Herzgefüge
sickerte, Tropfen für Tropfen, der giftige Nebel der Lüge.
Und wir schrieen zur Hölle, gewürgt, erstickt von der Lüge,
daß im Strahl der Vernichtung die Wahrheit herniederschlüge.

XVII
An die Völker der Erde

Zwölf, du äußerste Zahl und Maß der Vollkommenheiten,
Zahl der Reife, der heilig gesetzten! Vollendung der Zeiten!
Zwölfmal ist das schütternde Eis auf den Strömen geschwommen,
zwölfmal das Jahr zu des Sommers glühendem Scheitel
                                            geklommen,
zwölfmal kehrten die Schwalben, weißbrüstige Pfeile, nach
                                              Norden,
zwölfmal ist gesät und zwölfmal geerntet worden.
Zwölfmal grünten die Weiden und haben die Bäche beschattet,
Kinder wuchsen heran und Alte wurden bestattet.
Viertausend Tage, viertausend unendliche Nächte,
Stunde für Stunde befragt, ob eine das Zeichen brächte!
Völker, ihr zählt, was an Frevel in diesem Jahrzwölft geschehen.
Was gelitten wurde, hat keiner von euch gesehen,
keiner die Taufe, darin wir getauft, die Buße, zu der wir erwählt,
und der Engel allein hat Striemen und Tränen gezählt.
Er nur vernahm durch Fanfarengeschmetter, Festrufe und
                                              Glockendröhnen
der Gefolterten Schreien, Angstseufzer und Todesstöhnen,
er nur den flatternden Herzschlag aus nächtlichen Höllenstunden,
er nur das Wimmern der Frau'n, denen die Männer verschwunden,
er nur den lauernden Schleichschritt um Fenster und Pforten,
er nur das Haßgelächter der Richter und Häftlingseskorten – –
Völker der Welt, die der Ordnung des Schöpfers entglitt,
Völker, wir litten für euch und für eure Verschuldungen mit.
Litten, behaust auf Europas uralter Schicksalsbühne,
litten stellvertretend für alle ein Leiden der Sühne.
Völker der Welt, der Abfall war allen gemein:
Gott hatte jedem gesetzt, des Bruders Hüter zu sein.
Völker der Welt, die mit uns dem nämlichen Urgrund entstammen:
Zwei Jahrtausende stürzten vor euren Grenzen zusammen.
Alles Schrecknis geschah vor euren Ohren und Blicken,
und nur ein Kleines war es, den frühen Brand zu ersticken.
Neugierig witterter ihr den ersten Atem des Brandes.
Aber das Brennende war der Herzschild des Abendlandes!
Sicher meintet ihr euch hinter Meeren und schirmendem Walle
und vergaßt das Geheimnis: was einen trifft, das trifft alle.
Jeglicher ließ von der Trägheit des Herzens sich willig verführen,

jeglicher dachte: »Was tut es ... an mich wird das Schicksal nicht
                                                            rühren ...
ja, vielleicht ist's ein Vorteil ... das Schicksal läßt mit sich reden ...«
Bis das Schicksal zu reden begann, ja, zu reden mit einem jeden.
Bis der Dämon, gemästet, von unsrem Blute geschwellt,
brüllend über die Grenzen hervorbrach, hinein in die Welt.
Völker der Erde, ihr haltet euer Gericht.
Völker der Erde, vergeßt dieses Eine nicht:
Immer am lautesten hat sich der Unversuchte entrüstet,
immer der Ungeprüfte mit seiner Stärke gebrüstet,
immer der Ungestoßne gerühmt, daß er niemals gefallen.
Völker der Welt, der Ruf des Gerichts gilt uns allen.
Alle verklagt das gemeinsam Verrat'ne, gemeinsam Entweihte.
Völker, vernehmt mit uns allen das göttliche: Metanoeite!

RUDOLF HAGELSTANGE
Venezianisches Credo

Ich habe lange, lange wie ein Stein geschwiegen
und mehr noch als ein Stein, in dessen Schweigen
Vergangenes fortlebt wie an kahlen Zweigen,
die noch berührt sind von der Vögel Wiegen.

Denn noch ist Krieg, und Blut wird ausgegossen.
Wie aus der Wolke stürzt es aus den Leibern
und wird nicht aufgefangen von den Weibern,
für die es süßer wallend einst geflossen.

Vergessen schießt wie Unkraut um die Kinder,
und Sorge wuchert üppig in den Seelen,
und die Zerstörung maßt sich an, Gericht

zu sein, und Urteil spricht der Überwinder.
Wie kann man singen, wenn aus allen Kehlen
der Angstschrei und die Klage bricht ...

Ihr müßt Euch wandeln. Aber anders als die Schlangen
und als die Schafe nach der Schur.
Denn diese legen ab, was die Natur
selbst nimmt, um wieder Gleiches zu empfangen.

Ihr habt Euch selbst verlassen, und der Schatten,
den Ihr geworfen habt, geht nun allein
und überredet sich, ein Mensch zu sein.
Wo sind wir? Was sind wir? Wir hatten

doch einmal ein beseeltes Lachen
und eine Träne, die das Mitleid rief.
Wir hatten Träume, Götter und Dämonen.

Oh, gäb es das: noch einmal nur erwachen
und eine Stunde still und rein und tief
im Garten unserer Kindheit wohnen ...

Wir wissen nicht mehr, Ja und Nein zu sagen,
weil wir des Zieles nicht mehr sicher sind.
Und wenn wirs sagen, sind wir wie ein Kind,
das nur gelernt hat, auf der Großen Fragen

willkommene Antwort reden, ohne zu verstehen,
was es denn sagt und wem es damit dient.
Und wenn Ihr Widerspruch zu üben schient,
so wars nicht, ohne hinter Euch zu sehen,

wo einer flüsterte. Denn, ach, allein
seid Ihr gelähmt bis in das Mark der Seele
und wartet voller Inbrunst auf Befehle,

um, wie Ihr wähnt, geschirmt und stark zu sein.
Der Markt war Euer Platz, das Glück die Menge.
Die Freiheit aber darbte in der Enge.

Ihr müßt es wieder lernen, Euch zu trauen.
Und Euer sicher sein, wo Sicherheit
aus Tiefen kommt. Denn müßig ist der Streit
um Wechselvolles. Und wir bauen

Unsterbliches und Bleibendes hienieden
nur aus dem geistererzeugten Stoff, dem nicht
an Dauer, nicht an Herrlichkeit gebricht.
Von ihm ist der vergängliche geschieden

wie Ton von Marmor. Jener schafft Figuren,
und mit Figuren füllt er seine Welt,
die Welt der rasch verwehten Spuren,

die sich dem Fluß der Zeiten zugesellt.
Doch dieser wirkt aus trächtigen Basalten
die Gegenwart unsterblicher Gestalten.

Doch süßer ist, sein Angesicht zu heben,
als liebeleer im kalten Grab zu modern,
und süßer, einer Fackel gleich zu lodern
und Feuer schleudern in ein taubes Leben.

Der Feige weihe sich dem Untergange,
der Narr dem Taumel und der Knecht dem Raube.
Mir aber, unzerstörbar, brennt der Glaube
an neuen Tag. Und Euer Herz empfange

den heißen Pfeil mit heißerem Verlangen.
Licht glüht im Blut und zückt aus allen Tränen
und wohnt im Rachen selbst der Schlangen.

Wie soll der Ärmste ferner arm sich wähnen,
da ihm die Lust der Götter doch geblieben:
Ein Geist zu sinnen und ein Herz zu lieben.

Max Frisch
Nun singen sie wieder
Versuch eines Requiems

Letztes Bild
Im hellen Vordergrund erscheinen die Überlebenden: Eduard als Offizier, Thomas, der einen Kranz trägt, Jenny im schwarzen Schleier und ihre beiden Kinder, wovon das größere ein Bub ist.
Jenny Hier also liegen sie begraben? ...
Eduard Ihr Tod ist nicht umsonst gewesen.
Jenny Am letzten Abend, als wir einander sahen, er war so verstimmt. Ich weiß nicht warum. Er war so verstimmt ...
Eduard Denken Sie jetzt nicht daran, liebe Jenny!
Jenny Wenn er wüßte, daß auch unser Haus in Trümmern liegt! Unser schönes und großes Haus; die Leute sind immer davor stehen geblieben – es war das beste Haus in unserer Stadt, sagten sie immer. Sein ganzer Ehrgeiz hing daran.
Eduard Wir werden es wieder erbauen, Jenny.
Jenny So wie es war?
Eduard Genau so. –
Zu Thomas, der den Kranz trägt: Du schüttelst den Kopf?
Thomas Es ist schade um ihn. So wie er zuletzt war, unseren Hauptmann sollten wir haben, jetzt, da es Friede werden soll: Er würde anderes bauen. Es ist schade um ihn.
Eduard Gib mir den Kranz –
Thomas Auch Geiseln sollen hier begraben sein, heißt es. Einundzwanzig Leute aus dem Dorf. Es heißt, sie hätten gesungen, als man sie erschoß –
Jenny Gesungen?
Thomas Wissen Sie, was die Leute sagen? Nun singen sie wieder! sagen sie: Immer wenn sie schießen hören oder sonst wenn ein Unrecht geschieht, nun singen sie wieder!
Man hört den Gesang der Geiseln.
Einundzwanzig sollen es gewesen sein ...
Hinter den Überlebenden, die horchen, erscheint die Tafel der Toten: die einundzwanzig Geiseln, die in einer Reihe sitzen, ihr Brot in der Hand und mit geschlossenem Mund. Ferner der Pope, der sie speist, die gefallenen Flieger; Maria, der Oberlehrer. Und Karl, der immer noch vor den Geiseln kniet, seine Hand vor den Augen. Aber die Lebenden können nicht sehen, was hinter ihnen erscheint.

EDUARD Kameraden! Wenn ihr es wissen könntet: der Krieg ist aus, der Sieg ist unser –
HAUPTMANN Das ist Jenny, meine Frau. Das ist Jenny mit den Kindern. So gehen sie über die Straße, Jenny in Schwarz –
DER BUB Mama, warum weinst du denn?
JENNY Hier ist dein Vater, Kind. Hier ist dein Vater!
DER BUB Ich sehe ihn nicht.
JENNY Man kann ihn nie wieder sehen –
Jenny weint lautlos; der Hauptmann tritt hinter sie.
HAUPTMANN Jenny, ein einziges Wort, bevor du weitergehst.
JENNY O Gott, o Gott!
HAUPTMANN Wir hätten anders leben sollen, Jenny. Wir hätten es können.
JENNY Wo hast du die Blumen, Kind, wo hast du die Blumen?
DER BUB Sie sind ganz naß, Mama –
HAUPTMANN Unser Haus, Jenny, baue es nie wieder auf!
JENNY So schöne Blumen ...
HAUPTMANN Hörst du mich, Jenny?
JENNY Nun lege sie hin ...
DER BUB Wohin denn, Mama?
HAUPTMANN Unser Haus, Jenny, baue es nie wieder auf! Wir waren nicht glücklich darin, wir waren es nicht. Jenny! Wir hätten es werden können –
Die Blumen des Kindes liegen am Boden.
JENNY Was würde er Freude haben, dein Vater, wenn er deine schönen Blumen sehen könnte! Wenn er sehen könnte, wie lieb du bist –
DER BUB Du hast sie mir ja gegeben, Mama.
JENNY Du sollst ein Mann werden wie er –
HAUPTMANN Jenny!
JENNY Immer bist du sein heimlicher Ehrgeiz gewesen –
HAUPTMANN Hörst du mich nicht, Jenny?
JENNY Alles das Stolze, alles das Ehrenvolle, was dein Vater in seinem Leben erstrebt hat –
HAUPTMANN Es ist ein Irrtum gewesen, Jenny, das meiste!
JENNY Du, sein Sohn, du wirst es weiterführen!
HAUPTMANN Jenny –
DER BUB Nun weinst du schon wieder, Mama?
Jenny verdeckt ihr Gesicht und wendet sich ab.
HAUPTMANN Sie hört mich nicht mehr, Väterchen. Sag du es ihnen! Er soll die Schafe scheren, er soll mein Erbe nicht sein. Sag du es

ihnen: Besser werden als die andern, keinem soll es verwehrt sein; besser haben als die andern soll es keiner, bevor er der Bessere ist.

DER POPE Sie können nicht hören.

HAUPTMANN Rufe es ihnen!

DER POPE Sie werden es hören, einst, wenn sie gestorben sind.

Eduard legt den Kranz nieder.

DER FUNKER Nun legen sie den Kranz! Damit es ihnen wohler ist, wenn sie gehen. Und auch die Schleife: so, damit der liebe Gott sie lesen kann.

EDUARD Kameraden, die Stunde eurer stummen Anklage ist da! Das alles, es muß und es wird seine Rache finden. Du hattest recht! Es gibt keinen Frieden mit dem Satan ... Ich hatte meinen Vater, meinen Bruder noch nicht verloren, damals. Satane sind es; du hattest recht!

DER FUNKER Eduard –

EDUARD Kameraden! ...

DER FUNKER Nun meint er, wir verstehen uns.

EDUARD Was immer wir in Zukunft machen werden, in eurem Namen wird es geschehen! Das Schwert des Richters liegt in eurer Hand! Die Stunde eurer stummen Anklage ist da; sie wird nicht überhört.

Eduard legt einen Offiziersdegen zum Kranz.

DER FUNKER Wir klagen nicht an, Eduard, das ist nicht wahr. Wir suchen das Leben, das wir zusammen hätten führen können. Das ist alles. Haben wir es denn gefunden, solange wir lebten?

EDUARD In diesem Sinne, Kameraden, verlassen wir euer Grab, nicht euer Gedächtnis; euer Tod ist nicht umsonst gewesen.

HAUPTMANN Er ist umsonst gewesen.

EDUARD Das geloben wir!

HAUPTMANN Er ist umsonst gewesen ...

Eduard tritt vom Kranz zurück, sichtlich erleichtert; er zieht wieder seine Mütze an.

DER FUNKER Väterchen, – sie machen aus unserem Tode, was ihnen gefällt, was ihnen nützt. Sie nehmen die Worte aus unserem Leben, sie machen ein Vermächtnis daraus, wie sie es nennen, und lassen uns nicht reifer werden, als sie selber sind.

Eduard hat Jenny den Arm geboten; der Ton ist anders.

EDUARD Gehen wir?

JENNY Ach ja ...

EDUARD Bevor es Abend wird.

JENNY Mein einziger Trost: daß wir alles wieder erbauen, so wie es war –
EDUARD Genau so.
THOMAS Leider ...
EDUARD Gehen wir. Nehmen wir einen Imbiß. Wir haben noch Zeit.
Sie entfernen sich, die Blumen bleiben am Boden zurück.
HAUPTMANN Es ist umsonst gewesen.
DER POPE Traure nicht, Hauptmann. Viel Brot werden wir backen. Alles ist umsonst, der Tod, das Leben, die Sterne am Himmel, auch sie sind umsonst. Was sollen sie anderes sein.
BENJAMIN Und die Liebe?
DER POPE Die Liebe ist schön.
BENJAMIN Sage uns, Väterchen, ob auch die Liebe umsonst ist?
DER POPE Die Liebe ist schön, Benjamin, die Liebe vor allem. Sie allein weiß, daß sie umsonst ist, und sie allein verzweifelt nicht.
Er reicht den Krug einem nächsten, der Gesang wird lauter.

STEPHAN HERMLIN
Ballade von den alten und neuen Worten

Ich weiß, daß sie nicht mehr genügen,
Weil die Erde mich noch trägt,
Weil die alten Worte lügen,
Weil der Unschuld die Stunde schlägt,
Ich weiß, daß sie nicht mehr genügen.

Genügen können nicht mehr die Worte,
Die mir eine Nacht verrät,
Die beflügelte Magierkohorte,
Wie vom Rauch der Dämonen umdreht,
Genügen können nicht mehr die Worte.

Daß an meinen Worten ich leide!
Und die Worte waren schön ...
Meine Worte waren wie beide,
Tag und Nacht, wenn sie beide vergehn.
Daß an meinen Worten ich leide!

Drum gebt mir eine neue Sprache!
Ich geb euch die meine her.
Sie sei Gewitter, Verheißung, Rache,
Wie ein Fluß, ein Pflug, ein Gewehr.
Drum gebt mir eine neue Sprache!

Über die Sprache will ich verfügen
Wie über mein Hemd, meine Hand,
Über Wasser in vollen Zügen,
Wie über das Herz mein Land.
Über die Sprache will ich verfügen.

Eine neue Sprache sollt ihr mir geben,
Wie Wetter im Stollen kracht,
Wie die Dünen in mein Auge sich heben,
Schwarzes Blut an den Flanken der Nacht.
Eine neue Sprache sollt ihr mir geben.

Ich will eine neue Sprache,
Wie einer, der sein Werkzeug wählt.
Eine neue Sprache für meine Sache,
Die euch tröstet und euch quält.
Ich will eine neue Sprache.

Wie die Schneide des Beils am Nacken,
Wie Lächeln, das ein Messer schnitt
In blutigem Mund, wie die Hacken,
Unter denen der Acker litt.
Wie die Schneide des Beils am Nacken.

Enorm wie die Morgenröten,
Wie Blicke verheißend, fatal,
Wie Verzückungen, die uns töten,
Wie die Schiffe auf dem Kanal,
Enorm wie die Morgenröten.

Ich will euch neue Worte sagen.
Sagt nicht, sie seien euch bekannt.
Man muß mit seinen Worten wagen,
Falschem Lächeln, zerstörender Hand.
Ich will euch neue Worte sagen.

Worte, die wie Städte klingen,
Obgleich man die vergessen muß,
Worte wie Astern, Syringen,
Wie in den Staub ein Kuß,
Worte, die wie Städte klingen.

Wie ein Land ohne Kathedralen,
Karavelle, da die Toten vom Heck
Uns winken. Verborgene Qualen.
Wer nimmt von mir Maidanek ...
Wie ein Land ohne Kathedralen.

Die Schmiede erbleichen beim Schmieden.
Die Schäfer vergehn bei der Schur.
Die Sonne liegt schwarz auf den Rieden.
Wer nimmt von mir Oradour ...
Die Schmiede erbleichen beim Schmieden.

Der Bauer redet im Pflügen
Zum Wind und der antwortet nicht.
Alte Worte können nicht genügen.
Sie erlöschen wie in Kellern ein Licht.
Der Bauer redet beim Pflügen.

Ich will euch Worte sagen
Nachtdunkel und taghell.
Worte, die stoßen, Worte, die tragen,
Worte: hart, sanft, langsam, schnell.
Ich will euch Worte sagen ...

Worte, Wegbereiter,
Sie können wie Namen sein:
André oder Lechleiter,
Sie schmecken wie Brot und Wein.
Worte, Wegbereiter ...

Unser Brot gewürzt mit Qualen,
Unser Wein berauschend wie Haß.
Wer soll unsern Wein bezahlen ...
Am Boden liegt das Glas
Und das Brot gewürzt mit Qualen.

ERICH FRIED
An der Bahn

Der Rauch deckt die Sterne,
im Traum noch klirrt Eisen.
Was wohn ich so gerne
an lauten Geleisen?

Der Zug wird mich halten,
der Zug wird mich führen,
ich werde den kalten,
den Heimatwind spüren.

Vorm Tunnel wird's pfauchen,
der Zug wird schrill pfeifen.
Wie lang werd ich brauchen,
mein Glück zu begreifen?

Noch hat mich die Ferne,
doch bald werd ich reisen ...
Ich wohn ja so gerne
an lauten Geleisen.

Krüppellied

Wir sind am Tod vorübermarschiert
und haben ihn hinten gelassen,
weil auch der Tod den Atem verliert
in den stürzenden Gassen.

Wir ziehn auf Krücken bei euch ein;
ist nichts mehr, was uns droht ...
So laßt uns heute lustig sein,
denn gestern waren wir tot!

Ein Ostarbeiter

Durch die vermoderten Planken wollen wir schlüpfen,
Mädel, das ich im fremden Land liebhaben muß,
achtsam von brüchiger Stufe zu brüchiger Stufe hüpfen
und im Torweg ins Nichts zögern in langem Kuß.

Leise, Mädel. Hier ist uns der Eintritt verboten,
und die Wachleute sind oft neidisch und dumm.
Doch hier ist Ruh: Uns lächeln im Schutt die verborgenen Toten,
und der verwilderte Garten grüßt uns mit Käfergebrumm.

Manchmal geschieht's, daß uns Fäulnisschwaden erreichen.
Laß doch, Mädel! Das war vielleicht bloß ein Tier. –
In diesen Löchern und Kellern unten liegen noch Leichen,
aber hier oben im hohen Gras liegen wir.

Nach fünf Jahren Krieg

Das Haus hat Risse bekommen.
Die Zimmer sind kalt.
Die Feuer sind verglommen.
Das Lachen ist verhallt.

Blinde Fenster verschwommen
spiegeln meine Gestalt.
Mein Gesicht hat Risse bekommen –
das Haus wird alt.

Des Führers Erbe

Blut der Seinen wird trocknen. Der Regen spült es vom Stein,
Maurer heilen der Städte Schwären,
Arbeit wäscht mählich das Land von der Mitschuld rein,
Menschen lernen und lehren.

Kleiner wird in den Schullesebüchern der Raum
für seine Zeit. Besseres gibt's zu berichten.
Und es vergeht seine Spur wie ein bleichender Traum.
Auch das Grauen werden die Jahre vernichten.

Wenn aber das Gras schon sehr hoch gewachsen sein wird
über die steinlosen Gräber seiner Getreuen,
wird noch ein Geist umgehn, der mit Ketten klirrt,
klagend von Tat und Schande und spätem Bereuen.

Heinrich Mann
Ein Zeitalter wird besichtigt

Deutschland gegen alle

Der Angriff Deutschlands auf Europa 1939 ist allenfalls erklärbar mit Zuhilfenahme der Soziologie – und der Psychiatrie. Der nachträgliche Überfall auf die schwer vergleichliche – in mehr als einer Hinsicht seltene – Sowjetunion macht Schwierigkeiten auch dann noch.

Gut, die deutschen Erfolge waren in der Friedenszeit, die 1914 endete, außerordentlich gewesen. Vor allem ging es damit schnell – verhältnismäßig schnell. Die nachmaligen Erfolge der Sowjetunion und ihr Tempo seien nicht herbeigezogen. In jenen vierundzwanzig Jahren ist kein anderes Land nach diesen Maßen industrialisiert worden. Keines hat sich, in Anbetracht der knappen Zeit, so sehr bereichert. Die Deutschen erstaunten selbst, sie kamen aus der Selbstbewunderung nicht heraus. Aber man muß von sich selbst im Grunde schlecht überzeugt sein, damit das Glück so schlecht vertragen wird. Wäre die Sache »mit rechten Dingen zugegangen«, das heißt normal, und ihnen wohl bekömmlich gewesen, sie hätten von sich nicht all das Aufheben gemacht: die Periode Wilhelms II., die ganz Prahlerei und Überhebung ist, wäre anders verlaufen.

Gleich der erste Nachfolger Bismarcks kündigte den Vertrag mit Rußland: das russische Bündnis mit Frankreich war demgemäß beschlossen. Die Regierungen des prahlsüchtigen Kaisers, vor allem er selbst, haben England herausgefordert, so oft sie konnten: folgte das britisch-französische Einvernehmen. Dem Dreibund des ersten deutschen Kanzlers – Deutschland verbündet mit Österreich und Italien, aber nicht mehr bei Rußland rückversichert – stand seither gegenüber die doppelte Entente dreier Mächte, die zusammen volkreicher und stärker waren als Deutschland mit seinen beiden Freunden. (Italien ist auch zu der Zeit Bismarcks kein überzeugter Freund Deutschlands gewesen, nur der Minister Crispi war derselbe verrannte Ehrgeizige wie später Mussolini.)

Zwei feindliche Gruppen von Mächten werden endlich Krieg haben. Die Drohung hat sich bis 1914 hingezogen trotz Krisen: die Völker nahmen sie merkwürdig leicht. Den Krieg in Europa kannte nach einem langen Frieden niemand mehr; er wurde, so oft er drohte, nicht ernsthaft geglaubt; das war ein Grund des gewährten Aufschubs. Nicht einmal der Nation, die angreifen sollte, wurde es mit vollem Bewußtsein zugemutet. Was einmal geübt ist, wiederholt man, und wäre es das erstemal noch so übel verlaufen. Das deutsche Phänomen wäre unwahrscheinlich, aber zu viele erfahren es jetzt am eigenen Leibe.

Deutschland, im ersten Weltkrieg geschlagen, geht leichten Herzens in den zweiten – nur zwanzig Jahre nach seiner Niederlage. Hätte es fünfzig Jahre aufgehalten werden können, auch Deutschland wäre, lange nach allen übrigen, inzwischen zur Besinnung gelangt. Die zwanzig Jahre sind genau die Zeit der Spannung, in denen ein schwer belehrbares Volk sich zwischen zwei Kriegen fühlt und den nächsten erwartet – ohne ihn wirklich zu wünschen. Aber es handelt wahnsinnig, damit er kommt.

Deutschland hat 1939 unvergleichlich mehr getan als 1914. Es hat, anders als damals, jetzt die ganze Schuld auf sich genommen. Sein Vorwand, der Vertrag von Versailles, besagt geradezu, daß es an der vorigen Entscheidung nicht genug hat und eine neue wünscht. Es nimmt sich einen Führer – oder läßt ihn über sich kommen –, der ohne Grund und Gegenstand wäre, ausgenommen allein den Krieg. Für den Krieg hat er sich selbst bestellt von Beginn seiner Laufbahn.

Im Besitz der Macht, nähert er sich mit jeder seiner Handlungen dem Krieg. Die Aufrüstung allein täte es nicht. (Sie hatte vor ihm begonnen.) Der Terror in Deutschland ist geboten, damit kein Widerspruch laut wird gegen den Krieg. Man gibt vor, den Schrecken weltanschaulich zu gestalten. Hingerichtet, aus ihrem Land vertrieben, gefangen gehalten, ausgebürgert werden Sozialisten, Juden, Intellektuelle, Christen. Ihr Haupttitel bleibt: Kriegsgegner. Verdächtig fremder Freundschaften und eines Gewissens für Europa – einbegriffen Deutschland – damit wird man der Feind und entzieht sich durch die Flucht einem qualvollen Tode, wenn man es noch kann.

Die Arbeiter sind entrechtet worden, der Mittelstand proletarisiert. Verfolgt wird die christliche Kirche, mit ihr jede moralisch bestimmte Vereinigung und die sittlichen Individualitäten. Eine gleichförmige Masse ohne Gedanken, bar jeder eigenen Kraft, ist hergestellt worden als bequemes Objekt einer einzigen Partei. Die allein übrige Partei hatte als Vorwand ihrer Tyrannei den Krieg: oder sie wäre nur dagewesen, um sich zu bereichern. Ihr sinnloses Regiment hätte sie bald verbraucht, sie hätte sich in Diebesbanden auflösen können. Was sie am Leben erhielt, war lange vor dem Krieg der Krieg, das Pressen der Nation in den geistigen – auch schon in den wirtschaftlichen – Zustand des Krieges, die lückenlose Erziehung des Landes für den Krieg.

Die Partei und ihre Führer sind, wenn sonst bei niemandem, gerechtfertigt vor sich selbst seit dem Ausbruch des Krieges. Wer hätte, wenn nicht sie, die gute »Moral« der Nation erzwungen auf diesem hochgehenden Meer der Wahnwitzes. So viele Siege, die keinen Deutschen etwas angehen! Alle die unterjochten Nationen: Feinde für hundert Jahre; aber wer achtet dessen. Die Partei und ihre Führer haben den Deutschen fügsam gemacht bis zu dem Grade, daß ihn nunmehr auch die Niederlagen nichts angehen! Die Front kämpft unverdrossen, indessen das Innere sie vergessen hat. Es ist einzig bemüht, seine brennenden Städte zu fliehen. Die Front flieht auch, in planmäßigen Rückzügen. Das Innere nimmt geordnete Evakuationen vor.

Es dürfte keinen Deutschen wundern. Hierfür – hierfür allein ist zehn Jahre lang gelebt, gewütet, erduldet, und ist immer gehorcht worden. Keine Arbeit, kein Entbehren – »Kanonen statt Butter« – nichts, außer für den einen Zweck. Block und Beil, das vergossene Blut der Empörer, – die Absicht immer dieselbe. Eine Sintflut erlogener Weltanschauung, hergeholter Einbildungen, Glaubenssätze aus dem Tollhaus, – alles ging um das Leben, die ganze lange Zeit.

Jeder Deutsche, dem sein Leben lieb war, stellte sich schwachsinnig oder verlor den Verstand. Bewiesen war ihnen allen, ihr kaum mittleres Land trage in seinen Falten den Sieg über die ganze Welt.

Die unwürdigen und unbrauchbaren Unternehmen bedürfen um so mehr einer großspurigen Ideologie, die in alle Köpfe gerannt wird. Da sitzt sie – und verewigt den Krieg, nachdem es ihr gelungen ist, ihn schwindelhaft zu beweisen. Das Herrenvolk, über seinen Kopf hinweg zum Herrenvolk ernannt, und unterwürfig genug, den Titel anzunehmen, – heute hat es kein Land mehr.

Die Städte liegen in Trümmern, die Bewohner werden abgeführt, nach deutschen Gegenden, die unheimatlich sind, nach fremden Ländern, die sie für erobert halten sollen. Sie können sich aus eigener Anschauung überzeugen, daß gar nichts erobert ist als nur der

Haß: er schlägt über ihnen zusammen, sie atmen ihn, schlucken ihn, sie ersticken.

Sie, wohlbestalltes Herrenvolk, irren obdachlos durch dasselbe Europa, dessen Völker sämtlich verstreut, in das Elend verschleppt werden – um der Größe des Herrenvolkes willen, und dem ergeht es ebenso. Ihm fällt das Los sogar schlechter. Alle seine kräftigen Männer, die schwächlichen auch schon, sind außer Landes, sind ohne Verbindung mit ihren geflüchteten Leuten, führen an den Fronten ein Leben für sich, bis sie fallen. Sie fallen in unvorstellbaren Mengen wie nicht einmal der geprüfteste ihrer Gegner, und der kämpft in seinem Land, um sein Land. Sie – für Deutschland nicht. Für Hirngespinste.

Das Luftgebilde, sie seien die erwählten Herren, hat sie schwerlich verlassen. Das Falscheste wird am zähesten festgehalten, zufolge der Mühe, die es macht, dank der Vergewaltigung des gesunden Instinktes, die es verlangt. Aber gesetzt, sie gäben ihre Herrlichkeit auf, sogleich tritt die andere Zwangsvorstellung ein. »Die Nation, die verliert, wird aufgehört haben zu existieren, weil –«. Der Scharlatan, der sie führt, hat seine Logik. Wenn er etwas behauptet hat, begründet er es damit, daß er dasselbe noch einmal behauptet. »Weil es wahnsinnig ist, von dieser Schlacht etwas anderes zu erwarten als Sieg oder Untergang.«

Aber was ist es, welchen Namen – welche Sanktionen – fordert es heraus, wenn einer die Nation, die ihm überantwortet war, in »diese Schlacht« führt? In den Krieg, der ein infames Spiel um das Leben ist! Nicht mitgerechnet – da er selbst keine Regung hierfür fände –, daß mehr als nur die eine Nation auf die Glücks- oder Todeskarte gesetzt ist. (Glückskarten sind nicht im Spiel.)

Welcher dürftige Schurke, ein Verbrecher durch Armut des Geistes und Herzens, verwandelt Europa in seine Festung, sein Zuchthaus, und möchte noch verhandeln. Bevor er endgültig geschlagen und abgetan wäre – aber das ist er und betrügt sich nur –, denkt er zu feilschen mit dem selbstverfertigten Elend der Welt: wieviel auf seinen Teil kommt. Nichts, meinte er.

Wie kommt man dahin

Dieser Krieg ist ungeheuerlich – nicht erst durch den Zustand, den die Welt und das Leben nunmehr erreicht haben. Schon die Absicht, die ihn herbeiführte, wiederholt kein dagewesenes Beispiel. Gengis Khan fand keine Nationen abzuschaffen, Attila hat nicht

Hunnen hingesetzt, wo Franken wohnten, noch die Überraschten »nach dem Osten« verfrachtet. Der reisende Bandit wird gesucht, der schon einmal hitlersche Bevölkerungspolitik verfolgt hätte.

Überall, wohin er mit seinen Soldaten kommt, läßt er sie von der fremden Nation genau so viele umbringen, daß sein berechnetes Verhältnis der Bevölkerungszahlen nicht gestört werde. Sein imaginäres Herrenvolk muß das virtuell stärkste sein. Da es von der Ziffer, die eine Wolke in seinem dunstigen Kopf ist, in Wirklichkeit nur die größere Hälfte beträgt, müssen alle anderen Nationen, je nach ihrem Umfang, dezimiert oder halbiert werden. Was übrigbleibt, soll ohne Recht, ohne Staat, als unbewaffnetes Arbeitsvolk sein Dasein fristen. Dies ist der längst vorher ausgesprochene Vorsatz. (Was ihn nicht abhält, seinen Krieg »uns aufgezwungen« zu nennen.)

Weil an einem bestimmten Tage die deutschen Sturmwagen in der Überzahl waren – aber eines anderen Tages wären sie es nicht gewesen –, hört in seinem dunstigen Kopf eine Nation zu existieren auf. Seine eingebildeten deutschen hundert Millionen wären erst voll gemacht mit Hilfe geschändeter, sterbender Völker. Nicht vorgesehen war – da niemand so falsch rechnet wie der Ruchlose –, daß Hungersterben, Tuberkulose und die Lawine der Brandbomben nicht gerade Halt bei dem Herrenvolk machen. Es erfährt dieselbe Verkleinerung des menschlichen Bestandes, eher übertrifft sein Verlust die Schäden anderer.

Franzosen, Zwangsarbeiter in Deutschland, kehren krank in ihr Land zurück – ein hoher Prozentsatz, die Hospitäler sind voll Schwindsüchtiger. Wenn aber nicht einmal dringend benötigte Rüstungshandwerker ernährt, noch vor Kälte geschützt werden konnten, was dann mit dem Teil der Deutschen, der im Krieg entbehrlich und zur Last ist! Man weiß und belegt es durch Zeugnisse, daß sie abgeschafft werden.

Wäre eine menschliche Gemeinschaft dabei angelangt, der Vergasung kranker Kinder zuzusehen – oder davon wegzusehen –, dann geht nichts sie noch an, ihre verfallenen Fronten nicht, kaum das Geschick der Söhne draußen, und die Nation? Von ihr mag einer allein weiterreden. Er hat, er mit seinem schäbigen Gerüst und nichts darin, die Nation verkörpern wollen. Steil abschüssig bis hierher gelangt, stimmt jeder Deutsche zu: er ist die Nation.

Das bedeutet die Stufe von geistiger Auflösung, wo endlich die ehrlichste Wissenschaft irrational vorgeht und Lügen brütet. Sie wollen ein Trost sein. Die Sternwarte Berlin – voreinst war sie namhaft – hat den aufgelösten Deutschen zu melden gewußt, daß sie ein fatales Gestirn entdeckt habe. Dieser Neuling werde ehestens mit der Sonne zusammenstoßen, dann sei »ohnehin alles aus« und der (verlorene) Krieg keine Sorge mehr.

Wenn die Anekdote nicht wahr wäre, verdiente sie doch erfunden zu werden. Sie hält Schritt mit dem geistigen Niedergang, der zuerst kam, dann erst konnte dieser Krieg – und dieser Führer – sein. Der Vernunfthaß ist das Zeichen eines Zeitalters. Der Entschluß zum Irrationalen, weil es aller Pflichten entbindet, Deutschland hat ihn gefaßt, früher als andere. Wenn andere die Probe machten, ließ Deutschland sie weit hinter sich, es beschritt den Weg und ging bis an sein Ende: das wird nunmehr abgehandelt.

Deutschland steht zu Europa – und zu sich selbst – in einem irrationalen Verhältnis. Was es tut, ist falsch, die Voraussetzungen so widernatürlich wie die Folgen. Warum hängt eine deutsche Bestattungskolonne sich an das verunglückte Frankreich, das die sogenannten Sieger verachtet? Der Vorwand, Juni 1940 sei Frankreich erobert worden, ist hinfällig. Da kein deutsches Heer übrig ist, um Frankreich heute nochmals zu erobern, kann auch die vorige Eroberung nicht echt gewesen sein. Sie stehen nicht als Sieger in Frankreich. Eingeschlichene Blutsauger klammern sich an, ohne Recht, nicht einmal mit dem Recht des Stärkeren; dezimieren die Bevölkerung, beseitigen alle Wehrhaften. So hält man sich gegen Vernunft und Augenschein, – die zu quittieren pflegen.

Warum verwüsten die deutschen Zerstörungskommandos jede russische Stadt, die aufgegeben werden muß? Wo ist die Notwendigkeit. Es gibt keine. Jeder Soldat weiß nachgerade, daß sie das Land verlassen werden wie sie gekommen sind, nur sehr verringert an Mannschaft, Gesundheit, Hochgefühl. Was heute noch geschieht an greulichen Taten, fällt zurück auf die Verüber, – die es wissen. Die vernichteten Städte werden sie mit eigener Hand wiederaufbauen müssen, und nichts damit gutmachen. Gleichwohl: Vernichtung.

In Kiew, als sie räumten, erschossen sie 160 000 Menschen, und wie viele vorher? Die Stadt von einer Million Einwohner hat gegenwärtig vierzigtausend. Jemand, der beiwohnen konnte, berichtete, 60 000 zu erschießen habe drei Tage erfordert. Nach dieser harten Arbeit verzehrten die deutschen Soldaten das russische Brot.

Wie kommt man dahin? Wie werden Massenmörder aus Menschen, die zu kämpfen dachten? Jede vernünftige Erwägung spräche wenigstens jetzt dagegen. Natürlich hat sie von jeher gegen das ganze System gesprochen.

Dies alles war möglich geworden, seitdem die Vernunft in Verruf erklärt, das Denken strafbar ist. Die Massenmorde sind ohne Zweck, nicht einmal die überlebte Illusion, als korrigierte man das Verhältnis der Bevölkerungsziffern, könnte sie an diesem Punkt noch erklären. Gleichwohl sind es tote Glaubenssätze, die weiterhandeln, gegen das Wissen, gegen das Gefühl. Der deutsche Führer hat erklärt, Gefühle würden ihn niemals abhalten. Übrigens fühlt er nichts, außer für das Stückchen Ungemach, das er selbst ist. Gestehen, daß es an der Zeit ist, widerlegte Glaubenssätze abzulegen? Das erste Zugeständnis an die Vernunft wäre seine Abdankung.

»Alles andere ist eher möglich, als daß ich die Nerven verliere«, spricht das Geschöpf, und im Untergang begriffen und besessen von schrecklicher Todesfurcht bleibt es dabei zu töten. Nach dem Wegfall jeder Doktrin – sterben wird er wohl nicht aus Lehrhaftigkeit – mordet er von der Bevölkerung einer Stadt den ausgerechneten Prozentsatz, aber die Juden alle, bis auf drei, die von ihm melden sollen.

Dies ist der Führer, den die Deutschen, nicht ohne inneren Zusammenhang, bekommen und behalten haben. Sie schätzen Gründlichkeit als einen ihrer Vorzüge. Auch ein Gesicht der Gründlichkeit ist die Zähigkeit – im Falschen. Wäre es das Rechte, man könnte sich darauf verlassen. Die großen Lügen verlangen, daß eher der Geist aufgegeben als die Wahrheit gesagt wird.

Hitler – jedesmal schreibe ich mit Widerstreben den Namen eines Menschen, der es nicht wert ist – hält zu seinem Glaubenssatz, daß es zwei starke Rassen gebe, Deutsche und Juden: darum rotte er die eine aus. Die Völker der Sowjetunion hat er nicht schwächlich gefunden, so wenig wie das britische Reich. Die Sowjetunion, das sind zweihundert Millionen, zusammengehalten von dem ältesten Urinstinkt für ihr Land und von der lebendigsten Überzeugung einer Gemeinschaft (die gleichfalls bei ihnen das älteste ist).

Das britische Reich, das ist ein Viertel der Erde, und ist kein Reich, wie diese Deutschen es verstehen würden. Es ist eine freiwillige Vereinigung vieler zum Gemeinwohl. Die weit getrennten Länder, die Dominions heißen, wären, jedes vereinzelt, weniger wohlhabend und gesittet, vor allem wären sie hilflos. Sie werden von Großbritannien nicht »kontrolliert«, aber beschützt und zur Macht erhoben. Alle anerkennen sie dasselbe Mutterland – eine

Insel mit dreiundvierzig Millionen, und sie sind ein Viertel der Erde.

Das war nie, hätte niemals sein können, ohne das mehr als politische, das menschheitliche Genie Englands. Die vorige Reichskonferenz wurde präsidiert nicht vom britischen Minister: vom General Smuts, Südafrika. Ihn hat Churchill, im Fall seiner eigenen Verhinderung, beauftragt, ihn vor dem Parlament zu vertreten. Vor dem Haus, auf das die Welt blickt, steht kein Brite, kein Angehöriger des Herrenvolkes, denn dort kennt man keines. Transvaal ist, noch zu unserer Zeit, niedergeworfen worden. Es ist aufgerichtet, ist erhoben worden. Sein Minister präsidiert das Reich, für die großbritannische Regierung spricht er zu dem Haus.

Es übersteigt das deutsche Maß, sie haben nicht erfaßt, was da vorgeht. Sie taten noch keinen Blick in das wirkliche Gesicht der Welt, die Züge, die ihre Zukunft trägt, bleiben ihnen dunkel. Das britische Gemeinwohl, die gerechten Verwirklichungen der Sowjetunion, sie konnten beides nur hassen aus Unwissenheit, die Armen.

Sie hätten sonst begriffen, daß ihre Raubkriege, mit aller Schuld, allem Verderben, das sie häufen, lumpig sind und nachhinken. Es wäre schwer, für die öffentlichen Dinge noch unbegabter zu sein als sie. Es ist unmöglich, mit weniger Fug und Recht das Erdrund mit sich zu beschäftigen als nunmehr die Deutschen. Wer nicht erkannt hat, nichts weiß und das Wissen mit Strafe belegt, dem ist der Kampf verboten.

Ihr letzter Raubkrieg kostet die Deutschen ihr Land: nicht, wie sie glauben sollen, daß die Sieger sie ausrotten wollten, ihre Nation aufheben würden. Ihr Hitler fände keinen Sieger, um zu handeln wie er selbst. Er selbst hat das Land, gleich jedem unterworfenen, von Männern entblößt. Fremde aus allen Teilen bevölkern es zu Millionen, unlängst waren es vierzehn. Die Zwangsarbeiter besorgen den deutschen Nachwuchs. Wenn die Frontkämpfer heimkehren, die Heimatlosen werden sie selbst sein.

Wie viele heimkehren – und zu wem noch, in welchen Schoß welcher Gemeinschaft noch, – entscheidet der untergehende Hitler mit seiner endgültigen Ausgeburt, dem Himmler. Deutschland wird gegen eingedrungene Armeen schlecht oder gar nicht verteidigt werden. Aber der Himmler ist da, um den Hitler vor den Deutschen zu retten. Sie werden massenhaft fallen im Lande, getrennt von ihren Heeren, die eigens hierfür draußen bleiben müssen, sich abschlachten lassen müssen bis über die Niederlage hinaus.

Soldaten, an der russischen Front gefangen, fürchten von Hitler-Himmler noch mehr, als anderen einfiele. Sie sehen voraus, daß Gestapo und SS die Transportzüge sprengen werden, damit nicht Männer, bewaffnete Männer, im Lande ihr Geschäft stören. Ihr Geschäft, der letzte Auftrag ihres Hitlers, ist Deutschland zu entmannen.

Dahin führt geistige Blindheit, die von einer Nation gewollt oder ihr eingeübt ist. Dahin ein unziemliches Verhältnis zur Welt und Menschheit, eine Selbstbesessenheit, die ein klinischer Fall ist, und die Gründlichkeit im Verkehrten. Dahin führt die Überwindung der Moral.

JOHANNES R. BECHER
Deutsches Bekenntnis

Daß unser Leben tiefernst und erdrückend schwer geworden ist, das empfindet heute wohl jeder. Aber die meisten lassen es bei solch einem dumpfen Gefühlsausdruck bewenden. Sie verharren in einem Zustand von Niedergeschlagenheit und Benommenheit, in einer Art von Betäubung und Bewußtlosigkeit, als hätten sie sich noch immer nicht von der Erschütterung, von der niederschmetternden Wucht der Ereignisse erholt. Nur einige wenige, vereinzelte Ausnahmen sind es, die sich die Mühe geben und die auch über die geistigen und moralischen Fähigkeiten verfügen, um nach dem Grund zu forschen, warum dies alles so geworden ist und woher diese erdrückende Schwere stammt, die uns alle gleichermaßen belastet.

Unser Volk ist noch nicht zum Bewußtsein der Größe seiner Niederlage gekommen. Wir haben uns noch nicht zum klaren Bewußtsein unserer Mitverantwortlichkeit, der Größe unserer Schuld durchgerungen. Wir sind noch nicht zum vollen Bewußtsein all dessen gelangt, was not tut, um uns als eine neue menschliche, nationale Existenz zu fühlen und unserem Leben nach all dem furchtbar Erlebten den Sinn zu verleihen, der es fortan lebenswert macht.

»Gespensterhaft!« drängt es sich auf, wenn man sich heute in Deutschland umblickt.

Es sind nicht nur die Trümmerskelette, wie sie zu beiden Seiten unseres alltäglichen Weges aufragen, nicht nur die Schutthalden, Moränen, durch die oft nur ein unebener, schmaler, geschlängelter Pfad führt und die inmitten der morschen Felsfassaden und eines vereinzelt hingesprenkelten zwerghaften Baumgrüns und ausgetrockneter Wasserrinnen an eine Wanderung in den Dolomiten erinnern – geschlachtet und ausgeweidet bis zur unheimlichen Wesenlosigkeit ist solch ein Häuserblock –, herausgerissene Heizkörper, umgestülpte Badewannen rosten im Müll, woraus wie ein vergeblicher Hilferuf der oberste Teil einer Tafel schreit: »Schuttabladen verboten!«

Es ist nicht nur das Ausgeglühte, Schlackenhafte, das Fehlen jeglicher Art von menschlicher Farbe, Möbelstücken, Tapetenresten, was es ganz und gar unwahrscheinlich macht, daß sich hier bewohnte Räume, Menschenwohnungen hochgestockt aneinanderreihten und daß an Stelle des erkalteten, erstarrten Grauens einstmals ein »Daheim« war, in all seiner Sauberkeit und Behaglichkeit – und es war so: ein halbiertes Zimmer schwebt in schwindelnder Höhe über dem Abgrund eines trümmerverstopften Hofs; hoffnungslos vereinsamt in der Schuttwüste des hingerichteten Stadtviertels, mit Tisch, Klavier, Sofa, Stühlen und den beiden bilderbehangenen Wänden: ahnungslos, daß es nur eines geringen Windstoßes bedarf, um es von seiner schwindelnden Höhe ins Nichts herabzufegen – gespensterhaft: da tritt aus der Kulisse des Ausgebranntseins und des Ausgestorbenseins hervor durch eine unsichtbare Hintertüre eine Frau auf die Bühne, die, eine Kanne vor sich her haltend, tastend sich an den Tisch heranbewegt; auch ein Balkon über dem Trümmerreich, wie emporgehoben für einen Augenblick, und es ist, als neige er sich schon wieder hernieder, in seiner Schwebe ... Statuen, aus dem Schutt hervorgekehrt: Frauen, Schürzen umgebunden, in Hosen und Handschuhen, die sekundenhaft zum Leben aufzucken, wenn sie einen Eimer, der Reihe nach, die Schutthöhe hinaufreichen, und wieder stehen sie bewegungslos, erstarrt vor dem wahnwitzigen Beginnen, mit solch einem Eimerchen das Schuttmassiv abzutragen. In Staub gesunkene Straßennamen und Ladenschilder, und da unternimmt die Ausgrabung ein Schürhaken, indem er planlos im Moder herumstochert. Restbestand eines Bretterzauns: wie ein Wegweiser aus der Schutthölle in den Alltag eines neuen Lebens, ist der Zettel bemüht, das Inserat in der Zeitung und das Plakat auf der Litfaßsäule zu ersetzen: man erfährt von Veranstaltungen und von Tauschangeboten, Schuhe gegen Kaffee, Fett gegen Zigaretten, und jemand will gegen Beteiligung an den Reiseunkosten Briefe nach Leipzig mitnehmen.

So verwittert schon ist diese Brüchigkeit, als stammte sie aus einer grauen Vorzeit her: Felskamine, Bimssteingrotten, ein ganzer

Bergrutsch – nur die Keller wühlen sich hier und dort herauf, katakombenähnlich, sich schamlos entblößend von Aschenverwehung und die Schutthaube über sich abstreifend, und zeigen mit einem grünlichen Wasserbrei gefüllte Eingänge, das Geheimnis preisgebend, daß noch Erstickte, Verschmorte, Verschlammte, Verschüttete, Ertränkte unter der Erdoberfläche hausen.

Es sind nicht nur die Trümmerskelette und Stahlgerippe, nicht nur Modergeruch und Staubschwaden, die uns begleiten, nicht nur die Pfützen und Tümpel, die Moraststellen und Sumpflöcher, die verraten, daß sich unterhalb der Stadt ein ausgedehntes Gangrän hinzieht – gespensterhaft die Menschenöde, die Einsamkeit, die Stille. Wer auf einer einstmals belebten Straße geht, hat nicht mehr das Gefühl des Gehens, er wandelt, er irrt, er flieht dahin wie in Trance – o wie still ist es, wie totenstill. Jedes gesprochene Wort wird aufgesogen von dieser magnethaften Stille, die, tiefstes Schweigen gebietend, alles anzuziehen scheint und in sich schlingt und unhörbar, geräuschlos macht. Der lauteste Aufschrei würde in dieser Stille Unheimlichkeit zum scheuen Geflüster. Autos gleiten, ab und zu eine Straßenbahn wie auf gummigepolstertem Untergrund. Wie ärmlich, wie rührend das Bemühen eines Cafés, sich in die überwältigende Einsamkeit mit einer Tanzkapelle einzubauen.

Aber es sind nicht nur die Trümmerwüsteneien mit den sich übereinanderlagernden Schichten einer Staublawine, die, jetzt noch gebändigt, beim ersten Sturmhauch hochzustieben droht – es ist nicht nur diese feierliche Stille, dieses lähmende Ruinenschweigen, das uns zögernd und zaghaft macht und wodurch unsere Bewegungen gemessen und zurückhaltend werden – wir treten in ein Häuserviertel ein, wo die Vernichtung keinerlei Spuren hinterlassen hat. Alles ist erhalten. Alles steht noch an ein und derselben Stelle, alles scheint noch genauso wie damals und ehedem. Aber diese Unergriffenheit inmitten der allgemeinen Vernichtung hat etwas Künstliches an sich, wie etwas für eine Ausstellung Zurechtgemachtes, ein Spuk, der uns narren will, der uns zurückverlocken will in eine traumschöne Niewiederkehr. Kein Gerümpel, nirgendwo Geröll. Jenseits von Verfall und Verwesung scheint hier eine Museumsstadt aufgebaut und will uns bekannt machen in ihren wohlkonservierten Überbleibseln mit einem Altertum, und Baumwipfel überdachen uns blätterdicht und schwingend und täuschen eine paradiesische Lebensfülle vor. Diese Unergriffenheit aber kann nur Fassade und Fläche sein, denn die Menschen, denen wir begegnen, können nicht verbergen, daß auch sie mit einverbannt sind in die namenlose Qual des Verderbens, so seltsam geduckt und wankend gehen sie, und wenn ein Lachen irgendwo aufgluckst, schrecken wir, davon peinlich betroffen, zurück, als sei es das Hohngelächter einer Hölle. Das Liebespaar, das dort, sich umarmend, auf einer Bank im Park sitzt: ein gestelltes Bild, aus einem alten Märchenbuch herausgeschnitten und hierher versetzt, ein idyllisches, zauberhaftes »Es war einmal«, unwirklich, Porzellan, Nippfigur unter Vitrine glasblauen Himmels, von einer wurmstichigen Kommode aus Versehen hierher in die Parkmitte verschlagen. Gespensterhaft ...

Aber es ist nicht nur die Trümmerwelt, mitsamt dem Spuk des Erhaltenen – Flüchtlinge da und dort, der hochgestaute Handkarren zieht, schleppt und zerrt die ihm widerstrebend Folgenden unwiderstehlich mit sich, als wären die nur durch dieses aus dem Untergang gerettete Hab und Gut zum Gehen zu bringen und am Leben zu erhalten ... Und die Heimkehr der Landser! Es ist, als hätten die Trümmerskelette und Schuttburgen eine verkleinerte, menschenähnliche Gestalt angenommen, so wankt, schleift und humpelt – auch klappernd auf Holzpantoffeln – der in Gruppen aufgesprengte Heerzug aus der Gefangenschaft Entlassener dahin, gebückt, wie aus Staub und Asche hervorgezogen und geknickt in den Knien, weiß-, rotblond und schwarzstoppelig überwachsene Gesichter, und auch rauchverrußte und schmutzüberkrustete Kindergesichter darunter, fahlgelb oder von einer versengten Bräune, Kolonnen von Heimatlosen, heimatlos geworden in der eigenen Heimat, an den Mützen mit weißem Faden eingestickte Inschriften wie: »Heim zu Muttern. Freiburg i.B.«, die Blicke niedergeschlagen oder aus den entzündeten leeren Augenhöhlen in der Fremde der Heimat um sich starrend. Gespensterhaft.

Aber es sind nicht nur die Trümmerskelette, die Flüchtlinge, die Landser, die aus der Gefangenschaft Heimkehrenden – sind wir nicht selbst auch gespenstische Wesen geworden, sind wir nicht alle, die wir da auf und nieder wandeln, Schatten und Schemen, in einem ungeheuren Wandel begriffen? Befinden wir uns nicht alle in einem gefährlichen Schwebezustand zwischen gestern und morgen? Das Gestern kann nicht mehr sein, und es will noch nicht Morgen werden. Es dämmert. Auch die hellste, wärmste Sonne, wenn sie einmal in diesen kühlen verregneten Sommer hineinscheint, bringt nicht das alles durchdringende Zwielicht zum Weichen. Deutschlands Aschermittwoch nach Hitlers blutigem Karneval. Noch sind die Masken nicht gefallen. Noch herrscht die Larve. Noch erscheinen Kleider als Verkleidungen, Vermummungen. Wer zeigt, wer er ist! Die meisten wissen es selbst nicht. Sind auf der Flucht und sind in einem Wandel begriffen. Das Woher ist ihnen genommen, das Wohin ist Niemandsland und unsichtbar. Gespensterhaft ...

Solche Visionen drängen sich auf und bedrängen uns, wenn wir heute in Deutschland Ausschau halten ...

Nichts ist gefährlicher, als wenn wir in solch einem Dämmerzustand weiter verharren. Es wäre verhängnisvoll für jeden von uns und würde sich geradezu tödlich für die Gesamtheit unseres Volkes auswirken, wenn wir uns nicht endlich aufraffen und erheben und den Mut finden würden, der Wahrheit ins Auge zu schauen, die Wahrheit, so bitter und so schmerzlich sie auch für uns sein mag, zur Kenntnis zu nehmen, die Wahrheit und nochmals die Wahrheit und nichts als die Wahrheit zu sagen. Wir können als einzelne Menschen und als Nation nur wieder aufzuleben beginnen, wenn wir uns mit all unserem Sinnen und Sehnen dem Geiste der Wahrheit verpflichten, wenn wir das Bekenntnis zur Wahrheit all unserem Tun und Trachten voranstellen und wenn unser ganzes Leben und Schaffen bestimmt ist von dem unbeugsamen Willen zur Wahrheit, beseelt ist von einem stürmischen, leidenschaftlichen Drang nach Wahrhaftigkeit.

(...)

Wie im religiösen Leben, so gibt es auch im Leben eines Volkes den Begriff der Wandlung. Auch ein ganzes Volk kann sich wandeln, kann anders werden. Zu solch einer Wandlung, zu solch einem Anderswerden sind wir Deutschen wiederum aufgerufen. Dazu bedarf es auch geistiger Auseinandersetzungen, einer weltanschaulichen, nationalen Klärung und Selbstverständigung, wobei wir das uns Trennende nicht verschweigen, aber es fruchtbar machen wollen im Interesse des großen gemeinsamen Ganzen. Und das wäre zudem schon ein wesentlicher Teil echter Demokratie. Und so heißt es auch in der berühmten Rede des Perikles auf die Gefallenen: »Denn nichts schadet nach unserer Überzeugung das Wort der Tat, im Gegenteil bringt es Schaden, wenn man ohne klärende Aussprache zur Tat schreitet.« Wiederum tritt die Geschichte fordernd vor uns hin, fordert von uns Rechenschaft. Wehe uns, wenn wir uns nicht selber Rechenschaft ablegen und wenn wir den nationalen Forderungen wiederum nicht genügen und wenn wir die Geschichte wiederum zu betrügen versuchten.

Eine Wandlung aber setzt voraus, daß man in sich gehe und daß man sich auf Herz und Nieren prüfe, inwieweit man selbst nicht sein gerüttelt Teil Schuld zur Katastrophe beigetragen hat. »Wir haben nur immer das Beste gewollt«, werden welche beteuern, und ein lateinisches Sprichwort lautet: »Abusus optimi pessimus« – der Mißbrauch des Besten ist der schlechteste. Seid ihr schuldlos darum? Keineswegs. Im besten Willen, im besten Glauben, mit euren besten Kräften hättet ihr der schlechtesten Sache der Welt gedient? Wer einen solchen Mißbrauch mit sich treiben ließ, kann nicht behaupten, daß er frei von Schuld sei. Aber wie steht es mit diesem »besten Glauben«? Habt ihr überhört, daß euch Goebbels in seinem Kaschemmenjargon das »Gesundstoßen« als Kriegsziel angepriesen hat – überlaut, zynisch genug hat die Nazipropaganda ihre barbarische Unmoral in alle Welt hinausgebrüllt. Keiner, der nicht gewußt hätte, was für ein verbrecherisches Spiel gespielt wurde, mit der einzigen Ausnahme vielleicht solcher Verbrecherfiguren, solcher Fälle von Moral insanity, die in der berufsmäßigen Ausübung von Verbrechen ihren einzigen Daseinszweck sahen. Nein, von einem »besten Wollen« kann kaum mehr die Rede sein, nein, auf einen besten Glauben können wir uns nicht berufen. Eher wäre zu bekennen: wider unser besseres Wissen, gegen die Stimme unseres Gewissens, gegen die Stimme unseres Herzens haben wir das alles mitgemacht. »Wir sind immer unpolitisch gewesen, wir haben von Politik nichts verstanden, wir wollen auch von Politik weiterhin nichts wissen.« So versuchen sich andere aus der Mitschuld herauszureden. Die Ahnungslosen, sie wissen nicht, wie schwer sie sich belasten, wie sie sich selber anklagen, unpolitisch sein heißt ja nichts anderes als gleichgültig sich dem Schicksal seines Volkes gegenüber zu verhalten, als sich außerhalb seines Volkes zu stellen. Wer sich als unpolitisch erklärt, erklärt damit: »Ich will mit meinem Volk nichts zu tun haben.« Gerade sie, die Unpolitischen, tragen nicht wenig Schuld an dem furchtbaren Niederbruch unseres Volkes. Nur durch ihre »stille Duldung«, durch ihre Teilnahmslosigkeit konnte das Übel so verheerend auswachsen. Aber auch wir, die wir immer dem Bösen zu widerstehen versuchten, können uns bei einer sorgfältigen Gewissensprüfung von der Schuld nicht freisprechen. Wir haben unserer guten Sache keineswegs immer so gedient, wie sie es verdient hätte. Wir haben Fehler begangen, Schwächen gezeigt, und Fehler und Schwächen werden zur geschichtlichen Schuld in so hochgespannten Zeiten, da auch das Geringste, das wir tun oder unterlassen, Großes bewirken kann. Nein, wir treten nicht vor das deutsche Volk hin mit dem anmaßenden Gehaben, daß wir die Auserwählten, daß wir makellos und frei von Schuld seien. Aber wir treten hin vor die Welt in dem unverbrüchlichen Willen, uns selbst zu ändern, uns aus Strammstehern und Befehlsempfängern zu freiheitlichen deutschen Menschen zu erziehen. Und wir wollen uns zu bewußten Zivilisten erziehen, mit Zivilcourage.

So schämen wir uns auch nicht, Scham zu empfinden über die Schande und Schmach, die ein Hitler unserem Volk angetan hat. In der Schamlosigkeit des letzten Jahrzehnts ist auch das Gefühl der Scham verlorengegangen. So müssen wir auch das Gefühl der Scham in unserem Volk neu erwecken. Scham ist ein revolutionäres Gefühl, das – tief empfunden – den ganzen Menschen zum Glühen bringt und die Schlacken des verrotteten Alten in uns ausbrennt. Wer Scham empfindet, empfindet Zorn und Empörung gegen das Schlechte und Unzulängliche auch in sich selbst. Die Hitlerherrschaft, Deutschlands Fluch und Schande, fordert Zorn, Empörung, fordert die Scham heraus. Nur in der Ergriffenheit durch solche Gefühle können wir die Reste des Übels in unserem Fühlen und Denken aus dem ganzen Volkskörper ausscheiden. Ein Anderswerden, eine Wandlung hat nur dann einen Sinn, wenn der ganze Mensch von dem neuen Leben ergriffen wird, wenn das Fühlen und Denken gleichermaßen einbezogen wird in das Neue, wenn die Wahrheit nicht nur verstandesmäßig erkannt, sondern auch tief innerlich durchlebt wird.

THOMAS MANN
Über die deutsche Schuld

Es tut wohl, zu wissen, daß die überlebenden Insassen der deutschen Konzentrationslager, diese erbarmungswürdigen Reste von Massen unschuldiger Menschen, Männer, Frauen und vieler, vieler Kinder, die an den Schandstätten oft noch im letzten Augenblick, bevor der Retter kam, von der Hand vertierter Zöglinge des Nationalsozialismus einen gräßlichen Tod erlitten haben und deren ausgemergelte Leichname und verkohlte Gebeine man gefunden hat nebst den ingeniösen Vorrichtungen, die zu ihrer Hinmachung dienten, es tut wohl, sag' ich, zu wissen, daß sie der Gewalt ihrer Quäler entrissen, den Gesetzen der Menschlichkeit zurückgegeben sind.

Aber ganz andere Empfindungen noch mischen sich für den Deutschen in das Gefühl der Genugtuung.

Der dickwandige Folterkeller, zu dem der Hitlerismus Deutschland gemacht hat, ist aufgebrochen, und offen liegt unsere Schmach vor den Augen der Welt, den fremden Kommissionen, denen diese unglaubwürdigen Bilder nun vorgeführt werden und die zu Hause melden, dies übertreffe an Scheußlichkeit alles, was Menschen sich vorstellen können. »Unsere Schmach«, deutscher Leser und Hörer! Denn alles Deutsche, alles was deutsch spricht, deutsch schreibt, auf deutsch gelebt hat, ist von dieser entehrenden Bloßstellung mitbetroffen. Es war nicht eine kleine Zahl von Verbrechern, es waren Hunderttausende einer sogenannten deutschen Elite, Männer, Jungen und entmenschte Weiber, die unter dem Einfluß verrückter Lehren in kranker Lust diese Untaten begangen haben.

Man nenne es finstere Möglichkeiten der Menschennatur überhaupt, die da enthüllt werden – deutsche Menschen, Hunderttausende sind es nun einmal, die sie vor den Augen der Welt enthüllt haben. Die Menschheit schaudert sich vor Deutschland! Ja, vor Deutschland. Denn dieses hat das fürchterliche Beispiel gegeben, und auch der Deutsche, der sich beizeiten aus dem Bereich nationalsozialistischer Menschenführung davongemacht hatte, der nicht, wie ihr, in der Nachbarschaft dieser Greuelstätten lebte, in scheinbaren Ehren seinen Geschäften nachging und nichts zu wissen versuchte, obgleich der Wind ihm den Gestank verbrannten Menschenfleisches von dorther in die Nase blies, auch ein solcher fühlt sich in tiefster Seele beschämt von dem, was im Land seiner Väter und Meister möglich geworden, freilich nur durch das Hitlerregime möglich geworden war, erschüttert von einer menschlichen Degradierung, die nur durch diese eine, die Naziherrschaft, in einem von Hause aus guten, Recht und Gesittung liebenden Volk angerichtet werden konnte.

Einer der letzten Kommentatoren des Goebbels-Radio, ein Mensch namens Fritzsche, hat ins Mikrophon gerufen, nichts komme gegen die Tatsache auf, daß der Nationalsozialismus die dem deutschen Volk einzig angemessene Verfassung sei, daß Deutschland für dieses Regime geschaffen sei. Das wagt er dem Volk ins Gesicht zu sagen, das zwölf Jahre mit schlechtem Gewissen und düsteren Gedanken unter diesem Regime gelebt hat und nun vor den Trümmern seines Reiches, vor einer Katastrophe steht, wie weder seine Geschichte noch die Geschichte überhaupt sie je gekannt hat. Das dem deutschen Volk »einzig zukömmliche Regime« hat es nach wenigen Jahren nicht nur in die furchtbarste, sondern auch in eine schändliche Niederlage geführt, so daß Deutschland heute dasteht als Abscheu der Menschheit und Beispiel des Bösen.

Das Recht erstickt und die Wahrheit; die Lüge das Wort führend ganz allein; die Freiheit zertrampelt; der Charakter, jede Anständigkeit zermalmt und eine Korruption von oben bis unten, die zum Himmel stank; die Menschen, gedrillt von Kind auf in einem lästerlichen Wahn von Rassensuperiorität, Erwähltheit und Recht auf Gewalt, erzogen zu nichts als Begehrlichkeit, Raub und Plünderung: das war der Nationalsozialismus, und das soll deutsch, soll die der deutschen Natur einzig angemessene Verfassung sein!

Meine Leser und Hörer in Deutschland! Ihr konntet euch von dieser Herrschaft aus eigener Kraft nicht befreien; es war wohl nicht möglich. Die Befreier mußten von außen kommen, sie haben das zerbrochene Land besetzt und müssen es auf Jahre hinaus noch verwalten. Betrachtet sie nun wenigstens nicht, wie der Bischof Galen es euch vormacht, als eure »Feinde«! Fühlt euch selbst nicht, wie dieser unbelehrbare Geistliche, »in erster Linie als Deutsche«, sondern als Menschen, der Menschheit zurückgegeben, die nach zwölf Jahren Hitler wieder Menschen sein wollen. Denn keinen anderen Wunsch kann man haben, nach solchen Jahren wie diesen. Die Macht ist verspielt. Aber Macht ist nicht alles, sie ist nicht einmal die Hauptsache, und deutsche Größe war nie eine Sache der Macht. Deutsch war es einmal, und möge es wieder sein: Der Macht Achtung abzugewinnen durch den menschlichen Beitrag zum freien Geist.

WALTER VON MOLO
An Thomas Mann

Lieber Herr Thomas Mann!
In den langen Jahren der Bestürzung der Menschenseelen habe ich viele Ihrer Äußerungen gehört – soweit sie gedruckt zu mir gelangen konnten – auch gelesen. Und immer freute, erschütterte mich Ihr treues Festhalten an unserem gemeinsamen Vaterlande. Nun lernte ich als letzte Ihrer veröffentlichten Kundgebungen die kennen, die am 18. Mai in München veröffentlicht wurde; auch hier wieder fand ich dankbar und mit nicht geringer Erschütterung das gleiche –. Man sagte mir, daß Sie im Rundfunk am Tage Ihres 70. Geburtstages gesprochen hätten und mitteilten, Sie freuten sich auf das Wiedersehen mit Deutschland.

Mit aller, aber wahrhaft aller Zurückhaltung, die uns nach den furchtbaren zwölf Jahren auferlegt ist, möchte ich dennoch heute bereits und in aller Öffentlichkeit ein paar Worte zu Ihnen sprechen: Bitte, kommen Sie bald, sehen Sie in die vom Gram durchfurchten Gesichter, sehen Sie das unsagbare Leid in den Augen der vielen, die nicht die Glorifizierung unserer Schattenseiten mitgemacht haben, die nicht die Heimat verlassen konnten, weil es sich hier um viele Millionen Menschen handelte, für die kein anderer Platz auf der Erde gewesen wäre als daheim, in dem allmählich gewordenen großen Konzentrationslager, in dem es bald nur mehr Bewachende und Bewachte verschiedener Grade gab.

Bitte, kommen Sie bald und geben Sie den zertretenen Herzen durch Menschlichkeit den aufrichtigen Glauben zurück, daß es Gerechtigkeit gibt, man nicht pauschal die Menschheit zertrennen darf, wie es so grauenvoll hier geschah. Dieser Anschauungsunterricht entsetzlicher Art darf für die ganze Menschheit nicht verloren gehen, die nach Glauben und Wissen in einer dämonischen und höchst unvollkommenen Welt zu existieren versucht, mit dem in unserer Epoche die Blutrache beendenden, nach fester Ordnung suchenden Flehen: »Vergib uns unsere Schuld wie auch wir vergeben unseren Schuldigern. Erlöse uns von dem Übel.«

Wir nennen das Humanität!

Bitte, kommen Sie bald und zeigen Sie, daß der Mensch die Pflicht hat, an die Mitmenschen zu glauben, immer wieder zu glauben, weil sonst die Menschlichkeit aus der Welt verschwinden müßte. Es gab so viele Schlagworte, so viele Gewissensbedrückungen, und so viele haben alles vor und in diesem Krieg verloren, schlechthin alles, bis auf eines: Sie sind vernünftige Menschen geblieben, ohne Übersteigerung und ohne Anmaßung, deutsche Menschen, die sich nach der Rückkehr dessen sehnten und sehnen, was uns einst im Rate der Völker Achtung gab.

Ihnen, dem Seelenkundigen, genügt es zu sagen, daß wohl Haß, Brutalität und Verbrechen überall ausgerottet werden müssen, aber nicht darf dies, um der Zukunft der Menschheit und um der heranwachsenden Jugend in allen Ländern der Erde willen, durch neuen, in Leidenschaft verallgemeinerten Haß geschehen, wie ihn hier krank gewordene Gehirne und Herzen übten.

Das deutsche Volk hat – ungeachtet recht zahlreicher und lebhafter Aufforderungen von der Frühe bis in die Nacht – vor dem Kriege und im Kriege nicht gehaßt, und es haßt nicht, es ist nicht dazu fähig, weil es wahrhaft seine Großen und seine Meister, die die Welt liebt und verehrt, verdiente und noch immer verdient, denn – ich spreche in voller Verantwortung es aus – Ihr Volk, das nunmehr seit einem Dritteljahrhundert hungert und leidet, hat im innersten Kern nichts gemein mit den Missetaten und Verbrechen, den schmachvollen Greueln und Lügen, den furchtbaren Verirrungen Kranker, die daher wohl so viel von ihrer Gesundheit und Vollkommenheit posaunten.

Von diesen und für diese spreche ich nicht, aber ich sage vor allem um der Zukunft der Gesamtmenschheit willen, der wir weiter Hoffnung geben müssen als nunmehr Altgewordene, die diese Pflicht zu erfüllen haben, solange uns Frist gegeben ist:

Wir müssen endlich jeder dem alle Menschen Einigenden dienen, das Gemeinsame, Verbindende, nicht weiter oder neu das Trennende suchen, denn Haß und pauschale Herabsetzung und unrichtig abgekürzte Geschichtsbetrachtungen zu vergänglichen Zwecken sind unfruchtbar und führen zu Katastrophen; das haben wir doch in unserer Lebensspanne in schrecklicher Art erfahren.

Kommen Sie bald wie ein guter Arzt, der nicht nur die Wirkungen sieht, sondern die Ursache der Krankheit sucht und diese vornehmlich zu beheben bemüht ist, der allerdings auch weiß, daß chirurgische Eingriffe nötig sind, vor allem bei den zahlreichen, die einmal Wert darauf gelegt haben, geistig genannt zu werden. Sie wissen, daß es sich um keine unheilbare Krankheit unseres Volkes handelt, wir wollen alle zusamt den Siechen, dem vor allem Vertrauen fehlt, gesund machen, ihn aber nicht in seiner Schwächung durch Demütigungen und Enttäuschungen neu krank und dann vielleicht unheilbar werden lassen.

Kommen Sie bald zu Rat und Tat. Ich glaube, stete Wachsamkeit, auch über sich selbst, sichert allein die Freiheit des allverbindenden Geistes. An dieser Wachsamkeit haben es wohl alle Menschen auf der ganzen Erde fehlen lassen, weil die Weltkrisen seit 1914 zu sehr verwirrten und müde machten. Suchen wir wieder gemeinsam – wie vor 1933 – die Wahrheit, indem wir uns alle auf den Weg zu ihr begeben und helfen, helfen, helfen!

In diesem Sinne Ihr Walter von Molo.

FRANK THIESS
Innere Emigration

Walter von Molos offener Brief an Thomas Mann enthält eine wiederholte Aufforderung an diesen, nach Deutschland zu kommen und selber das Gesicht des Volkes zu betrachten, an das er während der 12 ¹/₄ Jahre des nationalsozialistischen Infernos von Amerika aus seine Botschaften gesandt hat. Ich möchte dieser Aufforderung nachdrücklich zustimmen und sie auf *die* Persönlichkeiten unter den Emigranten ausdehnen, die sich heute noch als Deutsche fühlen. Denn die Mächte, welche sie zum Verlassen ihrer Heimat gezwungen hatten, sind gestürzt, und für die kommenden Jahrzehnte steht den geistig freien Deutschen eine Arbeit bevor, wie es sie seit dem 30jährigen Kriege nicht gegeben hat.

Im Jahre 1933, als ich noch der naiven Ansicht huldigte, die Nationalsozialisten seien belehrbar, richtete ich mit einem Protest gegen die Verbrennung einiger meiner Bücher am »Schandpfahl« an Hinkel, der damals als »Reichskulturverwalter« fungierte, einen Brief, in dem ich etwa folgendes sagte: Mit der Verdammung und Verfemung des nicht nationalsozialistischen Schrifttums werde man die schöpferischen Kräfte der Nation nicht in neue Bahnen lenken. Das Dritte Reich werde davon keinen Nutzen haben, denn die bereitwilligen Nachläufer blieben ohne jede Bedeutung und die unter den geistigen Deutschen, deren produktive Energien nach Überzeugung der Nationalsozialisten in falschen Bahnen liefen, würden niemals durch Verbote oder äußere Druckmittel gezwungen werden können, ihr Wesen zu verleugnen. Ihnen bliebe am Ende kein anderer Weg als die »innere Emigration«.

Der Brief wurde weder beantwortet noch hatte er irgendeine Wirkung, doch die in ihm ausgesprochene Tatsache der Entstehung einer inneren Emigration hat sich als richtig erwiesen. Es trat im Schrifttum eine sehr deutlich erkennbare Trennung zwischen Mitläufern und sogenannten Verdächtigen zutage, deren Folge für diese sehr bald empfindlich spürbar wurde, während man sie im Auslande übersah. Leider hat auch ein so scharfer und kluger Beobachter der deutschen Verhältnisse wie Thomas Mann diesen Unterschied nicht hervorgehoben, wofür eine Unterhaltung, die er im Jahre 1934 mit Erich Ebermayer in der Schweiz hatte, Aufschluß gibt. Nach Ebermayers Bericht soll Thomas Mann ihn aufgefordert haben, Deutschland zu verlassen, weil die Emigration als der einzige klare Ausdruck einer Nazi-Gegnerschaft angesehen werden könne. Ebermayer antwortete: als deutscher Schriftsteller bedürfe er des deutschen Raums, der deutschen Erde und des Widerhalls deutscher Menschen, Mächte, die letztlich kein Terror angreifen könne, auch wenn sie als wirkende Kräfte mehr und mehr zu verschwinden schienen.

Das war richtig, denn die Welt, auf die wir innerdeutschen Emigranten uns stützten, war ein *innerer Raum*, dessen Eroberung Hitler trotz aller Bemühung nicht gelungen ist. Wohl konnte er die deutsche Seele in einen hypnotischen Schlaf versenken, den deutschen Geist von jeder schöpferischen Teilnahme absperren, doch als Elemente nicht zerstören, andernfalls müßten wir für alle Zukunft die Hoffnung aufgeben, jemals wieder zu schöpferischem Leben zu erwachen. Männer wie Kasimir Edschmid, Hermann Keyserling, Walter von Molo, Erich Kästner, Werner Bergengruen, ja sogar betont »nationale« Schriftsteller wie Hans Grimm und Ernst Wiechert befanden sich sehr bald in einer Isolierung, die sich für viele von ihnen wirtschaftlich verhängnisvoll auswirkte, ihnen dafür aber einen Schatz an Einsicht und Erfahrung gab, der für ihre künftige Arbeit von größtem Wert sein kann.

Auch ich bin oft gefragt worden, warum ich nicht emigriert sei, und konnte immer nur dasselbe antworten: falls es mir gelänge, diese schauerliche Epoche (über deren Dauer wir uns freilich alle getäuscht hatten) lebendig zu überstehen, würde ich dadurch derart viel für meine geistige und menschliche Entwicklung gewonnen haben, daß ich reicher an Wissen und Erleben daraus hervorginge, als wenn ich aus den Logen und Parterreplätzen des Auslands der deutschen Tragödie zuschaute. Es ist nun einmal zweierlei, ob ich den Brand meines Hauses selbst erlebe oder ihn in der Wochenschau sehe, ob ich selber hungere oder vom Hunger in den Zeitungen lese, ob ich den Bombenhagel auf deutsche Städte lebend überstehe oder mir davon berichten lasse, ob ich den beispiellosen Absturz eines verirrten Volkes unmittelbar an hundert Einzelfällen feststellen oder nur als historische Tatsache registrieren kann. Auch möchte ich nebenher erwähnen, daß viele von uns schon deshalb nicht emigrieren konnten, weil sie wirtschaftlich dazu außerstande waren. Sie hätten auch ihre nächsten Angehörigen mitnehmen müssen, wenn sie draußen den Kampf gegen Hitler aufnehmen wollten. Der Fall des Grafen Knyphausen gibt ein Beispiel für die von Himmler geübte »Sippenhaftung«. Zur Strafe für seine Enthüllungen in Schweden hatte die Gestapo nicht nur seinen beinahe achtzigjährigen Vater, sondern auch Angehörige seiner Familie umgebracht.

Indessen mochten für uns diese persönlichen Umstände nicht stärker entscheidend gewesen sein als die Gewißheit, daß wir als deutsche Schriftsteller nach Deutschland gehörten und, was auch käme, auf unserem Posten ausharren sollten. Ich will damit niemanden tadeln, der hinausging, denn für die meisten Emigranten hing

Leben oder Tod von diesem Entschluß ab, also war es richtig, daß sie fortgingen. Ebensowenig kann ich aber wünschen, daß die ungeheure Belastung und Schwere unseres Lebens, das in einer Anzahl von Fällen wirtschaftlichen Ruin und körperlichen Zusammenbruch zur Folge hatte, verkannt werde. Ich glaube, es war schwerer, sich hier seine Persönlichkeit zu bewahren, als von drüben Botschaften an das deutsche Volk zu senden, welche die Tauben im Volke ohnedies nicht vernahmen, während wir Wissenden uns ihnen stets um einige Längen voraus fühlten.

Trotzdem sind uns diese zornigen Grüße und Mahnungen von jenseits des Ozeans Zeichen einer tiefen inneren Verbundenheit zwischen beiden Emigrantenlagern geblieben. Wir haben hinter abgesperrten Türen auf sie gelauscht und sind dankbar gewesen, daß drüben einer stand, der für uns sprach, auch wenn er uns, die wir zurückgeblieben waren, vergessen hatte. Nun ist es freilich für das kommende geistige Leben Deutschlands von nicht geringer Bedeutung, daß *alle* Feinde des Nationalsozialismus zusammenstehen und die Emigranten nicht aus ihrer gesicherten Position, sondern aus der Mitte ihres verführten und leidenden Volkes heraus in ihm wirken und für seinen Aufstieg arbeiten. Ich weiß, wie bitter schwer es meinen Freunden Franz Werfel, Hermann Broch und Paul von Zsolnay im Jahre 1938 wurde, Österreich zu verlassen (nie werde ich den Abschied von ihnen vergessen), und bin gewiß, daß sie sich ihrer Heimat nicht entfremdet haben.

Ein zaristischer General, den man im Jahre 1918 aufforderte, aus Rußland zu fliehen, gab zur Antwort: »Man verläßt seine Mutter nicht, wenn sie krank ist.« Wir erwarten dafür keine Belohnung, daß wir unsere kranke Mutter Deutschland nicht verließen. Es war für uns natürlich, daß wir bei ihr blieben. Aber es würde uns sehr unnatürlich erscheinen, wenn die Söhne, welche um sie so ehrlich und tief gelitten haben wie ein Thomas Mann, heute nicht den Weg zu ihr fänden und erst einmal abwarten wollten, ob ihr Elend zum Tode oder zu neuem Leben führt. Ich denke mir nichts schlimmer für sie, als wenn diese Rückkehr zu spät erfolgt und sie dann vielleicht nicht mehr die Sprache ihrer Mutter verstehen würden.

THOMAS MANN
Warum ich nicht nach Deutschland zurückgehe

Lieber Herr von Molo!
Ich habe Ihnen zu danken für einen sehr freundlichen Geburtstagsgruß, dazu für den Offenen Brief an mich, den Sie der deutschen Presse übergaben und der auszugsweise auch in die amerikanische gelangt ist. Darin kommt noch stärker und dringlicher als in dem privaten Schreiben der Wunsch, ja die verpflichtende Forderung zum Ausdruck, ich möchte nach Deutschland zurückkehren und wieder dort leben: »zu Rat und Tat«. Sie sind nicht der einzige, der diesen Ruf an mich richtet; das russisch kontrollierte Berliner Radio und das Organ der vereinigten demokratischen Parteien Deutschlands haben ihn auch erhoben, wie man mir berichtet, mit der stark aufgetragenen Begründung, ich hätte »ein historisches Werk zu leisten in Deutschland«.

Nun muß es mich ja freuen, daß Deutschland mich wiederhaben will – nicht nur meine Bücher, sondern mich selbst als Mensch und Person. Aber etwas Beunruhigendes, Bedrückendes haben diese Appelle doch auch für mich, und etwas Unlogisches, sogar Ungerechtes, nicht Wohlüberlegtes spricht mich daraus an. Sie wissen nur zu gut, lieber Herr von Molo, wie teuer »Rat und Tat« heute in Deutschland sind, bei der fast heillosen Lage, in die unser unglückliches Volk sich gebracht hat, und ob ein schon alter Mann, an dessen Herzmuskel die abenteuerliche Zeit doch auch ihre Anforderungen gestellt hat, direkt, persönlich, im Fleische noch viel dazu beitragen kann, die Menschen, die Sie so ergreifend schildern, dort aus ihrer tiefen Gebeugtheit aufzurichten, scheint mir recht zweifelhaft. Dies nur nebenbei. Nicht recht überlegt aber scheinen mir bei jenen Aufforderungen auch die technischen, bürgerlichen, seelischen Schwierigkeiten, die meiner ›Rückwanderung‹ entgegenstehen.

Sind diese zwölf Jahre und ihre Ergebnisse denn von der Tafel zu wischen und kann man tun, als seien sie nicht gewesen? Schwer genug, atembeklemmend genug war, Anno dreiunddreißig, der Choc des Verlustes der gewohnten Lebensbasis, von Haus und Land, Büchern, Andenken und Vermögen, begleitet von kläglichen Aktionen daheim, Ausbootungen, Absagen. Nie vergesse ich die analphabetische und mörderische Radio- und Pressehetze gegen meinen Wagner-Aufsatz, die man in München veranstaltete und die mich erst recht begreifen ließ, daß mir die Rückkehr abgeschnitten sei; das Ringen nach Worten, die Versuche, zu schreiben, zu antworten, mich zu erklären, die »Briefe in die Nacht«, wie René Schickele, einer der vielen dahingegangenen Freunde, diese erstickten Monologe nannte. Schwer genug war, was dann folgte, das Wanderleben von Land zu Land, die Paßsorgen, das Hoteldasein, während die Ohren klangen von den Schandgeschichten, die täglich aus dem verlorenen, verwildernden, wildfremd gewordenen Lande herüberdrangen. Das haben Sie alle, die Sie dem »charismatischen Führer« (entsetzlich, entsetzlich, die betrunkene Bildung!) Treue schworen und unter Goebbels Kultur betrieben, nicht durchgemacht. Ich vergesse nicht, daß Sie später viel Schlimmeres durchgemacht haben, dem ich entging; aber das haben Sie nicht gekannt: das Herzasthma des Exils, die Entwurzelung, die nervösen Schrecken der Heimatlosigkeit.

Zuweilen empörte ich mich gegen die Vorteile, deren Ihr genosset. Ich sah darin eine Verleugnung der Solidarität. Wenn damals die deutsche Intelligenz, alles, was Namen und Weltnamen hatte, Ärzte, Musiker, Lehrer, Schriftsteller, Künstler, sich wie ein Mann gegen die Schande erhoben, den Generalstreik erklärt, manches hätte anders kommen können, als es kam. Der einzelne, wenn er zufällig kein Jude war, fand sich immer der Frage ausgesetzt: »Warum eigentlich? Die anderen tun doch mit. Es kann doch so gefährlich nicht sein.«

Ich sage: zuweilen empörte ich mich. Aber ich habe Euch, die Ihr dort drinnen saßet, nie beneidet, auch in Euren größten Tagen nicht. Dazu wußte ich zu gut, daß diese großen Tage nichts als blutiger Schaum waren und rasch zergehen würden. Beneidet habe ich Hermann Hesse, in dessen Umgang ich während jener ersten Wochen und Monate Trost und Stärkung fand – ihn beneidet, weil er längst frei war, sich beizeiten abgelöst hatte mit der nur zu treffenden Begründung: »Ein großes, bedeutendes Volk, die Deutschen, wer leugnet es? Das Salz der Erde vielleicht. Aber als politische Nation – unmöglich! Ich will, ein für allemal, mit ihnen als solcher nichts mehr zu tun haben.« Und wohnte in schöner Sicherheit in seinem Hause zu Montagnola, in dessen Garten er Boccia spielte mit dem Verstörten.

Langsam, langsam setzten und ordneten sich dann die Dinge. Erste Häuslichkeiten fanden sich, in Frankreich, dann in der Schweiz; eine relative Beruhigung, Seßhaftigkeit, Zugehörigkeit stellte sich aus der Verlorenheit her, man nahm die aus den Händen gefallene Arbeit, die einem schon zerstört hatte scheinen wollen, wieder auf. Die Schweiz, gastlich aus Tradition, aber unter dem Druck bedrohlich mächtiger Nachbarschaft lebend und zur Neutralität verpflichtet bis ins Moralische hinein, ließ verständlicherweise doch immer eine leise Verlegenheit, Beklommenheit merken durch die Anwesenheit des Gastes ohne Papiere, der so schlecht mit seiner Regierung stand, und verlangte »Takt«. Dann kam der Ruf an die amerikanische Universität, und auf einmal, in dem riesigen freien Land, war nicht mehr die Rede von »Takt«, es gab nichts als offene, unverschüchterte, deklarierte Freundwilligkeit, freudig, rückhaltlos, unter dem stehenden Motto: »Thank you, Mr. Hitler!« Ich habe einigen Grund, lieber Herr von Molo, diesem Lande dankbar zu sein, und Grund, mich ihm dankbar zu erweisen.

Heute bin ich amerikanischer Bürger, und lange vor Deutschlands schrecklicher Niederlage habe ich öffentlich und privat erklärt, daß ich nicht die Absicht hätte, Amerika je wieder den Rücken zu kehren. Meine Kinder, von denen zwei Söhne noch heute im amerikanischen Heere dienen, sind eingewurzelt in diesem Lande, englisch sprechende Enkel wachsen um mich auf. Ich selbst, mannigfach verankert auch schon in diesem Boden, da und dort ehrenhalber gebunden, in Washington, an den Hauptuniversitäten der Staaten, die mir ihre Honorary Degrees verliehen, habe ich mir an dieser herrlichen, zukunftatmenden Küste mein Haus errichtet, in dessen Schutz ich mein Lebenswerk zu Ende führen möchte – teilhaft einer Atmosphäre von Macht, Vernunft, Überfluß und Frieden. Geradeheraus: ich sehe nicht, warum ich die Vorteile meines seltsamen Loses nicht genießen sollte, nachdem ich seine Nachteile bis zur Hefe gekostet. Ich sehe das namentlich darum nicht, weil ich den Dienst nicht sehe, den ich dem deutschen Volk leisten – und den ich ihm nicht auch vom Lande California aus leisten könnte.

Daß alles kam, wie es gekommen ist, ist nicht meine Veranstaltung. Wie ganz und gar nicht ist es das! Es ist ein Ergebnis des Charakters und Schicksals des deutschen Volkes – eines Volkes, merkwürdig genug, tragisch-interessant genug, daß man manches von ihm hinnimmt, sich manches von ihm gefallen läßt. Aber dann soll man die Resultate auch anerkennen und nicht das Ganze in ein banales ›Kehre zurück, alles ist vergeben!‹ ausgehen lassen wollen.

Fern sei mir Selbstgerechtigkeit! Wir draußen hatten gut tugendhaft sein und Hitlern die Meinung sagen. Ich hebe keinen Stein auf, gegen niemanden. Ich bin nur scheu und ›fremdle‹, wie man von kleinen Kindern sagt. Ja, Deutschland ist mir in all diesen Jahren doch recht fremd geworden. Es ist, das müssen Sie zugeben, ein beängstigendes Land. Ich gestehe, daß ich mich vor den deutschen

Trümmern fürchte – den steinernen und den menschlichen. Und ich fürchte, daß die Verständigung zwischen einem, der den Hexensabbat von außen erlebte, und Euch, die Ihr mitgetanzt und Herrn Urian aufgewartet habt, immerhin schwierig wäre. Wie sollte ich unempfindlich sein gegen die Briefergüsse voll lange verschwiegener Anhänglichkeit, die jetzt aus Deutschland zu mir kommen! Es sind wahre Abenteuer des Herzens für mich, rührende. Aber nicht nur wird meine Freude daran etwas eingeengt durch den Gedanken, daß keiner davon je wäre geschrieben worden, wenn Hitler gesiegt hätte, sondern auch durch eine gewisse Ahnungslosigkeit, Gefühllosigkeit, die daraus spricht, sogar schon durch die naive Unmittelbarkeit des Wiederanknüpfens, so, als seien diese zwölf Jahre gar nicht gewesen. Auch Bücher sind es wohl einmal, die kommen. Soll ich bekennen, daß ich sie nicht gern gesehen und bald weggestellt habe? Es mag Aberglaube sein, aber in meinen Augen sind Bücher, die von 1933 bis 1945 in Deutschland überhaupt gedruckt werden konnten, weniger als wertlos und nicht gut in die Hand zu nehmen. Ein Geruch von Blut und Schande haftet ihnen an; sie sollten alle eingestampft werden.

Es war nicht erlaubt, es war unmöglich, ›Kultur‹ zu machen in Deutschland, während rings um einen herum das geschah, wovon wir wissen. Es hieß die Verkommenheit beschönigen, das Verbrechen schmücken. Zu den Qualen, die wir litten, gehörte der Anblick, wie deutscher Geist, deutsche Kunst sich beständig zum Schild und Vorspann des absolut Scheusäligen hergaben. Daß eine ehrbarere Beschäftigung denkbar war, als für Hitler-Bayreuth Wagner-Dekorationen zu entwerfen – sonderbar, es scheint dafür an jedem Gefühl zu fehlen. Mit Goebbels'scher Permission nach Ungarn oder sonst einem deutsch-europäischen Land zu fahren und mit gescheiten Vorträgen Kulturpropaganda zu machen fürs Dritte Reich – ich sage nicht, daß es schimpflich war, ich sage nur, daß ich es nicht verstehe und daß ich Scheu trage vor manchem Wiedersehen.

Ein Kapellmeister, der, von Hitler entsandt, in Zürich, Paris oder Budapest Beethoven dirigierte, machte sich einer obszönen Lüge schuldig – unter dem Vorwande, er sei ein Musiker und mache Musik, das sei alles. Lüge aber vor allem schon war diese Musik auch zu Hause. Wie durfte denn Beethovens ›Fidelio‹, diese geborene Festoper für den Tag der deutschen Selbstbefreiung, im Deutschland der zwölf Jahre *nicht* verboten sein? Es war ein Skandal, daß er nicht verboten war, sondern daß es hochkultivierte

Aufführungen davon gab, daß sich Sänger fanden, ihn zu singen, Musiker, ihn zu spielen, ein Publikum, ihm zu lauschen. Denn welchen Stumpfsinn brauchte es, in Himmlers Deutschland den ›Fidelio‹ zu hören, ohne das Gesicht mit den Händen zu bedecken und aus dem Saal zu stürzen!

Ja, so mancher Brief kommt nun aus der fremden, unheimlichen Heimat, vermittelt durch amerikanische Sergeants und Lieutenants – nicht nur von bedeutenden Männern, sondern auch von jungen und einfachen Leuten, und merkwürdig: von denen mag keiner mir raten, so bald nach Deutschland zu kommen. »Bleiben Sie, wo Sie sind!« sagen sie schlicht. »Verbringen Sie Ihren Lebensabend in Ihrer neuen, glücklicheren Heimat! Hier ist es zu traurig ...« Traurig? Wäre es nur das – und nicht unvermeidlich auch fortdauernd böse und feindselig. Als eine Art von Trophäe bekam ich kürzlich von amerikanischer Seite ein altes Heft einer deutschen Zeitschrift zugeschickt: ›Volk im Werden‹, März 1937 (Hanseatische Verlagsanstalt Hamburg), herausgegeben von einem hochgestellten Nazi-Professor und Dr. h. c. Er hieß nicht gerade Krieg, sondern Krieck, mit ck. Es war eine bange Lektüre. Unter Leuten, sagte ich mir, die zwölf Jahre lang mit diesen Drogen gefüttert worden sind, kann nicht gut leben sein. Du hättest, sagte ich mir, zweifellos viele gute und treue Freunde dort, alte und junge; aber auch viele lauernde Feinde – geschlagene Feinde wohl, aber das sind die schlimmsten und giftigsten. – –

Und doch, lieber Herr von Molo, ist dies alles nur eine Seite der Sache; die andere will auch ihr Recht – ihr Recht auf das Wort. Die tiefe Neugier und Erregung, mit der ich jede Kunde aus Deutschland, mittelbar oder unmittelbar, empfange, die Entschiedenheit, mit der ich sie jeder Nachricht aus der großen Welt vorziehe, wie sie sich jetzt, sehr kühl gegen Deutschlands nebensächliches Schicksal, neu gestaltet, lassen mich täglich aufs neue gewahr werden, welche unzerreißbaren Bande mich denn doch mit dem Lande verknüpfen, das mich ›ausbürgerte‹. Ein amerikanischer Weltbürger – ganz gut. Aber wie verleugnen, daß meine Wurzeln dort liegen, daß ich trotz aller fruchtbaren Bewunderung des Fremden in deutscher Tradition lebe und webe, möge die Zeit meinem Werk auch nicht gestattet haben, etwas anderes zu sein als ein morbider und schon halb parodistischer Nachhall großen Deutschtums.

Nie werde ich aufhören, mich als deutschen Schriftsteller zu fühlen, und bin auch in den Jahren, als meine Bücher nur auf englisch ihr Leben fristeten, der deutschen Sprache treu geblieben – nicht nur, weil ich zu alt war, um mich noch sprachlich umzustellen, sondern auch in dem Bewußtsein, daß mein Werk in deutscher Sprachgeschichte seinen bescheidenen Platz hat. Der Goethe-Roman, der, geschrieben in Deutschlands dunkelsten Tagen, in ein paar Exemplaren zu Euch hineingeschmuggelt wurde, ist nicht gerade ein Dokument des Vergessens und der Abkehr. Auch brauche ich nicht zu sagen: »Doch schäm ich mich der Ruhestunden, Mit euch zu leiden war Gewinn.« Deutschland hat mir nie Ruhe gelassen. Ich habe »mit euch gelitten«, und es war keine Übertreibung, als ich in dem Brief nach Bonn von einer Sorge und Qual, einer »Seelen- und Gedankennot« sprach, »von der seit vier Jahren nicht eine Stunde meines Lebens frei gewesen ist und gegen die ich meine künstlerische Arbeit tagtäglich durchzusetzen hatte«. Oft genug habe ich gar nicht versucht, sie dagegen durchzusetzen. Das Halbhundert Radiobotschaften nach Deutschland (oder sind es mehr?), die jetzt in Schweden gedruckt wurden – diese immer sich wiederholenden Beschwörungen mögen bezeugen, daß oft genug anderes mir vordringlicher schien als ›Kunst‹.

Vor einigen Wochen habe ich in der Library of Congress in Washington einen Vortrag gehalten über das Thema: ›Germany and the Germans‹. Ich habe ihn deutsch geschrieben, und er soll im nächsten Heft der Juni 1945 wiedererstandenen ›Neuen Rundschau‹ abgedruckt werden. Es war ein psychologischer Versuch, einem gebildeten amerikanischen Publikum zu erklären, wie doch in Deutschland alles so kommen konnte, und ich hatte die ruhige Bereitwilligkeit zu bewundern, mit der, so knapp nach dem Ende eines fürchterlichen Krieges, dies Publikum meine Erläuterungen aufnahm. Meinen Weg zu finden zwischen unstatthafter Apologie – und einer Verleugnung, die mir ebenfalls schlecht zu Gesicht gestanden hätte, war natürlich nicht leicht. Aber ungefähr ging es. Ich sprach von der gnadenvollen Tatsache, daß oft auf Erden aus dem Bösen das Gute kommt – und von der teuflischen, daß oft das Böse kommt aus dem Guten. Ich erzählte in Kürze die Geschichte der deutschen ›Innerlichkeit‹. Die Theorie von den beiden Deutschland, einem guten und einem bösen, lehnte ich ab. Das böse Deutschland, erklärte ich, das ist das fehlgegangene gute, das gute im Unglück, in Schuld und Untergang. Ich stände hier nicht, um mich, nach schlechter Gepflogenheit, der Welt als das gute, das edle, das gerechte Deutschland im weißen Kleid zu empfehlen. Nichts von dem, was ich meinen Zuhörern über Deutschland zu sagen versucht hätte, sei aus fremdem, kühlem, unbeteiligtem Wissen gekommen; ich hätte es alles auch in mir; ich hätte es alles am eigenen Leibe erfahren.

Das war ja wohl, was man eine Solidaritätserklärung nennt – im gewagtesten Augenblick. Nicht gerade mit dem Nationalsozialismus, das nicht. Aber mit Deutschland, das ihm schließlich verfiel und einen Pakt mit dem Teufel schloß. Der Teufelspakt ist eine tiefaltdeutsche Versuchung, und ein deutscher Roman, der eingegeben wäre von den Leiden der letzten Jahre, vom Leiden an Deutschland, müßte wohl eben dies grause Versprechen zum Gegenstand haben. Aber sogar um Faustens Einzelseele ist, in unserem größten Gedicht, der Böse ja schließlich betrogen, und fern sei uns die Vorstellung, als habe Deutschland nun endgültig der Teufel geholt. Die Gnade ist höher als jeder Blutsbrief. Ich glaube an sie, und ich glaube an Deutschlands Zukunft, wie verzweifelt auch immer seine Gegenwart sich ausnehmen, wie hoffnungslos die Zerstörung erscheinen möge. Man höre doch auf, vom Ende der deutschen Geschichte zu reden! Deutschland ist nicht identisch mit der kurzen und finsteren geschichtlichen Episode, die Hitlers Namen trägt. Es ist auch nicht identisch mit der selbst nur kurzen Bismarck'schen Ära des Preußisch-Deutschen Reiches. Es ist nicht einmal identisch mit dem auch nur zwei Jahrhunderte umfassenden Abschnitt seiner Geschichte, den man auf den Namen Friedrichs des Großen taufen kann. Es ist im Begriffe, eine neue Gestalt anzunehmen, in einen neuen Lebenszustand überzugehen, der vielleicht nach den ersten Schmerzen der Wandlung und des Überganges mehr Glück und echte Würde verspricht, den eigensten Anlagen und Bedürfnissen der Nation günstiger sein mag als der alte.

Ist denn die Weltgeschichte zu Ende? Sie ist sogar in sehr lebhaftem Gange, und Deutschlands Geschichte ist in ihr beschlossen. Zwar fährt die Machtpolitik fort, uns drastische Abmahnungen von übertriebenen Erwartungen zu erteilen; aber bleibt nicht die Hoffnung bestehen, daß zwangsläufig und notgedrungen die ersten versuchenden Schritte geschehen werden in der Richtung auf einen Weltzustand, in dem der nationale Individualismus des neunzehnten Jahrhunderts sich lösen, ja schließlich vergehen wird? Weltökonomie, die Bedeutungsminderung politischer Grenzen, eine gewisse Entpolitisierung des Staatenlebens überhaupt, das Erwachen der Menschheit zum Bewußtsein ihrer praktischen Einheit, ihr erstes Ins-Auge-Fassen des Weltstaates – wie sollte all dieser über die bürgerliche Demokratie weit hinausgehende *soziale Humanismus*, um den das große Ringen geht, dem deutschen Wesen fremd und zuwider sein? In seiner Weltscheu war immer so viel Weltverlangen; auf dem Grunde der Einsamkeit, die es böse machte, ist, wer wüßte es nicht, der Wunsch, zu lieben, der Wunsch, geliebt zu sein. Deutschland treibe Dünkel und Haß aus seinem Blut, es entdecke seine Liebe wieder, und es wird geliebt werden. Es bleibt, trotz allem, ein Land voll gewaltiger Werte, das auf die Tüchtigkeit seiner Menschen sowohl wie auf die Hilfe der Welt zählen kann und dem, ist nur erst das Schwerste vorüber, ein neues, an Leistungen und Ansehen reiches Leben vorbehalten ist.

Ich habe mich weit führen lassen in meiner Erwiderung, lieber Herr von Molo. Verzeihen Sie! In einem Brief nach Deutschland wollte allerlei untergebracht sein. Auch dies noch: der Traum, den Boden des alten Kontinents noch einmal unter meinen Füßen zu fühlen, ist, der großen Verwöhnung zum Trotz, die Amerika heißt, weder meinen Tagen, noch meinen Nächten fremd, und wenn die Stunde kommt, wenn ich lebe und die Transportverhältnisse sowohl wie eine löbliche Behörde es erlauben, so will ich hinüberfahren. Bin ich aber einmal dort, so ahnt mir, daß Scheu und Verfremdung, diese Produkte bloßer zwölf Jahre, nicht standhalten werden gegen eine Anziehungskraft, die längere Erinnerungen, tausendjährige, auf ihrer Seite hat. Auf Wiedersehen also, so Gott will.

Ernst Jünger
Der Friede
Ein Wort an die Jugend Europas. Ein Wort an die Jugend der Welt

Die Frucht

>»Nicht im Gleichmaß der bürgerlichen Welt, sondern im apokalyptischen Donner werden Religionen wiedergeboren.«
>Walter Schubart: »Europa und die Seele des Ostens«

I

Wir haben die Opfer dieses Krieges angeschaut. Zu ihrem dunklen Zuge stellten alle Völker ihr Kontingent. Sie alle nahmen an den Leiden teil, und daher muß auch ihnen allen der Friede Frucht bringen. Das heißt, daß dieser Krieg von allen gewonnen werden muß.

Damit soll nicht gesagt sein, daß es nicht Sieger und Besiegte geben wird. Es ist im Gegenteil zu wünschen, daß eine klare Waffenentscheidung fällt und daß kein Winkel bleibt, der nicht durch Feuer gereinigt worden ist. Nachdem die Dinge an das Forum der Gewalt als an die unterste Instanz verwiesen wurden, müssen sie dort verweilen zur Klärung, an der kein Zweifel bleibt. Je reiner, je mathematischer die Logik der Gewalt sich äußert, je eindrucksvoller sie jene überzeugt, vor denen keine anderen Gründe gelten, desto verläßlicher wird auch das Fundament des Friedens gesichert sein. Die Waffen müssen Raum zur Entscheidung schaffen, Raum für den geistigen Entwurf. In diesem Sinne ist es für die Menschen besser, länger zu leiden, als Teile des Ganges aufzuschieben, um zurückzukehren zur alten Welt. Es gibt, wie alle Partner auch wohl begriffen haben, im Lauf zum Ziele keine Verständigung.

Der Friede kann kein Verständigungsfriede sein.

2

Ebensowenig aber darf der Friede ein Gewaltfriede sein. Die Regeln und Gesetze des Krieges dürfen nicht in den Frieden einfließen, sie dürfen sich nicht in ihm verewigen. In diesem Falle würde es sich nur um einen Scheinfrieden handeln, in dem der Kampf sich zunächst unsichtbar als Bürgerkrieg und fremde Unterdrückung und sodann offen unter Zerfall der Welt in neue Bündnisgruppen fortsetzte. Aus diesem Grunde ist es nicht nur für die Besiegten, sondern auch für die Sieger wichtig, daß es zu festen, dauernden Verträgen kommt, bei denen die Vernunft und nicht die Leidenschaft die Feder führt.

Das freilich scheint schwierig nach Jahren des totalen Krieges, die Feindschaften von einer Schärfe schufen, wie sie unter Völkern von alter Gesittung kaum je bekannt gewesen ist. Und dennoch glichen diese Jahre die Gegner auch in vielem einander an. Die Umformung der Welt, zunächst als Einebnung sichtbar, schritt weiter fort. So wie im Ersten Weltkrieg die Monarchien durch die Demokratien besiegt wurden, werden in diesem zweiten und mächtigeren Ringen die Nationalstaaten alten Stiles überwunden werden durch die Imperien. Dem kommt entgegen, daß der nationale Stoff der Völker im Feuer unter letzten und in dieser Form nie wieder vollziehbaren Opfern sich verzehrt. Das Positive an diesem Vorgang ist, daß er die alten Grenzen lockert und geistige Planung, die über ihren Rahmen hinausgreift, möglich macht.

Der Zug des großen Werdens, das Walten des Weltgeists, läuft auf Festigung hinaus. Wir dürfen hoffen, daß der Friede, der diesen Zwist beendet, von größerer Dauer, von höherem Segen sein wird als jener, der den Ersten Weltkrieg besiegelte. Denn damals zielte die Entwicklung auf Bildung der nationalen Demokratien und damit auf Abbau dessen, was an altem, verbindendem Gefüge noch in Europa lebendig war. Die neue Bildung von Imperien dagegen läuft auf Synthese, auf Zusammenschluß hinaus. Das ist ein Hinweis darauf, daß wir besserem Wetter, steigendem Barometerstand entgegengehen.

3

Wie aber ist es möglich, daß dieser Krieg von allen gewonnen wird – das heißt, daß er von niemand verloren werden darf? Hier stellt sich zunächst die Frage, was denn das Zeichen des gewonnenen Krieges ist? Die Antwort auf diese Frage lautet: der Sieg ist daran zu erkennen, daß durch ihn das Vaterland größer und mächtiger wird.

Wenn alle Vaterländer nun aus der Asche dieses Krieges größer und mächtiger auferstehen sollen, so leuchtet ein, daß das nicht auf der Ebene, auf der der Kampf entbrannte, möglich ist. Der Raum- und Machtgewinn der einen darf nicht durch Verminderung der anderen geschehen.

Die Vaterländer dürfen also nicht auf fremde Kosten sich neue Räume schaffen; ihr Zuwachs muß vielmehr im Einverständnis und mit Hilfe aller Beteiligten entstehen. Das heißt, die alten Grenzen müssen fallen durch neue Bünde, und neue, größere Reiche müssen die Völker einigen. Das ist der einzige Weg, auf dem der Bruderzwist gerecht und mit Gewinn für jeden beendet werden kann.

Wohlan, wenn jemals, so ist heute die Stunde zur Vereinigung gekommen und damit die Stunde, in der Europa in der Vermählung seiner Völker sich gründet, sich Hoheit und Verfassung gibt. Die Sehnsucht nach dieser Einheit ist älter als die Krone Karls des Großen, doch war sie nie so brennend, so dringend wie in unserer Zeit. Sie lebte in den Träumen der Cäsaren und in den großen Theorien, mit denen der Geist die Zukunft sich zu formen strebte, und doch sind weder Wille noch Verstand allein berufen, sie zu verwirklichen. Nur die Erfahrung kann den Menschen zwingen, das Notwendige zu tun.

Und wirklich lehrt das Bild der Erde auch stumpfe Augen, daß neue, stärkere Einheit notwendiger, wichtiger ist als Brot. Auch scheint es undenkbar, in den Zustand zurückzukehren, aus dem wir kommen: der Friede muß unverbrüchlich gesichert sein. Das ist nur möglich durch Verträge höchsten Ranges, die in ihrem Wesen der Ehe gleichen: durch Bündnisse von Leib und Gut, bei dem die einzelnen Nationen sich selbst zur Mitgift bringen dem neuen Hause, das nun das ihre wird.

Zwei Wege tun sich vor den Völkern auf. Der eine ist der des Hasses und der Vergeltung; und es ist sicher, daß auf ihm nach kurzer Ermattung der Streit von neuem und heftiger entbrennen wird, um in der allgemeinen Vernichtung zu endigen. Der rechte Weg dagegen führt zueinander: die Kräfte, die sich in tödlichem Widerspiel verzehrten, müssen sich zu neuer Ordnung, zu neuem Leben vereinigen. Hier sind allein die Quellen des wahren Friedens, des Reichtums, der Sicherheit, der Macht.

4

Daß dieser Krieg durch alle gewonnen werden muß, heißt also, daß er durch niemand verloren werden darf. Schon heute läßt sich prophezeien, daß, wenn er nicht durch alle gewonnen, er dann von allen verloren werden wird. Das Schicksal der Völker hat sich eng verflochten, es ist untrennbar geworden, und der Friede führt sie entweder höherer Ordnung oder wachsender Vernichtung zu.

So trägt, wer aus dem Streit als Waffensieger hervorgeht, hohe Verantwortung, wer immer es auch sei. Die Logik der Gewalt muß sich vollenden, damit die höhere Logik des Bundes sichtbar werden kann. Der Weltkrieg wird nur dann den Abschluß finden, wenn er sich im Weltfrieden krönt und so die Opfer sinnvoll macht. Das fordert den Aufstieg zu anderen Prinzipien, den Aufstieg vom Feuer in das Licht.

Hier ist der Übergang das schwerste – vor allem in jener Spanne, die zwischen die Niederlegung der Waffen und den Abschluß des Friedens fällt. Da werden sich immer Kräfte finden, die danach streben, den Geist des Zwiespalts zu verewigen. Der Friede wird um so dauerhafter sein, je weniger ein solches Streben zur Geltung kommt.

Wenn dieser Krieg durch alle gewonnen werden soll, und nur das führt zum Heile, dann kann der Sieg der Waffen nur die Bedeutung eines Auftrags haben; es wird in ihm ein Gut erworben, das allen mitzuteilen ist. So muß dem Geiste, den im Krieg die Leidenschaft beflügelte, nun, um die großen Friedenspläne zu vollenden, Wohlwollen zur Seite stehen. Der Krieg wird gegeneinander entschieden, der Friede will miteinander gewonnen sein.

Das gilt besonders von diesem Kriege; der Einsatz war so hoch, daß keine Entschädigung genügt. Man muß den Gegner *ganz* haben – das aber kann nur mit seiner Zustimmung, mit seiner Einwilligung geschehen.

In diesem Sinne liegt im Bündnis die größte Eroberung.

5

Vorzeichen der Einigung gibt die Figur des Krieges selbst. Er ist der zweite Weltkrieg, und stärker noch als im ersten tritt zutage, daß es sich nicht mehr um einen Zwiespalt handelt, der sich begrenzen ließe, sondern daß alle irdischen Nationen tätig und leidend an ihm beteiligt sind. Das ist kein Zufall; es ist das Zeichen, daß die Welt als Menschenheimat neue Form und neuen Sinn gewinnen will. Zum ersten Male ist die Erde, als Kugel, als Planet gesehen, Schlachtfeld geworden, und die Menschengeschichte drängt planetarischer Ordnung zu. Diese bereitet sich durch die Gliederung der Erde in große Lebensräume vor.

Als Söhne der Erde stehen wir im Bürgerkriege, im Bruderzwist. Der uns bekannte Raum ist Schlachtfeld, ganz ähnlich wie in jenen großen Wirren, aus denen das römische Imperium entstand. In diesem Sinn ist es kein Zufall, daß wir im Feuer leben; wir stehen in der Schmelze und in den Schmerzen der Geburt. Uns preßt der Schicksalszwang.

Auch ist es kein Zufall, daß gerade in unseren Jahren der Kampf den Erdball überspannt. Seit langem bewegt sich unser Sinnen und Trachten, bewegt sich unser geheimster Wille auf Einheit zu. Er bringt sich zum Ausdruck durch die Technik, die geformtes Wissen, geformter Wille ist. Ihr Werkzeug ist durch einen weiten Geist ersonnen, auf große Räume zugeschnitten und auch als Rüstung für die Nationen alten Stils zu schwer. Der Erdball, in Stunden überflogen und in Sekunden zu überspannen mit Bildern, mit Signalen, mit Befehlen, liegt wie ein Apfel in des Menschen Hand.

Vor allem aber ist es ein Zeichen des auf Einheit zielenden Geistes, daß der Mensch trotz seinen Grenzen und Sonderungen neue Gestalt gewinnt. Man könnte sagen, er wird vorgeformt zum Bürger neuer Reiche in Arbeitsgängen wunderlicher Art. Das ist ein Vorgang, der sich aus großen Tiefen speist. Von dort kommt die

Verwandlung unserer Zeit, ihr innerer Prozeß, der alle äußeren bestimmt. Sie wird die Elemente, die sehr verschiedene Herkunft tragen, zusammenschmelzen, auch wo der Wille widerstrebt.

6

Die Gründe, aus denen es zur Bildung von großen Reichen kommen muß, sind geistiger Natur, und sie beruhen auf den Prinzipien der Zeit. Sie werden in den Einzelheiten des Lebens sichtbar, und zwar zunächst im Negativen, im Unzuträglichen, im Mangel: das alte Kleid ist drückend geworden über dem neuen Körper, der sich in ihm bewegt.

Was die Symptome angeht, so sind sie altbekannt. Sie zeigen sich vor allem darin, daß das technische Instrumentarium den Staaten, wie sie uns überliefert wurden, unangemessen geworden ist. Der Zuwachs an Menschen und Energien drängt auf Sprengung des alten Rahmens hin. Die Industrien kehren sich gegeneinander im gleichen Maße, in dem die Mittel wachsen: Heere von Arbeitslosen lösen Heere der Rüstung ab. So sehen wir Menschen und Maschinen nur voll beschäftigt, wo es Vernichtung gilt. Der Handel vermag nicht auszugleichen, was die Wirtschaft an Gütern bringt: hier ruhen die Maschinen aus Mangel an Arbeit, und die Hände sind müßig, während in anderen Gebieten der Welt die Scheuern unter der Last der Ernte bersten und man den Überfluß ins Meer wirft oder dem Feuer übergibt.

Nicht minder ist der Verkehr auf größeren Kreislauf angelegt. In seinen Mitteln und Wegen vor allem ist weiträumiges Denken und Wille zum Grenzenlosen ausgeprägt. Was Dampfmaschine, Kohle, Eisenbahn und Telegraph für die Entwicklung und Einigung der Nationalstaaten bedeutet haben, das wiederholen auf neuen Ebenen, in anderen Bereichen Elektrotechnik, Motor, Flug und Funk und Kräfte, die aus den Atomen zuströmen. Entsprechend wiederholen sich die Klagen, daß die alte Welt zu eng geworden sei. Dem freien Zug der Mittel widersprechen die Grenzen, widerspricht der Wechsel von Staats- und Wirtschaftsformen, der den Austausch von Menschen und Gütern hemmt.

Das gilt vor allem für Europa, das reich an altem Erbe ist und das in vielfacher Zerklüftung die Last erlebter und erlittener Geschichte trägt. So wird verständlich, daß hier, von seiner Mitte aus, die ungeheuren Kriege entbrannten, die die Welt verheerten: es ist der schwächste, doch auch zugleich der Herz- und Schicksalspunkt des

Körpers, an dem sein Leiden sichtbar wird. So muß hier auch die Heilung ansetzen.

Europa muß Partner der großen Imperien werden, die auf dem Planeten sich bilden und ihre endgültige Form anstreben. Es muß teilnehmen an der höheren Freiheit, die dort bereits dem Raum und der Geschichte gegenüber gewonnen ist.

Freilich liegt in der Unabhängigkeitserklärung Europas ein geistigerer Akt. Der Erdteil muß sich zugleich befreien von vielem, was in ihm versteinert ist, vor allem im Denken und in alten Zwisten – doch gerade deshalb wird der Sieg für alle fruchtbar sein.

Die Erde wird an ihm teilhaben.

Ernst Wiechert
Rede an die deutsche Jugend 1945

Wir hatten einmal ein Vaterland, das hieß Deutschland. Es war ein Land wie andere Länder auch. In ihm wurde gearbeitet und gelacht, geliebt und gelitten, wie in anderen Ländern auch. Von seinen Domen riefen die Glocken, aus seinen Feldern tönten die Sensen, in seinen Bergwerken klang das »Glückauf«. Es gab Mühsal und Streit in ihm, Mißgunst und Haß, aber am Abend sang eine Mädchenstimme hier und da das Lied vom Mond, der aufgegangen, und eine Geige jubelte in das Abendrot.

Viele dachten, es sei ein besseres Land als die anderen, und einige dachten, es sei ein schlechteres Land. Aber die meisten waren doch guten Willens, und wenn sie aus der Fremde heimkehrten, schalten sie oft ein wenig über seine Verbotstafeln, aber sie richteten sich wieder ein, so gut es ging, stellten Blumen in ihre Fenster, stritten über Gott und die Welt und waren getreue Knechte im Weinberg des Herrn.

(...)

Laßt uns zurückblicken, wie uns zumute war, als wir die Zeiger ihren Lauf beginnen sahen. Laßt uns den Anfang bedenken, damit wir das Ende begreifen. Niemand kann sagen, daß er den Schlag des Pendels überhört hat. Niemand war, den es nicht angegangen hätte. Es ging das Volk an, das ganze Volk, und mehr als dieses. Es ging die Menschheit an, die Sitte, die Religion, die Wahrheit, das Recht, die Freiheit. Es ging Gott an. Es war nicht eine politische Form wie andere Formen. Es war nicht ein System der Philosophie wie viele Systeme, die der Menschengeist geboren und dem Menschengeist dargeboten hatte. Es war nicht eine Sekte, die an das alte Gottesgewand einen neuen Saum nähte. Es war mehr als alles dieses. Es zerbrach alle politischen Formen, alle philosophischen Systeme, alle Sekten und Religionen. Es knetete mit seinen Händen ein neues Götterbild und richtete es auf, hoch über allem Volke und es sagte: »Dies ist Gott, und nichts ist außer ihm. Und wer nicht anbetet, soll des Todes sterben«.

Niemand, der sagen könnte, er hätte es überhört. Der Schlag des Pendels ging durch die Kirchen wie durch die Schulen. Durch die Universitäten wie durch die Gerichtshöfe. Durch Paläste wie durch die Kammer des armen Mannes. Es berührte den Scheitel des Kindes, das sein Abendgebet sprechen wollte wie sonst, und den Scheitel des Richters, der Recht sprechen wollte wie sonst. Man mußte sich beugen oder ihm entgegenwerfen. Es gab kein Ausweichen, kein sich Verhüllen. Es forderte die Entscheidung. Es forderte das Ja oder Nein, und nichts darüber.

Was es darbot, war nicht nur ein Programm, wie man es druckt und unter die Leute wirft. Es war mehr als das: Es waren Symbole.

Die alten wurden gestürzt und neue traten an ihre Stelle. Das Hakenkreuz erschien, ein uraltes, heiliges Zeichen, aber niemand wußte von seinem Ursprungssinn. Man nahm die Form und füllte sie mit einem neuen Inhalt. Man goß den Haß in das Zeichen der Sonne und Haß war immer eine Lieblingsspeise der Völker. Man schrieb das Zeichen auf Mauern und Zäune, auf Armbinden und Schlipsnadeln, auf Bergwände und Briefbogen und dann brannte man es in die Seele des Volkes.

(...)

Damals, meine Freunde, war für die Wissenden schon zu lesen, wie das Gesicht eines Teiles dieses Volkes zehn Jahre später aussehen würde. Das Gesicht der Führer wie der willig Geführten, der Alten wie der Kinder, der großen Besitzenden wie der kleinen Habenichtse. Das Gesicht eines Volkes, ins Gesetzlose geführt, und im Gesetzlosen nun wuchernd, wie Unkraut im Weizenfeld.

Denn bald zeigte sich nun, daß es bei den Symbolen nicht blieb, nicht bei Fahnen und Liedern, Umzügen und Reden. Die erste Machtprobe war bestanden, und dem »Übermenschen« war klar geworden, daß von diesem Volk nichts mehr zu befürchten war. Im Reichstagsbrand ging mehr in Flammen auf als ein Haufen von Stein und Holz. In diesem Feuer ging das Recht in Flammen auf, die Wahrheit, das Gesetz, und aus seiner Asche stieg kein Phoenix auf, sondern die blonde Bestie, die zum Sprung ansetzte gegen die eigenen Brüder. Straßenweit waren die Schreie derer zu hören, die man zu Tode marterte und schlug, und mit dem ersten Stacheldraht, den man um das erste Lager schlang, war das Urteil über ein ganzes Volk gesprochen. Über ein Volk, das in seiner Mehrzahl das Böse schon erkannte, aber sich in seinen Hütten und Palästen verkroch, um die Schreie nicht zu hören. Das die Hände an die Augen preßte, um den Blutstrom nicht zu sehen, der langsam, langsam aber immer breiter und röter sich über die deutsche Erde ergoß. Ein Volk, das vergessen hatte, daß in der neuen deutschen Bibel, von der stümperhaften Hand eines Verbrechers geschrieben, kein einziges Attribut sich so oft wiederholte wie das Attribut »brutal«. Und das nun feige zur Seite blickte, wenn es die Tränen der Frauen und Kinder fließen sah, ein Meer von Tränen, wie es in tausend Jahren nicht geweint worden war und wie es nun vergossen wurde »in majorem patriae gloriam«. Ich bin nicht willens, Ihnen die Geschichte dieser zwölfjährigen Schande vorzutragen. Sie begann mit dem, was die Mächtigen die »Gleichschaltung« nannten, und sie endete mit dem Henkerbeil, das Tag und Nacht herniedersauste, mit der furchtbaren Gleichmäßigkeit eines Automaten, auf die gebeugten Nacken eines gebeugten Volkes, das den Lohn seiner Knechtschaft empfing. Es war kein Mangel an Mahnmalen, die die Geschichte dieser Jahre vor den Augen dieses Volkes aufgerichtet hatte. Von jenem 30. Juni 1934, mit dem die erste Reichsmordwoche begann, bis zu den Galgen des Jahres 1944, an denen die Generale des deutschen Heeres hingen. Und in diesen zwölf Jahren war Schlimmeres geschehen als die Vernichtung des Leibes. In diesen zwölf Jahren war fast ein ganzes Volk bis auf den Grund seiner Seele verdorben und vergiftet. In diesen zwölf Jahren war aus den Herzen einer ganzen Jugend gerissen worden, was jede Jugend mit dem Schimmer einer neuen Morgenröte umglänzt: das Unbedingte des Strebens nach einer besseren, gerechteren und edleren Welt, die fromme Ehrfurcht vor den Altären der Menschlichkeit, das Ritterliche der Haltung gegen Schwache, Leidende und Besiegte. In diesen zwölf Jahren hatte man einem Volk das Eigenste und Kostbarste genommen, das es zu allen Zeiten besaß: seine Jugend und mit ihr die Gewähr aller Zukunft.

(...)

Wir sahen zu. Wir wußten von allem. Wir zitterten vor Empörung und Grauen, aber wir sahen zu. Die Schuld ging durch das sterbende Land und rührte jeden einzelnen von uns an. Jeden einzelnen, außer denen, die auf dem Schafott oder am Galgen oder im

Lager den Tod statt der Schuld wählten. Wir können zu leugnen versuchen, wie es einem feigen Volk zukommt, aber es ist nicht gut, zu leugnen und die Schuld damit zu verdoppeln.

Wir sahen auch das Ende, und das Ende riß auch die letzten Masken ab. Es war des Anfangs wert. Das Ende des »Übermenschen«, wie es sich in Hüllen und Verkleidungen in die Einöde schlich oder in den Selbstmord stahl. Die Phrasen zerbrachen, die Lüge zerbrach, das heroische Pathos zerbrach. Und dahinter erschien zum ersten Male die Wahrheit, die so lange betrogene und geschändete: die nackte Todesangst der Kreatur, der erbärmlichen Kreatur, und das Verbrecherische des Todes schlang sich sinnbildlich um das Verbrecherische des Lebens. Der Vorhang sank, das Licht erlosch, der Zeiger fiel, und über dem dunklen Theaterrund lag die verödete Bühne mit den Gruben des Todes, von einem gespenstischen Schimmer erhellt, dem Schimmer der Verwesung, indes der Engel der Apokalypse die rote Sichel in einem grauenvollen Schweigen sinken ließ.

Da stehen wir nun vor dem verlassenen Haus und sehen die ewigen Sterne über den Trümmern der Erde funkeln oder hören den Regen hinabrauschen auf die Gräber der Toten und auf das Grab eines Zeitalters. So allein, wie niemals ein Volk allein war auf dieser Erde. So gebrandmarkt, wie nie ein Volk gebrandmarkt war. Und wir lehnen die Stirnen an die zerbrochenen Mauern, und unsere Lippen flüstern die alte Menschheitsfrage: »Was sollen wir tun?«

Ja, was sollen wir tun?

Zweimal, meine Freunde, habe ich versucht, Ihnen eine Antwort auf diese Frage zu geben. Das erste Mal im Jahre 1934, das zweite Mal zwei Jahre später. Ich habe diese Antwort gebüßt und Sie haben gebüßt, daß Ihre Herzen sie nicht gehört haben. Nur der Rausch der Stunde hat sie gehört, aber der Rausch verflog, und es blieb nichts als die schönen Worte eines Toren, eingeschrieben in das Buch der Erinnerung, am Kaminfeuer zu lesen, indes der Nachtwind leise um die Fenster geht. Aber jedes Feuer erlischt, und aus jedem Nachtwind wird ein Wind der Frühe, und in jeder Frühe werden wir aufgerufen, einen Weg für unsere Füße zu suchen und ein Tagwerk für unsere Hände. Laßt uns zuerst erkennen und dann laßt uns tun. Laßt uns erkennen, daß wir schuldig sind und daß vielleicht hundert Jahre erst ausreichen werden, die Schuld von unseren Händen zu waschen. Laßt uns aus der Schuld erkennen, daß wir zu büßen haben, hart und lange. Daß wir nicht Glück und Heim und Frieden zu haben brauchen, weil die anderen glücklos und heimlos

und friedlos durch uns wurden. Laßt uns erkennen, daß für uns das harte Gesetz geschrieben wurde: »Auge um Auge, Zahn um Zahn, Blut um Blut!« Laßt uns nicht aufbegehren dagegen, weil wir zwölf Jahre gerichtet haben nach dem Gesetz des »Übermenschen«: »Auge um nichts, Zahn um nichts, Blut um nichts!« Es ist ein gerechteres Urteil, das uns gesprochen wird, als es dieses Urteil war.
(...)
Laßt es zu, daß ich euch daran erinnere in dieser Stunde. Ihr sollt wissen, daß auch mir nichts geschenkt worden ist in diesen Jahren, und erst wer gelitten hat, darf zum Leiden aufrufen.

Und ihr sollt ja nicht nur leiden, sondern auch tun. Und alles was ihr tut, sollt ihr ja tun, um das Leid zu mindern. Laßt die am Besitz Hängenden ihre Häuser und ihren Hausrat ausgraben aus dem Schutt der Zerstörung. Ihr aber sollt etwas anderes ausgraben, was tiefer begraben liegt als dieses: ihr sollt Gott ausgraben unter den Trümmern des Antichrist, gleichviel, welchen Namen ihr ihm gebt. Und ihr sollt die Liebe ausgraben unter den Trümmern des Hasses. Und ihr sollt die Wahrheit wieder ausgraben und das Recht und die Freiheit und vor den Augen der Kinder die Bilder wieder aufrichten, zu denen die besten aller Zeiten emporgeblickt haben aus dem Staub ihres schweren Weges.

ANONYM
500. Rede an die deutsche Jugend
Eine Parodie, frei nach Ernst Wiechert

> *Imitation is the sincerest form of flattery.*
> *(Oscar Wilde)*

Ihr Jungen, wenn ich in eure Augen schaue, die umflort sind vom Grame der Zeit und die doch klar sind wie ein azurener Bergsee, in dem nur die dräuenden Wolken dieser furchtbaren zwölf Jahre sich spiegeln, dann wird mir bange in meiner selbstgewählten Einsamkeit, und ich fühle die Gewichte, die zentnerschwer mein Innenleben belasten. Ich frage mich, ob es nicht furchtlos sei, meiner Einsamkeit und dem brausenden Ungestüm eures Seins gleich hinderlich, mit den Worten des Aelteren, des am Leid, am unendlichen Leiden Gereiften zu euch zu reden. Aber da ich noch fragte in der Nacht meines Fragens, ward mir Antwort in einem wundersam verheißenden Traume.

Ich habe über meine Träume Buch geführt als ein redlicher Haushälter der inneren Bedrängnis, wie ich über alle Begebnisse meines schweren Herzens Buch führte und nicht müde ward der Mühsal, mich selbst zu kommentieren. Ich habe diese Träume, die Gnade sind und ein Glanz aus innen, verborgen gehalten vor der mechanistischen Fachsimpelei der Psychoanalytiker, dieser Häscher der Seelen, und habe sie bei mir getragen durch all das Schwere, das um mich war auf vielen einsamen Abendspaziergängen in der Verbannung vom tätigen Dasein.

Und nun träumte mir dieses: Daß ich säße vor einer Schublade, die gefüllt war mit dem Weltschmerz aller Dichter und zu bersten schien von der Wollust und Eitelkeit des Schuldgefühls und dem Augenaufschlag der Demütigen, und daß ich nicht wüßte, was zu tun sei mit diesen Dingen, und ratlos wäre und leidend. Und daneben lag ein Fernglas, mit feinstem Perlmutt beschlagen, und ich hob es an meine müden und gramverklärten Augen und blickte hindurch, da sah ich plötzlich das Summen der Bienen im Lindenbaum und den süßen Ruch der Birnen im Herbst, sah den Mond und die Sterne und das alles wie einen bunten Teppich des Lebens vor dem Hintergrunde kosmischen Leidens. Und wieder begriff ich, daß dieses Leiden Gnade sei, ausgegossen über den Irdischen und verwehrt dem Haß der gefallenen Engel. Da entschloß ich mich endlich, heute vor euch hinzutreten und zu euch zu reden, mit der herben Schlichtheit des Dichters, des im Grunde so einfachen und heiligen, und mit dem Salbadern eines verhinderten Hohenpriesters der geistigen Askese. Und nun sehe ich unter euch solche, die da fehlten in der Zeit des großen Fehlens und die irrten in der Zeit des großen Irrens und die schuldig wurden in der Zeit des großen Schuldigseins. Und ich sehe die, die da darbten in der Zeit des großen Darbens und die hinmoderten in den Schützengräben und mit Hunger in den Augen hinter dem Stacheldraht der Kriegsgefangenschaft standen und nach Gott suchten und nach dem Sein und den Dingen.

Und ich sehe die, die da glauben, es sei damit getan, daß heute ›Wiener Blut‹ in einem Operettentheater gegeben werde oder ›Figaros Hochzeit‹, und die anderen, die an Blut dachten, als von ›Wiener Blut‹ straßauf, straßab das Gerede erscholl. Und ich sehe die, die bei Niemöller scharrten und bei mir einschliefen, als von der Schuld gesprochen wurde, die nicht nur anzuerkennen ist, sondern die ihr als Gnade begreifen müßt, ihr Jungen, auferlegt von den Göttern und den Dämonen, die aus den Abgründen aufstiegen in der Zeit des großen Aufsteigens. Wahrlich, ich aber sage euch, daß meine Worte Sakramente sein sollen allen Bedürftigen, und daß euch Bedürftigkeit not tut nach aller gleißnerischen Verblendung. Daß ihr nicht zu rächen und zu richten euch mehr aufwerfet und die Hand nicht zurückstoßt, die nicht von Blut befleckt ist. Gehöret niemals zu denen, bei denen das Fett dieser Erde ist, sondern werdet zu Lauschenden. Uns Dichtern aber ist gegeben, zu singen und zu leiden, und wenn da ein Sinn sein soll in den Träumen und Bitternissen meiner Einsamkeit, so geht und tilgt in Scheu und Redlichkeit das HJ-Abzeichen von euren kärglichen Rockaufschlägen und kränzt mit dem unsichtbaren Orden der Versöhnung euch in der Zeit des großen Versöhnens!

(Entnommen dem »Kurier«, der deutschen Tageszeitung für die französische Zone Berlins.)

HANS SAHL
Der verlorene Sohn

Und als nach zehn Jahren
der verlorene Sohn sich aufmachte,
das Haus seiner Väter zu suchen,
siehe, da stand eine Tür offen,
irgendwo in einer Stadt,
die *noch nicht ganz* zerstört war;
und er hörte Schritte gehen,
und das Klappern von Löffeln,
und er sprach:

»O meine Mutter,
bist du es,
die hier sitzet,
hinter dieser Schwelle,
in dem Haus mit den vielen Gerüchen?
Bist du es,
die mich rief,
über Berge und Meere hinweg?
Siehe, ich komme den langen Weg daher;
an meinen Füßen ist der Staub vieler Länder;
an viele Türen klopfte ich,
über viele Gebeine schritt ich hinweg;

ich sah den Rauch aufsteigen über den Städten,
und der Himmel verfinsterte sich,
und ich wußte nicht mehr,
ob es Tag oder Nacht war;
meine Speise kochte ich an den Feuern der Zerstörung,
über Gräbern schlug ich mein Wasser ab;
ich lachte mit Mördern und weinte mit Narren;
vielen Herren diente ich und lernte,
meine Gedanken in vielen Sprachen zu verbergen;
so lebte ich dahin, ruhlos und ohne Gnade.
Doch nun ist es genug,
und ich bin heimgekommen,
das Feld zu bestellen
und die Schafe meines Vaters zu hüten
und die Beine unter dem Tisch auszustrecken,
wenn es Abend wird und nichts mehr zu tun ist,
und ich will guter Dinge sein
und bei euch bleiben bis ans Ende meiner Tage.«

Da antwortete ihm eine Stimme,
und sie kam von weit her,
und sie sprach:

»Wer bist du?
Dies ist nicht deine Tür,
und dies Haus ist nicht dein Haus.
Fremde Menschen wohnten darin,
fremd an Sitte und Gebaren,
und sie trachteten einander nach dem Leben
und wußten nicht mehr, was Gut und Böse ist.
Ihr Gott war ein andrer als der Gott deiner Jugend,
und er lehrte sie,
die Liebe zu hassen und den Haß zu lieben.
Sie haben die Altäre umgestürzt,
vor denen du geopfert hast,
und die Asche deiner Väter,
das Erbe großer Jahrhunderte,
in alle Winde verstreut.
Furchtbar war ihr Blick,
schrecklich ihr Gelächter,
wenn sie von ihren Raubzügen heimkehrten,
und die Erinnerung an das,

was gewesen ist,
lastet schwer auf uns allen,
und du wirst Mühe haben,
uns zu verstehen,
wenn du am Abend heimkommst
und die Beine unter dem Tisch ausstrecken willst.
Gehe fort, mein Sohn,
fliehe diesen Ort des Unheils und der Schande.
Irgendwo wird eine Tür sein,
die auf dich wartet.
Dort gehe hinein und frage.«

Doch der Sohn glaubte ihr nicht,
denn er hörte Schritte gehen,
die ihm bekannt vorkamen,
und er legte sein Ohr an die Mauer,
und er sprach:

»O meine Mutter,
warum verbirgst du dich vor mir?
Bist du es nicht,
die hier sitzt,
hinter dieser Tür,
in der Melancholie des Nachmittags?

Warum ist es so schwer,
über diese Schwelle zu gehen,
in das Haus meiner Kindheit,
wo wir tafelnd saßen,
du und meine Brüder,
und mein Vater die Seiten des Buches umwandte?
Viele Altäre sind gestürzt,
viele Götter entweiht worden,
aber nichts ist geschehen,
was nicht wieder gut gemacht werden könnte,
und es wird eine Zeit kommen,
da man begreifen wird,
wie alles geschah
und wer es geschehen ließ
und wer nicht.
Siehe, mein Vater wartet auf mich,
und es ist schon spät,

und er kann nicht schlafen
in dem Haus mit den vielen Gerüchen ...«

Da antwortete ihm eine Stimme,
aber es war nicht mehr dieselbe,
und sie sprach:

»Weck' die Toten nicht auf,
laß vergangen sein,
was vergangen ist.
Niemand wird dir öffnen,
wenn du um Einlaß bittest,
und du wirst nicht finden,
was du suchst,
weil nichts mehr da ist,
woran du es erkennen kannst.
Das Feld, das du bestellen wolltest,
ist unbrauchbar geworden.
Die Schafe deines Vaters
hat der Feind geschlachtet.
Eingefallen sind die Mauern,
zerbrochen die Fenster deiner Jugend.
Nichts ist mehr, wie es war,
und nichts wird mehr sein, wie es gewesen ist.
Bald wird die letzte Tür zuschlagen
und die Nacht wird kommen
und dich allein finden
unter den Bäumen.
Gehe, mein Sohn, und frage nicht mehr.
Du selbst bist es, der auf dich wartet,
irgendwo in einer Stadt,
die noch nicht gegründet,
in einem Haus,
das noch nicht gebaut,
hinter einer Tür,
die noch nicht eingelassen ist.
Du selbst bist es,
der die Steine tragen
und die Bäume fällen muß,
aus denen die Stadt und das Haus und die Tür
gebaut werden sollen.
Gehe zurück und sage denen,

die noch da sind,
daß sie kommen und dir helfen sollen,
die Mauer aufzurichten
und das Feld wieder brauchbar zu machen,
denn der Hunger ist groß,
und man wird Hände nötig haben,
ihn zu stillen ...«

Da verbarg der Sohn sein Gesicht,
und er ging zurück zu den andern,
und er sprach:

»Das Haus meiner Väter steht nicht mehr,
unsere Schafe hat der Feind geschlachtet.
Nichts ist mehr, wie es war,
und nichts wird mehr sein, wie es gewesen ist.
Kommt, laßt uns Umschau halten
unter unsern Brüdern
und die Weisen und die Tüchtigsten
zu unsern Ratgebern ernennen.
Es ist Zeit, zu vergessen,
was wir verloren haben.
Laßt uns Brote backen
und den Toten eine Messe lesen.«

ALFRED DÖBLIN
Als ich wiederkam ...

Und als ich wiederkam, da – kam ich nicht wieder. Es gibt einen schönen amerikanischen Roman mit dem Titel: ›Du kannst nicht nach Hause zurück.‹ Warum kann man nicht? Du bist nicht mehr der, der wegging, und du findest das Haus nicht mehr, das du verließest. Man weiß es nicht, wenn man weggeht; man ahnt es, wenn man sich auf den Rückweg macht, und man erfährt es bei der Annäherung, beim Betreten des Hauses. Dann weiß man alles, und siehe da: noch nicht alles.

Ein mächtiger Ozeandampfer, der zum Truppentransportschiff umgewandelt war, trug uns, die zu dreien zusammengeschmolzene Familie, Anfang Oktober 1945 von Amerika nach Europa zurück, von der Neuen Welt in die Alte Welt. Sechs waren wir, als wir 1933 Nazideutschland verließen. Ein Sohn war nun Amerikaner geworden und blieb drüben – einer hatte uns nicht folgen können, als wir 1940 nach Amerika gingen, und saß nun in Nizza jung verheiratet – und einer konnte uns nicht folgen, die wir immer an ihn dachten und nicht wußten, wo er bloß blieb und warum er nicht schrieb: er lag seit dem 21. Juni 1940 im Soldatengrab in den Vogesen. Vor dem Feind, dem Nazi, gefallen, unser Wolfgang; ein begnadeter Mathematiker, die Herzensfreude seiner Mutter.

Als wir Europa verließen, im Oktober 1940, da war das letzte von Europa das Lichterstrahlen Lissabons. Nachts fuhren wir aus, nachts kamen wir nun wieder an. Das gewaltige schwarze Schiff hielt an dem künstlichen Pier von Le Havre (der alte Pier war zerstört). Und dies war das erste, was ich von Europa sah, vom Schiffsdeck aus:

Unten, in der Finsternis, fuhr ein Wagen mit einem starken Scheinwerfer an. Er warf sein blendendes Licht auf die untere Partie unseres Schiffes. An die offene Tür des Laderaums wurde eine breite Leiter gelegt. Und nun kroch, im Lichtkegel des Scheinwerfers, eine Anzahl Männer, alle gleich gekleidet, die Treppe hinauf. Sie sahen von oben wie Gnome aus. Sie verschwanden im Bauch des Schiffes, tauchten wieder auf, schleppten Kisten und Kästen, kletterten damit, immer zwei nebeneinander, die Treppe herunter, setzten ihre Last ab, und begannen wieder den Weg. Es war ganz maschinell, wie eine Theateraufführung inszeniert; man hörte oben kein Geräusch. Das waren – Deutsche, Kriegsgefangene. So sah ich sie wieder. Ich hing fasziniert an dem Bild.

Als wir ausstiegen, standen sie in einem Haufen beieinander. Sie betrachteten uns Wanderer von jenseits des Ozeans, stumm, ohne Ausdruck. Die Leute gingen an ihnen vorüber, als wären sie nichts. Das war die erste, die furchtbare, niederdrückende Begegnung. Der unheimliche Eindruck (die Geschlagenen, die Gestraften, der Krieg) verließ mich auch nicht während des Aufenthaltes in Paris. Ich sah das arme, leidende Paris, das sich abends nicht gegen die Finsternis wehrte und froh war, wenn es seinen Schmerz in Nacht verbarg. Dann brach ich auf, nach Norden, nach Deutschland. Ich fuhr allein, wieder allein, wie bei der unbekümmerten Ausreise 1933.

Was ich dachte, was ich fühlte, als ich die Nacht über fuhr und man sich der Grenze näherte? Ich war oft wach und prüfte mich. Aber da meldete sich kein ursprüngliches Gefühl. Es meldete sich allerhand, aber nichts von früher. Ich bin nicht mehr der, der wegging. Ja, leicht und froh flog ich damals aus meinem Haus. Es war wie eine Befreiung von einer erstickenden Atmosphäre. Das Schicksal hatte mir das zugeworfen. Ich triumphierte: »Es ward mir zum Heil, es riß mich nach oben.« In der »Babylonischen Wanderung« lacht der entthronte Gott, nimmt mit Hochgenuß die als Strafe gedachte Veränderung auf sich und geht ungebrochen, eine einzige Heiterkeit und Lebensfreude, seines Wegs.

Dieser Gott war ich – nicht. Ich erfuhr es langsam, teils allmählich, teils ruckweise.

Las ich nicht in einem Artikel eines literarischen Heimkriegers das Wort von den »Fauteuils und Polstersesseln« der Emigration? Es wird viel gedruckt, es könnte noch mehr gedruckt werden, die Ahnungslosigkeit hat ja keine Grenze. Zu fliehen von Land zu Land – alles verlieren, was man gelernt hat, wovon man sich ernährte, abermals fliehen und jahrelang als Bettler leben, während man noch kräftig ist, aber eben im Exil lebt – so sah mein Fauteuil und Polstersessel aus, und so der vieler, die hinausgingen. Man schrieb und arbeitete wie nie, in seinen vier Wänden, und war nicht nur zur völligen Stummheit verurteilt, entmündigt, sondern noch mehr: degradiert, weniger als ein Analphabet des Landes, der sich wenigstens mit seinen Nachbarn unterhalten kann. Es gab Emigrationsgewinnler; gewiß, sie brachten es zu etwas in den fremden Ländern, die nicht das richtige Maß für sie besaßen. Wieviel waren es? Die meisten waren froh, wenn sie heil über den Monatsersten oder -fünfzehnten hinwegglitten. Kaufleute, Maler, Musiker hatten es leichter (mit Niveausenkung), Frauen, unbeschwert, entwickelten sich dann und wann vorzüglich. Aber wir, die sich mit Haut und Haaren der Sprache verschrieben hatten, was war mit uns? Mit denen, die ihre Sprache nicht loslassen wollten und konnten, weil sie wußten, daß Sprache nicht »Sprache« war, sondern Denken, Fühlen und vieles andere. Sich davon ablösen? Das heißt mehr, als sich die Haut abziehen, das heißt sich ausweiden, Selbstmord begehen. So blieb man wie man war – und war, obwohl man vegetierte, aß, trank und lachte, ein lebender Leichnam.

Nun fahre ich, geographisch, zurück. Am Bahnhofsplatz in Straßburg sehe ich Ruinen, wie im Inland: Ruinen, das Symbol der Zeit. Und da der Rhein. Was taucht in mir auf? Ich hatte für ihn geschwärmt, er war ein Wort voller Inhalte. Ich suchte die Inhalte. Mir fällt Krieg und strategische Grenze ein, nur Bitteres. Da liegt wie ein gefällter Elefant die zerbrochene Eisenbahnbrücke im Wasser. Ich denke an die Niagarafälle, die ich zuletzt drüben, dahinten in dem verschwundenen großen, weiten Amerika sah, die beispiellos sich hinwälzenden Flutmassen. – Still, allein im Kupee, fahre ich über den Strom.

Und dies ist Deutschland. Ich greife nach einer Zeitung neben mir: Wann betrat ich das Land wieder nach jenem fatalen 3.3.33? Welches Datum? (Ich habe etwas mit Zahlen.) Betroffen lasse ich das Blatt sinken, betrachte die Zahl noch einmal: der neunte November. Es ist das Revolutionsdatum von 1918. Datum eines Zusammenbruchs, einer verpfuschten Revolution – um diese Zeit fuhr ich 1918 auch von Frankreich nach Deutschland hinein – und das Datum hat mich nicht losgelassen: um den »November 1918« habe ich in den letzten Exiljahren vier Romanbände geschrieben. Wird alles wieder so kläglich wie damals verlaufen, soll und muß es diesmal nicht eine Erneuerung, eine wirkliche, geben? Die Glocke »9. November« hat angeschlagen, ich fahre in das Land, in dem ich mein Leben zubrachte und aus dem ich hinausging, aus seiner Stickluft floh, in dem Gefühl: es wird mir zum Heil. Und da liegt das Land, das ich ließ, und mir kommt vor, als ob ich in meine Vergangenheit blickte. Das Land hat erduldet, wovon ich mich losreißen konnte. Jetzt ist es deutlich geworden: ein Moloch ist hier gewachsen, man hat ihn gespürt, er hat sich hochmütig gespreizt, gewütet, gewüstet – und da sieht man, was er hinterlassen hat. Sie haben ihn mit Keulen erschlagen müssen.

Du siehst die Felder, wohlausgerichtet, ein ordentliches Land. Man ist fleißig, man war es immer. Sie haben die Wiesen gesäubert, die Wege glatt gezogen. Der deutsche Wald, so viel besungen! Die Bäume stehen kahl, einige tragen noch ihr buntes Herbstlaub. (Seht euch das an, ihr Kalifornier, ihr träumtet von diesen Buchen und Kastanien unter den wunderbaren Palmen am Ozean. Wie ist euch? Da stehen sie.)

Hier wird es deutlicher: Trümmerhaufen, Löcher, Granat- oder Bombenkrater. Da hinten Reste von Häusern. Dann wieder Obstbäume, kahl, mit Stützen. Ein Holzschneidewerk intakt: die Häuser daneben zerstört. Auf dem Feld stehen Kinderchen und winken dem Zug zu. Der Himmel bezieht sich. Wir fahren an Gruppen zerbrochener und verbrannter Wagen, verbogenen und zerknitterten Gehäusen vorbei. Drüben erscheint eine dunkle Linie, das sind Berge, der Schwarzwald, wir fahren weit entfernt von ihm an seinem Fuße hin. Dort liegen in sauberen Haufen blauweiße Knollen beieinander, auch ausgezogene Rüben. Dieser Ort heißt »Achern«. Da stehen unberührt Fabriken mit vielen Schornsteinen, aber keiner raucht. Es macht alles einen trüben, toten Eindruck. Hier ist etwas geschehen, aber jetzt ist es vorbei. Schmucke Häuschen mit roten Schindeldächern. Der Dampf der Lokomotive bildet vor meinem Fenster weiße Ballen, die sich in Flocken auflösen und verwehen. Wir fahren durch einen Ort »Otersweiler«, ich lese auf einem Blechschild »Kaisers Brustkaramellen«, friedliche Zeiten, in denen man etwas gegen den Husten tat. Nun große Häuser, die ersten Menschengruppen, ein Trupp französischer Soldaten, eine Trikolore weht. Ich lese »Steinbach, Baden«, »Sinzheim«, »Baden-Oos«. Der Bahnhof ist fürchterlich zugerichtet: viele steigen um: Baden-Baden; ich bin am Ziel.

Am Ziel; an welchem Ziel? Ich wandere mit meinem Koffer durch eine deutsche Straße (Angstträume während des Exils: ich bin durch einen Zauber auf diesen Boden versetzt, ich sehe Nazis, sie kommen auf mich zu, fragen mich aus).

Ich fahre zusammen: man spricht neben mir deutsch. Daß man auf der Straße deutsch spricht! Ich sehe nicht die Straßen und Menschen, wie ich sie früher vorher sah; auf allen liegt wie eine Wolke, was geschehen ist und was ich mit mir trage: die düstere Pein der zwölf Jahre. Flucht nach Flucht. Manchmal schaudert's mich, manchmal muß ich wegblicken und bin bitter.

Dann sehe ich ihr Elend und sehe, sie haben noch nicht erfahren, was sie erfahren haben. Es ist schwer. Ich möchte helfen.

Ernst Glaeser
Das Unvergängliche

Es war an einem frostharten Februarmorgen, als ich in einer Kleinstadt einen Autobus bestieg, der nach dem Rhein fuhr. Vor wenigen Tagen hatte ich einen Brief des Pächters erhalten, in dem er mich einlud. Lange war er mir nachgereist, dieser Brief, durch drei Länder hindurch, und die Einladung hatte für Weihnachten gegolten. Im Tumult der Ereignisse der letzten Jahre war mir das Bild des Pächters verblaßt, der aufdringliche Griff der Gegenwart in mein Leben, der maßlose Anspruch des Zeitgenössischen auf den geringsten Gedanken, gestattete nicht das stille Licht, das von diesem Menschen ausging. Aber da war mitten in den Chor der Eiferer, mitten in den Kampf um eine kümmerliche Existenz der Brief dieses Mannes gekommen – da war sie wieder vor mir, die Insel, das sich leise wiegende Pappeltrio, der knirschende Sand an der Bootslände, und ich sah den Pächter über die dunkle Ackererde gehen, ich sah ihn in der Diele sitzen an dem kleinen Schreibtisch, und seine Feder spielte auf dem Papier in der Ruhe des mathematischen Himmels. Und draußen hinter den Scheiben, da lag die Stadt Oppenheim und hinter ihr das rheinhessische Land, der Fluß schoß um den Schnitt der Insel, stark in seiner Eile, ja, über den Dächern lag schon der Segen des Abends.

So fuhr ich über die Grenze, ein wenig erregt, aber den Brief des Pächters auf der Brust, als wäre er ein geheimer Paß, ausgestellt von dem Deutschland des Maßes und der Humanität.

Das Volk, das die Eisenbahn bevölkerte, war schweigsam geworden. Der große Schatten des Unvollendeten lag über seinem Gesicht. Überall zwar brüstete sich die Ordnung, in den Fahrzeiten, in den Rufen der Schaffner, ja selbst in den Gesten der Passagiere. Exakt und pünktlich rollte der Schnellzug durch die oberrheinische Ebene. In dem Singsang der Räder dröhnte es wie ein unterirdischer Befehl. Oft jedoch schien es mir, als liefen alle Menschen, die ich sah, auf dem großen Paternoster eines unübersichtlichen Schicksals. Wie Figuren rollten sie vorüber, streng ausgerichtet nach einem dunklen Gesetz, das sie nicht zu lieben schienen, normiert durch Uniformen und Bewegungen, ja auch die Worte übersprangen nie die Grenze, wo das Eigene beginnt. So kam ich nach Deutschland.

Ich hatte dem Pächter von der Grenze aus telegrafiert. Die Gefahr, ihn zu verfehlen, war gering. Denn in dieser Jahreszeit verließ er nur selten die Insel. Merkwürdig war diese Fahrt durch das veränderte Land und die unveränderte Landschaft. Die Menschen um mich schienen mir trotz ihrer formidablen Haltung improvisiert. Aber da standen die Hyazinthen mit aufgesetzten Papphütchen wie früher vor den Fenstern und über den Tümpeln stand Schilf, das der Frost knickte, und die Fläche des Eises schimmerte bläulich und grün. Ja, da stieg in zerbrochenen Säulen der Rauch aus den Kaminen, da war noch die alte Chaussee mit den Pappeln und aus der Ferne hob sich schon das leichte Licht des Flusses, ein querer Schein über die braun gefrorenen Wiesen.

Als wir den ersten Deich überquerten, sah ich den Rhein. Kulissenhaft standen die Weinhügel von Oppenheim, von Nebel umschwelt, den der fette Rauch der Kohlenschlepper schwärzte. Das Tuten der Nebelhörner, manchmal übersprungen von einem harten Sirenenschrei oder zerbissen vom Gerassel der Baggermaschinen, kugelte über den Strom. Die Luft, die eindrang, schmeckte brandig und bitter. Wir erreichten den Zeppelinstein, links ragten die Silos, vor mir lag der weiche Rücken der Auen am Fluß und aus dem

Dunst und dem Wasser stieg sie hoch, die Insel, ein schwarzer, dunkler Ponton.

Immer noch lachten die Bauernweiber im Autobus, immer noch quiekten die Ferkel, die sie in Säcken bei sich trugen, doch während das Geschwätz und der Geruch, das Licht und der weichende Nebel auf mich eindrangen, und die Zeit versank vor der weichen Gewalt der Heimat – sah ich den Pächter, ein wenig abseits von dem Fährhaus, unter einem großen Nußbaum, der mit kahlen Ästen den Himmel umklammerte.

Da stand er vor mir, der Mann, wie vor fünf Jahren, und hinter ihm lag die Insel wie das Modell seiner Ruhe.

Wir begrüßten uns kurz. Er faßte meinen Arm und zog mich zum Ufer. An der großartig gemauerten Deichwand rieb sich mit der Kielspitze das Boot. Wir gingen eine schmale Steintreppe hinab, ich löste die Kette von dem eingemauerten Bolzen, der Kahn schaukelte, als wir hineinsprangen und der Pächter ihn mit starkem Fuß vom Ufer abstieß. Mit festen Hieben warf er das Boot vor, dessen Planken unter der Strömung zitterten. Sie ist hier trotz der Breite des Rheins scharf und schwer zu überschneiden. Das Wasser klatschte und sprang in gelb-weißen Tropfen über Bord. Wir mochten etwa hundert Meter gefahren sein, als mit der Jähe einer Stichflamme der Nebel zerriß und die Februarsonne sich auf den Fluß und das Land mit einer Kraft stürzte, die unerwartet war. Die Insel, auf die wir zuhielten, lag in einer schneidenden Helle, die, verstärkt durch die Spiegelung des Wassers, uns fast die Sicht nahm. Ich sah nur das Filigran der Pappeln. Wie geschmiedet lag es am Himmel.

»Es wird Tauwetter geben ...« meinte der Pächter, »das Barometer zeigt scharf nach Süd-West ...« »Föhn«, sagte er und sog die Luft ein. Er lehnte sich straff zurück, holte die Ruder aus, und mit scharfem Schwung liefen wir auf eine Sandbank, in deren Zartheit der Nachen sich mit dem Instinkt eines Haustieres einbohrte. Vom rechten Ufer stieg mit ungeheurem Gejohl das Signal der Fabriksirenen in die Luft. Es war zwölf Uhr, als wir die Insel betraten.

Während wir den Nachen festbanden, berührten sich unsere Hände. Der Pächter sah auf. Es war das erstemal, daß er mich voll ansah. Wir gingen unter den entlaubten Bäumen auf das Haus zu. Über dem rötlichen Dach prangte die Sonne, und der Fluß zog, ein hell-grüner Strahl, in den zitternden Dunst der aufsteigenden Hügel.

In dem großen Eckzimmer, dessen rechte Wand bis zum Sockel aus Glas ist, stand ein Tisch gedeckt. Ich erschrak, als ich eintrat. Da stand der Schreibtisch wie früher, und über ihm hing das Bild des großen Leibniz, da hing sie, die Totenmaske Lichtenbergs, da standen die Rücken der alten Bücher, ewige Schlachtreihen der Vernunft, und mitten in dieses Zimmer, das so unwirklich war in diesem Deutschland, trat plötzlich der Pächter. Welch ein Gesicht! Es schien herausgestürzt aus der Gegenwart, so fern und gütig lächelte es mir zu. Er trat vor die Bücher, er sah Leibniz an, und nickte. Vielleicht war es ein Traum, geboren aus der leidvollen Begegnung mit der Heimat, – sei's drum, ich weiß nur, daß sich der Pächter plötzlich vor den Bildern und Büchern verneigte. O, es war soviel Anstand und Demut in seiner Bewegung, daß ich meine Ergriffenheit kaum zu verbergen vermochte.

Lange verharrten wir. Die Lüge unserer Zeit, daß sich Jahrhunderte verbrauchen könnten wie abgenutzte Anzüge, versank. Eine tiefe Hoffnung auf das Geheime unseres Volks erfüllte uns. Wir sprachen kein Wort mehr. Wir spürten das Dunkel der Gegenwart, als wir in das helle Antlitz der besten Deutschen sahen.

Später setzten wir uns und aßen. Unser Gespräch machte Halt vor der Ruhe des Raums. Der Pächter fragte mich nach nichts. Ich war da. Dazwischen lag für ihn keine Zeit. Und wieder teilten wir den Zander wie vor fünf Jahren, und wieder kamen die unvermeidlichen Teltower Rübchen mit Hammelkoteletts und wieder gab es Kaiserschmarren. Zum Schluß kam der Kaffee mit altem Kirsch, und der Wein, der in unseren Gläsern stand, hieß »Schwarzer Herrgott«.

Nach langem Schweigen sah mich der Pächter an.

»Reden wir nicht davon ...« sagte er.

O, wir redeten nicht davon, so brennend mir auch alles auf der Zunge lag, nein, wir redeten nicht darüber, vor diesem Mann versank die Zeit. Und auch die Bitterkeit und das große Heimweh, sie versanken. Ich war in einem anderen Deutschland. Ich war zu Hause.

Erich Kästner
Marschlied 1945

Prospekt: Landstraße. Zerschossener Tank im Feld. Davor junge Frau in Männerhosen und altem Mantel, mit Rucksack und zerbeultem Koffer.

1.

In den letzten dreißig Wochen
zog ich sehr durch Wald und Feld.
Und mein Hemd ist so durchbrochen,
daß man's kaum für möglich hält.
Ich trag Schuhe ohne Sohlen,
und der Rucksack ist mein Schrank.
Meine Möbel hab'n die Polen
und mein Geld die Dresdner Bank.
Ohne Heimat und Verwandte,
und die Stiefel ohne Glanz, –
ja, das wär nun der bekannte
Untergang des Abendlands!

Links, zwei, drei, vier,
links, zwei, drei –
Hin ist hin! Was ich habe, ist allenfalls:
links, zwei, drei, vier,
links, zwei, drei –
ich habe den Kopf, ich hab' ja den Kopf
noch fest auf dem Hals.

2.

Eine Großstadtpflanze bin ich.
Keinen roten Heller wert.
Weder stolz, noch hehr, noch innig,
sondern höchstens umgekehrt.
Freilich, als die Städte starben ...
als der Himmel sie erschlug ...
zwischen Stahl- und Phosphorgarben –
damals war'n wir gut genug.
Wenn die andern leben müßten,
wie es uns sechs Jahr' geschah –

doch wir wollen uns nicht brüsten.
Dazu ist die Brust nicht da.

Links, zwei, drei, vier,
links, zwei, drei –
Ich hab' keinen Hut. Ich habe nichts als:
links, zwei, drei, vier,
links, zwei, drei –
Ich habe den Kopf, ich habe den Kopf
noch fest auf dem Hals!

3.
Ich trage Schuhe ohne Sohlen.
Durch die Hose pfeift der Wind.
Doch mich soll der Teufel holen,
wenn ich nicht nach Hause find'.
In den Fenstern, die im Finstern
lagen, zwinkert wieder Licht.
Freilich nicht in allen Häusern.
Nein, in allen wirklich nicht ...
Tausend Jahre sind vergangen
samt der Schnurrbart-Majestät.
Und nun heißt's: Von vorn anfangen!
Vorwärts marsch! Sonst wird's zu spät!

Links, zwei, drei, vier,
links, zwei, drei –
Vorwärts marsch, von der Memel bis zur Pfalz!

Spuckt in die Hand und nimmt den Koffer hoch.

Links, zwei, drei, vier,
links, zwei, drei –
Denn wir hab'n ja den Kopf, denn wir hab'n ja den Kopf
noch fest auf dem Hals!

Marschiert ab.

Otto Flake
Die Deutschen

Ein Verwaltungsobjekt

Auch heute, nach der Katastrophe und trotz der bitteren Erfahrungen, ist es um den politischen Sinn der Deutschen schlecht bestellt. Optimisten sind geneigt anzunehmen, es handle sich um eine begreifliche Ermüdungserscheinung; einem Todmatten müsse man eine Atempause zugestehen. Tieferblickende haben Anlaß zu vermuten, daß der politische Sinn sich nicht regt, weil er verkümmert, nie ausgebildet worden ist.

Worin er bestehe, läßt sich leicht sagen: im Entschluß, beim Bau und der Einrichtung des Hauses mitzureden – nicht irgendwelchen Obrigkeiten oder Klassen oder Regenten Vollmacht zu geben. Es könnte sein, daß sie dem Untertan statt einer wohnlichen Stätte eine Kasematte anweisen.

Wir haben erlebt, was für eine schicksalbestimmte Instanz der Staat ist. Sie zieht jeden Einzelnen, den Holzfäller im Waldwinkel und das Kind im Mutterleib noch, in ihre Strömung und, falls sich Strudel bilden, in den Untergang. Wenn dieser große Popanz wie Goliath sich spreizt und Siegestänze aufführt, jubeln sie ihm zu und drücken ihm Blankowechsel, unbeschränkte Vollmachten in die fordernde Hand. Wenn sie zwischen den Trümmern ihrer Häuser sitzen, auf ihre Toten stieren, ihre Kinder hungern sehen, steht der Popanz bereits wieder an der Ecke mit dem Steuerzettel, der die Verurteilung zum Weißbluten bedeutet, mit Forderungen am laufenden Band, mit den alten barschen Gebärden, dem alten heischenden Ton, denn er will leben und geht nach seiner Meinung allem vor.

Man sollte meinen, nun sei endlich der Augenblick da, wo das euphemistisch Staatsbürger genannte Verwaltungsobjekt sich aufrafft, um zu überlegen, daß es an ihm sei, die Pflichten festzusetzen gegen Rechte, denn alles beruht auf Gegenseitigkeit. Weit gefehlt; der brave Deutsche nimmt den Zwingherrn apathisch hin.

Im Staat leben, Politik treiben, in ein System gleicher Einrichtungen, nämlich der näheren und ferneren Nachbarn eingespannt sein, führt Situationen und Aufgaben herauf, die grundsätzlich Männer der äußersten Vorsicht, Einsicht, Weitsicht verlangen, praktisch aber von wohlgemuten Dilettanten, Ehrgeizigen, nur zu oft von ausgemachten Dummköpfen und Pfuschern übernommen werden.

Das Leben ist immer gefährlich, seiner ganzen Anlage zufolge; die größte Gefahrenquelle muß man im Unternehmen des Staates sehen, einer Gesellschaft mit wahrhaft unbeschränkter Haftung der Mitglieder. Zwar nicht dem Buchstaben, aber der Sache nach stellt er eine Verabredung dar, beruht auf einem Vertrag, hat beider Sinn und Rang.

Gerechtfertigt wird er durch die Zweckhaftigkeit, will sagen das Wohl, den Vorteil, den Schutz der Beteiligten. Alle anderen Deutungen des Staates sind mystisch oder affektiv. Es ist noch immer besser, in ihm ein Konsortium zur Erhaltung der Straßen oder zur Verhütung des Faustrechtes zu sehen, als ihn transzendent zu machen; die nüchtern kaufmännische Einschätzung ist besser als die spekulativ philosophische.

Man findet ihn vor, und insofern ist er konkret; eine Instanz als solche, ein Wesen an sich namens Staat gibt es nicht. Im Verlauf seiner Geschichte nimmt er Züge an, wird als Heimat, als Gemeinschaft, als Vaterland eine gefühlsmäßige Vorstellung. Von Feinden bedroht, mit Blut verteidigt, erlangt er einen Wert und vermittelt ihn, nunmehr Kristallisationsort wiederum für Gefühle. Um es zu wiederholen, alle menschlichen Beziehungen beruhen auf Gegenseitigkeit, auf Geben und Nehmen.

Man kann manchmal lesen, wer seine Heimat verlasse, um in fremdem Boden Fuß zu fassen, sei oder bleibe entwurzelt, ein größeres Unglück gebe es nicht. Jeder Siedler, der den alten Verhältnissen den Rücken kehrt und entschlossen in den neuen aufgeht, widerlegt diese Behauptung. Der Mensch ist freier, biegsamer, anpassungsfähiger, als gewisse Theorien wahr haben wollen.

Die Geschichte Amerikas beweist, wie rasch aus einem Einwanderer ein Bürger neuer Prägung wird. Es ist nur nötig, daß er die neue Gemeinschaft bejaht, und das geschieht um so leichter, je mehr ihre leitende Idee dem entspricht, was er selbst sucht, Freiheit, Menschenwürde zum Beispiel.

Außerhalb des religiösen Geschehens, auf dem Gebiet des gesellschaftlichen, gibt es in unserem Kulturkreis keine größere, keine wichtigere, keine imponierendere Leistung als die Findung, die Entwicklung und den Durchbruch der Idee der Selbstbestimmung – den Entschluß, dem Staat den Charakter eines Betätigungsfeldes für die Oberschicht zu nehmen und den des gemeinnützigen, sozialen Nutzgebildes zu geben.

Es ist bitter, sagen zu müssen, daß der Siegeszug dieses Gedankens, eines echten Regulativs, ohne wesentliche deutsche Beteiligung zustande gekommen ist: als ob es Deutschland nicht gegeben hätte. Trotz Leibniz, Kant, Humboldt ist das wahr. Über Leibniz waltete ein besonderes Mißgeschick. Was von seinem Gedankengut durch Christian Wolff in die Nation gelangte, war beschämend wenig. In Kant besitzen wir zwar einen Menschlichkeits- und Vernünftigkeitsphilosophen ersten Ranges, aber unter dem Gesichtspunkt der praktischen Wirkung blieb er ein Anonymus; wo bei uns hat seine Abhandlung über den ewigen Frieden, auf die wir so stolz sein könnten, wie Thomas Paine auf die Ausarbeitung der Menschenrechte, eine Rolle jemals gespielt?

Die Rezeption vieler unserer großen Geister – die Geschichte ihrer Aufnahme durch die Nation – ist ein fatales Kapitel für sich. Der Respekt des denkenden Deutschen vor seinem Volk wächst nicht, wenn er diese Rezeption ins Auge faßt. Es wäre uns dienlicher gewesen, den Staatspolitiker und Völkerrechtsverkünder Kant zu rezipieren, als den Romantiker Nietzsche, der den Schatz rationaler, standhaltender, lehrwürdiger Einsichten um keinen Beitrag vermehrt und nur das gefährliche, affektive Denken bestärkt hat. Ideen, die sich nicht in rationale Bausteine umformen lassen, ermangeln des dauernden Wertes.

Den Staat als rationales Gebilde, als Arena rationaler Auseinandersetzungen anzusehen, hat der Deutsche nicht gelernt. Der Staat ist ein Ordnungsphänomen, weiter nichts, das aber voll und ganz. Statt Rationales und Irrationales bewußt, klar, ehrlich zu trennen und dem Irrationalen die Sphäre anzuweisen, in die es gehört, die religiöse und künstlerische nämlich, haben die Deutschen den Staat zum Gefäß ihrer überschüssigen irrationalen Sehnsüchte gemacht.

Es ist Zeit, einmal mit kühlen Worten auszusprechen, daß eine unsaubere Denkhaltung vorliegt. Dem Abendland ist eigentümlich und wesentlich, daß es die Trennung der Funktionen oder Instanzen vollzogen hat. Kirche und Gesellschaft, Kunst und Wissenschaft, Philosophie und Technik, jedes dieser Gebiete erhielt in den letzten vierhundert Jahren seine Grenzen abgesteckt, sein Arbeitsfeld angewiesen: so auch Staat und Metaphysik.

Darin besteht der Unterschied zwischen dem hierarchisch-feudalen und dem modernen Zeitalter. Man kann diesen Verlauf, den der unerbittlichen Rationalisierung, bedauern, da er die mittelalterliche Einheit sprengte, aber auch zum Bedauern muß man legitimiert sein: es steht nur jemand an, der bereit ist, auf der ganzen Linie noch mittelalterlich zu denken, den ganzen Rationalisierungsprozeß zu verwerfen.

Die Deutschen jedoch waren die ersten, die den Keil in die kirchliche Einheit trieben, und auf dem Gebiet der Wissenschaft, der Technik, der Wirtschaft findet man sie in der vordersten Reihe, durchaus Menschen dieses heutigen, des organisierenden Zeitalters, das mit beiden Füßen auf der Vernunftebene steht, alle Kräfte des scharfen, kritischen, unsentimentalen, emanzipierten Verstandes einsetzt.

Warum, darf man fragen, haben sie unter den Europäern allein vor dem Staat halt gemacht, seine Gestaltung nicht so entschlossen selbst in die Hand genommen, ihn nicht durchorganisiert, wie man eine Bank, einen Konzern, ein Geschäftsunternehmen aufbaut? Offenbar, weil sie einen Kampf auf Leben oder Tod mit den feudalistischen Besitzern der Macht um die Macht hätten führen müssen, wie ihn die westlichen Völker tatsächlich führten und dabei den zeitgemäßen Typus des selbstbewußten, aber auch selbstverantwortlichen Individualisten formten.

Entweder reichte ihre Kraft nicht aus, oder nicht ihr Mut, oder nicht ihre Intelligenz, oder das alles zusammen, wozu noch kam, daß sie in den Massen des Volkes keine Gefolgschaft fanden: die Parole der Aufklärung, daß die Souveränität beim Volke ruht, die Idee der Freiheit zündete nicht in deutschen Landen.

ANNA SEGHERS
Die Unschuldigen

Nachdem mit der Niederlage der große Krieg endlich beendet war, der weite Strecken Europas in Wüste verwandelt und mehr als dreißig Millionen Tote gekostet hatte, fuhr eine Abordnung von Offizieren nach Deutschland zur Verhaftung und zum Verhör der Kriegsschuldigen. Die Offiziere kamen zuerst in ein Dorf. Der Bürgermeister hatte noch im vergangenen Herbst auf seinem Dorfplatz gefangene Männer und Frauen zu Zwangsarbeit ausgeboten. Er sagte:

»Meine Herren, warum sind Sie denn gerade auf mich verfallen? Gerade auf mich, der nie Nazi war. Ich mußte ja darum auf der Hut sein. Bei jeder Gelegenheit versuchte man mir eins auszuwischen. Man drohte mir mit dem KZ. Ich mußte diesen Winter für soundso viel Hektar garantieren zur Verpflegung der Armee. Dafür mußte mein Dorf aufkommen. Man hätte sonst nicht nur mich, man hätte sonst jeden einzelnen Bauern verhaftet. Ich konnte nichts anderes tun, als diese Männer und Frauen zu verdingen, die wir zur Wintersaat brauchten.«

Da sahen sich die Offiziere in die Augen. Sie fuhren im Auto zur nächsten Stadt. Man wies ihnen Zimmer an in dem einzigen Haus, das die Bomben nicht zerstört hatten. Erkundigungen ergaben: Ein gewisser Fabrikant Hähnisch sei der wichtigste Mann der Stadt. Er habe in seiner Kunstseidenfabrik die ganze Arbeiterschaft beschäftigt. Er hatte auf bestem Fuß mit den obersten SS-Kommandeuren gestanden. Man hatte auf seine Angaben nicht nur in der Fabrik selbst, sondern in allen Arbeiterstraßen die Razzien durchgeführt. Die Offiziere wollten den Mann bereits suchen lassen, da klopfte es an die Tür.

Ein junger, gediegen gekleideter Herr, die Hacken zusammenschlagend, sagte: »Gestatten die Herren, daß ich Sie selbst in meiner Stadt begrüße, sogar im eigenen Haus. Der Stab Ihres Regimentes hat es beschlagnahmt. Nichts für ungut. Ich bin nur froh, geehrte Gäste begrüßen zu können.« – »Wie meinen die Herren? Warum ich die Armee Adolf Hitlers mit Kunstseide beliefert habe, aus der Fallschirme hergestellt wurden und anderes Kriegsmaterial? Aber, meine Herren, ich bin Laie. Ich bin nicht erfahren in der Anwendung der modernen Wissenschaft. Ich habe die Kunstseide ausschließlich zu Strümpfen und Bekleidungsmaterial hergestellt. Ich soll der SS in die Hände gearbeitet haben? Aber, meine Herren, wie hätte ich Menschen in meinem Büro begegnen sollen, die mir staatliche Ausweise vorwiesen. Mein Fabriktor ihnen schließen? Das hätte bedeutet, die ganze Arbeiterschaft der Stadt brotlos zu machen. Ich habe bei jeder Razzia gezittert, daß man nicht einen Anlaß findet, der uns alle belastet. Man hätte ja ahnen können, daß ich im geheimen, im tiefsten Herzen von jeher gegen den Nazistaat eingestellt war.«

Da schwiegen die Offiziere. Sie fuhren sofort in die große Stadt vor das bereits militärisch bewachte Haus des berüchtigtsten Munitionsfabrikanten.

Er war ein alter Mann. Er hockte allein und traurig. »Verzeihen Sie einem alten Mann, wenn ich Sie nicht gebührend begrüßen kann. Ihr Kommen freut mich herzlich. Meine ganzen Anstrengungen sind seit geraumer Zeit darauf gerichtet, von meinem eigenen Vermögen unserer guten Arbeiterschaft eine Unterstützung zu sichern, damit sie nicht über Gebühr unter der bösen Zeit zu leiden braucht. Ich brauche Ihre Beratung. Es gibt ja hierzulande nach der Hitlerschen Unzeit so wenig demokratische Geister, die einen aufrichtig in sozialen Fragen beraten können. Ich setze meine einzige Hoffnung auf Ihre Ankunft, damit Sie bei Ihrer Regierung durchsetzen, daß meine bewährte Fabrik endlich doch noch für die Herstellung wichtiger Gebrauchsartikel verwandt wird. Es wäre ja sonst ein Jammer, die wichtigen Teile des Betriebs, die nicht zerstört worden sind, brachliegen zu lassen. Ich habe schon früher einmal versucht, meine eigenen Ingenieure an der Herstellung preiswerter Nähmaschinen zu interessieren. Man hat zu meinem großen Verdruß, ja zu meiner Verzweiflung, meinen Betrieb immer wieder mißbraucht zur Herstellung von Kriegsmaterial. Ich war und bin von ganzem Herzen gegen eine Regierung eingestellt, die auf diese Weise fortgesetzt die besten Kräfte des Volkes mißbraucht hat.«

Dann fuhren die Offiziere in die Nachbarstadt, in der man gerade den General verhaftet hatte, der Kommandierender General in der Provinz gewesen war, in der die berüchtigten Konzentrationslager gelegen hatten.

Der General sprang erregt auf die Füße. »Sie haben als Offiziere Ihrer siegreichen Armeen gewiß mehr Gelegenheit als ich, direkt zu meinem besiegten Volk zu sprechen. Ich bitte Sie, klären Sie doch mein Volk auf, daß es sich nicht gemein machen soll mit den Henkersknechten, von denen ich selbst mich mit Empörung und Abscheu abwende. Gewiß, ich ahnte längst, was in diesen sogenannten Todeslagern vor sich ging. Ich roch ja bis zu dem Schloß, das Sitz des Obersten Kommandos war, Tag und Nacht den süßlichen Leichengestank. Doch wenn ich Befehl gab, an Ort und Stelle die Ursache zu ergründen, dann wurde mir barsch Bescheid, das falle nicht unter mein Kommando, das sei die Angelegenheit der Zivilverwaltung. Ich protestiere gegen diese Auffassung einer Trennung von Pflichten zwischen Zivil- und Militärgewalt. Diese Auffassung hat sich mit der Niederlage bezahlt gemacht. Ich habe längst gegen diese Auffassung opponiert. Ich sehe in ihr den Hauptgrund für den Zerfall des Hitlerregimes, mit dem ich mich nie, nie, nie identisch erklärte.«

Worauf die Offiziere befahlen, den Kommandanten des Todeslagers vorzuführen. Er hatte zu ihrer Überraschung durchaus nicht das Aussehen eines Büttels; es war ein gesetzter, sorgfältig rasierter Mann in mittleren Jahren.

»Meine Herren«, sagte er, »ich war zwar der Kommandant dieses Lagers, doch können die jüngst von Ihnen befreiten Gefangenen nicht glücklicher über die Auflösung dieses Lagers sein, als ich es bin. Auf Befehl des Führers wurde mir monatlich eine große Anzahl Gefangener zugewiesen, deren Liquidierung mir zufiel. Ich brauche Ihnen nicht zu erklären, daß jedes andere Amt mir willkommener gewesen wäre. Doch da mir nun einmal diese mißliche Aufgabe zugefallen war, war ich der Wissenschaft von Herzen dankbar, daß sie mir Mittel bot, dem von der Naziregierung aufgedrungenen Befehl gerecht zu werden. Hätte ich dem Befehl nicht gehorcht, man hätte, von den Folgen für meine eigene Person zu schweigen, einen anderen beauftragt, der den Tod der Unglücklichen nur durch ungeahnte Leiden verzögert hätte. Und da sie schon einmal tot waren, sah ich keinen anderen Gewinn aus dem Tod, über dessen Veranlassung mir kein Urteil zustand, als die geringe Hinterlassenschaft dieser Unglücklichen wenigstens unseren eigenen notleidenden Kindern zukommen zu lassen. Gewiß, jeder dieser Befehle von oben war mir verhaßt, verhaßt waren mir die Befehle dieser gewissenlosen Nazibande. Daran zweifeln Sie nicht.«

Darauf fuhren die Offiziere in die Festung, wo man den Höchstkommandierenden der Generalgouvernement genannten Provinz verwahrt hielt, in der die Lager errichtet worden waren. Er war ein schöner, noch junger Mann, aber bleich und erregt durch die Haft.

»Gott sei Dank, meine Herren, daß Sie endlich zu mir kommen. Endlich kann ich mein Herz erleichtern, endlich von Mann zu Mann sprechen. Dieser Posten des Generalgouverneurs dieser teuflischen Provinz ist mir von meinem sogenannten Führer als sogenannte Auszeichnung gegeben worden. Just in meiner Provinz hat man die berüchtigten Lager aufgemacht! Just in meine Provinz, dicht hinter der Front, hat man diese Nester der Empörung gelegt, diese Brutstätten wilder Verzweiflung, just in die einzige Zone, die durchaus gesichertes, ruhiges Hinterland darstellen sollte. Mir aber gibt man die Verantwortung für Aufläufe, für Zornesausbrüche der Bevölkerung, für Massenfluchtversuche. Sie werden mir glauben, daß ich von Herzen gegen eine Regierung eingenommen war, die mir als Auszeichnung nur eine unerträgliche Verantwortung übertrug. Wenn Sie sich als Offiziere diese Gewissenlosigkeit vergegenwärtigen, werden Sie verstehen, warum ich längst vor Ihrer Ankunft durchaus von dem Naziregime abgerückt bin.«

Darauf erreichte die Offiziere die Nachricht von einem wichtigen Fang. Man hatte Hand auf einen Reichsminister gelegt. Man hatte ihn in das Palais gebracht, das dem Generalstab selbst gehörte. Nicht nur, daß das Palais selbst zerniert war, auf jedem Treppenabsatz standen Doppelposten. Der Saal war so scharf bewacht, daß man gleich merkte, ein hoher Würdenträger wartet darin. Die Offiziere traten vor den Gefangenen. Er stand nachlässig auf. »Ich weiß, wer heute ganz glücklich wäre, wenn er noch erfahren könnte, daß ich diese Nacht endlich Deutschland verlassen werde: Mein Führer, wie ich diesen Mann nennen mußte. Er hat mich jedesmal argwöhnisch angeblickt, ob ich ihn nicht verspotte; er ersann Jahr um Jahr andere Mittel, um mich jenseits der Grenze zu bringen. Da wurden einfache Jagdeinladungen ersonnen, diplomatische Missionen. Es fehlte auch nicht an groben Anschuldigungen. Unter vier Augen, verzeihen Sie, unter acht Augen, meine Kollegen, gewisse Anschuldigungen waren sogar wahr. Sie können mir glauben, ich ließ es nicht an Versuchen fehlen, diese Regierung, die mir ein Dorn im Auge war, zum Schwanken zu bringen. Aber Hitler war zäh wie Juchten. Er war weder Anspielungen zugänglich noch Vorhaltungen, noch klug verbreiteten Gerüchten. Noch einmal unter acht Augen: er war nicht einmal Attentaten zugänglich. Ich war es, der sich zuletzt auf die Socken machen mußte. Sie können mir glauben, das letzte Jahr war für mich eine einzige Flucht, die reine Emigration, allerdings innerhalb Deutschlands. Ich war ihm zuletzt so verdächtig, daß er eines Nachts mein Jagdhaus von SS umstellen ließ. Ich hatte aber verwegene Freunde unter der SS. Die verhalfen mir zur Flucht. Man schickte noch unterwegs die Häscher hinter mir her. Ich kann von Glück sagen, daß ich hierher in Ihr Palais kam. Hier bin ich endlich sicher, im Herzen Ihres Generalstabs.«

Da schwiegen die Offiziere. Sie wurden aus ihrem Grübeln durch einen dringenden Anruf gerissen. Man hätte in einer Stadt des Reichs den Hitler selbst gefunden. Sie rasten in ihren Autos zur Stelle.

Der kleine wirrsträhnige Mann, der inmitten eisiger Wachen aufgeregt gestikulierte, war ohne Zweifel Hitler. Die Leiche, die man bis dahin als toten Hitler ausgab, war also ein Betrug. Der wahre Hitler hatte sich unterdessen in einem Keller unter den wenigen ihrer Deportation entgangenen Juden versteckt gehalten. Er hatte sich Bartschläfen angeklebt und einen Bart und eine ungeheuer gekrümmte Nase. Den Juden aber war er verdächtig geworden, weil sie die Herkunft des Fremden nicht enträtseln konnten und weil man solche Rassenmerkmale seit Streichers Tagen selbst auf Abbildungen nie mehr gesehen hatte. Er fuchtelte mit den Händen und schrie:

»Wie kommen Sie nur dazu, gerade mich zu beschuldigen?! Ich habe nie etwas anderes im Sinn gehabt als den Frieden dieser Welt. Ich habe höchstens in Betracht ziehen lassen, daß etwas mehr Raum uns doch wohl anstehen könnte als einem gesunden, überaus dicht gesiedelten Volk. Mein Friedensverlangen scheiterte an dem Ehrgeiz der ausländischen Generalstäbe und an dem Ehrgeiz meines eigenen Generalstabs. Ich aber, ich habe nichts mit Generalstäben zu tun, da ich ja, wie Sie gehört haben mögen, immer nur darauf stolz war, daß ich es auch in dem ersten Weltkrieg nie weiter in der deutschen Armee gebracht habe als bis zum einfachen Gefreiten. Mir sind die kriegerischen Gepflogenheiten, die seit Jahrhunderten tief in dem deutschen Volk verwurzelt sind, von Natur aus durchaus fremd. Ich bin ja selbst gar kein Deutscher. Ein kleiner unbedeutender Staat, Braunschweig, hat mir erst vor verhältnismäßig kurzer Zeit, nur um den Gesetzen Genüge zu tun, die deutsche Staatsangehörigkeit verliehen. Wie kommen Sie also, meine Herren, zu dem Unterfangen, mich als den Kriegsschuldigen Nr. 1 zu bezeichnen? Ich hätte, wenn es allein nach mir gegangen wäre und nach meiner knabenhaften Sehnsucht, niemals eine Waffe angerührt. Das Sinnen und Trachten meiner Jugend stand ausschließlich nach der Kunst. Ich brannte sogar aus dem Elternhause durch, um in der Kunstakademie in Wien die Malerei zu erlernen. Der Hunger zwang mich alsbald, entgegen meinen inneren Wünschen, zu einem viel bescheideneren Handwerk. Zudem – mein Name ist gar nicht Hitler. Mein wahrer Familienname ist Schicklgruber. Ich weise entschieden Ihre Beschuldigungen zurück, da ich durchaus keine Gemeinschaft mit dem von Ihnen als Hitler bezeichneten und als solchem gesuchten Individuum habe.«

ALFRED DÖBLIN
Der Oberst und der Dichter
oder Das menschliche Herz

Der Richter saß dem stolzen Herrn gegenüber, an schwarzbehangenem Tisch auf hohem Stuhl. Er nahm die schwarze Kappe ab und legte sie neben sich auf den Tisch. Er griff nach den Akten und blätterte drin:

»Ihr Fall, Herr Oberst, ist uns bekannt. Wir haben das Material gesammelt. Man klagt Sie an. Bitte, sich zu äußern.«

»Man klagt mich an. Wer und bei wem? Warum macht man sich's nicht bequem? Was soll die Farce? Das Urteil ist fertig, wozu ein Gericht? Wem denkt man damit Sand in die Augen zu streuen?«

»Sie verkennen mich, Herr. Ich bin nicht gekauft. Es soll keiner wagen, mir diesen Vorwurf zu machen. Hier sitzt die Gerechtigkeit und wägt und prüft. Und ob Sie wollen oder nicht, Sie haben ihr Rede und Antwort zu stehen.«

Und er wies feierlich auf die Bücherstapel rechts und links auf dem Tisch.

Da ruhte gewichtig aufeinander, was in den letzten Jahrhunderten niedergelegt war und was durchfochten, sichergestellt und nicht widerlegt war auf dem Gebiet des internationalen Rechts. Schwarz auf weiß war da fixiert, was Grotius studiert und Pufendorf fundiert und was dann Leibniz schrieb und Christian Wolf, über die Rechtseinrichtungen in der Natur und bei den Nationen, denn um Verstöße gegen Axiome auf diesem Gebiet handelte es sich hier, nicht um privaten Mord und Schlägereien oder um Verwechslungen zwischen mein und dein.

Der Oberst: »Dann sollen Sie von mir die Wahrheit hören, aber ich werde Ihnen keine Phrasen vorsetzen, wie sie meine Ankläger beliebten. Die Wahrheit ist: Ich bin, wie ich bin, anderen zur Last, Deutschland ist in der Welt verhaßt. Man haßt uns, weil wir unbequem und stark sind, man nennt uns Verbrecher, weil wir unsere Stärke gebrauchen. Aber das ist unser Recht, die andern tun's nicht anders. Daß wir da sind, ist unsere ganze Schuld.«

Der Richter war auf diesen Platz gesetzt und hatte zu vertreten, gegenüber dem Leugner und abtrünnigen Mann, die Prinzipien und Grundsätze, die jener mit Füßen getreten und mit Fäusten bearbeitet, mit Kolben verbeult und sonst malträtiert, daß die genannte Person, das internationale Recht, ihre natürliche Form so komplett verlor, daß es Leute gab, die schworen, diese Person, das internationale »Recht«, gäbe es nicht mehr, und sie hatten es nicht schwer, einen Antrag einzubringen, diese Person für verschollen zu erklären und ihr den Zugang zum Gerichtshof zu verwehren.

Demgegenüber kam es dem Richter darauf an, durch sein Auftreten und Eingreifen all dies Gerede ins Gebiet des groben Unfugs und der höheren Flunkerei zu verweisen und an Ort und Stelle die drei großen Forderungen zu beweisen und zu vertreten, die für jedes geordnete Völkerleben vonnöten, nämlich:

primo, die wechselseitige Anerkennung staatlicher Existenz und Integrität,

secundo, Freiheit und Autorität der Staaten im Innern, das heißt, kein Staat sollte den andern hindern, im eignen Haus zu schalten und zu walten, ganz wie's ihm beliebte (sogar wenn es die eigenen Bürger und die Menschheit betrübte), tertio, genossen alle Staaten völlige Parität, und niemand sollte sich dem andern überlegen fühlen und an ihm aus irgend einem Grunde sein Mütchen kühlen oder ihn beschämen und eigenmächtig Grenzveränderungen vornehmen. Kurz: der Staat erhielt alles, was ihm lieb (der Mensch freilich konnte sehen, wo er blieb).

Und so blickte der Richter auf Pufendorf, auf Leibniz und auf Christian Wolf und, als der Weisheit letzten Schluß, auf das berühmte Werk des Grotius, betitelt: De jure belli et pacis, und der Richter sagte dies:

»Wollen Sie sich nunmehr, Herr Oberst, die Angriffe schenken und an Ihre Verteidigung denken.«

Der Oberst: »Das tu ich. Die Taten, die man uns vorwirft, waren Krieg, Krieg, zu dem man uns trieb, weil uns nichts anderes übrig blieb. Ich würde mich wundern, daß man gegen uns diese Anklage erhebt, wenn ich nicht wüßte, daß man uns ganz und gar vernichten will, und daß man sich dafür in ein moralisch-juristisches Mäntelchen hüllt. Wir haben gewaltig Krieg geführt, die Nachwelt wird unsere Taten erheben, auch wenn sie uns alle erschießen, erwürgen, ersäufen, die Nachwelt wird auf diesen Gerichtshof pfeifen.«

»Was wollten Sie?«

»Sein. Wir wollten sein. Wir mußten darum kämpfen, die anderen wollten uns unterdrücken, fälschen und dämpfen. Wir wollten Deutschland. Man machte es uns nicht leicht. Wir wollten das deutsche, das heilige Reich.«

»Das war Ihr Ziel?«

»Wahrhaftig ja. Und ist es noch heute und wird es immerdar bleiben. Wollen Sie das in Ihr Protokoll schreiben, damit man sich keine Illusionen macht am Ende dieses Prozesses.«

»Ich wiederhole, Herr Oberst, Sie täten besser, an Ihre Verteidigung zu denken statt zu drohen. Sie haben es auffallend angestellt, um sich Ihrem Ziel, dem heiligen Ziel zu nähern. Die andern sehen nur Vertragsbrüche, Schlauheit und Tücke.«

Und der Richter warf strenge und fragende Blicke teils auf den Angeklagten, teils auf die Bücher, auf die Abhandlungen und Dissertationen, betreffend die Rechtsverhältnisse der Nationen, wozu auch gehörten die Erklärungen von Paris aus dem Jahre 1856 und die berühmten Konventionen der Haager Konferenz und die Beschlüsse der Algeciras-Konferenz. Denn keines dieser wichtigen Protokolle war vergessen, und der Richter in der schwarzen Robe saß streng am Tisch, denn er hatte es alles gelesen und kannte jedes beliebige Recht, nationales und internationales, und das war noch nicht alles, er war auch beschlagen in der Theorie und in den Mogeleien der Philosophie.

Der Oberst, der strenge Blicke spielend ertrug, antwortete gelassen:

»Tücke, Schlauheit und Vertragsbruch, – was hat man daran auszusetzen. Wir waren weder die ersten, noch werden wir die letzten sein, sie zu schätzen, nämlich als reguläre Mittel von Kriegführung und Politik. Lesen Sie, Herr, in der Bibel das Stück, das die alten Hebräer aufgeführt, um sich ihres heiligen Landes zu bemächtigen. Sie wanden sich und schlichen sich ein wie ein Aal, und damals war Jehovah ihr General!«

»Lassen Sie diese geschmacklosen Vergleiche. Das einzige, was Sie damit erreichen, ist, daß das Gericht am Ernst Ihrer Verteidigung zweifelt.«

»Das tut es mit Recht. Ich verteidige mich nicht.«

Der Richter pausierte. Er kannte die eiserne Stirn des Mannes. Er kannte seine sogenannte Theorie und die Windbeuteleien seiner Philosophie.

Und in seinem Rücken waren auch aufmarschiert zu Grotius und Pufendorf und Immanuel Kant noch manch anderer beträchtlicher Band, welcher den Humbug des Angeklagten bekämpfte, verwarf und verdammte und sich zu einem klaren und unwiderleglichen Grundsatz bekannte, wonach es nämlich Recht wahrhaftig gab, welches sich aus dem ursprünglichen Wesen und der Natur des Menschen ergab, und daß das Recht sich hatte notwendigerweise entwickeln müssen aus den im ursprünglichen Wesen des Menschen begründeten Rechtsverhältnissen. Dies zeigten die Jahrbücher des Völkerrechts, lehrten es seit Jahrzehnten unentwegt, Niemeyer und Strupp hießen die Redakteure, aber da gab es noch mehrere, die in gelehrten Finessen differierten und auf Gelehrtenart gegeneinander polemisierten, aber auf demselben Boden florierten, bereitet zu aller Freude und Genuß von Pufendorf und Grotius.

Und der Richter fuhr fort, ohne auf die Flausen des andern einzugehen:

»Sie werden gestehen, Herr Oberst, um zu dem genannten Ziel zu gelangen, haben Sie es merkwürdig angefangen. Sie haben Ihr Volk im Frieden überfallen mit Ihrer Bande und Clique, ein Verfahren, das zum Glücke bis da in Deutschland unbekannt. Sie haben eine Tyrannei in Deutschland errichtet und die Methoden, die Sie später an andern Völkern exekutiert, zunächst am eigenen Volk probiert, mit durchschlagendem Erfolg, wie bekannt, da man Ihnen hier zivil und wehrlos gegenüberstand. Das erste Verbrechen, mit dem Sie das Gericht belastet, ist daher dies am eigenen Volk, – dessen Einrichtungen Sie zerstört, dessen geistige Schätze Sie verheert. Sie haben Deutschland enthirnt, entmündigt und entmannt, und das Resultat zynisch weiter Deutschland genannt.«

»Wir haben den Willen des Volkes ausgesprochen.«

»Und haben ihm dazu das Rückgrat gebrochen.«

»Wir haben ihm einen höheren Willen gegeben, als es hatte.«

»Mit diesem höheren Willen und Ziel wollen wir uns bald befassen. Erst noch einiges zu Ihrem Vorgehen im Land. Sie haben, was Ihnen nicht gefiel, getötet, eingesperrt und verbannt. So tief waren noch nie die Sitten gesunken im Land der Dichter und Denker als unter Ihrem Regime, wo Sie befahlen, jeden Funken von selbständigem Denken auszutreten. Dafür säten Sie das Unkraut des Hasses, der Furcht, der Feigheit und Niedertracht auf demselben Boden, auf dem freie und ehrliche Menschen gelebt und gedacht und auf dem man einst das Lied gesungen, in dem es hieß: ›Der Gott, der Eisen wachsen ließ, der wollte keine Knechte.‹ Sie haben Ihre Leute, Herr Oberst, auf die Schulen geschickt – auf die Hochschulen brauchte man sie nicht zu schicken, da bildeten sie schon die herrschende Clique – und was man die Jugend lehrte, war Krieg und Besessenheit und alles Verkehrte. Jede Frömmigkeit wurde verhöhnt und zertreten, alle Bilder zerrissen. Das Resultat: ein Vakuum, ein einziges großes Loch, in das Sie schmissen, vergeblich, um es zu füllen, Ihr Ziel, Ihr mehrfach erwähntes ›Ziel‹ und den ›höheren‹ Willen.«

»Wir zeigten der Jugend unser Ideal. Die alten Bilder waren ihr längst egal.«

Und auf dem Tisch der Pufendorf, der bäumte sich und wollte fort, jedoch weil er gebunden in Papier, blieb er indigniert und verärgert hier. Und Pufendorf und Grotius, die waren hier im Überfluß. Sie lagen auf dem Tisch herum und sahen sich bekümmert um, sie wollten schier verzagen, zerrten an ihren Kragen und konnten doch nichts sagen.

Jedoch der Herr Richter bändigte sie mit einer Handbewegung, und um sie zu beruhigen, händigte er diesem Hochmütigen und Bösen seine Meinung über die Taten ein, die hier zur Erörterung standen:

»Sie haben dann das ganze Volk mobilisiert und in einen Eroberungskrieg geführt. Sie sind im Moment, der Ihnen am günstigsten erschien, losgebrochen, haben an sich gerafft, was Sie im Lande gewirkt und geschafft, und haben es nach außen geworfen. Das wirkte sich überraschend aus, aber Sie hatten es doch nicht so leicht wie zu Haus, und zuletzt lief es ganz anders aus, und nun sind Sie wieder zu Haus. Herr Oberst, es wird so bald keiner vermögen, ein komplettes Register, eine vollständige Schilderung von dem zu geben, was Sie draußen angerichtet und veranstaltet haben, im großen und im kleinen. Das Weinen und das Fluchen der Lebenden, Überlebenden sagt darüber mehr als irgend ein Bericht, wie der Qualm und die Trümmer auf einer Brandstätte mehr vom Feuer verkünden als der Bericht der Feuerwehr. Und wer später nicht weiß, wer Sie waren, dem wird es noch nach Jahren und Jahrzehnten der Haß und die Verachtung der Nationen erzählen, denen Sie mehr angetan, als Sie je gutzumachen und abzubüßen vermögen.«

Der Oberst gähnte freundlich hinter seiner Hand über das Zivilistengeschwätz, das er hoffnungslos fand, und er unterdrückte seinen Wunsch, dem Richter mitzuteilen, er möchte sich bei der Prozedur beeilen. Wissen Sie nicht mehr? wollte er fragen. So machen Sie doch Schluß.

Aber der Richter war hoffnungslos im Schuß, und zitierte Vieles und unbestreitbar Wahres, etwas von dem Doktor Francisco Suarez, einem Juristen, Doctor eximius genannt, Leuchte der Wissenschaft, welcher fand: »Die menschliche Rasse, wenn auch eingeteilt in Volk und Staat, hat eine Einheit nicht nur als Art, sondern auch als moralische und quasi politische Figur, indem nämlich das Gebot Gottes und der Natur, das Mitleid und die Nächstenliebe, alle menschlichen Wesen umfaßt und Grenzpfähle und Flaggenabzeichen unerheblich macht.« Wozu der Oberst, in Nächstenliebe, diskret vor sich lacht.

Vergeblich suchte nach des Angeklagten Ohre der Richter mit einem Zitat aus Suarez' berühmtem Werk: ›De legibus ac de legislatore‹. »Wer in Krieg und Frieden internationales Gesetz verletzt, ist ein Verbrecher und begeht eine Todsünde.«

Stumm blickt der Oberst, der dabei nichts findet.

»Sie haben«, so donnerte der rasende Richtersmann, »Ihren Nachbarn Fürchterliches, Fürchterliches angetan. Sie haben zur Vornahme Ihrer Taten Ihre Nachbarn erst geschwächt und zersetzt, und dann gelähmt und zerfetzt, wie es die Art einer Spinne, die in ihrem bösen Sinne, bevor sie das Blut der Fliege saugt, ihr Opfer erst betäubt und ihm das Bewußtsein raubt. Sie haben die Bevölkerung, die vor Ihnen nicht floh und blieb, drangsaliert, eingekerkert oder zum Frondienst getrieben.«

Da mußte der Oberst aber doch laut lachen, denn das, fand er, war eine Naivität, die doch ein bißchen zu weit geht:

»Wir haben, Herr Richter, die Völker, die um uns lagen, besiegt, um uns zu stärken. Was finden Sie, Herr, bloß Merkwürdiges dabei? Sie erzählen was von einer Fliege und einer Spinne. Na also, da haben Sie's ja, so haben wir's getan. Das Vorgehen der Spinne ist höchst human. Soll sie etwa warten, bis die Fliege sie auffrißt? Sie frißt und betäubt sie im gegebenen Moment und wartet nicht, bis die Fliege davonrennt. Und übrigens waren wir nicht so dumm, unsere Nachbarn zu töten, wir hätten uns damit nur geschädigt, wir haben ein moralisches Verfahren getätigt. Wir haben unsere Nachbarn besiegt und ihnen auch einiges zugefügt, es haben sich auch Todesfälle ereignet, warum es leugnen, wie sie sich bei plötzlichen Änderungen der Weltlage immer ereignen, aber dann haben wir die Leute an ihren Platz verwiesen als Helfer bei der Verwirklichung unseres Ideals. Was ist daran falsch? Es ist natürlich und normal. Fragen Sie das Pferd, das der Bauer vor den Pflug spannt, an seinen Platz stellt, er füttert das Tier und es wird satt. Überall in der Welt, Herr, dient das Niedere dem Höheren, und kann dabei nur gedeihen. Wo das nicht geschieht, herrscht Chaos. Wir haben das Chaos beseitigt. Daß wir Sie dabei nicht befragt haben, hat Sie beleidigt.«

Dem Richter graute es, und ihm standen die Haare zu Berge über diesen Grad von Verworfenheit und moralischer Umnachtung, dem die Verachtung des Menschen- und Völkerrechts auf der Stirn stand. Denn es war klar, daß die Quintessenz der vorgebrachten Verteidigung war, Privat- und Völkerrecht schlankweg zu leugnen und zu ridikulisieren und alles Recht auf eins zu reduzieren: die Gewalt, die sich »Recht des Stärkeren« nennt. Und der Richter beschwor den Obersten, sich zu besinnen und zurück zu den allgemeinen Wahrheiten zu finden:

»Wie können Sie solche entsetzliche und bestiale Theorie formulieren, die uns in den Urzustand müßte führen. Freiheit mißachten, fremde Völker, die schwach sind, überfallen, – wenn die Menschheit überhaupt erst da entsteht, wo man sich über die Roheit eines solchen Verhaltens erhebt. Wie dürfen Sie fremde Nationen unterwerfen, wo schon der große Bellarmin nicht aufhören kann uns einzuschärfen, daß die Menschheit frei von Unterjochung geschaffen ward und von keinem, im Innern oder außen, unterworfen werden darf?«

»Das«, grinste der Oberst, »ist in der Tat scharf.«

Und der Richter hat die Arme geschwungen und geflucht: »Sie haben nichts als die Befriedigung Ihres Ehrgeizes gesucht. Das Chaos beseitigen, Sie, grade Sie, das ist stark, der Sie das Chaos schufen und die Auflösung und Panik in alle Länder trugen. Ihrem Größenwahnsinn wollten Sie frönen.«

Der Oberst fuhr fort zu höhnen:

»Ich weiß nicht, was Sie daran betrübt. Keine Ordnung ohne Unterjochung und Gewalt, das ist eine Wahrheit, so alt wie die Welt; und wenn es uns Spaß macht und gefällt, lieber Herr, lassen Sie uns das Pläsier. Der eine sammelt Briefmarken, der andere trinkt Bier, andere sammeln Monnaie, – wir, wir sind wir. Und übrigens hoff' ich, es ist Ihnen nicht entgangen, wir sind bei unserer Arbeit wissenschaftlich vorgegangen. Wir verstanden uns auf Aufklärung, Massenpsychologie unter Benutzung von Affekten und einiger Philosophie, – erheblich besser als Sie und Ihre Genossen. Und so sind wir kräftig ins Kraut geschossen, und wurden mächtig und stärker und stärker.«

Da schlug der Richter die Akten zu. Er fühlte sich noch stärker: »Und schließlich sind Sie zusammengebrochen.«

Der Herr: »Daraus folgt nichts.«

Der Richter: »Das werden Sie sehen.«

Und er wollte den Oberst zwingen, etwas zu gestehen, was er nicht einsah und nicht einsehen konnte, weil es auf einem Blättchen stand, das ihm nie zu Gesicht gekommen war.

Als weder Donnerschläge noch Argumente bei dem Angeklagten verfingen, unternahm es der Richter, den Mann mit den Schlingen der Freundlichkeit zu bezwingen, um den Verhärteten und Verstockten zu einem Entgegenkommen zu bringen und ihm ein menschliches Wort abzuringen:

»Herr Oberst, nachdem nun Ihr Plan und Ihr Werk zerbrochen, Ihr Anschlag mißlungen und Sie selber geschlagen in Ihre alte Höhle zurückgekrochen sind, was sagt, was flüstert nun Ihre Seele? Ist sie noch immer stumm und still, die eines Menschen, der aus Stolz nicht gestehen will, daß er sich verrannt und geirrt hat? Geben Sie vielleicht insgeheim schon zu, daß ein finsterer Trieb Sie wie ein Moloch verschlang, daß Sie nicht mehr zu sich fanden, weil Sie unter einem dämonischen Bann standen, – geben Sie zu, daß Sie fühlen, Sie waren verwirrt, und Sie haben ungeheuer geirrt. Denn nur so wird faßbar, was wir erlebt.«

Dem Richter schwebte eine Art Geständnis vor. Statt dessen schlug eine kühle Frage an sein Ohr:

»Geirrt, mein Herr, worin?«

»Geirrt in allem, Herr Oberst, im Ziel und in den Mitteln.«

Ein Kopfschütteln des andern antwortete ihm. Dem Herrn Oberst schien die Geschichte zunehmend heiter, der Ärger des Richters, seine menschliche Bemühung und so weiter, und er konnte es sich nicht versagen, ihm nunmehr reinen Wein einzuschenken und ihm seinerseits Fragen vorzulegen und ihn einzuladen zu bedenken, wie es sich überhaupt mit Recht und Unrecht in der Welt verhielt, wenigstens für einen, der nicht mit Worten spielt:

»Draußen, Herr Richter, in der Welt ist die Macht und die Stärke das einzig zahlende Geld. Da haben Sie die Münze, die jeder respektiert und der niemals eine Inflation passiert. In der Stärke hat die Natur den Menschen den Maßstab gegeben, der ihnen zeigt, was Menschen voneinander unterscheidet und wie man Ungerechtigkeiten vermeidet. Allemal, wenn die Gerechtigkeit leidet, hat eine Feststellung zu geschehen, wo die größere und wo die geringere Stärke. Da sehen Sie das Recht am Werke, – wes zum Zeichen, wie Ihnen bekannt, die Justiz eine Waage in der Hand hält. Und für alles andere ist sie blind, völlig blind, weshalb man eine Binde vor ihren Augen findet. Die Natur hat den Mächtigen ausgezeichnet. Sie hat ihm die Herrschaft zugeeignet und hat ihm einen Adel verliehen, dem er zum Sieg zu verhelfen hat.«

Der Richter, ohne eine Miene zu verziehen, freute sich, denn jetzt hatte er ihn:

»Und wenn ein anderer stärker wird, durch neue Erfindungen und durch die Kriegsindustrie, wie steht es dann, nach zwanzig Jahren, wie? Dann gibt es wohl wieder ein neues Recht?«

»Warum nicht? Was ist daran schlecht? Das ist doch Geschichte, Entwicklung.«

»Entwicklung wessen? Wie kann sich entwickeln, was nicht ist? Ich sehe nur eine Reihe von Kraftproben, eine Abfolge von Kriegen und Gewaltperioden. Das Recht ist dabei nicht vorhanden und ausgeschlossen.«

Da mußte der Oberst denn doch staunen:

»Ja, woher wollen Sie denn das ›Recht‹ in Gänsefüßchen nehmen, von dem Sie da andauernd reden? Fällt es Ihnen etwa vom Himmel zu?«

Und ohne zu zögern und in Seelenruhe antwortete der Richter, der sich weit vorbeugte und dem andern tief in die Augen schaute:

»Ja, was dachten Sie sonst? Von wo sonst sollte es kommen?«

Nun, damit durfte man dem Oberst nicht kommen. Er ließ ein kräftiges Gelächter erschallen:

»Ihren Humor möchte ich haben, Herr.«

»Aber ich scherze nicht, Herr, bitte sehr.«

Der Oberst lachte schallend weiter und betrachtete ungläubig sein Objekt:

»Dann sind Sie vielleicht selber vom Himmel gefallen?«

»Vielleicht Sie auch. Warum ich allein?«

Sprachlos stemmte der Oberst die Fäuste in die Seiten. Er sah, der in der schwarzen Robe meinte da wirklich etwas, was er aber nicht verstand.

Und der Richter, von Schmerz berührt vor diesem ahnungslosen Urwaldtier, das sich in unsere Straßen verirrte und ihn aus blinden Augen anstierte, vermochte nicht von ihm zu lassen. Es mußte ihm gelingen, ihn aufzuwecken und ins Leben zu bringen. Und er sprach weiter zu tauben Ohren und rechnete dem Oberst noch einmal vor:

»Sie haben ein furchtbares Ziel verfolgt, Herr Oberst, gleich Attila und Dschingiskhan. Sie folgten einem blutigen Wahn. Sie glaubten, ihm den Namen ›Deutschland‹ geben zu können. Aber wie konnte das sein, wo Deutschland schon blutend unter Ihren eigenen Füßen lag, von Ihnen selber niedergeworfen und zertreten. Deutschland zu töten, damit begannen Sie Ihren Lauf, mit dem Elternmord. Es ging dann weiter. Nichts hielt Sie mehr auf, nachdem Sie sich an den Schrecklichsten versucht. Es hat Ihnen nicht genügt, daß Sie Deutschland verfluchte, Sie hatten den Ehrgeiz, von der ganzen Welt verflucht zu werden. Die erste Schuld hat die zweite und dritte nach sich gezogen, die zweite und dritte waren in der ersten verborgen. Sie überfielen die Länder im Osten und Westen, im Süden und Norden, Sie begriffen nichts als niederwerfen und morden. Und es war, als triebe Sie ein fressendes Feuer, kein menschliches Verlangen, so ungeheuer zu wüten, und es gab schlechterdings nichts, was man von Ihnen nicht erwarten konnte. Aber Sie vermochten dennoch etwas Unerwartetes zu leisten, und das geschah, als Sie Ihr Ziel, die Unterjochung der Welt vermittels Verrat, Mord und Tücke, Ihr blutiges Ziel, das Korruption, Verzweiflung und Hungersnot umschlichen wie Hyänen ein Wild, dessen Tod sie schon schnüffeln, als Sie dies Ziel, – der Himmel verfinsterte sich und Nacht bedeckte die Lande – als Sie dies Ziel das ›heilige Ziel‹ nannten.«

Der Oberst ballte die Faust und knirschte: »Und das war unser

Ziel. Und Sie würden es selbst so nennen, wenn wir es hätten erreichen können.«

Der Richter seufzte und blickte blaß: »Was wissen Sie von heilig. Ja, man hat Sie verhindert, in der Tat, zu unser aller Heil und vielleicht noch zu Ihrem.«

Er brauchte die Wut des Herrn nicht noch mehr zu schüren. Die Galle schoß dem Herrn ins Blut, dem Herrn Oberst, Herrn Schwergereizt, Herrn Außer-rand-und-band, und er tobte und warf seinen Hut in die Arena wie ein Stierkämpfer, der den Degen zum Todesstoß zieht:

»Wer sind Sie eigentlich, Herr? Lassen Sie mich ungeschoren. Ich habe Ihnen erklärt, daß ich kein Gericht über mir anerkenne. Viele Hunde sind des Hasen Tod, mehr ist zur Erklärung nicht not. Man hat uns schließlich zur Strecke gebracht und kommt nachher noch mit Flausen von Wahrheit, Recht und Gerechtigkeit, die in den Büchern auf Ihrem Tische stehn und mit denen Sie mich bitte verschonen mögen. Wären Sie, mein Herr, mir in die Hand gefallen, Sie hätten von mir nur das Knallen meiner Pistole gehört, und dann hätte ich Ihrem Leichnam einen Tritt gegeben auf dem Weg in die Gruft und Ihnen nachgerufen: Da liegst du Schuft!«

HANS CAROSSA
Gestreift vom Todeswind
1943

Auf die zitronengelben Quitten
Rieselt ein früher Schnee.
Das Kindlein fragt nach seinem Schlitten,
Doch schau hinab zum See:

Da rauchen halberloschne Feuer,
Soldaten stehn davor,
Die Bäurin lugt aus offner Scheuer,
Hält ihre Hand ans Ohr.

Nicht nah, nicht fern, mit hohlem Halle
Fällt langsam Schlag auf Schlag,
Verloren fast im Flockenfalle,
Dennoch bewegts den Tag,

Und Fenster klirrn, und Wände beben –
Fühlt ihr nun, wo wir sind?
O wie bekräftigt sich das Leben,
Gestreift vom Todeswind!

Auf leuchten alle starken Stunden
Des nie begriffnen Seins
Mit heiliger Lust und heiligen Wunden –
Uns, Freunde, frommt nur Eins:

Wir müssen wachend weiterbauen,
Was träumerisch begann.
Der Dienst ist groß, er läßt kein Grauen
An unsern Mut heran.

Wir werden Geisterlilien pflücken,
Die hoch in Schluchten stehn,
Und unsre Tische festlich schmücken,
Auch wenn wir untergehn.

An gelbem Blatt glänzt eine Traube
In jugendschöner Hand.
Der Herbst ließ dem entfärbten Laube
Noch einen grünen Rand.

REINHOLD SCHNEIDER
Schuld und Gnade

O dunkler Tag, der in das Heil geführt.
Verworfne Nacht, aus der die Lichter dringen!
Unsäglich Leid, das mit gewaltigen Schwingen
Schon an die Grenzen dieser Erde rührt!

Glückselig, wer der Sünde Macht gespürt
Und wie des Himmels Mächte mit ihr ringen!
Der Zeiten Abgrund wird ein Herz bezwingen,
In dem die Schuld der Wahrheit Glut geschürt.

Und Schuld und Gnade, wunderbar verschlungen,
Sie wirken durch die Nacht an allen Orten,
Es löst die Gnade von der Schuld sich nicht.

Der Abgrund weckt des Himmels mächtige Zungen,
Die Frevler sprengen eherne Tempelpforten,
Und stürmisch überwältigt sie das Licht.

Die Geschlagenen

Geh' weiter nicht! Hier halt' Dein Herz in Händen,
Inbrünstig suche Dich und werde Dein!
Und brechen alle Mächte auf Dich ein:
In Deinem Herzen muß die Not sich wenden.

Umschließe Dich, eh' Dich Verführer blenden!
Dich spricht vor Dir doch keine Stimme rein.
Du bist Dein Richter, und Du bist's allein
Und mußt an Dir den Richterspruch vollenden.

Sieh, es ist Zeit, zu knien. Ein läuternd Feuer
Ist mehr als Untergang. In Dir verbrenne
Die tiefen Wurzeln weitverzweigter Schuld!

Der Dämon droht, die Zeit schwillt ungeheuer;
Du aber kniee, wandle Dich, erkenne
Die mächtige Gnade sühnender Geduld.

Albrecht Haushofer
Moabiter Sonette

XIII. Maschinensklaven

Ravenna, Salzburg, München, Genua,
Westminster, Köln, Antwerpen, Lübeck, Tours –
es waren Städte – doch nicht Städte nur
wie Krasnojarsk vielleicht und Omaha.

In allem Werk, das formend eine Hand
mit Liebe schuf, ist andres noch gebunden,
als in Maschinenstampf ihr je gefunden!
Maschinensklaven, werft Ihr es in Brand!

Begreift Ihr, was Ihr tut mit Euren Spielen,
atomzertrümmernde Raketenzünder,
totaler Kriege schäumende Verkünder!

Was bleibt am Schluß von allen Euren Zielen?
Ist alles Überlieferte zerstört,
fehlt Euch sogar ein Erbe, der Euch hört!

XXII. Gefährten

Als ich in dumpfes Träumen heut versank,
sah ich die ganze Schar vorüberziehn:
die Yorck und Moltke, Schulenburg, Schwerin,
die Hassell, Popitz, Helfferich und Planck –

nicht einer, der des eignen Vorteils dachte –
nicht einer, der gefühlter Pflichten bar,
in Glanz und Macht, in tödlicher Gefahr,
nicht um des Volkes Leben sorgend wachte.

Den Weggefährten gilt ein langer Blick:
sie hatten alle Geist und Rang und Namen,
die gleichen Ziels in diese Zellen kamen –

und ihrer aller wartete der Strick.
Es gibt wohl Zeiten, die der Irrsinn lenkt.
Dann sind's die besten Köpfe, die man henkt.

XXVI. Nachbarn

Den ersten reut vielleicht, was er getan,
den zweiten höchstens, was er unterließ,
den dritten reut, daß er nicht schärfer stieß,
dem Abgrund näher, seiner Kugel Bahn.

Ein vierter jammert noch um Amt und Rang,
der nächste fühlt von allem sich entlastet.
Der eine zehrt und sorgt, der andre rastet –
und schleppend oder federnd ist ihr Gang.

Sie alle wissen um die dunklen Lose:
»Drei Jahre Zuchthaus« stöhnt der eine stumm.
Ein andrer lacht: »Wie wär ich froh darum!«

Der eine grüßt im Sterben noch die Rose,
von ihrem wundersamen Duft berührt –
der andre lebt – und hat sie nie gespürt.

XXXIX. Schuld

Ich trage leicht an dem, was das Gericht
mir Schuld benennen wird: an Plan und Sorgen.
Verbrecher wär' ich, hätt' ich für das Morgen
des Volkes nicht geplant aus eigner Pflicht.

Doch schuldig bin ich anders als ihr denkt,
ich mußte früher meine Pflicht erkennen,
ich mußte schärfer Unheil Unheil nennen –
mein Urteil hab ich viel zu lang gelenkt ...

Ich klage mich in meinem Herzen an:
ich habe mein Gewissen lang betrogen,
ich hab mich selbst und andere belogen –

ich kannte früh des Jammers ganze Bahn –
ich hab gewarnt – nicht hart genug und klar!
und heute weiß ich, was ich schuldig war ...

LUISE RINSER
Gefängnistagebuch

Gestern abend sprach sie zunächst kein Wort mit uns. Sie stakte mit riesigen Schritten in der Zelle auf und ab, bis Frau H. sie anflehte, das Herumgerenne sein zu lassen. Da sprang sie mit einem Satz auf den Tisch (wir haben hier sogar einen richtigen Tisch) und sang die Arie der Amneris aus ›Aida‹. Sie hat eine wundervolle Altstimme. Wir lauschten hingerissen, bis uns angst wurde, die Aufseherin würde sie hören. Es ist uns streng verboten zu singen. Es ist uns alles verboten, was auch nur der leiseste Trost für uns sein könnte. Dann setzten wir uns auf Lottes Pritsche, und sie sang einen Schlager nach dem anderen, von ›Sous les toîts de Paris‹ und ›Ich bin von Kopf bis Fuß auf Liebe eingestellt‹ bis zur ›Lili Marleen‹ und ›Es geht alles vorüber‹. Plötzlich sprang sie auf und fing an zu steppen. Sie kann es. Und mit einemmal fuhr auch Resi auf, die bis dahin weinend auf ihrer Pritsche gelegen hatte, und sie tanzten Walzer, Tango und irgendwelche Phantasietänze, während Lotte sich als Kunstpfeiferin erwies. Eine sonderbar wilde Stimmung hatte uns erfaßt. Ich tanzte mit Frau H., die den Wiener Walzer so herrlich tanzt, wie ihn nur die Österreicher der Vorkriegsgeneration zu tanzen vermögen, bis sie halb ohnmächtig war. Dazwischen stand immer eine von uns Wache an der Zellentür. Aber wir blieben unbehelligt. Als es dunkel wurde, kam plötzlich Lotte an meine Pritsche. »Ist es erlaubt?« fragte sie und legte sich neben mich. »Ich friere so«, sagte sie. Ich rückte etwas ab und verhielt mich abwartend. Schließlich, als sich nichts ereignete, begann ich ein Gespräch. Und nun erfuhr ich eine krause Geschichte, deren Teile sich nicht ganz klar aneinanderfügen lassen, aber deren Kern zweifellos wahr ist. Er ist bitter genug. Lotte ist die Tochter eines kleinen Münchener Angestellten. Lotte wollte studieren, aber dazu war kein Geld da.

So begann sie zu lesen, und sie las Faust und Zarathustra, die Mendelsche Vererbungstheorie und alle möglichen naturwissenschaftlichen Werke. Da sie wissensdurstig und gescheit war, behielt sie eine ganze Menge davon, aber da sie keine Methode der geistigen Arbeit kannte, blieb das meiste halb verdaut und unverbunden. Schließlich nahm sie Gesangstunden. Sie scheint irgendwelche Gönner gefunden zu haben, die sie als Choristin an das Münchener National-Theater brachten. Aber eines Tages kam sie auf die Idee, sich selbständig zu machen. Sie lernte rasch tanzen und versuchte, mit irgendwelchen obskuren Leuten zusammen eine Art Varieté aufzumachen. Natürlich machte es sofort Pleite. Nun meldete sie sich zu einem Segelflugkurs und wurde auch genommen. Der Kurs ging zu Ende, und sie wartete auf eine Anstellung als Fluglehrerin. Bis hierher ist alles einigermaßen in Ordnung. Nun kommt der große Bruch. Sie scheint in dieser Zeit, in den letzten Jahren, etwas Einschneidendes erlebt zu haben, einen Schock. Sie erzählte davon andeutungsweise, wirr und geheimnisvoll. Tatsache war: Sie hatte nichts mehr zu leben. Nun wechselte sie in rascher Folge ihre Berufe: Lehrmädchen in einer Schneiderwerkstätte, Mannequin, Statistin bei der Bavaria-Film, ›Sekretärin‹ und weiß Gott was noch, zuletzt gab sie sich als Schneiderin aus. Sie zog von Dorf zu Dorf und nähte. Aber sie konnte nicht nähen. Sie zerschnitt Stoffe und machte sich aus dem Staub. Schließlich, so erzählte sie, legte sie sich für einige Tage an den Chiemsee in die Sonne und wartete darauf, daß irgend etwas mit ihr geschehe. Es geschah: Sie wurde als Hochstaplerin verhaftet. Aber der Bruch in ihrem Leben lag vorher. Sie hat wohl schon früher einmal, wie es scheint, vor sechs Jahren, einen Anfall von Geistesgestörtheit gehabt. Man lieferte sie in die Psychiatrische Klinik ein und, da sie sehr arm war, benützte man sie als Versuchsobjekt. Ihre Aussagen über diese Epoche ihres Lebens sind getrübt durch Haßausbrüche. Sie erzählt, irgendein Professor wollte nachweisen, daß man durch Tuberkel-Einspritzung in den Uterus irgendeine Geisteskrankheit hervorrufen kann. An ihr habe man es ausprobiert. Außerdem habe man zu irgendeinem dunklen Zwecke unzählige Male ihr Rückenmark punktiert, bis sie schließlich tatsächlich verrückt war. Zuletzt wollte man sie vergasen, aber da sei sie entkommen.

Wenn auch nur die Hälfte von dem wahr sein sollte, so scheint mir doch hier der Kern zu liegen. Ich weiß, welche Greuel in den Irrenanstalten geschehen. – Lotte tut mir unendlich leid. Sie ist hysterisch, unberechenbar, streitsüchtig, aber das, was sie hätte sein können, hätte sich jemand ihrer früher angenommen, spricht mich lebhaft an. Es muß gegen Mitternacht gewesen sein, als sie endlich auf ihr eigenes Lager kroch.

Erich Weinert
Die einige Front

Noch in der Nacht, als der Reichstag gebrannt,
Da hätte es müssen krachen!
Genossen, da hatten wir's noch in der Hand,
Die Brandstifter dingfest zu machen!

Doch warum fanden wir nicht die Kraft,
Mit der wir schon einmal vor Jahren
Uns die Kappisten vom Halse geschafft?
Weil wir nicht einig waren.

Wir fanden uns nicht zum letzten Gefecht,
Denn wir standen auf unsren Programmen.
Wir kämpften wohl beide für Freiheit und Recht,
Doch standen wir nicht mehr zusammen.

Und alles, was kam an Entsetzen und Leid,
Wir haben es auf dem Gewissen:
Wir hatten in tödlichem Bruderstreit
Die Front auseinandergerissen.

Erst als die braune Nacht sich gesenkt
Und Deutschland ein einz'ges Gefängnis,
Und als man uns unsre Besten gehenkt,
Begriffen wir unser Verhängnis.

Erst hinter Mauern und Stacheldraht,
Umstellt von schnüffelnden Hunden,
Haben wir uns zur gemeinsamen Tat
Und wieder als Brüder gefunden.

Und das soll unser Vermächtnis sein,
Was wir uns heilig geschworen:
Aus unsrer *einigen* Kraft allein
Wird die Freiheit wiedergeboren!

Der Feind ist geschlagen; doch ist er nicht tot,
Er beginnt, sich im Dunkeln zu rühren.
Er ist am Werk, er verleumdet und droht,
Die Einheit zu unterminieren.

Genossen, schaut ihm aufs Maul, dem Vieh!
Erkennt es an seinen Zähnen!
Heut gehn im Schafspelz der Demokratie
Die reaktionärsten Hyänen.

Drum hütet euch vor dem Biedermannston
Von gewissen Sprücheklopfern!
Wir haben nicht Lust, der Reaktion
Das Volk noch einmal zu opfern!

Genossen, wir sind eine mächtige Kraft,
Wenn wir uns zusammenreihen.
Die einige Front der Arbeiterschaft
Ist stärker als alle Parteien!

Und schaffen wir sie, die große Partei,
Aus der unser Volk sich erneuert,
Das wird dann der herrlichste Erste Mai,
Den Deutschland jemals gefeiert!

GÜNTHER ANDERS
Sprachelegie

Verwüstet liegt das gute Land der Sprache.
Und Sätze ragen, kahl und abgelaubt,
das Nichts in ihren Ästen. Redensarten
stehn schräg im Raum, die Wurzeln in der Luft.
Und Worte, wo du hintrittst: angeschlagen
und eingebeult. Und die vergnügtesten,
die gestern noch mit Pfeifen und Trompeten
durchs Land gezogen ... und die stillen, die
verschämt und innig das Gewesene
noch rückgetönt – sie alle liegen wüst
und unverscharrt und unbeweint im Feld.
Und nur ein kleiner Trupp von völlig nackten
und stämmigen Vokabeln kehrt zuletzt
nach Haus zurück. Und hinter ihrem Schritt
steigt hoch der Staub und löscht die Landschaft aus.

KARL KROLOW
An den Frieden

Ich möchte dich in meiner hohlen Hand
Wie einen armen Vogel angstvoll bergen,
Indes Lemuren schweifen überm Land,
Im Kreise hocken auf den Häusersärgen

Und auf die leer geblieb'ne Erde spei'n
Geköpfte Disteln und die zähe Quecke.
Wie halt' ich dich, wenn rauh die Krähen schrei'n
Im Leichenwind auf schräger Unkrautstrecke?

Du tiefer Schwindel, Glück, das meiner Brust
So süß ist, daß ich hilflos steh und weine,
Von dem ich nur in Träumen noch gewußt:
Wie nenn' ich dich dem Grame, beim Gegreine

Der blinden Flederwische, höllenzu,
Dem Leichengräberzug, der rastlos karrt?
Die Tage sind voll Jammer: Schlucker, du,
Und Kaspar Hauser, den das Grauen narrt!

Wie er Gespött und unerkannt im Qualm
Der Straßenschluchten, die verloren sind,
Den Stätten wilder Hunde, wo der Halm
Der alten Gräser treibt als grüner Grind.

Du im Gelächter, wenn das Blut mir stockt,
Des Lebens Rest in gift'ger Luft zerfällt,
Die Ratte mich zum Markt der Toten lockt,
Zu feuchten Schädeln, die mich bleich umstellt,

Du über Schatten, die im Abgrund fliegen,
Darinnen wir die Glieder drehn und schrei'n,
Du Trost, du Engel, dem sich Kniee biegen
Im Knochenanger: setz' den MENSCHEN ein!

WALTER MEHRING
Desert Flower

Unterm Sternenbanner segelnd –
    wo die Wüste, ausgekehrt –
Ausgezehrt nach Regen dürstet ...
Wo der Wind, sich überkegelnd,
Auf dem Salzschnee Schlitten fährt,
Wankt die Hütte, sandgebürstet ...
    Glutumglitzert – lumpengrau
    Steht ein Paar – sind Mann und Frau ...
        Sie gebar ihm eine Fabel –
        Und nun säugt sie Kain und Abel.

Abmontiert – vom Weg geraten –
    Überdrüssig, nimmersatt
Gafft das Paar – und ein paar Bretter
Und das Bürgerrecht der Staaten:
Das ist alles, was es hat –
Ungeschützt vor Wind und Wetter.
    Sie war mannstoll – er war rauh ...
    Und sie wurden Mann und Frau ...
        Von der Freude, die sie büßte,
        Ward sie fruchtbar in der Wüste.

Hinter toten Drachen-Riffen
    Raucht und blitzt Schlaraffenland,
Wo sie Gottes Werk verbessern
Und den Überfluß verschiffen:
Mannah für den Weltversand,
Büchsensamen – Blut in Fässern,
    Blueprints in die Wolken bau'n
    Und das Blau der Seen stau'n ...
        Und die Wüste wird zum Anger,
        Geht mit Paradiesen schwanger.

Früchte wird Erkenntnis tragen –
    und der bärenkräftige Kain
Den geschäftigen Bruder schlagen ...
Abel stirbt voll Zukunfts-Hoffen
Doch, verflucht zur Höllenpein,
Kain – verludert und versoffen –
    Wird mit sündigen Frauen verkehr'n,
    Sie beschlafen, sich vermehr'n:
        Ahnherr von Parteiprogrammen,
        Wird von ihm die Mehrheit stammen ...

Unterm Sternenbanner segelnd
    Wüstenwärts – Erfolgs-geschwellt,
Wo bei den Kakteen-Galgen
Knochenwürfelnd – Schädel kegelnd
Sich um schnödes Seelen-Geld
Hurrikane und Sandflut balgen,
    Zügelt Adam das Gespann,
    Pflockt ein Zelt und baut sich an –
        Da schon Eva's Bauch sich ründet,
        Drin ein Bruderzwist sich kündet ...

ULRICH BECHER
Verhör eines Paßlosen

»Dein Vater?«
»Der Himmel.«
»W-i-e nennt er sich?«
»So.«

»Welchen Rangs?«
»Seht sein Ordensband.«
»Wie?«
»Das ihn schmückt.«
»Was für'n Ordensband?«
»Den Regenbogen.«
»Ah, Galgenstrick! Deine Mutter?«
»Ihre Haare sind blond.«
»Den Namen?«
»Und wogen im Winde.«
»Was soll's uns? Den Namen!«
»Des Sommers, versteht sich;
doch Winters hüllt sie
ganz sich in schneeweißes Linnen.«
»Mag sein. Wie sie heißt!«
»Erde, ihr Herrn.«
»Erde? Erde?
– der Name deucht Uns bekannt.«
»Ihr kennt sie, ihr Herren? Noch besser:
ich wähnte, sie wär euch vergessen.«
»Ah, Schelm, wagst's, Uns abermals
zu narren! Humhumhumhum,
spar dir die Müh,
Wir gehen dir nicht auf den Leim.«
»Den Knochenleim.«
»Was?«
»Nichts.«
»Also fahren wir fort.«
»Adios.«
»Wie?«
»Die Herren belieben fortzufahrn;
sagt' ich Adios.«
»Wir, deine Verhörrichter,
fortfahren? Lä-cher-lich!
Abgeschoben wirst d-u. Wir
bleiben, des sei todsicher.
Hum, jetzt fahren wir fort.«
»Und bleibt todsicher?
Wunderlich ...«
»Dein Umgang? Deine Freunde?«
»Umgang? Freunde?

Ihrer einer –«
»Nun?«
»Graumelierten Haars, schlecht frisiert –«
»Sein Beruf?«
»Einher spaziert er in ausgedienten
Filzpantoffeln und führt sich
mitten auf hellichter Straße
sittenlos auf.«
»A-ha! Personalien?«
»Puhl Regenstinker, Findelkind.«
»Paul Regen- hum -stinker ...?
Wie alt, präsumtiv?«
»An zwölf.«
»Ein Lausrange also.«
»Gefehlt! Ein weiser Jubelgreis
mit stets kühler Pudelschnauze.«
»Soll der Satan
diesen Verdächtigen, Unerwünschten
verhören! Papiere?«
»Ein großer Flöher
vor dem Herrn.«
»Tu der alten Töle,
Wir raten dir wohl,
nimmer Erwähnens. Deine Papiere?«
»Ich habe nur eins.«
»Weis er vor!«
»Verkleckst ist's aber,
erblichen, beschmutzt –«
»Gleichviel, her damit!«
»Wohlan; unleserlich, sehet,
weshalb ihr gestattet,
daß ich's verlese:
›Es werden Tage kommen,
Da werden keine Herren sein,
An fremdem Blut gemästet,
Und keine dummen Knechte.
Die Welt erblinkt im Rechte.
Die Gleichheit steht gefestet.
Zur Mutter kehrn die Söhne ein.
Der Liebesbrand erglommen.‹«
»Abführn! In Karzer den Hundsfott,

den hergelaufnen,
ins dunkelste Loch mit dem Schmierfink!
Staatenlos,
ausweislos,
unbemittelt,
unberechtigt,
aber frech, dazu in Reimen!
Führt ihn ab, dallidalli!«
»Es werden Tage kommen,
ihr Herren. Lebt wohl,
vielmehr unwohl, denn ihr sehet
so bleich, denn ihr fürchtet
euch sehr
vor meinem älteren Bruder,
einer einflußreichen
Persönlichkeit.«
»Schnickschnack, Wir Uns fürchten
vor seinem – die Höhe!
Hähähähä,
wer wär's denn, dein Bruder,
dein ›älterer Bruder‹?«
»Reist er in Spanien,
nennt er sich
La Muerte.«

ERICH MARIA REMARQUE
Arc de Triomphe

Im zweiten Stock des »International« war großer Betrieb. Eine Anzahl Zimmer standen offen, das Mädchen und der Valet rannten hin und her, und die Proprietaire dirigierte alles vom Korridor her.

Ravic kam die Treppe herauf. »Was ist los?« fragte er.

Die Proprietaire war eine kräftige Frau mit mächtigem Busen und einem zu kleinen Kopf mit kurzen, schwarzen Locken. »Die Spanier sind doch fort«, sagte sie.

»Das weiß ich. Aber wozu räumen Sie so spät die Zimmer noch auf?«

»Wir brauchen sie morgen früh.«

»Neue deutsche Emigranten?«

»Nein, spanische.«

»Spanische?« fragte Ravic, der einen Augenblick nicht verstand, was sie meinte. »Wieso, die sind ja gerade weg?«

Die Wirtin sah ihn mit ihren schwarzen, glänzenden Augen an und lächelte. Es war ein Lächeln aus einfachstem Wissen und einfachster Ironie. »Die anderen kommen zurück«, sagte sie.

»Welche andern?«

»Die von der Gegenseite natürlich. Das ist doch immer so.« Sie rief dem aufräumenden Mädchen ein paar Worte zu. »Wir sind ein altes Hotel«, sagte sie dann mit einem gewissen Stolz. »Die Gäste kommen gern zu uns zurück. Sie warten schon auf ihre alten Zimmer.«

»Sie warten schon?« fragte Ravic erstaunt. »Wer wartet schon?«

»Die Herren von der Gegenseite. Die meisten waren doch schon einmal hier. Eine Anzahl sind natürlich inzwischen getötet worden. Aber die andern haben in Biarritz und St. Jean de Luz gewartet, bis Zimmer bei uns frei wurden.«

»Waren die denn schon einmal hier?«

»Aber, Herr Ravic!« Die Wirtin war überrascht, daß er das nicht sofort wußte. »In der Zeit doch, als Primo de Rivera Diktator in Spanien war. Sie mußten damals fliehen und lebten hier. Als Spanien dann republikanisch wurde, gingen sie zurück, und die Monarchisten und Faschisten kamen her. Jetzt gehen die letzten davon zurück, und die Republikaner kommen wieder. Die, die noch übrig sind.«

»Richtig. Daran habe ich nicht gedacht.«

Die Wirtin blickte in eines der Zimmer. Ein farbiger Druck des ehemaligen Königs Alfons hing über dem Bett. »Nimm das herunter, Jeanne«, rief sie.

Das Mädchen brachte das Bild. »Hier. Stell es hierher.« Die Wirtin lehnte das Bild rechts an die Wand und ging weiter. Im nächsten Zimmer hing ein Bild des Generals Franco. »Das da auch. Stelle es zu dem andern.«

»Weshalb haben diese Spanier ihre Bilder eigentlich nicht mitgenommen?« fragte Ravic.

»Emigranten nehmen selten Bilder mit, wenn sie zurückgehen«, erklärte die Wirtin. »Bilder sind ein Trost in der Fremde. Wenn man zurückgeht, braucht man sie nicht mehr. Die Rahmen sind auch zu unbequem beim Reisen, und das Glas bricht leicht. Bilder werden fast immer in Hotels gelassen.«

Sie stellte zwei andere Bilder des fetten Generalissimus, eines von Alfons und ein kleineres von Queipo de Llano zu den übrigen im

Korridor. »Die Heiligenbilder können wir drin lassen«, entschied sie, als sie eine grellfarbige Madonna entdeckte. »Heilige sind neutral.«

»Nicht immer«, sagte Ravic.

»In schwierigen Zeiten hat Gott immer eine Chance. Ich habe hier schon manchen Atheisten beten sehen.« Die Wirtin rückte mit einer energischen Bewegung ihren linken Busen zurecht. »Haben Sie nicht auch schon einmal gebetet, wenn Ihnen das Wasser am Halse stand?«

»Natürlich. Aber ich bin auch kein Atheist. Ich bin nur ein Schwergläubiger.«

Der Hausknecht kam die Treppe herauf. Er schleppte einen Haufen Bilder über den Korridor heran. »Wollen Sie umdekorieren?« fragte Ravic.

»Natürlich. Man muß eine Menge Takt haben im Hotelfach. Das gibt einem Hause erst den wirklichen guten Ruf. Besonders bei unserer Art von Kundschaft, die, ich kann wohl sagen, in diesen Dingen sehr delikat ist. Man kann nicht erwarten, daß jemand Freude an einem Zimmer hat, in dem sein Todfeind stolz in bunten Farben und oft sogar in einem Goldrahmen auf ihn heruntersieht. Habe ich recht?«

»Hundertprozentig.«

Die Wirtin wandte sich an den Hausknecht. »Leg die Bilder hierher, Adolphe. Nein, stell sie besser an die Wand ins Licht, nebeneinander, damit man sie sehen kann.«

Der Mann grunzte und bückte sich, um die Ausstellung vorzubereiten.

»Was hängen Sie jetzt da hinein?« fragte Ravic interessiert. »Hirsche und Landschaften und Vesuvausbrüche und sowas.«

»Nur, wenn's nicht reicht. Sonst gebe ich die alten Bilder zurück.«

»Welche alten?«

»Die von früher. Die die Herren hier gelassen haben, als sie die Regierung übernahmen. Hier sind sie.«

Sie zeigte auf die linke Wand des Korridors. Der Hausknecht hatte dort inzwischen die neuen Bilder aufgestellt, in einer Reihe, gegenüber denen, die aus den Zimmern geholt worden waren. Es waren zwei Marx, drei Lenins, von denen eines zur Hälfte mit Papier überklebt war, ein Trotzki und ein paar kleinere gerahmte schwarze Drucke von Negrin und andern republikanischen Führern Spaniens. Sie waren unscheinbar, und keines war so leuchtend in Farben mit Orden und Emblemen wie die pompöse Reihe der

Alfonsos, Primos und Francos gegenüber auf der rechten Seite. Die beiden Reihen Weltanschauung starrten sich schweigend in dem schwach erleuchteten Korridor an, und dazwischen stand die französische Wirtin mit Takt, Erfahrung und der ironischen Weisheit ihrer Rasse.

»Ich habe die Sachen damals aufbewahrt«, sagte sie, »als die Herren auszogen. Regierungen dauern heutzutage nicht lange. Sie sehen, daß ich recht hatte – jetzt kommen sie uns zugute. Im Hotelfach muß man einen weiten Blick haben.«

Sie ordnete an, wo die Bilder aufgehängt werden sollten. Den Trotzki schickte sie zurück; es war ihr zu unsicher. Ravic inspizierte den Druck von Lenin, dessen Hälfte überklebt war. Er kratzte etwas von dem Papier in der Höhe von Lenins Kopf ab – hinter dem aufgeklebten Stück kam ein anderer Kopf Trotzkis hervor, der zu Lenin herüberlächelte. Ein Anhänger Stalins hatte ihn wahrscheinlich überklebt. »Hier«, sagte Ravic. »Noch ein versteckter Trotzki. Aus der guten alten Zeit der Freundschaft und Brüderschaft.«

Die Wirtin nahm das Bild. »Das können wir wegwerfen. Das ist ganz wertlos. Eine Hälfte davon beleidigt dauernd die andere.« Sie gab es dem Hausknecht. »Hebe den Rahmen auf, Adolphe. Er ist gute Eiche.«

»Was machen Sie mit den übrigen?« fragte Ravic. »Den Alfonsos und den Francos?«

»Die kommen in den Keller. Man weiß nie, ob man sie nicht noch einmal gebrauchen kann.«

»Ihr Keller muß fabelhaft sein. Ein temporäres Mausoleum. Haben Sie da noch mehr?«

»Oh, natürlich! Wir haben russische – ein paar einfachere Lenin – in Papprahmen zur Aushilfe, und dann die vom letzten Zaren. Von Russen, die hier gestorben sind. Ein wunderbares Original in Öl und schwerem Goldrahmen von einem Herrn, der Selbstmord begangen hat. Dann sind da die Italiener. Zwei Garibaldis, drei Könige und ein etwas beschädigter Mussolini, auf Zeitungspapier, aus der Zeit, als er noch Sozialist war in Zürich. Das Ding hat allerdings nur Seltenheitswert. Keiner will es hängen haben.«

»Haben Sie auch Deutsche?«

»Noch ein paar Marx; das sind die häufigsten; einen Lassalle; einen Bebel – dann ein Gruppenbild von Ebert, Scheidemann, Noske und vielen anderen. Noske ist darauf mit Tinte zugeschmiert. Die Herren sagten mir, daß er ein Nazi geworden sei.«

»Das stimmt. Sie können es zu dem sozialistischen Mussolini hängen. Von der andern Seite in Deutschland haben Sie keine, wie?«

»Oh doch! Wir haben einen Hindenburg, einen Kaiser Wilhelm, einen Bismarck – und«, die Wirtin lächelte, »sogar einen Hitler im Regenmantel. Wir sind ziemlich komplett.«

»Was?« fragte Ravic. »Hitler? Woher haben Sie den denn?«

»Von einem Homosexuellen. Er kam 1934, als Röhm und die andern drüben getötet wurden. Hatte Angst und betete viel. Später wurde er von einem reichen Argentinier mitgenommen. Er hieß Putzi mit Vornamen. Wollen Sie das Bild sehen? Es steht im Keller.«

»Jetzt nicht. Nicht im Keller. Ich sehe es lieber, wenn alle Zimmer im Hotel mit derselben Sorte vollhängen.«

Die Wirtin sah ihn einen Augenblick scharf an. »Ach so«, sagte sie dann. »Sie meinen, wenn die als Emigranten kommen?«

ANNA SEGHERS
Das siebte Kreuz

III

Wie lange er auch über die Flucht gegrübelt hatte, allein und mit Wallau, wie viele winzige Einzelheiten er auch erwogen hatte und auch den gewaltigen Ablauf eines neuen Daseins, in den ersten Minuten nach der Flucht war er nur ein Tier, das in die Wildnis ausbricht, die sein Leben ist, und Blut und Haare kleben noch an der Falle. Das Geheul der Sirenen drang seit der Entdeckung der Flucht kilometerweit über das Land und weckte ringsum die kleinen Dörfer, die der dicke Herbstnebel einwickelte. Dieser Nebel dämpfte alles, sogar die mächtigen Scheinwerfer, die sonst die schwärzeste Nacht aufgeblendet hatten. Jetzt gegen sechs Uhr früh erstickten sie in dem watteartigen Nebel, den sie kaum gelblich färbten.

Georg duckte sich tiefer, obwohl der Boden unter ihm nachgab. Er konnte versinken, bevor er von dieser Stelle wegdurfte. Das dürre Gestrüpp sträubte sich ihm in den Fingern, die blutlos geworden waren und glitschig und eiskalt. Ihm schien es, als sänke er rascher und tiefer, er hätte nach seinem Gefühl bereits verschluckt sein müssen. Obwohl er geflohen war, um dem sichern Tod zu entrinnen – kein Zweifel, daß sie ihn und die andern sechs in den nächsten Tagen zugrunde gerichtet hätten – erschien ihm der Tod im Sumpf ganz einfach und ohne Schrecken. Als sei er ein andrer Tod als der, vor dem er geflohen sei, ein Tod in der Wildnis, ganz frei, nicht von Menschenhand.

Zwei Meter über ihm auf dem Weidendamm rannten die Posten mit den Hunden. Hunde und Posten waren besessen von dem Sirenengeheul und dem dicken nassen Nebel. Georgs Haare sträubten sich und die Härchen auf seiner Haut. Er hörte jemand so nahe fluchen, daß er sogar die Stimme erkannte: Mannsfeld. Der Schlag mit dem Spaten, den ihm vorhin Wallau über den Kopf gegeben hatte, tat ihm also schon nicht mehr weh. Georg ließ das Gestrüpp los. Er rutschte noch tiefer. Jetzt kam er überhaupt erst mit beiden Füßen auf den Vorsprung, der einem an dieser Stelle Halt gab. Das hatte er damals auch gewußt, als er noch die Kraft gehabt hatte, alles mit Wallau vorauszuberechnen.

Plötzlich fing etwas Neues an. Erst einen Augenblick später merkte er, daß gar nichts angefangen hatte, sondern etwas aufgehört: die Sirene. Das war das Neue, die Stille, in der man die scharf voneinander abgesetzten Pfiffe hörte und die Kommandos vom Lager her und von der Außenbaracke. Die Posten über ihm liefen hinter den Hunden zum äußersten Ende des Weidendamms. Von der Außenbaracke laufen die Hunde gegen den Weidendamm, ein dünner Knall und dann noch einer, ein Aufklatschen, und das harte Gebell der Hunde schlägt über einem anderen dünnen Gebell zusammen, das gar nicht dagegen aufkam und gar kein Hund sein kann, aber auch keine menschliche Stimme, und wahrscheinlich hat der Mensch, den sie jetzt abschleppen, auch nichts Menschliches mehr an sich. Sicher Albert, dachte Georg. Es gibt einen Grad von Wirklichkeit, der einen glauben macht, daß man träume, obwohl man nie weniger geträumt hat. Den hätten sie, dachte Georg, wie man im Traum denkt, den hätten sie. Wirklich konnte das ja nicht sein, daß sie schon jetzt nur noch sechs waren.

Der Nebel war noch immer zum Schneiden dick. Zwei Lichtchen glänzten auf, weit jenseits der Landstraße – gleich hinter den Binsen, hätte man meinen können. Diese einzelnen scharfen Pünktchen drangen leichter durch den Nebel als die flächigen Scheinwerfer. Nach und nach gingen die Lichter an in den Bauernstuben, die Dörfer wachten auf. Bald war der Kreis aus Lichtchen geschlossen. So was kann es ja gar nicht geben, dachte Georg, das ist zusammengeträumt. Er hatte jetzt die größte Lust, in die Knie zu gehn. Wozu sich in die ganze Jagd einlassen? Eine Kniebeuge, und es glückst, und alles ist fertig ... Werd' mal zuerst ruhig, hatte Wallau immer gesagt. Wahrscheinlich hockte Wallau gar nicht weit weg in irgendeinem Weidenbusch. Wenn das der Wallau einem gesagt hatte: werd' mal zuerst ruhig – war man immer schon ruhig geworden.

Georg griff ins Gestrüpp. Er kroch langsam seitlich. Er war jetzt vielleicht noch sechs Meter von dem letzten Strunk weg. Plötzlich, in einer grellen, in nichts mehr traumhaften Einsicht, schüttelte ihn ein solcher Anfall von Angst, daß er einfach hängenblieb auf dem Außenabhang, den Bauch platt auf der Erde. Ebenso plötzlich war es vorbei, wie es gekommen war.

Er kroch bis zum Strunk. Die Sirene heulte zum zweitenmal los. Sie drang gewiß weit über das rechte Rheinufer. Georg drückte sein Gesicht in die Erde. Ruhig, ruhig, sagte ihm Wallau über die Schulter. Georg schnaufte mal, drehte den Kopf. Die Lichter waren schon alle ausgegangen. Der Nebel war zart geworden und durchsichtig, das reine Goldgespinst. Über die Landstraße sausten drei Motorradlampen, raketenartig. Das Geheul der Sirene schien anzuschwellen, obwohl es nur ständig ab- und zunahm, ein wildes Einbohren in alle Gehirne, stundenweit. Georg drückte sein Gesicht wieder in die Erde, weil sie über ihm auf dem Damm zurückliefen. Er schielte bloß aus den Augenwinkeln. Die Scheinwerfer hatten nichts mehr zum Greifen, sie wurden ganz matt im Tagesgrauen. Wenn nur jetzt nicht der Nebel gleich stieg. Auf einmal kletterten drei den äußern Abhang herunter. Sie waren keine zehn Meter weit. Georg erkannte wieder Mannsfelds Stimme. Er erkannte Ibst, an seinen Flüchen, nicht an der Stimme, die war vor Wut ganz dünn, eine Weiberstimme. Die dritte Stimme, erschreckend dicht – man konnte ihm, Georg, auf den Kopf treten – war Meißners Stimme, die immer nachts in die Baracke kam, die einzelnen aufrief, ihn, Georg, zuletzt vor zwei Nächten. Auch jetzt schlug Meißner nach jedem Wort die Luft mit etwas Scharfem. Georg spürte das feine Windchen. Hier unten rum – gradaus – wird's bald – dalli.

Ein zweiter Anfall von Angst, die Faust, die einem das Herz zusammendrückt. Jetzt nur kein Mensch sein, jetzt Wurzel schlagen, ein Weidenstamm unter Weidenstämmen, jetzt Rinde bekommen und Zweige statt Arme. Meißner stieg in das Gelände hinunter und fing wie verrückt zu brüllen an. Plötzlich brach er ab. Jetzt sieht er mich, dachte Georg. Er war auf einmal vollständig ruhig, keine Spur von Angst mehr, das ist das Ende, lebt alle wohl.

Meißner stieg tiefer hinunter zu den anderen. Sie wateten jetzt in dem Gelände herum zwischen Damm und Straße. Georg war für den Augenblick dadurch gerettet, daß er viel näher war als sie glaubten. Wäre er einfach auf und davon, sie hätten ihn jetzt im Gelände geschnappt. Sonderbar genug, daß er sich also doch, wild und besinnungslos, eisern an seinen eigenen Plan gehalten hatte! Eigene Pläne, die man sich aufstellt in den schlaflosen Nächten, was sie für eine Macht behalten über die Stunde, wenn alles Planen zunichte wird; daß einem dann der Gedanke kommt, ein andrer hätte für einen geplant. Aber auch dieser andre war ich.

Die Sirene stockte zum zweitenmal. Georg kroch seitlich, rutschte mit einem Fuß aus. Eine Sumpfschwalbe erschrak so heftig, daß Georg vor Schreck das Gestrüpp losließ. Die Sumpfschwalbe zuckte in die Binsen hinein, das gab ein hartes Rascheln. Georg horchte, gewiß horchten jetzt alle. Warum muß man gerade ein Mensch sein, und wenn schon einer, warum gerade ich, Georg. Alle Binsen hatten sich wieder aufgestellt, niemand kam, schließlich war ja auch nichts geschehen, als daß ein Vogel im Sumpf herumgezuckt hatte. Georg kam trotzdem nicht weiter, wund die Knie, ausgeleiert die Arme. Plötzlich erblickte er im Gestrüpp Wallaus kleines, bleiches, spitznasiges Gesicht ... Plötzlich war das Gestrüpp übersät mit Wallaugesichtern.

Das ging vorbei. Er wurde fast ruhig. Er dachte kalt: Wallau und Füllgrabe und ich kommen durch. Wir drei sind die besten. Beutler haben sie. Belloni kommt vielleicht auch durch. Aldinger ist zu alt. Pelzer ist zu weich. Als er sich jetzt auf den Rücken drehte, war es schon Tag. Der Nebel war gestiegen. Goldnes kühles Herbstlicht lag über dem Land, das man hätte friedlich nennen können. Georg erkannte jetzt etwa zwanzig Meter weg die zwei großen, flachen, an den Rändern weißen Steine. Vor dem Krieg war der Damm einmal der Fahrweg für ein entlegenes Gehöft gewesen, das längst abgerissen war oder abgebrannt. Damals hatte man vielleicht das Gelände angestochen, das inzwischen längst versoffen war, samt den Abkürzungswegen zwischen Damm und Landstraße. Damals hatte man wohl auch die Steine vom Rhein heraufgeschleppt. Zwischen den Steinen gab es noch feste Krumen, längst hatten sich die Binsen darübergestellt. Eine Art Hohlweg war entstanden, den man auf dem Bauch durchkriechen konnte.

Die paar Meter bis zu dem ersten grauen, weiß gerändertem Stein waren das böseste Stück, fast ungedeckt. Georg biß sich in dem Gestrüpp fest, ließ erst mit einer Hand los, dann mit der andern. Wie die Zweige zurückschnellten, gab es ein feines Schürfen, ein Vogel zuckte auf, vielleicht schon wieder derselbe.

Wie er dann in den Binsen hockte auf dem zweiten Stein, war's ihm zumut, als sei er plötzlich dorthin geraten und ungeheuer rasch, wie mit Engelsflügeln. Hätte er nur jetzt nicht so gefroren.

IV

Daß diese unerträgliche Wirklichkeit ein Traum sein müsse, aus dem man alsbald erwache, ja, daß dieser ganze Spuk nicht einmal ein schlechter Traum sei, sondern nur die Erinnerung an einen schlechten Traum, dieses Gefühl beherrschte Fahrenberg, den Lagerkommandanten, lange nachdem ihm die Meldung schon erstattet war. Fahrenberg hatte zwar scheinbar kaltblütig alle Maßnahmen getroffen, die eine solche Meldung erforderte. Aber eigentlich war es nicht Fahrenberg gewesen, denn auch der furchtbarste Traum erfordert keine Maßnahmen, sondern irgendein andrer hatte sie für ihn ausgeknobelt, für einen Fall, der nie eintreten durfte.

Als die Sirene eine Sekunde nach seinem Befehl losheulte, trat er vorsichtig über eine elektrische Verlängerungsschnur – ein Traumhindernis – weg ans Fenster. Warum heulte die Sirene? Draußen vor dem Fenster war nichts: die rechte Aussicht für eine nicht vorhandene Zeit.

Kein Gedanke daran, daß dieses Nichts immerhin etwas war: dicker Nebel. Fahrenberg wachte dadurch auf, daß Bunsen an einer der Schnüre hängenblieb, die aus dem Büroraum in den Schlafraum gezogen waren. Er fing plötzlich zu brüllen an, selbstverständlich nicht gegen Bunsen, sondern gegen Zillich, der gerade Meldung erstattet hatte. Aber noch brüllte Fahrenberg nicht, weil er die Meldung verstand, die Flucht von sieben Schutzhäftlingen auf einmal, sondern um einen Alpdruck loszuwerden. Bunsen, ein ein Meter fünfundachtzig hoher, an Gesicht und Wuchs auffällig schöner Mensch, drehte sich nochmals um, sagte: »Entschuldigen«, und bückte sich, um den Stöpsel wieder in die Kontaktbüchse zu stecken. Fahrenberg hatte eine gewisse Vorliebe für elektrische Leitungen und Telephonanlagen. In diesen beiden Räumen gab es eine Menge Drähte und auswechselbare Kontakte und auch häufig Reparaturen und Montagen. Zufällig war die letzte Woche ein Schutzhäftling namens Dietrich aus Fulda entlassen worden, Elektrotechniker von Beruf, gerade nach Fertigstellung der neuen Anlage, die sich nachher als ziemlich vertrackt erwies. Bunsen wartete, nur in den Augen unverkennbare, aber in keinerlei Mienenspiel nachweisbare Belustigung, bis sich Fahrenberg ausgebrüllt hatte. Dann ging er. Fahrenberg und Zillich blieben allein ...

Bunsen zündete sich auf der äußeren Schwelle eine Zigarette an, machte aber bloß einen einzigen Zug, dann schmiß er sie weg. Er hatte Nachturlaub gehabt, eigentlich ging sein Urlaub erst in einer halben Stunde zu Ende, sein zukünftiger Schwager hatte ihn mit dem Auto aus Wiesbaden herübergebracht.

Zwischen der Kommandantenbaracke, einem festen Gebäude aus Ziegelsteinen, und der Baracke III, auf deren Längsseite ein paar Platanen gepflanzt waren, lag eine Art Platz, den sie unter sich den Tanzplatz nannten. Hier im Freien bohrte sich einem die Sirene erst richtig ins Hirn. Blöder Nebel, dachte Bunsen.

Seine Leute waren angetreten. »Braunewell! Nageln Sie die Karte an den Baum da. Also: Beitreten! Herhören!« Bunsen schlug die Zirkelspitze in den roten Punkt »Lager Westhofen«. Er beschrieb drei konzentrische Kreise. »Jetzt ist es sechs Uhr fünf. Fünf Uhr fünfundvierzig war der Ausbruch. Bis sechs Uhr zwanzig kann ein Mensch bei äußerster Geschwindigkeit bis zu diesem Punkt kommen. Steckt also jetzt vermutlich zwischen diesem und diesem Kreis. Also – Braunewell! Abriegeln die Straße zwischen den Dörfern Botzenbach und Oberreichenbach. Meiling! Abriegeln zwischen Unterreichenbach und Kalheim. Nichts durchlassen! Untereinander Verbindung halten und mit mir. Durchkämmen können wir nicht. Verstärkung wird erst in fünfzehn Minuten da sein. – Willich! Unser äußerster Kreis berührt an dieser Stelle das rechte Rheinufer. Also: abriegeln das Stück zwischen Fähre und Liebacher Au. Diesen Schnittpunkt besetzen! Fähre besetzen! Posten auf die Liebacher Au!«

Noch war der Nebel so dick, daß die Ziffern auf seiner Armbanduhr leuchteten. Er hörte schon das Hupen der motorisierten SS, die das Lager verlassen hatte. Jetzt war die Reichenbacher Straße gesperrt. Er trat dicht vor die Karte. Jetzt stand der Posten schon auf der Liebacher Au. Was man tun konnte für die ersten Minuten, war getan. Fahrenberg hatte inzwischen die Meldung an die Zentrale durchgegeben. Unbequem mußte dem Alten jetzt die Haut sitzen, dem Eroberer von Seeligenstadt. Seine eigne dagegen – Bunsen spürte, wie gut sie ihm saß, seine Haut, wie auf Maß gemacht vom Schneidermeister Herrgott! Und das Glück wieder! Die Schweinerei passiert während seiner Abwesenheit, aber er kommt ein klein wenig zu früh, gerade recht, um mitzumachen. Er horchte durch das Sirenengeheul nach der Kommandantenbaracke, ob der Alte seine zweite Portion Wut ausgetobt hatte.

Zillich war mit seinem Herrn allein. Er behielt ihn im Auge, während er am Telephon herumstöpselte – direkter Anschluß an die Zentrale. Diesen verdammten Dietrich aus Fulda sollte man morgen wieder einsperren für diese Sudelarbeit. Zillich hatte die wachste Empfindung, wie die Zeit vertan wurde durch dieses idiotische Gestöpsel. Kostbare Sekunden, in denen sich sieben Pünktchen immer weiter und rascher entfernten, in eine uneinholbare Unendlichkeit. Schließlich kam die Zentrale, und er erstattete seine Meldung. Fahrenberg hörte sie daher in zehn Minuten zum zweitenmal. Sein Gesicht behielt zwar den Ausdruck unbestechlicher Härte, der ihm längst aufgezwungen war, obwohl dazu Nase und Kinn etwas zu kurz waren, aber der Unterkiefer rutschte ab. Gott, der ihm jetzt auch in den Sinn kam, konnte unmöglich zulassen, daß diese Meldung wahr sei, sieben Häftlinge aus seinem Lager auf einmal entflohen. Er starrte Zillich an, der ihm mit einem schweren finsteren Blick erwiderte, voll Reue und Trauer und Schuldbewußtsein. Denn Fahrenberg war der erste Mensch gewesen, der ihm vollkommen vertraute. Zillich wunderte sich nicht, daß einem immer dann etwas in die Quere kam, wenn es aufwärts ging. Hatte er nicht noch im November 1918 diesen ekelhaften Schuß bekommen? War ihm nicht sein Hof zwangsversteigert worden, einen Monat bevor das neue Gesetz herauskam? Hatte ihn nicht das Weibsstück damals wiedererkannt und ihn ein halbes Jahr nach der Stecherei ins Kittchen gebracht? Zwei Jahre lang hatte ihm Fahrenberg hier Vertrauen geschenkt bei dem, was sie unter sich Abrahmen nannten – die Zusammenstellung der Strafkolonne aus ausgesuchten Häftlingen und die Auswahl der Begleitmannschaft.

Auf einmal läutete der Wecker, den Fahrenberg nach alter Gewohnheit auf dem Stuhl neben seinem Feldbett stehen hatte: sechs Uhr fünfzehn. Jetzt hätte Fahrenberg aufstehn sollen und Bunsen sich zurückmelden. Der gewöhnliche Tag hätte beginnen sollen, Fahrenbergs gewöhnlicher Tag, das Kommando über Westhofen.

Fahrenberg fuhr zusammen. Er zog den Unterkiefer ein. Dann zog er sich mit ein paar kurzen Griffen fertig an. Er fuhr mit der feuchten Bürste über sein Haar, er putzte sich die Zähne. Er trat neben Zillich, sah auf den schweren Nacken herunter und sagte: »Die kriegen wir rasch wieder.« Zillich erwiderte: »Jawohl, Herr Kommandant!« Dann sagte er: »Herr Kommandant – –« Er machte ein paar Vorschläge, im großen ganzen dieselben, die nachher durch die Gestapo ausgeführt wurden, als kein Mensch mehr an Zillich dachte. Seine Vorschläge zeigten überhaupt einen klaren und scharfen Verstand.

Auf einmal unterbrach sich Zillich, beide horchten. Weit draußen hörte man einen feinen dünnen, zunächst unerklärlichen Ton, der aber die Sirene übertönte und die Kommandos und das neue Scharren der Stiefel auf dem Tanzplatz. Zillich und Fahrenberg sahen sich in die Augen. »Fenster«, sagte Fahrenberg. Zillich öffnete, der Nebel kam in das Zimmer und dieser Ton. Fahrenberg horchte kurz hin, dann ging er hinaus, Zillich mit ihm. Bunsen wollte gerade die SA abtreten lassen, da entstand eine Unruhe. Man schleifte den Schutzhäftling Beutler gegen den Tanzplatz, den ersten eingefangenen Flüchtling.

Das letzte Stück vor der noch nicht abgetretenen Mannschaft rutschte er allein. Nicht auf den Knien, sondern seitlich, vielleicht weil er einen Tritt abbekommen hatte, so daß sein Gesicht nach oben gedreht war. Und als er jetzt unter ihm wegrutschte, merkte Bunsen, was es mit diesem Gesicht auf sich hatte. Es lachte nämlich. Wie der Eingebrachte jetzt dalag in seinem blutigen Kittel und mit Blut in den Ohren, schien er sich förmlich in einem stillen Lachen zu winden mit seinem großen blanken Gebiß.

Bunsen sah weg von diesem Gesicht auf Fahrenbergs Gesicht. Fahrenberg sah herunter auf Beutler. Er zog die Lippen von den Zähnen, so daß es einen Augenblick aussah, als ob sie einander anlachten. Bunsen kannte seinen Kommandanten, er wußte, was jetzt nachkam. In seinem eigenen jungen Gesicht ging das vor, was immer dann vorging, wenn er wußte, was jetzt kam. In Bunsens Gesicht, dem die Natur die Züge eines Drachentöters gegeben hatte oder eines gewappneten Erzengels, entstand, indem sich die Nasenflügel ein wenig blähten, die Mundwinkel ein wenig zuckten, die furchtbarste Verheerung.

Es kam aber jetzt zu gar nichts.

Von der Lagereinfahrt her wurden die Kriminalkommissare Overkamp und Fischer zur Kommandantenbaracke geleitet. Sie blieben beide stehen bei der Gruppe Bunsen-Fahrenberg-Zillich, sahen, was los war, sagten rasch was einer zum andern. Dann sagte Overkamp, ohne jemand ausdrücklich anzusprechen, mit ganz leiser Stimme, die aber vor Wut gepreßt klang und vor Anstrengung, diese Wut zu beherrschen: »Das soll die Einlieferung vorstellen? Gratuliere. Da könnt ihr schleunigst ein paar Spezialärzte herbeitrommeln, daß sie dem Mann da seine paar Nieren und Hoden und Ohren zusammenflicken, damit er uns noch mal vernehmungsfähig wird! Schlau, schlau, gratuliere.«

CARL ZUCKMAYER
Des Teufels General

HARRAS *geht zum Tisch.* Soll ich das nun unterschreiben? Ich kann es ja tun. Ich kann's auch bleiben lassen. Es ist ganz gleich. Es ändert nichts an der Lage. Das einzige, was mir jetzt ziemlich sicher scheint, steht nicht drin.
ODERBRUCH *mit beherrschter Spannung.* Was ist das?
HARRAS *schaut ihn an – zögert einen Moment.* Ich bin fast sicher – daß die Brüder selbst nicht wissen, woran sie sind. In dem Punkt hatte ich einen falschen Verdacht. Oder – einen ungenügenden. *Zögert wieder, mit einem forschenden Blick auf Oderbruch.* Mir scheint – die Gestapo tappt im dunkel – genau wie wir. Und man hat es bis zum letzten Moment – genau bis zu diesem – darauf angelegt, daß ich wirklich etwas herausbringen könnte, was die Sache klärt. Nur darauf warten sie noch. Sonst – brauchten sie nicht zu warten. Der Fall gegen mich ist fertig. Damit haben sie anderes Material. Man hat sie gut beliefert. Aber sie geben mir die Chance des letzten Augenblicks – der Rehabilitierung auf des Messers Schneide – nur in der Hoffnung, etwas zu erfahren, was niemand weiß. Leider kann ich keinen Gebrauch davon machen. Es geschieht kein Wunder. Schauen Sie her. *Er zieht mit einer raschen Bewegung eine Schublade auf, nimmt einen Revolver heraus. Grinst.* Schmidt-Lausitz hat ihn mir hereingezaubert! Es ist mein eigener, ich hatte ihn abgeben müssen. Taktvolle Aufforderung zum Tanz. Gentleman-Abgang. Aber den Gefallen werde ich ihnen nicht tun. Das Gute ist, daß der Hund sich jetzt nicht mehr hereintraut. Er hat auch Grund. Es könnte ihm schlecht bekommen. Und wenn er zehn Bullen vorschickt, müssen fünf dran glauben. Hier ist kein Taubenschlag. *Steckt den Revolver ein.*
ODERBRUCH *schaut ihm zu – feuchtet seine Lippen.*
HARRAS An sich – wär's mir wurscht. Nur – ich bin nicht ganz fertig. Es ist ein widerwärtiges Gefühl, aus einem ungemachten Zimmer auszuziehen. Ohne abzuschließen. Der Schlüssel ist verlegt – und nicht zu finden. Dabei fühlt man, er ist ganz nah – man stolpert fast darüber, man könnt ihn greifen – aber man sieht ihn nicht. *Mit einer plötzlichen Wendung zu ihm hin.* Oderbruch – ich weiß es – ich bin ganz dicht an der Lösung. Hautnah. Auf Armeslänge. Ich spüre es – ahne es – mit all meinen Nerven. Es ist nur ein Gedanke – der dazwischensteht.

ODERBRUCH Warum denken Sie ihn nicht, General Harras?

HARRAS *sieht ihn lange an. Beide sind totenblaß geworden. Dann spricht er – leise, gefaßt.* Oderbruch. Wenn ich Ihnen jetzt einen Schwur leiste. Einen heiligen Schwur. Nicht bei meiner Ehre. Nicht als General, Offizier, Soldat. Sondern als der – den Sie kennen. Mit dem Sie ein Dutzend Jahre geflogen sind. Und als ein Mensch in seiner letzten Stunde. Ich schwöre Ihnen, daß nie etwas über diese Schwelle, aus diesen vier Wänden dringen wird – was einer von uns jetzt redet. Oderbruch – wollen Sie sprechen?

ODERBRUCH *schweigt.*

HARRAS *dicht bei ihm.* Die Wahrheit, Oderbruch! Die Wahrheit! *Starrt ihm in die Augen.*

ODERBRUCH *erwidert seinen Blick – nickt kurz.*

HARRAS Sie – Oderbruch?

ODERBRUCH *fast tonlos.* Wir.

HARRAS *atmet tief auf – wischt sich den Schweiß vom Gesicht. Nach einer Pause – ruhig.* Wer seid ihr? Wer sind die andern?

ODERBRUCH Wir haben keine Namen.

HARRAS Wollen Sie mir auch jetzt nicht vertrauen? Wer seid ihr?

ODERBRUCH Ich habe es gesagt. Wir kämpfen – unbekannt – ungenannt. Wir wissen voneinander – und kennen uns kaum. Wir haben keine Namen. Nur – ein Ziel! Und einen Feind.

HARRAS War Eilers der Feind? Ich dachte – er war Ihr Freund.

ODERBRUCH Ich hatte keinen besseren. Außer Ihnen, General Harras.

HARRAS Und warum trefft ihr uns – aus dem Dunkel, aus dem Hinterhalt? Warum trefft ihr uns – anstatt des Feindes?

ODERBRUCH Der Feind – ist unfaßbar. Er steht überall – mitten in unsrem Volk – mitten in unseren Reihen. Wir selbst haben uns ihm ausgeliefert, damals, als der alte Marschall starb. Jetzt bleibt uns nur noch eins: wir müssen die Waffe zerbrechen, mit der er siegen kann – auch wenn es uns selber trifft. Denn wenn er siegt, Harras – wenn Hitler diesen Krieg gewinnt – dann ist Deutschland verloren. Dann ist die Welt verloren.

HARRAS Haben Sie bedacht, was Niederlage heißt? Fremdherrschaft? Neue Gewalt – und neue Unterjochung?

ODERBRUCH Das dauert nicht. Es wachsen Kinder heran, neue Geschlechter, die werden frei sein. Was aber uns unterjocht, jetzt, hier und heute – was uns alle zu Knechten macht, und schlimmer: zu Gehilfen, zu Mithelfern des Verbrechens, das täglich unter unseren Augen geschieht, auch wenn wir sie schließen, das, Harras – d a s wird dauern, über unser Leben und unser Grab hinaus – es sei denn, wir tilgen die Schuld, mit unsrer eigenen Hand.

HARRAS Die Schuld tilgen – durch neue Schuld? *Plötzlich fast schreiend.* Durch Blutschuld? Mord? Brudermord?! *Wieder gefaßt.* Glaubt ihr, daß Kain die Welt besser machte, als er den Abel erschlug? *Wendet sich ab.*

ODERBRUCH *schwer mit sich ringend, stockend.* Hören Sie mich an, Harras. Ich habe den Mord nicht gewollt. Ich hätte es nie für möglich gehalten, daß flugkranke Maschinen zum Einsatz kommen, ohne überprüft zu werden –

HARRAS Von wem? Da kennen Sie die Brüder schlecht. Denen kommt es doch nur auf die Meldung an, daß die Quote erfüllt ist. Sie mußten das wissen, Oderbruch.

ODERBRUCH Wir wollten die Kampfkraft schwächen, der sinnlosen Schlächterei ein Ziel setzen, weil es keinen anderen Weg gibt, um Deutschland zu befreien. Wir wollten die Waffe entschärfen – nicht den Mann töten, der sie führt. In der Nacht, in der ich von Eilers' Tod erfuhr, wollte ich Schluß machen, mit mir selbst. Ich lebe nur noch, weil ich nicht aufgeben darf zu kämpfen. Für Deutschland, Harras.

HARRAS Sie denken zu kurz. Eine alte Freundin hat mir gesagt: eher schneide ich meine Wolljacken in Fetzen und verbrenne sie, als daß ich ein Stück für Hitlers Winterhilfe gebe. Weißt du nicht, habe ich sie gefragt, daß das Mord bedeutet – solang ein Soldat in Rußland erfrieren kann?

ODERBRUCH Dann müssen wir auch diese Schuld auf uns nehmen. Reinigung – das ist unser Gesetz, und unser Urteil. Es ist mit Blut geschrieben.

HARRAS Mit Freundesblut.

ODERBRUCH Auch mit dem eigenen.

HARRAS *nach einer Pause.* Sagen Sie mir alles, Oderbruch? Helfen Sie mir, es zu verstehen! Wie kamen Sie dazu? Sie waren unpolitisch. Sie liebten Technik. Sie machten Musik. Was hat Sie gepackt?

ODERBRUCH Was jeden packen müßte. Scham.

HARRAS Weichen Sie mir nicht aus, Oderbruch! Speisen Sie mich nicht ab – mit einem Wort! Sagen Sie mir alles! Wie kam es dazu?

ODERBRUCH Da ist nicht viel zu sagen. Wie kam es dazu? Sie kennen meine Geschichte. Familie – Tradition – Karriere – das brach zusammen, als ich jung war. Ich wurde Werkstudent, Monteur, es ging hinauf, ein Unfall warf mich zurück, es ging hinunter, es war immer sehr schwer – bis das Übel siegte. Dann ging es mir besser. *Lächelnd.* Als unser Staat zum Teufel ging, wurde ich Staatsangestellter. So ging es Tausenden in Hitlers Reich. Es ist die Laufbahn eines der Seinen.

HARRAS Und – was geschah?

ODERBRUCH Nichts – was ich erzählen kann. Kein persönlicher Grund. Keine – menschliche Erklärung. Mir starb kein Bruder im KZ. Ich liebte keine Jüdin. Kein Freund wurde mir aus dem Land gejagt. Ich kannte keinen, der am 30. Juni fiel. Doch eines Tages – da habe ich mich geschämt, daß ich ein Deutscher bin. Seitdem – kann ich nicht mehr ruhen, bis – *leise* – bis es zu Ende ist.

HARRAS Und die andern?

ODERBRUCH Manche kamen aus Scham. Andre aus Wut, aus Haß. Einige, weil sie ihre Heimat, viele, weil sie ihre Arbeit liebten und ihr Werk oder die Idee der Freiheit und die Freiheit ihrer Brüder. Aber alle – auch die unversöhnlich hassen – sind gekommen, weil sie etwas mehr lieben als sich selbst. Und es ist keiner mit uns, der nicht von selber kam.

HARRAS Wie viele?

ODERBRUCH Ich weiß es nicht. Wir haben keine Mittel, sie zu zählen. Wir werden weniger, statt mehr. Viele verschwinden, die nicht wiederkommen. Die beiden Männer, die heut vor Ihnen standen – ich hatte sie nie zuvor gesehn. Sie kannten mich nicht. Aber ich wußte – sie gehören zu uns.

HARRAS *lauscht schweigend – mit verschlossenem Gesicht.*

ODERBRUCH Unsre Namen – haben wir vergessen. Da waren solche dabei mit jahrhundertealtem Wappenglanz. Andere, die nur auf Lohnzetteln stehn. Das zählt nicht mehr. Für eine Weltstunde – sind wir gleich geworden. Klassenlos. Die Stunde dauert nicht. Das wissen wir. Aber sie ist ein Zeichen. Für alle Zeit.

HARRAS *knapp, fast herrisch.* Was ist die Losung? Nicht »für alle Zeit«. Jetzt, hier, im Augenblick. Wie steht die Schlacht? Was ist das nächste Ziel?

ODERBRUCH Zerstörung. Eine bittere Losung. Die einzige, die uns bleibt. Wir können nicht haltmachen vor denen, die wir lieben. Wir dürfen nicht fragen, Harras, wo eines Mannes Herz schlägt. Nur, wo er steht. Wir machen nicht halt vor uns selbst. Wir werden alle fallen.

HARRAS Das heißt – es ist umsonst. Sinnlose Hekatomben.
ODERBRUCH Nicht sinnlos. Nicht umsonst. Wir wissen, wofür.
HARRAS Was nutzt das, wenn ihr verfault? Was ändert das, wenn ihr verscharrt seid? Gemartert – verbrannt – und vergessen?
ODERBRUCH *nach einem Schweigen.* Gregor der Große wurde einst gefragt, ob das Erleiden der Marter ein Verdienst um den Himmel sei, für jeden, dem es widerfährt. Nein, sagte Gregor. Die Marter allein ist nichts. Wer aber weiß, wofür er leidet – dessen Zeugnis ist stärker als der Tod. Wir wissen, wofür.
HARRAS *lauernd, gefährlich.* Und du glaubst – ich werde mich mitschlachten lassen? Ich – der ich nicht weiß, wofür? Der ich allein bin? Der nicht von selber kam? Soll ich die Hände falten – wenn's ums Leben geht? *Wendet sich ab – geht zum Fenster.*
ODERBRUCH *leise.* Es geht um die Seele, Harras. Auch um die Ihre.
HARRAS *fährt herum.* Und wenn ich keine hätte? Und wenn ich sie – zum zweitenmal verkaufen will? Wer sagt Ihnen, daß ich euch nicht verrate, um meine Haut zu retten? Wer sagt Ihnen das?
ODERBRUCH Sie haben einen Schwur geleistet, General Harras.
HARRAS *geht auf ihn zu.* Dies ist die Stunde des Wortbruchs, der Tag des Meineids. Die Zeit der falschen Schwüre. Was kostet die Treue –? Und was ist ihr Lohn? Soll ich dein Leben schonen – weil du das meine opferst? Vielleicht habe ich ein großes Bedürfnis, noch zu leben? Vielleicht braucht mich jemand? Vielleicht wartet jemand auf mich? Wer bist du, daß du glaubst, ich nehme dein Urteil an – ohne mich zu wehren? Wie darfst du es wagen, mir zu vertraun und dich in meine Hand zu geben? Dich – und all die andern?
ODERBRUCH Weil Sie in dieser Stunde einer der Unsren sind. Man verrät nicht – woran man glaubt.
HARRAS *nach einer Pause – einfach.* Das war die Unterschrift. Ich akzeptiere. Schade drum. Das physische Herz hätte es noch ein paar Jahrzehnte geschafft. *Er geht zum Telephon, drückt den Summer.*
ODERBRUCH *lehnt am Tisch – bleich – wie erschöpft.*
HARRAS Wachkommando! Dr. Schmidt-Lausitz, bitte! Hier spricht Harras. Die Sache, auf deren Erledigung Sie warten, wird in zehn Minuten abgeschlossen sein. Sie können den Bericht dann übernehmen. *Legt das Telephon nieder – nimmt es noch einmal auf.* Büro des Chefingenieurs! Sagen Sie Leutnant Hartmann, er

möchte herüberkommen! *Hängt ab, wendet sich zu Oderbruch – gelassen, fast verträumt.* Sagen Sie mir noch eines, Oderbruch! Falls Sie es sagen können. Was ist es, das ihr mehr liebt als euch selbst? Woran ihr glaubt, worauf ihr hofft – so sehr, daß ihr dem Nero trotzt und seinen Gladiatoren? Ist es des Himmels Gnade? Ist es das Recht auf Erden?

ODERBRUCH Beides, in einem. Es ist das Ewige Recht.

HARRAS Was ist das Ewige Recht?

ODERBRUCH Recht ist das unerbittlich waltende Gesetz – dem Geist, Natur und Leben unterworfen sind. Wenn es erfüllt wird – heißt es Freiheit.

HARRAS Ich danke Ihnen. Ich weiß jetzt genug. Aber ich will Ihnen – etwas hinterlassen, Oderbruch. Kleines Testament, sozusagen. Was Sie wollen, ist recht. Was Sie tun, ist falsch. Glaubt ihr, man kann einen schlechten Baum fällen, indem man die Krone schlägt? Ihr müßt die Wurzel treffen! Die Wurzel, Oderbruch! Und die heißt nicht Friedrich Eilers. Sie heißt: Adolf Hitler. – Mehr brauche ich nicht zu sagen.

ODERBRUCH Nein, General Harras. Mehr brauchen Sie nicht zu sagen.

HARRAS Dann ist es gut. *Er nimmt die Feder, unterzeichnet den Bericht. Reicht sie Oderbruch.* Hier. Es ist besser, wir haben das in Ordnung. Besser für Sie.

(...)

HARTMANN *tritt ein.* Sie haben mich rufen lassen, Herr General?

HARRAS Ja, Hartmann, mein Junge. Gut, daß ich Sie noch sehe. Ich muß verreisen, auf unbestimmte Zeit. Und ich möchte, daß Sie mit Oderbruch zusammenbleiben. Er wird Ihnen dann alles Nähere erklären. Alles, Oderbruch! *Zögert einen Moment – als falle ihm etwas ein.* Sagen Sie, Hartmann – haben Sie eine Uhr?

HARTMANN Ja – eine Armbanduhr – mit Leuchtziffern.

HARRAS Tauschen wir! Nehmen Sie die, statt Ihrer! *Nimmt ihm die Armbanduhr vom linken Handgelenk – holt die alte, verbeulte aus seiner Tasche.* Kein guter Tausch, für Sie. Aber – haltbar. Wenn Sie stehenbleibt, hauen Sie sie gegen den Hinterkopp! Sehn Sie: so. Dann läuft sie wieder. Verlieren Sie sie nicht. *Drückt ihm die Uhr in die Hand.* Souvenir. *Wendet sich, geht zu der kleinen Seitentür, öffnet einen Spalt, schaut in die Dämmerung.* Hm! Leichter Nordwest. Riecht nach Salzwasser. Gutes Ausflugswetter – für die RAF. Duckt die Köpfe, Kinder – und laßt

euch nicht erwischen. *Er geht rasch. Oderbruch fast laufend zum Fenster – starrt hinaus.*
HARTMANN *folgt ihm zum Fenster.* Fliegt er an die Front?
ODERBRUCH *bleich – wie beschwörend.* Schuppen 35 –
HARTMANN Wo ist Schuppen 35?
ODERBRUCH *reißt das Fenster auf – vorgebeugt:* Er geht nicht hin – er – geht den andren Weg.
HARTMANN Was ist das für eine Maschine, zu der er geht?
ODERBRUCH *fast mechanisch.* M 41 – 1304 –
Drunten laute Haltrufe. Gegenrufe. Die Stimme des Harras, in einem kurzen wilden Auflachen. Das Gebrüll eines Motors.
ODERBRUCH Er steigt – er steigt auf –
Der Lärm des Motors wird schwächer, übertönt Rufe, Geschrei und ein paar einzelne Schüsse.
ODERBRUCH Die gehn in die Luft – die erwischen ihn nicht – er steigt – er kommt durch. *Er und Hartmann dicht beieinander – weit vorgebeugt – schauen nach oben.*
HARTMANN Da – *packt Oderbruchs Arm. Dann schlägt er die Hände vors Gesicht. Der Lärm des Motors ist plötzlich verstummt. Stille.*
ODERBRUCH *nach einer Pause – beginnt leise.* Vater unser, der du bist im Himmel ...
HARTMANN *fällt flüsternd ein.*
ODERBRUCH *hörbar.* – und vergib uns unsere Schuld, wie auch wir vergeben unseren Schuldigern –
Die Tür ist aufgegangen – auf lautlosen Sohlen tritt Schmidt-Lausitz ein – geht rasch zum Telephon.
DR. SCHMIDT-LAUSITZ Hauptquartier? Reibungslos abgewickelt. General Harras soeben in Erfüllung seiner Pflicht tödlich verunglückt. Beim Ausprobieren einer Kampfmaschine. Jawohl. Staatsbegräbnis.

GÜNTHER WEISENBORN
Die Illegalen
Drama aus der deutschen Widerstandsbewegung

39.
WALTER Und da bist du gleich zu mir gekommen.
LILL Ja.
WALTER Dachtest du, ich hab' die Mappe?

LILL Nein. Eigentlich nein. Ich bin nur so gekommen. Weil ich ... weil ich ... Angst hatte ... und da ...
WALTER Und da wolltest du mit mir reden.
LILL Ja, ich dachte ...
WALTER Was dachtest du ..?
LILL *blickt ihn an.* Du bist doch auch ein Mann.
WALTER Ja, man sagt so.
LILL Ach, entschuldige, ich hab' gar nichts an. Ich wollte grade ins Bett gehn. Ich hab' nur einen Mantel übergeworfen und bin rasch über die Straße gelaufen. Ich war so in Eile.
WALTER Das macht nichts.
LILL Nein?
WALTER Nein.
LILL Vielleicht ist dir das unangenehm.
WALTER Du hast mir ja gesagt, daß du keine Frau bist.
LILL Hab' ich das gesagt?
WALTER Ja. Wie spät ist es eigentlich?
LILL Es wird um Mitternacht sein.
WALTER Dann sind wir ja sicher.
LILL Ja, vor 5 kommen sie nie.
WALTER Ja, 5 Stunden, die wir sicher sind.
LILL Manchmal ist man eben einfach zu Ende. Dann fragt man sich, ob denn unsere Arbeit überhaupt einen Erfolg hat. Es ist ja sinnlos. Das ist ja, als ob man sich anstrengt, in einen Sandsturm ein Veilchen einzupflanzen. Es ist so, als ob jemand eine Handvoll Streichhölzer in die Nordsee wirft und hofft, eines Tages trocknet die Nordsee aus, und jemand findet ein Streichholz, trocknet es, zündet ein Feuer an und wärmt die Welt damit. Es ist so sinnlos. Ich bin müde, Walter.
WALTER Wenn du müde bist, so hab' ich einen Wein. *Er schenkt Wein ein.* Er wird dich wecken. Dies ist Wein, rot wie Blut, und ich trink' ihn auf dich! Sei gegrüßt, tapfere Lill, Kameradin der Heimlichkeit, Braut der langen Schatten, Genossin der Verborgenen, Freundin der Flüsterer, tapfere Schwester der heimlichen Helden, sei gegrüßt.
LILL *trinkt.* Ich möchte das alles werden.
WALTER Und sonst? ... Nichts?
LILL *schweigt.* Nein.
WALTER Ich trinke auf eine Frau, die mir gegenübersitzt, eine verheimlichte Frau, eine Frau, die schön ist ...
LILL Ich bin keine Frau.

WALTER Es widerspricht sich nicht, eine Frau zu sein und illegal.
LILL *steht auf.* Ach, man kann nur eines sein. Beides fordert einen ganzen Menschen. Ich bin ja nicht die einzige Frau! Es gibt tausende, die in dieser Nacht in Deutschland auf der leisen Wache stehn, die arbeiten. Sie kleben, sie machen Fotokopien in ängstlich verhängten Badezimmern, sie tippen unter den Dächern geheime Artikel, sie kämpfen sich allein durch die Nacht in Sturm und Schnee, mit vereisten Augenbrauen zieh'n sie über Land und bringen Botschaft. Sie werfen Briefe in viele Postkästen. Sie reisen als Kurier. In ihren zierlichen Handtäschchen halten sie tödliches Material verborgen. ... Ach, die Tausende von Frauen in dieser Nacht ...
WALTER *steht auf, hebt das Glas.* Sie seien gegrüßt, die mutigen, gehetzten Kameradinnen, den Tod hinter sich, armselig und unbeugsam, die Mädchen, die Frauen, die Mütter.
LILL Und die unzähligen, die gefaßt wurden, die in elendsgrauen Kolonnen durch die Zuchthäuser und Läger ziehen, häßlich gemacht, krank gemacht, geohrfeigt, beleidigt, getötet. Hunderttausende liegen in dieser Nacht hinter Gitter und Stacheldraht, politische Frauen, Kameradinnen. *Leise.* Ich hör' sie weinen ...
WALTER Sie seien gegrüßt wie die Männer, denn sie kämpfen und leiden für die Freiheit! *Sie trinken. Schweigen.*
LILL Gib mir die Mappe, ich will gehn ...
WALTER Der gute Nachbar hat sie abgeholt.
LILL Der gute Nachbar? Dann ist es ja gut.
WALTER Lill ... kleine Lill.
LILL Was ... willst du?
WALTER Wolltest du mir die Gefahr wieder abnehmen?
LILL Nein ... ich weiß nicht.
WALTER Das ist sehr tapfer. Das tun die Frauen draußen nur, wenn sie einen lieben.
LILL Aber ich ... tue es ... weil ...
WALTER Weil ...
LILL Walter ... *Sie fallen in eine lange Umarmung. Sie sind fast verdurstet, und sie sind jung und sie trinken.*
WALTER Lill ... ich hab' auf dich gewartet.
LILL *unirdisch leise.* Das ist schön ... ach, ist das schön ...
WALTER *trägt sie auf ein Sofa.*
LILL Ich hab' gar nicht gewußt, wie das ist.
WALTER Was?
LILL Das mit der Liebe.

WALTER Liebst du mich?
LILL Ja, und du? Liebst du mich?
WALTER Ja.
LILL Sie können Liebenden nichts tun.
WALTER Nein. Du bleibst bei mir, in meinen Gedanken, in meinem Geist.
LILL Jetzt weiß ich, was das ist: Geist. Der heilige Geist.
WALTER Ja. Mach' die Augen zu. *Er küßt sie.*
LILL Wir wollen nie wieder auseinandergehn.
WALTER Es ist noch soviel Zeit bis 5 Uhr.
LILL Bis 5 Uhr …? *Flüsternd.* Komm …
WALTER *legt sich zu ihr.* Ja.
LILL Wie der Schatten an der Wand entlang läuft …
WALTER Wie ein Menetekel …
LILL Ob wir auch zu leicht befunden werden? Ich weiß es nicht. Wir sind zwei winzige Menschen in der großen Stadt und lieben uns.
WALTER Und wir versuchen, unsere Pflicht zu tun.
LILL Du darfst mich nie verlassen.
WALTER Noch ist es Nacht, da sagt es sich leicht: ja. Aber morgen …
LILL Morgen! Sprich nicht davon.
WALTER *richtet sich halb auf, nach vorn.* Ich kenne sie nur vom »Doppelten Mond«, Herr Kommissar.
LILL *ebenso.* Wir haben kaum miteinander gesprochen, Herr Kommissar.
WALTER Nur einen Abend haben wir zusammen auf dem Sofa gesessen.
LILL Das war an dem Abend, als die Silberhochzeit war, Herr Kommissar.
WALTER Wir haben zuerst von Musik gesprochen.
LILL Von Liedern.
WALTER Innsbruck, ich muß dich lassen.
LILL Er singt nämlich manchmal.
WALTER Dann haben wir von Liebe gesprochen, Herr Kommissar. Ob sie schon einmal einen Mann gehabt hat …
LILL Nein.
WALTER Nein?
LILL Einmal, da war ich achtzehn. Er hatte hellblonde Haare auf den Händen und lachte immer, ohne einen Laut. Er ist gefallen.
WALTER Sie hat schon einen gehabt, Herr Kommissar.
LILL Aber ich hab' noch keinen geliebt, Herr Kommissar … noch nie … nur ihn … nur dich … nur dich … *küßt ihn.*

WALTER Wir saßen auf dem Sofa und sprachen von Liedern und dann von Liebe.
LILL Und dann küßte er mich.
WALTER Dann hatte sie einen Apfel, den schnitt sie durch, und wir aßen ihn. Der Apfel war süß wie ihr Mund.
LILL Der Apfel war sauer und holzig.
WALTER Aber der Mund war süß ... Übrigens, mein Geschmack ist sie nicht, Herr Kommissar.
LILL *lacht.* Den führst du schön an.
WALTER Klar. Ich liebe sie nicht. Ich weiß nur keine andere.
LILL *lacht.* Stimmt das? *Küßt ihn.*
WALTER Nein. Ich fühle dich.
LILL Ich hab' ja auch nur den Mantel an.
WALTER Und ein Nachthemd, es riecht noch nach Bügeleisen.
LILL Ich glaub', ich muß gehn.
WALTER Lill ... sag': ja.
LILL Nein.
WALTER Sag' ja.
LILL Ich hab' Angst.
WALTER Vor mir?
LILL Ich weiß nicht.
WALTER Sag' ja.
LILL *leise.* Ja ...
WALTER *dreht das Licht aus. Dunkelheit. Man hört sie beide nur flüstern.*
WALTER Ich hab' mein Leben lang auf dich gewartet.
LILL Ich war so allein, Liebster.
WALTER Und dann sah ich dich, Lill. Und mein Herz zog den Hut vor dir.
LILL Und da verbeugte sich meins.
WALTER Komm.
LILL Ich liebe dich.
Man hört fünf schwere Glockenschläge.
WALTER *dreht Licht an.* Es ist soweit.
LILL Ich muß gehn.
WALTER Es wird wieder schön werden, das Leben, später, glaub' fest daran.
LILL Auf Wiedersehn, Walter.
WALTER Auf Wiedersehn, Lill.
Umarmung. LILL *eilt hinaus.*

40.

WALTER *allein.* Und jetzt an die Arbeit! *Er holt die beiden Koffer hervor und macht das Gerät sendefertig.* Achtung, Achtung, hier ist der Widerstandssender Waldemar I! Ich verlese den Brief eines Zuchthäuslers an die deutsche Jugend:
»Wenn ich mir, ihr jungen Deutschen, euer Gesicht vorstelle, ob ihr nun Lehrlinge, Schüler, Mädchen, Studenten, Hilfsarbeiter oder Soldaten seid, so seh' ich es erröten darüber, daß ein Zuchthäusler, ein Verdammter, es wagt, euch anzureden. Ihr seid jung, ihr wollt den Sieg, den Triumph Deutschlands über Europa. –
Ich aber wollte die Niederlage Deutschlands. Das ist ein furchtbarer Vorsatz für einen Deutschen. Und dafür hab' ich jahrelang illegal mit meiner Gruppe gearbeitet, bis uns die Gestapo faßte. Von 8 jungen Menschen, aus denen unsere Gruppe bestand, wurden 5 hingerichtet. Es waren junge Freiheitskämpfer, wie von einem Dichter geträumt, in ihrer heiteren und herrlichen Todesbereitschaft, junge, schöne Menschen, die Besten, eine kühne Elite der deutschen Geschichte, in die sie eingegangen sind.
Aber wie war es möglich, daß tapfere deutsche Menschen ihr Leben für die Niederlage ihres Vaterlandes opferten? Was war mit diesem Vaterland geschehen? –
Nun, in unser Vaterhaus war eine Seuche eingedrungen, eine goldverbrämte Seuche, die alle ansteckte und krank machte. Unser Volk, unser geliebtes Volk der Deutschen begann mit Wutschaum vor dem Mund zu rasen. Es wollte endlich einmal aus dem Elend heraus, und es ward ihm vom Rattenfänger aus Braunau ein Weg gezeigt. Ach, es war ein schrecklicher Weg, ein Golgathaweg. Es kochten auf den alten Herden unseres großen Volkes die uniformierten Wutanfälle auf, und der Vorgarten unseres Vaterhauses war mit den bösglühenden Blüten infamer Lügen bestückt. Dieser historische Amoklauf eines Volkes wird ihn Millionen von Toten kosten, vor denen ich mich verneige, und er wird mit dem totalen Zusammenbruch enden, vor dem mich schaudert. –
Es wird langsam dunkel auf der Szene.
Ihr fragt nun, was das mit euch, mit der Jugend zu tun hat? Nun, der Zusammenbruch wird euch gehören, sonst nichts.
Es wird der Tag kommen, da stehst du, deutsche Jugend, vor der furchtbarsten Aufgabe, vor die je eine junge Generation gestellt wurde. Wirst du sie bewältigen? Wird die Jugend zerbrechen, auf die wir unsere letzte Hoffnung setzen?

Oder wird sie den ungeheuren Impuls des Schmerzes benutzen, um wieder emporzusteigen, geläutert in der heiligen Wandlung des Vaterlandes? Ja, du wirst eine neue Welt aufbauen, eine Welt derer, die guten Willens sind, deutsche Jugend, denn der Schmerz ist dein Motor. – Du wirst es schwer haben, deutsche Jugend, erbarmungslos schwer, aber wenn du fast verzweifeln willst, weil das Ziel fast unnahbar ist, schau dich um. –
In derselben fast aussichtslosen Lage befanden sich jene jungen Menschen, die sich damals gegen die Gewalt erhoben, heldenhafte Männer und Frauen in Berlin. *Dunkel.* Bewege ihr Bild in deinem Herzen und gehe ihren großen Weg. Und wenn du verzweifeln willst, flüstere ihre geheiligten Namen. Und ihre Namen sind diese:

Harro Schulze-Boysen,
Walter Husemann,
Kurt Schumacher,
Elisabeth Schumacher,
Walter Küchenmeister.

Es gab viele Helden auf allen Fronten dieses Krieges, aber die bitterste Front war die Schafottfront, und hier fielen die Helden in bleichen, schweigenden Kolonnen, die dir den Weg gewiesen haben, den Weg in die Menschlichkeit!«

41.
Es klopft. Licht an.
WALTER Wer ist da?
STIMME Aufmachen! Polizei!
WALTER Polizei?
STIMME Aufmachen, Polizei!
WALTER *eilig zum Fenster, will hinaus, weicht jedoch zurück.*
WALTER Eingekreist! Verdammt, die Stunde ist gekommen! Hört, ihr Deutschen, überall: Der Feind steht vor der Tür! Dies ist die letzte Minute des Senders Waldemar I...
STIMME Aufmachen, aufmachen!
WALTER Wenn ihr morgen diesen Sender nicht mehr hört, so werden andere Sender euch anrufen!
Schwere Schläge gegen die Tür.
WALTER Die Stimme der Freiheit ist nicht mehr zu ersticken. Sucht morgen andere Freiheitssender, denn der Sender Waldemar I stellt seine Sendungen ein!

Er hebt den Sendekoffer hoch und zerschmettert ihn am Boden. Die Tür wird aufgebrochen, vier Männer in Zivil dringen ein.
ADAM Hände her! *Er fesselt ihn.*
HABER Ein Sender!
ADAM Aha!
EINE FRAU *erscheint atemlos in der Tür*. Um Himmels willen! Was ist denn hier los mitten in der Nacht?
Lill *erscheint ebenfalls*. Mein Gott, was ist geschehn?
HABER *zu Lill*. Kennen Sie den Mann da?
LILL Den Mann da?
WALTER Nein, wir kennen uns nicht.
LILL Doch, wir haben mal zusammen in der Kneipe von Weihnacht auf dem Sofa gesessen. Da hat er mich geküßt ...
WALTER Deswegen braucht man sich doch nicht zu kennen. Wen küßt man nicht alles ...?
LILL Er hat gesungen damals ...
WALTER *summt*. Innsbruck, ich muß dich lassen ...
ADAM Schluß! Gehen Sie vor!
WALTER *mit* ADAM *ab*.
HABER *zu der Frau*. Und Sie? Kennen Sie ihn?
DIE FRAU Das war bloß der neue Mieter von uns, sonst nichts.
Draußen Tumult, Rufe: Halt! Halt! Schüsse, Flüche.
ADAM *herein*. Er hat mich angegriffen. Ich mußte schießen! Er fiel über's Geländer. Wer eingeht, geht ein.
HABER Sie sind ein Dummkopf, Adam. *Ab mit ihm.*
Dunkel.
DIE FRAU Bezahlt hat er jedenfalls ... bezahlt hat er ...
LILL *jäh aufschluchzend*. Ja, das ist wahr ... das ist wahr!

KARL JASPERS
Die Schuldfrage

Einleitung

Fast die gesamte Welt erhebt Anklage gegen Deutschland und gegen die Deutschen. Unsere Schuld wird erörtert mit Empörung, mit Grauen, mit Haß, mit Verachtung. Man will Strafe und Vergeltung. Nicht nur die Sieger, auch einige unter den deutschen Emigranten, sogar Angehörige neutraler Staaten beteiligen sich daran. In Deutschland gibt es Menschen, welche Schuld, sich selber einschließend, bekennen, gibt es viele, die sich für schuldfrei halten, aber andere für schuldig erklären.

Es liegt nahe, der Frage sich zu entziehen. Wir leben in Not, ein großer Teil unserer Bevölkerung in so großer, so unmittelbarer Not, daß er unempfindlich geworden zu sein scheint für solche Erörterungen. Ihn interessiert, was der Not steuert, was Arbeit und Brot, Wohnung und Wärme bringt. Der Horizont ist eng geworden. Man mag nicht hören von Schuld, von Vergangenheit, man ist nicht betroffen von der Weltgeschichte. Man will einfach aufhören zu leiden, will heraus aus dem Elend, will leben, aber nicht nachdenken. Es ist eher eine Stimmung, als ob man nach so furchtbarem Leid gleichsam belohnt, jedenfalls getröstet werden müßte, aber nicht noch mit Schuld beladen werden dürfte.

Trotzdem: auch wer sich dem Äußersten preisgegeben weiß, fühlt doch in Augenblicken den Drang nach ruhiger Wahrheit. Es ist nicht gleichgültig und nicht nur ein Gegenstand des Unwillens, daß zur Not auch noch die Anklage kommt. Wir wollen klar werden, ob diese Anklage Recht oder Unrecht ist und in welchem Sinne. Denn gerade in der Not kann das Unerläßlichste um so fühlbarer sein: in der eigenen Seele rein zu werden und das Rechte zu denken und zu tun, um aus echtem Ursprung vor dem Nichts das Leben ergreifen zu können.

In der Tat sind wir Deutschen ohne Ausnahme verpflichtet, in der Frage unserer Schuld klar zu sehen und die Folgerungen zu ziehen. Unsere Menschenwürde verpflichtet uns. Schon was die Welt über uns denkt, kann uns nicht gleichgültig sein; denn wir wissen uns zur Menschheit gehörig, sind zuerst Menschen und dann Deutsche. Wichtiger aber noch ist uns, daß unser eigenes Leben in Not und Abhängigkeit seine Würde nur noch durch Wahrhaftigkeit uns selbst gegenüber haben kann. Die Schuldfrage ist mehr noch als eine Frage seitens der andern an uns eine Frage von uns an uns selbst. Wie wir ihr in unserem Innersten antworten, das begründet unser gegenwärtiges Seins- und Selbstbewußtsein. Sie ist eine Lebensfrage der deutschen Seele. Nur über sie kann eine Umkehrung stattfinden, die uns zu der Erneuerung aus dem Ursprung unseres Wesens bringt. Die Schuldigerklärungen seitens der Sieger haben zwar die größten Folgen für unser Dasein, sie haben politischen Charakter, aber sie helfen uns nicht im Entscheidenden: der inneren Umkehrung. Hier haben wir es allein mit uns selbst zu tun. Philosophie und Theologie sind berufen, die Tiefe der Schuldfrage zu erhellen.

Die Erörterungen der Schuldfrage leiden oft an der Vermischung von Begriffen und Gesichtspunkten. Um wahr zu werden, bedarf es der Unterscheidungen. Ich entwerfe diese Unterscheidungen zunächst im Schema, um dann mit ihnen unsere gegenwärtige deutsche Lage zu klären. Zwar gelten die Unterscheidungen nicht absolut. Am Ende liegt der Ursprung dessen, was wir Schuld nennen, in einem einzigen Umfassenden. Aber dies kann klar nur werden durch das, was auf dem Wege über die Unterscheidungen gewonnen ist.

Unsere dunklen Gefühle verdienen nicht ohne weiteres Vertrauen. Unmittelbarkeit ist zwar die eigentliche Wirklichkeit, ist die Gegenwärtigkeit unserer Seele. Aber Gefühle sind nicht wie vitale Gegebenheiten einfach da. Sondern sie sind vermittelt durch unser inneres Handeln, unser Denken, unser Wissen. Sie werden vertieft und geklärt in dem Maße als wir denken. Auf das Gefühl als solches ist kein Verlaß. Sich auf Gefühle zu berufen ist die Naivität, die der Objektivität des Wißbaren und Denkbaren ausweicht. Erst nach allseitigem Durchdenken und Vergegenwärtigen einer Sache, ständig begleitet, geführt und gestört von Gefühlen, kommen wir zum wahren Gefühl, aus dem wir jeweils verläßlich zu leben vermögen.

A. Schematik der Unterscheidungen

§ 1. Vier Schuldbegriffe
Es ist zu unterscheiden:

1) *Kriminelle Schuld:* Verbrechen bestehen in objektiv nachweisbaren Handlungen, die gegen eindeutige Gesetze verstoßen. Instanz ist das Gericht, das in formellem Verfahren die Tatbestände zuverlässig festlegt und auf diese die Gesetze anwendet.

2) *Politische Schuld:* Sie besteht in den Handlungen der Staatsmänner und in der Staatsbürgerschaft eines Staates, infolge derer ich die Folgen der Handlungen dieses Staates tragen muß, dessen Gewalt ich unterstellt bin, und durch dessen Ordnung ich mein Dasein habe. Es ist jedes Menschen Mitverantwortung, wie er regiert wird. Instanz ist die Gewalt und der Wille des Siegers, in der inneren wie in der äußeren Politik. Der Erfolg entscheidet. Eine Ermäßigung von Willkür und Gewalt geschieht durch politische Klugheit, die an weitere Folgen denkt, und durch Anerkennung von Normen, die unter dem Namen von Naturrecht und Völkerrecht gelten.

3) *Moralische Schuld:* Für Handlungen, die ich doch immer als dieser einzelne begehe, habe ich die moralische Verantwortung, und

zwar für alle meine Handlungen, auch für politische und militärische Handlungen, die ich vollziehe. Niemals gilt schlechthin »Befehl ist Befehl«. Wie vielmehr Verbrechen Verbrechen bleiben, auch wenn sie befohlen sind (obgleich je nach dem Maße von Gefahr, Erpressung und Terror mildernde Umstände gelten), so bleibt jede Handlung auch der moralischen Beurteilung unterstellt. Die Instanz ist das eigene Gewissen und die Kommunikation mit dem Freunde und dem Nächsten, dem liebenden, an meiner Seele interessierten Mitmenschen.

4) *Metaphysische Schuld:* Es gibt eine Solidarität zwischen Menschen als Menschen, welche einen jeden mitverantwortlich macht für alles Unrecht und alle Ungerechtigkeit in der Welt, insbesondere für Verbrechen, die in seiner Gegenwart oder mit seinem Wissen geschehen. Wenn ich nicht tue, was ich kann, um sie zu verhindern, so bin ich mitschuldig. Wenn ich mein Leben nicht eingesetzt habe zur Verhinderung der Ermordung anderer, sondern dabeigestanden bin, fühle ich mich auf eine Weise schuldig, die juristisch, politisch und moralisch nicht angemessen begreiflich ist. Daß ich noch lebe, wenn solches geschehen ist, legt sich als untilgbare Schuld auf mich. Wir kommen als Menschen, wenn nicht ein Glück uns diese Situation erspart, an die Grenze, wo wir wählen müssen: entweder ohne Zweck, weil ohne Erfolgsaussicht, bedingungslos das Leben einzusetzen, oder wegen Erfolgsunmöglichkeit vorzuziehen, am Leben zu bleiben. Daß irgendwo zwischen Menschen das Unbedingte gilt, nur gemeinsam oder gar nicht leben zu können, falls dem einen oder anderen Verbrechen angetan werden, oder falls es sich um die Teilung physischer Lebensbedingungen handelt, das macht die Substanz ihres Wesens aus. Aber daß dies nicht in der Solidarität aller Menschen, nicht der Staatsbürger, nicht einmal kleinerer Gruppen liegt, sondern auf engste menschliche Verbindung beschränkt bleibt, das macht diese Schuld von uns allen. Instanz ist Gott allein. –

Diese Unterscheidung von vier Schuldbegriffen klärt den Sinn von Vorwürfen. So bedeutet z.B. politische Schuld zwar Haftung aller Staatsbürger für die Folgen staatlicher Handlungen, nicht aber kriminelle und moralische Schuld jedes einzelnen Staatsbürgers in bezug auf Verbrechen, die im Namen des Staates begangen wurden. Über Verbrechen kann der Richter, über politische Haftung der Sieger entscheiden; über moralische Schuld kann wahrhaft nur in liebendem Kampfe unter sich solidarischer Menschen gesprochen werden. Über metaphysische Schuld ist vielleicht Offenbarung in konkreter Situation, im Werk der Dichtung und der Philosophie möglich, aber kaum persönliche Mitteilung. Sie ist am tiefsten den Menschen bewußt, die einmal zu der Unbedingtheit kamen, aber gerade dadurch das Versagen erfuhren, daß sie diese Unbedingtheit nicht allen Menschen gegenüber aufbringen. Es bleibt die Scham eines ständig Gegenwärtigen, konkret nicht Aufzudeckenden, allenfalls nur allgemein zu Erörternden.

Die Unterscheidungen zwischen den Schuldbegriffen sollen uns bewahren vor der Flachheit des Schuldgeredes, in dem alles stufenlos auf eine einzige Ebene gezogen wird, um es im groben Zufassen in der Weise eines schlechten Richters zu beurteilen. Aber die Unterscheidungen sollen am Ende uns zurückführen zu dem einen Ursprung, von dem als unserer Schuld geradezu zu sprechen unmöglich ist.

Alle solche Unterscheidungen werden daher zum Irrtum, wenn nicht bewußt bleibt, wie sehr das Unterschiedene auch zusammenhängt. Jeder Schuldbegriff zeigt Wirklichkeiten, welche Folgen für die Sphären der anderen Schuldbegriffe haben.

Würden wir Menschen von jener metaphysischen Schuld uns befreien können, wir wären Engel und alle drei anderen Schuldbegriffe würden gegenstandslos.

Moralische Verfehlungen sind Grund der Zustände, in denen die politische Schuld und das Verbrechen erst erwachsen. Das Begehen der zahllosen kleinen Handlungen der Lässigkeit, der bequemen Anpassung, des billigen Rechtfertigens des Unrechten, der unmerklichen Förderung des Unrechten, die Beteiligung an der Entstehung der öffentlichen Atmosphäre, welche Unklarheit verbreitet, und die als solche das Böse erst möglich macht, alles das hat Folgen, die die politische Schuld für die Zustände und das Geschehen mit bedingen.

Zum Moralischen gehört auch die Unklarheit über die Bedeutung der Macht im menschlichen Zusammenleben. Die Verschleierung dieses Grundtatbestandes ist ebensosehr eine Schuld wie die falsche Verabsolutierung der Macht zum allein bestimmenden Faktor der Ereignisse. Es ist das Verhängnis jedes Menschen, verstrickt zu sein in Machtverhältnisse, durch die er lebt. Dieses ist die unausweichliche Schuld aller, die Schuld des Menschseins. Ihr wird entgegengewirkt durch Einsatz für die Macht, welche das Recht, die Menschenrechte, verwirklicht. Das Unterlassen der Mitarbeit an der Stukturierung der Machtverhältnisse, am Kampfe um die Macht im Sinne des Dienstes für das Recht, ist eine politische Grundschuld, die zugleich eine moralische Schuld ist. Politische Schuld wird zur moralischen Schuld, wo durch die Macht der Sinn der Macht – die Verwirklichung des Rechtes, das Ethos und die Reinheit des eigenen Volkes – zerstört wird. Denn wo die Macht sich nicht selbst begrenzt, ist Gewalt und Terror und das Ende die Vernichtung von Dasein und Seele.

Aus der moralischen Lebensart der meisten einzelnen, breiter Volkskreise, im Alltagsverhalten erwächst das jeweils bestimmte politische Verhalten und damit der politische Zustand. Aber der einzelne lebt wiederum unter der Voraussetzung des geschichtlich schon erwachsenen politischen Zustandes, der durch Ethos und Politik der Vorfahren wirklich und durch die Weltlage möglich wurde. Hier gibt es die beiden im Schema entgegengesetzten Möglichkeiten:

Das Ethos des Politischen ist Prinzip eines staatlichen Daseins, an dem alle beteiligt sind durch ihr Bewußtsein, ihr Wissen, ihr Meinen und Wollen. Es ist das Leben politischer Freiheit als ständige Bewegung des Verfalls und des Bessermachens. Dies Leben ist ermöglicht durch die Aufgabe und Chance der Mitverantwortung aller.

Oder es herrscht ein Zustand der Fremdheit der meisten zum Politischen. Die Staatsmacht wird nicht als die eigene Sache gefühlt. Man weiß sich nicht mitverantwortlich, sondern sieht politisch untätig zu, arbeitet und handelt in blindem Gehorsam. Man hat ein gutes Gewissen sowohl im Gehorsam wie in der Unbeteiligung an dem, was die Gewalthaber entscheiden und tun. Man duldet die politische Realität als etwas Fremdes, man sucht durch List mit ihr fertig zu werden zugunsten seiner persönlichen Vorteile, oder lebt mit in blinder Begeisterung des Sichopferns.

Es ist der Unterschied der politischen Freiheit* und der politischen Diktatur, seit Herodot aufgefaßt als Unterschied des Abendlandes und des Orients (griechischer Freiheit und persischer Despotie). Aber es ist zumeist nicht mehr Sache der einzelnen, zu entscheiden, welcher Zustand herrschen soll. Der einzelne wird hineingeboren, durch Glück oder Verhängnis; er muß übernehmen, was überkommen und wirklich ist. Kein einzelner und keine Gruppe kann mit einem Schlage oder auch nur in einer einzigen Generation diese Voraussetzung ändern, durch die wir in der Tat alle leben.

---

* ›Thesen über politische Freiheit‹ habe ich veröffentlicht in der ›Wandlung‹ Heft 6, Seite 460 ff.

Eugen Kogon
Gericht und Gewissen

Was hat der Deutsche von den Konzentrationslagern gewußt?
Außer der Existenz der Einrichtung beinahe nichts, denn er weiß heute noch wenig. Das System, die Einzelheiten des Terrors streng geheimzuhalten und dadurch den Schrecken anonym, aber umso wirksamer zu machen, hat sich zweifellos bewährt. Viele Gestapobeamte kannten das Innere der KL, in die sie ihre Gefangenen einwiesen, nicht; die allermeisten Häftlinge hatten vom eigentlichen Getriebe des Lagers und von vielen Einzelheiten der dort angewandten Methoden kaum eine Ahnung. Wie hätte das deutsche Volk sie kennen sollen? Wer eingeliefert wurde, stand einer ihm neuen, abgründigen Welt gegenüber. Das ist der beste Beweis für die allgewaltige Wirksamkeit des Prinzips der Geheimhaltung. Und dennoch! Kein Deutscher, der nicht gewußt hätte, daß es Konzentrationslager gab. Kein Deutscher, der sie für Sanatorien gehalten hätte. Niemand, der nicht Angst vor ihnen gehabt hätte. Wenig Deutsche, die nicht einen Verwandten oder Bekannten im KL gehabt oder zumindest gewußt hätten, daß der und jener in einem Lager war. Alle Deutschen, die Zeugen der vielfältigen antisemitischen Barbarei geworden, Millionen, die vor brennenden Synagogen und in den Straßenkot gedemütigten jüdischen Männern und Frauen gleichgültig, neugierig, empört oder schadenfroh gestanden haben. Viele Deutsche, die durch den ausländischen Rundfunk einiges über die KL erfahren haben. Mancher Deutsche, der mit Konzentrationären durch Außenkommandos in Berührung kam. Nicht wenige Deutsche, die auf Straßen und Bahnhöfen Elendszügen von Gefangenen begegnet sind. In einem am 9. November 1941 an alle Staatspolizeileitstellen, an alle Befehlshaber, Kommandeure und Inspekteure der Sicherheitspolizei und des Sicherheitsdienstes, sowie an alle Kommandanten der Konzentrationslager und den Inspekteur der KL ausgegebenen Rundschreiben des Chefs der Sipo und des SD heißt es: »Insbesondere ist festgestellt worden, daß bei Fußmärschen, zum Beispiel vom Bahnhof zum Lager, eine nicht unerhebliche Zahl von Gefangenen wegen Erschöpfung unterwegs tot oder halbtot zusammenbricht ... Es ist nicht zu verhindern, daß die deutsche Bevölkerung von diesen Vorgängen Notiz nimmt.« Kaum ein Deutscher, dem nicht bekannt gewesen wäre, daß die Gefängnisse überfüllt waren, und daß im Lande unentwegt hingerichtet wurde. Tausende von Richtern und Polizeibeamten, Rechts-

anwälten, Geistlichen und Fürsorgepersonen, die eine allgemeine Ahnung davon hatten, daß der Umfang der Dinge schlimm war. Viele Geschäftsleute, die mit der Lager-SS in Lieferbeziehungen standen, Industrielle, die vom SS-Wirtschafts-Verwaltungs-Hauptamt KL-Sklaven für ihre Werke anforderten, Angestellte von Arbeitsämtern, die wußten, daß die Karteikarten der Gemeldeten Vermerke über die politische Zuverlässigkeit trugen und daß große Unternehmen SS-Sklaven arbeiten ließen. Nicht wenige Zivilisten, die am Rande von Konzentrationslagern oder in ihnen selbst tätig waren, Medizinprofessoren, die mit Himmlers Versuchsstationen, Kreis- und Anstaltsärzte, die mit den professionellen Mördern zusammenarbeiteten. Eine erhebliche Anzahl von Luftwaffenangehörigen, die zur SS kommandiert worden sind und etwas von den konkreten Zusammenhängen erfahren haben. Zahlreiche höhere Wehrmachtsoffiziere, die über die Massenliquidierungen russischer Kriegsgefangener in den KL, außerordentlich viele deutsche Soldaten und Feldgendarmen, die über die entsetzlichen Greueltaten in Lagern, Ghettos, Städten und Dörfern des Ostens Bescheid gewußt haben.

Ist eine einzige dieser Feststellungen falsch?

Dann wollen wir in gleicher Ruhe und Sachlichkeit die weitere Frage stellen: *Wie hat das deutsche Volk auf das Unrecht reagiert?* Als Volk überhaupt nicht. Das ist eine bittere Wahrheit, aber es ist die Wahrheit. Man hat zur Erklärung des Versagens anführen wollen, daß Deutschland zu spät in der Geschichte seine Einheit erlangt habe; es sei ihm dadurch die Möglichkeit verschlossen geblieben, über gewöhnliches nationales Empfinden hinaus eine öffentliche Meinung von Rang zu entwickeln und für höhere Werte geschlossen aufzutreten. Abgesehen von der Tatsache, daß es nationale Einheiten gibt, die im gleichen Jahrhundert, ja um dieselbe Zeit entstanden sind, ohne daß man sagen könnte, diese Völker hätten Unrecht so hingenommen wie die Deutschen, verwechselt jener Erklärungsversuch Ursache und Wirkung: die besondere Art des Deutschen ist es, die ihn so spät zur nationalen Einheit hat gelangen lassen, nicht die späte staatspolitische Konkretisierung, die seine Art erzeugt hätte. Während alle übrigen europäischen Völker – von einigen slawischen vielleicht abgesehen – ein festes, bestimmtes Verhältnis zu der Wirklichkeit haben, in die sie gestellt sind oder die sich ihnen eröffnet, sodaß sie ihren realpolitischen Weg in der Geschichte bald fanden und mit einer gewissen Konsequenz, wenn auch mit wechselndem Erfolg gehen konnten, sind die Deutschen ein Volk der Möglichkeiten, nicht der Tatsachen. Schweifend im Reich der Phantasie, unerschöpflichen Plänen, vielen Empfindungen und Träumen hingegeben, sieht es in jeder Konkretisierung eine Beeinträchtigung des Hohen und Idealen. Wie es dem Irrglauben aus Glaubensüberfülle verfällt, so auch leicht einer realen Bindung, die gar nicht einmal aus ihm stammt. Ihr unterwirft es sich räsonierend-resignierend, am Ende zufrieden mit einer Philosophie des Besseren, oder es hält das brüchige Regiment, wenn andere Motive und Umstände noch dazu verleiten, eine Zeitlang gar für die Realisierung des Anfangs der ersehnten Idealgemeinschaft, wütend womöglich in diese fremde Wirklichkeit verbissen, weil es ihm doch endlich einmal gelingen müsse, politischen Erfolg zu haben »wie andere Völker«.

Der Protestantismus deutscher Herkunft und deutscher Prägung, Ausbruch des individuellen Gewissens aus fester Norm, hat diese Tendenzen des Deutschtums noch wesentlich verstärkt. Denn er trennte das Gewissen, das er dem Schöpfer unmittelbar verbunden sah, auf den religiös-kirchlichen Raum es beschränkend, vom Machtgetriebe des irdischen Staates, der ihm verderbt, dem Bösen unterstellt und einem eigenen Gesetz immanenter Schlechtigkeit hörig erschien. Je kraftvoller die Autorität, die ihn im Zaume hielt, umso besser daher und umso gottwohlgefälliger. Ein bedeutender Impuls zum Absolutismus in Deutschland ging von dieser Anschauung aus. Er ließ die Kraft zur politischen Gemeinschaftsbildung erst recht verkümmern, und keine Intelligenzschicht, das nationale Gewissen verkörpernd, überwand den Widerstreit zwischen dem deutschen Möglichkeitenreichtum und den unzulänglichen politischen Ausdrucksformen. Denn der deutsche Geistesträger – bezeichnenderweise »Akademiker« genannt – hatte selbst kein reales Verhältnis zur Politik außer dem des Untertanen. Sein Reich war der Geist, das Denken und Dichten. Viele widerspruchsvolle Züge im deutschen Charakter und in der deutschen Geschichte werden durch diese Grundveranlagung erklärlich. Ein solches Volk konnte hohe Individualitäten von überragendem Kulturrang hervorbringen; sie mußten aber, bei aller Wirkung auf Einzelne, doch isoliert bleiben. Es konnte politisch debattieren, ohne je an den realen Kern der Politik heranzukommen. Es konnte rechtlich gesinnt sein und sich doch, als Volk, jeder autoritätsverkleideten Gewalt unterwerfen, sodaß es den Terror schon fürchtete, ehe er überhaupt in Aktion trat. Es verherrlichte in vielen Gesängen die Freiheit, die es als individuelle politische Realität nie erlebt hat. Ich möchte beinahe sagen, daß es infolge seiner Verlorenheit an die Vielfalt der Möglichkeiten fast instinkthaft einen ausgleichenden Halt in der Hingabe an die staatliche Autorität und in der Uniform das Gegenglück zum Multiformen seiner Seele suchte. Es hat niemals eine politisch prägende nationale Gemeinschaft hervorgebracht, die ihrerseits das Volk durch Generationen geschützt und gehalten hätte. Das Fehlen dieser befruchtenden Wechselwirkung zwischen echter, inhaltserfüllter politischer Form und möglichkeitsreichem Individuum macht beim deutschen Volk auch verständlich, warum es so tapfer und so feige zugleich ist. Angeborenes militärisches Empfinden erklärt solches Doppelwesen nicht. Auch der Deutsche fürchtet, einzeln, den Tod, mag ihm das Knochengesicht durch allerlei nationale Mystik noch so verschönert werden. Sobald er sich aber in fester Gemeinschaft weiß, fürchtet er ihn nicht; denn er idealisiert die Gemeinschaft, wie immer sie ist, sofort und fühlt sich ihr durch »Pflicht« und »Ehre« verbunden. Selbst im kleinsten Stoß- und Spähtrupp oder als Einzelkämpfer bleibt er mutig, solange er das Kollektiv geistig und seelisch hinter sich weiß. Kaum soll er aber revolutionär – für das Recht etwa – aus den schützenden Reihen der vorhandenen, der konkret gegebenen Gruppe heraustreten und, auf sich ganz allein gestellt, für einen hohen menschheitlichen Inhalt, selbst unter Verfemung, kämpfen, scheut er zurück und duckt sich. Als Mensch individuell, ist er politisch ein Nichts, Objekt und Massenbestandteil so sehr, daß ihm jede Surrogatpolitik das individuelle Recht und die individuelle Freiheit zerschlagen kann, ja daß er noch, Parzival und Faust in Einem, mithilft, sich selbst in Ketten zu bringen, vertrauensvoll und sehnsüchtig wähnend, es sei die Freiheit, die ihm gebracht werde. Deutschland ist gegen den Terror des Nationalsozialismus nicht aufgestanden, weil es bis jetzt ein politisches Volk im vollen Sinne des Wortes nicht gewesen ist. Alle zivilen Helden in Deutschland waren Ausnahmen und mußten Ausnahmen bleiben, – Tausende unter achtzig Millionen.

Die *Millionen einzelner Deutscher* haben sich unter dem System der Diktatur entsprechend verhalten. Wenn man ihre hohen Qualitäten: den Fleiß, die Sauberkeit, die Ordnungsliebe, die Pflichttreue, das Ehrbewußtsein, die Objektivität und das rechtliche Empfinden im Auge hat, dann kann man nur sagen: es war eine Tragödie sondergleichen. Wie hätte es aber unter den geschilderten Voraussetzungen anders sein können? Alles, was sie zu leisten vermochten, kam dem Regime zugute, auch wenn sie mit ihm nicht einverstanden waren (in manchem und vielem waren sie bei aller innerlichen Opposition wohl einverstanden). Von den Konzentrationslagern wußten sie zu wenig. Sie hätten sie auch bei vollem Wissen nicht zu einem moralischen Zentralproblem gemacht, weil Freiheit und Recht als absolute Werte ihnen kein Zentralproblem waren. Das vorhandene Wissen vom Unrecht entflammte daher die Männer und Frauen nicht. Der Deutsche hat während der Diktatur sogar mannigfache Beweise dafür erbracht, daß er aus Angst und aus einer gewissen Unbehaglichkeit bereit war, sich täuschen zu lassen, dem Ernst der Sache aus dem Wege zu gehen und die dunkle Angelegenheit zu verdrängen. Viele machten sich – gedankenlos, aber bezeichnenderweise – das schändliche Nazi-Wort »Konzertlager« zu eigen, durch das der Schrecken verniedlicht wurde. Sie enthoben sich, aus den angedeuteten Motiven, der Pflicht, den Vorgängen auf den Grund zu kommen, und verschlossen ganz bewußt ihre Augen jeder weiteren Kenntnis. Wissen hätte Verpflichtung gebracht, daher war es doppelt gefährlich. Außerdem erschien es ihnen wohl nicht so ausgemacht, daß alle, die in Konzentrationslager geschickt wurden, zu Unrecht hineinkamen, wie? Prinzipiell, wenn man sich die Sache genau überlegte, immerhin – die Absonderung hatte bei dem und jenem vielleicht doch ihre Berechtigung ... Fälle von Justiz-Irrtümern ereigneten sich ja wohl dann und wann, aber daß der Staat, die anerkannte Autorität, systematisch Unrecht tun könnte, das war doch schwer anzunehmen. Möglicherweise handelte es sich da und dort um Übertreibungen oder bei dem, was man so hörte, um individuelle Ausschreitungen. Im Ganzen – nein, so schlecht konnte eine deutsche Obrigkeit nicht sein, daß sie die pure Willkür, dazu mit einem System von Marterungen, betrieb. Noch gab es schließlich Richter im Lande! Das individuelle Rechtsempfinden des Deutschen, der Autoritätstreue hörig, führte in der Tat zu der Denkparadoxie des Morgensternschen Gedichtes vom Autounfall, den der als Opfer im Krankenhaus liegende Palmström sich selber logisch wegdisputierte, »weil, so schloß er messerscharf / nicht sein kann, was nicht sein darf«. Genau diesen Gedanken bringt eine sonst vorzügliche, an vielen Stellen in erhebliche Tiefen reichende Denkschrift der Leipziger Juristenfakultät zum Ausdruck, wenn sie bei Erörterung »der Ursachen für die Möglichkeit des Hitler-Regimes in Deutschland« und der »Haltung der deutschen Intellektuellen zur nationalsozialistischen Regierung« im Zusammenhang mit der Frage der Mitschuld an den deutschen Greueltaten schreibt: »Wenn bei vielen die Behauptung Gehör fand, es handle sich nur um Feindpropaganda, so beruhte das nicht so sehr auf politischer Gleichgültigkeit als vielmehr darauf, daß viele Deutsche einfach überzeugt waren, es sei unmöglich, daß es sich nicht nur um einzelne Ausschreitungen handle, wie sie bei einer Revolution in allen Ländern auftreten, sondern daß eine deutsche Regierung solche Terrormethoden zum System mache.« Ihre fast bedingungslose Autoritätsgläubigkeit machte die Deutschen allmählich geneigt, selbst in der Diktatur die Verhafteten, nicht die Verhaftenden als Verbrecher anzusehen. (Bis sie selbst verhaftet wurden, dann war recht häufig des Entsetzens und des Jammerns kein Ende, und es dauerte bei diesen »braven, anständigen Deutschen« – die Hitler mit Vorliebe als solche ansprach – in der Regel ziemlich lange, bis sie den Glauben an die Gerechtigkeit »der Behörden« auch in ihrem individuellen Falle verloren hatten.) Welch ein Unterschied, wenn man als Polizeigefangener durch die Tschechoslowakei, um nur eines der anderen Länder zu nennen, oder aber durch Deutschland transportiert wurde! Dort Sympathie der Bevölkerung von allen Seiten, kleine Hilfen unter erheblichem Risiko, hier ängstliche Scheu, Ablehnung oder Verachtung. In Weimar haben NSV-Schwestern Buchenwälder KZ-Gefangenen, die nach einem Luftangriff im Februar 1945 Verschüttete ausgruben und Aufräumungsarbeiten leisteten, selbst einen Schluck Wasser verweigert. Das Städtische Krankenhaus lehnte es ab, schwer verwundete Häftlinge aus den dortigen Gustloff-Werken zur ersten Hilfe aufzunehmen. Noch im Spätherbst 1945 hörte ein Bekannter von mir in der Bahn eine deutsche Rotekreuz-Schwester, die in Weimar tätig gewesen war, erzählen, wie sie veranlaßt werden sollte, einige Zeit nach der Befreiung des Lagers Buchenwald sich dort kranken Gefangenen zu widmen. »Wie komme ich dazu«, meinte sie, »tuberkulöse Verbrecher zu pflegen!« Hat man vielleicht gehört, daß in deutschen Kirchen von einem Bischof oder einem Superintendenten die versammelten Gemeinden zum »Gebet für die politischen Gefangenen« aufgefordert worden wären?* Alle diese Schwächen, Fehler und Unterlassungen hingen mit der deutschen Autoritätssüchtigkeit, dem mißbrauchten Rechtsbewußtsein und dem allgemeinen Mangel an freiheitlichem Mut zusammen. Der

---

* Mittlerweile wird mir aus Heft 1 der Evangelischen Reihe der Schriftensammlung ›Das christliche Deutschland 1933 bis 1945‹ (Verlag Herder-Freiburg) bekannt, daß nach der Verhaftung Niemöllers in Gemeinden der Bekennenden Kirche für politische Gefangene in der Tat gebetet worden ist.

Einzelne konnte und wollte mit Aussicht auf Wirkung und Erfolg nichts mehr tun, weil die anderen Einzelnen fehlten, die gleich gehandelt hätten. So wurden die höheren Pflichten der Menschlichkeit und der Bergpredigt, die jedem gegenüber gelten, der unser menschliches Antlitz trägt, allmählich überdeckt von einem angstgeborenen und angstbeherrschten Opportunismus.

Hier beginnen die nationalen Fehler *individuelle Schuld* zu werden.

Erich Kästner
Wert und Unwert des Menschen

Es ist Nacht. – Ich soll über den Film ›Die Todesmühlen‹ schreiben, der aus den Aufnahmen zusammengestellt worden ist, welche die Amerikaner machten, als sie dreihundert deutsche Konzentrationslager besetzten. Im vergangenen April und Mai. Als ihnen ein paar hundert hohlwangige, irre lächelnde, überlebende Skelette entgegenwankten. Als gekrümmte, verkohlte Kadaver noch in den elektrisch geladenen Drahtzäunen hingen. Als noch Hallen, Lastautos und Güterzüge mit geschichteten Leichen aus Haut und Knochen vollgestopft waren. Als auf den Wiesen lange hölzerne Reihen durch Genickschuß »Erledigter« in horizontaler Parade besichtigt werden konnten. Als vor den Gaskammern die armseligen Kleidungsstücke der letzten Mordserie noch auf der Leine hingen. Als sich in den Verladekanälen, die aus den Krematorien wie Rutschbahnen herausführten, die letzten Zentner Menschenknochen stauten.

Es ist Nacht. – Ich bringe es nicht fertig, über diesen unausdenkbaren, infernalischen Wahnsinn einen zusammenhängenden Artikel zu schreiben. Die Gedanken fliehen, so oft sie sich der Erinnerung an die Filmbilder nähern. Was in den Lagern geschah, ist so fürchterlich, daß man darüber nicht schweigen darf und nicht sprechen kann.

Ich entsinne mich, daß Statistiker ausgerechnet haben, wieviel der Mensch wert ist. Auch der Mensch besteht ja bekanntlich aus chemischen Stoffen, also aus Wasser, Kalk, Phosphor, Eisen und so weiter. Man hat diese Bestandteile sortiert, gewogen und berechnet. Der Mensch ist, ich glaube, 1,87 RM wert. Falls Shakespeare klein und nicht sehr dick gewesen sein sollte, hätte er vielleicht nur 1,78 RM gekostet ... Immerhin, es ist besser als gar nichts. Und so wurden in diesen Lagern die Opfer nicht nur ermordet, sondern auch bis zum letzten Gran und Gramm wirtschaftlich »erfaßt«. Die Knochen wurden gemahlen und als Düngemittel in den Handel gebracht. Sogar Seife wurde gekocht. Das Haar der toten Frauen wurde in Säcke gestopft, verfrachtet und zu Geld gemacht. Die goldenen Plomben, Zahnkronen und -brücken wurden aus den Kiefern herausgebrochen und, eingeschmolzen, der Reichsbank zugeführt. Ich habe einen ehemaligen Häftling gesprochen, der im »zahnärztlichen Laboratorium« eines solchen Lagers beschäftigt war. Er hat mir seine Tätigkeit anschaulich geschildert. Die Ringe und Uhren wurden fässerweise gesammelt und versilbert. Die Kleider kamen in die Lumpenmühle. Die Schuhe wurden gestapelt und verkauft.

Man taxiert, daß zwanzig Millionen Menschen umkamen. Aber sonst hat man wahrhaftig nichts umkommen lassen ... 1,87 RM pro Person. Und die Kleider und Goldplomben und Ohrringe und Schuhe extra. Kleine Schuhe darunter. Sehr kleine Schuhe.

In Theresienstadt, schrieb mir neulich jemand, führten dreißig Kinder mein Stück ›Emil und die Detektive‹ auf. Von den dreißig Kindern leben noch drei. Siebenundzwanzig Paar Kinderschuhe konnten verhökert werden. Auf daß nichts umkomme.

*

Es ist Nacht. – Man sieht in dem Film, wie Frauen und Mädchen in Uniform aus einer Baracke zur Verhandlung geführt werden. Angeklagte deutsche Frauen und Mädchen. Eine wirft hochmütig den Kopf in den Nacken. Das blonde Haar fliegt stolz nach hinten.

Wer Gustave Le Bons ›Psychologie der Massen‹ gelesen hat, weiß ungefähr, in der Theorie, welch ungeahnte teuflische Gewalten sich im Menschen entwickeln können, wenn ihn der abgründige Rausch, wenn ihn die seelische Epidemie packt. Er erklärt es. Es ist unerklärlich. Ruhige, harmlose Menschen werden plötzlich Mörder und sind stolz auf ihre Morde. Sie erwarten nicht Abscheu oder Strafe, sondern Ehrung und Orden. Es ließe sich, meint der Gelehrte, verstehen. Es bleibt unverständlich.

Frauen und Mädchen, die doch einmal Kinder waren. Die Schwestern waren, Liebende, Umarmende, Bräute. Und dann? Dann auf einmal peitschten sie halbverhungerte Menschen? Dann hetzten sie Wolfshunde auf sie? Dann trieben sie kleine Kinder in Gaskammern? Und jetzt werfen sie den Kopf stolz in den Nacken? Das solle sich verstehen lassen, sagt Gustave Le Bon?

Es ist Nacht. – Der Film wurde eine Woche lang in allen bayerischen Kinos gezeigt. Zum Glück war er für Kinder verboten. Jetzt laufen die Kopien in der westlichen amerikanischen Zone. Die Kinos sind voller Menschen. Was sagen sie, wenn sie wieder herauskommen?
Die meisten schweigen. Sie gehen stumm nach Hause. Andere treten blaß heraus, blicken zum Himmel und sagen: »Schau, es schneit.« Wieder andere murmeln: »Propaganda! Amerikanische Propaganda! Vorher Propaganda, jetzt Propaganda!« Was meinen sie damit? Daß es sich um Propaganda*lügen* handelt, werden sie damit doch kaum ausdrücken wollen. Was sie gesehen haben, ist immerhin photographiert worden. Daß die amerikanischen Truppen mehrere Geleitzüge mit Leichen über den Ozean gebracht haben, um sie in den deutschen Konzentrationslagern zu filmen, werden sie nicht gut annehmen. Also meinen sie: Propaganda auf Wahrheit beruhender Tatsachen? Wenn sie aber das meinen, warum klingt ihre Stimme so vorwurfsvoll, wenn sie »Propaganda« sagen? Hätte man ihnen die Wahrheit *nicht* zeigen sollen? Wollten sie die Wahrheit *nicht* wissen? Wollen sie die Köpfe lieber wegdrehen, wie einige der Männer in Nürnberg, als man ihnen diesen Film vorführte?
Und einige sagen: »Man hätte ihn schon vor Monaten zeigen sollen.« Sie haben recht. Aber ist es nicht immer noch besser, die Wahrheit verspätet, als nicht zu zeigen und zu sehen?

*

Es ist Nacht. – Ich kann über dieses schreckliche Thema keinen zusammenhängenden Artikel schreiben. Ich gehe erregt im Zimmer auf und ab. Ich bleibe am Bücherbord stehen, greife hinein und blättere. Silone schreibt in dem Buch ›Die Schule der Diktatoren‹: »Terror ist eben nur Terror, wenn er vor keinerlei Gewalttat zurückschreckt, wenn für ihn keine Regeln, Gesetze oder Sitten mehr gelten. Politische Gegner besetzen Ihr Haus, und Sie wissen nicht, was Sie zu gewärtigen haben: Ihre Verhaftung? Ihre Erschießung? Eine einfache Verprügelung? Das Haus angezündet? Frau und Kinder abgeführt? Oder wird man sich damit begnügen, Ihnen beide Arme abzuhauen? Wird man Ihnen die Augen ausstechen und die Ohren abschneiden? Sie wissen es nicht. Sie können es nicht wissen. Der Terror kennt weder Gesetze noch Gebot. Er ist die nackte Gewalt; stets nur darauf aus, Entsetzen zu verbreiten. Er hat es weniger darauf abgesehen, eine gewisse Anzahl Gegner körperlich zu vernichten, als darauf, die größtmögliche Zahl derselben seelisch zu zermürben, irrsinnig, blöde, feige zu machen, sie jeden Restes menschlicher Würde zu berauben. Selbst seine Urheber und Ausführer hören auf, normale Menschen zu sein. In Terrorzeiten sind die wirksamsten und häufigsten Gewalttaten gerade die ›sinnlosesten‹, die überflüssigsten, die unerwartetsten ...«

Silone wird sein Buch, das 1938 erschienen ist, in der nächsten Auflage leicht überarbeiten müssen. Zwanzig Millionen »körperlich vernichtete« Gegner sind eine ganz nette Summe. Auch darauf scheint es dem Terror anzukommen. Nicht nur darauf, wie Generalmajor Fuller in ›The First of the League Wars‹ schreibt, »lähmendes Entsetzen zu verbreiten, den Feind wenigstens vorübergehend wahnsinnig zu machen, wahnsinnig zum Anbinden«. Menschen, die man verbrennt und vergast, braucht man nicht mehr anzubinden. Man spart zwanzig Millionen Stricke. Das darf nicht unterschätzt werden.

*

Es ist Nacht. – Clemenceau hat einmal gesagt, es würde nichts ausmachen, wenn es zwanzig Millionen Deutsche weniger gäbe. Hitler und Himmler haben das mißverstanden. Sie glaubten, zwanzig Millionen Europäer. Und sie haben es nicht nur *gesagt!* Nun, wir Deutsche werden gewiß nicht vergessen, wieviel Menschen man in diesen Lagern umgebracht hat. Und die übrige Welt sollte sich zuweilen daran erinnern, wieviel Deutsche darin umgebracht wurden.

FRIEDRICH GEORG JÜNGER
Ultima ratio

Wie der Titanenwitz
Hinweg nun siedet,
Wie alles rostig wird,
Was er geschmiedet.

Sie hofften töricht toll,
Daß es gelänge.
Nun brechen überall
Blech und Gestänge.

Die Unform liegt umher
In rohen Haufen.
Geduld! Auch dieser Rest
Wird sich verlaufen.

Sie schafften stets ja mit,
Was sie vernichtet,
Und fallen mit der Last,
Die sie errichtet.

Hans Carossa
Verse an das Abendland

(...)
Oh Abendland,
   so reich in der Verarmung,
Blick auf!
   Laß das Vergängliche vergehn!
Du weißt es doch,
   daß in der obern Sphäre
Nicht alles mitstürzt,
   was im Irdischen fällt.
Wer alles retten möchte,
   rettet nichts.
Noch gehen Schicksalsschwestern
   durch die Lande,
Zu diesen will ich sagen:
   »Ihr Erlauchten,
Gedenket unser!
   Küret uns ein Kind
Und hüllet es
   im Augenblick der Zeugung
In geisterliche feiende Gespinste,
Damit es wachse
   heil in kranker Welt,
Unnahbar
   der dämonischen Schlupfwespe,
Die gierig edle Keime sucht
   und ansticht,

Um ihnen
  die Vergängnis einzusenken,
Bevor die Schwingenkraft
  in ihnen aufwacht!«
Dann hoffe wieder,
  fieberndes Abendland,
Und schöpfe Mut,
  wenn die bewahrte Seele
Ein blind Zerstörtes
  in sich selbst neu stiftet!
Sie wird uns allen
  liebe Arbeit geben.
Aus Trümmern
  steigt einmal ein Segentag,
Wo wir das Licht
  nicht mehr verhehlen müssen
Und wieder frei
  mit Urgewalten spielen ...
Ja wärs kein Tag,
  wärs eine Stunde nur,
Wo wir in einem sichern Anfang stehn,
Mitwebend
  an dem Sternenplan der Erde,
Wir trügen froh
  die Jahre der Verdunklung.

ODA SCHAEFER
Tote Stadt

Von Melde ist und Kletten überwunden
dies trübe Jahr.
Vereinzelt helle, gärtnerische Stunden
sind doppelt klar.

Der Löwenzahn, der wilde Hafer samen
sich maßlos aus
auf Mörtel, Schutt und Ziegelrest, sie kamen
in totes Haus.

Zusammen wandernd mit den Asselheeren,
sie zogen ein,
und niemand kann den Ratten es verwehren,
dabei zu sein.

Behutsam ziehen Spinnen ihre Flore
und weben zu
die Wunde am gestürzten Sims, am Tore
in dumpfer Ruh.

Die Larven, Würmer sind die reichen Erben
des Schweigens hier,
es prasset zwischen Trümmerstatt und Scherben
nur kleines Tier.

Wie seltsam ist der Karyatide Lächeln
im grauen Sand,
dem Haupt gesellt, als wollt' den Staub sie fächeln,
liegt ihre Hand.

Ein Engel, von dem hohen Sturz zerschlagen,
so ruht sie dort
umgeben von den Seufzern, letzten Klagen
am wüsten Ort.

Und wieder fällt der Regen, rauschen Güsse
auf Quecken her,
und all das Flüstern, die getauschten Küsse
weiß niemand mehr.

Der Schatten, der nun leer und ohne Trauern
vorüberschwebt,
gewahrt, daß hinter rauchgeschwärzten Mauern
noch Erde lebt.

GEORG BRITTING
Unruhe

Immer wieder
Blühn die Gärten,
Singen Vögel
Ihre Lieder
Jedes Jahr.

Und die Sterne
Stehn am Himmel,
Weiß und prächtig,
Und die Ferne
Tut wie Gold sich
Mächtig auf.

Wär der goldne
Mond nicht über
Deinem Vogelgarten,
Über deinem
Stillen Haus,
Hieltest du das
Lange Warten
Nicht mehr aus.

MANFRED HAUSMANN
Oktoberlich

Die weiten Wiesen schweigen
Im Duft von Gold und Grau.
Aus den geneigten Zweigen
Der Pappel überm Stau

Löst sich im Niederschweben
Ein Blatt und wehrt sich nicht.
Der Tiefe hingegeben
Sinkt es durchs Nebellicht.

O Augenblick, da alles
Zur bangsten Süße reift!
O Anbeginn des Falles,
Da es den Tod begreift!

Es fällt, und unermessen
Ist, was es nun anstatt
Der Fülle im Vergessen
Für Seligkeiten hat.

WILHELM LEHMANN
Mit den Toten

Pappelfrüchte, die sich füllen,
Schon betagte, überlebte,
Wie sie sich im Warmen dehnen!
Da sie Juli überschwebte,
Fliegen sie als weiße Strähnen,
Das Gestorbene zu hüllen.

Bist im Grase lang gesessen.
Heuschreck springt und Erbsenschote,
Ammer singt, zitronengelbe,
Seit der Kinderzeit dieselbe.
Unter deinen Füßen Tote:
Und du weilst in ihrem Kreise,
Horchst der gleichen Ammernweise
Wie die Toten, selbstvergessen.

Entzückter Staub

So viele Jahre sie schon bejahren,
Blühen die Weiden? Sprenkelt noch Schnee?
Der Rauhreif läutet, die Hecken eilen,
Strohwische in den verblichenen Haaren.
Auf den Feldern verrinnt der Lärm der Chaussee.

Unter geschundenen Dornenzweigen,
Wo der Klumpen des Schattens am längsten sitzt,
Füttern Kot und Kehricht die Pfütze des Hofes;
– Hat die Angst der Erde sie ausgeschwitzt? –
Der Himmel bangt nicht, hineinzusteigen.

Der Truthahn bindet sich kollernd den Kragen,
Feurige Krause unter das Kinn;
Er bläht den Reifrock, er steift die Federn,
Wie Kleopatras Barke braust er dahin,
Besessen, sie übers Meer zu tragen.

Durch die Seufzer der Öde trillert ein Lachen.
Wer hat es der Erde angetan?

Eine Handvoll Staub, ist sie aufgeflogen
Und hängt dem eisigen Wind im Rachen,
Zwischen Wolkengeschwadern, ein Lerchenpäan.

Fallende Blütenblätter

Ließ der Blick sich gern verirren,
Sehnsuchtsoffen blauer Weite,
Will ihn grüne Nähe kirren
Zwischen Busch und Wälderbreite.

Grüne Federn, grüne Dächer
In der Neige vor dem Winde,
Esche schlägt mit grünem Fächer,
Ahornblatt und Herz der Linde.

Grünes Tanzen, grünes Winken,
Zum Ade ein Händereichen –
Löwenzahn darf vor dem Sinken
Einer Weltenkugel gleichen.

Leises Leben, leises Sterben.
Ehe sich die Früchte wagen,
Weiße Kronen, seid ihr Scherben,
Still ins Nichts zurückgetragen.

Eh sie meine Wange rührten,
Gondelfahrt auf grünen Wogen,
Hat die Luft die schnell Entführten
Liebesdurstig eingesogen.

Wolfgang Weyrauch
Die drei deutschen Todsünden

Und Abraham a Santa Clara schwebte aus den Himmeln herab, und er flog über einem großen Land hin. Und die Hügel des Landes waren schön, die Täler waren schön, die Flüsse waren schön, und die Wälder waren schön. Die Bäume in den Wäldern waren herrlich, die Früchte an den Bäumen waren noch herrlicher, und der Saft in den Früchten war am herrlichsten.

Und er kam in ein Dorf. Und weil er ja zu den Geistern gehörte, konnte ihn niemand sehen. Und weil ihn niemand sehen konnte, verhielten sich die Leute so, als ob er gar nicht da wäre. Sie verstellten sich nicht, sondern dachten und handelten, wie wenn sie allein wären.

Und die einen sahen rasch einmal um sich, ehe sie etwas sagten, und die andern hielten die Hand an den Mund, wenn sie etwas äußerten, damit nur kein anderer, außer dem, mit dem sie redeten, sie hörte, und die dritten machten »pst«, bevor sie sprachen. Und andere gingen zu der Obrigkeit und zeigten die an, die, wie sie behaupteten, etwas Böses gesagt hatten, aber sie taten das nicht, weil sie das Gute liebten, sondern sie taten es, weil sie wähnten, die Obrigkeit bemerke das Böse nicht, das sie selbst gemacht hatten, wenn sie andere Leute anschwärzten. Und wieder andere sagten, sie hätten immer nur Gutes getan, obwohl sie doch viel Schlechtes getan hatten, und die, die zugaben, daß sie Böses getan hatten, bereuten es nicht etwa, sondern sagten es nur, weil sie meinten, daß sie sich auf diese Weise einen Vorteil verschaffen könnten.

Da ging Abraham a Santa Clara aus dem Dorf fort und begab sich in die nächste Stadt. Und er sah sich die Männer und die Frauen an. Und die Männer und die Frauen glaubten an nichts, und wenn sie doch an etwas glaubten, so glaubten sie an das, was vergangen war, und das Vergangene war ruchlos und jämmerlich. Und die Männer und die Frauen dachten über nichts nach, es sei denn, sie dachten über das nach, was sie zu essen bekamen. Und sie dachten ferner über das nach, was sie nicht zu essen bekamen, und sie dachten mehr über das nach, was sie nicht zu essen bekamen, als über das, was sie zu essen bekamen. Und vor allem dachten sie über das nach, was sie früher, als die Vergangenheit noch Gegenwart war, zu essen bekommen hatten. Und es fiel ihnen nicht ein, daß das, was sie früher zu essen bekommen hatten, mit Blut befleckt war. Es fiel ihnen nur ein, daß es gut geschmeckt hatte, daß es mehr gewesen war, als sie jetzt bekamen, und daß es damals Käse gegeben hatte, während es jetzt nur Schmalz gab, daß es damals Marmelade gegeben hatte, während es jetzt nur Kartoffeln gab, daß es damals Krieg gegeben hatte, während es jetzt nur Frieden gab. Nein, dachte Abraham a Santa Clara, dieses letzte fiel ihnen ganz gewiß nicht ein, dies nicht, und der eigene Tod fiel ihnen nicht ein, und der Tod, den sie andern zugefügt hatten, fiel ihnen nicht ein, und nichts, was abscheulich und frevelhaft gewesen war, fiel ihnen ein, nur das ganz Gute fiel ihnen ein, aber dieses Gute war nichts, wenn man es mit dem Bösen verglich, und es war überhaupt nichts, denn es war nur für den Körper da, für die Seele war nichts da, und das, was für den Körper dagewesen war, war nur da, damit andere Körper vergingen, andere Körper und andere Seelen.

Und die Männer und die Frauen hatten schon fast alles vergessen, was an Schlechtem geschehen war, und sie hatten bestimmt das ganz und gar vergessen, was durch sie selbst an Bösem geschehen war. Und sie waren dem lieben Gott auch nicht einen einzigen Augenblick dafür dankbar, daß er sie aus dem Unglück und aus der Schande gerettet hatte. Und es fiel ihnen im Traum und im Wachen nicht ein, an ihre Brust zu schlagen und zu rufen: Ja, wir waren böse, wir sind böse, wir sind schuldig, und da wir unsere Schuld eingesehen haben, wollen wir versuchen, das Böse wieder gutzumachen. Und sie glaubten das Gute, das ihnen gegeben wurde, keineswegs, aber alles Niedrige, was über die erzählt wurde, die ihnen das Gute gaben, das glaubten sie. Sie glaubten es und erzählten es weiter und fügten noch ein doppeltes Schlechtes hinzu. Und sie meinten, daß das Gute, das man ihnen gab, selbstverständlich zu ihnen käme, denn von der Güte und von der Langmut verstanden sie nichts.

Und Abraham a Santa Clara ging zu den Kindern, denn er glaubte, daß er, wenn er überhaupt etwas Gutes finden konnte, es bei den Kindern entdeckte. Doch die Kinder waren wie die Männer und Frauen, und also waren sie, da sie ja Kinder waren, noch viel schlimmer als ihre Eltern. Sie waren nicht leidenschaftlich, wenn sie an die Kunst oder an die Wissenschaft dachten, sie waren nur leidenschaftlich, wenn sie an den Krieg dachten. Sie trauerten darüber, daß sie keine Helden mehr sein konnten, ohne zu wissen, was ein Held ist: ein Mensch, der beispielsweise feige war, und der einsieht, daß er feige gewesen ist, und nun fängt er an, tapfer zu werden, tapfer gegen sich selbst, und tapfer vor allen anderen.

Und Abraham a Santa Clara scheuchte die Wolke hinweg, die ihn umgab, und er stand gerade bei einem Haufen von Leuten, die Gegenstände, die die andern nicht hatten, die sie aber selbst hatten, weil sie sie gestohlen hatten, an jene andern verkauften, und zwar verkauften sie die Gegenstände hundertmal teurer, als sie es wert waren. Und Kinder waren darunter und verschacherten die Gegenstände oft noch viel teurer, als sie es bei den Erwachsenen gesehen hatten.

Und Abraham schrie: Ihr Gesindel, ihr Gesinde des Bauchs, die ihr nicht mehr wißt, was ein Buch ist, schämt ihr euch nicht? Habt ihr denn nur noch die Schamlosigkeit? Aber wie könnt ihr denn auch Scham haben, da ihr euch in die Dummheit, in die Feigheit und in die Faulheit verkrochen habt! Darin sitzt ihr wie üble Maden im üblen Speck. Ihr seid ja so dumm wie ihr feige und faul seid. Ich weiß nicht, wie eure drei Verwandten, die Dummheit, die Feigheit und die Faulheit, untereinander verwandt sind. Jedenfalls sind sie eure Eltern. Oder sind sie eure richtigen Kinder? Und sind also eure richtigen Kinder eure angenommenen Kinder? Es ist ja so gleich. Eins ist ja dem andern so gleich. Ihr seid der Dummheit gleich, und eure Faulheit ist eurer Feigheit gleich, und eure Kinder sind wieder der Feigheit und der Faulheit und der Dummheit gleich. Es ist alles ein Hexengebräu. Gebräu sage ich, und ihr denkt sofort ans Bier. So seid ihr. Habgierig seid ihr, schamlos töricht und verkommen. Ihr seid so verkommen, daß ihr fast verloren seid. Fast! Fast rufe ich, und fasten meine ich. Geht in euch, fastet! Fastet bei eurer feigen Dummheit, bei eurer faulen Feigheit! Seid ausschweifend in den Gedanken! Wenn ihr wißt, daß ihr dumm, feige und faul seid, dann seid ihr es kaum noch. Ihr Gelichter, steckt euch die Lichter an! Die Lichter der Wahrheit und des Geistes! Seht euch eure Bäume an! Riecht an ihnen! Da erfahrt ihr, was gut ist, natürlich, einfältig und echt.

Und als er geendet hatte, warfen die Leute, die ihm zugehört hatten, mit Steinen nach ihm. Und beinahe wäre er zum zweitenmal gestorben. Da er aber ein Geist war, trafen ihn die Steine nicht. Er schwang sich wieder in die Lüfte und flog zum Himmel zurück.

Unterwegs schien es ihm, er sei vielleicht etwas voreilig und oberflächlich gewesen. Vielleicht, dachte er, ist doch unter tausend einer, der besser ist als die tausend. Da flog er wieder herunter und begann nach dem einen unter den tausend zu suchen. Und als er unter den tausend keinen fand, suchte er ihn unter den hunderttausend. Ja, da fand er einen, und bei dem sitzt er jetzt und unterrichtet ihn. Und wenn er fertig mit Unterricht ist, dann sucht er weiter. Und er wird unter einer Million einen zweiten finden, mit dem etwas anzustellen ist. Und er wird auch ihn belehren. Und die, die Abraham a Santa Clara unterrichtet hat, die werden wieder andere unterrichten, und so wird langsam, aber unaufhörlich ein guter Regen auf die Disteln und auf den Schimmel niedergehen, und in dem Regen wird alles Gute sein, dessen der Mensch fähig ist.

Hans Erich Nossack
Bericht eines Marsbewohners über die Menschen

Den erhaltenen Anweisungen gemäß habe ich mich nicht zu erkennen gegeben, sondern mit ihnen verkehrt, als wäre ich einer der ihren. Es hätte aber solcher Vorsicht gar nicht bedurft, denn diesen Wesen ist die Fähigkeit des gläubigen Staunens versagt. Doch sie müssen sie genau so wie wir einmal besessen haben, wie ich aus den Trümmern ihrer Werke und den Seufzern alter Leute zu schließen wage.

Wollet bitte, was ich Euch hier sage, nur als eine Nachricht aufnehmen, daß ich daran gegangen bin, die Lage dieser Wesen zu erkunden, und nehmt dies nicht etwa als einen endgültigen Bericht, den ich Eurer Weisheit unterbreite, damit Ihr danach Eure Entschlüsse fassen möget. Stolz darüber, daß Ihr mich dieser Sendung für würdig erachtet, bin ich mir erst jetzt der Verantwortung bewußt geworden, die mit dieser Aufgabe verbunden ist. Ich sehe so viel Unglaubhaftes, daß ich zögere, eine Meinung darüber auszusprechen. Meine Anwesenheit hier ist vorläufig nur ein lauschendes Tasten im Nebel. Habt deshalb Geduld.

Denn hier ist nichts so greifbar und wirklich, daß einer sagen könnte: So ist es! Oder: So wollen sie es! Vor allem sind diese Wesen ihrer selbst nicht sicher und das unterscheidet sie von allem Bekannten. Es ist ein Irrtum, wenn wir als ein Selbstverständliches von ihnen annahmen, daß Menschen zu sein ihnen eine ehrende und endgültige Form des Daseins bedeute. Mit Schaudern empfindet jeder, der mit ihnen umgeht, daß sie sich gleichsam dafür zu verachten scheinen, wachsen zu müssen, zu blühen und Frucht zu tragen, wie es doch allem Lebendigen notwendig ist, um seine Art zu erhalten. Sie aber haben maßlose Wünsche, und indem sie dem Notwendigen auszuweichen trachten, versäumen sie ihre Möglichkeit. Doch was sie zu werden begehren, wenn es ihnen gelänge, ihre Form zu zerbrechen und den Namen Mensch von sich zu tun, das konnte mir niemand angeben. Dabei kann man nicht sagen, daß sie noch der kindliche Halbschlaf einer Morgendämmerung umfängt. Der Tag liegt hinter ihnen, und das Wissen, daß es umsonst hell war, läßt sie an allem zweifeln. Wie aber darf man von Wesen, die nicht an sich selber glauben, erwarten, daß sie das Dunkel bestehen werden?

Wundert Euch nicht, daß ich von solchen Dingen spreche, denn ich vermute hierin den wahren Ursprung ihres leiblichen Elends. Ja, die Kunde, die davon zu uns drang, hat nicht übertrieben. Sie hausen, wie es ihnen nicht angemessen ist. Sie haben nichts, sich zu wärmen und zu kleiden. Sie ernähren sich von giftigem Abfall. Ihre Körper sind mit Schwären bedeckt, sie taumeln vor Schwäche und unzählige vergehen vor Hunger. Kein Wesen, das ihre Leiden sieht, kann sich des Erbarmens enthalten. Beobachtete ich doch, wie sich selbst ein Baum ächzend über Flüchtende beugte, um sie in ihrer Not zu verbergen.

Wie aber, wenn Eure Weisheit sich dazu entscheiden sollte, ihnen sofort durch Nahrung und Kleidung zu helfen? Würde dies nicht, so muß ich fragen, nur bewirken, daß die Menschen mit neuer Kraft anhüben, sich selbst zu zerstören? Denn sie haben ja früher von allem im Überfluß gehabt, doch sie konnten ihn nicht meistern, und wer genug hatte, gönnte das, was er nicht brauchte, keinem andern. Lieber erkrankte er am Zu-Vielen.

So haben sie es sich selbst zugefügt, daß all ihre Gewohnheiten, die ihnen lieb und gesund waren, in Trümmern liegen. Doch das vermögen sie nicht einzusehen. Wenn man davon zu ihnen spricht, dann geben sie einander rätselhafte Antworten. Dir ward es bestimmt, so sagen sie, mich zu besiegen, und mir, dies von dir zu erleiden. Dabei lebt der Sieger so kläglich wie der Besiegte, und beide stöhnen, daß sie so handelten, wie sie es taten. Was sie aber mit diesem Dritten meinen, durch welches sie angetrieben wurden, sich zu zerfleischen, habe ich vergeblich zu erforschen versucht. Die alten Leute sprechen von einem Wesen, das sie Gott nennen. Doch dies Wort hat so wenig Klang in ihrem Munde, daß es mir nicht zur Gestalt wurde. Vielleicht war, was sie so nennen, nur ein Bild ihrer Wünsche, und es ist ihnen zerbrochen wie alles andere; denn wir müßten doch auch von einem solchen Wesen erfahren haben. Die Jüngeren aber kennen dies Wort nicht mehr, und, da sie nicht wissen, an wem sie sich für ihr Unglück rächen sollen, knirschen sie mit den Zähnen gegen sich selbst.

Wollet doch bitte erwägen, ob es nicht gut wäre, ihnen die Erinnerung an ihre Vergangenheit zu nehmen, denn sie liegt wie ein verwesender Leichnam über ihnen und verdirbt ihren Atem. Auch kriechen überall Maden umher. Solche, die sich am Gestorbenen mästeten und nun in Schlupfwinkel eilen, um dort auf eine Auferstehung zu warten. Und solche, die sich erst jetzt aus ihren Schlupfwinkeln neidvoll herandrängen, weil sie bisher an der Mahlzeit nicht teilnehmen durften. Und während sie vom Aas fett zu werden suchen, rühmen sie sich laut: Seht, wir vertilgen den verfluchten Leichnam! Die Menschen aber gleiten auf diesen Maden aus, und so werden ihre Bewegungen mißtrauisch und mutlos.

Doch gibt es auch einige unter ihnen, die sich nicht unangemessenen Wünschen hingeben. Ihren Ärzten habe ich zugesehen und fand sie uns ähnlich, denn obwohl es ihnen an Mitteln fehlt, die Krankheiten zu heilen, tun sie in freundlicher Weise das Mögliche als das Notwendige. Und so mag es auch noch viele unter ihnen geben, die zu durchschauen mir versagt ist, weil sie ihre echte Gesinnung schüchtern verbergen. So darf ich besonders die Frauen nicht zu erwähnen vergessen. Stärker sind sie im Ertragen der Leiden, die ihnen die Männer verursachen, und fragen nicht wie diese bei jedem Schritt: Wozu? Daher ich gern mit ihnen zusammen bin und in ihren Augen nach der Wahrheit forsche. Anders aber und unbegreiflich ist ihre Art, wie sie nach Umarmung trachten, denn ihr Streben ist nicht einfach darauf gerichtet, ein Junges zu erzeugen, wenn ihr Leib dazu reif ist, sondern sie begehren etwas, was sie Liebe nennen. Auch dies ist, so will es mir scheinen, ein Wunsch, sich selbst zu entfliehen. Doch sehe ich, daß sie davon schöner werden, und so mag es auch nur ein anderes Wort für Blühen sein.

Oder sollte man ihnen besser gar nicht zu helfen versuchen? Denn bedenket wohl, daß über andre Wesen Unordnung und Verzweiflung kommen könnte, wenn sie von dieser Sucht der Menschen angesteckt würden, sich selbst zu entwachsen, ohne doch die Kraft zur Verwandlung zu besitzen. Nur ungern frage ich dies, und das Herz bebt mir dabei. Muß es nicht jeden mit Bewunderung erfüllen, daß sie immer noch ausharren und da sind, obgleich sie nicht sein wollen, was sie sind? Welches andre Wesen ertrüge das wohl? Und doch muß ich Euch diese Frage unterbreiten, denn es darf nicht sein, daß alles Lebendige durch die Menschen in Gefahr gebracht werde.

So lebe ich denn unter ihnen und suche sie zu ergründen. Vielleicht werde ich Euch in meinem nächsten Berichte bitten, daß Ihr noch andre auf Kundschaft aussendet. Wählet dann nur solche aus, von denen Ihr sicher seid, daß sie nicht zu vorzeitigem Erbarmen neigen, sondern in nüchterner Güte zu beharren wissen. Denn stark ist trotz allem der Zauber, den die Menschen ausüben, und Eure Weisheit mag aus meiner undeutlichen Erzählung erkennen, daß ich bereits davon befallen bin. Ja, manches Mal schon, wenn ich sie weinen sah, fühlte ich, der ich doch einer von Euch bin, wie ich mich sehnte, mir untreu zu werden und zu sein wie sie.

Werner Krauss
PLN. Die Passionen der halykonischen Seele

Postfrevel

In den folgenden Tagen wurde der Postdienst zum Ehrendienst an der Nation erhoben, die Arbeit an diesem schwer gefährdeten Abschnitt des öffentlichen Lebens fortan grundsätzlich dem Einsatz der kämpfenden Truppe gleichgeachtet. Alle Postanstalten waren von schwerbewaffneten Cordons abgesperrt, durch die sich jeder Besucher mühsam durchfiltern lassen mußte. Ein Kampf hatte begonnen. Im Umkreis jedes Briefkastens bewegten sich zwei aufgepflanzte Bajonette aus dem Gleichschritt von vier eisenbeschlagenen Stulpenstiefeln, deren Schläge über die Straße wegzitterten, und die griffbereiten, im Koppel eingehakten Stielhandgranaten tropften von der Schnürung der Leiber ringsum herab als die zündenden Embleme der geballten Lebenskraft des Staates. Wieder erhielt das Gesicht der Städte eine verwandelnde Note. Die alle Linien auflockernde und alles Feste aufbrechende Agonie der zusammengesunkenen Straßen wurde plötzlich durch einen Gegenwillen aus tödlich verwundetem Herzen belauert, den man schon längst in dem allgemeinen Zusammensturz aller mächtigen Formen verschüttet geglaubt hatte. Kriegsmäßige Fronten durchzogen strichweise die Felder, die durch die plattgetretenen Eingeweide der Häuser entstanden waren.

Bei der amtlichen Voröffnung und Durchsuchung der Pakete mußten überall Pionierabteilungen eingesetzt werden. Die Briefträger beiderlei Geschlechts wurden in aller Eile zu MG.-Kursen einberufen und lernten mit Maschinenpistolen hantieren. Dieser neue Krieg erhielt dadurch sein charakteristisches Gepräge, daß nur das Aufgebot einer äußerst entschlossenen Abwehr in Erscheinung trat, während die Angreifer verborgen blieben und die Wirkungen ihres Angriffs sich an einem Nichts zu beleben schienen. Aber als alle Gegenmaßnahmen sich als fruchtlos erwiesen, besann sich die Regierung von neuem und schuf durch ein neues Gesetz einen neuen, juristischen Formkreis. »Postfrevel« wurde unter drakonische Strafen gestellt und mit der Urteilsvollstreckung in breitester Öffentlichkeit bedroht. So geschah es denn auch. Außer den Vollstreckungen der Todesstrafe konnte man allerdings keine Exekutionen gewahren. Die Abstrafung des Leibes, seine Züchtigung oder die ihm zugedachten maßvollen Verstümmelungen wurden niemals vor einem größeren Kreis von Zuschauern vorgenommen. Es bewährte sich darin der unerschütterliche Vorsatz des Gesetzgebers, bei aller ihm aufgezwungenen Härte des Zugreifens das Erbvermächtnis der Humanität als beständige Richtlinie der aufzurichtenden Lebensordnung festzuhalten. Doch mußte dabei auch jener oft erprobte Grundsatz der Staatsweisheit berücksichtigt werden, daß die Leiden der Verbrecher nie das Mitleid, sondern immer nur das Grauen hervorrufen dürfen. Freilich war auch dieses Grauen der staatlichen Lenkung bedürftig. Es durfte weder in Ekel oder Empörung ausschlagen, noch zur völligen Verschüchterung des in einer zu drastischen Schule des Anschauungsunterrichts leicht schreckbaren Untertanen führen. Wie die aristotelischen Tugenden, mußte auch dieses Rechtsgut vor dem Ausarten behütet und in eine heilsame Mitte genommen werden.

Die dicht geschlossenen Reihen der mit den großhalykonischen Farben und Hoheitszeichen geschmückten Leiber erhängter und abgestorbener Postfrevler schaukelten wie aufgebauschte Wimpel an den überall rasch improvisierten Triumphtoren, die durch ihr lustiges Gepräge der aufgähnenden romanesken Schönheit der zerschmetterten Städte mit ihren tollen Überschneidungen und abgründigen Zerreißungen ein neues Prinzip entgegentrieben. Leben und Tod, in ewiger Mischung befindlich, faßten sich hier zu neuer Eindringlichkeit zusammen, die zugleich der Unbefangenheit schuldlosen Überlebens die heitersten Eindrücke schenkte. Die Bewohner Großhalykons gewöhnten sich in der Tat sehr schnell an die patriotisch gefleckte Pracht der schnurrigen Gesellen und fanden doch immer wieder Grund zum Verwundern. Ähnelte doch die ganze Veranstaltung dem ständigen Reklameaufgebot eines mit unüberbietbarem Figurenreichtum protzenden Kasperletheaters. Vögel wiegten sich auf den Schultern der leise bewegten Figuren, ohne das Bild geschöpflicher Eintracht durch den unerlaubten Versuch einer Atzung zu zerreißen. Die Regierung hatte nämlich die größte Sorge getragen, daß nur einwandfrei konservierte und herauspräparierte Leiber zur Ausstellung zugelassen würden, um die Verpestung der Luft und vor allem anstößige Eindrücke zu verhüten. Wenn der Wind einmal zu heftig in die sich lockernde Fahnenkleidung hineinblies, sah man nicht die greulich verzerrten und durch Prozesse der Leichenstarre und der Verwesung gigantisch übersteigerten Merkmale sündiger Leiblichkeit, sondern die abstrakte und besonnene Schönheit von sanitären Präparaten, wie sie sonst nur die Engel besitzen oder die Schaufenster orthopädischer Handlungen zieren. Es war undenkbar, daß die herumirrenden

Angehörigen in diesen sorgsam zurechtgelegten Attrappen eines abgebauten Menschentums ihre Vermißten suchen oder wiederentdecken konnten. Man sah im Gegenteil unter den Triumphbögen andächtige Kinderscharen sich stauen, die von ihren mit Stöcken bewaffneten Lehrern den ersten anatomischen Anschauungsunterricht empfingen. Und wenn es der Zufall wollte, daß unter dem Schritt durchmarschierender Truppen die lustige Schar wie galvanisierte Frösche zum Mitschreiten entschlossen zu zappeln anfing, so fand man, daß ihnen eine unverdiente Ehrung zuteil geworden war. »Aus diesen Galgenvögeln« – so hörte man sagen – »wären doch niemals richtige Soldaten geworden!« Der Eindruck übertriebener Milde mochte aufkommen, aber die Regierung war sich bewußt, daß die Gerechtigkeit eine unterschiedliche Behandlung verlangte, daß dieser neueste Frevel weder irgend jemandem erhebliche materielle Schädigungen zufügte noch auch mit irgend einem Zug den Verdacht bekräftigte, den Feinden der Nation in vorsätzlicher Weise Vorschub zu leisten. So war es nur billig und sinnreich, wenn die durch Sühne Versöhnten ins Volkstreiben zurückgelassen wurden, aus dem sie vielleicht nur törichter Mutwille oder fehlangelegte Lebenslust herausgerissen hatte.

Trotzdem zeigte die ungewöhnliche Art der Repressalien deutlich genug, in welch schwere Sorge die Regierung durch den plötzlichen Einsatz dieser neuartigen Frevler gestürzt war. Gegenwaffen halten nicht immer Schritt mit den Waffen bei aller modernen Kriegsführung. Ganz abgesehen von der leidigen Tatsache, daß neben dem furchtbaren großen äußeren Krieg nun noch ein kleiner, häuslicher mit nicht geringerer Erbitterung zu führen war, ließ sich eine Wirkung dieser Maßnahmen fürs erste überhaupt nicht absehen. Diese Feinde zeigten sich so elastisch in ihrer Kriegführung, daß ihnen mit einer systematischen Abwehr nicht beizukommen war.

Hermann Hesse
Das Glasperlenspiel
Versuch einer Lebensbeschreibung des Magister Ludi Josef Knecht samt Knechts hinterlassenen Schriften

Die geistige Bewegung, deren Früchte unter vielen anderen die Einrichtung des Ordens und das Glasperlenspiel sind, hat ihre Anfänge in einer Geschichtsperiode, welche seit den grundlegenden Untersuchungen des Literarhistorikers Plinius Ziegenhalß den von ihm geprägten Namen »Das feuilletonistische Zeitalter« trägt. Solche Namen sind hübsch, aber gefährlich, und verlocken stets dazu, irgendeinen Zustand des Menschenlebens in der Vergangenheit ungerecht zu betrachten, und so ist denn auch das »feuilletonistische« Zeitalter keineswegs etwa geistlos, ja nicht einmal arm an Geist gewesen. Aber es hat, so scheint es nach Ziegenhalß, mit seinem Geist wenig anzufangen gewußt, oder vielmehr, es hat dem Geist innerhalb der Ökonomie des Lebens und Staates nicht die ihm gemäße Stellung und Funktion anzuweisen gewußt. Offen gestanden, kennen wir jene Epoche sehr schlecht, obwohl sie der Boden ist, aus dem fast alles das gewachsen ist, was heute die Merkmale unsres geistigen Lebens ausmacht. Es war, nach Ziegenhalß, eine in besonderem Maße »bürgerliche« und einem weitgehenden Individualismus huldigende Epoche, und wenn wir, um ihre Atmosphäre anzudeuten, einige Züge nach Ziegenhalß' Darstellung anführen, so wissen wir wenigstens dies eine mit Gewißheit, daß diese Züge nicht erfunden oder wesentlich übertrieben und verzeichnet sind, denn sie sind von dem großen Forscher mit einer Unzahl von literarischen und anderen Dokumenten belegt. Wir schließen uns dem Gelehrten an, der bisher als einziger das »feuilletonistische« Zeitalter einer ernsthaften Untersuchung gewürdigt hat, und wollen dabei nicht vergessen, daß es leicht und töricht ist, über Irrtümer oder Unsitten ferner Zeiten die Nase zu rümpfen.

Die Entwicklung des geistigen Lebens in Europa scheint vom Ausgang des Mittelalters an zwei große Tendenzen gehabt zu haben: die Befreiung des Denkens und Glaubens von jeglicher autoritativen Beeinflussung, also den Kampf des sich souverän und mündig fühlenden Verstandes gegen die Herrschaft der Römischen Kirche und – andrerseits – das heimliche, aber leidenschaftliche Suchen nach einer Legitimierung dieser seiner Freiheit, nach einer neuen, aus ihm selbst kommenden, ihm adäquaten Autorität. Verallgemeinernd kann man wohl sagen: im großen ganzen hat der Geist diesen oft wunderlich widerspruchsvollen Kampf um zwei einander im Prinzip widersprechende Ziele gewonnen. Ob der Gewinn die zahllosen Opfer aufwiege, ob unsre heutige Ordnung des geistigen Lebens vollkommen genug sei und lange genug dauern werde, um alle die Leiden, Krämpfe und Abnormitäten von den Ketzerprozessen und Scheiterhaufen bis zu den Schicksalen der vielen in Wahnsinn oder Selbstmord geendeten »Genies« als sinnvolles Opfer erscheinen zu lassen, ist uns nicht erlaubt zu fragen.

Die Geschichte ist geschehen – ob sie gut war, ob sie besser unterblieben wäre, ob wir ihren »Sinn« anerkennen mögen, dies ist ohne Bedeutung. So geschahen denn auch jene Kämpfe um die »Freiheit« des Geistes und haben in eben jener späten, feuilletonistischen Epoche dazu geführt, daß in der Tat der Geist eine unerhörte und ihm selbst nicht mehr erträgliche Freiheit genoß, indem er die kirchliche Bevormundung vollkommen, die staatliche teilweise überwunden, ein echtes, von ihm selbst formuliertes und respektiertes Gesetz, eine echte neue Autorität und Legitimität aber noch immer nicht gefunden hatte. Die Beispiele von Entwürdigung, Käuflichkeit, Selbstaufgabe des Geistes aus jener Zeit, die uns Ziegenhalß erzählt, sind zum Teil denn auch wirklich erstaunlich.

Wir müssen bekennen, daß wir außerstande sind, eine eindeutige Definition jener Erzeugnisse zu geben, nach welchen wir jene Zeit benennen, den »Feuilletons« nämlich. Wie es scheint, wurden sie, als ein besonders beliebter Teil im Stoff der Tagespresse, zu Millionen erzeugt, bildeten die Hauptnahrung der bildungsbedürftigen Leser, berichteten oder vielmehr »plauderten« über tausenderlei Gegenstände des Wissens, und, wie es scheint, machten die klügeren dieser Feuilletonisten sich oft über ihre eigene Arbeit lustig, wenigstens gesteht Ziegenhalß, auf zahlreiche solche Arbeiten gestoßen zu sein, welche er, da sie sonst vollkommen unverständlich wären, geneigt ist, als Selbstpersiflage ihrer Urheber zu deuten. Wohl möglich, daß in diesen industriemäßig erzeugten Artikeln eine Menge von Ironie und Selbstironie aufgebracht wurde, zu deren Verständnis der Schlüssel erst wieder gefunden werden müßte. Die Hersteller dieser Tändeleien gehörten teils den Redaktionen der Zeitungen an, teils waren sie »freie« Schriftsteller, wurden oft sogar Dichter genannt, aber es scheinen auch sehr viele von ihnen dem Gelehrtenstande angehört zu haben, ja Hochschullehrer von Ruf gewesen zu sein. Beliebte Inhalte solcher Aufsätze waren Anekdoten aus dem Leben berühmter Männer und Frauen und deren Briefwechsel, sie hießen etwa »Friedrich Nietzsche und die Frauenmode um 1870« oder »Die Lieblingsspeisen des Komponisten Rossini« oder »Die Rolle des Schoßhundes im Leben großer Kurtisanen« und ähnlich. Ferner liebte man historisierende Betrachtungen über aktuelle Gesprächsstoffe der Wohlhabenden, etwa »Der Traum von der künstlichen Herstellung des Goldes im Lauf der Jahrhunderte« oder »Die Versuche zur chemisch-physikalischen Beeinflussung der Witterung« und hundert ähnliche Dinge. Lesen wir die von Ziegenhalß angeführten Titel solcher Plaudereien, so gilt unsre Befremdung weniger dem Umstande, daß es Menschen gab, welche sie als tägliche Lektüre verschlangen, als vielmehr der Tatsache, daß Autoren von Ruf und Rang und guter Vorbildung diesen Riesenverbrauch an nichtigen Interessantheiten »bedienen« halfen, wie bezeichnenderweise der Ausdruck dafür lautete: der Ausdruck bezeichnet übrigens auch das damalige Verhältnis des Menschen zur Maschine. Zeitweise besonders beliebt waren die Befragungen bekannter Persönlichkeiten über Tagesfragen, welchen Ziegenhalß ein eigenes Kapitel widmet und bei welchen man zum Beispiel namhafte Chemiker oder Klaviervirtuosen sich über Politik, beliebte Schauspieler, Tänzer, Turner, Flieger oder auch Dichter sich über Nutzen und Nachteile des Junggesellentums, über die mutmaßlichen Ursachen von Finanzkrisen und so weiter äußern ließ. Es kam dabei einzig darauf an, einen bekannten Namen mit einem gerade aktuellen Thema zusammenzubringen: man lese bei Ziegenhalß die zum Teil frappanten Beispiele nach, er führt Hunderte an. Wie gesagt, war vermutlich dieser ganzen Betriebsamkeit ein gutes Teil Ironie beigemischt, vielleicht war es sogar eine dämonische, eine verzweifelte Ironie, wir können uns da nur sehr schwer hineindenken; von der großen Menge aber, welche damals auffallend leselustig gewesen zu sein scheint, sind alle diese grotesken Dinge ohne Zweifel mit gutgläubigem Ernst hingenommen worden. Wechselte ein berühmtes Gemälde den Besitzer, wurde eine wertvolle Handschrift versteigert, brannte ein altes Schloß ab, fand sich der Träger eines altadligen Namens in einen Skandal verwickelt, so erfuhren die Leser in vielen tausend Feuilletons nicht etwa nur diese Tatsachen, sondern bekamen schon am selben oder doch am nächsten Tage auch noch eine Menge von anekdotischem, historischem, psychologischem, erotischem und anderem Material über das jeweilige Stichwort, über jedes Tagesereignis ergoß sich eine Flut von eifrigem Geschreibe, und die Beibringung, Sichtung und Formulierung all dieser Mitteilungen trug durchaus den Stempel der rasch und verantwortungslos hergestellten Massenware. Übrigens gehörten, so scheint es, zum Feuilleton auch gewisse Spiele, zu welchen die Leserschaft selbst angeregt und durch welche ihre Überfütterung mit Wissensstoff aktiviert wurde, eine lange Anmerkung von Ziegenhalß über das wunderliche Thema »Kreuzworträtsel« berichtet davon. Es saßen damals Tausende und Tausende von Menschen, welche zum größern Teil schwere Arbeit taten und ein schweres Leben lebten, in ihren Freistunden über Quadrate und Kreuze aus Buchstaben gebückt, deren Lücken sie nach gewissen Spielregeln ausfüllten. Wir wollen uns hüten, bloß den lächerlichen oder verrückten Aspekt davon zu sehen, und wollen uns des Spottes darüber enthalten. Jene Menschen mit ihren Kinder-Rätselspielen und ihren Bildungsaufsätzen waren nämlich keineswegs harmlose Kinder oder spielerische Phäaken, sie saßen vielmehr angstvoll inmitten politischer, wirtschaftlicher und moralischer Gärungen und Erdbeben, haben eine Anzahl von schauerlichen Kriegen und Bürgerkriegen geführt, und ihre kleinen Bildungsspiele waren nicht bloß holde sinnlose Kinderei, sondern entsprachen einem tiefen Bedürfnis, die Augen zu schließen und sich vor ungelösten Problemen und angstvollen Untergangsahnungen in eine möglichst harmlose Scheinwelt zu flüchten. Sie lernten mit Ausdauer das Lenken von Automobilen, das Spielen schwieriger Kartenspiele und widmeten sich träumerisch dem Auflösen von Kreuzworträtseln – denn sie standen dem Tode, der Angst, dem Schmerz, dem Hunger beinahe schutzlos gegenüber, von den Kirchen nicht mehr tröstbar, vom Geist unberaten. Sie, die so viele Aufsätze lasen und Vorträge hörten, sie gönnten sich die Zeit und Mühe nicht, sich gegen die Furcht stark zu machen, die Angst vor dem Tode in sich zu bekämpfen, sie lebten zuckend dahin und glaubten an kein Morgen.

Es wurden auch Vorträge gehalten, und wir müssen auch diese etwas vornehmere Abart des Feuilletons kurz zur Sprache bringen. Es wurden von Fachleuten sowohl wie von geistigen Buschkleppern den Bürgern jener Zeit, welche noch sehr an dem seiner einstigen Bedeutung beraubten Begriff der Bildung hingen, außer den Aufsätzen auch Vorträge in großer Zahl geboten, nicht etwa nur im Sinne von Festreden bei besonderen Anlässen, sondern in wilder Konkurrenz und kaum begreiflicher Masse. Es konnte damals der Bürger einer mittelgroßen Stadt oder seine Frau etwa jede Woche einmal, in großen Städten aber so ziemlich jeden Abend Vorträge anhören, in welchen er über irgendein Thema theoretisch belehrt wurde, über Kunstwerke, über Dichter, Gelehrte, Forscher, Weltreisen, Vorträge, in welchen der Zuhörer rein passiv blieb und welche irgendeine Beziehung des Hörers zum Inhalt, irgendeine Vorbildung, irgendeine Vorbereitung und Aufnahmefähigkeit stillschweigend voraussetzten, ohne daß diese in den meisten Fällen vorhanden war. Es gab da unterhaltende, temperamentvolle oder witzige Vorträge etwa über Goethe, in welchen er im blauen Frack aus Postkutschen stieg und Straßburger oder Wetzlarer Mädchen verführte, oder über arabische Kultur, in welchen eine Anzahl von intellektuellen Modeworten wie im Würfelbecher durcheinandergeworfen wurden und jeder sich freute, wenn er eines von ihnen annähernd wiedererkannte. Man hörte Vorträge über Dichter, deren Werke man niemals gelesen hatte oder zu lesen gesonnen war, ließ sich etwa dazu auch mit Lichtbildapparaten Abbildungen vorführen und kämpfte sich, genau wie im Feuilleton der Zeitungen, durch eine Sintflut von vereinzelten, ihres Sinnes beraubten Bildungswerten und Wissensbruchstücken. Kurz, man stand schon dicht vor jener grauenhaften Entwertung des Wortes, welche vorerst ganz im geheimen und in kleinsten Kreisen jene heroisch-asketische Gegenbewegung hervorrief, welche bald darauf sichtbar und mächtig und der Ausgang einer neuen Selbstzucht und Würde des Geistes wurde.

Die Unsicherheit und Unechtheit des geistigen Lebens jener Zeit, welche doch sonst in mancher Hinsicht Tatkraft und Größe zeigte, erklären wir Heutigen uns als ein Symptom des Entsetzens, das den Geist befiel, als er sich am Ende einer Epoche scheinbaren Siegens und Gedeihens plötzlich dem Nichts gegenüber fand: einer großen materiellen Not, einer Periode politischer und kriegerischer Gewitter und einem über Nacht emporgeschossenen Mißtrauen gegen sich selbst, gegen seine eigene Kraft und Würde, ja gegen seine eigene Existenz. Dabei fielen in jene Periode der Untergangsstimmung noch manche sehr hohe geistige Leistungen, unter anderm die Anfänge einer Musikwissenschaft, deren dankbare Erben wir sind. Aber so leicht es ist, beliebige Abschnitte der Vergangenheit in die Weltgeschichte schön und sinnvoll einzuordnen, so unfähig ist jede Gegenwart zu ihrer Selbsteinordnung, und so griff damals, bei raschem Sinken der geistigen Ansprüche und Leistungen bis zu einem sehr bescheidenen Niveau, gerade unter den Geistigen eine furchtbare Unsicherheit und Verzweiflung um sich. Soeben nämlich hatte man entdeckt (eine seit Nietzsche schon da und dort geahnte Entdeckung), daß es mit der Jugend und der schöpferischen Periode unsrer Kultur vorüber, daß das Alter und die Abenddämmerung angebrochen sei, und aus dieser plötzlich von allen gefühlten und von vielen schroff formulierten Einsicht erklärte man sich so viele beängstigende Zeichen der Zeit: die öde Mechanisierung des Lebens, das tiefe Sinken der Moral, die Glaubenslosigkeit der Völker, die Unechtheit der Kunst. Es war, wie in jenem wunderbaren chinesischen Märchen, die »Musik des Untergangs« erklungen, wie ein langdröhnender Orgelbaß schwang sie jahrzehntelang aus, rann als Korruption in die Schulen, die Zeitschriften, die Akademien, rann als Schwermut und Geisteskrankheit in die meisten der noch ernstzunehmenden Künstler und Zeitkritiker, tobte sich als wilde und dilettantische Überproduktion in allen Künsten aus. Es gab verschiedene Haltungen diesem eingedrungenen und nicht mehr hinwegzuzaubernden Feinde gegenüber. Man konnte die bittere Wahrheit schweigend erkennen und sie stoisch ertragen, das taten manche der Besten. Man konnte sie wegzulügen versuchen, und dazu boten die literarischen Verkünder der Lehre vom Untergang der Kultur manchen bequemen Angriffspunkt; außerdem hatte, wer den Kampf gegen jene drohenden Propheten aufnahm, beim Bürger Gehör und Einfluß, denn daß die Kultur, die man noch gestern zu besitzen gemeint hatte und auf die man so stolz gewesen war, gar nicht mehr am Leben sein, daß die vom Bürger geliebte Bildung, die von ihm geliebte Kunst keine echte Bildung und keine echte Kunst mehr sein solle, das schien ihm nicht weniger frech und unerträglich als die plötzlichen Geldinflationen und als die Bedrohung seiner Kapitalien durch Revolutionen. Außerdem gab es gegen die große Untergangsstimmung noch die zynische Haltung, man ging tanzen und erklärte jede Sorge um die Zukunft für altväterische Torheit, man sang stimmungsvolle Feuilletons über das nahe Ende der Kunst, der Wissenschaft, der Sprache, man stellte mit einer gewissen Selbstmörder-Wollust in der Feuilleton-Welt, die man selber aus Papier gebaut hatte, eine vollständige Demoralisierung des Geistes, eine Inflation der Begriffe fest und tat, als sähe man mit zynischer Gelassenheit oder bacchantischer Hingerissenheit zu, wie nicht bloß Kunst, Geist, Sitte, Redlichkeit, sondern sogar Europa und »die Welt« unterging. Es herrschte bei den Guten ein still-düsterer, bei den Schlechten ein hämischer Pessimismus, und es mußte erst ein Abbau des Überlebten und eine gewisse Umordnung der Welt und der Moral durch Politik und Krieg vorangehen, ehe auch die Kultur einer wirklichen Selbstbetrachtung und neuen Einordnung fähig wurde.

Josef Knechts hinterlassene Schriften

Die Gedichte des Schülers und Studenten

Klage

Uns ist kein Sein vergönnt. Wir sind nur Strom,
Wir fließen willig allen Formen ein:

Dem Tag, der Nacht, der Höhle und dem Dom,
Wir gehn hindurch, uns treibt der Durst nach Sein.

So füllen Form um Form wir ohne Rast,
und keine wird zur Heimat uns, zum Glück, zur Not,
Stets sind wir unterwegs, stets sind wir Gast,
Uns ruft nicht Feld noch Pflug, uns wächst kein Brot.

Wir wissen nicht, wie Gott es mit uns meint,
Er spielt mit uns, dem Ton in seiner Hand,
Der stumm und bildsam ist, nicht lacht noch weint,
Der wohl geknetet wird, doch nie gebrannt.

Einmal zu Stein erstarren! Einmal dauern!
Danach ist unsre Sehnsucht ewig rege,
Und bleibt doch ewig nur ein banges Schauern,
Und wird doch nie zur Rast auf unsrem Wege.

Dienst

Im Anfang herrschten jene frommen Fürsten,
Feld, Korn und Pflug zu weihen und das Recht
Der Opfer und der Maße im Geschlecht
Der Sterblichen zu üben, welche dürsten

Nach der Unsichtbaren gerechtem Walten,
Das Sonn und Mond im Gleichgewichte hält,
Und deren ewig strahlende Gestalten
Des Leids nicht kennen und des Todes Welt.

Längst ist der Göttersöhne heilige Reihe
Erloschen, und die Menschheit blieb allein,
In Lust und Leides Taumel, fern vom Sein,
Ein ewiges Werden ohne Maß und Weihe.

Doch niemals starb des wahren Lebens Ahnung,
Und unser ist das Amt, im Niedergang
Durch Zeichenspiel, durch Gleichnis und Gesang
Fortzubewahren heiliger Ehrfurcht Mahnung.

Vielleicht, daß einst das Dunkel sich verliert,
Vielleicht, daß einmal sich die Zeiten wenden,
Daß Sonne wieder uns als Gott regiert
Und Opfergaben nimmt von unsern Händen.

Stufen

Wie jede Blüte welkt und jede Jugend
Dem Alter weicht, blüht jede Lebensstufe,
Blüht jede Weisheit auch und jede Tugend
Zu ihrer Zeit und darf nicht ewig dauern.
Es muß das Herz bei jedem Lebensrufe
Bereit zum Abschied sein und Neubeginne,
Um sich in Tapferkeit und ohne Trauern
In andre, neue Bindungen zu geben.
Und jedem Anfang wohnt ein Zauber inne,
Der uns beschützt und der uns hilft, zu leben.

Wir sollen heiter Raum um Raum durchschreiten,
An keinem wie an einer Heimat hängen,
Der Weltgeist will nicht fesseln uns und engen,
Er will uns Stuf um Stufe heben, weiten.
Kaum sind wir heimisch einem Lebenskreise
Und traulich eingewohnt, so droht Erschlaffen,
Nur wer bereit zu Aufbruch ist und Reise,
Mag lähmender Gewöhnung sich entraffen.

Es wird vielleicht auch noch die Todesstunde
Uns neuen Räumen jung entgegensenden,
Des Lebens Ruf an uns wird niemals enden ...
Wohlan denn, Herz, nimm Abschied und gesunde!

Franz Werfel
Stern der Ungeborenen

Um einen Reisebericht aus fernster Zukunft wie diesen ohne Widerstände und vielleicht sogar mit einigem Gewinn zu verfolgen, muß man sich frei machen von der verhärteten Denkweise des eigenen Zeitalters. Ich selbst hatte dieser Forderung zu genügen und, weiß Gott, es gelang mir nicht immer, obwohl ich doch den Vorzug des eigenen Erlebens und der unmittelbaren Anschauung genoß. Ich habe alles in allem zweieinhalb Tage und drei Nächte in der astromentalen Welt zugebracht. Doch auch das ist nur eine subjektive Aussage. Ich weiß nicht, ob es in Wirklichkeit zweieinhalb und drei Augenblicke oder Einviertelstunden oder ebensoviele Ewigkeiten waren, von denen jenes Strandgut zurückblieb, mit dem der vorliegende Band gefüllt ist. Nachdem wir schon so viele Arten von Zeit kennen gelernt haben, die superplanetare Zeit im Niederen Intermundium, die statische Zeit des Fegfeuers, und nun der autobiologischen Zeit des Wintergartens entgegengingen, so möchte ich die wichtigste aller Zeitdimensionen, in denen der Mensch lebt, nicht unbeschworen lassen. Es ist die »geistige Zeit«.

Diese herrlichste Form der Zeit zeichnet sich dadurch aus, daß sie kein Nacheinander kennt, daß sie in jedem ihrer Teile den ganzen Weltlauf enthält, daß sie dem, der ihr angehört, die Freiheit gibt, regellos von einem ihrer Punkte zum andern zu springen und ihn in demselben Augenblick zum Zeugen des Ersten Schöpfungstages und des Jüngsten Gerichts macht. Auf der geistigen Zeit beruhen die drei Kräfte, die den Menschen erst zum Menschen erheben: Die Erinnerung, die Ahnung und der Glaube an das Unbeweisbare. Die schlimmsten Feinde der geistigen Zeit aber sind die Armen, die nicht regellos von Zeitklippe zu Zeitklippe springen können, die nicht von Erinnerung und Ahnung umsponnen sind und die nichts Unbeweisbares glauben dürfen. Es sind zugleich auch die, welche immer falsch fragen, da sie alles ganz genau wissen wollen, schon deshalb, weil sie es auch ungenau nie verstehen könnten. Nur der Vorzug, daß wir geistige Zeit in uns tragen, gibt dem Leser und mir die Möglichkeit, im Elften Weltengroßjahr der Jungfrau präsent zu sein, ehe dieses noch selbst Präsens ist.

Wir brauchen aber keine geistige Zeit dazu, um uns vorzustellen, daß es irgendwo in den Schichten des erstarrten oder halberstarrten Erdinnern Hohlräume gibt, die uns – wenn ein Dämmerlicht sie erhellt – als absonderlich traurige Herbstlandschaften erscheinen. Das ist nichts als ein annehmbares Faktum, wie es etwa unbekannte Tierarten sind. Wir brauchen nicht einmal geistige Zeit dazu, wenn wir den gewaltigen Hohlraum des Wintergartens mit denselben Worten bezeichnen, wie es der Animator tat: »Uterus terrae matris« – »die Gebärmutter der Mutter Erde«.

Daß hier der feuerflüssige Urkern des Mondes sich befand, ehe er an die Oberfläche wallte und ausgeschleudert wurde, ist ebenfalls ein annehmbares Faktum, aber zum Unterschied vom ersten nicht nur ein bloßes Faktum, sondern eines, hinter dem sich schon ein Gleichnis verbirgt: das Gleichnis zwischen Erdenweib und Weiberde. Doch nur die geistige Zeit, die uns durchströmt und die realisiert, was gewesen ist, und was sein wird und sogar das, was niemals gewesen ist und niemals sein wird, gibt uns die Kühnheit, den »retrogenetischen Humus« und die »Rückentwicklung der lebendigen Form« und die »astromentale Überwindung des Sterbens« hinzunehmen als das, was sie sind: In der Dämmerung der Ferne vorerschaute Möglichkeiten, welche die Natur und die menschliche Vernunft nützen oder verwerfen wird.

Es wäre reines Gefasel, wenn ich behaupten wollte, daß der retrogenetische Humus ein Produkt des Hohlraums war, den der Animator »Uterus terrae matris« nannte. Ich weiß nicht einmal, ob dieser Humus nicht oben unter der Sonne oder unter den Strahlen gewisser weiblicher Lichtgestirne im Park des Arbeiters entstand und dann erst in den Wintergarten geschafft wurde. Ich weiß nicht einmal, wann er das erste Mal angewandt worden und wer sein Entdecker war. So kann ich dem großen Astronomen Ursler den Namen des ebenbürtigen Biologen nicht an die Seite setzen. Gleich beim Betreten des ersten Glashauses reichte uns der Animator eine Handvoll dieser schwarzen, feuchten, dicken Erde, welche die Eigenschaft hatte, den Körper, der sie berührte, nicht zu beschmutzen. Im Bade hatte ich sie in verschlammter und gewärmter Form kennengelernt; jetzt, da ich sie in der Hand hielt, war sie angenehm kühl und erzeugte in mir das Verlangen, sie auf meine Stirn zu legen, wo der Kopfdruck sich wieder bemerkbar machte.

Die Treibhäuser waren viel heller als der Raum draußen. Ein besonders zartes Frühlingslicht erfüllte sie. Man hätte meinen können, ihr Zweck sei der übliche Zweck aller Glashäuser, Blumen zu züchten. Im Gegensatz zu den astromentalen Hausgärtchen der Oberwelt, sah ich hier nicht nur die acht bis zwölf Spezies der Wachs- und Zuckerbäckerflora, sondern eine reiche Skala halbbekannter und unbekannter Blütengewächse aller Arten, sogar so etwas wie Goldregen und übergroße Azaleen und blühende Kakteen in unglaublich matten Farbkombinationen. Doch gerade diese Blütenpracht rief in meinem altertümlichen Sinn jene Gedankenverbindung hervor, welche die Direktion des Wintergartens am schärfsten zurückgewiesen hätte: Die Idee eines Friedhofs.

Die Glashäuser des Wintergartens waren das Gegenteil eines Friedhofes. Sie führten das lebendige Sein unnachahmlich milde in eine Form des Nichtseins herüber, von der keine häßliche Spur übrig blieb. Dennoch konnte ich mich nicht dagegen wehren, daß mich das Ganze hier mitsamt den schönen Blumen an einen Friedhof erinnerte. Die einzelnen der Rückentwicklung geweihten Personen waren nicht offen zu sehen. Sie schlummerten zu beiden Seiten des Weges in – und wiederum verführt mich die plastische Erinnerung zu einem funèbren Vergleich – sie schlummerten in einer Art von Wiegengräbern. Sie schlummerten freilich wirklich, hochbeschäftigt und rasch atmend. Die Wiegengräber bestanden aus denselben Holzwannen oder Butten, in welchen wir ein »Moorbad« genommen hatten. Sie waren mit Humus aller Mischungen und Grade angefüllt und ziemlich tief in den Boden der Glashäuser eingelassen, so daß sie das Niveau nicht überragten. Jedes der Wiegengräber war sogar durch einen Hügel verschlossen. Nur bestand der Hügel nicht etwa aus grünem Rasen, sondern aus einem grauweißlichen Haufen von etwas, das man ebensogut als Eiderdaunen, Flaumfedern oder frischgezupfte Baumwolle bezeichnen konnte. Zwischen den einzelnen Schlafwannen wuchsen die Blumen, deren Duft den Grundgeruch vertrieb, den ich am Fenster unseres Zimmers eingeschnuppert und als »Babywindeln« diagnostiziert hatte. Hier unten entpuppte er sich als ausgesprochener Ammoniakgeruch.

Wir bewegten uns auf einem langsamen Trottoir roulant zwischen diesen Lagerstätten hin, der Animator an der Spitze, Badediener Nummer Eins und Zwei als Nachhut. Ein sehr unbehagliches Gefühl der Gefangenschaft quälte mich, während B.H. wiederum mit allem einverstanden zu sein schien und den Erklärungen des Animators beifällig-schlaftrunken lauschte. Wir begegneten nur wenig Weißbekittelten und überhaupt keinem Laien. Gewöhnlichen Zeitgenossen war ein Besichtigen dieser geheimen astromentalen Institution nicht gestattet. Anstatt mich aber hochgeehrt zu fühlen, war ich zerstreut und litt unter dem Wesen unseres Führers. Dieser hatte sich immer mehr zu einem Gelehrten- oder Medizinertypus entwickelt, den ich aus Erfahrung wohl kannte, aber nicht liebte. Die Bezeichnung »radikaler Spezialist« sagt zu wenig, wenn man unter ihr jene Art von Ärzten versteht, die alle Leiden »aus einem Punkte« kurieren, entweder aus der Leber oder aus der Bauchspeicheldrüse oder aus den Zahnwurzeln, ob diese gesund sind oder nicht. Es sind Leute, die, von einer fixen Idee besessen, ihren starren Scheuklappenblick nur auf einen einzigen Punkt richten, wobei ihnen der Patient hauptsächlich dazu dient, ihre fixe Idee zum Triumph zu führen. Radikaler Spezialismus ist die Erscheinungsform menschlicher Einseitigkeit und Engstirnigkeit auf dem Gebiete der Wissenschaft. Solch ein Spezialist durch und durch schien mir der Animator zu sein, ein Fanatiker seines Faches, ein Troll dieser seltsamen Glashäuser. Er hatte hier unten sogar seine diplomatische Weltläufigkeit verloren. Er war ganz und gar vom Technischen beherrscht, das er beherrschte. Er lispelte seine Erklärungen in einem merkwürdig feierlichen Ton mit verlorenen Augen, scheinbar tief überzeugt davon, daß er uns bestens animiere, sofort in eines der Wiegengräber zu springen, an denen wir vorbeiglitten.

»Ich habe feststellen lassen«, lächelte er mich feierlich an, »daß die Begriffe Ektoderm, Mesoderm und Endoderm so alt sind wie Sie selbst, Seigneur. Wir verstehen unter dieser primitiven Dreiteilung die äußere, die zwischenliegende, die innere Entwicklungs- und daher Rückentwicklungsschicht, die dem System unserer Treibhäuser zu Grunde liegt. Das ist natürlich vereinfachender Humbug, denn es gibt nicht nur drei, sondern dreihundertdreiunddreißig Entwicklungsschichten. Aber der Übersicht halber wollen wir uns an das Einfache halten. Hier zum Beispiel, verehrte Ios, gehört alles dem äußern Rückbildungsbezirk an, wir haben es mit Fällen im allerersten Stadium zu tun. Ebenso wie das Wachstum des Embryos durch rasche Zellenteilung vor sich geht, das durch die Weltallskräfte in der Amnionshöhle der Gebärmutter hervorgerufen wird, so erweckt unser gesegneter retrogenetischer Humus eine beschleunigte und doch unmerklich sanfte Zellteilung, die dem sinnigsten, behaglichsten und wonnereichsten aller Schrumpfungsprozesse zu Grunde liegt. Durch Zellteilung werden, was man ist, durch Zellteilung wieder werden, was man war, bevor man war – ich hoffe, Seigneur, daß dieses ›tour-retour‹ Ihr Entzücken finden wird ...«

Er trat auf Zehenspitzen an eines der Wiegengräber heran, entfernte mit zärtlicher Hand den Flaum und baumwollartigen Flokkenhaufen und winkte uns näher, den Zeigefinger behutsam an die Lippen legend.

»Ist er nicht süß, dieser Kinderschlaf«, flüsterte er.

Auch wir traten nahe. Ich sah einen blankschädeligen astromentalen Kopf, der freilag, während sich ein von schwarzer Erde bedeckter Knabenkörper abzeichnete, Knie ans Kinn gezogen, Händchen abgebogen, ein Siebenjähriger etwa in Embryohaltung. Das Gesicht, nicht knabenhaft, aber alterslos wie immer, zeigte denselben seligen Ausdruck, der mich an B.H. im Moorbad so sehr erschreckt hatte. Es war übrigens hochgerötet, zweifellos von Fieber, und der Atem ging schnell, gleich dem eines Schwerkranken.

»Dieser Kinderschlaf«, sagte ich düster aufrichtig, »ist der Prolog des Todesschlafes.«

»Wie können Sie nur so abscheuliche Worte in den Mund nehmen«, entsetzte sich der Animator tief gekränkt. »Es ist nicht unsere Aufgabe, das Ende abzuwenden. Das Ende ist notwendig und gut. Es ist aber unsere Aufgabe, diesem Ende eine subjektive und objektive Schönheit zu geben. Im übrigen haben Sie durch brutale Nennung des Namens die Disziplinarordnung des Wintergartens verletzt ...«

»Es wird nicht wieder geschehen«, entschuldigte ich mich, »obwohl die Sache unter jedem Namen dieselbe bleibt.«

»Der Prozeß ist heilsam, Seigneur, der Name verwundet. Die Gerichte verfolgen deshalb diejenigen, welche den Wintergarten ›Thanatodrom‹ nennen ...«

Er bedeckte schnell mit dem Flaum- und Flockenhaufen das Wiegengrab und nahm nach einer kurzen nervösen Pause seine Erklärungen wieder auf:

»Alle Fälle hier im äußern Bezirk, im Ektoderm, sind noch frei beweglich«, sagte er, »leben gewissermaßen noch außerhalb des Mutterleibes und werden daher durch den Mund ernährt.«

»Warum überhaupt ernährt?« fragte ich aufsässig.

»Glauben Sie, daß wir Barbaren oder Meuchelmörder sind?« lautete die gekränkte Antwort. »Zuerst werden die Rückentwickelten durch den Mund ernährt, solange sie noch halbwüchsig sind, und zuletzt als postnatale Säuglinge. Erst wenn die Placenta sich wieder um den Fötus geschlossen hat, kommt die Ernährung durch den Nabel. Wie hin, so zurück und gar kein Unterschied. Solange das Herz schlägt, wird ihm die notwendige Nahrung zugeführt.«

»Und wann hört das Herz auf zu schlagen?«

»Genau an dem entsprechenden Punkt der Rückentwicklung, da es angefangen hat zu schlagen.«

Ich unterdrückte meine Bitterkeit. Eine mahnende Stimme innen sagte mir, daß ich keinesfalls die Feindschaft des Animators herausfordern dürfe. Dazu kam, daß mir B.H. immer mehr Sorge machte. Er war wiederum ganz willenlos geworden. Seine dunklen Augen lauschten träumerisch verhangen und beinahe gierig den Erklärungen des Animators. Ich beschloß daher meine Taktik zu ändern und meine Gereiztheit so gut wie möglich zu unterdrücken.

»Cher Maître«, begann ich, mühsam schmeichlerisch, »es ist wirklich kaum zu fassen. Wie schade, daß meine eigenen Zeitgenossen keine Ahnung davon hatten, daß es einen Wintergarten geben wird mit retrogenetischem Humus. Wie aber steht es mit der autobiologischen Zeit? Wie alt war zum Beispiel der Mann, den wir vorhin gesehen haben?«
Der Animator warf mir einen schnellen Blick zu und schien zufrieden zu sein:
»Der Mann, Seigneur, den Sie in seinem glücklichsten Kindheitsschlummer belauscht haben, ist bei uns laut Geburtsschein mit hundertdreiundfünfzig Jahren eingetroffen. Er ist daher noch nicht alt oder nicht alt genug, damit seine autobiologische, seine heterochrone Zeit rasch ablaufe. Man hat ihn ungefähr vor zwölf Planetarstunden eingepflanzt ...«
»Und zwölf Stunden Zellteilung haben genügt, um ihn zu einem Knaben von sieben Jahren rückzuentwickeln?«
»Das ist doch eine beträchtliche Frist, Seigneur«, lächelte der Animator. »Wir haben Fälle, wo das ganze Werk innerhalb von zwölf Stunden abgelaufen ist.«
»Ist das möglich«, rief ich. »Und wie lange brauchen Widerspenstige?«
Die roten Augen des Animators glotzten mich erstaunt an:
»Das läßt sich nicht so leicht sagen, Seigneur«, erwiderte er nach einer unmerklichen Pause. »Widerspenstigkeit ist die einzige Form von Unbehagen bei uns, das der Widerspenstige sich selbst zufügt. Wir haben übrigens Fälle gehabt, die Jahre gebraucht haben ...«
»Denen ist vermutlich recht geschehen«, erwiderte ich überaus konformistisch. »Nun aber verraten Sie mir noch, welches Ihre brauchbarsten, Ihre gelungensten Fälle, Ihre Musterexemplare sind ...«

ALFRED ANDERSCH
Das junge Europa formt sein Gesicht

In dem zerstörten Ameisenberg Europa, mitten im ziellosen Gewimmel der Millionen, sammeln sich bereits kleine menschliche Gemeinschaften zu neuer Arbeit. Allen pessimistischen Voraussagen zum Trotz bilden sich neue Kräfte- und Willenszentren. Neue Gedanken breiten sich über Europa aus. Der auf die äußerste Spitze getriebenen Vernichtung entsprang, wie einst dem Haupt des

Jupiter die Athene, ein neuer, jugendfrischer, jungfräulich-athenischer Geist. Die Bedrohung, die hinter uns liegt, und diejenige, die unserer wartet, hat nicht zur lähmenden Furcht geführt, sondern nur unser Bewußtsein dafür geschärft, daß wir uns im Prozeß einer Weltwende befinden.

Die Träger dieses europäischen Wiedererwachens sind zumeist junge, unbekannte Menschen. Sie kommen nicht aus der Stille von Studierzimmern – dazu hatten sie keine Zeit –, sondern unmittelbar aus dem bewaffneten Kampf um Europa, aus der Aktion. In Frankreich scharen sie sich um die Gruppe der »Existentialisten« und deren Mentor Jean Paul Sartre, dem sich Albert Camus und Simone de Beauvoir gesellen, oder sie bilden Experimentierzellen in den bestehenden Parteien, so etwa Emanuel Mounier mit dem ›Esprit‹ in der jungen Partei Bidaults oder Aragon bei den Kommunisten. Ihr Leben in den letzten Jahren war gleichbedeutend mit dem Leben der französischen »résistance«. Kristallisationspunkte des jungen Italiens sind der aus der Emigration zurückgekehrte Dichter Ignazio Silone, der eine Synthese von Sozialismus und religiösem Denken versucht, oder Ferruccio Parri, der Leiter der Aktionspartei. Der Sieg der Labour Party in England ist nicht denkbar ohne die innere Erneuerung der Arbeiterbewegung durch ihre jungen Kräfte. Skandinavien gab seine besten Geister in diesem Krieg: den dänischen Pfarrer Kaj Munk und den jungen norwegischen Dichter Nordahl Grieg, der über Berlin abstürzte. Diese Namen sind nur die äußerlichen Zeichen einer Bewegung, in der sich, wenn auch noch zögernd und unklar, so doch schon in großer Tiefe und Breite, die europäische Jugend manifestiert.

Das Gesetz, unter dem sie antritt, ist die Forderung nach europäischer Einheit. Das Werkzeug, welches sie zu diesem Zweck anzusetzen gewillt ist, ist ein neuer, von aller Tradition abweichender Humanismus, ein vom Menschen fordernder und an den Menschen glaubender Glaube, ein sozialistischer Humanismus.

Sozialistisch – das meint in diesem Fall, daß Europas Jugend »links« steht, wenn es sich um die soziale Forderung handelt. Sie vertritt wirtschaftliche Gerechtigkeit und weiß, daß diese sich nur im Sozialismus verwirklichen läßt. In einem wirklichen Sozialismus, nicht in »sozialen Reformen«. Der Menschengeist hat eine Stufe erreicht, in der ihm der private Besitz von Produktionsmitteln ebenso absurd erscheint wie vor 2000 Jahren die Sklaverei. Die sozialistische Forderung schließt die Forderung nach einer geplanten Wirtschaft und eine – trotz allem – Bejahung der Technik ein.

»Links« steht dieser Geist ferner in seiner kulturellen Aufgeschlossenheit, seiner Ablehnung nationaler und rassischer Vorurteile, seiner Verhöhnung des provinziellen Konservativismus.

Humanistisch aber ist Europas Jugend in ihrem unerschöpflichen Hunger nach Freiheit. Humanismus bedeutet ihr Anerkennung der Würde und Freiheit des Menschen – nicht mehr und nicht weniger. Sie wäre bereit, das Lager des Sozialismus zu verlassen, wenn sie darin die Freiheit des Menschen aufgegeben sähe zugunsten jenes alten orthodoxen Marxismus, der die Determiniertheit des Menschen von seiner Wirtschaft postuliert und die menschliche Willensfreiheit leugnet. Fanatismus für das Recht des Menschen auf seine Freiheit ist kein Widerspruch in sich selbst, sondern die große Lehre, welche die Jugend Europas aus der Erfahrung der Diktatur zieht. Sie wird den Kampf gegen alle Feinde der Freiheit fanatisch führen.

Eine starke Wurzel dieses doppelten Suchens nach Freiheit und sozialer Gerechtigkeit liegt in dem religiösen Erlebnis, das die junge Generation aus dem Kriege mitbringt. Echte religio ist nicht möglich, wo der Mensch Bluts- oder Klassengesetzen unterstellt wird, die er angeblich nicht durchbrechen kann. Nichts beweist die Freiheit des Menschen mehr als seine freie Entscheidung für oder gegen Gott.

Der Inhalt des jungen Denkens bedingt die Haltung seiner Träger. Sie fordern nicht nur richtiges Denken, sie fordern auch das dazugehörige Leben. Sie können es fordern, weil sie sich für ihre Grundsätze eingesetzt haben, weil viele von ihnen dafür ihr Leben hingegeben haben. Besonders Sartre und die jungen Kämpfer aus der »résistance« fordern diese Übereinstimmung von Tat und Gedanken, die bruchlose Existenz.

Von hier aus spannt sich ein dünnes, sehr gewagtes Seil über einen Abgrund hinweg zu einer anderen Gruppe junger Europäer, die sich in den letzten Jahren ebenfalls unter rücksichtsloser Hingabe ihrer ganzen Person eingesetzt hat. Wir meinen das junge Deutschland. Es stand für eine falsche Sache (und sie war nicht nur falsch, weil sie jetzt verloren ist). Aber es stand. In durchaus jenem existentiellen Sinne, den Sartre und seine französischen Kameraden meinen. Das dünne Seil, das die feindlichen Lager verknüpft, heißt also *Haltung*. Gemeinsamkeit der Haltung und des Erlebens, unabhängig von Ideologie und Ethos. Eines Tages werden einige waghalsige Seiltänzer versuchen, über den Abgrund zu kommen, neue Taue zu knüpfen, vielleicht eine stabile Brücke zu errichten, auf der die jungen Deutschen in das gemeinsame europäische Lager kommen können. Uns scheint – trotz aller Verbrechen einer Minderheit – der Brückenschlag zwischen den alliierten Soldaten, den Männern des europäischen Widerstandes und den deutschen Frontsoldaten, zwischen den politischen KZ-Häftlingen und den ehemaligen »Hitlerjungen« (sie sind es schon längst nicht mehr!) durchaus möglich. Eher möglich jedenfalls als der zwischen den neuen, aus dem Kampf geborenen Tendenzen Europas und dem Denken der älteren deutschen Generation, die in der Unverbindlichkeit ihres Toleranz-Begriffs, ihrem Zurückschrecken vor dem letzten Einsatz, dem Unhold seinen Gang zur Macht erlaubte.

Wir sehen im großen ganzen nur zwei Mittel, mit Hilfe derer ein solcher Brückenbau möglich wäre. Eines ist heute in aller Munde. Es heißt »reeducation«. Kein schönes Wort. Jedenfalls nicht sehr viel schöner als das nationalsozialistische Wort von der »Umschulung«. Hat man sich einmal wirklich vorgestellt, *wen* man rückerziehen will? Können junge Menschen, die sechs Jahre lang fast ununterbrochen dem Tod gegenüberstanden, noch einmal zu Objekten eines Erziehungsprozesses gemacht werden? Soll Erziehung, Bildung, Belehrung hier konkurrieren mit einer Erlebnissphäre, in der in jeder Stunde die ganze menschliche Existenz aufs Spiel gesetzt wurde?

Vielleicht geht es. Aber nur, wenn dann wirklich der ganze Enthusiasmus der angelsächsischen Völker für Erziehung wie eine alles mitreißende Woge über das Land geht. Wenn wirklich die besten Lehrer, Erzieher, Künstler und Jugendführer nach Deutschland kommen. Wenn Bildung nicht Belehrung bleibt, sondern zum tiefsten Erlebnis wird, zu einem Erlebnis, welches das andere große Erlebnis, den Tod, in sein Schattenreich zurückdrängt. Daß so etwas möglich ist, beweist das große Experiment, das man mit 30 000 deutschen Kriegsgefangenen in den USA angestellt hat. Ob man den Versuch im großen wiederholen wird, wissen wir nicht; wir können ihn uns wünschen, aber wir können ihn nicht fordern.

Es bleibt also nur der andere Weg, der selbständige, der, den die junge Generation Deutschlands allein zu gehen hat. Die Wandlung als eigene Leistung.

Und sie ist schon im Gange. Der Beitrag, den Deutschland zur europäischen Neuformung liefert, ist nicht gering. Ein Teil dieser deutschen Arbeit wird vom Ausland her geleistet, aus den versprengten Gruppen der Geflüchteten. Nicht nur alte bekannte, sondern auch junge unbekannte Wissenschaftler aus den Reihen der deutschen Emigration wirken vornehmlich an den Universitäten und Instituten der USA, in Yale und Harvard, am Institute of World Affairs in New York, und arbeiten dort an der Synthese von sozialistischen und humanistischen Gedanken. Die analytische Arbeit in Geschichte, Staatswissenschaft und Soziologie, die sie vollbringen, wird, wenn sie erst einmal in Deutschland bekannt wird, das deutsche Weltbild entscheidend beeinflussen. Doch verkörpern sie nur einen Teilausschnitt aus dem reichen politischen, wissenschaftlichen und künstlerischen Leben der deutschen Emigration. Diese aus Deutschland geflüchteten jungen Männer und Frauen haben ihr Leben im Exil, in Spanien und im europäischen Untergrund existentiell »richtig« gelebt. Seinen bisher bedeutendsten Niederschlag fand das Wesen der jungen Emigration in der Persönlichkeit Arthur Köstlers. Mit seinem Leben und seinem Werk ist er zu einer Figur von weltweiter Bedeutung aufgestiegen.

Indem Amerika alle diese Menschen aufnahm und ihnen die Möglichkeit des Arbeitens gewährte, schuf es sich selbst ein Feld der geistigen Einwirkung auf die zukünftige europäische Entwicklung. Überhaupt scheinen Amerika und Europa die Rollen vertauscht zu haben: mit seiner zweihundertjährigen republikanischen Tradition und seiner Fähigkeit, den Geist der Freiheit zu pflegen und zu behüten, ist Amerika im Begriffe, zur mütterlichen Brutstätte einer europäischen Erneuerung zu werden. Das bedeutet für Deutschland, daß die Emigration für uns fruchtbar werden muß. Emigration kann überhaupt nur leben aus der Erwartung der Heimkehr. Wir fordern und erwarten die Vereinigung der Emigration mit Deutschlands junger Generation.

Denn diese junge deutsche Generation, die Männer und Frauen zwischen 18 und 35 Jahren, getrennt von den Älteren durch ihre Nicht-Verantwortlichkeit für Hitler, von den Jüngeren durch das Front- und Gefangenschaftserlebnis, durch das »eingesetzte« Leben also, – sie vollziehen die Hinwendung zum neuen Europa mit leidenschaftlicher Schnelligkeit. Das Ausland hat diese Entwicklung noch nicht bemerkt, zum Teil, weil es sie nicht bemerken will, zum Teil, weil es die Symptome falsch deutet. Die Negation, in der heute die jungen Deutschen leben, ist nicht das Zeichen eines endgültigen Triumphs des Nihilismus, sondern sein Gegenteil. Die negierende Haltung aller »Belehrung« gegenüber beweist, daß man das *Erlebnis* der Freiheit sucht, daß man den radikalen Neubau will. Der neue Geist der deutschen Jugend drückt sich auch in dem unermeßlichen Hunger aus, die geistige Entwicklung der letzten Jahre nachzuholen. Aber eben nicht im Sinne einer nachzuholenden Schule, sondern eines zu lebenden Lebens. Dazu müssen die neuen Gedanken Europas in Deutschland freilich erst bekannt gemacht werden. Die Bestrebungen, in Kontakt zu kommen, sind zahllos. Gruppen von europäisch sehr fortgeschrittenen jungen Menschen beeinflussen die redaktionelle Gestaltung der ›Gegenwart‹, des ›Aufbau‹ und der ›Wandlung‹ oder verschaffen sich unmittelbar Ausdruck in ›Ende und Anfang‹. Die europäische Bewegung zur Einheit in sozialistischer Praxis und humanistischer Freiheit wird gerade von den jungen Kräften in den beiden größten deutschen Parteien unermüdlich vorwärtsgetrieben. So entsteht langsam ein Bild, das sich von dem üblichen Klischee, das man mit dem Wort von der »verlorenen Generation« schuf, wesentlich unterscheidet.

Es wird nicht lange mehr dauern, bis die junge Generation Deutschlands »aufgeholt« haben wird. Ihre Losung lautet schon jetzt: Die Erzieher müssen überholt werden. Auf keinen Fall wird sich das junge Deutschland von dem jungen Europa abschneiden lassen. Es wird auch nicht schwerfällig und widerstrebend dahinterher trotten. Schon deshalb nicht, weil das junge Europa ohne das junge Deutschland nicht existieren kann.

Gustav René Hocke
Deutsche Kalligraphie
oder Glanz und Elend der modernen Literatur

Wir begegneten zahlreichen jungen Schriftstellern. Einige von ihnen vertrauten, in wohltemperierter Bescheidenheit, noch nicht ganz der eigenen Originalität. Aufgeweckt hatten sie sich umgesehen, wie die Erfolgreichen im neueren deutschen Schrifttum die Kunst der Prosa meisterten. Diese Übersicht hatte sie verwirrt. Warum?

Einer von ihnen sagte es schroff: Wir tasten uns durch beängstigendes Gestrüpp wortereicher Perioden durch, die meist zweierlei vermissen lassen: Klarheit der Form und Unmittelbarkeit der Aussage. Eine eigengeartete kunstgewerbliche Fertigkeit, dadurch gekennzeichnet, daß mit brillanten Mitteln halb oder ganz Unnützes gebastelt wird, tritt einem entgegen. Wir spüren zwar den übereifrigen Drang, die Worte behutsam zu wählen, die Satzrhythmen zum Wohllaut abzuwägen, sowie hin und wieder Archaismen, vorzugsweise aus der älteren Goethezeit, einzustreuen. Aber was wird eigentlich gesagt? Verstehen Sie: *gesagt*! Wir bewundern die Fertigkeit, aber diese ebenso gepflegte wie gebildete Seminaristensprache spricht uns nicht mehr an. Sie ist zu artistisch. Ein anderer erhob Einspruch. Er meinte, wie es beim Malen weniger auf das Sujet als auf das Malerische ankomme, so sei es mit der Prosa beschaffen. Wichtig sei es, daß das Wort wohltönender geworden sei und der Satz reicher und geschmeidiger. Ein älterer meinte, das erscheine nur denen neuartig und in vielerlei Beziehung nachahmenswert, die nicht gerade als Kenner des älteren Goethe, Merediths oder Marcel Prousts zu bezeichnen seien. Lächelnd fügte er hinzu, daß diesen die symbolistische Prosa der Marmorklippen auch überraschender gekommen sei als Jünger selbst, der den französischen Symbolisten Huysmans unumwunden für sich entdeckt hatte.

Dieses Gespräch gibt berechtigten Anlaß zu einigen Bemerkungen über die Wandlungen, die sich allmählich in unserem literarischen Stilempfinden vollziehen.

*

Es muß zugegeben werden, daß die ästhetisierende Prosa, welche der junge Schriftsteller tadelte, in ihrer symbolistischen, pastoralidyllischen, elegisch-egozentrischen oder manieriert-essayistischen Form einen besonderen Sinn hatte ... während der letzten fünfzehn Jahre. Entschlossen hob sie einst die Sprache aus dem Sumpfbereich des Amts-, Zeitungs- und Rednerdeutsch der Diktatur empor in den Bereich einer zwar mühseligen, aber im Kern unantastbaren Sauberkeit der Absicht. Ganz freiwillig war diese merkwürdige stilistische Esoterik ja in vielen Fällen keineswegs. Sie entstand aus der Behutsamkeit, zu schreiben, ohne sich politisch zu kompromittieren oder um der wölfischen Zensur auszuweichen. Allmählich verflüchtigte sich allerdings der Inhalt der Aussage zugunsten der Form immer mehr, bis schließlich eine artistische Meisterschaft der Worthandhabung ohne wesentlichen Inhalt verblieb.

*

Die moralisch und praktisch bedingte Abwendung von der Wirklichkeit der Diktatur bewirkte ferner, daß der Blick sich mehr nach innen als nach außen richtete. Manche untadelige dichterische Leistung entstand aus dieser durch force majeure bedingten Introversion. Soweit das historisch Legitime in dieser Entwicklung. Aber was nun, wo die politische Umwelt sich verändert, wo der Druck der Kulturbirren aufgehört hat? Ist es nicht so, daß aus der Kunstprosa, die in der Flucht vor dem Grauen entstanden war, nun tatsächlich, dort, wo sie noch fortgeführt wird, diese vertrackten kunstgewerblichen Nichtigkeiten entstehen, die deswegen hohl wirken, weil die Notwendigkeit, die sie einst bedingte, nun fehlt? Wird aus der einst berechtigten Introversion – sie hatte einmal asketische Größe – nun nicht bald weher Narzißmus? Wird die Grenze der Karikatur nicht bald berührt? Es müßte jedenfalls erst bewiesen werden, daß das Schaffen nach dem Gesetz der weitertreibenden Trägheit als schöpferisch bezeichnet werden kann.

*

Die Jugend hat also – wie einleitend berichtet – ihre wesentlichen zeitgenössischen literarischen Eindrücke aus diesem Bezirk der hochgetriebenen, den Inhalt der Aussage immer mehr verdünnenden Kunstprosa gewonnen. In diesem geistigen Klima, einem subtropischen Treibhausklima, entfalten sich neue Talente. Wachsend spüren sie ein Unbehagen. Was ist der tiefere Grund? Die Besten werden erkennen, daß sich das gesellschaftliche Fundament, das einst positiv oder negativ diese hypertrophische Kunstprosa entstehen ließ, geändert hat. Es mag ganz gleichgültig sein, ob ein Epigone sich Paul Heyse oder Bert Brecht, Marcel Proust oder François Villon zum Vorbild nimmt. Als wesentlich stellt es sich dar, daß er heute zur Umwelt ein unmittelbares Verhältnis gewinnt und die Sprache seiner Zeit und seiner Über-Zeit versteht – und schreibt.

*

Man erinnere sich in dieser Hinsicht mit Bedacht der großartigenergischen Absicht Balzacs, der größte Psychologe, Soziologe, der realistischste Darsteller seiner Zeit zu werden. Er wollte schildern, deuten, entwirren, anklagen, anregen, ermutigen. Der gefürchtete Kritiker seiner Zeit, St. Beuve, fand zwar manches an seiner Sprache zu tadeln, da sie ihm oft, verglichen mit den Bukolika von Virgil, unschön, ja trivial erschien. Balzac indes gelang es, seine Zeit nicht nur zu schildern, sondern geistig zu gestalten, indem er sie auf einer höheren Ebene mit allen dumpfträgen Gesprächen in Provinzsalons, mit allen Verbrechen und Lastern neu erschuf. Daß damit eine neue schöpferische Leistung nach der heute fast vergessenen Poésie en Prose Chateaubriands entstanden war, bezweifelt heute selbst der größte sprachliche Purist nicht mehr.

*

Um die Jahrhundertwende brach in Italien ein berühmter literarischer Streit aus. Eine Gruppe von Schriftstellern trat für eine rein ästhetische Wortformkunst ein. Ihre Vertreter wurden Calligrafisti, »Schönschreiber«, genannt. Die andere Gruppe setzte sich für Reichtum, Lebensnähe, Wahrhaftigkeit des Stoffes ein. Ihre Vertreter wurden Contenutisti, gleichsam »Inhaltler«, genannt. Wir erleben heute in Deutschland, wie die Weiterwirkung ähnlicher Calligrafisti, die unter der Diktatur ihren unmißverständlichen Sinn hatten, problematisch wird, weil sie über die eigene, veränderte Zeit hinwegzureden beginnt. Die Jugend, zum Teil noch von diesen zeitlich unmittelbaren Vorbildern beeinflußt, spürt ein zunehmendes Unbehagen in der geistig illegitimen Fortführung dieses Notgriffes. Sie neigt dazu, diese ästhetische Vertracktheit für vorgetäuschten Tiefsinn zu halten. Sie teilt weder die Scheu vor der »Trivialität« (im Sinne der Einfachheit, die Gide forderte), noch sieht sie ein, warum man der gesellschaftlichen und psychologischen Wirklichkeit von heute ausweichen soll. Sie bejaht also, da sie Unmittelbarkeit will, das Streben der »Contenutisti«, möchte allerdings zumindest die sprachliche Verfeinerung, die durch das Wirken der besten Kalligraphen entstanden ist, nicht aufgeben.

*

Man kann rundweg sagen, daß die Jugend (und nicht nur sie) durch ungewöhnliche Erlebnisse ziemlich scharfhörig geworden ist (wenigstens diejenige, die sich nicht in arroganter Jugend-Autonomie gefällt). Sie empfindet wieder einen auszeichnenden Willen gegen das Kleinbürgerliche, womit sie sich in einem tieferen, instinktsicheren Sinn von der eminenten Eigenart der Diktatur innerlich fortschreitend distanziert. Sie weiß, daß ein bloß literarischer Naturalismus mit seinen etwas peinlichen »wirklichkeitsnahen« Platitüden ebenso kleinbürgerlicher Herkunft ist wie der Drang, »gewählt« zu schreiben, sobald keine unbedingte Notwendigkeit dazu vorliegt, ein Charakteristikum des kleinbürgerlichen Schusters Snob ist. Sie erstrebt direkte, mitteilende Sprache, welche Menschen, Dinge, Situationen und Ereignisse faßt; zugleich kennt sie jedoch Bieg- und Schmiegsamkeit dieser Sprache, ihre Sinnlichkeit und Musikalität.

*

Wenn auch die Bücher noch fehlen, die kräftiger dafür Zeugnis ablegen mögen, so genügt es jetzt schon, Zeitschriften zur Hand zu nehmen, um mitten unter knarrenden, sehr geistesgeschichtlichen Abstraktionen und unter merkwürdig verkapselten Novellen oder gar Novellenfragmenten, die mit anspruchsvoller Diktion von sehr unwesentlichen Gefühlen ebenso unbedeutender Schattengestalten berichten, plötzlich hell, klar, scharf Wirklichkeit in guter Sprache zu finden. Eine neue Gattung, so könnte man sagen, ist in den Zeitschriften aller Zonen entstanden: der kaleidoskopartige Bericht über Deutschlandfahrten. Auf diesen – ja – Irrfahrten wird, noch ganz impressionistisch Tupfen um Tupfen, Bewegung um Bewegung, die Wirklichkeit zurückgewonnen. Hier gleitet man an den Menschen heran, auch an den ganz andersartigen. Man sieht die Dinge und sagt mutig etwas über sie aus; in Trümmern entdeckt man die ersten neuen Gesetze der soziologischen und psychologischen Wirklichkeit von heute, vor allem Eindeutigkeit und Einfachheit des Leids und doch die Mannigfaltigkeit der Reaktion darauf.

Diese Irrfahrenden sind materiell Entwurzelte. Heißhungrig tasten sie sich an eine für sie neue reale Möglichkeit heran, in der sie Fuß fassen können. Sie improvisieren und experimentieren dauernd. Das ist weder Romantik noch Tourismus. Das ist tiefer, schrecklicher Ausdruck einer körperlich und geistig gefährdeten Existenz. Der Blick wird schärfer. Allegorisch gesprochen: Angesichts des Leids korrigiert die Schönheit ihre Proportionen. Man sieht die Dinge wie sie sind und bezeichnet offen und ohne Arabesken, was man am Rande der Wege und Ruinen findet. Man schildert, aber nicht nur um zu schildern, ebensowenig wie man aus Vergnügen reist. Man schildert, um in dieser Wirklichkeit Antwort und Lösung zu finden, um auf den vielen Wegen auf einen Weg zu stoßen, der in ein festes Ziel mündet.

*

Dabei geschieht etwas Denkwürdiges und Entscheidendes. Je mehr man diese Wirklichkeit schildert, wie sie eben ist, desto mehr schwindet das Gefühl, man sei auch heute geistig doch noch nicht frei. Die Scheu vor der fraglos noch problematischen letzten geistigen Freiheit schwindet. Fortschreitend erringt man sie ebenso gefahrlos wie loyal, indem man aus echter Erschütterung, im Bewußtsein der wahren Ursachen und der klaren Konsequenzen, nicht über fragwürdige Ideologien schwätzt, sondern ganz einfach sagt, was ist und was nicht ist. Das Umfassen von Wirklichkeit macht somit nicht nur klar und einfach; es macht auch rein. Was kann schließlich geistige Freiheit anderes sein, als reine Übereinstimmung von Aussage und Wirklichkeit?

*

Meist stammen diese Berichte aus der Feder jüngerer Schriftsteller. Das ist ein Ansatz, zugleich ein Symptom. Es mag der Beginn sein für den »schöngeschriebenen Inhalt« einer neuen realistischen Dichtung, die nach langen Jahren der Flucht und Furcht, der Lüge und Heuchelei oder des Irrtums und der Pseudo-Wirklichkeit eine neue Zeit unseres Schrifttums einleiten könnte.

Günter Eich
Gedichte aus dem Lager

Pfannkuchenrezept

Die Trockenmilch der Firma Harrison Brothers, Chikago,
das Eipulver von Walkers, Merrymaker & Co., Kingstown,
                                                                                    Alabama,
das von der deutschen Campführung nicht unterschlagene Mehl
und die Zuckerration von drei Tagen
ergeben, gemischt mit dem gut gechlorten Wasser des Altvaters
                                                                                    Rhein,
einen schönen Pfannkuchenteig.
Man brate ihn in der Schmalzportion für acht Mann
auf dem Deckel einer Konservenbüchse und über dem Feuer
von lange gedörrtem Gras.

Wenn ihr ihn dann gemeinsam verzehrt,
jeder sein Achtel,
oh, dann spürt ihr, wenn er auf der Zunge zergeht,
in einer üppigen Sekunde das Glück der geborgenen Kindheit,
wo ihr in die Küche euch schlichet, ein Stück
Teig zu erbetteln in der Vorweihnachtszeit,
oder ein Stück Waffel, weil Besuch gekommen war am
                                                                                    Sonntagnachmittag,
spürt ihr in der schnell vergangenen Sekunde allen
Kuchenduft der Kinderjahre, habt noch einmal
fest gepackt den Schürzenzipfel der Mutter,
o Ofenwärme, Mutterwärme – bis ihr

wieder erwacht und die Hände leer sind
und ihr euch hungrig anseht und wieder
mürrisch zurückgeht ins Erdloch. Der Kuchen
war auch nicht richtig geteilt gewesen und immer
muß man aufpassen, daß man nicht zu kurz kommt.

Frühling

Daheim verbrannten Kleider und Schuh,
Nibelungen und Faust.
Ich schaue dem Flug der Moskitos zu,
mit fiebrigen Augen, stumpf und verlaust.

Die Tage im Stacheldrahtgeflecht,
Schlaf unterm Scheinwerferstrahl.
An Achselhöhle und Geschlecht
nähre ich Ekel und Qual.

In trübe Stille das Lager versinkt.
Mein eigener Seufzer füllt kein Ohr.
Als Gruß der Welt noch herüberdringt
der Geruch von Latrine und Chlor.

Ungerührt von allem besteht
die Vollkommenheit der Welt.
Gottes eisiger Odem weht
übers Gefangenenzelt.

Latrine

Über stinkendem Graben,
Papier voll Blut und Urin,
umschwirrt von funkelnden Fliegen,
hocke ich in den Knien,

den Blick auf bewaldete Ufer,
Gärten, gestrandetes Boot.
In den Schlamm der Verwesung
klatscht der versteinte Kot.

Irr mir im Ohre schallen
Verse von Hölderlin.
In schneeiger Reinheit spiegeln
Wolken sich im Urin.

»Geh aber nun und grüße
die schöne Garonne –.«
Unter den schwankenden Füßen
schwimmen die Wolken davon.

Wolfgang Borchert
Aranka

Ich fühle deine Knie an meinen,
und deine krause Nase
muß irgendwo in meinem Haare weinen.
Du bist wie eine blaue Vase,
und deine Hände blühn wie Astern,
die schon vom Geben zittern.
Wir lächeln beide unter den Gewittern
von Liebe, Leid – und Lastern.

Abschied

Das war ein letzter Kuß am Kai –
vorbei.

Stromabwärts und dem Meere zu
fährst du.

Ein rotes und ein grünes Licht
entfernen sich ...

Der Wind und die Rose

Kleine blasse Rose!
Der Wind, von Luv, der lose,
der dich zerwühlte,
als wär dein Blatt
das Kleid von einer Hafenfrau –
er kam so wild und kam so grau!

Vielleicht auch fühlte
er sich für Sekunden matt
und wollt in deinen dunklen Falten
den Atem sanft verhalten.
Da hat dein Duft ihn so betört,
berauscht,
daß er sich bäumt und bauscht
und dich vor Lust zerstört,
daß er sich noch mit deinem Kusse bläht,
wenn er am bangen Gras vorüberweht.

Das graurotgrüne Großstadtlied

Rote Münder, die aus grauen Schatten glühn,
girren einen süßen Schwindel.
Und der Mond grinst goldiggrün
durch das Nebelbündel.

Graue Straßen, rote Dächer,
mittendrin mal grün ein Licht.
Heimwärts gröhlt ein später Zecher
mit verknittertem Gesicht.

Grauer Stein und rotes Blut –
morgen früh ist alles gut.
Morgen weht ein grünes Blatt
über einer grauen Stadt.

ELISABETH LANGGÄSSER
Das unauslöschliche Siegel

Proszenium

Wir befinden uns vor dem Eingang eines großen Auktionsgebäudes mit außerordentlich unechten Säulen aus einer Stuckmasse, die den Eindruck carrarischen Marmors macht.
　Der ideale Leser und der vollkommene Kritiker treten auf. Der ideale Leser ist ein rüstiger Mann von unbestimmbarem Alter, der eine Brille, aber als Ausgleich zu seinem allzu geistigen Wesen einen

Spazierstock mit eiserner Zwinge und genagelte Schuhe trägt. Der vollkommene Kritiker zeichnet sich nicht, wie man etwa erwarten möchte, durch besondere Kennzeichen aus, sondern gleicht mit hochgebürstetem Bärtchen und strengem, aber jovialem Ausdruck einem Generalstäbler in Zivil. Er ist mit einem Fernrohr bewaffnet, das er gleichzeitig in die Zukunft richten und mit dessen anderem Ende er den Mikrokosmos zu seinen Füßen restlos durchdringen kann.

DER LESER *aufgeregt gestikulierend.* Ich kann verlangen – ich kann verlangen, daß mir beim Einkauf eines so dicken und komplizierten Buches – –
DER KRITIKER *beruhigend.* Selbstverständlich können Sie, lieber Leser, eine Art Führer verlangen; einen Waschzettel, ein Personenverzeichnis, eine Inhaltsangabe, die Sie berechtigt, den Eintrittspreis, wenn das Ganze Ihnen nicht zusagt, von dem Autor zurückzuerhalten.
DER LESER *abwinkend.* Von dem Autor! Ich bitte Sie – von dem Autor. Von dem Autor kann man gar nichts verlangen. Ich bin selber ein Autor. Ich meine: ich war es. Jeder Deutsche, der lesen kann, hat schon geschrieben. Irgend etwas. Er hat es drucken lassen. Natürlich auf eigene Kosten. Was bedeutet es übrigens, wenn Sie ... von einem ›Eintrittspreis‹ sprechen? Meinen Sie damit etwa – –
DER KRITIKER Genau das meine ich. Kommen Sie mit mir! Begeben wir uns jetzt unverzüglich in das Gebäude hinein!
DER LESER Unmöglich! Ganz ausgeschlossen, mein Lieber! Man würde uns mit den Menschen verwechseln, die nun durch die Pforte strömen. Schließlich sind wir doch beide real und gehören nicht in das Inhaltsverzeichnis der handelnden Personen.
DER KRITIKER Hm. Aber trotzdem, mein lieber Leser, wird uns nichts anderes übrigbleiben. Ich sehe das voraus. Es ist natürlich ein Risiko –.
DER LESER Ein Risiko?
DER KRITIKER Ganz wie Sie eben sagten. Wir könnten mit den Figuren verwechselt, wir könnten sogar – verwandelt werden. Kein angenehmes Gefühl.
DER LESER *entschlossen stehenbleibend.* Ich gehe nicht weiter. Nicht einen Schritt. Die Sache fängt bereits jetzt schon an, mir ungemütlich zu werden. Können Sie nicht begreifen, mein Herr, daß ich schließlich und endlich, bevor ich riskiere, mich ganz ein-

fach verwandeln zu lassen, wissen möchte, in welche Gestalt, und wem es da eigentlich einfällt, mich wie Kalif Storch zu verwandeln, wenn ich dreimal ›mutabor‹ sage?
DER KRITIKER *an seinem Fernrohr drehend.* Einen Augenblick, bitte ... Ich sehe nach. Meine Linse ist unübertrefflich und läßt mich niemals im Stich ... Merkwürdig ...
DER LESER Nun – was sehen Sie? Sprechen Sie ungeniert.
DER KRITIKER Ich glaube, das Okular ist beschlagen. Die Bilder sind getrübt.
DER LESER Natürlich. So geht es immer, wenn man sich, statt auf die Inspiration, auf die Technik verläßt, mein Herr. Hören Sie auf. Ich bin Manns genug, der Gefahr ins Auge zu sehen. Übrigens wäre es unfair, einen Kollegen [ich meine den Autor] pleite gehen zu lassen, weil man nicht mitmachen will.
DER KRITIKER Halt, halt doch! Nun sehe ich etwas schärfer. Obwohl –.
DER LESER Obwohl –?
DER KRITIKER Obwohl ich mir nicht recht vorstellen kann – –
DER LESER *gespannt.* Was sehen Sie? Einen Frosch? Einen Drachen? Ein imaginäres Wesen? Eine olympische Gottheit auf hoch erhabenem Thron?
DER KRITIKER Nichts von all dem. *Er läßt das Fernrohr sinken.* Es ist mir peinlich zu sagen: ich sehe Sie vollkommen nackt.
DER LESER *an seinen Vollbart fahrend.* Oh! Aber schließlich, was ist dabei? Ich habe nichts zu verbergen, ich kann mich sehen lassen. Nacktkultur, richtig verstanden – –
DER KRITIKER Ich fürchte, wir werden am Ende des Buches diesen Ausdruck nicht nur richtig verstehen, ich meine: rundherum richtig verstehen, sondern ihn auch praktizieren bis auf das Feigenblatt.
DER LESER Kein Wunder, wenn das Ganze schon jetzt mit einer Auktion beginnt. Ein vielversprechender Anfang, wie? Um so mehr, als das Haus hier »Mundus« heißt, sein Besitzer »Hermes«, der Auktionar »Chronos« – –
DER KRITIKER Hermes, der Totenführer. Sehr viel Mythologie auf einmal. Sie werden Ihre gesamte Bildung, ich meine die humanistische, zusammennehmen müssen, um alles zu verstehen.
DER LESER Ich habe ein griechisches Wörterbuch bei mir, ein lateinisches Diktionär, einen kurzen Abriß der Weltgeschichte, der Kirchengeschichte, die Propädeutik der abendländischen Philosophie – –

DER KRITIKER Um Gottes willen, halten Sie ein und werfen Sie auf der Stelle Ihre Schulbücher auf den Mist! Oder besser noch: geben Sie sämtliche Schmöker mit in die Versteigerung.
DER LESER Sind Sie verrückt? Was verlangen Sie? Die heiligsten Güter der Menschheit in die Versteigerung geben?
DER KRITIKER Um einen Obolus kommt man bei Hermes bekanntlich nicht herum. Sehen Sie nur, wie er dort in dem offenen Vestibül steht und jedem seiner Besucher vollkommen schamlos die Sparkasse hinhält – das tönerne Glücksschwein, in welches eben dieser gut aussehende Herr seinen Dukaten wirft.
DER LESER Wie heißt er?
DER KRITIKER Belfontaine.
DER LESER Belfontaine? So. Ich muß sagen, er ist mir nicht sehr sympathisch. Es liegt etwas Zwitterndes über ihm. Etwas Unvollendetes, aber beileibe nicht eine Spur von Romantik oder Gemütlichkeit. Wenn er der Held dieses Buches ist – – Warum lachen Sie jetzt? Was soll das bedeuten?
DER KRITIKER Ich lache, weil es in diesem Sinn überhaupt keinen Helden gibt. Ich meine: in diesem Buch. Der Held muß dableiben wie ein Denkmal, das aufgerichtet wird. Man verbirgt ihn bis zu der Denkmalsenthüllung unterm Tuch der Psychologie.
DER LESER Ich verstehe. Hier sieht sein Fuß und dort sieht ein Stück von seinem Zylinder heraus. Ein solches Verfahren weckt Neugier und Spannung. Zuletzt kommt die Denkmalsenthüllung. Man betrachtet den Helden von vorn und von hinten und geht rund um denselben herum. Allerdings ist selbst bei Meisterwerken die Rückseite gegen die Vorderansicht häufig vernachlässigt, wie? Man bringt daher rings um den Sockel des Denkmals ein Band von Plaketten an. Eigentlich eine Verlegenheitslösung. Man müßte – –
DER KRITIKER Rasch, sehen Sie durch mein Fernrohr! Nun? Was bemerken Sie? Was fällt Ihnen auf?
DER LESER Pfui. Das ist futuristische Technik. Man sieht durch diesen Herrn Belfontaine, als wäre er aus Glas. Landschaften. Zeitgeschichte in Kurven. Das Schicksalspanorama des Städtchens, in dem wir uns befinden ... Aha, ich glaube, Herr Belfontaine wird nicht wichtig genug genommen.
DER KRITIKER Im Gegenteil. Folgen wir ihm auf den Fuß. Wir kommen sonst zu spät. Gleich wird die Auktion beginnen.
DER LESER Wollen Sie etwa ein Stück aus der Konkursmasse steigern?

DER KRITIKER Ça dépend. Man muß vorsichtig sein. Es handelt sich, wie ich höre, um allerlei Gegenstände von zweifelhaftem Wert. Aber sehen Sie nur: Herr Hermes ist fort, ohne uns einen Beitrag für das Glücksschwein abzuverlangen. Wir werden also freundlicherweise noch nicht als Gespenster betrachtet.
DER LESER Ich, für meinen Teil, fühle mich ganz real und gedenke es auch zu bleiben. Unangenehm, wie die Menge sich drängt. Man sollte ein Personenverzeichnis zur besseren Übersicht haben.
DER KRITIKER Das würde Ihnen bestimmt nichts nützen. Sie werden schon sehen, warum.
DER LESER Wollen wir ablegen?
DER KRITIKER Wie Sie meinen. Ich selber behalte auf jeden Fall den Überzieher an. Man muß immer Distanz bewahren.
DER LESER Stöcke und Schirme sind abzugeben.
DER KRITIKER Das Fernrohr auf gar keinen Fall! Schließlich ist es ein Stück meiner selbst.
DER LESER Wo ist Herr Belfontaine hingeraten?
DER KRITIKER Dort steht er vor einem großen Spiegel und betrachtet sich wohlgefällig.
DER LESER Ein wertvolles Stück mit barockem Rahmen und venezianischem Glas. Der Mann muß ein Kenner sein.
HERR CHRONOS *mit altmodischem Kratzfuß die beiden Herren begrüßend.* Vergeblich! Der Spiegel ist nicht zu versteigern, sondern bildet ein Stück Inventar. Beachten Sie nur, wie kunstvoll geschliffen und facettiert er ist!
DER LESER *höflich.* Ein Vexierspiegel, wie ich sehe. Er täuscht eine Tiefendimension vor, die das Zimmer hier gar nicht hat. Verlängerung, welche schnurstracks in die Vergangenheit führt.
HERR CHRONOS Er täuscht sie nicht vor, sondern tut sie auf. Beachten Sie, wie die Personen der Handlung in ihn eintreten und uns den Rücken kehren, sobald sie den Rahmen durchschritten haben. Beachten Sie auch die Inschrift des Schildchens auf der geschwungenen Fassung dieses außergewöhnlichen Glases!
DER LESER *den Kopf in den Nacken legend.* ›Die göttliche Weisheit des Ursprungs‹, wenn ich richtig gelesen habe. Man sollte darüber nachdenken können. Aber inzwischen verlieren wir die Hauptperson aus den Augen.
HERR CHRONOS Es gibt keine Hauptperson.
DER KRITIKER Wie ich schon sagte. Los, los! Beeilen wir uns und schließen wir uns an. Welches Gedränge! Wer stößt mich da? Wer ist mir zum Anstoß geworden?

Ein hübsches, junges Mädchen *vor sich hinträllernd.* Gehn'S weiter, gehn'S weiter – Sie sind ja nur Gefreiter!
Der Kritiker *außer sich.* Der Gefreite ist doch noch gar nicht da. Der Gefreite tritt doch erst sehr viel später – bestenfalls in dem Epilog – auf, wenn ich recht unterrichtet bin! Wer sind Sie überhaupt, Fräulein? Sie kommen mir merkwürdig vor.
Das hübsche, junge Mädchen *schnippisch.* Ein Anachronismus. Die außereh'liche Tochter von diesem alten Herrn.
Der Kritiker Ich dachte es mir. Empörend, wie das durcheinandergeht!
Der Leser Doch sie hat hübsche Waden. Ich folge ihr auf dem Fuß. Begleiten Sie mich?
Der Kritiker Was würde aus Ihnen, wenn ich nicht mitkommen wollte!
Herr Chronos Nun haben wir den Spiegel durchschritten und befinden uns in dem großen Auktionsraum dieses altehrwürdigen Hauses. Ich darf Sie noch einmal daran erinnern, daß es den Namen »Mundus« in aller Bescheidenheit trägt.
Der Kritiker *streng.* Und das Tertium comparationis, bitte?!
Herr Chronos Seine seltsame Architektur.
Der Leser Ein Rundbau mit eingeschwungenen Grotten, die sich ihrerseits wieder nach rückwärts öffnen und in das Unendliche führen. Wunderbar –!
Der Kritiker *trocken.* Bleiben Sie nüchtern. Das Ganze ist Spiegelfechterei. Betrachten Sie lieber die Gegenstände aus der Versteigerungsmasse. Dieser Schreibtisch hier muß jedem gefallen. Louis Seize. Mit hübschen Intarsien und Büchern aus der Zeit.
Der Leser Eine Erstausgabe, sehen Sie nur, der Enzyklopädisten. Ein Manuskript des »Contrat social« von unbezahlbarem Wert! Wollen Sie steigern?
Der Kritiker *winkt ab.* Ich fürchte, das würde zu teuer kommen.
Der Leser *aufgeregt hin- und herblätternd.* Wer weiß? Vielleicht ist er billiger, als wir vermutet haben.
Der Kritiker *ihm über die Schulter sehend.* Auf jeden Fall wäre bei dieser Erwerbung das 18. Jahrhundert in Reinkultur mitenthalten ...
Herr Chronos Doch muß ich Sie darauf aufmerksam machen, daß die eigentliche Versteigerung in der dritten Phase beginnt.
Der Kritiker Was heißt: »Phase«? Handelt es sich um Zeiten oder um Räume, mein Herr? Mir scheint die Architektur dieses

»Mundus« einem wahrhaften Labyrinth zu gleichen, in welchem man sich verläuft.

HERR CHRONOS Beruhigen Sie sich. Schon wirft Ariadne Ihnen den Faden zu!

DER LESER *kläglich.* Wo sind Sie? Ich bin in die Irre gegangen. Ich bin wie das Zitat eines Buches verblättert worden. Suchen Sie mich! Es muß doch ein Sachregister vorhanden, ich muß doch zu finden sein!

DER KRITIKER Einen Augenblick. Ich nehme das Fernrohr –.

DER LESER *von weitem.* Nicht nötig. Ich habe den Faden gefunden. Er läuft aus dem Innern der mystischen Grotte, die in das Unendliche führt.

HERR CHRONOS Ich rate Ihnen, das Fernrohr auf dem Schreibtisch zurückzulassen und diesem Faden zu folgen.

DER KRITIKER Welchem Faden? Wie heißt er? Drücken Sie sich ganz unmißverständlich aus!

HERR CHRONOS Die göttliche Gnade.

DER KRITIKER Meinen Sie nicht, daß Sie damit zuviel verlangen?

DER LESER Besinnen Sie sich nicht länger und folgen Sie mir nach!

DER KRITIKER Wo sind Sie?

DER LESER Ich habe die erste Grotte durchschritten und sehe, daß sich die zweite öffnet, wo die erste zu endigen scheint. Beeilen Sie sich! Es tropft von den Wänden, auch der Boden der Grotte muß von der Quelle, die hier entsprungen ist, vollkommen feucht sein: die Statue in ihrem Innern fängt zu phosphoreszieren an.

DER KRITIKER *enttäuscht.* Eine Lourdes-Madonna. Das Ausstattungsstück sämtlicher Pfarrgärten, Schwesternhäuser und Jungfrauenvereine. Was finden Sie daran? Übrigens bin ich schon ganz durchnäßt, ich dampfe von Feuchtigkeit wie eine Wolke und werde die Kleider wechseln müssen ... Leben Sie wohl!

Er löst sich auf und verschwindet.

DER LESER Leben Sie wohl! Es ist wirklich sehr feucht hier. Auch Herrn Belfontaine, den ich mit Hilfe des Fadens wiedergefunden habe, läuft das Wasser vom Scheitel herab.

HERR CHRONOS *hinzutretend.* Das wird eine andere Ursache haben. Herr Belfontaine erinnert sich eben, daß er heute vor sieben Jahren die Taufe empfangen hat.

DER LESER Eine sehr intensive Erinnerung, die das Wasser aus seinen Poren treibt! Finden Sie nicht, daß ein solcher Stil schon an Naturalismus grenzt?

HERR CHRONOS Ich glaube, Sie müssen sich, lieber Leser, schon bequemen, ihn – supranaturalistisch – –
DER LESER *erschrocken.* Um Gotteswillen, auch das noch! Ich werde doch lieber gleichfalls gehen ...
Er wendet sich wieder zurück und will die Grotte verlassen, doch findet er – von dem Licht geblendet, das die Statue ausstrahlt und in den Raum wirft, woher der Leser gekommen ist – die Eingangspforte nicht.
HERR CHRONOS Es gibt kein Zurück mehr. Gehen Sie weiter! Sie stören den Verkehr.
DER LESER Wo ist Herr Belfontaine nur geblieben? Nun ist er wieder fort. Immer neue Gesichter ... Ob ich den älteren Herrn dort mit der stolzen jungen Dame am Arm anzusprechen versuche? Sie sieht eigenartig, aber sehr schön aus und scheint ein Kostüm ihrer Mutter zu tragen: eine Art Cul de Paris. Verzeihen Sie – könnten Sie mir nicht sagen, wo ich Herrn Belfontaine finde?
Herr de Chamant, den der Leser in Verkennung der Sachlage angesprochen hat, dreht sich indigniert nach ihm um; seine Tochter Hortense sieht ihn hochmütig an und hebt ihre süßen Schultern.
DIE TOCHTER DES CHRONOS *sich rasch dazwischendrängend.* Das war ein Fauxpas, lieber Leser. Die Herrschaften sprechen kein Deutsch. Überdies kommt Herr Belfontaine erst viel später –.
DER LESER *verwirrt.* Verzeihung! Wer hat nun eigentlich wieder einen Anachronismus begangen? Der Autor oder ich?
DIE TOCHTER DES CHRONOS Keiner von beiden. Herr Belfontaine steht jetzt auf der Rückseite der Erzählung und wird von ihr verdeckt. Wenn er auftaucht, ist er 11 Jahre älter als er eingangs gewesen ist.
DER LESER Und wo bin *ich* jetzt?
HERR CHRONOS *seine Tochter beiseite schiebend.* Fort, fort, sonst fresse ich dich, du kleines Ungeheuer! Das ist meine Eigenart. *Zu dem Leser gewandt.* Sie sind jetzt in Senlis, werter Freund, einem kleinen, aber historischen Städtchen mit herrlicher Kathedrale. Eine Turmbesteigung gefällig? Der Ausblick lohnte sich schon.
DER LESER *ängstlich.* Sehr freundlich. Aber ich fürchte – –
Er will sagen: ›schwindlig zu werden‹; Herr Chronos blickt ihn durchdringend mit furchtbarem Ausdruck an und schwillt wie ein eisenklirrender Drache, der Blut getrunken hat.
HERR CHRONOS Wissen Sie immer noch nicht, wo Sie sind?
Man hört Geschützdonner nah und fern.
Sie sind gegen Ende des ersten Weltkriegs in eine Idylle geraten.

DER LESER *fassungslos.* In eine Idylle?
HERR CHRONOS Ganz richtig. In eine Idylle des Satans; eine Enklave der Hölle, welche sich in ihr spiegelt und ihren Höllencharakter auf neue Weise bezeugt.
DER LESER Der Faden! Der Faden der Ariadne! Wo läuft er? Wo fasse ich ihn?
HERR CHRONOS Er läuft aus der Mitte dieser Enklave in die zweite Grotte hinein! Diesmal ist es ein Ort der Buße: eine Klosterzelle des Karmel, in der Sie sich wiederfinden.
DER LESER Und das Haus mit der Aufschrift »Mundus«?
HERR CHRONOS Das Gleiche. Erkennen Sie es nicht mehr? Dort kommt auch Herr Belfontaine wieder zurück. Wie ich schon sagte: 11 Jahre älter. Sieben davon in Senlis.
DER LESER Er ist verändert.
HERR CHRONOS Finden Sie wirklich? Das wird bald noch deutlicher werden. Wenn erst die dritte Phase beginnt, gleicht er sich selber nicht mehr.
DER LESER Wenn es gestattet ist, möchte ich sehen, auf welcher Seite wir sind.
HERR CHRONOS Wozu? Die Seitenzählung beginnt und endigt auch wieder mit 1.
DER LESER Das heißt: Sie führt weiter, indem sie zurück –
HERR CHRONOS Und zurück, weil sie weiterführt.
Indem er spricht, verwandelt sich CHRONOS *in den* MÖNCH VON HEISTERBACH.
DER MÖNCH VON HEISTERBACH Haben Sie Ihren Faden noch? Man sieht nicht mehr die Hand vor den Augen. Es fängt an, dunkel zu werden.
DER LESER Werden wir noch nach Hause kommen aus diesem Labyrinth? Und setzt sich wieder die zweite Grotte in der dritten fort wie bisher?
DER MÖNCH VON HEISTERBACH Die dritte Grotte war immer da und hat die erste und zweite von Anfang an überwölbt.
DER LESER Dann wäre also die dritte Grotte der »Mundus« an und für sich? *Verstört in die Runde blickend.* Die Beleuchtung ist wirklich sehr ungenügend. In diesem flackernden, kleinen Lichtschein gleicht nun der ganze große Auktionsraum einer einzigen Rumpelkammer. Dieser schäbige Schreibtisch – zerbrochene Stühle – die Lederbände am Boden zertreten, zerrissen und angekohlt. Hier muß ein Feuer gewütet haben, es kann nicht anders sein. Wer wird wohl noch etwas ersteigern wollen, außer

Hermes, dem Totenführer? Und wer hat den Obolus, um zu bezahlen, wenn der beinerne Hammer fällt?

DER MÖNCH VON HEISTERBACH *sieht ihn schweigend an und zieht die Kapuze über ...*

ERNST KREUDER
Die Gesellschaft vom Dachboden

Es mochte etwa eine Stunde vergangen sein, als wir hörten, wie jemand vom Dach her auf den Dachboden kam.

»Bin ich hier richtig?« rief eine Stimme, »ich soll die Sachen bei Kaufmann Karl abgeben.«

»Wenn wir jetzt auf den Kleiderschrank steigen«, sagte Wilhelm, »können wir alles sehen. Ach so, du bist kurzsichtig.«

»Gibt es etwas zu sehen?« rief Ludwig hinter dem Ofenschirm.

»Es werden Sachen abgegeben im Laden«, sagte Wilhelm, »bring bitte das alte Fernrohr mit.«

Wilhelm zog eine Leiter hinter dem Kleiderschrank hervor und stellte sie auf. Ludwig kam über die Öfen herübergeklettert, er hatte ein großes Fernrohr umhängen. Ich wartete, bis die beiden oben auf dem Schrank saßen, dann stieg ich auch hinauf. Durch das Fernrohr konnte ich alles sehr gut sehen. Karl ging soeben mit einem Dienstmann in seinen kleinen Kaufladen. Der Dienstmann schwitzte, er nahm die Mütze ab und legte sie auf die Ladentheke. Auf dem roten Wachstuchband über dem rissigen Schild war eine 7 aus Messing angeheftet. Karl brachte einen Stuhl, der Dienstmann nahm den großen Rucksack ab und setzte sich. Offenbar machten sie sich jetzt leise miteinander bekannt, denn sie bewegten die Lippen und schüttelten sich die Hände. Dann gab Karl dem Dienstmann ein Päckchen Schnupftabak. Der Dienstmann schnupfte, gleich darauf nieste er laut einige Male. Karl packte den Rucksack aus und stellte die Waren in die kleinen Gefache des Kaufladens. Ein Zuckerhut, eine Flasche Spiritus, ein Margarinewürfel, einiges war in Tüten, kleinen Dosen, ein rundes Schwarzbrot. Karl schien damit seinen Laden zu dekorieren. Dann reichte der Dienstmann Karl die Rechnung.

»Ist alles bezahlt«, hörten wir den Dienstmann sagen und heftig niesen. Er hatte eine lange, rote Nase, einen herunterhängenden gelben Schnurrbart und kleine, listige Augen im Fuchsgesicht. Sie gaben sich wieder die Hände, der Dienstmann nahm den leeren

Rucksack, Karl begleitete ihn bis zur Tür. In diesem Augenblick verschwand das Vogelgesicht Oskars hinter der Lattentür.

Wir stiegen wieder vom Schrank herunter. Ludwig verschwand in der Richtung des Kaufladens. Ich setzte mich neben Wilhelm in die Schulbank. Wir lasen. Dann hörten wir Ludwig zurückkommen. Er gab jedem von uns eine Rippe gefüllte Schokolade und kletterte wieder hinter den Ofenschirm. Wir aßen die Schokolade mit der hellgrünen Füllung.

Es war wieder völlig still auf dem großen Dachboden. Ich schrieb einige Zeit in das kleine Notizbuch. Darüber schlief ich ein. Eine laute Stimme weckte mich.

»Ich habe Cinzano bekommen«, rief die Stimme, »echten Cinzano di Torino, Vino Vermouth, ist das nichts, wie? Schlange gestanden, die Schüler waren mit euren Noten zufrieden, war der Dienstmann schon da? Da kann ja gekocht, gebraten, gesotten und geröstet werden. Heute sind Karl und Ludwig an der Reihe. Vorher gibt es einen Apéritif, und heute abend müssen wir endlich einen Geheimbund gründen, allerhöchste Zeit.«

Waldemar arbeitete sich mit wilden Bewegungen durch ein Gewirr von Gardinenstangen und Maschendraht hindurch.

»Oskar, die Wassergläser!« hörten wir ihn rufen, da stand Waldemar vor uns, er hatte einen neuen Strohhut mit blauem Band auf der geröteten Stirn, ein wenig schief und nach hinten. Aus der Aktentasche zog er vier Flaschen und stellte sie auf das Schulpult. Wilhelm stellte drei Flaschen sorgfältig auf den Boden hinter die Bank und öffnete die letzte Flasche mit dem Korkenzieher seines Taschenmessers. Waldemar hing Strohhut und Jackett an den Kleiderständer, der neben dem Schrank stand.

»Um Himmels willen«, sagte Waldemar, »ist endlich etwas passiert oder seid ihr nur tiefsinnig geworden? Der Tiefsinn ist zwar Oskars Jagdgrund, Freihafen, Reservation, aber er wird erlauben, daß ich dazu einen Beitrag liefere.«

Oskar erschien mit vier ineinander geschobenen Wassergläsern. Er war in gestreifter Hose, schwarzem Jackett mit schwarzweiß gestreiftem Querbinder. Mit einem Sprung saß Waldemar auf den Matratzen im Kleiderschrank. Oskar füllte Wermut in die Gläser und setzte sich zu uns in die Schulbank. Waldemar erhob sein Glas und sagte:

»Nieder mit allem Tiefsinn, in welcher Verkleidung er sich auch immer hier einschleichen möge.«

»Nieder!« riefen wir und tranken.

»In der modernen Literatur«, fuhr Waldemar fort, »herrscht ein trüber Ernst, ein feierliches, nebliges Pathos, eine düstere Bitternis, eine grabeskalte Unbarmherzigkeit. Wichtigkeit! Man komme mir nicht mit dem sogenannten Ernst der Zeit. Zugegeben, daß wir es heute wieder einmal besonders schwer haben, aber wurde etwa zu besseren Zeiten nicht friedhofsbang und novemberdunkel geschrieben? Ich frage euch, warum gehen wir gern ins Kino, sobald es dort einen amerikanischen Lustspielfilm gibt? Um uns totzulachen. Charlie Chaplin, Buster Keaton, Laurel und Hardy, ihnen sei auch an diesem bescheidenen Ort gedankt! Zum Wohl! Schmeckt wunderbar, nach Pinien und Oleander und macht vergnügt. Machen uns diese modernen Autoren etwa vergnügt? Sie denken nicht daran, diese chininbitteren Realisten. Sie stimmen uns trübselig. Haben sie etwa Angst, oberflächlich zu erscheinen? Eitelkeit. Wichtigkeit. Sie sind in ihre tragische Nuance verliebt. Ich hatte das Vergnügen, einige von ihnen, und nicht die schlechtesten, kennenzulernen. Ich trinke auch gern ein Glas. Aber sie waren schon ganz handfeste Zecher, und sie lachten gerne und laut. Jedoch, wenn sie wieder am Schreibtisch saßen, nebelten sie sich in Tiefsinn ein, gedachten sie der Gewissenhaftigkeit ihres Handwerks, und aus war es mit den Luftsprüngen, den Saltos, dem grotesken Musicalakt. Macht Schreiben sauer? Krematoriumsmusik! Es liegt daran, daß sie sich einem unerbittlichen, melancholischen Realismus verschrieben haben. Als ob die Kunst etwas mit der Realität zu tun hätte. Visionen! Meinetwegen Halluzinationen! Und dann, die Realität, wie wir sie kennen, ist nicht das letzte Wort. Diese getreuen Beschreibungen, diese biedere Vollzähligkeit, die bedeutungsvollen Vergleiche, die brunnentiefe Moral. Es war Leconte de Lisle, er kannte unsere moderne Literatur noch nicht und schrieb schon damals: ›Alle elegischen Dichter sind Lumpenpack.‹

Überwindung der Realität? Keine Spur. Sprengung der sogenannten Wirklichkeit, der Aufschwung ins Nichtreale? Bewahre. Dafür die inneren Schwierigkeiten, das Ringen, das Quälen, die schwersinnig gewordene Liebe, das tiefsinnige, unglückliche Ende. Was sollen wir damit? Sollen wir uns danach umbringen? Oder sie kommen uns mit der Bildung. Die Kunst im Gewande der Bildung, der Gips im Schlafrock, die Würde im Platanenhain. Un-aus-steh-lich! Die Prediger, der verhängnisvoll erhobene Zeigefinger, die dunklen Gespräche, das Geheimnis der Orakulose. Es ist wie mit der Lyrik. Die meisten dieser tiefsinnigen Hinrichter können keine Gedichte schreiben. Und wenn sie es tun, dann sind es tiefe Gedanken, die in Jamben schreiten. Jacke wie Hose. Was hat das noch mit Lyrik zu tun? Verzauberung der Worte, Klang und Schein, oder, um es mit dem jungen Rimbaud zu sagen, die Schau des Unsichtbaren und das Hören des Niegehörten.

Das Übergedankliche, es kann nicht erarbeitet werden. Liegt hier der Unterschied? Diese Realisten sind gestrenge Arbeiter, Genie ist Fleiß, hat man ihnen erzählt. Arbeit und Empirie ist ihre Parole. Die anderen, die Träumer, die Visionären, die Irrealisten, haben sich der Entrückung, dem Nicht-mehr-bei-sich-Sein verschrieben. Alles andere ist kalte Fron! Aber ich selbst sollte nicht soviel predigen. Hat man die Spirituskocher wieder gefunden?«

Ludwig erschien hinter dem Schrank, er hatte eine kleine, weiße Mädchenschürze umgebunden, sein Gesicht war gerötet.

»Die Makkaroni sind gar«, sagte er, »könnte nicht Oskar die Tomatensauce machen?«

Oskar nickte, trank sein Glas aus und verschwand mit Ludwig hinter den Registrierkassen. Waldemar sprang aus dem Schrank.

»Laßt uns heute am grünen Tisch speisen«, sagte er, »kommt jetzt mit, links um die Ecke bitte. Aber was hat man dort alles wieder abgestellt. Gehört das aufs Billard? Geplatzter Lampenschirm; ein zusammengebrochener Kinderwagen. Fliegenfänger, Rollschuhe, Gummikragen, Bierseidel und gar ein Korsett! Es wird immer mehr hier oben. Sollen wir ersticken? Sie ruinieren die Dinge, gehen lieblos und zerstreut mit ihnen um, hier haben sie dann Ruhe, im Rumpelfriedhof. Das ist zum Beispiel noch ein ganz guter Liegestuhl, darin werde ich heute speisen. Ist dieses Billard nicht wie für Riesen? Wer hat sich das Gurkenfaß hingestellt? Also Oskar. Und dieser Krankenstuhl, der nie mehr fährt? Karls Errungenschaft, sagst du? Da sitzt er endlich hoch genug. Auf diesem Amboß, Wilhelm, hab auch ich schon gesessen, er kühlt. Und Berthold nimmt den Blumentisch?«

Ich nickte, wir hatten gründlich aufgeräumt.

»Man wird uns ästhetischerseits«, sagte Waldemar, »vorwerfen, daß die Stühle nicht zum Tisch und die Gardinen nicht zur Lampe passen. Wir sind unmöglich. Ich habe manchmal das Gefühl, als ob wir gar nicht wahr wären. Ganz neue Bouillonwürfeldosen? Dieser Luxus. Waren die alten nicht mehr gut genug? Rost? Schadet doch nichts. Ich hoffe nur, jeder hat seinen Löffel bei sich, hier, in der linken Brusttasche trägt man ihn. Sonst werden nachher wieder Löffel gesucht in dieser Rumpelhalle. Da wird schon aufgetragen, setzen wir uns. Danken wir den Tomaten, Makkaroni und Zwiebeln, daß sie gediehen sind zu diesem unerhörten Eintopf. Ich weiß: Feuer, Wasser und Salz, Gott erhalt's!«

Wir saßen um das lange, grüne Billard herum. Ich saß Waldemar gegenüber, links Oskar und Karl, rechts Wilhelm und Ludwig. Das Makkaronigericht im bemalten großen Steingutblumentopf wurde herumgereicht. Sie zogen die Löffel aus der Brusttasche, Ludwig lieh mir seinen Reservelöffel. Wir aßen aus den Blechdosen. »Ihr habt Paprika in die Sauce getan«, sagte Waldemar, die Makkaroni rutschten immer wieder von den Löffeln. »Erdgeist, Ackerfeuer, Pflanzenglut. Muskatnuß und Ingwer habe ich stets in der Tasche, sind mir das liebste Parfüm. Ich weiß, ich halte wieder Reden wie im deutschen Erziehungsroman, und Berthold macht sich Notizen. Er nimmt Maß. Wir sind maßlos genug, daher müssen wir uns organisieren, einen Geheimbund gründen, mit Abzeichen und Fahne. Was sind wir heute, wenn wir nicht organisiert sind? Schattenrisse, mit denen der Wind raschelt, Fallobst, auf dem man herumreitet, Nebeltüten, aus denen jede Tatsache herausrinnt. Wir hatten dereinst eine Tatsachenliteratur. Das war doch einmal etwas anderes. Schluß, sagten diese Schriftsteller, keine Widerrede, aus und Schluß mit dem Dichten! Wir bringen Tatsachen. Wir bringen Ihnen das Interessanteste und Aktuellste aus allen Ländern der Erde. Klipp und klar. Tatsachen. Da kann nicht mehr gemogelt werden, gebogen und gerüttelt wie beim Dichten. Und wenn Heraklit zehnmal sagte, alles fließt, und wenn Dostojewski versichert hatte, es gäbe für ihn nichts Dümmeres als eine Tatsache, sie ließen nicht locker. Ein moderner Denker hatte geschrieben: ›Wir wissen von der Wirklichkeit nichts, als daß sie sich wandelt.‹ Es schreckte sie nicht ab. Ob sie fließen oder sich wandeln, die Tatsachenschreiber schreckte es nicht ab. Denn sie hatten eine Erfindung gemacht, daran hielten sie fest. Die Wahrheit liegt nur bei den Tatsachen, lautete ihre Erfindung. Ich frage euch: was hat die Kunst, die Dichtung mit den sogenannten wissenschaftlichen Wahrheiten zu tun? Man könnte ebensogut von einer religiösen Wahrheit verlangen, daß sie eine Tatsache sei. Offenbarungen! Die Tatsachenliteratur, unterstützt durch Photographie, Statistik und Reportage, widmete sich mit Vorliebe dem sozialen Elend. Ihr werdet es nicht glauben, mit dem Elend verdienten diese Autoren enorme Gelder. Tatsachen ernähren eben ihren Mann. Die Armen wunderten sich, daß man aus ihrer Armut ›Bestseller‹ machen konnte. Das Dichten, das war für die Katz. Wenn der Dichter tot und berühmt geworden war, der Stolz der Nation bedarf berühmter Dichter, dann wurde im

Heimatmuseum, in der Vitrine, sein Hungertuch aufgehängt. Jeder nach seinem Verdienst. Hat der Dichter sich zu Lebzeiten etwa um seine Mitbürger gekümmert, soziale Mißstände geschildert? Er lebte in Träumen, er lebte in Wolken, man kann davon nicht leben. Wolken halten nicht an.«

Als Waldemar aus dem Liegestuhl aufstand, stoben die anderen bis auf Wilhelm davon. Wir gingen zur Schulbank. Waldemar lag auf den Matratzen im Schrank ausgestreckt. Wilhelm schrieb in dem blauen Schulheft, ich las in dem altmodischen Detektivroman weiter. Nach einer Stunde hatte Waldemar ausgeschlafen. Mit einem Ruck drehte er sich auf den Matratzen herum.

FRIEDRICH GEORG JÜNGER
Die Perfektion der Technik

3.

Von allen Illusionen, die sich an den technischen Fortschritt knüpfen, ist die Illusion des Reichtums, die dieser Fortschritt hervorruft, wohl die am tiefsten eingewurzelte. Im Grunde zweifelt niemand daran, daß die Industrie den Wohlstand vermehrt, und zwar um so kräftiger, je mehr die Industrialisierung durch den technischen Fortschritt ausgebreitet wird. Und offenbar gibt es historische und wirtschaftliche Situationen, die dieses Denken ermutigen, es gibt günstige Konjunkturen, die es stützen und zu bestätigen scheinen. Eine dieser Konjunkturen, und zwar die ergiebigste, beruhte auf dem Vorsprung in der Technisierung, den einige europäische Völker sich erarbeitet hatten, sie war die Frucht der Monopolstellung, die sich nicht bewahren ließ und um so mehr dahinschwand, als das technische Denken sich über die Erde ausbreitete. Eine Untersuchung dieser durch den technischen Fortschritt hervorgerufenen Konjunkturen würde ebenso anziehend sein wie die Feststellung, durch welche Ereignisse ihnen ein Ende bereitet wurde. Das gemeinsame Kennzeichen aller dieser Konjunkturen ist die Ausbeutung einer günstigen Situation.

Was ist aber – denn um der Sache auf den Grund zu kommen, muß man danach fragen – der Reichtum? Die Vorstellungen, die sich mit ihm verbinden, haben etwas Verworrenes, das aus einer Verwirrung und Vermischung der Begriffe hervorgeht. Der Reichtum ist seinem Begriffe nach entweder ein Sein oder ein Haben.

Wenn ich den Reichtum als ein Sein begreife, dann bin ich offenbar nicht deshalb reich, weil ich vieles habe, vielmehr hängt alles Haben von meinem reichen Sein ab. Der Reichtum ist dann nicht etwas, das den Menschen anfliegt und von ihm wegfliegt, er ist von Natur aus mitgegeben und unterliegt dem Willen und der Anstrengung nicht. Er ist ursprünglicher Reichtum, er ist ein Mehr an Freiheit, das an gewissen Menschen aufschimmert. Denn Reichtum und Freiheit sind untrennbar miteinander verbunden, so eng, daß ich jede Art von Reichtum nach dem Grade der Freiheit abzuschätzen vermag, der ihm innewohnt. In diesem Sinne kann der Reichtum auch identisch mit der Armut sein, das heißt, ein reiches Sein ist vereinbar mit einem Nichthaben, mit materieller Besitzlosigkeit. Homer denkt an nichts anderes, wenn er den Bettler einen König nennt. Und nur dieser Reichtum, der mir seinsmäßig zugeordnet ist, ist auch ein Reichtum, über den ich durchaus verfügen kann und den ich durchaus genießen kann. Denn solange der Reichtum in einem Haben besteht, ist die Fähigkeit zum Genusse dieses Habens noch nicht mitgesetzt, sie kann also fehlen, ein häufiger Fall. Dort, wo der Reichtum Rang ist, hat er auch jene Festigkeit, die dem Wechsel und Zufall nicht unterworfen ist. Er ist so haltbar, so stabil, wie es die Schätze sind, deren Kennzeichen es ist, daß sie nicht angegriffen werden und dem Verzehr durch die Zeit nicht unterworfen sind. Wo er aber auf einem bloßen Haben beruht, kann er mir jederzeit genommen werden. Die meisten glauben freilich, daß der Reichtum dadurch entstehe, daß man sich bereichere, ein Irrtum, den sie mit allem Pöbel dieser Welt gemein haben. Bereichern kann sich nur die Armut. Diese besteht, in Analogie zum Begriffe des Reichtums, entweder in einem Nichtsein oder in einem Nichthaben. Wo sie in einem Nichtsein besteht, kann sie nicht als identisch mit dem Reichtum, der in einem Sein besteht, aufgefaßt werden. Wo sie ein Nichthaben ist, kann sie mit ihm identisch sein, nämlich dort, wo das materielle Nichthaben zusammentrifft mit einem reichen Sein.

In allen indogermanischen Sprachen wird der Reichtum als ein Sein begriffen. In der deutschen Sprache haben »reich« und »Reich« den gleichen Ursprung. Denn »reich« bedeutet hier nichts anderes als mächtig, vornehm, königlich, wie man aus dem lateinischen Worte »regius« ersieht. Das »Reich« aber ist identisch mit dem lateinischen »rex«, mit dem Sanskritwort »rajan«, welches König bedeutet. Reichtum in seiner ursprünglichen Bedeutung ist daher nichts anderes als die regierende, königliche Macht und Kraft im

Menschen. Diese ursprüngliche Bedeutung ist zwar verschüttet worden, vor allem durch den Sprachgebrauch der Ökonomisten, die den Reichtum mit einem wirtschaftlichen Haben gleichsetzen, doch wird sich diese vulgäre Auffassung niemand zu eigen machen wollen, der in jener tieferen den wahren Sachverhalt durchschimmern sieht. Der Geldbesitz, das bloße Haben von Geld ist und wird immer dort verächtlich, wo er in die Hände jener Armut gelangt, die als Nichtsein zu begreifen ist. Das untrügliche Kennzeichen des Reichtums ist, daß er Überfluß verschenkt wie der Nil. Es ist die königliche Art im Menschen, durch die sich goldene Adern ziehen. Von jenen Menschen, die nur für den Verzehr geboren sind, von den bloßen Konsumenten kann niemals Reichtum geschaffen werden.

Kann ich überhaupt reich werden, sei es durch Arbeit, sei es durch irgend etwas anderes? Ich kann es, wenn ich den Reichtum als ein Haben auffasse. Was ich nicht habe, kann ich doch später einmal haben. Und was ich nicht habe, kann ich doch einmal gehabt haben. Die scharfsinnigste Definition des Reichtums, der in einem Haben besteht, ist die aristotelische. Aristoteles bestimmt ihn als eine Fülle von Werkzeugen. Es ist bemerkenswert, daß er eine technische, nicht ökonomische Bestimmung des Reichtums gibt.

Ist aber, um auf unser Thema zurückzukommen, die Technik identisch mit einer Fülle von Werkzeugen? An Werkzeugen fehlt es ihr freilich nicht, wenn auch in einem anderen Sinne als dem, den der Stagirit mit seiner Bestimmung verbindet, denn diese meint nicht die technische Apparatur und Maschinerie. Die Technik ist ihrem Begriffe nach ja nichts anderes als eine Rationalisierung der Arbeitsverfahren. Wann aber ist je durch Rationalisierung Reichtum geschaffen worden? Ist sie denn ein Kennzeichen des Reichtums? Ist es ein Überfluß, aus dem sie hervorgeht, ein Überfluß, auf den sie hinarbeitet, oder ein Verfahren, das überall einsetzt, wo Mangel sich fühlbar macht, wo Not gelitten wird? Wann verfällt der arbeitende Mensch darauf, den Arbeitsvorgang zu rationalisieren? Dann, wenn er Arbeit einsparen will, wenn er bemerkt, daß er auf kürzere, leichtere, billigere Weise zu dem Produkt seiner Arbeit gelangen kann. Wie aber kann aus dem Bestreben, etwas billiger zu machen, Reichtum hervorgehen? Dadurch, wird man antworten, daß die Arbeitsleistung gesteigert und ein Mehr an Gütern erzeugt wird. Eine solche Antwort wäre von der flachen Intelligenz des Ökonomisten durchaus zu erwarten. Wenn die Wirkung so billig wäre, müßten wir ja, da manche Generation uns vorgearbeitet hat, im Reichtum jeder Art schwimmen. Wenn wir durch Steigerung der Produktion, durch Vermehrung der Arbeitsleistung reich werden könnten, wären wir längst reich geworden, denn das Quantum mechanischer und manueller Arbeit, das von uns bewältigt wird, ist seit langem im Wachsen begriffen. Dann würde man die Zeichen des Reichtums weithin wahrnehmen, das Mehr an Freiheit, die Sorglosigkeit, den Überfluß. Aber von alledem ist nicht die Rede. Man darf aus der Tatsache, daß der technische Fortschritt eine dünne und nicht immer erfreuliche Schicht von Industriellen, Unternehmern, Erfindern bereichert, nicht den Schluß ziehen, daß durch ihn Reichtum erzeugt wird. Wir würden auch fehlgehen, wenn wir uns zu der Annahme versteigen, daß eine fürstliche Art Mensch die Technik geschaffen hat, oder wenn wir den Wissenschaftler, den Gelehrten, den Erfinder zu den spendenden Naturen rechnen würden. Sie sind es nicht. Ihr Wissen steht in keiner Beziehung zum Reichtum, und hierin liegt der Unterschied, der alles gelehrte Wissen vom Wissen des Weisen trennt. Weise ist, wie Pindar sagt, wer von Natur vieles weiß, im Unterschiede von dem, der über ein erlerntes und angelerntes Wissen verfügt.

Durch Steigerung der Produktion und der Arbeitsleistung kann dort kein Reichtum erzeugt werden, wo sie die Folgen eines Mangels sind, der nach Abhilfe drängt, wo sie einen gesteigerten Konsum voraussetzen. Jeder Akt der Rationalisierung ist die Folge eines Mangels. Der Aufbau und die Durchbildung des technischen Apparates sind nicht nur das Ergebnis eines Machtstrebens der Technik, sie sind zugleich die Folge einer Notlage. Deshalb ist die für unsere Technik typische menschliche Lage der Pauperismus. Und dieser Pauperismus ist durch keine technische Anstrengung zu überwinden; er haftet an der Sache selbst, er begleitet das Zeitalter der Technik und wird es bis zu seinem Ende begleiten. Er geht in Gestalt des Proletariers neben ihm her, der Mannes ohne Halm und Ar, der über nichts verfügt als die nackte Arbeitskraft, und der auf Gedeih und Verderb mit dem technischen Fortschritt verbunden ist. Es macht deshalb auch keinen Unterschied, ob der technische Apparat sich in den Händen des Kapitalisten oder des Proletariers befindet, oder ob er vom Staate unmittelbar geleitet wird. Der Pauperismus bleibt, weil er der Sache gemäß ist, weil er dem technischen Denken, das rational durch und durch ist, unweigerlich entspringt. Armut hat es freilich immer gegeben und wird es immer geben, weil jene Armut, die ihrem Begriffe nach ein Nichtsein ist, existentiell immer vorhanden und unaufhebbar ist. Aber die mit dem technischen Fortschritt verbundene Armut hat etwas Spezifisches, das sie unterscheidbar macht. Es ist ihr durch die Entfaltung des rationalen Denkens nicht beizukommen, auch nicht durch die rationalste aller Arbeitsorganisationen.

STEPHAN HERMLIN
Über Friedrich Georg Jüngers ›Perfektion der Technik‹

Friedrich Georg Jüngers fesselndes Buch über die ›Perfektion der Technik‹ wurde in der ersten ihm gewidmeten Besprechung eine Utopie genannt. Ist es das wirklich? Der Utopie eignet, wie Jünger selbst bemerkt, die Vereinigung des Unvereinbaren, eine Grenzüberschreitung. Sie ist also ein Sprung über Gegebenheiten hinweg, und zwar, möchten wir noch sagen, einem ersehnten Ziele zu, ohne zu untersuchen, welche Stufen uns von dem Begehrten trennen, ja, ob es überhaupt zu verwirklichen ist. Die Gesamtheit der politischen und technischen Utopien bis zum heutigen Tage belehrt uns über diese Gemeinsamkeit. Was die Utopie ferner kennzeichnet, ist, daß der Autor den ersehnten, entworfenen Zustand als einen höheren auffaßt gegenüber jenem, in dem er sich selbst und wir uns alle befinden.

Die Utopie ist also im allgemeinen etwas Progressives, und selbst ihre unmittelbare Untauglichkeit hindert sie nicht, an einem gewissen Punkt der gesellschaftlichen Entwicklung einem bestimmten Fortschritt sichtbar gedient zu haben. Nichts davon ist in Jüngers mit schneidender Kälte und leidenschaftsloser Klarheit entworfenem Bild einer Welt, die am Fortschritt verdirbt. Sofern Jüngers harten Ernst ein Lächeln zu erhellen vermag, so ist es das Lächeln über die Fortschrittsgläubigen, ja über den Begriff eines Fortschritts überhaupt.

Friedrich Georg Jünger ist ein Schriftsteller von Rang, wie übrigens auch sein Bruder Ernst. Das ist allgemein bekannt, und beträchtlich ist die Gemeinde derer, die in einer Zeit allgemeiner Sprachverlotterung und geistiger Prostitution in den Büchern dieser beiden zumindest einen ästhetischen Halt suchten. ›Die Perfektion der Technik‹ ist ein mit vollkommenem Ernst vorgetragenes und ernstzunehmendes Buch. Das kann uns nicht hindern, gewisse Thesen für oberflächlich und falsch zu halten, und es fällt ins Gewicht, daß es sich da um grundlegende Thesen der Jüngerschen Schrift handelt.

Jünger konstatiert den ausbeuterischen Charakter der Technik – damit zusammen hängt die Gleichsetzung der Begriffe Technik und Raubbau. Die Technik ist nicht allein Ausbeutung der Natur, sie ist niemals Ausbeutung der Natur *durch den Menschen*, sondern sie exploitiert beide. Und der Schriftsteller entwirft mit magischer Gewalt das Bild eines Ungeheuers, das die Erde ihrer Schätze beraubt und die Menschen unterschiedslos vernichtet. Das Bild ist mit beharrlicher Eindringlichkeit gezeichnet, die man grandios nennen dürfte, ginge sie nicht so unbekümmert an Tatsachen vorbei, deren Kenntnis das vorgehabte Unternehmen allerdings in andere Richtung hätte lenken müssen.

Jünger hält jede Ansicht für »kindisch«, die annimmt, die moderne Maschinerie erleichtere dem Menschen die Arbeit, könne das Arbeitsquantum vermindern. Der Verfasser argumentiert, hochrationalisierte Apparate wie die Flaschenmaschine, der mechanische Webstuhl und die Dreschmaschine seien nur Endprodukte eines verbreiterten technischen Prozesses, der das Arbeitsquantum ungeheuer gesteigert habe. Es ist klar, daß individuelles und gesellschaftliches Arbeitsquantum sehr verschiedene Dinge sind, daß gleichzeitig das individuelle sich vermindern und das gesellschaftliche zunehmen kann. Jünger warnt vor isolierter Betrachtung von Arbeitsvorgängen, aber gerade der Blick auf das Ganze müßte ihn überzeugen, daß Zu- und Abnahme des Arbeitsquantums eng mit der menschlichen, gesellschaftlichen Organisation verbunden ist, oder, sagen wir, vom menschlichen Handeln beeinflußt werden kann, denn der Begriff »Organisation« selbst hat für Jünger einen fatalen Klang – sie erscheint ihm als eine der Technik verhaftete außer-, ja übermenschliche Macht. Daß die Technik sich selbst ad absurdum führe, daß jeder technische Vorgang mehr an Energie verzehre als hervorbringe, ist der seltsame, aber mit immerhin imponierender Konsequenz vorgebrachte Trugschluß Jüngers. Daß die Technik Raubbau sei an den Schätzen der Erde, ist eine der Lieblingsideen des Verfassers. Tatsächlich scheint die Abnahme der Öl- und Kohlevorkommen ihm recht zu geben. Daß aber ungeheure Vorkommen gerade in den sechs Jahren, die uns von der Niederschrift des Buches trennen, vor allem in Rußland, entdeckt worden sind, sei nur am Rande vermerkt. Daß die fortschreitende Technik neue und unerschöfliche Energiequellen erschließt, darf man heute mit großer Wahrscheinlichkeit sagen. Jünger bestreitet die »Organisierbarkeit« der Sonnenenergie – wir glauben nicht, daß die Zukunft ihm recht geben dürfte. Die Atomenergie erwähnt er flüchtig auf den letzten Seiten seines Buches – es sei nochmals daran erinnert, daß sein Buch vor mehreren Jahren geschrieben wurde. Daß die Auswertung der Atomenergie zu einem Gegenwartsproblem geworden ist, weiß heute jedes Kind. Die sogenannten Ausgleichsvorgänge, die bereits zu mächtigen Energiequellen geworden sind, wollen wir in diesem Zusammenhang nur nebenbei erwähnen.

Von einer solchen Definition der Technik kommt Jünger zu Begriffen wie Arbeit und Muße, Reichtum und Armut. Und es ist bezeichnend, daß er, der an verschiedenen Stellen wegwerfend vom »flachen Verstand« der Ökonomen spricht, darauf verzichtet, diese Begriffe konkret zu nennen und in ihrer runden Leiblichkeit zu fassen, sondern auf moralphilosophisches Gebiet übertritt. Die Verkürzung der Arbeitszeit durch die Technik ist als Möglichkeit nicht zu leugnen. Die Technik bringe jedenfalls den Verlust der Muße mit sich, behauptet Jünger. In seinen Differenzierungen von Muße, Arbeitspause, Freizeit ist wieder der unerschütterliche Ernst, die Lust an der Analyse, von denen wir eben sprachen. Doch können wir uns des spontanen Wunsches nicht erwehren, der Verfasser möge sich mehr von seinen Abstraktionen der Wirklichkeit zugewandt haben, der einfachen Wirklichkeit, über die jeder manuell Arbeitende ihm schlichte, klare Auskünfte hätte geben können. Es ist nicht zulässig zu erklären, die meisten, die ein Mehr an Zeit gewonnen hätten – durch die Technik nämlich –, täten nichts anderes, als es totzuschlagen. Und daß »nicht jeder für eine freie Beschäftigung geboren sei«. Der arbeitslos gewordene Arbeiter, stellt Jünger fest, verkommt. Aber Jünger sieht – wir wagen zu behaupten, bewußt – an der Tatsache vorbei, daß ein gesellschaftliches System denkbar ist, in dem der Mensch kraft der Technik die Arbeitslosigkeit beseitigt. Dieses System ist nicht allein denkbar: es existiert. Es ist ferner klar, daß nur bestimmte soziale Umstände ein neues Bewußtsein zu entwickeln imstande sind, dem eine neue seelische Bereitschaft zur Muße entspricht. Ob der Autor will oder nicht, es ist letzten Endes doch dem Menschen anheimgestellt, die Technik zu organisieren, obwohl Jünger nur den von der Technik organisierten Menschen zu kennen scheint. Für jeden, der mit dem Werk von Ernst und Friedrich Georg Jünger vertraut ist, tritt hier das furchtbare, unmenschliche Phantom des »Arbeiters« hervor, der nichts gemein hat mit dem wirklichen, dreidimensionalen Arbeiter, dem Proletarier, dem Angehörigen einer Klasse, die das Erbe vergangener Zeiten, darunter die Technik, zu bewahren und umzugestalten unternimmt, sondern der Mensch schlechthin ist, deformiert und zerbrochen von der gesichtslosen Macht der Technik.

Eine ähnliche von der Wirklichkeit weggewendete Analyse betrifft die Begriffe Reichtum und Armut. Wer könnte uns eine gewisse Ungeduld verübeln angesichts der Feststellung Jüngers, Reichtum könne sowohl als ein Sein wie auch als ein Haben, Armut dagegen als Nichtsein oder Nichthaben aufgefaßt werden. Sprechen wir nicht von der unfreiwilligen Komik dieser humorlos vorgebrachten Definitionen. Jünger glaubt, das Richtige zum Wesen beider Begriffe gesagt zu haben. Tatsächlich hat er nichts zum Wesen gesagt, sondern sich lediglich über den Reflex geäußert, den Reichtum und Armut im Menschen finden können. Solche Meinungen unterscheiden sich allenfalls im Ästhetischen von dem bekannten Kalauer, daß die Armut von der pauvreté komme. Daß der »innere« Reichtum sich vom »äußeren« unterscheidet, soll nicht geleugnet werden. Im gleichen Individuum mögen sich manchmal »äußere« Armut und »innerer« Reichtum treffen. Aber nur wer »äußere« Armut am eigenen Leibe erfahren hat, weiß, wie sehr der »innere Reichtum« durch sie gefährdet ist – wie weit er auf den »inneren Reichtum« rechnen kann. Auch hier heißt es melancholisch: so lange der Vorrat reicht ... Der seinsmäßig zugeordnete Reichtum, von dem Jünger spricht, ist in jedem Falle Resultat sozialer Umstände, die von dem großen Gegensatz Reichtum – Armut beherrscht werden, einem Gegensatz, mit dem die Menschen sich bis zu seiner Lösung auseinandersetzen werden. Der Reichtum als »Sein«, nicht als »Haben« begriffen, ist ein Phantom wie die Jüngersche Technik, die Raubbau bedeutet, Verzehr, Energieverlust; wie die Rationalisierung Jüngers, die ein Produkt des Mangels ist. Wie dürfte es uns wundern, daß Jünger unsere Ansicht, die Technik könne Menschen bereichern, für eine Illusion erklärt. Im Gegenteil bringe die Technik immer und unter allen Umständen den Pauperismus mit sich, sagt der Verfasser. Es mache daher keinen Unterschied, ob sich der Produktionsapparat in den Händen einiger weniger oder der Allgemeinheit befinde. Dies wird behauptet, nicht bewiesen. Man könnte Jünger die Wirklichkeit in einigen Ländern entgegenhalten, aber es ist fraglich, ob er bereit wäre, sie als Wirklichkeit überhaupt anzuerkennen.

Die Halluzination Jüngers ist an manchen Stellen außerordentlich, etwa, wenn er von der Rationalisierung und dem Wachsen der Bürokratie spricht. Aber hier entspricht seine Vision einer bestimmten Realität. Ohne Erbarmen wird hier das Gesicht des Dritten Reiches vorgewiesen. Jüngers Buch enthält eine Fülle äußerst »dichter« Einzelheiten. Es bietet eine Fülle von richtig gesehenen Details, und gleichzeitig ist man versucht, sich Satz für Satz mit ihm auseinanderzusetzen. Das ist an dieser Stelle begreiflicherweise nicht möglich.

Diese notwendige Anerkennung und jene andere, daß nämlich die ›Perfektion der Technik‹ mit schlackenloser Reinheit geschrieben wurde, weisen dem Buch unserer Ansicht nach seinen bestimmten Platz zu. Es ist ein tragisches Buch. Nicht als Utopie, sondern als großartig-düsteres Zerfallsprodukt einer Epoche wird es von künftigen Menschen durchblättert werden. Das Opfer der ›Perfektion der Technik‹ ist Jünger selbst, nicht der von ihm Aufgerufene. Aber spricht Jünger überhaupt zu jemand? Wir glauben es nicht. Sein Buch ist ein Monolog in einer Landschaft, aus der der Mensch längst entschwunden ist.

Die Wirklichkeit ist böse genug. Aber sie ist besser als die ausweglose Realität Jüngers. Unter der entscheidenden Voraussetzung einer »Perfektion« der allgemeinmenschlichen Verhältnisse unternimmt die Generation des Nachkrieges die schwierige Aufgabe, mit Hilfe der Technik den Menschen seiner äußersten Bestimmung zuzuführen.

MAX HORKHEIMER UND THEODOR W. ADORNO
Dialektik der Aufklärung

Zur Kritik der Geschichtsphilosophie
Nicht die Menschengattung ist, wie man gesagt hat, ein Seitensprung der Naturgeschichte, eine Neben- und Fehlbildung durch Hypertrophie des Gehirnorgans. Das gilt bloß für die Vernunft in gewissen Individuen und vielleicht in kurzen Perioden sogar für einige Länder, in denen die Ökonomie solchen Individuen Spielraum ließ. Das Gehirnorgan, die menschliche Intelligenz, ist handfest genug, um eine reguläre Epoche der Erdgeschichte zu bilden. Die Menschengattung einschließlich ihrer Maschinen, Chemikalien, Organisationskräfte – und warum sollte man diese nicht zu ihr zählen wie die Zähne zum Bären, da sie doch dem gleichen Zweck dienen und nur besser funktionieren – ist in dieser Epoche le dernier cri der Anpassung. Die Menschen haben ihre unmittelbaren Vorgänger nicht nur überholt, sondern schon so gründlich ausgerottet wie wohl kaum je eine modernere species die andere, die fleischfressenden Saurier nicht ausgeschlossen.

Demgegenüber scheint es eine Art Schrulle zu sein, die Weltgeschichte, wie Hegel es getan hat, im Hinblick auf Kategorien wie Freiheit und Gerechtigkeit konstruieren zu wollen. Diese stammen in der Tat aus den abwegigen Individuen, jenen, die vom Gang des großen Ganzen aus gesehen, nichts bedeuten, es sei denn, daß sie vorübergehende gesellschaftliche Zustände herbeiführen helfen, in denen besonders viel Maschinen und Chemikalien zur Stärkung der Gattung und Unterjochung der anderen geschaffen werden. Im Sinn dieser ernsthaften Geschichte sind alle Ideen, Verbote, Religionen, politischen Bekenntnisse nur soweit interessant, als sie, aus mannigfachen Zuständen entstanden, die natürlichen Chancen der Menschengattung auf der Erde oder im Universum steigern oder vermindern. Die Befreiung der Bürger aus dem Unrecht feudalistischer und absolutistischer Vergangenheit diente durch den Liberalismus der Entfesselung der Maschinerie, wie die Emanzipation der Frau in ihre Durchtrainierung als Waffengattung mündet. Heillos ist der Geist und alles Gute in seinem Ursprung und Dasein in dieses Grauen verstrickt. Das Serum, das der Arzt dem kranken Kind reicht, verdankt sich der Attacke auf die wehrlose Kreatur. Im Kosewort der Liebenden wie den heiligsten Symbolen des Christentums klingt die Lust am Fleisch des Zickleins durch, wie in dieser der doppelsinnige Respekt vorm Totemtier. Noch das differenzierte Verständnis für Küche, Kirche und Theater ist eine Konsequenz der raffinierten Arbeitsteilung, die auf Kosten der Natur in- und außerhalb der menschlichen Gesellschaft geht. In der rückwirkenden Steigerung solcher Organisation liegt die geschichtliche Funktion der Kultur. Daher nimmt das echte Denken, das sich davon ablöst, die Vernunft in ihrer reinen Gestalt, den Zug des Wahnsinns an, den die Bodenständigen seit je bemerkten. Sollte jene in der Menschheit einen entscheidenden Sieg erfechten, so würde die Vormachtstellung der Gattung gefährdet. Die Theorie des Seitensprungs träfe schließlich noch zu. Aber sie, die zynisch der Kritik der anthropozentrischen Geschichtsphilosophie dienen wollte, ist selbst zu anthropozentrisch, um Recht zu behalten. Die Vernunft spielt die Rolle des Anpassungsinstruments und nicht des Quietivs, wie es nach dem Gebrauch, den das Individuum zuweilen von ihr machte, scheinen könnte. Ihre List besteht darin, die Menschen zu immer weiter reichenden Bestien zu machen, nicht die Identität von Subjekt und Objekt herbeizuführen.

Eine philosophische Konstruktion der Weltgeschichte hätte zu zeigen, wie sich trotz aller Umwege und Widerstände die konsequente Naturherrschaft immer entschiedener durchsetzt und alles Innermenschliche integriert. Aus diesem Gesichtspunkt wären auch Formen der Wirtschaft, der Herrschaft, der Kultur abzuleiten. Nur im Sinn des Umschlags von Quantität zu Qualität kann der Gedanke des Übermenschen Anwendung finden. Ähnlich wie man den Flieger, der mit einem Räuchermittel in wenigen Flügen die letzten Kontinente von den letzten freien Tieren säubern kann, im Unterschied zum Troglodyten Übermenschen heißen kann, mag schließlich ein menschliches Überamphibium entstehen, dem der Flieger von heute wie eine harmlose Schwalbe erscheint. Fragwürdig ist es, ob eine echte naturgeschichtlich nächsthöhere Gattung nach dem Menschen überhaupt entstehen kann. Denn soviel ist in der Tat am Anthropomorphismus richtig, daß die Naturgeschichte gleichsam mit dem glücklichen Wurf, der ihr im Menschen gelungen ist, nicht gerechnet hat. Seine Vernichtungsfähigkeit verspricht so groß zu werden, daß – wenn diese Art sich einmal erschöpft hat – tabula rasa gemacht ist. Entweder zerfleischt sie sich selbst, oder sie reißt die gesamte Fauna und Flora der Erde mit hinab, und wenn die Erde dann noch jung genug ist, muß – um ein berühmtes Wort zu variieren – auf einer viel tieferen Stufe die ganze chose noch einmal anfangen.

Indem Geschichtsphilosophie die humanen Ideen als wirkende Mächte in die Geschichte selbst verlegte und diese mit deren Triumph endigen ließ, wurden sie der Arglosigkeit beraubt, die zu ihrem Inhalt gehört. Der Hohn, daß sie sich immer blamiert hätten, wenn die Ökonomie, das heißt, die Gewalt nicht mit ihnen war, ist der Hohn gegenüber allem Schwachen, in ihm haben die Autoren sich wider Willen mit der Unterdrückung identifiziert, die sie abschaffen wollten. In der Geschichtsphilosophie wiederholt sich, was im Christentum geschah: das Gute, das in Wahrheit dem Leiden ausgeliefert bleibt, wird als Kraft verkleidet, die den Gang der Geschichte bestimmt und am Ende triumphiert. Es wird vergöttert, als Weltgeist oder doch als immanentes Gesetz. So aber wird nicht bloß Geschichte unmittelbar in ihr Gegenteil verkehrt, sondern die Idee selbst, welche die Notwendigkeit, den logischen Gang des Geschehens brechen sollte, entstellt. Die Gefahr des Seitensprungs wird abgewandt. Die als Macht verkannte Ohmacht wird durch solche Erhöhung noch einmal verleugnet, gleichsam der Erinnerung entzogen. So tragen Christentum, Idealismus und Materialismus, die an sich auch die Wahrheit enthalten, doch auch ihre Schuld an den Schurkereien, die in ihrem Namen verübt worden sind. Als

Verkünder der Macht – und sei es der des Guten – wurden sie selbst zu organisationskräftigen Geschichtsmächten und haben als solche ihre blutige Rolle in der wirklichen Geschichte der Menschengattung gespielt: die von Instrumenten der Organisation.

Weil Geschichte als Korrelat einheitlicher Theorie, als Konstruierbares nicht das Gute, sondern eben das Grauen ist, so ist Denken in Wahrheit ein negatives Element. Die Hoffnung auf die besseren Verhältnisse, soweit sie nicht bloß Illusion ist, gründet weniger in der Versicherung, sie seien auch die garantierten, haltbaren und endgültigen, als gerade im Mangel an Respekt vor dem, was mitten im allgemeinen Leiden so fest gegründet ist. Die unendliche Geduld, der nie erlöschende zarte Trieb der Kreatur nach Ausdruck und Licht, der die Gewalt der schöpferischen Entwicklung in ihr selbst zu mildern und zu befrieden scheint, zeichnet nicht, wie die rationalen Geschichtsphilosophien, eine bestimmte Praxis als die heilsame vor, auch nicht die des Nichtwiderstrebens. Das erste Aufleuchten von Vernunft, das in solchem Trieb sich meldet und im erinnernden Denken des Menschen widerscheint, trifft auch am glücklichsten Tage seinen unaufhebbaren Widerspruch: das Verhängnis, das Vernunft allein nicht wenden kann.

THEODOR HAECKER
Tag- und Nachtbücher. 1939 – 1945

1. Mai 1940
Das Recht des Bestehenden scheint relativ einfach zu sein. Scheint, sage ich; jedenfalls tun die Menschen so, auch wenn es in Wahrheit gar nicht so einfach ist. Aber das *Recht* zu erobern und das Recht des Siegers läßt sich nicht so leicht in Paragraphen fassen und sagen. Schon in den ersten Prinzipien gehen die Menschen auseinander. Hat jeder dadurch, daß er lebt, schon das *Recht* zu leben? Oder wird es durch seine Zugehörigkeit oder durch seine Eigenschaften oder durch seine Leistungen erlangt und bestimmt? Sind Menschen oder Völker prinzipiell füreinander da oder prinzipiell gegeneinander? Die jeweiligen Antworten geben verschiedene Rechtslehren. Geht das Recht des Stärkeren vor dem Recht des Schwächeren, wenn dieser überhaupt eines hat? Wäre der Begriff der Stärke eindeutig und der der Schwäche auch, dann könnte man diesen Satz aufstellen auf Grund der Natur, wo er für den Augenschein zu gelten scheint. Nun aber sind beide Begriffe so vieldeutig, daß sol-

chen Paradoxien wie »der Stärkste ist der Schwächste« und »der Schwächste ist der Stärkste« ein einsehbarer Sinn zukommen kann.

Im Leben dieses Äons gibt es einen Drang zu erobern und also wohl auch ein Recht, aber wer will es formulieren? Es ist nicht zu formulieren, nicht anders als prophetisch. Übrigens, solange eine Eroberung friedlich geschieht, schafft dieses Recht zu erobern keine Schwierigkeiten; denn es geschieht kein Unrecht, und wo kein Unrecht ist, ist eben Recht. Erst wenn der Krieg dazu kommt, treten die Fragen auf, die der Mensch allein nicht beantworten kann. Den alten Juden wurde von Gott das Recht gegeben, Palästina zu erobern und Völker zu vernichten oder zu entrechten. Wir dürfen annehmen, daß diese Völker entartet waren und ihr Recht verwirkt hatten. Wir dürfen das wohl auch von den Inkas in Mexiko annehmen oder sogar von Karthago oder den Abessiniern heute. Aber nicht immer hält das Stich. Freilich ist ein großer Krieg wohl immer eine Art von Gottesgericht. Das Recht des Siegers besteht darin, daß er seinen Willen aufzwingt. Das scheint rein formal und absolut »sein Recht« zu sein, gleichgültig, ob sein Wille nun gerecht oder ungerecht ist.

(...)

14. Januar 1941

Es liegt durchaus in der Ordnung der Natur und ist ein Satz der Erfahrung, daß die »Führung« immer bei einer Minderheit ist, ja sein soll, denn die Besten wie die Begabtesten bilden immer eine Minderheit, und die Besten und Begabtesten sollen doch wohl immer führen. Aber das ist nicht mehr der Sinn des Satzes: eine Minderheit muß und wird immer führen. Spaßvögel nehmen ihn abstrakt. Entscheidend ist die Skrupellosigkeit und Entschlossenheit, vor nichts zurückzuschrecken und die spezifisch kriminelle Intelligenz zu haben und zu gebrauchen. Schließlich sind in einem Volk die Verbrecher auch eine Minderheit. Deutschland wird von ein paar Verbrechern geführt, der deutsche Geist wird von der Minderheit einiger Minderwertiger repräsentiert. Wir haben das Gegenbild. Ein Land soll von einer Minderheit regiert werden, die über dem Durchschnitt ist; dieses Land aber wird von einer Minderheit regiert, die unter dem Durchschnitt ist. – Ist dieses wirklich so, mein Freund, wird dieses Land vielfach nicht von maßlos tüchtigen Leuten geführt? – Ja, *technisch!* Also unter Absehung vom lebendigen Geist, von Sittlichkeit und Ideal. Geistig und geistlich bleibt die Technik, »die Maschine« ein schweres Problem, davon lasse ich nicht. – Hier ist ein dämonisches Zwischenreich, die Technik *kann* Geist und Seele des Menschen fressen, und der Deutsche ist durch andere Eigenschaften am meisten befähigt, »nach dem Bilde der Maschine« zu leben und zu sterben. Man kann in der Technik das Höchste leisten und als Mensch, wie Gott ihn will und gedacht hat, am niedersten stehen. Das ist das Los des heutigen Deutschland. Kein Denken zehrt in dem Maße vom »Menschen« wie das technische Denken, das doch anderseits wiederum das menschlichste ist. Die abstrakte Technik ist eine reine Erfindung des Menschen, sie ist sicherlich am weitesten weg vom göttlichen Denken und von dem der reinen Geister. Aktion und Kontemplation können in einem polaren Verhältnis zueinander gedacht werden, so daß also das eine das andere bedingt und das betreffende Sein beide nötig hat und nicht ist ohne beide: keine Aktion ohne Kontemplation und keine Kontemplation ohne Aktion. Aber Technik kann ohne Kontemplation sein. Das technische Denken ist das allzumenschliche Denken und darf deshalb niemals die Führung übernehmen. Es ist ein äußerst nützlicher und brauchbarer Diener, aber es *muß* dienen. Man darf ihm niemals eine Emanzipation gestatten.

FRIEDRICH PERCYVAL RECK-MALLECZEWEN
Tagebuch eines Verzweifelten

21. Juli 1944
Das Attentat also auf Herrn Hitler. Exekutiert durch einen Grafen Stauffenberg, dessen untadeligen Vater ich als letztes Beispiel eines deutschen Edelmanns vom Tische unseres Hohen Herrn zu kennen glaube. Dahinter: ein Putsch der Generäle, lange erwartet. Ah, wirklich also? Ein wenig spät, Ihr Herren, die Ihr diesen Erzzerstörer Deutschlands gemacht habt, die Ihr ihm nachliefet, solange alles gut zu gehen schien, die Ihr, alle Offiziere der Monarchie, unbedenklich jeden von Euch gerade verlangten Treueid schworet, die Ihr Euch zu armseligen Mameluken des mit hunderttausend Morden, mit dem Jammer und dem Fluch der Welt belasteten Verbrechers erniedrigt habt und ihn jetzt verratet, wie Ihr vorgestern die Monarchie und gestern die Republik verraten habt. Gewiß, das Glücken dieses Attentates hätte uns, hätte die restliche Substanz dieses unglücklichen Landes gerettet, ich trauere, wie das ganze Land, über das Mißglücken Eures Handstreiches. Aber Ihr – Euch als künftige Repräsentanten Deutschlands zu wissen, Vertreter

dieser preußischen Häresie, die endlich, endlich sich tot zu laufen beginnt in ihrer Funktion als ewige Unheilstifterin, als wahrhaftes Odium generis humani? Ich denke in den Bahnen eines in Deutschland freilich verschollenen Konservativismus, ich bin monarchisch gezeugt, monarchisch erzogen, die Existenz des Königtums gehört zu meinem physischen Wohlbefinden. Und nicht *trotzdem*, sondern *ebendeswegen* hasse ich Euch! Kokotten jeder Euch just passenden politischen Konjunktur, Renegaten Eurer Vergangenheit, traurige Beischläfer dieser industriellen Oligarchie, mit deren Machtanspruch die Zersetzung unserer gesellschaftlichen und staatlichen Strukturen begann, armselige Planer dieses mißglückten, im Auftrage von Krupp und Genossen in Rußland veranstalteten Einbruchdiebstahles, dessen Planung selbst ein Maximum darstellt an politischem Dilettantismus und geopolitischer Unbildung ...

Bar alles Sittengesetzes, trostlose Vertreter jedweder Gott- und Geistlosigkeit ... nein, mehr noch, wahrhafte Hasser alles Schönen, alles dessen, was Eurem platten preußischen Utilitarismus sich verschließt.

Mein Hoher Herr erzählte mir vor Jahren, wie er im Weltkrieg, als Armeeführer, mit Ludendorff um die Weiterexistenz des Schlosses Coucy gerungen habe, das mit seinen romanischen Gewölben als architektonischer Edelstein zwischen die beiden Fronten geraten war. »Es war wirklich militärisch uns und dem Feinde ohne Wert, es war noch nie von einer der beiden Parteien militärisch mißbraucht worden, Ludendorff aber war aufmerksam darauf geworden, weil ich seine Schonung empfahl und von seiner völlig nutzlosen Zerstörung nutzlosen Prestigeschaden befürchtete. Ludendorff hat gesiegt und schließlich wurde es gesprengt, schon um mir einen Tort anzutun. – Er haßte das Schloß nicht nur, weil ich es retten wollte, er haßte es, wie er alles haßte, was jenseits der Kasernenhofperspektive lag ... den Geist, die Anmut, die Eleganz, alles, was das Leben lobenswert macht.« Oh, man konnte diese Kaste, diese unwürdigen Enkel des großen Moltke, nicht besser kennzeichnen. Sie decken durch Jahre jeden Verrat, jede Mord- und Schändungsorgie, sie deckten sie, weil dieser Hitler sie wieder zum Exponenten dieses preußisch mißbrauchten Deutschlands machte, sie standen, bewaffnete Schreier, bei jedem seiner Schurkenstreiche, sie pfiffen auf das Elend all der Bombenopfer, der Häftlinge in den Konzentrationslagern und der Geistesverfolgung, sie pfiffen auf Deutschland und seinen Geist, weil jede Änderung des Regimes ein Ende ihrer Macht bedeutet hätte ...

Und sie verraten jetzt, wo der Bankerott nicht mehr verheimlicht werden kann, die pleite gehende Firma, um sich ein politisches Alibi zu schaffen ... sie, die als platteste Machiavellisten noch alles verraten haben, was ihren Machtanspruch belastete.

Das Land trauert um den Mißerfolg dieser Bombe und ich kann es unmöglich zum Ausdruck bringen, in welchem Maße diese allgemeine Landestrauer auch die meine ist. Die Generale aber? Man soll sie, wenn man Deutschland von der preußischen Häresie befreit, vernichten. Zusammen mit den industriellen Anstiftern dieses Krieges, zusammen mit seinen journalistischen Barden, zusammen mit Herrn Meißner und Hindenburg jun. und nicht zuletzt mit all dem Klüngel, der für das ungeheuerliche Verbrechen des 30. Januar 1933 verantwortlich ist. Diese aber sollen zwanzig Fuß höher hängen als die übrigen.

Mögen die Lebendbleibenden ihr Leben vom Verkaufen von Zündhölzern und Altpapier fristen ...

Als Karikaturen ihrer gestohlenen Macht, als Anstifter unermeßlichen Elends.

Ich kann nicht anders.

DE PROFUNDIS
Deutsche Lyrik in dieser Zeit
Eine Anthologie aus zwölf Jahren

JOSEPH DREXEL
Im Kerker

Ich lebe nicht. Ich esse, schlafe, trinke.
Ich blättre blind in einem Buch. Ich schreibe
Sinnlose Worte in die Luft. Ich treibe
Dahin, gewärtig, daß ich ganz versinke.

Ich bin von allen Ufern losgerissen.
Gleich einem Baum, gleich einem toten Tiere
Trägt mich der Tage trübe Flut. Ich spüre
Nicht Lust, noch Leid, noch fühle ich Gewissen.

Ich starre lang in meine leeren Hände.
Ich denke nichts, ich höre nichts, ich schaue
Leblosen Auges nur die kahle, graue,
Dumpfe Verzweiflung der verhaßten Wände.

Und ab und auf die ruhelosen, matten,
Und auf und ab die Schritte, ungemessen.
Ich weiß nicht wer ich war, ich bin vergessen.
Ich lebe nicht. Ich bin nur noch ein Schatten.

(*Geschrieben im Gestapogefängnis Prinz-Albrecht-Straße, Berlin*)

GERTRUD VON LE FORT
Stimme des Heilands

Ich aber, ich allein erhebe keine Klage, und was an mir geschah,
    steht nirgends vor Gericht.
Denn wo ist der Mächtige, der meine Sache führen, wo ist der
    Gewaltige, der mir genug tun könnte?
Es reicht kein Leben aus, mich anzuhören, und keines Lebens
    Kraft, mein Leid zu fassen!
Jedes Menschen Schmerz hat seine Stunde, und jedes Volkes
    Jammer seine Abendröte,
Aber über meinen Schmerzen geht der Tag nicht unter, und mein
    Jammer ist bei allen Völkern der Erde,
Ich war der Verblutende in allen ihren Schlachten, ich war der zu
    Tode Getroffene jeder Walstatt.
Ich war der Gefangene, den der Hunger würgte, ich war der
    Vermißte, der in Nacht und Grau'n verdarb.
Ich war der Erstickte in den gift'gen Kammern des Verbrechens.
    Ich war der Gemarterte, bei dessen Schrei kein Herz brach.
Ich war der Verschüttete in den Kellern der verbrannten Städte –
    ich war der ausweglos Verirrte ihrer Flammenwälder.
Es war mein Haus, das man dem Flüchtling raubte, es war mein
    Gewand, das man von seiner Schulter riß.
Es war mein Kind, das an der Mutter Brust erstarrte.
An jedem Tage war ich der Verleugnete und zu jeder Stunde war
    ich der Verrat'ne –
Ich bleibe der Verratene bei jedem neuen Schrei der Hähne.
Denn siehe, ich bin eine sanfte Stimme in den wilden Tälern eures
    Hasses,
Ich bin eine gnadene Stimme in den Eisesklüften eures Zorns.
Ich bin eine himmlische Stimme noch am Tor der Hölle.
Ich bin unverbittert Liebe, ich bin unerbittlich Liebe, ich bin
    bittende Liebe:
Liebt mich wieder, liebt euch alle und – verstummt!

Susanne Kerckhoff
Die Schuld

Für Eduard Spranger

Wir haben sie nicht gemieden,
wir haben sie nicht gewußt.
Sie lag in allem Frieden
und still in unsrer Brust.

Nur manchmal kam ein Bangen:
da regte sie sich leis
im atmenden Verlangen,
daß man sie sieht und weiß.

Wir ließen sie im Lauen,
wir wollten keinen Bund.
Jetzt zieht sie unsre Brauen
und zeichnet uns zu Grund,

hat uns mit Blut verkettet
in Schand und Schmach und Leid!
Wer ist, der sich noch rettet?
Wer übersiegt die Zeit?

Wer kann jetzt ohne Zagen
und vor sich sicher sein,
zu seinem Gott zu sagen:
Mir sind die Hände rein?

Hat jeder nicht die Schranken
des kleinen Glücks gesucht?
Hat jeder nicht sein Wanken
im Herzen matt gebucht?

Wir können sie nicht erschlagen
die Schuld, die uns zu schwer.
Wir haben die Kraft nicht, zu sagen:
wir tragen sie nicht mehr.

Sie schmiedet uns die Ketten
der Furcht, die uns umgibt,
zertrümmert uns die Stätten,
die wir zumeist geliebt.

Sie trennt die nahen Herzen
mit schwertgeschärfter Bahn.
In unsrer Kinder Schmerzen
blickt sie uns bitter an!

O Gott, laß uns nicht weichen,
vergeuden Stund um Stund!
Gib uns die Flammenzeichen
der schweren Sühne kund,

bis daß, wie goldner Regen
vom Wolkendunkel sinkt,
aus unsrer Schuld der Segen
erneuter Menschheit dringt!

(*Sommer 1944*)

INGE MOOSSEN
Gespensternacht

Unheilvolle Träume setzen
sich aufs Herz wie schwarze Spinnen,
und das Herz schlägt wie von Sinnen,
und der Atem reißt in Fetzen.

Angstvoll zirpen die Zikaden.
Schreiend flüchtet eine Katze.
Mond steigt, große, grelle Fratze,
durch das Loch im Fensterladen.

Uhren dröhnen. Schritte gehen.
Lautgewordene Gedanken
wie von Irren oder Kranken
durch die bangen Stunden wehen.

RICARDA HUCH
Mein Herz, mein Löwe, hält seine Beute

Mein Herz, mein Löwe, hält seine Beute fest,
Sein Geliebtes fest in den Fängen;
Aber Gehaßtes gibt es auch,
Das er niemals entläßt
Bis zum letzten Hauch,
Was immer die Jahre verhängen:
Es gibt Namen, die beflecken
Die Lippen, die sie nennen,
Die Erde mag sie nicht decken,
Die Flamme mag sie nicht brennen.
Der Engel, gesandt den Verbrecher
Mit Gnade von Gott zu betauen,
Wendet sich ab voll Grauen
Und wird zum zischenden Rächer.
Und hätte Gott selbst so viel Huld
Zu waschen die blutrote Schuld,
Bis der Schandfleck verblaßte –
Mein Herz wird hassen, was es haßte,
Mein Herz hält fest seine Beute,
Daß keiner dran künstle und deute,
Daß kein Lügner schminke das Böse,
Das Verfluchte vom Fluche löse.

HENRI STERNBERG
Das Lied vom Brot

(*Aus dem Zyklus ›Theresienstadt‹*)

Ach, über unserm Sehnen
Und über unsrer Not
Und hinter unsren Tränen
Da steht der Schrei nach Brot.

Wir zählen unsere Tage
Berechnen, was uns droht,
Erwägen Freud und Plage
Und messen unser Brot.

So hoffen wir und harren
Auf Leben oder Tod
Und drehen uns wie Narren
Um Brot, um Brot, um Brot!

(*Geschrieben im Konzentrationslager*)

GÜNTHER WEISENBORN
Anrufung II

Ihr Freunde, die ihr mich des Nachts umgebt,
wenn ich allein an meiner Lampe sitze
in den Ruinen der Kadaverstadt,
durch die der blaue Rauch der Trauer schwebt:

Ich liebe euer Antlitz weiß von Leid,
die Augen schmerzlich groß im Tod erstarrt,
ihr stillen Hingerichteten im Dunkel drüben,
ihr sprecht sehr leise, denn ihr seid sehr weit.

Ihr Freunde, daß ich euch nicht deutlich seh,
liegt an den Tränen, die ihr mir verzeiht.
Es klopft das Blut wie damals noch in mir,
indes ihr kalt und bleich und ausgeschüttet seid.

Die Demut lernend, seit ich leben blieb,
seh ich euch manchmal leis im Mittagslicht
vorübergehn, sehr ernst nickt ihr mir zu,
doch wenn ich frage, antwortet ihr nicht.

Ihr seid mir nah wie meine Hand am Kopf,
ihr meine Gruppe, die ich manchmal mahnend seh,
daß ich von lauter toten Freunden rings
umgeben nicht allein in den Ruinen steh.

Franz Tumler
An der Waage
Aufzeichnungen aus dem Lagerhaus

Ein Ereignis

An einem Vormittag in der Woche darauf machten wir Pause, nachdem wir den Waggon zu einem Drittel ausgeleert hatten. Die Luft hielt nicht mehr die Wärme an dem späten Oktobertag, wir waren der Sonne nachgegangen, die schwach hinter dünnen Nebelschleiern lebloses Licht auswarf, wir saßen auf einem Stapel Eisenbahnschwellen, der zwischen den Geleisen lag. Der Soldat aus Bistritz war aufgestanden, um nach seinem Rucksack zu langen, er kramte das Brot hervor, das er im Lager gebacken hatte von dem Mehl, wie es ihm der Rodelfahrer gegeben hatte. Er ließ das Brot den Rodelfahrer kosten. Der brach ein kleines Stück ab und prüfte es in langsamem Kauen. Ist gut, sagte er, ist gut durchgebacken!

Ein Spieß, der an der Feldküche die Suppe abgeschmeckt hatte, kam herüber. Er wollte den Rodelfahrer sprechen; der Spieß war in Oldenburg zu Hause, er hatte erfahren, daß der Rodelfahrer von dorther aus der Gefangenschaft gekommen war, und wollte fragen, wie es aussehe zu Hause bei ihm.

Nicht aus der Gefangenschaft, erklärte der Rodelfahrer ein wenig wichtigtuerisch, im Oldenburgischen sind wir dem Tommy davon, sind erst in Thüringen geschnappt worden einen Monat später!

Und wann bist du durch Oldenburg gekommen? fragte der Spieß.

Nicht durch die Stadt, entgegnete der Rodelfahrer, der Stadt sind wir ausgewichen, an der waren uns zu viele Posten ...

In dem Augenblick drang in der Luft ein seltsames Geräusch auf. Es war ein Donnern, Stürzen und Poltern, nicht allzu laut, aber von einer zermalmenden Wucht, und dann ein Knattern, als ob mäßig entfernt in dichter Folge dumpfe Schüsse abgefeuert würden. Die Leute waren sich über die Ursache des Geräusches nicht im Klaren, aber sie erwarteten, weil Gewöhnung und Erinnerung sich ihnen blitzschnell einstellten und weil etwas Unheilverkündendes in dem Geräusch aufzudringen schien, für den nächsten Augenblick einen heftigen Knall, einen feurigen Einschlag oder ein Ereignis der Art; sie lagen in dem Augenblick flach am Boden und hoben vorsichtig nur den Kopf auf. Da sahen sie, daß das lange Kabel, das zu ihren Häupten von dem Lagerhaus zu dem Kran hinüber führte, sich gelöst hatte, und daß es wie eine lustige Schlange mit freiem Ende zwischen den andern Drähten durch die Luft schwang, tanzte, aufschlug und wieder hochpeitschte. Zugleich auch sahen sie die schweren Funken und Blitze, in denen sich das Kabel bei jeder Krümmung und Berührung entlud, und nun konnten sie sich das gedämpfte Knattern erklären, das ihnen zuvor wie entfernter Beschuß geklungen hatte: es kam von diesen Funken und Blitzen, die das Kabel in einem fort ausspuckte.

Das Ganze hatte nur einen Atemzug lang gedauert, dann war Ruhe. Die Leute folgten dem Kabelende mit den Augen, sie trafen auf die Stelle, an der das hohe Gerüst des Krans sich erhoben hatte. Aber der Kran war nicht mehr da. Hinter den Waggons vom Hafenbecken auf stieg eine rötliche Staubwolke in die Höhe, sie verwehte in der blassen durchsonnten Nebelluft, drüben am andern Ufer stand still der Hügel.

Die Leute kletterten über die Kupplungen der Waggons, sie liefen zu dem Hafenbecken vor, da sahen sie den Kran liegen. Er war nicht ins Wasser gefallen, sondern war auf eins der eisernen Schiffe niedergestürzt, die in dem Hafen eingeschleust schwammen; nur der obere Teil des Krangerüstes war auseinander gebrochen bei dem Aufschlag und von dem Schiffsdeck weitergeschleudert worden in das Wasser, aus dem stachen die Trümmer hervor. Die Spreizbeine des Kranes, die auf doppelten Rädern wie in Schuhen über die breiten Geleise gelaufen waren, ragten frei in die Luft. Das schwere Gegengewicht, aus Ziegeln gepackt, das dem Kran Standkraft verliehen hatte, war aus seiner Packung gerutscht, war auseinander gefallen, und das nachschlagende Eisengerüst hatte die Ziegel zerbrochen und zermalmt; von ihnen, den aufgebröselten, war die rötliche Staubwolke gekommen, die über dem Schiffsdeck hochgestiegen war.

Das alles sahen die Leute: es lag zur Ruhe erstarrt vor ihnen, kaum noch, daß sich das Wasser in dem Hafenbecken kräuselte und daß es Schlammflecken zeigte von dem Gerüst, das in seinem Grunde eingesunken war. Die Leute beugten sich vor über die Kaimauer, da sahen sie noch etwas, das sich regte, winzig nur, unbedeutend hing es zwischen den riesigen Gerüsttrümmern, den zerrissenen und verschlungenen Drahtseilen, wie ein kleiner Spinnenleib in einem ausgespannten Netz sah es aus: es war ein menschlicher Körper, er lag auf den Eisenplatten des Schiffsdecks: ein grüner Schalknäuel, ein schwarzgefärbter Mantel, die im Halbmond genagelten Schuhe, ein Haarschopf, ein weggekehrtes Gesicht und zwei Arme, die auf- und niederzuckten, der linke mit der hölzernen Hand und ihrem entblößten Bandgestell. Die Leute konnten nicht so schnell von der hohen Kaimauer auf das tiefliegende Schiff hinunterkommen zu dem Langen, sie hätten dazu den Umweg über die Steigleiter seitab machen müssen.

Aber schon waren aus dem Schiff selber zwei Schleppfahrer in blauem Wollzeug zur Stelle, sie zwängten sich zu dem auf den Eisenplatten liegenden Körper durch, knieten sich an ihm nieder und betasteten ihn. Sie drehten seinen Kopf herum, da wurde sichtbar, daß dem Langen aus dem Mund ein Faden roten Blutes rann; die Schleppfahrer knöpften dem Liegenden Mantel, Rock und Hemd auf und horchten ihm auf der bloßen Brust. Eine Frau kam aus dem Steuerhäuschen gelaufen. Er soll trinken! rief sie in gebrochenem Deutsch. Die Schleppfahrer wandten sich hoch und blickten unter den blauen Schiffermützen mißtrauisch auf die kreischende Frau. Laß ihn atmen! sagte der eine von ihnen mit unendlicher Geduld in der Stimme. Reiter aber, der sich an der Kaimauer weit vorgebeugt hatte, rief hinunter: Trinken, was kann ihm denn das nützen!

Da geschah etwas Merkwürdiges. Die beiden Schleppfahrer hatten den Verunglückten eben aufheben wollen an Armen und Beinen, hatten ihn angefaßt schon, da stand er selber auf. Er erhob sich, wie auch sonst ein Mensch aufsteht, und als er auf seinen Beinen stand, kehrte er sich eine Weile um und betrachtete das Kranführerhäuschen, das hinter ihm eingedrückt lag, sah auf das Gewirr der Stahlschienen und Drahtseile, auf die hochragenden Gerüsttrümmer; er betrachtete aufmerksam all dies, dann wendete er sich mit kurzem Ruck um und ging langsam auf dem Schiffsdeck voran. Vor der Steigleiter blieb er stehen, dann stieg er ihre Sprossen in die Höhe. Als er auf der Kaimauer angekommen war, blieb er noch einmal stehen. Nun bemerkte er, daß sein Mantel von oben bis unten rötlich eingestaubt war. Er begann, ihn abzuklopfen. Währenddem blickte er auf seine hölzerne Hand und fuhr sich mit ihr unter die Nase und wurde gewahr, daß ihm das Blut vom Munde rann. Aber da waren schon etliche der Leute neben ihm.

Die Leute waren auf den Langen zugelaufen, weil sie ihn hatten stützen und wegtragen wollen, aber nun wies er sie von sich und begann mit erschrocknem Gesicht und weit aufgerissenen Augen zu erklären, wie alles gekommen war: er habe die Last an dem Seil tiefer geschickt, sagte er, und dann zu plötzlich, zu stark gebremst, da habe bei dem schnellen Bremsen der Zug der Last noch fortgewirkt und davon sei der Kran nach vorn umgefallen. Und er aber habe den Stromhebel noch abgeschaltet und sei kurz bevor er mit dem Führerhäuschen auf dem Schiffsdeck gelandet sei, ausgesprungen.

Dann ist Ihnen also gar nicht viel geschehen? fragte Reiter, der sich auch hier wieder vorgedrängt hatte.

Wird sich herausstellen, Kleiner, sagte der Lange verdrießlich, nach einer Weile fügte er hinzu: Das ist immer noch eine scharfe Zeit!

Während er dies sagte aber, griff er sich mit der rechten lebendigen Hand an den Kopf, er rieb sich mit den ausgestreckten Fingern auf der Schädeldecke ein paar Mal hin und her. Er blickte auf die einzelnen Leute, die vor ihm standen, plötzlich brach er in den Knien ein und fiel weich und schnell zu Boden.

Die Leute trugen ihn in den Holzverschlag von Herrn Gabeles Kontor, dort saßen die Wachtposten, die den Langen wohl kannten, sie drehten die Kurbel am Telefon und riefen in die Stadt um das Rettungsauto. Aber ehe sie den Hörer auflegten, war der Lange schon wieder zu sich gekommen. Zwei Minuten nur war er in der Ohnmacht gelegen. Er setzte sich auf, trat vor den Spiegel, den Herrn Gabeles Tochter in dem Kontor aufgehängt hatte und vor dem sie sich manchmal die Wangen puderte, an dem Spiegel begann er sich Lippen und Kinn von dem Blut zu säubern. Einer der Wachtposten, wie sie mit den Kriegsgefangenen gekommen waren, bot ihm in mürrischer Heftigkeit sein Frühstück an: Haferbrei, Kakao und kleine gebackene Omeletten. Der Lange setzte sich auf eine leere Kiste und aß gierig. Herr Gabele fragte ihn, wie es ihm gehe. Die Leute blickten durch das Glasfenster in das Kontor, sie sahen, daß der Lange nickte und sich das Frühstück gaumenschnalzend schmecken ließ. Dem Posten gefiel das, weil er mit dem Langen nicht reden konnte, klopfte er sich auf den Bauch. Dann stand der Lange auf und fing an, in dem Kontor auf und abzugeben. Das machte den Leuten einen sonderbaren Eindruck. Wie eine Henne, der der Kopf abgeschlagen ist, so geht er, dachten sie bei sich. Ob er sich wirklich erfangen hat? fragte der an dem Tag vorwitzige Reiter. Der Lange schaute befremdet in die Gesichter, die ihn von allen Seiten anstarrten. Plötzlich brach er zum zweiten Male zusammen, aber nun war er tot.

Am andern Tage lasen die Leute von dem Ereignis in der Zeitung. Der Bürgermeister der Stadt, so stand in der Zeitung, habe die Unglücksstelle gleich aufgesucht und habe Maßnahmen erörtert, wie der Kran aus dem Wasser zu bergen wäre. Auch der Kranführer war erwähnt in dem Bericht, aber davon stand nichts, daß er den Stromhebel noch ausgeschaltet hatte mit der hölzernen Hand und kaltblütig aus dem Häuschen gesprungen war und sich dennoch nicht hatte retten können.

Hans Fallada
Jeder stirbt für sich allein

61. Die Hauptverhandlung: Präsident Feisler

Der Präsident des Volksgerichtshofs, der höchste Richter im deutschen Lande zu jener Zeit, Feisler, hatte das Aussehen eines gebildeten Mannes. Er war, nach der Terminologie des Werkmeisters Otto Quangel, ein feiner Herr. Er wußte seinen Talar mit Anstand zu tragen, und das Barett verlieh seinem Haupt Würde, saß nicht sinnlos angeklebt darauf wie auf vielen andern Köpfen. Die Augen waren klug, aber kalt. Er hatte eine hohe, schöne Stirn, aber der Mund war gemein, dieser Mund mit den harten, grausamen und doch wollüstigen Lippen verriet den Mann, einen Lüstling, der alle Genüsse dieser Welt gesucht hatte und der stets andere dafür hatte zahlen lassen.

Und die Hände mit ihren langen, knotigen Fingern waren gemein, Finger wie die Krallen eines Geiers – wenn er eine besonders verletzende Frage stellte, so krümmten sich diese Finger, als wühlten sie im Fleisch des Opfers. Und seine Art zu sprechen war gemein: dieser Mann konnte nie ruhig und sachlich sprechen, er hackte auf seine Opfer los, er beschimpfte sie, er sprach mit schneidender Ironie. Ein gemeiner Mensch, ein schlechter Mensch.

Seitdem Otto Quangel die Anklage zugestellt worden war, hatte er manches Mal mit Dr. Reichhardt, seinem Freunde, über diese Hauptverhandlung gesprochen. Auch der kluge Dr. Reichhardt war der Ansicht gewesen, da das Ende doch unabänderlich sei, solle Quangel von vornherein alles zugestehen, nichts vertuschen, nie lügen. Das würde diesen Leuten den Wind aus den Segeln nehmen, sie würden nicht lange mit ihm herumschimpfen können. Die Verhandlung würde dann nur kurz sein, man würde bestimmt auf eine Zeugenvernehmung verzichten.

Es war eine kleine Sensation, als beide Angeklagte auf die Frage des Vorsitzenden, ob sie sich im Sinne der Anklage schuldig bekennten, mit einem einfachen »Ja« antworteten. Denn mit diesem Ja hatten sie sich selbst das Todesurteil gesprochen und jede weitere Verhandlung unnötig gemacht.

Einen Augenblick stutzte auch der Präsident Feisler, überwältigt von diesem kaum je gehörten Geständnis.

Aber dann besann er sich. Er wollte seine Verhandlung haben. Er wollte diese beiden Arbeiter im Dreck sehen, er wollte sie sich winden sehen unter seinen messerscharfen Fragen. Dieses Ja auf die Frage Schuldig hatte Stolz gezeigt. Präsident Feisler sah es den Gesichtern im Zuhörerraum an, die teils verblüfft, teils nachdenklich aussahen, und er wollte den Angeklagten diesen Stolz nehmen. Sie sollten aus dieser Verhandlung ohne Stolz, ohne Würde hinausgehen.

Feisler fragte: »Sie sind sich klar darüber, daß Sie durch dieses Ja sich selbst das Leben abgesprochen haben, daß Sie sich selbst geschieden haben von allen anständigen Menschen? Daß Sie ein gemeiner, todeswürdiger Verbrecher sind, dessen Aas man am Halse aufhängen wird? Sie sind sich klar darüber? Antworten Sie mit Ja oder mit Nein!«

Quangel sagte langsam: »Ich bin schuldig, ich habe getan, was in der Anklage steht.«

Der Präsident hackte zu: »Sie sollen mit Ja oder Nein antworten! Sind Sie ein gemeiner Volksverräter oder sind Sie es nicht? Ja oder nein!«

Quangel sah den feinen Herrn dort über sich scharf an. Er sagte: »Ja!«

»Pfui Teufel!« schrie der Präsident und spuckte hinter sich. »Pfui Teufel! Und so was nennt sich Deutscher!«

Er sah Quangel mit tiefer Verachtung an und wandte dann seinen Blick zu Anna Quangel. »Und Sie da, Sie Frau da?« fragte er. »Sind Sie auch so gemein wie Ihr Mann? Sind Sie auch eine schuftige Volksverräterin? Schänden Sie auch das Ansehen Ihres auf dem Felde der Ehre gefallenen Sohnes? Ja oder nein?«

Der versorgte graue Anwalt erhob sich eilig und sagte: »Ich bitte doch, bemerken zu dürfen, Herr Präsident, daß meine Mandantin ...«

Der Präsident hackte wieder zu. »Ich nehme Sie in Strafe, Herr Rechtsanwalt«, sagte er, »ich nehme Sie sofort in Strafe, wenn Sie noch einmal, ohne aufgefordert zu sein, das Wort ergreifen! Setzen Sie sich!«

Der Präsident wendete sich wieder an Anna Quangel. »Nun, wie ist es mit Ihnen? Besinnen Sie sich auf den letzten Rest von Anständigkeit in Ihrer Brust, oder wollen Sie so etwas sein wie Ihr Mann, von dem wir jetzt schon wissen, daß er ein gemeiner Volksverräter ist? Sind Sie eine Verräterin Ihres Volkes in schwerer Notzeit? Haben Sie den Mut, den eigenen Sohn zu schänden? Ja oder nein?«

Anna Quangel sah ängstlich zögernd zu ihrem Mann hinüber.

»Sie haben mich anzusehen! Nicht diesen Hochverräter! Ja oder nein!«

Leise, aber deutlich: »Ja!«

»Sie sollen laut reden! Wir wollen es alle hören, daß eine deutsche Mutter sich nicht schämt, den Heldentod ihres eigenen Sohnes mit Schande zu bedecken!«

»Ja!« sagte Anna Quangel laut.

»Unglaublich!« rief Feisler. »Ich habe hier viel Trauriges und auch Grauenhaftes erlebt, aber eine solche Schande ist mir noch nicht vorgekommen! Sie müßten nicht gehängt, sondern entmenschte Bestien wie Sie müßten geviertelt werden!«

Er sprach mehr zu den Hörern als zu den Quangels, er nahm die Anklagerede des Anklägers vorweg. Er schien sich zu besinnen (er wollte seine Verhandlung haben): »Aber meine schwere Pflicht als Oberster Richter gebietet es mir, mich nicht einfach mit Ihrem Schuldbekenntnis zu begnügen. So schwer es mir auch fällt und so aussichtslos es erscheint, meine Pflicht gebietet es mir, nachzuprüfen, ob es nicht doch vielleicht irgendwelche Milderungsgründe gibt.«

So begann es, und dann dauerte es sieben Stunden an.

Ja, der kluge Dr. Reichhardt in der Zelle hatte sich geirrt und Quangel mit ihm. Nie hatten sie damit gerechnet, daß der höchste Richter des deutschen Volkes die Verhandlung in einer so abgrundtiefen, so gemeinen Gehässigkeit führen werde. Es war, als hätten die Quangels ihn selbst, den Herrn Präsidenten Feisler, höchstpersönlich gekränkt, als sei ein kleiner, mißgünstiger, nie verzeihender Mann in seiner Ehre beleidigt und lege es nun darauf an, seinen Gegner bis auf den Tod zu verletzen. Es war, als habe Quangel die Tochter des Präsidenten verführt, so persönlich war das alles, so himmelweit entfernt von aller Sachlichkeit.

Nein, da hatten sich die beiden gewaltig geirrt, dieses Dritte Reich hatte für seinen tiefsten Verächter immer noch neue Überraschungen, es war über jede Gemeinheit hinaus gemein.

»Die Zeugen, Ihre anständigen Arbeitskameraden, haben ausgesagt, daß Sie von einem gradezu schmutzigen Geiz besessen waren, Angeklagter. Was haben Sie nun wohl in einer Woche verdient?« fragte der Präsident etwa.

»Vierzig Mark habe ich in der letzten Zeit nach Haus gebracht«, antwortete Quangel.

»So, vierzig Mark, und da waren also die Abzüge, die Lohnsteuer und das Winterhilfswerk und die Krankenkasse und die Arbeitsfront schon weg?«

»Die waren schon weg.«

»Das scheint mir aber ein ganz hübscher Verdienst zu sein für zwei alte Leute wie Sie, ja?«

»Wir sind damit ausgekommen.«

»Nein, Sie sind nicht damit ausgekommen! Sie lügen schon wieder! Sondern Sie haben noch regelmäßig gespart! Stimmt das oder stimmt das nicht?«

»Das stimmt. Meistens haben wir was zurückgelegt.«

»Wieviel haben Sie denn zurücklegen können jede Woche, im Durchschnitt?«

»Das kann ich so genau nicht sagen. Das war verschieden.«

Der Präsident ereiferte sich:

»Im Durchschnitt habe ich gesagt! Im Durchschnitt! Verstehen Sie nicht, was das heißt, im Durchschnitt? Und Sie schimpfen sich Handwerksmeister? Können nicht mal rechnen! Prachtvoll!«

Der Präsident Feisler schien es aber gar nicht so prachtvoll zu finden, sondern er sah den Angeklagten empört an.

»Ich bin über Fünfzig. Ich habe fünfundzwanzig Jahre gearbeitet. Die Jahre sind verschieden gewesen. Ich bin auch mal arbeitslos gewesen. Oder der Junge war krank. Ich kann keinen Durchschnitt sagen.«

»So? Das können Sie nicht? Ich will Ihnen sagen, warum Sie das nicht können! Sie wollen es nicht! Das ist eben Ihr schmutziger Geiz gewesen, von dem Ihre anständigen Arbeitskameraden sich mit Abscheu abgewandt haben. Sie haben Angst, wir könnten hier erfahren, wieviel Sie zusammengescharrt haben! Nun, wieviel ist es gewesen? Können Sie das auch nicht sagen?«

Quangel kämpfte mit sich. Der Präsident hatte wirklich eine schwache Stelle bei ihm gefunden. Wieviel sie gespart hatten, wußte nicht einmal Anna. Aber dann gab Quangel sich einen Ruck.

Er warf auch das hinter sich. In den letzten Wochen hatte er so vieles hinter sich geworfen, warum nicht auch dies? Er löste sich ganz von dem Letzten, das ihn noch an sein altes Leben band, und sagte:

»4763 Mark!«

»Ja«, wiederholte der Präsident und lehnte sich in seinen hohen Richterstuhl zurück. »4763 Mark und 67 Pfennige!« Er las die Zahl aus den Akten vor. »Und Sie schämen sich gar nicht, einen Staat zu bekämpfen, der Sie soviel hat verdienen lassen? Sie bekämpfen die Gemeinschaft, die so für Sie gesorgt hat?« Er steigerte sich. »Sie wissen nicht, was Dankbarkeit ist. Sie wissen nicht, was Ehre ist. Ein Schandfleck sind Sie! Sie müssen ausgetilgt werden!«

Und die Geierkrallen schlossen sich, öffneten sich wiederum und schlossen sich noch einmal, als zerfleische er Aas.

»Fast die Hälfte von dem Gelde hatte ich schon vor der Machtergreifung gespart«, sagte Quangel.

Jemand im Zuschauerraum lachte, verstummte aber sofort erschrocken, als ihn ein bitterböser Blick des Präsidenten traf. Er hüstelte verlegen.

»Ich bitte um Ruhe! Um absolute Ruhe! Und Sie, Angeklagter, wenn Sie hier frech werden, so werde ich Sie bestrafen. Denken Sie nur nicht, daß Sie jetzt vor jeder andern Strafe sicher sind. Sie könnten sonst was erleben!« Er sah Quangel durchdringend an. »Nun sagen Sie mir mal, Angeklagter, wofür haben Sie eigentlich gespart?«

»Für unser Alter doch.«

»Ach nee, für Ihr Alter? Wie rührend das klingt! Aber gelogen ist es doch wieder. Zum mindesten seit Sie die Karten schrieben, haben Sie gewußt, daß Sie nicht mehr sehr alt werden würden! Sie haben hier selber zugestanden, daß Sie sich stets klar über die Folgen Ihrer Verbrechen gewesen sind. Aber trotzdem haben Sie immer weiter zurückgelegt und Geld bei der Sparkasse eingezahlt. Für was denn?«

»Ich habe doch immer damit gerechnet, daß ich davonkomme.«

»Was heißt das, davonkommen? Daß Sie freigesprochen werden?«

»Nein, an so was habe ich nie geglaubt. Ich habe gedacht, ich werde nicht gefaßt.«

»Sie sehen, da haben Sie ein bißchen falsch gedacht. Ich glaube es Ihnen aber auch nicht, daß Sie so gedacht haben. So dumm sind Sie ja gar nicht, wie Sie sich jetzt stellen. Sie können gar nicht gedacht haben, daß Sie Ihre Verbrechen noch Jahre und Jahre ungestört fortsetzen könnten.«

»Ich glaube nicht an Jahre und Jahre.«

»Was soll das heißen?«

»Ich glaube nicht, daß es noch lange hält, das Tausendjährige Reich«, sagte Quangel, den scharfen Vogelkopf dem Präsidenten zuwendend.

Der Anwalt unten fuhr erschrocken zusammen.

Bei den Hörern lachte wieder jemand auf, und sofort wurde dort ein drohendes Murren laut.

»So ein Schwein!« schrie einer.

Der Schutzpolizist hinter Quangel rückte an seinem Tschako, mit der andern Hand faßte er nach seiner Pistolentasche.

Der Ankläger war aufgesprungen und schwenkte ein Blatt Papier.

Frau Quangel blickte lächelnd auf ihren Mann und nickte eifrig.

Der Schutzpolizist hinter ihr faßte nach ihrer Schulter und drückte sie schmerzhaft.

Sie bezwang sich und schrie nicht.

Ein Beisitzer starrte mit weit offenem Munde auf Quangel.

Der Präsident sprang auf: »Sie Verbrecher, Sie! Sie Idiot! Sie Verbrecher! Sie wagen hier zu sagen ...«

Er brach ab, auf seine Würde bedacht.

»Der Angeklagte ist abzuführen. Wachtmeister, führen Sie den Kerl raus! Der Gerichtshof beschließt über eine angemessene Bestrafung ...«

Nach einer Viertelstunde wurde die Verhandlung wieder aufgenommen.

Viel beachtet wurde, daß der Angeklagte jetzt nicht mehr richtig gehen zu können schien. Allgemein dachte man: Den haben sie unterdes hübsch in der Mache gehabt. Auch Anna Quangel dachte dies mit Angst.

Der Präsident Feisler verkündete: »Der Angeklagte Otto Quangel erhält für vier Wochen Dunkelarrest bei Wasser und Brot und völligem Kostentzug an jedem dritten Tag. Außerdem«, setzte Präsident Feisler erklärend hinzu, »sind dem Angeklagten die Hosenträger fortgenommen worden, da er, wie mir gemeldet wurde, sich in der Pause eben verdächtig mit ihnen zu schaffen gemacht hat. Es besteht Selbstmordverdacht.«

»Ich hab nur mal austreten müssen.«

»Sie halten das Maul, Angeklagter! Es besteht Selbstmordverdacht. Der Angeklagte wird sich von nun an ohne Hosenträger behelfen müssen. Er hat sich das selbst zuzuschreiben.«

Im Zuhörerraum wurde schon wieder gelacht, aber jetzt warf der Präsident einen fast wohlwollenden Blick dorthin, er freute sich selbst an seinem guten Witz. Der Angeklagte stand da, in etwas verkrampfter Haltung, immer mußte er die rutschende Hose festhalten.

Der Präsident lächelte. »Wir fahren in der Verhandlung fort.«

62. Die Hauptverhandlung: Ankläger Pintscher

Während der Präsident des Volksgerichtshofes, Feisler, für jeden unvoreingenommenen Beobachter mit einem bösartigen Bluthund zu vergleichen war, spielte der Ankläger nur die Rolle eines kleinen kläffenden Pintschers, der darauf lauert, den vom Bluthund Angefallenen in die Wade zu beißen, während sein großer Bruder ihn bei der Kehle hatte. Ein paarmal hatte der Ankläger während der Verhandlung gegen die Quangels versucht, loszukläffen, aber immer hatte ihn sofort wieder das Gebell des Bluthundes übertönt. Was gab es da auch noch groß für ihn zu kläffen? Der Präsident verrichtete ja von der ersten Minute an die Dienste des Anklägers, von der ersten Minute an hatte Feisler die Grundpflicht jedes Richters verletzt, der die Wahrheit ermitteln soll: er war höchst parteiisch gewesen.

Aber nach der Mittagspause, in der vom Präsidenten ein sehr reichhaltiges Mahl kartenfrei eingenommen war, zu dem es auch Wein und Schnaps gegeben hatte, war Feisler ein wenig müde. Was sollte auch noch alle Anstrengung? Die waren ja beide schon tot. Zudem war jetzt das Weib dran, diese kleine Arbeiterfrau – und die Weiber waren dem Präsidenten ziemlich gleichgültig, von seinem Richterstandpunkt aus. Die Weiber waren alle doof und nur zu einer Sache nütze. Sonst taten sie, was ihre Männer wollten.

Feisler litt es also gnädig, daß nun der Pintscher sich in den Vordergrund drängte und zu kläffen anhob. Mit halbgeschlossenen Augen lehnte er in seinem Richterstuhl, den Kopf gestützt, scheinbar aufmerksam zuhörend, in Wirklichkeit aber ganz seiner Verdauung hingegeben.

»Angeklagte, Sie waren doch schon ziemlich ältlich, als Ihr jetziger Mann Sie heiratete?«

»Ich war an die Dreißig.«

»Und vorher?«

»Ich verstehe das nicht.«

»Tun Sie bloß nicht so unschuldig, ich will wissen, was Sie vor Ihrer Ehe für Beziehungen zu den Männern hatten. Nun, wird's bald?«

Bei der abgrundtiefen Gemeinheit dieser Frage wurde Anna Quangel erst rot, dann blaß. Hilfeflehend sah sie zu ihrem ältlichen Verteidiger hin, der aufsprang und sagte: »Ich bitte, die Frage als nicht zur Sache gehörig zurückzuweisen!«

Und der Ankläger: »Meine Frage gehört zur Sache. Hier ist die Vermutung laut geworden, die Angeklagte sei nur eine Mitläuferin ihres Mannes gewesen. Ich werde beweisen, daß sie eine moralisch ganz tiefstehende Person war, aus dem Pöbel stammend, daß man sich bei ihr jedes Verbrechens zu versehen hat.«

Der Präsident erklärte gelangweilt: »Die Frage gehört zur Sache. Sie ist zugelassen.«

Der Pintscher kläffte neu: »Also mit wieviel Männern hatten Sie bis zu Ihrer Ehe Beziehungen?«

Alle Augen sind auf Frau Anna Quangel gerichtet. Einige Studenten im Hörerraum lecken sich die Lippen, jemand stöhnt wohlig.

Quangel sieht mit einiger Besorgnis auf Anna, er weiß doch, wie empfindlich sie in diesem Punkte ist.

Aber Anna Quangel hat sich entschlossen. Wie ihr Otto vorhin alle Bedenken wegen seiner Spargelder hinter sich geworfen hat, so war sie jetzt willens, schamlos vor diesen schamlosen Männern zu sein.

Der Ankläger hatte gefragt: »Also mit wieviel Männern hatten Sie bis zu Ihrer Ehe Beziehungen?«

Und Anna Quangel antwortet: »Mit siebenundachtzig.«

Jemand prustet im Zuhörerraum los.

Der Präsident wacht aus seinem Halbschlaf auf und sieht beinah interessiert auf die kleine Arbeiterfrau mit der gedrungenen Gestalt, den roten Bäckchen, der vollen Brust.

Quangels dunkle Augen haben aufgeleuchtet, nun hat er die Lider wieder tief über sie gesenkt.

Er sieht niemanden an.

Der Ankläger aber stottert völlig verwirrt: »Mit siebenundachtzig? Wieso grade mit siebenundachtzig?«

»Das weiß ich nicht«, sagt Anna Quangel ungerührt. »Mehr waren's eben nicht.«

»So?« sagt der Ankläger mißmutig. »So!«

Er ist sehr mißmutig, denn er hat die Angeklagte plötzlich zu einer interessanten Figur gemacht, was keineswegs in seiner Absicht lag. Auch ist er, wie die meisten Anwesenden, fest davon überzeugt, daß sie lügt, daß es vielleicht nur zwei oder drei Liebhaber waren, womöglich sogar keiner. Man könnte sie wegen Verhöhnung des Gerichts in Strafe nehmen lassen. Aber wie ihr diese Absicht beweisen?

Endlich entschließt er sich. Er sagt grämlich: »Ich bin fest davon überzeugt, daß Sie maßlos übertreiben, Angeklagte. Eine Frau, die siebenundachtzig Liebhaber gehabt hat, wird sich wohl kaum der Zahl erinnern. Sie wird antworten: Viele. Aber Ihre Antwort beweist grade Ihre Verkommenheit. Sie rühmen sich noch Ihrer Schamlosigkeit! Sie sind stolz darauf, eine Hure gewesen zu sein. Und aus der Hure sind Sie dann das geworden, was aus allen Huren gemeiniglich wird, Sie sind eine Kuppelmutter geworden. Den eigenen Sohn haben Sie verkuppelt.«

Jetzt hat er Anna Quangel doch gebissen, der Pintscher.

»Nein!« schreit Anna Quangel und erhebt bittend die Hände. »Sagen Sie doch das nicht! So etwas habe ich nie getan!«

»Das haben Sie nicht getan?« klafft der Pintscher. »Und wie wollen Sie das nennen, daß Sie der sogenannten Braut Ihres Sohnes mehrfach nachts Unterkunft gewährt haben? Da haben Sie wohl Ihren Sohn unterdes ausquartiert? He? Wo hat denn diese Trudel geschlafen? Sie wissen doch, sie ist tot, ja, das wissen Sie doch? Sonst säße dieses Frauenzimmer, diese Mithelferin Ihres Mannes bei seinen Verbrechen, auch hier auf der Anklagebank!«

Aber die Erwähnung der Trudel hat Frau Quangel neuen Mut einflößt. Sie sagt, nicht zum Ankläger, sondern zum Gerichtshof hinüber: »Ja, gottlob, daß die Trudel tot ist, daß sie diese letzte Schande nicht miterlebt hat ...«

»Mäßigen Sie sich gefälligst! Ich warne Sie, Angeklagte!«

»Sie war ein gutes, anständiges Mädchen ...«

»Und trieb ihr fünf Monate altes Kind ab, weil sie keine Soldaten zur Welt bringen wollte!«

»Sie hat das Kind nicht abgetrieben, sie war unglücklich über seinen Tod!«

»Sie hat es selber eingestanden!«

»Das glaube ich nicht.«

Der Ankläger schreit los: »Was Sie hier glauben oder nicht, das ist uns gleich! Aber ich rate Ihnen dringend, Ihren Ton zu ändern, Angeklagte, sonst erleben Sie noch etwas sehr Unangenehmes! Die Aussage der Hergesell ist von dem Kommissar Laub protokolliert. Und ein Kriminalkommissar lügt nicht!«

Drohend sah sich der Pintscher im ganzen Saal um.

»Und nun ersuche ich Sie nochmals, Angeklagte, mir zu sagen:

Hat Ihr Sohn in intimen Beziehungen zu diesem Mädchen gestanden oder nicht?«

»Danach sieht eine Mutter nicht hin. Ich bin keine Schnüfflerin.«

»Aber Sie hatten eine Aufsichtspflicht! Wenn Sie den unsittlichen Verkehr Ihres Sohnes in der eigenen Wohnung zulassen, haben Sie sich der schweren Kuppelei schuldig gemacht, so bestimmt es das Strafgesetzbuch.«

»Davon weiß ich nichts. Aber ich weiß, daß Krieg war und daß mein Junge vielleicht sterben mußte. In unsern Kreisen ist das so, wenn zwei verlobt sind, oder so gut wie verlobt, und noch dazu Krieg ist, so sehen wir nicht so genau hin.«

»Aha, jetzt gestehen Sie also, Angeklagte! Sie haben von den unsittlichen Beziehungen gewußt, und Sie haben sie geduldet! Das nennen Sie dann: nicht so genau hinsehen. Aber das Strafgesetzbuch nennt es schwere Kuppelei, und eine Mutter ist schändlich und völlig verworfen, die so etwas duldet!«

»So, ist sie das? Na, dann möchte ich wohl wissen«, sagt Anna Quangel ganz ohne Angst und mit fester Stimme, »dann möchte ich wohl wissen, wie das Strafgesetzbuch das nennt, was der Bubidrück-mich-Verein tut?«

Lebhaftes Lachen ...

»Und was die SA ausfrißt mit ihren Mädchen ...«

Das Lachen bricht ab.

»Und die SS – sie erzählen ja, die SS schändet die Judenmädchen erst und schießt sie hinterher tot ...«

Einen Augenblick Totenstille ...

Aber dann bricht der Tumult los. Sie schreien. Welche von den Zuhörern klettern über die Schranken und wollen auf die Angeklagte eindringen.

Otto Quangel ist aufgesprungen, bereit, seiner Frau zu Hilfe zu eilen ...

Der Schutzpolizist aber und die fehlenden Hosenträger behindern ihn.

Der Präsident steht da und gebietet heftig, aber vergeblich Ruhe.

Die Beisitzer reden laut miteinander.

Der Ankläger Pintscher kläfft und kläfft, und niemand versteht ein Wort ...

Schließlich wird Anna Quangel aus dem Saal geschleppt, der Lärm beruhigt sich wieder, der Gerichtshof zieht sich zur Beratung zurück ...

In fünf Minuten erscheint er wieder:

»Die Angeklagte Anna Quangel ist von der Teilnahme an der Verhandlung gegen sie ausgeschlossen. Sie bleibt von jetzt an in Fesseln. Dunkelarrest bis auf weiteres. Wasser und Brot nur jeden zweiten Tag.«
Die Verhandlung geht weiter.

Elisabeth Langgässer
Schriftsteller unter der Hitler-Diktatur

Das Thema, das wahrzunehmen Sie mir übertragen haben, heißt »Schriftsteller unter der Hitler-Diktatur«, und ich will versuchen, über den Inhalt und die Erfahrungen, die sich zwischen beiden Polen erstrecken, nach bestem Wissen und Gewissen Zeugnis abzulegen: Über mein Sein als Schriftsteller nämlich und speziell als Schriftsteller unter der Hitler-Diktatur.
Aber schon zögere ich, halte ein und frage mich, ob ich mich nicht hier einer Sache unterfange, die andere aus einer viel größeren Summe aller möglichen Erfahrungstatsachen, in viel mächtigerer Breite und furchtbarerer Tiefe erlebt haben, so daß ich also wirklich im ersten Augenblick nicht weiß, was mir eigentlich die Berechtigung gibt, Ihnen etwas zu erzählen, oder Sie an etwas zu erinnern – es sei denn das Vertrauen, das Sie mir mit Ihrem Auftrag geschenkt haben. Denn ich habe wirklich nichts, rein gar nichts, dessen ich mich rühmen könnte; ich habe kein Leid, das nicht, an einem anderen gemessen, wahrscheinlich seine Bedeutung verliert, und die Summe der Quälereien, die jeder von uns zu ertragen hatte, kann man nicht gegenseitig aufrechnen, weil niemand wissen kann, welche Bedeutung sie für den anderen hatte; wie schwer er sie empfunden, und welche Erkenntnis er aus ihr gemünzt hat. Aus dieser klaren Einsicht heraus möchte ich daher mein Thema eigenmächtig beschränken und so formulieren: *Ein* Schriftsteller unter der Hitler-Diktatur – einer von vielen – und ich bitte Sie, es nun dahingehend zu verstehen, daß ich damit nichts weiter auszusagen habe, als was *alle* meine Kameraden auszusagen hätten, wenn sie hier an meiner Stelle stünden, und daß ich es zugleich als etwas Typisches verstehe, aus dem allerdings auch eine typische Gesetzlichkeit, typische Erfahrungen und originale, nicht nachzuholende Erkenntnisse abzuleiten sind. Lassen wir also das »Miserable des privaten Grams und Glücks«, wie Oskar Loerke den ungeformten und unfruchtbaren Schmerz genannt hat, beiseite, und beschränken wir

uns entschlossen und demütig zugleich auf einige Erfahrungen, besser gesagt: Erinnerungen, die wir alle gesammelt haben, und die nun in dieser Stunde nur darauf warten, heraufzusteigen – Fleisch von unserem Fleisch und Blut von unserem Blut, zeugungsmächtig und zukunftsträchtig, wenn wir nur bereit sind, ihnen furchtlos entgegenzugehen und von ihnen die Belehrung anzunehmen, die sie uns vermitteln.

Da ich weder ein Illegaler gewesen bin, noch untertauchen mußte oder in einem KZ die Quälereien dieser barbarischen Zeit erduldet habe, besitze ich also keinerlei Anspruch, auf den meine Worte sich berufen, keine Narben und Ehrenzeichen, mit denen ich mich schmücken könnte, sondern ich muß mich ganz und gar beschränken auf das Kristallisationsgesetz, welchem jede Formwerdung untersteht: nichts als ich selber zu sein. Um mich aber noch einmal – gleichsam hilfesuchend – auf ein Wort von Oskar Loerke zu berufen, dessen großes und unvergängliches Bild ich mit folgendem Satz beschwöre: »*Ich hatte mein Erleben heimzuleiten in die Form seiner Existenz durch Sprache.*« Lassen Sie uns einen Augenblick lang bedenken, was mit diesen überwältigend einfachen und ungeheuerlichen Worten ausgesagt ist.

Es ist vor allem damit gesagt, daß der Schriftsteller eine Aufgabe hat, die in ihrer Art unvertauschbar und ganz unabdingbar ist – einerlei, unter welchen Himmelsstrichen, in welcher Atmosphäre und unter welchen äußeren Bedingungen sie sich vollzieht (wobei natürlich der Modus dieser Aufgabe sich jedesmal wandeln wird; ich sage: der *Modus*, nicht die Aufgabe selbst). Daß ferner diese Aufgabe dem Schriftsteller *als* Schriftsteller und nicht – was vielleicht banal klingt, es aber keineswegs ist! – als Politiker, Quäker, Christ, Humanist, Demokrat, Pazifist oder was sonst noch, übertragen wurde. Mit dieser Einsicht fällt logischerweise auch die Unterscheidung in Dichter der inneren und der äußeren Emigration, und selbstverständlich auch die gegenseitige Aufrechnung ihrer Prüfungen und Leiden, die, soweit man von Dichtern spricht, in erster Linie Prüfungen sind, die sich auf ihr Verhältnis zum Wort beziehen; also zu dem gemeinsamen Gegenstand ihrer Leiden, ihrer Entzückungen, ihrer Siege und ihrer Niederlagen. Denn in Wirklichkeit sind ja weder die Dichter der äußeren, noch der inneren Emigration »ausgewandert«. Wohin hätten sie auch als Dichter auswandern sollen, wenn nicht immer tiefer in den Raum ihrer Sprache hinein, der sich gleichzeitig mehr und mehr für beide zusammenzog, während das Vakuum um sie anwuchs, die Wüste, der Dschungel, die Kasematte. Die Heimat des Dichters ist die Sprache; sie ist es aber in einem noch viel tieferen Sinn als die bloß natürliche Heimat, die ihn geboren hat und also gleichsam seine Mutter darstellt, denn in einer geheimnisvollen Wechselwirkung wird nicht nur der Dichter von der Sprache, sondern auch die Sprache von dem Dichter geboren; sie ist gleichzeitig sein Kind, wie sie seine Gebärerin war, und ein Prioritätenstreit ist hier nicht am Platz. Zwar hat der Dichter die Sprache bereits vorgefunden; aber sie, die von jeher war und durch die – in gleichnishafter Anwendung der Worte, die von einer höheren Realität gelten – »alles geschaffen wurde, was geschaffen ist«, bleibt für immer gegenwärtig nur in ihrem liebsten Geschöpf, dem Dichter, ohne den sie keine Heimat hätte, keinen Ort der Aussage und keine Aktualität. Diese Heimat nun hat sich um den Dichter während der Hitler-Diktatur immer mehr verengert; sie hat sich, wie ich schon sagte, zusammengezogen bis auf den letzten Kristall; das letzte Urgestein, das der Dichter selber war – und in dem schrecklichen Vorgang dieses Zusammengepreßtwerdens erduldete der Dichter die härteste Probe auf seine Unzerstörbarkeit.

Die andere, nicht weniger fruchtbare, war das Aufgeblähtwerden der Sprache in neuen Bildungen, die allesamt einem Klappertopf und einer Kuhschelle glichen: hohl, nichtssagend und vollkommen wertlos; ausgesät und angesiedelt an den Wegrändern der Sprache, auf ihren Schutt- und Abfallhaufen, auf welche der Mann mit dem Gesicht eines verraßten Nagetiers seine Füße stellte, und wo – wie in den Grimmschen Märchen – sobald er den Mund auftat, mit jedem Wort eine Kröte von seinen Lippen sprang. Die Sprache verlumpte und verlodderte, sie wurde blutrünstig und ganovenhaft, unecht wie eine Münze, der man schlechtes Metall untermischt hat, und schließlich für die Zwecke des Dichters auf weite Strecken hin unbrauchbar und nicht mehr verwendungsfähig. Worte wie »Blut«, »Boden«, »Scholle«, »Heimat«, »Held« und andere (Sie können ihre Reihe noch beliebig vermehren) nahm der Dichter im Dahingehen von der Erde auf, prüfte sie auf der flachen Hand und ließ sie angeekelt wieder zurückfallen. Sie waren mißbraucht, geschändet, entleert und entehrt; sie waren pseudodichterisch, ja sogar lächerlich geworden – sie, diese unschuldigen, einfachen Begriffe aus der Kinderstube der Sprache hatten das gleiche Schicksal erlitten wie die Jugend unseres Volkes überhaupt; wie die kleinen Knaben und Mädchen, die plötzlich zu »Jungens« und »Mädels« geworden waren, und denen die Buchstaben des großen und kleinen ABC nicht mehr die Schöpfungsgeschichte erbauten und die Erzählung von Joseph und seinen Brüdern, sondern die Streichersche Judenfibel und das Liederbuch der HJ. In dieser Zeit also gab es keine andere Möglichkeit für den wirklichen Dichter, als daß er auf diese – an sich unschuldigen und ehrenhaften – Begriffe verzichtete, daß er sie ausschied samt dem Inhalt, den sie hatten, und ihrer Aufblähung, ihrer widerlichen und widernatürlichen Vermehrung absolute Zurückhaltung entgegensetzte, sowohl thematisch wie formal. Das hieß aber, daß sich die Sprache nicht nur inhaltlich, sondern *wesenhaft*, nämlich auf ihren wesenhaften Charakter zusammenzog; daß sie einer Reinigung unterworfen wurde und in diesem Vorgang auf merkwürdige Weise mit dem schon erwähnten anderen korrespondierte: in dem Verlust an welthafter Breite entweder steril zu werden, oder eine essentielle Tiefe zu gewinnen, die vor dieser großen Generalreinigung der Gedanken und Gefühle nicht hatte geahnt werden können.

Gleichzeitig aber muß ich auch die beiden riesigen Gefahren nennen, denen der Schriftsteller während der Hitler-Diktatur ausgesetzt war, und denen selbst die Besten nicht immer entgangen sind: die Esoterik und das Spiel mit sechserlei Bällen. Zunächst die Esoterik oder der Elfenbeinturm, wie man den Ort ihrer Aussage genannt hat, der dazu meistens noch ein Türmchen war und nicht einmal aus Elfenbein, sondern aus ganz gewöhnlichem Rinderknochen wie die hübsch gedrehten aber wertlosen Federhalter aus unserer Kinderzeit, die man uns aus fernen Kurorten mitgebracht hatte, und die einen Glasknopf enthielten, in dem ganz Kissingen oder ganz Trieberg im Schwarzwald enthalten war. Mit dieser Art Federhalter schrieb die Sorte der Esoteriker, und während sie angestrengt und hypnotisiert in den Glasknopf starrte, verengerte sich ihre Welt auf das Idyllische hin, auf das Lokale, das falsche Sichbescheiden oder auf tiefsinnige Afterlegenden und romantische Seifenblasen. Es ist klar, daß nicht alles geschmacklos war, nicht unkünstlerisch, nicht unpoetisch; es hatte durchaus keinen »Blutgeruch«, dieses anakreontische Tändeln mit Blumen und Blümchen über den scheußlichen, weit geöffneten, aber eben mit diesen Blümchen überdeckten Abgrund der Massengräber – – doch es war vollkommen unverbindlich, weltlos und deshalb verabscheuungswürdig. Konsequenterweise war es gerade das Naturgedicht, in das man flüchtete, um hier sein Unbehagen, seinen tiefen Widerwillen gegen die Barbarei (den man diesen Dichtern absolut zubilligen muß!) und seine ästhetischen Glücksbedürfnisse anzubringen; aber man vergaß darüber vollkommen, daß es zwar eine tiefe, ja sogar schauerlich tiefe Korrespondenz des Naturkosmos mit dem menschlichen Kosmos gibt, *aber nicht in ästhetischen Kategorien*, sondern unter dem paulinischen Aspekt einer gefallenen und auf die Erlösung durch die Kinder Gottes harrenden Schöpfung. Man hatte es vergessen – bis auf die beiden großen, übrigens durchaus paganischen, aber um das metaphysische Element der Naturdichtung wissenden Lyriker dieser barbarischen Jahre: Oskar Loerke, der seinem Freunde Wilhelm Lehmann den »Silberdistelwald« mit folgenden Versen widmete:

> Wo war der Gott? Sein grünes Vließ
> War Unterwelt, war Paradies.
> Der grüne Gott war dein Gedicht.
> Du sahst ihn an. Er war Gericht.
> Sein Spruch war wie sein Werk so hart:
> Gericht war seine Gegenwart.

Von diesem Wort wollte man nichts wissen, man verstopfte sich die Ohren dagegen, beide Dichter gingen in immer tiefere und zuletzt vollständige Vergessenheit ein. Wenn Sie wollen, nennen Sie dieses Schicksal »innere Emigration« – ich glaube, daß es an Verzweiflung keiner, wie auch immer gearteten, äußeren nachgestanden hat.

Aber es gab noch eine andere Art, auszuweichen und nicht standzuhalten: das Spiel mit mehreren Bällen, wie ich es genannt habe. Gemessen an den Naturträumereien der eben besprochenen Ausweicher und Aufweicher war dies die schlimmere Verhaltensweise, denn sie involvierte notwendigerweise den ungeheuerlichsten Selbstbetrug, der sich jemals auf dem Gebiet der deutschen Dichtung und Schriftstellerei vollzogen hat, und es ist nicht von ungefähr, daß es heute kaum einen Schriftsteller gibt, der sich nicht als mehr oder weniger geschundenes Opfer der Hitlerzeit empfindet oder sich wenigstens von seinem Verleger widerspruchslos als ein solches bezeichnen läßt. Verzeihen Sie mir: diese Worte klingen sehr hart, aber sie sollen ja nur einer Gewissenserforschung dienen und eine Art von Beichtspiegel sein, in den jeder von uns um so ehrlicher und furchtloser blicken sollte, je mehr er sich dem Spiel der sechs Bälle hingegeben hat. Sie kennen dieses Spiel: »Ja«, sagt Herr X., »wenn Herr Goebbels nicht so dumm und die Herren des Propagandaministeriums nicht so verblendet gewesen wären, hätten sie natürlich merken müssen, was ich eigentlich mit dieser oder jener Figur gemeint habe. Übrigens hat man mir natürlich auch immer weniger über den Weg getraut, man hat mich sehr scharf beobachtet, eigentlich war ich ganz unerwünscht, denn ›eigentlich‹ ist meine ganze Dichtung nur eine Ablehnung ihrer Weltanschauung gewesen, gerade *weil* ich mich anscheinend ihrer Ausdrücke bedient habe, und ›eigentlich‹ ist es mein Glück gewesen, daß nachher alles drüber und drunter ging, sonst – – « usw., usw. Ich sage noch einmal, verzeihen Sie mir! Es ist eine große, eine unverdiente Gnade gewesen, wenn Gott einem Menschen den Arm festgehalten hatte; nüchterner ausgedrückt: wenn er es fügte, daß er auf Grund unqualifizierbarer Vorfahren oder irgendeiner Temperamentsäußerung, über die er selber hinterher erstaunt war, beizeiten aus der sogenannten Reichsschrifttumskammer herausgeworfen wurde, bevor er noch in die Versuchung kam, mit diesem Gesindel einen Pakt zu schließen, von welchem der 25. Psalm sagt: »An ihrer Hand klebt Freveltat, gefüllt ist ihre Rechte mit Geschenken.« Hier ist nichts zu rühmen, sondern nur zu danken, denn es kann erst etwas zur Versuchung werden, wenn es die Möglichkeit der Realisierung in sich getragen hat.

Aber mögen auch Einsichten gewonnen und Verfehlungen eingestanden werden – sie nützen nichts, wenn man versäumt, die richtigen Konsequenzen an dem richtigen Zeitpunkt aus ihnen zu ziehen. Noch liegt ein fast unübersehbares Trümmerfeld des Geistes vor uns, ein unaufgeräumter Gebäudekomplex, auf dem sich Säulen und Architrave ebensowohl wie niedergebrochene Bunkerteile und eingestürzte Kasernenmauern wahllos übereinanderschieben. Noch glaubt man vielerorts, eine Sprache und Ausdrucksweise ungeprüft übernehmen zu können, die einmal in den Händen von entsetzlichen Verbrechern und fürchterlichen Dummköpfen der Vernichtung und dem Untergang unseres Kontinents gedient haben, und wie spielende Kinder gräbt man überall scharf geladenes Zeug aus und ahnt nicht die unermeßliche Gefahr, die das falsch gebrauchte Wort, die unentgiftete und unentschärfte Sprache in sich birgt. Man glaube doch nicht, daß man neuen Wein in alte Schläuche füllen kann – weder in die von 1933 noch in die von 1923! Vor allem aber gönne man der Sprache eine Zeit der Ruhe und des Schweigens. Jeder Acker muß sich erholen und in dem Wechsel von Hackfrucht und Getreide seiner Bestimmung entgegenreifen. Welches diese unsere Bestimmung sein wird, kann heute noch niemand sagen. Gewisse Zitate sind überfällig, gewisse Dichterworte, mit denen wir Deutschen uns selbstgefällig zu schmücken pflegen, zu weit geworden wie eine schlappernde Haut, unter der sich nicht Fleisch und Muskel mehr spannt. Nun gilt es, bescheiden zu werden, wachsam, demütig und einfach – ja, allererst einfach. Ich meine damit jene Einfachheit, die ohne Tiefe nichts wert ist – und eine Tiefe, die nicht Gefühlsschwämme, Trieb und Gedankenarmut in sich schließt, sondern höchste, unerbittliche Klarheit, Redlichkeit und Moralität. Fangen wir an!

ALFRED KANTOROWICZ
Deutsche Schriftsteller im Exil

Meine Damen und Herren. Das Todesurteil gegen die deutsche Literatur, das die Nazis mit den Bücherverbrennungen vom 10. Mai 1933 proklamierten, wurde in absentia vollstreckt. Nur an einigen wehrlosen Leibern tobte sich das Delirium der Barbaren aus. Die niemals eines Geistes Hauch verspürt hatten, vermochten einen Erich Mühsam stückweise abzuschlachten, einen Ossietzky in Banden zu schlagen, einen Wiechert ins Konzentrationslager zu sperren, aber sie vermochten nicht, sich den Geist dienstbar zu machen. Geist und Kultur waren dem plumpen Zugriff des Abhubs entzogen; sie waren in Deutschland in die Katakomben gegangen, oder sie hatten außerhalb der deutschen Grenzen ein Refugium gesucht.

Frau Elisabeth Langgässer hat in ihrem schönen Referat die Probleme der inneren Emigration behandelt – vielleicht ist es sogar treffender zu sagen: der Emigration nach Innen in die Innerlichkeit. Mir ist es zugefallen, vom Tun und Dulden der deutschen Schriftsteller im Exil zu sprechen.

Die Lebensform der beiden Gruppen, auch ihre Ausdrucks- und Wirkungsmöglichkeiten, waren voneinander verschieden. Die Not des Exils – diese hierzulande noch nahezu unbekannte drangvolle seelische und materielle Not – hat uns da draußen niemals übersehen machen, daß die Not derer, die hier im Lande blieben, ohne sich durch Kompromisse mit den Widergeistigen zu beflecken, vielleicht noch grausiger und noch tragischer war. Denen, die hierzulande geistig und persönlich und unkorrumpiert überlebt haben, gebührt das erste Wort. Ihre Legitimation ist unbestreitbar. Ihre persönlichen Erfahrungen und Kenntnisse der inneren Entwicklung Deutschlands sind für die, die nun aus dem Exil zurückkehren und ihren Platz an der Seite ihrer überlebenden Geistesbrüder wieder einnehmen wollen, unschätzbar.

Andererseits haben sich durch rein materielle Bedingtheiten, zum Beispiel dadurch, daß man in Deutschland die im Ausland erschienenen Bücher, so sie von einigem Wert waren, nicht mehr erhalten konnte, die im Lande verbliebenen Schriftsteller nicht über die geistigen und literarischen Entwicklungen der Umwelt auf dem laufenden halten können. Hier wiederum sind die Erfahrungen derer, die von draußen kommen, von Wichtigkeit. Die beiden Perspektiven – das meint die Perspektiven derer, die sich hier in Katakomben ihre Integrität gewahrt haben, und die Perspektiven derer, die aus der Distanz von draußen ins Land schauten, ergänzen sich und benötigen sich wechselseitig. Jene wissen um die charakteristischen Einzelheiten des Alltagslebens unter der Herrschaft der Tollwütigen; diese konnten von ihrem entfernteren Standort aus die großen Zusammenhänge besser überschauen. Und sie hatten auch das Glück, die Verbindung mit der Welt aufrechterhalten zu können, und damit zugleich die Chance, das geistige Deutschland in der Welt und vor der Welt zu repräsentieren.

Die beiden geistig miteinander verbundenen, physisch für Jahre voneinander getrennten Gruppierungen haben neben so vielem anderen auch dies gemeinsam: daß wenig von dem, was sie getan, was sie geschaffen und was sie gelitten, bisher hierzulande bekannt geworden ist. Ja, selbst die Namen der großen Mehrzahl von ihnen – und unter dieser Mehrzahl befinden sich weltanerkannte und weltbedeutende Schriftsteller deutscher Zunge – sind der jüngeren Generation in Deutschland nahezu unbekannt geblieben; von ihren Werken kennt man oftmals nicht einmal die Titel, und doch sind gerade sie dazu berufen, zu Verbindungsmännern zwischen der geistigen Tradition Deutschlands und der nun nach den tausend Jahren sich ratlos und verwirrt umschauenden deutschen Jugend zu werden.

Wir zählen mehr als 250 deutsche Schriftsteller, die das Land zur Zeit der Barbarenherrschaft verließen. Es ist beispiellos: man hat dergleichen in geschichtlichen Zeiten noch nicht erlebt. Zweihundertfünfzig Schriftsteller! Viele bedeutende und die bedeutendsten, viele berühmte und die weltberühmten Autoren deutscher Zunge unter ihnen:

Heinrich Mann und Thomas Mann, Franz Werfel, Stefan Zweig, Bertolt Brecht, Anna Seghers, Lion Feuchtwanger, Bruno Frank, Arnold Zweig, Rudolf Olden, Ernst Toller, Johannes R. Becher, Joseph Roth, Alfred Kerr, Leonhard Frank, Friedrich Wolf, Erich Weinert, Balder Olden, Alfred Wolfenstein, Rudolf Leonhard,

Walter Hasenclever, Theodor Plivier, Ernst Weiß, Hermann Kesten, Alfred Neumann, Egon Erwin Kisch, Ernst Bloch, Fritz von Unruh, Robert Musil, Max Herrmann-Neiße, Franz Hessel, Else Lasker-Schüler, René Schickele, Kurt Tucholsky, Paul Zech, Hermann Broch, Hans Marchwitza, Karl Sternheim, Ferdinand Bruckner, Alfred Döblin, Bodo Uhse, A. M. Frey, Wilhelm Speyer, Adrienne Thomas, Ludwig Turek, Berthold Viertel, Otto Zoff, Otto Zarek, Richard Beer-Hofmann, Ludwig Renn, Erich Maria Remarque, Vicky Baum, Franz Blei, Roda Roda, Hans Siemsen, Franz Weiskopf, Ludwig Marcuse, Theodor Lessing, Carl Einstein, Walter Benjamin, Arthur Holitscher, Mynona, Max Osborn, Theodor Wolff, Oskar Maria Graf, Adam Scharrer, Georg Lukács, Monty Jacobs, Ferdinand Hardekopf, Alfred Kurella, Willi Bredel, Paul Westheim, Kurt Kersten, Julius Hay, Wolfgang Langhoff, Hermynia zur Mühlen, Georg Kaiser, Hans Arno Joachim, Maximilian Scheer, Jan Petersen, Fritz Erpenbeck, Egon Friedell, Werner Hegemann, Georg Hermann, Ödön von Horváth, Heinrich Eduard Jacob, Harry Graf Kessler, Annette Kolb, Emil Ludwig, Joachim Maass, Klaus Mann, Robert Neumann, Walter Mehring, Alfred Polgar, Emil Alphons Rheinhardt, Albrecht Schaeffer, Carl Zuckmayer – ich nenne ganz wahllos einige Namen, um Ihnen einen Begriff davon zu geben, welchen Rang und welche Fülle die deutsche Literatur im Exil besaß.

Die exilierten Schriftsteller waren keine Einheit. Es gab konservative Männer und Frauen unter ihnen, streitbare Liberale, Pazifisten, Kommunisten, Sozialisten und sehr viele, die Mehrheit vermutlich, die sich zeit ihres Lebens jeder parteiisch politischen Äußerung ferngehalten haben. Sie sind Lyriker, Dramatiker, Essayisten, Romanciers, Kritiker, Philosophen. Da sind solche, die noch in der Schule des Naturalismus verhaftet waren, andere, deren Namen berühmt geworden sind in der Zeit des wegsuchenden Expressionismus. Es gibt unter ihnen Jünger Stefan Georges und Jünger Heinrich Manns, Träumer und solche, die ihr Werk auf der geistigen Grundlage des dialektischen Materialismus schufen; abseitige, im Elfenbeinturm lebende, in sich und auf sich selbst zurückgezogene Dichter auf der einen Seite, Aktivisten und Märtyrer des geistig-politischen Kampfes auf der anderen Seite; zeitnahe und zeitferne Denker, aber auch Verfasser erfolgreicher Unterhaltungsliteratur – sie alle repräsentieren den ganzen dehnbaren Umkrcis des Begriffes Literatur, vom höchsten und genialen, zum Ewigkeitsanspruch strebenden Bemühen bis zur Grenze, wo Literatur in Kolportage übergeht. Individualisten, wie deutsche Dichter und Denker es in der Regel zu sein pflegen, waren sie bei aller Eigenart doch miteinander verbunden durch das Bewußtsein, daß ein schöpferischer Deutscher von Selbstachtung und von Achtung für die Würde und Freiheit der Literatur nicht mit dem Regime des Antigeistes paktieren könnte.

Thomas Mann hat die Empfindung aller exilierten deutschen Schriftsteller formuliert, als er ausrief: »Ich hätte nicht leben, nicht arbeiten können, ich wäre erstickt, ohne dann und wann zwischenhinein, wie alte Völker sagten: ›Mein Herz zu waschen‹, ohne von Zeit zu Zeit meinem unergründlichen Abscheu vor dem, was zu Hause in elenden Worten und elenderen Taten geschah, unverhohlen Ausdruck zu geben.«

Wir zweihundertfünfzig über viele Länder der Erde verstreute exilierte deutsche Schriftsteller, wir »wuschen unsere Herzen«, wir gaben unserer Besorgnis über das, was in Deutschland geschah, beredt Ausdruck. Für die Mehrheit von uns war das Exil nicht ein Schicksal, das wir duldend hinnahmen, sondern eine Aufgabe, der wir uns stellten; nicht das Ende des Kampfes für die innere Freiheit, die Würde und Gesittung Deutschlands, vielmehr die Fortführung unserer Mission, die Erneuerung, die Steigerung, die Intensivierung der geistigen Auseinandersetzung. Wir trachteten unser Land vor der Katastrophe zu bewahren, die eintreten mußte, wenn man den Hysteriker aus Braunau und seine Kumpane an der Macht ließ. Da wir, im Gegensatz zu unseren im Lande verbliebenen, zum Schweigen gezwungenen Freunden sprechen konnten, erhoben wir unsere warnenden Stimmen. Aber unsere Stimmen, die ruhigen Stimmen der Vernunft, sind übertönt worden von Geschrei, Gekeif, Hetzreden, Fanfarengeschmetter, Militärmärschen. Wir haben nicht vermocht, die Katastrophe abzuwenden, ja nicht einmal, sie auch nur zu mildern. Man hat nicht auf uns gehört, weder im Lande, noch im Auslande.

Immerhin hat man in der Welt zur Kenntnis genommen, daß es ein anderes, nicht nazistisches und nicht gleichgeschaltetes Deutschland gab und gibt. Wir zeugten von ihm, direkt, indem wir Kenntnis von den Abwehrkräften im Lande gaben, von deren wahrhaftig übermenschlichem Heroismus und deren fast unbeschreiblichen Leiden wir der Welt erzählten, indirekt durch die Werke der Großen, die die Not des Exils mit uns teilten.

Die Parole: Gesicht nach Deutschland! war für fast alle von uns verbindlich. Wir gaben ihr Inhalt, vornehmlich ja schon dadurch, daß wir deutsch schrieben, das kostbare Gut der Muttersprache sorgsam wahrten und dem Mißbrauch entzogen, den die Gewalthaber in unserem Lande mit ihr trieben. Die Stoffe, die wir wählten, waren in der Überzahl deutsche Stoffe oder sehr bezügliche Gleichnisse der deutschen Tragödie.

Aber unsere leidenschaftliche Bezugnahme fand auch mannigfache direkte, organisatorische Formen. Wir schlossen uns zusammen im »Schutzverband deutscher Schriftsteller im Exil«, dessen Zentrum bis zu Beginn des Krieges die zahlenmäßig und qualitativ sehr starke Gruppe in Paris war, der aber seine Zweige in England, der Tschechoslowakei, der Sowjetunion, der Schweiz, Belgien, Holland, Süd-Afrika und später in USA und Mexiko hatte. Die limitierte Zeit gestattet mir nicht mehr als Stichworte der überaus intensiven und fruchtbar geistigen und schöpferischen Arbeit dieser Gruppen zu geben. Unsere für Jahre regelmäßig wöchentlich durchgeführten Diskussionsabende und öffentlichen Veranstaltungen sehr repräsentativen Charakters, auch deutsche Theateraufführungen, Vorlesungen weltberühmter deutscher Autoren, kritische Aussprachen, Vortragsreihen, Zusammenkünfte mit den führenden Intellektuellen unserer Gastländer weisen sich aus als ein blühendes, fruchtbar anregendes deutsches Kulturleben.

Ein Teil unserer Bücher und Pamphlete drang in mannigfachen Verkleidungen ins Land. Wir organisierten aus eigenen Kräften die Mittel, die nötig waren, um einen warnenden Ruf Heinrich Manns in Tausenden von Lions' Teepäckchen versteckt an deutsche Haushalte zu versenden oder das Braunbuch über Reichstagsbrand und Hitlerterror im Gewande eines Reclambandes über die Grenzen des Dritten Reiches zu schmuggeln. Im Sommer 1934 publizierten wir die erste Nummer des ›Schriftsteller‹. Sie war genau so aufgemacht wie die gleichnamige Zeitschrift des gleichgeschalteten Goebbelsschen Reichsverbandes. Wir sandten Hunderte von Exemplaren an die Schriftsteller im Lande. Die Aufregung war groß. In der Tat: Goebbels ließ eine ganze Woche hintereinander Abend für Abend im Rundfunk öffentlich vor diesem »bolschewistischen Machwerk« warnen. Wir waren ihm dankbar für die Propaganda der kleinen Schrift. Man riß sich um sie. Viele Schriftsteller aus dem Lande bezeugten uns ihre Verbreitung und Wirkung. Ein Jahr später ging eine starke Broschüre unter dem Titel »Deutsch für Deutsche« in der Tarnung eines Bandes der »Miniaturbibliothek« ins Land. Die nächste illegale Schrift erschien im Sommer 1937. Es war eine Spanien-Sondernummer. Thomas Mann, Romain Rolland,

Anna Seghers legten ihr Zeugnis ab; die übrigen Mitarbeiter dieser Publikation fürs Land standen in jener Zeit an den Fronten von Madrid, Aragon und Pozoblanco.

Wir haben uns immer gegen die Spaltung von Denken und Tun gewandt. Wir gingen nach Spanien, um dort an der Front nicht nur die soziale, sondern auch die geistige Freiheit verteidigen zu helfen. Da wir wußten, daß es Zeiten gibt, in denen auch der Schriftsteller die Kultur am wirksamsten mit der Waffe in der Hand zu verteidigen vermag, vertauschten zeitweilig viele von uns die Schreibmaschinen mit dem Maschinengewehr. Aber sie hörten darum nicht auf, Schriftsteller zu sein. Keineswegs. Unermeßlich bereichert kehrten sie wieder zurück an ihre Schreibmaschinen. Die aufwühlenden Erfahrungen, die sie an den Freiheitsfronten vor Madrid sammelten, setzten sie in ihren Büchern und ihrer Publizistik in neue, eingreifende Aktionen um.

Der zweite Weltkrieg, der in Spanien begonnen hatte, breitete sich in den folgenden Jahren über die Erde aus, und wir deutschen Schriftsteller im Exil gehörten zu den Partisanen des Kampfes. Man findet die Unseren im Untergrundkampf in Frankreich und anderen westeuropäischen Ländern, man findet sie an den Fronten des Ostens, man hört ihre Stimmen in London, New York, Mexiko. Sie sind es, die unablässig der Welt ins Gedächtnis zu rufen suchen, daß es innerhalb und außerhalb des Machtbereichs der nationalsozialistischen Diktatur ein anderes, nichtnazistisches Deutschland gibt; insonderheit, daß die deutsche Kultur und die deutsche Literatur keinen Teil haben an den Unmenschlichkeiten, die den Namen unseres Vaterlandes in der Welt verächtlich gemacht haben.

Die literarische Bemühung der exilierten deutschen Schriftsteller in vielen Teilen der Welt weist sich aus durch hunderte, in viele Sprachen übersetzte Bücher, Meisterwerke darunter, einige bereits erkannt als Bestände der Weltliteratur. Aber sie weist sich ebenfalls aus durch ungezählte Essays, durch Ansprachen, durch Teilnahme am geistigen Leben der Welt, eine Teilnahme, die zugleich Repräsentation des deutschen geistigen Lebens war. An äußeren Bestätigungen, wie sehr wir von der ganzen Welt als legitime Vertreter der deutschen Literatur, als Hüter und Fortsetzer des großen Erbes anerkannt wurden, hat es wahrlich nicht gefehlt. Nur als Beispiel erwähne ich die Teilnahme deutscher Schriftsteller an dem 1934 in Moskau stattgehabten Schriftstellerkongreß und die außerordentliche Beteiligung am Internationalen Schriftstellerkongreß zur Verteidigung der Kultur, der 1935 in Paris stattfand. Dieser Kongreß, der viele der besten Namen der zeitgenössischen Weltliteratur vereinigte, die letzte große geistige Manifestation Europas vor der Höllenfahrt, brachte uns Deutschen zwei besondere Höhepunkte:

Der eine war das Erscheinen Heinrich Manns auf der Tribüne des großen Saales der Mutualité. Fünftausend Menschen waren in diesem Saal oder sechstausend; sie alle erhoben sich, ohne daß jemand ein Zeichen gegeben hätte. Sie erhoben sich schweigend zu Ehren des großen deutschen Emigranten Heinrich Mann, sie ehrten in ihm das Deutschland der Freiheitskämpfer, das Deutschland, das der Welt unverlierbare Werte der Kultur überantwortet hat und weiterhin überantworten wird. Eine halbe Minute schwieg die Menge im Saale, dann brach ein Jubel los, der nicht mehr enden wollte. Es gab viele unter uns, die ihrer Ergriffenheit schwer Herr werden konnten. Wir waren nicht allein, unser Kampf blieb nicht ohne Zeugnis. Wir wußten es immer, nun bestätigen es uns die besten Geister der fünf Erdteile.

Das war für uns der erste Höhepunkt, ein zweiter folgte. Am dritten Tage des Kongresses erschien auf der Tribüne ein allen nichtdeutschen Teilnehmern unbekannter Mann mit einer Maske vor dem Gesicht. Er sprach nur wenige deutsche Worte. Er sagte, er sei vor wenigen Tagen aus dem Lande gekommen, um dem Kongreß die Grüße einer Gruppe antifaschistischer deutscher Schriftsteller zu überbringen, die im Lande unter täglicher Todesgefahr weiterarbeiteten. Er hoffte, in einigen Tagen wieder ins Land zurückzukehren, um den Kameraden dort Bericht zu geben von der intellektuellen Solidarität mit ihrem Kampfe, die sich hier auf dem Kongreß so stark und eindeutig manifestiert habe. Er bringe uns allen die Versicherung, daß im geknechteten Deutschland, in dem es gegenwärtig keine freie Literatur mehr gebe, eine unterirdische, sich dem Zugriff der Mörder entziehende Literatur erwachse, die einst von allen Kämpfen und allen Leiden, allem Opfermut der Besten Bericht geben werde. Nach diesen Worten verschwand der Mann mit der Maske. Einige wenige von uns kannten ihn, sie wußten, daß er der Vertrauensmann der antifaschistischen Schriftsteller im Lande war, er selber ein Schriftsteller von Talent und ein todesmutiger Antifaschist. (Jetzt darf man wohl seine Identität bekanntgeben; sein Name ist Jan Petersen.) Als die Zuhörer sich nach der Übersetzung dieser wenigen Worte von ihrer Atemlosigkeit erholt hatten, brach erneut der sich bis zu Tränen steigernde Jubel des brüderlichen Gefühls los.

Das, meine Damen und Herren, waren Höhepunkte. Im allgemeinen bestand das Exil aus Niederungen. Das Exil war Hunger, Konzentrationslager, Erniedrigung, Schutzlosigkeit, Verfolgung. Wir erlitten Niederlage nach Niederlage. Wir lernten gleich unseren Freunden in Deutschland die Konzentrationslager kennen. Wir waren Freiwild in den Ländern, in denen Hitlers Freunde zur Herrschaft kamen. Wir wurden gejagt durch die Kontinente und über Meere. Wir verloren all unser Hab und Gut, auch – ich sollte sagen, vornehmlich – geistige Güter, unsere Bibliotheken, unsere Manuskripte, manch einer unter uns hat sein Lebenswerk im Stich lassen oder selber vernichten müssen, um jedenfalls sein Leben retten zu können. Die Verlustliste der deutschen Schriftsteller des Exils ist horrend. Sie allein, wenn nichts anderes, würde für die Härte des Kampfes sprechen, den wir in den Jahren des Exils zu führen hatten.

Heute morgen, im Hebbel-Theater, haben wir in feierlicher Kundgebung unserer Toten gedacht, vor allem der großen Märtyrer des geistigen Kampfes im Lande selbst, Carl von Ossietzky, Felix Fechenbach, Albrecht Haushofer, Adam Kuckhoff, Erich Mühsam. Das Schicksal der Mehrheit unserer Toten hat sich in der Emigration erfüllt. Einige sind fern der Heimat eines natürlichen Todes gestorben, aber viele haben ein gewaltsames Ende gefunden wie etwa Theodor Lessing, der in der Tschechoslowakei von gedungenen Mordbuben erschossen wurde, wie Rudolf Olden, dessen Schiff auf der Überfahrt von England nach Kanada torpediert wurde, wie der Kunsthistoriker und Theologe Albert Müller, der vor Madrid fiel, wie der alte Romanschriftsteller Georg Hermann, der in Holland gefangen und in Auschwitz vergast wurde, wie der Essayist und Kritiker Hans Arno Joachim, der in Frankreich in die Hände der Gestapo fiel und seither verschollen ist. Der Dichter und Biograph Emil Alphons Rheinhardt wird halb gelähmt in Südfrankreich gefangen; er endet in Dachau. Johannes Wüsten, aus dessen Nachlaß der Roman »Rübezahl« nun bald erscheinen wird, wird in Paris vom Schicksal ereilt; er endet in einem Nazizuchthaus. Der alte Franz Hessel, der Proust und Jules Romains ins Deutsche übertragen und sein Leben lang der Bekanntmachung und dem tieferen Verständnis der neuen französischen Literatur gedient hat, stirbt an den Folgen der langen Haft in französischen Konzentrationslagern. Der Dichter Alfred Wolfenstein erlebt nach längerer Gefangenschaft durch die Gestapo und Jahren illegalen Lebens im besetzten Frankreich noch seine Befreiung, dann verläßt ihn die Kraft, er entschläft in Paris.

Der Dramatiker Walter Hasenclever, mit dem ich im französischen Konzentrationslager Les Milles zusammen war und den ich bis zur letzten Stunde zu noch ein wenig längerem Ausharren zu überreden suchte, nahm die genügende Dosis Veronal aus Furcht davor, daß am nächsten Morgen die SS unsere französischen Lagerwachen ablösen könnte. Der bedeutende Romanschriftsteller Ernst Weiß machte in seinem Pariser Hotelzimmer ein Ende beim Anblick der in Paris einmarschierenden deutschen Truppen. Der brillante Essayist Walter Benjamin gab den Kampf auf, als er nach seiner Flucht von spanischen Grenzposten verhaftet wurde und nach Vichy-Frankreich zurückgebracht werden sollte. Der Kunsthistoriker Carl Einstein entzog sich der Verfolgung durch einen Sprung in einen südfranzösischen Fluß.

Neben ihnen, die dem direkten Zugriff der Nazis auf diese Weise zu entkommen suchten, müssen wir noch jener Schriftsteller gedenken, die aus allgemeinen Motiven den Tod suchten. Wir denken an Ernst Toller, der nach der Auslieferung Spaniens an die Faschisten sich in einem jähen Anfall von Verzweiflung in seinem New-Yorker Hotelzimmer erhängte, und an Kurt Tucholsky, der ja schon frühzeitig in Schweden in Ekel und Überdruß seinem Leben ein Ende setzte. Insonderheit der Abgang Stefan Zweigs, den keine materielle Not bedrängte, und der niemals in politische Aktivität verwickelt war, als er in seiner Villa in Brasilien Gift nahm, wies uns hin auf die sehr tragische Situation kultivierter Schriftsteller deutscher Zunge der älteren Generation, die, erfüllt von tiefem Pessimismus, verzweifelnd meinten: mit dem Ende ihrer Welt sei nun alles zu Ende.

Zu Unrecht, wie wir glauben und hier aussprechen. Viel von uns hoffen, ja, haben die innere Gewißheit, daß in der neuen Welt, die auf dem Trümmerhaufen nach der Periode der Schreckensherrschaft wiedererstehen wird, ein Platz und eine Aufgabe für uns deutsche Schriftsteller sein wird. Manche von uns sind sogar der Meinung, daß unser Kampf und unsere Werke im inneren und äußeren Exil dazu beigetragen haben, legitime Kulturbestände der alten Welt mit in die neue hinüberzuretten, und daß unser zukünftiger Kampf und unsere zukünftigen Werke dazu beitragen werden, die neue Welt kulturell und sozial wohnlich aufzubauen. Die, von denen ich spreche, fühlen sich nicht als Nachhut, nicht als letzte Überlebende einer zusammenstürzenden Zivilisation, sondern als Vortrupp einer neuen Gesellschaft und als Architekten des neu zu erbauenden Hauses. Wir glauben in aller geziemenden

Bescheidenheit, daß die deutschen Schriftsteller des inneren und des äußeren Exils durch ihr Leben und ihr Werk ein Anrecht zu solcher Hoffnung erworben haben.

Wir deutschen Schriftsteller, die in den Jahren der Diktatur der Barbarei in Deutschland ins innere oder äußere Exil gingen, sind keine Sekte, kein von unserem Volke isolierter »Klüngel von Literaten«, wie es im Goebbels-Jargon hieß. Wir fühlten uns allezeit als Teil unseres Volkes, wir sagen mit Selbstbewußtsein als ein hervorragender Teil. Wir haben viele Niederlagen erlitten, aber eines ist uns gelungen: dazu beizutragen, daß die Achtung vor deutschem Geist und Wort auch in den Jahren, da in Deutschland selber Nacht war, in der Welt nicht verlosch.

Die nun nach Jahren des Exils wieder heimkehren, bringen die Erkenntnis mit, daß die geistigen Deutschen vornehmlich berufen sind, die entsetzliche Misere, in die uns Ungeistige und Antigeistige hineingezerrt haben, zu liquidieren oder doch jedenfalls zu lindern. Es ist das geistige Deutschland, das noch Kredit in der Welt genießt, und auf ihm ruht unsere Hoffnung, wenn es noch eine Hoffnung gibt. Wir bedienen uns der Worte unseres Lehrmeisters Heinrich Mann:

»Niemals trifft geistige Macht zusammen mit der öffentlichen Gewalt von Minderwertigkeiten. Die Deutschen, um unter anderen besonders sie zu nennen, sind die leichte Beute profaner Machthaber geworden, seitdem sie nach keinen geistigen Denkern mehr die Augen erheben konnten. Ungelehrte, Geringe hatten vordem durchaus gefühlt: das sind sie, durch die ich etwas gelte. Mein Recht und Leben ist geschützt durch sie. Man muß das gekannt haben – oder es künftig nochmals erwerben von Grund auf –: das Vertrauen in menschliche Güte und Duldsamkeit, die Achtung des Menschen, die Selbstachtung.«

Duldsamkeit, die Achtung des Menschen, Selbstachtung – wir haben versucht, sie uns zu erhalten in den Jahren, da Barbaren in unserem Vaterlande Amok liefen. Es muß uns gelingen, die junge Generation mit dem Bewußtsein von der Nobilität der geistigen Freiheit zu durchdringen; sie hinzuweisen auf die unermeßlichen Schätze, die es friedlich zu erobern gilt; sie zu überzeugen, daß der Geist zu größeren und kühneren Erwerbungen auszuziehen vermag als die gewaltigsten Panzerheere; ihr zu zeigen, daß das schöpferische Deutschland einstmals die Welt für sich gewonnen hat mit seiner Musik, Dichtung, Philosophie und Wissenschaft. Und daß wir diese Chance heute wieder haben!

Diese Hoffnung bringen wir deutschen Schriftsteller mit heim aus unserer Odyssee durch die Kontinente und Meere. Es ist die Botschaft, die unsere Freunde in der weiten Welt uns mitgaben, und in dieser Mission liegt der Verknüpfungspunkt zwischen uns und der Welt, die unsere Namen mit Achtung nennt, einerseits und unserem Volke andererseits, das in Bälde die Namen unserer Großen – der Toten wie der Überlebenden – mit Dankbarkeit kennen und nennen wird.

Hermann Kesten
Die Zwillinge von Nürnberg

Der König von Ansbach

Am Abend berichtete Uli, Hauptmann von Ollwitz sei nochmals dagewesen und habe den Leutnant Lust für den andern Tag höflichst in des Hauptmanns Wohnung eingeladen, pünktlich um vier.

»Er wird alte Kameraden und eine neue Aufgabe finden«, hatte Ollwitz gesagt.

»Soll ich wirklich das Vaterland retten?« fragte Lust.

In der Wohnung des Hauptmanns führte ihn ein Bursche in Uniform in den Salon. Eine starkgeschnürte Blondine erhob sich vom Klavier. Der Hauptmann werde in fünf Minuten kommen. Sie bot ihm Zigaretten an. Ob er Musik liebe?

»Gewiß, Frau Hauptmann.«

Sie setzte sich ans Klavier. »Ich spiele Schumann für Sie.« Darauf spielte sie Schumann. Sie spielte gar nicht schlecht.

Lust betrachtete zerstreut jenen schön ausladenden Teil der Frau Hauptmann, vermittels dessen sie saß; es war ihre eindrucksvollste Partie. Spielte sie darum? Nach fünf Minuten brach sie ab und drehte sich auf dem Klavierstuhl um.

»Verheiratet, Herr Leutnant?«

»Keineswegs, Frau Hauptmann.«

»In festen Händen?«

Lust lächelte amüsiert. Die Blondine musterte ihn mit trägen, saugenden Blicken. Sie hatte große, schmachtende, blaue Augen, und den Busen zur Hälfte unbedeckt.

Sie sagte: »Ollwitz meint, der Krieg sei ein Stahlbad. Manchmal nennt er ihn einen Jungbrunnen. Er wurde 1917 verwundet. An einer delikaten Stelle.«

»An der Westfront?« fragte Lust.

»Ich spreche nicht von der Gegend. Die Gegend ist gleichgültig. Ich bin eine Soldatenfrau und weiß Opfer zu bringen.«

Die Blondine stand auf und breitete ihre angenehme Fülle nahe vor dem Leutnant aus. Mit tränenerstickter Stimme rief sie: »Aber es hat Grenzen. Alles im Leben hat eine Grenze, Herr Leutnant. Ich spreche als moderne Frau zu Ihnen. Und Sie sind heil heimgekommen?«

Sie wartete keine Antwort ab, setzte sich wieder zum Klavier und sagte über die Schulter weg: »Nehmen Sie morgen den Tee bei mir, Herr Leutnant. Ollwitz reist heute abend nach Berlin. Für drei Tage. Ich erwarte Sie. Jetzt spiele ich Franz Liszt.«

Sie spielte Liszt. Dann kam Hauptmann von Ollwitz. Schweißperlen bedeckten seinen dicken, roten Hals.

»Gertrude! Du gestattest, daß ich dir den Herrn Leutnant entführe.«

Sie drehte sich auf dem Klavierstuhl um und reichte dem Leutnant die Hand zum Kuß. Es war eine elegante Hand, lange, intelligente Finger, eine duftende Haut.

Der Hauptmann brachte ihn durch einen Flur in ein verrauchtes Zimmer, angefüllt mit Offizieren. Ollwitz führte ihn gleich in den nächsten Raum, wo um einen runden Tisch drei Offiziere saßen.

Lust kannte sie alle, den Hauptmann Heiß, den Gründer des Freikorps »Reichsflagge«, den Hauptmann Röhm, und den Oberleutnant Bruch. Sie waren aus seinem Regiment, sie hatten ihm übers Rote Kreuz ins Gefangenenlager Nachrichten und Pakete zukommen lassen, er hatte einem Offizier seines Regiments seine glückliche Flucht beschrieben, seitdem stand er wieder, ohne nur einen von ihnen wieder gesehen zu haben, mitten im Netz dieser beziehungsreichsten aller Gesellschaften der Welt, nämlich des deutschen Offizierskorps.

Ollwitz und Lust setzten sich dazu.

»Bier oder Schnaps?« fragte Ollwitz.

»Beides«, antwortete Lust. Er wollte sich schnell betrinken.

Hauptmann Röhm war mitten in der Erzählung ... »wir ganzen Fahnenjunker mitten in der Turnstunde ohnmächtig. Ich war selber Rekrutenoffizier. Mein Ideal: Soldaten fürs Leben zu machen. Als ich noch Fahnenjunker war, zu Ingolstadt, im Königlich Bayerischen 10. Infanterieregiment Prinz Ludwig, nachmals König, ging ich mit meinem Busenfreund von Klett, dem ›schönen Ernst‹, beim Mondschein an der Donau spazieren, und wir träumten zusammen von unerhörten Taten, um den nächsten Krieg zu beschleunigen. Da hatten wir den Krieg nun. Und er ging falsch aus. Der süße Ernst! Vor Verdun gefallen.«

Lust schüttete sein Glas Schnaps ins Glas Bier und trank hastig. Hauptmann Heiß hielt die Reitpeitsche in der Hand.

»Offiziere müssen lernen zu sterben«, erklärte er.

Hauptmann Ollwitz erklärte: »Ich bin Soldat. Ich kenne keine Kompromisse. Ich betrachte die ganze Welt von meinem soldatischen Standpunkt aus. Bewußt einseitig. Ich sehe, daß die Deutschen die besten Soldaten der Welt sind. Diese Niederlage war ein Mißgriff der Welthistorie. Unsere Aufgabe, die Geschichte zu korrigieren! Wir sind schon dabei, Herr Leutnant. Der Name unserer Organisation ist: Bayerisches Freikorps für den Grenzschutz Ost. Aufstellung im Truppenübungslager zu Ohrdruf in Thüringen, unter Oberst von Epp und Major von Hörauf. Oberst von Epp hat sich persönlich nach Ihrem Verbleib erkundigt. Höhern Orts sind Sie gut angeschrieben! Das Generalkommando in Weimar, General der Reichswehr von Lüttwitz, liefert Gewehre, Uniformen, Pferde, Geld. Begriffen?«

Hauptmann Röhm trank sein Glas leer. »Der Trick der Drückeberger, Deserteure und Schieber vom November 18, Revolution genannt, führt uns Soldaten aufs Feld der Politik. Wir sind Soldaten, zuerst und zuletzt, und bleiben es, selbstredend. Der Mann, der mit seinem Leib sein Vaterland deckt, hat jeden Anspruch auf die Staatsführung.«

Hauptmann Heiß erklärte: »Deutschland ist im Felde unbesiegt geblieben. In Rußland regieren Asiaten und Juden. Frankreich ist vernegert und ausgeblutet. England ist voll von Krämern und Pazifisten. Wir sind die Herrennation. In fünf Jahren, in zehn Jahren, in zwanzig Jahren ist Europa eine deutsche Provinz, die andern Erdteile deutsche Kolonien. Wir werden strengere Herren sein als diese bigotten Angelsachsen mit ihrem müden Blut. Wir haben im Krieg keine moralischen Anfechtungen. Und für uns ist der Krieg eine natürliche Dauerform des Lebens.«

Oberleutnant Bruch gestand, man stelle sich alles zu schwer vor. »Sie werden sehen. Alles ist ganz einfach. Es gibt keine Komplikationen in der Welt. Schwierigkeiten und Komplikationen sind Augenfehler oder Rechenfehler. Begriffen? Wir werden aufrüsten. Ist das nicht simpel? Die christliche Welt ist impotent. Sie weiß nicht zu widerstehn. Das ist ganz einfach. Wir sind die großen Heiden. Wir werden das Christentum wie eine Maske vom Gesicht

Deutschlands abreißen. Übrigens sehnt sich die Welt nach deutscher Ordnung, deutscher Sauberkeit und deutscher Pünktlichkeit. Und es wird am deutschen Wesen noch die ganze Welt genesen. Das hat der Herr von Geibel geschrieben. Ein Preuße, der in München gelebt hat. Prachtvolles Resultat. Nehmen Sie noch ein Bier, Herr Leutnant, oder lieber Schnaps?«

»Beides«, sagte Lust.

Nach dem sechsten Glas Bier mit Schnaps ging Lust Arm in Arm mit Ollwitz ins Badezimmer. Seite an Seite kotzten sie in die Badewanne.

»Verstanden?« fragte Ollwitz in den Pausen seiner eruptiven Aktivität. »Begriffen?«

Als Lust heimkam, brachten ihn die Zwillinge zu Bett. Zwei Tage lang hatte er Kopfweh.

Arnold Zweig
Das Beil von Wandsbek

Erstes Buch: Man hilft sich, wie man kann

Erstes Kapitel: Ein gebrechliches Fahrzeug

I

Geschehnisse, wie sie hier abrollen werden, um in einem viermal geschwungenen Beil, einem Revolverschuß und dem Zuziehen einer eingeseiften Schlinge zeitgemäß zu gipfeln, beginnen oft mit einer unscheinbaren Bewegung. Diese hier bestand in dem energischen Hineinstoßen des Federhalters ins Tintenfläschchen, ausgeführt von der kräftigen Hand Albert Teetjens, eines schönen blonden Mannes von zweiundvierzig Jahren, mit einem geschwungenen Schnurrbart über würzigen Lippen und mit verschwommen blickenden Augen von norddeutsch blaugrauem Glanz und weiten Lidern.

Er saß, die Hemdärmel aufgekrempelt, am ovalen Tisch seines Wohn- und Eßzimmers, den seine Frau nach dem Abendbrot mal schnell trocken abgerieben hatte, eine große Zeitung als Unterlage benutzend, das Hamburger Fremdenblatt vom Freitag, 27. August 1937. Ein Firmament von durchsichtigem Grünblau spannte sich über die hohen Hinterwände der Häuser, in deren Erdgeschoß Teetjens Laden und Wohnung untergebracht waren, aber er sah nicht auf. Stine Teetjen hingegen verharrte, das Gesicht schräg emporgehoben und den rotblonden Haarknoten infolgedessen tief im Nacken, am geöffneten Fenster. Die Hände mit dem Wischtuch auf dem Rücken verschränkt, ließ sie ihre großen, grauen Augen mit dem Ausdruck verschämten Entzückens in den Abendhimmel schweifen, durstig atmend. Von links über ihnen und von gegenüber her musizierten die Lautsprecher, beide in der gleichen Kammermusik schwelgend, die der Hamburger Sender zusammen mit ganz Deutschland von der Großsendestelle Königswusterhausen empfing. Stine wußte nicht, was für einer Musik sie zuhörte und daß es Mozarts Klarinettenquintett war, dem da gleichzeitig die Petersens im Vorderhaus und die Lawerenzens im gegenüberliegenden Seitenflügel lauschten. Aber was da in sie einströmte, eingeatmet gleichsam mit dem türkisfarbenen Licht, das gefiel ihr sehr. Blaugrüne Musik, dachte sie, Vergißmeinnicht und Rittersporn und Erika im Borsteler Moor. Mittendrinsitzen im warmen Kraut, sich zurücklegen; ach, wie gut das riecht! Und dann ist der Albert da, der bisher mit seinem Spazierstock in Mauselöchern, Maulwurfshaufen und einem verlassenen Fuchsbau herumgestochert hat, sonst kein Mensch weit und breit, bloß ein Flugzeug brummt nach Gotland, und ich kann meinen Rock ausziehen, damit er nicht zerdrückt wird. Albert aber dreht seine Gedanken weg von seinem Tick, wie's wohl im Innern der Erde aussieht, freut sich über meine Beine und ... Damit kam ihr das Vorhandensein ihres schönen Mannes wieder voll zum Bewußtsein, und daß er sich den ganzen Nachmittag mit dem Abfassen des verdammten Briefes gequält hatte. Die Kasse war so gut wie leer, am Ersten aber die Miete zu entrichten, nicht nur für Wohnung und Laden, sondern auch für Kühlschrank, Schneidemaschine und Wiegewaagen, die heutzutage weiß lackiert und sauber geputzt zum Zubehör einer Schlächterei gehören, wenn die Kundschaft nicht ganz ausbleiben soll. Sie wandte sich um, bemerkte, daß er noch kein Licht gemacht hatte, zog die Pendellampe tiefer über den Tisch, die an einem viel zu starken Haken von der Decke hing, knipste den Schalter und sagte halb spottend: »Gut, daß du noch nichts aufs Papier gesetzt hast. Tätest dir bloß die Augen verderben.«

Er ging auf ihren Scherz nicht ein. Schwer brütend starrte er auf den leichten Schulfederhalter, hellbraun, mit dunkelbraunen Tupfen getigert, den er zwischen seinen behaarten Fingern hielt, sauber gewaschen und von rötlicher Haut. »Ich krieg's nicht zusammen, Stine. 'S ist ja, als sollt' man eine lockere Sanddüne hinaufsteigen, und man rutscht in einemweg ab. Diktier mir deins. Das klingt noch am besten.« Damit nahm er vom Bord über dem roten Plüschsofa eine Zigarrenkiste, roch wollüstig hinein, wählte unter den gefleckten Fehlfarben, stellte die Kiste wieder weg und zog, während Stine aus der Kommode eine schwarz gebundene Bibel nahm, sein großes Klappmesser, um die Spitze abzuschneiden. Dann atmete er den würzigen Rauch ein und aus und sagte, während sie einer zufälligen Stelle des Alten Testaments ein bekritzeltes Blatt entnahm: »Tja, die Sorge um den verfluchten Zaster. Haben die einen beim Halse, sitzt man allein in seiner Stube, als wäre nicht Stadt Hamburg rund um einen herum, mit anderthalb Millionen Volksgenossen und lauter vollen Safes.« – »Niemand ist allein«, sagte Stine, mit den Augen, besonders großen und ausdrucksvollen Augen, einige Zeilen des Propheten Hosea abtastend, »soll ich anfangen?«

»Fang an«, stimmte er zu, stieß den Federhalter durch den Hals des Fläschchens in die schwarzrötliche Schultinte und schrieb, mit durchaus nicht ungelenker Hand, in deutscher und deutlicher Schrift, Satz für Satz, wie er sauber und langsam von ihren blaßroten Lippen kam, in hamburgisch gefärbten Lauten und mit Schulmädchenstimme:

»Hamburg-Wandsbek, Wagnerstraße 17, den 27.8.37. Lieber Volksgenosse und Kriegskamerad. Du hast schon lange nichts mehr von mir gehört, seit wir zusammen auf dem Floß den Njemen hinabtrieben und in Memel die Messinghülsen und Schmierbüchsen verkauften. Ich denke oft daran, was das für eine wilde und lustige Zeit war, und mein Harmonikaspiel Dir Spaß machte. Jetzt hab ich das Schifferklavier längst beiseite gelegt. Nach dem Tode meines Alten mußte ich die Fleischerei übernehmen, wie ich es ja gelernt hatte. Aber jetzt will es nicht mehr recht flecken. Die Lebensmittel von Ehape machen mich tot, seit die Filiale Wandsbeker Chaussee auch Fleisch- und Wurstwaren führt. Die Hausfrauen aus unserer Gegend brauchen mit dem Tram keine zehn Minuten. Sie sagen, die Auswahl ist größer und die Fahrt kommt wieder heraus. Da Du in Bürgerschaft und Senat etwas zu bestellen hast, kannst Du vielleicht veranlassen, daß sie in Wohnvierteln keine Fleischwaren feilhalten dürfen. Obwohl mein Sturmführer Preester nicht dieser Meinung ist, fasse ich doch die Absichten des Führers dahin zusammen, daß der kleine Mann auch leben soll. Lieber Kamerad, ich wäre Dir sehr dankbar, wenn ich Dich mal sprechen könnte, nachdem ich Dich noch niemals angegangen oder belästigt habe. Otto Lehmkes Bierstube, Wandsbek 8494, richtet mir jeden Anruf aus. In treuer Parteigenossenschaft, Heil Hitler, Dein Albert Teetjen, Schlächtermeister.«

Teetjen betrachtete seine Unterschrift, der er einen energischen Schwung gegeben hatte, infolgedessen sie mit einem leichten Anstieg endete, trocknete die Feder an der Zeitung, überlas den Brief noch einmal und sagte bewundernd: »Wo du das nur her hast, Stine. Das redt ja wie ich selbst, aber besser.« Stine lachte: »Tja, Dummchen«, rief sie, indem sie ihm den schön geteilten Scheitel zauste, »unsere Schule in Blankenese hat halt was aus mir gemacht. Und warum hast du dich seit unserem Ausflug nach Farmsen am Sonntag gewehrt und gesträubt, erstens überhaupt zu schreiben und zweitens, wie ich es mir dachte?« – »Weil's keinen Spaß macht, den reichen Reeder Footh anzubetteln. Denn darauf kommt es doch heraus. – Ein Geldschrank hackt dem anderen die Augen nicht aus in unserem neuen Reiche.« – Stine runzelte die rotblonden Brauen. »Anbetteln«, sagte sie strafend. »Einer hilft dem anderen. Im Weltkrieg halfst du ihm drei- oder viermal aus dem Dreck. Das vergißt du bloß immer.« – »Tja«, murmelte Albert Teetjen, den Brief zusammenfaltend, »das war damals, inzwischen haben sich die Weichen umgestellt. Klettert mächtig nach oben, der Footh. Sucht und findet Anschluß. Hat ja auch so was Nettes um die Augen und den Mund. Wenn wir uns trafen, war er immer der anständige PG. Aber was weiß man, wie es jetzt in ihm aussieht. Wirtschaftsführer! Große Geschäfte! Seine Tankerflotte zählt schon fünf Schiffe. Manchmal im Hafen zeigen sie sie mir, und wenn ich dann sage, wir waren Kriegskameraden in Weißrußland und haben manches Ding zusammen gedreht, dann beglückwünschen sie mich: Alberten kann's nicht schlecht gehen. Komm, Albert, gib mal was aus. Und dann soll ich eine Runde Köhm schmeißen oder dänischen Aquavit, wenn wir im Freihafen arbeiten. Bis jetzt hat er mich nur gekostet, der Kamerad Footh.« – »Paß auf, Albert«, damit setzte sich Stine neben ihn aufs Sofa, »diesmal bringt er uns Glück. Soll sich ja so manche Braut unter den Fräuleins vom Harvestehuder Weg angelacht haben. Und was einer hat, das bringt er auch anderen. Hier ist seine Adresse.« – Und sie reichte ihm einen grauleinenen Briefumschlag, auf dem von fremder Frauenhand in wohlgestalten Schriftzügen »Herrn Hans P. Footh, Hamburg-Roterbaum, Harvestehuder Weg« geschrieben stand. »Privatadresse«, strahlte sie, »damit es nicht unter der Geschäftspost verschwindet.« – »Deern«, rief Albert bewundernd, »was haben wir doch für eine kluge Else.« – »Stine«, verbesserte sie die Redensart, die, wie sie wohl wußte, aus einem Grimmschen Hausmärchen stammte. Er faßte sie an den Schultern, schüttelte und küßte sie, erregte sich dabei und schob sie vor sich hin ins Schlafzimmer, wo im Dämmerlicht des Abends die beiden Betten den quadratischen Raum beherrschten. Sommerwarm stand die Luft zwischen den hell getünchten Wänden. Viel zu heiß lag es sich unter den dicken Federbetten, wenn man noch irgendetwas anhatte. »Über dem Eßtisch brennt noch das Elektrische«, mahnte Frau Stine, während sie ihre Röcke fallen ließ und das Hemd über den Kopf streifte. »Laß brennen«, rief Albert heiser, stürzte aber doch noch zurück und drehte den Knipser. Mozarts Musik hatte längst geendet.

II

»Bei Nathansons, solange es sie gab, pflegte es in diesen Stunden hoch herzugehen, Garden Party und Hauskonzert zur Feier des Tages.«

Die junge Dame, die dies am folgenden Nachmittag sagte, lag, die Arme hinterm mattblonden Haar gekreuzt, in einem Liegestuhl. Die Terrasse, auf der er stand, erlaubte einen Durchblick zwischen den Villen und Wipfeln der vorderen Straßen auf das Becken der Außenalster, das sich hier kilometerweit öffnete.

Hans Peter Footh, die schweren Hände zwischen den Knien, richtete seine kleinen, intensiven Augen überrascht auf den blaßroten Mund seiner schönen, goldbraunen Freundin. In langen weißseidenen Beinkleidern, den Oberkörper nur mit einem Brusttuch geschmückt, hellrot-weiß-blau wie die holländische Flagge, lag sie da und gab ihm Rätsel auf. Aber gerade das liebte er an ihr. Auf seine bekannt nette Art war er seiner Sache und der Partei in allem Wichtigen sicher genug, um sich kleine Blößen geben zu dürfen. Annette Koldewey, Tochter eines hohen Verwaltungsbeamten, des Zuchthausdirektors von Fuhlsbüttel, galt als sehr gebildetes Mädchen. Sie hatte schon in der republikanischen Hamburger Gesellschaft verkehrt; weniger zu wissen als sie, schändete niemanden. »Feier des Tages?« fragte er, » was war denn 1870 am 28. August?« – Annette lächelte leise, ihre slawisch braunen Augen, eingebettet zwischen hochgerückten Backenknochen und einer eigensinnigen Stirn, musterten freundlich den Mann in den weiten blaugrauen Schifferhosen, der über hundertfünfzig Angestellte gebot und dem sie sich zu eigen gegeben hatte, auf Kündigung und bis auf weiteres. Vorsichtig vermied sie den Ausdruck Liebe, um das zu kennzeichnen, was sie mit Footh verband. Er hatte sich schon vor Jahren scheiden lassen und war bereit, sie jeden Tag zu heiraten. »Goethes Geburtstag«, gab sie Bescheid. »Nathansons feierten ihn. In den

Tagen der Republik nahmen ja viele davon Kenntnis. Jetzt sitzen Nathansons drüben in Stockholm und warten auf den Tag ihrer Rückkehr.« – »Wird ihnen die Zeit nicht lang werden?« spottete Hans Footh. – »Wir sprachen sie im Frühjahr«, entgegnete Annette. »Konsul Nathanson ist klug. Ich gebe eurem Führer noch ein paar Jahre, sagte er. Dann macht er eine ganz große Dummheit und setzt die Welt in Brand, und danach kommen wir wieder. Seine komischen Vorstellungen von England und Amerika werden ihm den Hals brechen.« – »Kluger Mann!« empörte sich Hans Footh. »Sonderbaren Umgang erlaubte dir dein Vater.« Annette blickte vor sich hin: als ob ihr eigener Wille nicht ausgereicht hätte, sie zu leiten! Dann verzog sie ihre Brauen zu bedrängtem Ausdruck, wollte etwas entgegnen, zog es aber vor, die Glastasse mit Tee an die Lippen zu setzen, den Duft der Mischung einzuatmen, die sie selbst aus Darjeeling und Pekoe hergestellt hatte, und sich in langen Zügen zu erfrischen.

Footh und sie hatten die ersten Stunden des Nachmittags auf seinem Segelboot verbracht und waren noch nicht lange wieder zu Haus. Da Sonnabend Mittag das Weekend begann, belebte sich das Wasser von Stunde zu Stunde. – Grund für manche Leute, den Tee lieber daheim zu nehmen. Zuviel Gesang, Gerufe und Grammophon. »Armer Papa!« seufzte sie bedrückt.

Im Schlafzimmer, vor welchem die Terrasse sich erstreckte, und das sie gleichsam ins Freie fortsetzte, schnarrte das Telefon. Herr Footh erhob sich schwer aus seinem Sessel, Stahlrohr, bespannt mit bunten Gurten, sogenannter Bauhausstil, und ging hinein. Annette musterte den wiegenden Gang, den Herr Footh von den Kapitänen seiner Tankschiffe gelernt hatte. Eigentlich müßten von seinem Rücken Hosenträger herunterbaumeln, hin und her, wie bei Jannings im Film, dachte sie angeärgert. Und hoffentlich bringst du auch einmal so viel Verständnis für den Stil deiner Tochter auf wie mein Papa. Der Vater hatte Sorgen. Die Krankheit dieses Herrn Denke aus Magdeburg, zuerst nur eine leichte Betriebsstörung, machte ihm seit ein paar Tagen schwer zu schaffen. Annette, seine Älteste, seit dem Tod ihrer Mutter daran gewöhnt, mit ihm zu tragen, was ihn bekümmerte und freute, wand sich jetzt auf ihrem Liegestuhl vor Hilflosigkeit. Ihre Blicke, wie Rat suchend, schweiften in den blauen Sommerhimmel; dann griff sie zu einer Zigarette. Wer konnte hier helfen?

Herr Footh kam zurück, einen Brief in der Hand, der ihm durch den Speiseaufzug hinaufgesandt worden war. »Kennst du die

Schrift?« fragte er Annette, bevor er den Umschlag aufriß. »Das ist Käte Neumeiers Schrift. Sie hat sich doch in Wandsbek niedergelassen, nicht? Was will sie von dir?« Herr Footh hatte inzwischen das beschriebene Blatt durchstudiert, zusammengelegt und in die Tasche gesteckt. Halb ärgerlich, halb belustigt sah er vor sich hin. »Deine Freundinnen sollten mit meiner Privatadresse sparsamer umgehen«, meinte er. »Der Brief kommt von jemand ganz anderem, aber der Umschlag stammt von ihr. Ein Wandsbeker Kriegskamerad, der eine Unterstützung braucht. Willst du lesen?« – Annette ließ die Hülle, grau und leinenartig, auf die Holzroste gleiten. »Ich habe wenig Sinn für fremde Leute, solange Papa derart im Druck steckt.«

Herr Footh wußte Bescheid. Annette, vorhin auf dem Deck der Yacht »Goldauge« ausgestreckt wie eine braune Najade, hatte ihm berichtet, daß der Senat ihren Vater dringend ersucht hatte, endlich die Hinrichtung der vier längst zum Tode Verurteilten anzusetzen, ihre Zellen freizumachen. Der Führer wünschte, nach Hamburg zu kommen, der Hochbrücke über die Elbe wegen, die er plante. Aber erst mußte da reiner Tisch gemacht werden, der Prozeß gegen Timme und Genossen ausgespielt haben. Das Reichsjustizministerium war vorstellig geworden, Herr Denke aber, Scharfrichter aus Magdeburg, noch immer bettlägerig. Jetzt mahnte man ihren Vater, Ersatz zu schaffen. »Wenn dein alter Herr diese Genossen noch länger in Pension behält, wird er sich schließlich selbst in den Geruch bringen, Kommunist zu sein«, hatte Herr Footh lachend bemerkt und war ins Wasser gesprungen, während Annette die Segelleine hielt und ihm ein Tau zuwarf, damit »Goldauge« ihm nicht in der leichten Brise um Hunderte von Metern entschlüpfte. Jetzt plötzlich erhob er sich vom Stuhle, schlenderte an die Brüstung der Veranda, kam zurück, schenkte sich einen Kognak ein, Martell stand auf der dickbäuchigen Flasche. »Dem Manne kann geholfen werden. Beiden Männern. Deinem Vater auch. Nu, lies das mal.« Und er reichte ihr mit leicht zitternder Hand das geöffnete Briefblatt hin: »Geburtstagsgeschenk vom alten Herrn Goethe«, schmunzelte er.

Annette überflog die Zeilen, blickte verständnislos zu ihm hoch. »Ein Kriegskamerad«, wiederholte sie, »gut und schön. Albert Teetjen. Und was hat das mit meinem Vater zu schaffen?« – »Dummchen«, rief er und machte mit dem Zeigefinger unter den Namenszug eine unterstreichende Bewegung. »Albert Teetjen, Schlächtermeister«, betonte er dazu. Annette ließ die Hand mit dem Briefe sinken, das Papier fallen. Der Wind trieb es ein paar Schritte über die Veranda, nun lag es neben dem grauen Kuvert. Aus weitgeöffneten Augen drängten sich ihre Blicke in die seinen, sonst regte sich nichts in ihrem Gesicht. »Laß die kostbare Adresse nicht fortfliegen«, rief Footh und setzte seinen Fuß mit dem Segelschuh darauf, bückte sich und barg es in der Seitentasche. »Wieviel, sagtest du, soll dem Herrn Denke die Berufsausübung diesmal einbringen?« – Annettes Mund stand leicht geöffnet, mehrere Atemzüge lang. Sie legte ihre braune Hand ans Kinn, über dem sich die Wangen straff und schön rundeten, herzförmig gleichsam, ziemlich slawisch: »Ich glaube zweitausend Mark«, antwortete sie halblaut, bewegt von Bedenken, gleichsam benommen. Er verstand die Regungen nicht, die in ihr auf- und abstiegen. »Wetten, daß es klappt?« rief er. »Was kriege ich, wenn deinem Vater der Rotwein wieder schmeckt?« Ein glückliches Lächeln lockerte ihren Mund, und indem sie ihm beide Arme entgegenstreckte und auch die Schultern zu ihm emporhob, hörte sie, sie wußte nicht warum, von ihrer inneren Stimme zwei berühmte Verse Gretchens, die hier genau paßten: »Ich habe schon so viel für dich getan, daß mir zu tun fast nichts mehr übrig bleibt.« Aber sie sprach sie nicht aus, da er bestimmt hätte fragen müssen, woher das sei. Und niemand, sie am wenigsten, wäre imstande gewesen, einem so offenkundig hilfsbereiten, warmherzigen Manne Bildungslücken vorzuwerfen. Die gehörten fast zu seinem Typ, einem guten, neuen, wohlverstanden.

LION FEUCHTWANGER
Der Schriftsteller im Exil

1.

In München, als Student, habe ich an einem Seminar teilgenommen, das sich mit dem Thema beschäftigte: »Erlebnis und Dichtung«. Das war in den Zeiten tiefen Friedens vor dem ersten Weltkrieg, der Elfenbeinturm war große literarische Mode, und der Professor, der das Seminar leitete, machte einen säuberlichen Trennungsstrich zwischen äußerem und innerem Erleben. Die innere Form des Dichtens schien ihm vorgeschrieben von seiner Geburt an, und er wollte es nicht gelten lassen, daß das Werk des Schriftstellers abhängig sei von dem Platz, an dem sein Schreibtisch stehe.

Es war in jenem Seminar die Rede davon, wie viele Schriftsteller aller Völker und aller Zeiten einen großen Teil ihres Lebens im Exil hatten verbringen müssen, und wieviel Werke höchsten literarischen Ranges im Exil entstanden sind. Der leitende Professor erklärte, diese Jahre des Exils hätten zwar die Stoffwahl jener Autoren beeinflußt, nicht aber ihre innere Landschaft. Ich gestehe, daß mir schon damals als blutjungem Studenten diese These verdächtig vorkam. Ich konnte es nicht glauben, daß das Werk Ovids, Li-Tai-Pes, Dantes, Heinrich Heines, Victor Hugos nur im *Stofflichen* beeinflußt sei von der Verbannung dieser Dichter. Mir schien, daß das *innerste Wesen* der Werke, welche diese Dichter in der Zeit ihrer Verbannung geschrieben haben, bedingt war von ihren äußeren Umständen, von ihrem Exil. Der infernalische Haß gewisser Dante'scher Terzinen, die blitzende Schärfe Victor Hugo'scher Streitschriften, die schwermütig-heitere, süße und tiefe Heimatliebe Li-Tai-Pe'scher Verse, der elegante und tödliche Hohn Heine'scher Gedichte, das alles ist nicht denkbar ohne das Exil des Autors. Das Exil ist kein zufälliger Nebenumstand, es ist die Quelle dieser Werke. Nicht die Stoffe dieser Dichter haben sich verändert durch ihre Verbannung, sondern ihr Wesen.

Jetzt, im Beginn des zweiten Jahrzehnts meines Lebens und Dichtens im Exil, ist mir diese Meinung weit mehr geworden als eine bloße Meinung, sie gehört zu den Grundlagen meiner innern Existenz, und wenn ich nun zu Ihnen spreche über die äußern und innern Probleme, vor welche das Exil den Autor stellt, so hoffe ich, meine Ausführungen werden nicht zu sehr gefärbt sein von der Farbe sehr schmerzhaften Erlebens.

2.

Ich möchte nicht lange verweilen bei dem bittern Thema, mit wieviel äußern Schwierigkeiten der Schriftsteller im Exil sich herumzuschlagen hat; ich hoffe, denjenigen unter Ihnen, welche diese Schwierigkeiten nicht erfahren haben, werden sie erspart bleiben.

Der Schriftsteller, der den Leserkreis seines eigenen Landes verliert, verliert mit ihm sehr häufig das Zentrum seiner wirtschaftlichen Existenz. Sehr viele Schriftsteller, die in ihrem eigenen Lande marktfähig waren, sind trotz höchster Begabung im Ausland nicht verkaufbar, sei es, weil ihr Wert vor allem im Sprachlichen liegt und dieses Sprachliche nicht übertragbar ist, sei es, weil ihre Stoffe den ausländischen Leser nicht interessieren. Den gutgemeinten Anregungen mancher Verleger, Konzessionen an den Geschmack des ausländischen Publikums zu machen, können und wollen viele exilierte Schriftsteller nicht nachkommen. Es ist erstaunlich, wie viele Autoren, deren Leistungen die ganze Welt anerkannt hat, jetzt im Exil trotz ernsthaftester Bemühungen völlig hilf- und mittellos dastehen.

Dazu kommt, daß viele Schriftsteller mehr als andere Exilanten leiden unter den läppischen kleinen Miseren, aus denen der Alltag des Exils sich zusammensetzt. Es ist keine große Sache, in einem Hotel wohnen zu müssen und auf Schritt und Tritt bürokratischen Weisungen unterworfen zu sein. Aber einen weitgespannten Roman in einem Hotelzimmer zu schreiben, ist nicht jedem Schriftsteller gegeben, es reißt an den Nerven; es reißt doppelt an den Nerven, wenn der Autor nicht weiß, ob er morgen noch dieses Hotelzimmer wird zahlen können, wenn seine Kinder ihn um Essen bitten, und wenn die Polizei ihm mitteilt, daß binnen drei Tagen seine Aufenthaltsbewilligung abgelaufen ist.

Die Leiden der Verbannung sind nur in seltenen Augenblicken heroisch, sie bestehen zumeist in kleinen, albernen Mißlichkeiten, denen sehr oft etwas leise Lächerliches anhaftet.

Aber die Überwindung dieser kleinen äußern Schwierigkeiten kostet im günstigsten Fall viel Zeit und Geld. Von mir zum Beispiel verlangte man in verschiedenen Ländern, ich solle Papiere beibringen, die ich als Flüchtling nicht haben konnte, ich solle mit Dokumenten aus meiner Heimat nachweisen, daß ich ich bin, daß ich geboren bin und daß ich Schriftsteller bin. Ich übertreibe nicht, wenn ich konstatiere, daß die Bemühungen, dies nachzuweisen, mich ebensoviel Zeit gekostet haben, wie das Schreiben eines Romanes.

Die ökonomischen Schwierigkeiten und der aufreibende Kampf mit Nichtigkeiten, die nicht aufhören, sind das äußere Kennzeichen des Exils. Viele Schriftsteller sind davon zermürbt worden. Viele zogen den Selbstmord dem tragikomischen Leben im Exil vor.

3.

Wer Glück hat, wer um all das herumkommt, der sieht sich bei seiner Arbeit inneren Schwierigkeiten gegenüber, von denen er sich in der Heimat nichts träumen ließ.

Da ist zunächst die bittere Erfahrung, abgespalten zu sein vom lebendigen Strom der Muttersprache. Die Sprache ändert sich von Jahr zu Jahr. In den zehn oder elf Jahren unseres Exils ist das Leben sehr schnell weitergegangen, es hat für tausend neue Erscheinungen tausend neue Worte und Klänge verlangt. Wir hören die neuen Worte für diese neuen Erscheinungen zuerst in der fremden Sprache. Immer und für alles haben wir den Klang der fremden Sprache im Ohr, ihre Zeichen dringen täglich, stündlich auf uns ein, sie knabbern an unserem eigenen Ausdrucksvermögen. Einem jeden unter uns kommt es vor, daß sich manchmal das fremde Wort, der fremde Tonfall an die oberste Stelle drängt.

Einige von uns haben es mit einigem Erfolg versucht, in der fremden Sprache zu schreiben: wirklich geglückt ist es keinem. Es kann keinem glücken. Gewiß, man kann lernen, sich in einer fremden Sprache auszudrücken; *die letzten Gefühlswerte* des fremden Tonfalls lernen kann man nicht. In einer fremden Sprache dichten, in einer fremden Sprache gestalten kann man nicht. Einen Barbaren nannten die Griechen und Römer jenen, der sich nicht in ihrer Sprache ausdrücken konnte. Der Dichter Ovid, zu solchen Barbaren verbannt, hat in ihrer barbarischen Sprache gedichtet und wurde von ihnen hoch geehrt. Dennoch hat er geklagt: »Hier bin ich der Barbar, denn keiner versteht mich.«

Seltsam ist es zu erfahren, wie die Wirkung unserer Werke nicht ausgeht von der Fassung, in welcher wir sie geschrieben, sondern von einer Übersetzung. Der Widerhall, den wir hören, ist nicht der Widerhall des eigenen Worts. Denn auch die beste Übersetzung bleibt ein Fremdes. Da haben wir etwa um einen Satz, um ein Wort gerungen, und nach langem Suchen haben wir den Satz, das Wort gefunden, die glückliche Wendung, die sich unserem Gedanken und Gefühl bis ins Letzte anschmiegte. Und nun ist da das übersetzte Wort, der übersetzte Satz. Er stimmt, es ist alles richtig, aber der Duft ist fort, das Leben ist fort. Sehr häufig verhält sich der übersetzte Satz zu dem unsern wie eine Übertragung der Bibel in Basic English zum Worte des Herrn.

4.

Allmählich, ob wir es wollen oder nicht, werden wir selber verändert von der neuen Umwelt, und mit uns verändert sich alles, was wir schaffen.

Es gibt keinen Weg zur inneren Vision als den über die äußere. Das neue Land, in dem wir leben, beeinflußt die Wahl unserer Stoffe, beeinflußt die Form. Die äußere Landschaft des Dichters verändert seine innere.

Manche unter uns sind so von innen her gebunden an die Inhalte und Formen ihrer Jugend und ihrer Heimat, daß sie davon nicht loskommen und sich nach Kräften sträuben gegen ihre neue Umwelt. Dieses Sicheinschließen in die tote Vergangenheit, dieses Sichabsperren von dem wirklichen Leben ringsum, diese stolze Absonderung vermindert die Kraft der Dichter, macht sie trocken, dörrt sie aus, die exilierten Schriftsteller, die es so halten – es sind ihrer eine ganze Reihe, darunter Schriftsteller höchsten Formates –, haben das schwerste Los gezogen, und ihre Bitterkeit ist die tiefste.

Ich bemühe mich, wie ich schon im Eingang sagte, nicht zu viel Ressentiment zu zeigen, wenn ich von den Leiden des Schriftstellers im Exil erzähle. Das macht meine Schilderung blaß, und ich habe das Gefühl, alles, was ich gesagt habe, ist untertrieben und viel zu trocken. Dafür steht alles, was ich zu dem Thema »Der Schriftsteller im Exil« sagen könnte, viel besser ausgedrückt in meinem Roman »Paris Gazette«.

Dieser Roman heißt übrigens in seiner Originalfassung keineswegs »Paris Gazette«. Der Titel ist eine Konzession an den Geschmack des Auslandes. Im Original heißt der Titel schlicht und wahr und kühn, oder, wenn man will, frech: »EXIL«.

In diesem Roman »EXIL« habe ich während einer der trübsten Perioden meines Exils ein allgemeines Kapitel eingefügt über die Wirkungen des Exils. Heute freue ich mich, daß ich auch in jener trüben Zeit den Ton nicht gelegt habe darauf, wie der Künstler im Exil leidet, sondern darauf, wie der Schriftsteller, der wirkliche, derjenige, der diesen Namen verdient, wächst und an Kraft zunimmt im Exil.

Denn wenn das Exil zerreibt, wenn es klein und elend macht, so härtet es auch und macht groß. Es strömt dem Schriftsteller im Exil eine ungeheure Fülle neuen Stoffes und neuer Ideen zu, er ist einer Fülle von Gesichten gegenübergestellt, die ihm in der Heimat nie begegnet wären.

Ja, wenn wir uns bemühen, unser Leben im Exil historisch zu sehen, dann erweist sich jetzt schon, daß beinahe alles, was unsere Arbeit zu behindern schien, ihr am Ende zum Heil ausschlug. Ich darf in diesem Zusammenhang nicht verschweigen, daß zum Beispiel auch der erzwungene ständige Kontakt mit der fremden Sprache, über den ich vorhin so laut zu klagen hatte, sich am Ende als Bereicherung erweist. Der im fremden Sprachkreis lebende Autor kontrolliert beinahe automatisch das eigene Wort ständig am fremden. Häufig dann sieht er, daß die fremde Sprache ein treffenderes

Wort hat für das, was er ausdrücken will. Er gibt sich dann nicht zufrieden mit dem, was ihm die eigene Sprache darbietet, sondern er schärft, feilt und poliert an dem Vorhandenen so lange, bis es ein Neues geworden ist, bis er der eigenen Sprache das neue, schärfere Wort abgerungen hat. Jeder von uns hat glückliche Wendungen der fremden Sprache seiner eigenen eingepaßt.

5.

Es ist wohl so, daß Leiden den Schwachen schwächer, aber den Starken stärker macht.

Manche unter uns hat das Exil eingeengt, aber den Kräftigeren, Tauglicheren gab es mehr Weite und Elastizität, es machte ihren Blick freier für das Große, Wesentliche und lehrte sie, nicht am Unwesentlichen zu haften.

»Und so lang du das nicht hast, dieses Stirb und Werde, bist du nur ein trüber Gast auf der dunkeln Erde«, heißt es bei Goethe. Das Exil ist eine harte Schule, die einem mit sehr energischen Mitteln beibringt, was dieses Stirb und Werde bedeutet. Eine ganze Reihe der exilierten Schriftsteller sind innerlich reifer geworden, haben sich erneuert, sind jünger geworden. Sie sind nicht nur bitterer geworden, sondern auch weiser, gerechter gegen ihre neue Welt, dankbarer und der eigenen Sendung tiefer bewußt. Jenes Stirb und Werde wurde ihnen Erlebnis und Besitz.

Alles in allem hat, glaube ich, die Literatur im Exil die Probe nicht schlecht bestanden. Wenn sich die Flut verlaufen haben wird, was taugt und was nicht, dann werden sich unter den Werken der Epoche diejenigen, die im Exil geschrieben wurden, nicht als die schlechtesten erweisen.

BERTHOLD VIERTEL
Wo immer …

Wo immer sie henkten,
Starben mir die Genossen.
Wo immer sie schossen,
Traf's einen Freund.

Die sie drückten und kränkten,
Waren meine Verwandten.
Um manchen Bekannten
Hab ich geweint.

Die Vergasten, Verscharrten,
Die Geiseln, die Bürgen,
Wo sie heute sie würgen,
War ich Vater und Kind.

Wird's täglich nur schlimmer,
Wir müssen's ertragen:
Bis in kommenden Tagen
Wir die Stärkeren sind.

Der Haß des Bürgers

Der Haß des Bürgers ist der längste Haß.
Der Bürger kaut ihn ohne Unterlaß.
Wer einmal in die Krone ihm gefahren,
Dem wird er seinen treuen Haß bewahren.

Gib erst dem Haß die Wohlanständigkeit
Und er hat ausgesorgt für alle Zeit.
Dann beißt er zu auch mit plombierten Zähnen
Und scheitelt sich die allerdünnsten Strähnen.

Nimm du dem Bürger den Nachmittagsschlaf,
Da wird zum Wolf das vorher frömmste Schaf.
Aus Landhäusern mit falschen griechischen Säulen
Bricht er in Rudeln aus, du hörst sie heulen.

Die Dividende ist, was Gott ihm gab,
Und er vererbt sie, schlittert er ins Grab.
War's ein Imperium, wie kann er sterben,
Weiß er's nicht ungeteilt bei seinen Erben!

Er ist das alte Männchen Status-quo,
So war es und so bleibt es, immer so.
Daß es sich umwälzt, ist, was ihn erbittert,
Bis daß vor seiner Wut die Erde zittert.

Jedoch die Weltgeschichte macht nicht halt,
Und auch der Haß des Bürgers läßt sie kalt.
Sie schüttelt sich, es stürzen die Lawinen,
Begraben liegt der Haß des Bürgers unter ihnen.

Der nicht mehr deutsch spricht

Deutsch zu sprechen hast du dir verboten,
Wie du sagst: aus Zorn und tiefer Scham.
Doch wie sprichst du nun zu deinen Toten,
Deren keiner mit herüber kam?

Zu Genossen, die für dich gelitten,
Denn statt deiner wurden sie gefaßt.
Wie willst du sie um Verzeihung bitten,
Wenn du ihren Wortschatz nicht mehr hast?

Jene Ruchlosen wird es nicht schrecken,
Wenn du mit der Muttersprache brichst,
Ihre Pläne weiter auszuhecken,
Ob du auch das reinste Englisch sprichst.

Wie das Kind, das mit der Mutter greinte,
Und, indem es nicht zu Abend aß,
Sich zu rächen, sie zu strafen meinte:
Solch ein kindisch armer Trotz ist das.

Ode an Deutschland

I

Zertrümmertes Land!
Zu Narben geschrumpfte Städte!
Denkmäler, zu Schutt geschlagen!
Aber auch die Brand- und Schädelstätte
Ist ein Mal des Gedenkens
Bösen Ausgangs, böseren Beginns.
Die Wüste rufe euch auf
Zu neuer, gesünderer Pflanzung!
So halte Zerstörung Schule
Mit den verstört Überlebenden!

II

Unvergiftet sind euch Brunnen im Lande geblieben,
Wascht mit dem klaren Wasser die Augen der Kinder,
Daß sie sehend werden,
Deren Eltern blind gewesen!
Holt Heilkraft auch aus spät bekehrten Herzen!
Entzündet im zugigen Aschenherde des Hasses
Die erloschene Flamme der Liebe!
Bald blühen wieder die Apfelbäume.

III

Noch sind viele betäubt
Vom selbstverschuldeten Unglück.
Falsche Hoffnung mißriet,
Noch keimt die wahre verborgen.
Hört endlich auf die lange verschmähten Warner!
Entdeckt und ehrt
Eure wahren Märtyrer!
Entsühnt euch
Von den Verbrechen der verwüstenden Epoche,
Ehe ein langsam grauender Tag
Euch wieder zur Arbeit erweckt,
Und das Brot und die Milch euch bedeuten:
Ihr bliebt am Leben!

Gedenkstein

Man sagt, es starben viele um das Recht.
So merkt es euch: sie sind ums Recht gestorben.
Vergeßt es nicht! Sonst war ihr Sterben schlecht.
Und nur am Unrecht wären sie verdorben.

Man sagt, für Freiheit gaben sie ihr Blut –
Ein Tauschgeschäft, das sie nicht überleben.
Ihr, die ihr überlebt, merkt es euch gut:
Für Freiheit haben sie ihr Blut gegeben,

Der Zukunft opfernd ihre Gegenwart –
Und mehr hat keiner, mehr nennt keiner sein.
Die ihr es später lest, bedenkt es hart.
Denn eurer Gegenwart gilt dieser Stein.

Nelly Sachs

> *Und wenn diese meine Haut zerschlagen sein wird,*
> *so werde ich ohne mein Fleisch Gott schauen*
>   Hiob

O die Schornsteine

O die Schornsteine
Auf den sinnreich erdachten Wohnungen des Todes,
Als Israels Leib zog aufgelöst in Rauch
Durch die Luft –
Als Essenkehrer ihn ein Stern empfing
Der schwarz wurde
Oder war es ein Sonnenstrahl?

O die Schornsteine!
Freiheitswege für Jeremias und Hiobs Staub –
Wer erdachte euch und baute Stein auf Stein
Den Weg für Flüchtlinge aus Rauch?

O die Wohnungen des Todes,
Einladend hergerichtet
Für den Wirt des Hauses, der sonst Gast war –
O ihr Finger,
Die Eingangsschwelle legend
Wie ein Messer zwischen Leben und Tod –

O ihr Schornsteine,
O ihr Finger,
Und Israels Leib im Rauch durch die Luft!

O der weinenden Kinder Nacht!

O der weinenden Kinder Nacht!
Der zum Tode gezeichneten Kinder Nacht!
Der Schlaf hat keinen Eingang mehr.
Schreckliche Wärterinnen
Sind an die Stelle der Mütter getreten,
Haben den falschen Tod in ihre Handmuskeln gespannt,
Säen ihn in die Wände und ins Gebälk –
Überall brütet es in den Nestern des Grauens.
Angst säugt die Kleinen statt der Muttermilch.

Zog die Mutter noch gestern
Wie ein weißer Mond den Schlaf heran,
Kam die Puppe mit dem fortgeküßten Wangenrot
In den einen Arm,
Kam das ausgestopfte Tier, lebendig
In der Liebe schon geworden,
In den andern Arm, –
Weht nun der Wind des Sterbens,
Bläst die Hemden über die Haare fort,
Die niemand mehr kämmen wird.

Wer aber leerte den Sand aus euren Schuhen

Wer aber leerte den Sand aus euren Schuhen,
Als ihr zum Sterben aufstehen mußtet?
Den Sand, den Israel heimholte,
Seinen Wandersand?
Brennenden Sinaisand,
Mit den Kehlen von Nachtigallen vermischt,
Mit den Flügeln des Schmetterlings vermischt,
Mit dem Sehnsuchtsstaub der Schlangen vermischt,
Mit allem was abfiel von der Weisheit Salomos vermischt,
Mit dem Bitteren aus des Wermuts Geheimnis vermischt –

O ihr Finger,
Die ihr den Sand aus Totenschuhen leertet,
Morgen schon werdet ihr Staub sein
In den Schuhen Kommender!

Ihr Zuschauenden

Unter deren Blicken getötet wurde.
Wie man auch einen Blick im Rücken fühlt,
So fühlt ihr an euerm Leibe
Die Blicke der Toten.

Wieviel brechende Augen werden euch ansehn
Wenn ihr aus den Verstecken ein Veilchen pflückt?
Wieviel flehend erhobene Hände
In dem märtyrerhaft geschlungenen Gezweige

Der alten Eichen?
Wieviel Erinnerung wächst im Blute
Der Abendsonne?

O die ungesungenen Wiegenlieder
In der Turteltaube Nachtruf —
Manch einer hätte Sterne herunterholen können,
Nun muß es der alte Brunnen für ihn tun!

Ihr Zuschauenden,
Die ihr keine Mörderhand erhobt,
Aber die ihr den Staub nicht von eurer Sehnsucht
Schütteltet,
Die ihr stehenbliebt, dort, wo er zu Licht
Verwandelt wird.

HERMANN KASACK
Die Stadt hinter dem Strom

Endlich war er auf der untersten Steinsohle angelangt, wo der Meister Magus hauste, der auch zu dieser Stunde seinen gewohnten Platz nicht verlassen hatte. Er fand ihn in seiner Krypta lesend, wenigstens hielt er eine ausgebreitete Pergamentrolle in seinen Händen; vielleicht meditierte er auch. Wieder stand Robert vor der ehrwürdigen Gestalt, die in der silbergrauen Toga an einen Eremiten gemahnte. Wieder blickte er in das Brunnenauge des Uralten, in dem sich die makellose Ruhe des Wissens spiegelte, des Wissens, das vom Jenseits irdischer Fragen gespeist war.

Der Meister Magus ließ das Schriftblatt sinken und sammelte seinen Blick aus der Ferne auf die Erscheinung des Archivars. Dann begann er zu sprechen, bevor Robert die Wünsche laut werden ließ, die ihm am Herzen lagen.

Robert erinnerte sich später mit einer fast bis ins einzelne gehenden Deutlichkeit der unterweisenden Rede, die er von den Lippen des großen Einsamen, des Erzgehilfen des Archivs vernahm, nachdem er von ihm mit einer Armgeste willkommen geheißen und auf der niederen Steinbank ihm gegenüber zum Sitzen eingeladen worden war.

»Die Zeit bedarf der Worte, die Zeitlosigkeit bedient sich des Schweigens«, war der erste Satz gewesen, der wie ein Blitz das Dunkel der Gedanken erhellte und mit seinem flammenden Schein alle Fragen nach dem Sinn des Archivs ihrer direkten Beantwortung entrückte. »Sichtbar bleiben die Entsprechungen«, fügte er leise hinzu. Dann erzählte er vom König Asoko, der einst in seinem Reich Worte des Erhabenen, des Erwachten, des Vollendeten, Worte aus den Reden Buddhos, wie sie die Jünger überliefert hatten, in Steintafeln einmeißeln ließ, die in seinem Lande aufgestellt wurden. Durch diese Felsenedikte, durch dieses tätige Leben im Geiste ist sein Name an zweieinhalb Jahrtausende hin im Gedächtnis der Nachfahren geblieben. Freilich, was damals jedes Dorfkind wußte, was Allgemeingut der Menschen in Indien war, beschränkte sich im Laufe der Zeiten auf wenige, wie es nicht anders sein kann, und auch die Weisheit und Welterfahrung des Gotamo Buddho, dessen Zeitgenossen Heraklit und Konfuzius waren, wurden entstellt und geschwächt.

Der Uralte sprach von der kleinen Schar versprengter einzelner, die vom Brote des Geistes lebt, während die Menge den Bedürfnissen des leiblichen Augenblicks untertan bleibt. Aber das Wissen um die göttliche Substanz, das seine lebendige Spur im menschlichen Geist hinterläßt, so sagte der Meister Magus, ist immer auf Erden vorhanden. Es kommt nicht darauf an, daß von seinem Vorrat allerorten und allerzeiten Gebrauch gemacht wird, es kommt nur darauf an, daß die Möglichkeit bereit gehalten wird, in jedem Augenblick auf geeignete, rechte Weise darauf zurückzugreifen. Um im Schatten zu rasten, bedarf ein Wanderer nicht des ganzen Waldes, nicht einmal der vollen Krone eines alten Baums, das Stück eines Geästs genügt, um ihn zu spenden.

Er schwieg eine geraume Weile, um den Gedanken des Hörenden Raum zu geben, der in dem letzten Bild auch das Wesen des Archivs umrissen sah.

»Geist ist schöpferische Magie«, war der zweite Satz, der sich unauslöschlich in das Bewußtsein des Archivars schrieb. Ob es die Klöster in Tibet sind, die Hänge des Ararat, die sein Geheimnis hüten, das bukowinische Sadagora der chassidischen Zaddikim oder das Franziskanische Assisi, ob er sich in den minoischen Tänzen offenbart oder den Eleusinischen Mysterien, sich in der Hexenmesse oder der chymischen Hochzeit vollzieht – immer entsprechen sich die Zeichen, die geschriebenen und ungeschriebenen Texte, wie sie auch unser Archiv verwahrt. Immer sind es Verzauberungen, die kein Menschenwille befehlen kann und deren der bloße Menschenverstand nicht teilhaftig wird. Im zeitlichen Durchgang zehren wir, bewußt oder unbewußt, von dieser Substanz, dem sich stets erneuernden Erbe des Ursprungs. Auch die magische des Worts gehört hierzu. Wie Tag und Nacht nicht abreißen, sondern durch ständigen Wandel das Jahr ergeben und die Jahrtausende der Erde füllen, so reißt auch die Wechselkette von Tod und Leben nicht ab.

Die Wiedergeburt der Geisteskräfte, deren unaufhörlicher Vollzug in Leib und Gedanken die Existenz und Geschichte der Menschheit ausmacht, regelt sich nach organischen Gesetzen der Natur, aber sie werden, so berichtete der Uralte, von der Präfektur überwacht, und er gebrauchte das Bild von einer Waage, deren Schalen im Auf- und Niedersinken immer wieder in ein Gleichmaß zu richten und zu beruhigen sind. Die Verantwortung für diese Aufgabe ist von der Präfektur den dreiunddreißig Eingeweihten überlassen, die für einen Äon die Weltenwacht halten. Die dreimal elf Eingeweihten wohnen im heiligen Bergschloß, das man bei besonderen Anlässen in der Ferne aufblitzen sieht und von dem niemand mit Sicherheit zu sagen weiß, ob es diesseits oder jenseits des Stroms gelegen ist. Er erwähnte die umfangreiche Gelehrtenliteratur über diese metaphysische Frage, voll spitzfindiger Beweise für die eine und die andere These, ob eben der Tod dem Leben einwohne oder das Leben dem Tode. Je nachdem, welche der beiden Richtungen in verschiedenen Zeitphasen das Gemüt erfüllt, bestimmen sich das Denken, der religiöse Glaube und das Verhalten der Menschen und ihrer Gruppen zueinander. Nach den überlieferten Schriften und Begleittexten zu urteilen, ist auch hier ein rhythmischer Wechsel ablesbar.

Der Meister Magus wies darauf hin, daß die dreiunddreißig Eingeweihten seit längerem ihre Kräfte darauf konzentrierten, für den Gang der Wiedergeburten die lange abgeschirmte Region des asiatischen Feldes zu öffnen und zu erweitern, und daß sich ihre Anstrengungen zu verstärken schienen, damit sie für die Erstehung in Geist und Leib auch den Kreis des Abendlandes einbezögen. Dieser bisher nur allmählich und vereinzelt sich vollziehende Austausch zwischen asiatischem und europäischem Daseinsgut ist in einer Reihe von Erscheinungen wohl erkennbar. Der Magister Magus hatte keinerlei Namen erwähnt, doch meinte der Archivar später darin eine Anspielung zu hören auf Zeugen wie Schopenhauer, Karl Eugen Neumann, Hans-Hasso Veltheim, Richard Wilhelm, Hermann Hesse, aber auch Hölderlin, der in ›Mutter Asia‹ unseren dionysischen Ursprung erschaute, Friedrich Schlegel und Hammer, den West-östlichen Divan Goethes, aber auch Angelus Silesius, Meister Eckart, Suso und die lange Reihe der Mystiker und Gnomiker.

Dieser Austausch nun, dieser Prozeß der Inkubation, von dem der Uralte in der Felsenkammer des Archivs mit einer solchen Selbstverständlichkeit berichtete, wie wir von den Anzeichen eines Hochs und Tiefs für die Wetterzone sprechen, sollte sich gegenwärtig nach dem Ratschluß der dreiunddreißig Eingeweihten in einer breiteren Mischung und mit größerer Beschleunigung abspielen. Da war es auch nicht mehr überraschend, wenn selbst davor nicht zurückgeschreckt wurde, die Dämonen zu entfesseln und ihre List und Macht in den Dienst des gesamten Ablaufs zu stellen.

Als Robert dieses begriff, sah er den millionenfachen Tod, den sich die weiße Rasse auf dem Schlachtfeld Europa mit ihren beiden furchtbaren Weltkriegen schuf, eingeordnet in den Vorgang dieser ungeheuren Geisterwanderung. Dieser millionenfache Tod geschah, mußte in dieser Maßlosigkeit geschehen, wie der Chronist mit langsamem Schauder einsah, damit für die andrängenden Wiedergeburten Platz geschaffen wurde. Eine Unzahl von Menschen wurde vorzeitig abgerufen, damit sie rechtzeitig als Saat, als apokryphe Neugeburt in einem bisher verschlossenen Lebensraum auferstehen konnte.

Die Vorstellung hatte etwas Bestürzendes, aber zugleich etwas Trostreiches, weil sie dem immer wieder als sinnlos Erscheinenden einen Plan, eine metaphysische Ordnung gab. Die Selbstvernichtung, das Harakiri, das Europa im zwanzigsten christlichen Jahrhundert beging, bedeutete, wenn er den Meister Magus recht verstand, nichts anderes als die Vorbereitung dafür, daß sich der Erdteil Asien den Zipfel wieder zurückholte, der sich für eine Weile zu einem selbständigen Kontinent gemacht hatte. Es konnte den geheimen Mächten nicht verborgen bleiben, daß die Ansprüche seiner Menschen sich statt nach innen immer mehr nach außen gerichtet hatten. Dem Sein wurde die Geltung vorgezogen, im kleinen wie im großen, im einzelnen wie in den Völkergruppen. Verachtet die Warnungen und Weisungen der Seher und Dichter, verödet die Welt der Gedanken und Bilder, übersättigt und leer die Herzen und Hirne. So war der Geist aus einem schöpferischen Medium zum Werkzeug des Verstandes und der Ratio abgesunken. Mehr und mehr hatte der Zweck den eigentlichen Sinn des Lebens überstiegen. Das falsche Selbstbewußtsein des Abendlandes mußte einmal tödlich zu Fall kommen. Wie ein morsches, von innen wurmstichig gewordenes Gebälk würde die Mitte des zweifelhaften Erdteils zusammenbrechen.

Als Robert den Gedanken folgte, die der Meister Magus als nüchterne Feststellungen gegebener Tatsachen mitteilte, zweifelte er keinen Augenblick an der Wahrheit. Er fühlte das Folgerichtige, das Unabwendliche des Ereignisses, aber er sah im Ganzen mehr ein Bild des richtenden Schicksals, das seinem Lande bevorstand, und war durch die Dauer seines Aufenthaltes im Totenreich nicht imstande zu erkennen, daß die Wirklichkeit am andern Ufer des Grenzstroms schon mit jedem Tage deutlicher alle Zeichen dieses Vollzuges aufwies. Freilich hätte er keiner konkreten Bestätigung bedurft wie jene Ungläubigen und Fühllosen, die zu wissen verlernt hatten, daß alle Materie, alle sogenannte Realität nur die Verkörperung einer dem Leben eingeordneten Idee ist.

Zuweilen war der Archivar versucht, ein Gespräch zu beginnen, aber er spürte das Unziemliche, die Pausen des Schweigens zu unterbrechen. Oft genug wirkten auch die Worte des uralten Erzgehilfen wie eine Erwiderung auf ungestellte Fragen, eine Ergänzung der eigenen Gedanken auf einer beruhigteren Ebene. Niemals redete er die Person des Archivars unmittelbar an, mit Wendungen etwa wie »es wird Ihnen geläufig sein, daß – « oder »Sie werden sich Gedanken gemacht haben über – « und dergleichen. Obwohl seine Rede unpersönlich und allgemein gehalten blieb, fühlte Robert, daß er und niemand sonst gemeint war, daß nicht ohne Bedeutung ihm diese Offenbarungen über das Mysterium der dreiunddreißig Eingeweihten gemacht wurden, dieser Statthalter der eurasischen Welt, die das Züngelein an der Waage des Todes und des Lebens bildeten.

Das Tafelgestein der Felswand wurde allmählich transparent. Vom Erdinnern aus konnte Robert die Menschen wie Abziehbilder einherlaufen sehen, und plötzlich waren es nur noch Körnchen Sand, die im Stundenglas der Weltenuhr hin und her rannen. Es schien lediglich darauf anzukommen, daß sich stets eine genügende Menge im Glas befand und umgeschüttet wurde. Das Junge wurde das Alte, das Alte wieder das Junge. In seiner Einfachheit gewann der Vorgang etwas Majestätisches.

Wie durch eine Mattscheibe erblickte er die leidenden Menschenbilder, deren Farben abblaßten. Er hörte das wispernde Geräusch der Klagen aus den Büchern und Schriften des Archivs an sein Ohr dringen, die knisternden Stimmen der Gedanken, die nach Läuterung verlangten und nach Unsterblichkeit. Wie Blasen schwammen sie auf einem stehenden Gewässer, schillerten auf und zerplatzten mit dünnem Laut. Luftgespinste täuschten das Leben vor wie Eisblumen am Winterfenster eine künstliche Natur. Roberts Atem ging stoßweise, die Nasenflügel zitterten. Er unterschied nicht mehr, ob der uralte Meister ihn mit Worten unterwies oder durch konzentriertes Schweigen die Bilder beschwor, die ihm kundgaben, daß alles Wissen weder lehr- noch lernbar war und daß es nur als geistige Erinnerung der Erde bestand. Das Archiv schien in den ungezählten Adern seines sammelnden Bestandes der Ort dieser Urerinnerung zu sein. Die Toten hüteten sie für die Lebenden.

GERTRUD KOLMAR
Aus dem Dunkel

Aus dem Dunkel komme ich, eine Frau.
Ich trage ein Kind und weiß nicht mehr, wessen;
Einmal hab' ich's gewußt.
Aber nun ist kein Mann mehr für mich ...
Alle sind hinter mir eingesunken wie Rinnsal,
Das die Erde trank.
Ich gehe weiter und weiter.
Denn ich will vor Tag ins Gebirge, und die Gestirne schwinden
                                                                                   schon.

Aus dem Dunkel komme ich.
Durch finstere Gassen schritt ich einsam,
Da jäh vorstürzendes Licht mit Krallen die sanfte Schwärze zerriß,
Der Pardel die Hirschkuh,
Und weit aufgestoßene Tür häßliches Kreischen, wüstes Gejohle,
                                                      tierisches Brüllen spie.
Trunkene wälzten sich ...
Ich schüttelte das am Wege vom Saum meines Kleides.

Und ich wanderte über den verödeten Markt.
Blätter schwammen in Lachen, die den Mond spiegelten.
Magere, gierige Hunde berochen Abfälle auf den Steinen.
Früchte faulten zertreten,
Und ein Greis in Lumpen quälte noch immer sein armes Saitenspiel
Und sang mit dünner, mißtönig klagender Stimme
Ungehört.

Und diese Früchte waren einst in Sonne und Tau gereift,
Träumend noch vom Duft und Glück der liebenden Blüte,
Doch der wimmernde Bettler
Vergaß das längst und kannte nichts anderes mehr als Hunger
                                                        und Durst.

Vor dem Schlosse des Mächtigen stand ich still,
Und da ich die unterste Stufe trat,
Zerbarst der fleischrote Porphyr knackend an meiner Sohle. –
Ich wendete mich
Und schaute empor zu dem kahlen Fenster, der späten Kerze des
                                                        Denkenden,
Der sann und sann und nie seiner Frage Erlösung fand,
Und zu dem verhüllten Lämpchen des Kranken, der doch nicht
                                                        lernte,
Wie er sterben sollte.
Unter dem Brückenbogen
Zankten zwei scheußliche Gerippe sich um Gold.
Ich hob meine Armut als grauen Schild vor mein Antlitz
Und zog ungefährdet vorbei.

Im Fernen redet der Fluß mit seinen Ufern.

Nun strauchl' ich den steinigen, widerstrebenden Pfad hinan.
Felsgeröll, Stachelsträucher verwunden die blinden, tastenden
                                                          Hände:
Eine Höhle wartet,
Die im tiefsten Geklüft den erzgrünen Raben herbergt, der keinen
                                                          Namen hat.
Da werde ich eingehn,
Unter dem Schutz der großen schattenden Schwinge mich
                                                          niederkauern und ruhn,
Verdämmernd dem stummen wachsenden Wort meines Kindes
                                                          lauschen
Und schlafen, die Stirn gen Osten geneigt,
Bis Sonnenaufgang.

DAGMAR NICK
Flucht

Weiter. Weiter. Drüben schreit ein Kind.
Laß es liegen, es ist halb zerrissen.
Häuser schwanken müde wie Kulissen
durch den Wind.

Irgendjemand legt mir seine Hand
in die meine, zieht mich fort und zittert.
Sein Gesicht ist wie Papier zerknittert,
unbekannt.

Ob du auch so um dein Leben bangst?
Alles andre ist schon fortgegeben.
Ach, ich habe nichts mehr, kaum ein Leben,
nur noch Angst.

MARIE LUISE KASCHNITZ
Das einfache Leben

Da Euch das alte so verhaßt geworden,
Freiheit zur Qual, Gerechtigkeit zur Bürde,
Zum Ungemach der stolze Drang nach Wissen,
Zum Wahn der Traum, zum Spott die Menschenwürde,
Erhieltet ihr, wonach es euch verlangte,
Das nackte harte Leben. Fortgerissen
Aus euren Händen ward die bunte Hülle,
Gemischt aus Gold und trügerischem Schein,
Ihr könnt nicht wählen, müßt Euch nicht entscheiden
Und seid nicht mehr allein, nie mehr allein.
Was Ihr erleidet, leiden Millionen,
Was Ihr ersehnt, ist Hoffnung aller Not,
Einfache Dinge nur: ein friedlich Wohnen,
Der Schoß der Liebsten, Heimat, täglich Brot ...

So gebt euch hin der leichteren Erfahrung,
Gehorcht und haltet stand und kämpft und liebt
Und seht nicht weiter als das Schicksal duldet,
Und gebt dem Augenblick, was ihr ihm schuldet.

Doch wenn ihr jäh erkennt, es kann dies Lieben,
Gefahrbestehen, Dürsten, Müdewerden
Nicht alles sein, worin das Leben kreist,
Besinnt euch, daß wir eine Hoffnung waren,
Hinausgesandt zu tieferen Gefahren
Und wunderbar geformt aus Blut und Geist.

WOLF VON NIEBELSCHÜTZ
Grave Doppio Movimento

Ihr Toten. Ihr Toten. Ihr Ungezählten.
Ihr Alle, die in den feurigen Krater
Der Krieg geschleudert hat –
Schreit ihr denn nicht, schreit ihr nicht: Vater! Vater,
Um uns zu sagen, uns, den hienieden Gequälten,
Daß, als der Sturm euch wie Astwerk und welkes Blatt
Auf wolkiger Lohe zerstückt davontrug die Glieder,
Sie wirbelnd ins Irgendwohin,
Daß es da nicht der Wahn war, nicht Aber- und Widersinn,
Der fahl, ein Würger, aus dampfender Asche kroch:
Daß es ein Gott war! daß er sich zu euch geneigt?
Ihr Toten, sagt es uns doch:
Habt ihr den Gott nicht gesehen? Den milden Befrieder,
Habt ihr ihn nicht seine Welt beweinen sehen?
Aber nicht einer kam wieder,
Nicht einer von ganzen toten Armeen
Gab uns, und wär es auch flüsternd nur, Kunde.
Ein ganzes Weltall von Toten sah ihn und schweigt.
Ich einzig, ein Lebender, höre die Stunde
Langsam schlagen ... schlagen ... schlagen.
Was tanzen so silberne Lichter auf meinem Munde?
Wie wird mir's – in tausend Seelen die meine verzweigt.
Getröstet euch, Brüder, mir ist nicht bang.
In Qualm und Grauen irrlos werde ich tragen
Die Geisterlast, die mein irdisches Teil übersteigt:
Das Licht der Seligen mitten im Untergang
Zu sehen, zu glauben, und, was ich glaube, zu sagen.

Rudolf Alexander Schröder
Vom Beruf des Dichters in dieser Zeit

»In der Zeit« sind alle Dinge, die der Mensch treibt und die von ihm gefordert werden. Selbst, was man »für Zeit und Ewigkeit« von uns fordert oder uns verheißt, hat doch seine handelbaren Kriterien in der Zeit. Und auch, wenn wir statt des allgemeinen und vieldeutigen Wortes »Zeit« das eindeutigere »heute« wählten, würde eine solche Bestimmung grundsätzlich nichts austragen. Auch da müßten wir wieder sagen: »Alle Dinge, die den Menschen unmittelbar angehen, die von ihm ein bestimmtes Verhalten, ein bestimmtes Urteil in Verwerfen oder Annahme fordern, sind »heut«. – Was gestern gewesen ist oder was vielleicht morgen sein wird, das zu erwägen mag wichtig und nützlich sein, aber es sind, wo es um das Wesen einer Sache geht, akzidentielle Bestimmungen; und ein »Heut«, das, genau besehen, weiter nichts wäre als das imaginäre Produkt aus dem »Gestern« und dem »Morgen« – schon Plato sagt das – teilt dies Los. Mit andern Worten, wir können uns nicht darüber verständigen, was wir heut an einer Sache haben oder in ihr tun müssen, ehe wir uns über die Sache selbst verständigt haben.

Der Dichter hat einen Beruf, hat ein Amt. Diesen Satz dürfen wir wohl als unwidersprochenes Axiom voranstellen. – Denken wir nun an andere Ämter, andere Berufe, etwa an den des Richters, den des Bäckers, des Schusters, des Schneiders. Der Bäcker wird vielleicht heut etwas anderes Brot backen, als er gestern gebacken hat und morgen backen wird. Aber er wird immer Brot backen und von dem Versuch, Steine für Brot zu verkaufen, auf alle Fälle rasch zurückkommen. Schneider und Schuster werden heut anders arbeiten als gestern und morgen; aber sie werden immer dem Grundsatz huldigen, daß Kleider Leute machen und nicht dem: »Du bleibst ein König, auch in Unterhosen.« Auch der Richter wird heut vielleicht andern Gesetzen folgen als gestern und morgen, aber er wird immer tun, was seines Amtes ist: Richten.

Ich würde nicht so ausführlich geworden sein über diese Selbstverständlichkeit, wenn wir nicht alle ohne Ausnahme mit der »Zeit«, mit dem »Heut« und seinen dringlichen Forderungen in so unabweislicher und beängstigender Art zwangsläufig zu tun hätten. Da liegt die Gefahr nahe, daß wir von diesem »Heut« nicht loskommen und z. B. jetzt hier gleich fragen, was müssen wir heut als die Heutigen unter Heutigen tun, anstatt uns erst vergewissert zu haben, was wir *überhaupt* zu tun haben und was es mit diesem

Tun unter *allen* Umständen auf sich habe. Wer über Grundfragen seiner Existenz mit sich ins Reine kommen will, muß davon absehen können, daß er sich vielleicht gerade auf einem Schiff in Seenot befindet, und daß es vielleicht eben diese Notlage ist, die Anlaß zu seiner Selbstbesinnung gibt. Sie bleibt, dringend und fordernd wie sie sein mag, doch ein Akzidenz, ein Zufall.

(...)

Ich habe gesagt, der innerste Sinn aller Kunst, heißt also ihre Sendung, ihr Ziel, ihr Telos oder doch wenigstens ihre Entelechia, ihr inneres Ausgerichtetsein nach diesem Ziel, mache sie zu einer Trösterin über die Vergänglichkeit des Daseins. Und nun nehme ich alle vorsichtshalber angebrachten Klauseln zurück und sage allen Ernstes, das, grade das sei unter jedem denkbaren Ausgangspunkt ihr Wesen und in ihm sei auch das weitere gegeben: Erhebung aus dem Vergänglichen, Rettung aus dem Vergänglichen ins Bleibende. Dies »Bleibende« wiederum nach der höchsten in ihm ermöglichten Deutung verstanden als Spiegelung, als Abbild dessen, das wir freilich als die Hinfälligen und Sterbenden, die wir unsrer irdischen Mitgift nach selber sind, nur im Spiegel eines dunklen – weil unzureichenden – Worts auffangen und weitergeben können: *des Ewigen*. – Ob dies Abbild eine Täuschung sei oder nicht, und in wieweit etwa oder in wieweit nicht, das steht im Augenblick nicht zur Sprache. Alle Begegnung mit dem Ewigen bleibt ohnehin, wo sie geschieht, ein Mysterium, wir wollen es als solches ehren.

Ich fange nun mit dem Wenigen, das mir zu sagen bleibt, am besten von unten an, das heißt bei der einfachsten, der ursprünglichsten Gestalt, unter welcher Kunst in das Leben und das Bewußtsein des Menschen tritt. Es ist die Stufe des Rhythmus, also die des Tanzes, des taktmäßigen Hand- oder Trommelschlags, des einfachsten, aus der bloßen Wiederholung einer beliebigen Form oder Ausgrenzung erfließenden Ornaments. Indem so der Mensch jeweils ein etwas, das wir hier der Einfachheit halber als »ein Stück« Zeit, »ein Stück« Raum bezeichnen dürfen, im Tanz, im Trommelschlag, im Ornament zunächst isoliert, dann aber – und das ist hier das Entscheidende – *wiederholbar* macht, indem er durch dies Tun, und einzig durch dies Tun und kein anderes, zum erstenmal ein Stück Welt in Raum oder Zeit nach seinem Trieb, seinem Wunsch, seinem Bedürfnis, Gefallen und Behagen sich zugestaltet und dies solchermaßen ihm durch ihn selbst Zugestaltete und Zugeeignete – ich betone es nochmals – in jedem beliebigen Moment und in jeder beliebigen Genauigkeit wiederholbar macht, gewinnt er zum erstenmal aus und an seinem eigenen Werk und Tun den Begriff, den mitteilbaren, darstellbaren, wahrnehmbaren, die Vorstellung also, die seinem Inneren aus den verborgenen Kräften dieses Inneren als ein neues Eigentum hinzugewonnene, der *Dauer*.

Dauer: das ist nun in dem uns hier unmittelbar berührenden Sinn der Gewinnung und Aneignung dieses Begriffs beides: Vergegenwärtigung, »pro-ductio« und Beständigung, »re-productio«. – »Dauer im Wechsel«: ich denke, wir alle kennen diesen Titel eines Goetheschen Gedichts. Es ist ein Lebensgedicht des Dichters an sich selbst, ein mystisches Gedicht. Das ist kein Wunder. Wir bewegen uns mit unsern augenblicklichen Erwägungen ohnehin am Rande mystischer Begegnungen; denn wer von uns kennte das Geheimnis der hier aufgerufenen Trieb- und Formkräfte unsres Innern anders als im ahnenden Gewahrwerden einer verborgenen Mitte des eigenen Herzens und Geistes, die als ein character indelibilis in uns, das heißt als ein mit uns zugleich gesetztes Unzerstörbares unser bloßes Dasein erst zu einem Leben macht, einem lebendigen von Lebenden unter Lebenden, von Lebenden, wohlgemerkt, die über die Stufen und Vorstufen des bloß Tierischen hinausgehoben sind. Daß es auch in der Tierwelt Vorformen des Kunsttriebes geben mag, braucht uns hier nicht zu beunruhigen. Alles in der Natur hat seine Verbindungen wie nach allen Seiten so nach oben und nach unten, nichts steht in ihr ganz gesondert und für sich da. Das gehört zu den Geheimnissen ihrer unendlichen Ökonomie, die für uns eine Ökonomie unzähliger Bezugnahmen, unzähliger Analogien ist.

Reinhold Schneider
An meinen Birnbaum

Der Rausch Deiner großen Jahre
Ist nun verblüht und verweht,
Ob auch das Licht, das klare,
Dir täglich zu Häupten steht.

Ich fühle die Blätter weben,
Müde von schwerem Traum;
Wie wunderbar schlummert mein Leben
In Deinem Leben, mein Baum!

Von Deinen Zweigen allen
Ist keiner von Früchten schwer,
Ich höre das zögernde Fallen
Und Klopfen im Grase nicht mehr,

Das oft mich wundersam störte,
Wenn ich in Schwermut lag
Und die Stimmen der Toten hörte,
Bang zwischen Nacht und Tag.

Nun ruhst Du; den rauschenden Schlummer
Beschwerte der Himmel Dir nicht,
Aber den tiefsten Kummer
Überblühte Dein Licht.

FRIEDRICH GEORG JÜNGER
Zwar hat der Verstand bekräftigt

Zwar hat der Verstand bekräftigt,
Daß du dich genau bemühtest,
Doch die Prüfung lehrt mich, daß du
In den Schlüssen dich verfrühtest.

Diese so genaue Ordnung,
Die dir lobenswert will scheinen,
Läßt sich mit der Anmut schlankem
Wuchs durch keine Kunst vereinen.

Wenn dir alles unnütz vorkommt,
Was sich keinem Zwecke fügte,
So versäumst du den Gedanken,
Der sich selber frei genügte.

In der Schärfe des Bestrebens,
Alles Wachstum zuzustutzen,
Sind sich zwar die Köpfe einig,
Welche diese Welt vernutzen.

Wollt ihr aber statt der Flüsse
Durch das Land Kanäle treiben,
So gelüstets mich nicht länger
Hier in diesem Land zu bleiben.

Tadelst du den Gang

Tadelst du den Gang, in welchem
Diese Lieder voran schreiten,
So bekenn' ich: aus Prämissen
Ist hier wenig abzuleiten.

Mögen alle Syllogismen,
Wo am Platz sie sind, sich mühen,
Wenn die Kirschenblüte aufbricht,
Helfen sie ihr nicht beim Blühen.

Alles, was sich rhythmisch ordnet,
Taugt in nichts dir zu Beweisen,
Doch macht es die Beine kräftig,
Auf und ab im Tanz zu kreisen.

Nicht auf Glaubens-, nicht auf Wissens-
Sätze wirst du hier vereidigt.
Auch erkenne, daß der Dichter
Weder anklagt noch verteidigt.

Er verlangt nicht, daß Vertrauen
Ohne Prüfung man ihm schenke.
Lieb auch ist ihm, daß ein jeder
Leser selber etwas denke.

Wahr ist aber, daß ich nur mit
Freiem Volke gern verkehre,
Daß ich nur den schlanken Wuchs und
Nur das grade Wachstum ehre.

ELISABETH LANGGÄSSER
In den Mittag gesprochen

Schläfriger Garten. Gedankenlos
Wie der Daume über dem Daume.
Sage, wer trägt die Birne im Schoß,
Den Apfel, die Eierpflaume?

Breit auseinander setzt Schenkel und Knie',
Weil schon Spilling und Mirabelle
Höher sich wölben voll Saft und Magie,
Die Natur auf der Sommersschwelle.

Bis an den Umkreis der Schale erfüllt,
Sind die Früchte nur mit sich selber,
Und in die flimmernden Lüfte gehüllt,
Überläuft es sie blauer und gelber.

Pochender Aufschlag. Was trägt und enthält,
Ist das Ganze von Allen geboren.
Innen ward Außen. Was ungepflückt fällt,
Geht wie Traum an das Ganze verloren.

Scharren im Laube. Ein brütendes Huhn
Sitzt getrost auf zerbrochenem Rade.
Zeit, wohin fließest du? Nach Avalun ...
Süßes, wie heißest du? Kern in den Schuhn
Purpurblaun, gelben? Du wirkendes Ruhn?
Und ein Jegliches antwortet: Gnade!

Rose im Oktober

Die Hacke schweigt.
Am Waldrand steigt
Mit hellem Ton
Ein Sagenroß
Aus Avalon.
Was ist's? Der Herbst verschoß
In seinem Kupferschloß
Die sanfte Munition.

Die Eichel fällt,
Und fallend, schellt
Entzwei am Grund
(O leichte Schlacht!)
In Pfeifchen und
Granate, nun gib acht,
Wie Tag sich trennt und Nacht,
Frucht, Schale, Hauch und Mund.

Es knallt, es pocht,
Und brausend, kocht
Ein fernes Tal
Der Beere Sud
Und Mark zumal,
Wie es ein Kessel tut,
Wenn Windes Liebeswut
Entfaltet sein Fanal.

Die Flamme singt.
Es überspringt
Den eignen Ort
Ihr zarter Laut
Und zeugt sich fort.
Wie Luft, wie aufgerauht,
Gibt Echo ihm und baut
Vielblättrig Wort um Wort.

Tief im Azur
– Kondwiramur
Und Gral zugleich –
Trägt, Rot in Blau,
Nicht Geist, noch Fleisch,
Die Rose ihren Bau
Hoch über Feld und Au
Ein in das Ätherreich.

Irmgard Keun
Der Hofnarr

Mitten im strengsten Dienst verlor ein Hofnarr sein Lachen.
Da gefroren die Tränen in seinen Augen zu Eis vor Schreck,
Und er konnte nicht mehr schlafen aus Angst zu erwachen.

Der König reichte ihm einen Scheck
Und sagte: nun geh, du bist langweilig geworden.

Der Narr nahm den Scheck nicht und bekam keinen Orden.
War er nun kein Narr mehr, oder war er erst jetzt einer geworden?

Georg von der Vring
Die Liebenden

Zweierlei tun die heimlich Liebenden,
Wenn sie einander begegnen: Sie lächeln
Und sie erzittern. Das Lächeln gleitet hinweg,
Aber das Zittern bleibt und breitet sich aus, wo die Seele
Flügelbebend sich öffnet.

Doch, wenn der Abend kommt,
Nacht ruht in jeder Blume, und schwarz ist geworden
Der Mohn, kein Zittern, kein Lächeln mehr ist, und der Kuß
Geendet: wie flügelt die Seele dann,
Oh wie schwebt sie, die unsre, in eins gefaltete, ruhlose,
Über dem Tode.

Fritz Usinger
Im reinsten Auge

Im reinsten Auge ist die ganze Welt.
Sieh hin und trinke mit versunknem Blick
Den Frühling, der die frühen Ähren wellt.
Hier ist dein Heil, hier wendet dein Geschick.

Da dies geschah, was soll dir noch geschehn?
Wenn Welten stürzen, dieses Eine bleibt.
Leb oder stirb: du hast das Heil gesehn.
Was gilt dir nun, wohin dein Schicksal treibt?

Schau Schrecken, Blut, hör die Vergänglichkeit
Dein Ohr umtosen, Schrei des Untergangs.
Dein Leben ist verwirkt, erfüllt die Zeit.

Verschollen sind die Jahre des Gesangs.
Die Säulen fallen. Alles ist Vergehn.
Nur dieses nicht: du hast das Heil gesehn.

Martin Beheim-Schwarzbach
Schlaflos

Starr ich in die Dunkelheit auch immer,
Starr der Welt ins steinerne Gesicht:
Dieser arge Haufe Trug und Trümmer
Fügt sich widerwillig zum Gedicht.

Fügt sich widerwillig noch zum Bild,
Doch die Farben, doch die Klänge klaffen,
Klaffen weit wie Wunden nie gestillt.
Meinen Reim zur Welt kann ich nicht schaffen.

Albrecht Goes
Das Wort

Ich liebe dich. Es ist das alte Wort –
Wer wars, ders sprach zum allerersten Mal?
Das Wort der Lust, das Quellwort süßer Qual?
Und wie geschahs, daß durch die Zeiten fort

Es weiterdrang? Wer, sag, wer trugs zu dir,
Beladen so von vieler Schicksalsfracht,
Flamme des Tages und Musik der Nacht
Und Übermacht – ach! über dir und mir?

Das alte Wort. Und doch, da ich dirs jetzt
Zusage, ists, als sei es nie zuvor
Berührt von Lippen, zitternd, heiß und schwer.

Wort, neugeschaffen, rein und unverletzt
Für diesen Mund nur und für dieses Ohr:
Hör mich, o du! Ich liebe dich so sehr.

WALTER VON MOLO
Lob des Leides

I

Des Menschen Los und Glück
ist Un-
vollkommenheit;
er strebt,
erreicht sein Ziel, glaubt er,
am End von dem, was Zeit
und Raum, von ihm, geheißen.

Dann wird er endlich sehend
in der Un-endlichkeit, meint er,
weil er in allem Sinn begehrt, den er
versteht
und nie erfaßt,
daß endlich bleibt ein jedes Ziel,
das wir erreichen.

Un-endlich ist Gefühl,
un-endlich die Vernunft,
die jedes Ende haßt,
das zur Un-endigkeit
nicht paßt!

OTTO FREIHERR VON TAUBE
Eingangsgedicht

Die wir in freudigem Entsagen
Zu kühner Fahrt uns aufgemacht,
Wie hat uns bald der Sturm geschlagen,
Wie überfiel uns bald die Nacht:

Von Not und Bitternis umflossen,
Geht uns die Fahrt. Doch nicht verklang
Vom Ufer, da wir abgestoßen,
Ein süßer, heimischer Gesang.

Georg Britting
Der Tod an den Dichter

Du spielst mit mir, machst Reime und Gedichte,
Gar zierlich redest du von Blut und Schwären,
Vom Hirschkalb unterm Prankenhieb des Bären
Und von dem Henker auf dem Schandgerichte.

Als wärens Perlen, spielst du mit den Zähren
Der Trauernden mit lächelndem Gesichte,
Die Silben setzend streng nach dem Gewichte.
Mach nur so zu! Ich lasse dich gewähren

Für eine Zeit, du armer Strophenheld!
Du magst mich so und immer anders schildern,
Verfertiger von Liedern: singe! singe!

Nur werde mir nicht blaß, wenns mir gefällt,
Daß ich urplötzlich dann aus deinen Bildern
Leibhaftig dir und nackt entgegenspringe!

Jochen Klepper
Museum und Brücke

Noch immer muß uns rätselhaft berühren,
auf Brücken über einen Fluß zu schreiten,
das steingewordne Gleichnis für der Zeiten
Bindung und Trennung als erfüllt zu spüren.

Laß dich an des Geländers Brüstung führen
und deine Blicke mit dem Wasser gleiten.
Am mächt'gen Saume der Vergangenheiten
muß alle Gegenwart den Schein verlieren.

In dunklen Bogen über schwarzem Strome
wölbt sich die Brücke in der Tempel Schatten.
Dies Griechenland ist wie ein Traum im Tode!

Das Ufer trennt uns von dem Schloß und Dome
und denen, die dort laute Feiern halten.
Der Fluß ist Styx, sein Raunen Trauerode!

Friedrich Rasche
Geistfahrt

Im Unendlichen zu zelten,
greif den Mond, daß er dir leuchte,
auf dem Weg durch Wald und Welten
eine Silberspur dir feuchte.

Laß von Nachtspuk dich nicht wirren,
Unkenruf und Eulenflügel,
nicht vom Hexenschrei, dem irren,
ausgepreßt am Ginsterhügel.

Sprich den Heilspruch der Versenkung
– mondvergessen, leibentbunden –
und du wanderst ohne Kränkung,
und kein Giftzahn schlägt dir Wunden.

Ruf Orion an, den treuen,
daß er dir die Sphäre weise!
Schon zu zärtlichem Erneuen
schwingen rings geheime Kreise.

Übersteig den Berg der Lüste,
sieh – es dampfen seine Lenden!
Doch du strebst zur hellern Küste,
deine Geistfahrt zu vollenden.

Lande kühn am Vorgebirge,
Rand der Welt und letzte Klippe.
Nun sei stark: im Grenzbezirke
Schlägt ein Zittern Herz und Lippe.

In der Kugel des Gedankens,
im Geheimnis selbst geborgen,
schwebst du, ledig allen Schwankens,
tiefer in den Geistermorgen.

Stephan Hermlin
Wo bleibt die junge Dichtung?
Rede auf dem I. Deutschen Schriftstellerkongreß 1947

Wo heute zur Frage der jungen Dichtung geschrieben wird, wird auch geklagt. Man beklagt eine Massenproduktion lyrischer Trivialitäten, worauf andere die Erwiderung bereit haben, es sei erfreulich, daß das Gedicht endlich eine Chance habe, aus seiner Schattenexistenz herauszutreten, und so viele Drucker und Leser fände, wie man früher nie zu hoffen gewagt habe. Man behauptet, in Deutschland sei nicht wirkliches Talent vorhanden, und man antwortet anklagend, es wimmle von fertigen Leistungen. Über allem steht die Klage, die junge Dichtung sei unfähig, die erlebte Epoche auch nur annähernd zu bewältigen.

Es ist wahr – wir können uns mit dem, was wir haben, nicht zufriedengeben. Wenn wir unsere letzten Leistungen auf poetischem Gebiet mit denen anderer Völker vergleichen, müssen wir zu einem für uns überaus ungünstigen Resultat kommen. Aber es hat keinen Sinn, darüber den Kopf zu verlieren und in Schmähungen auszubrechen. Außerordentliche Möglichkeiten liegen vor uns. Wir müssen Geduld haben.

Ich habe nicht im Sinn, Ihnen hier fertige Rezepte vorzulegen oder Systeme zu entwickeln. Ich habe nur einige Meinungen mitzuteilen, die dazu beitragen könnten, den Standort der jungen deutschen Dichtung wirklich zu bestimmen. Eine solche gründliche Anpeilung und Auslotung könnte sich auf diesem Kongreß im Laufe einer ernsthaften Diskussion ergeben.

Ich glaube zunächst einmal, daß eine Reihe von registrierbaren Mißständen eng mit unseren politischen und literarischen Traditionen verbunden ist. Ohne Zweifel ist unsere Sprache eine lyrische Sprache par excellence. Sie setzt, im Gegensatz etwa zum Französischen, dem Gedicht keinen Widerstand entgegen, sondern lädt es zur Bildung ein. Aus diesem Grund, dem die deutsche Lyrik ihre Höhepunkte verdankt, wird die literarische Äußerung im Deutschen so leicht zur lyrischen Äußerung, ohne daß dazu immer eine eigentliche Berechtigung vorliegt. Damit zusammen hängt eine offenbare Überbewertung der Lyrik, die uns oft andere, nicht minder wichtige literarische Formen mit einer gewissen Verachtung behandeln läßt. Auf der anderen Seite ist aber, wie ich glaube, das lyrische Gedicht, dieser spontanste Ausdruck des schöpferischen Gefühls, zugleich jene Form, die die äußerste gegenseitige Vertrautheit von

Schöpfer und Werk erfordert. Wenn Rilke Gedichte als Erfahrungen bezeichnete, so meint er, denke ich, daß hier eine Erfahrung, eine Erkenntnis zum Lebensgefühl geworden, ins Blut übergegangen ist, daß hier nicht nur erlebt wurde, sondern dauernd, für alle Zukunft erlebt wird. Der Begriff der Spontaneität steht nicht im Widerspruch zu dieser Behauptung. Denn spontan bleibt die Auslösung des Gedichts, sein Anstoß liegt im Zufälligen, im Äußerlichen, wie jeder Schriftsteller weiß. Der Versuch so vieler junger Schriftsteller in Deutschland, unserer Zeit und ihrem Erleben mit lyrischen Mitteln Ausdruck zu verleihen, ist bisher meist gescheitert, mußte scheitern, weil die wichtigsten Phänomene dieser Zeit, die Auseinandersetzung mit dem Faschismus etwa, nicht einmal rational bewältigt worden waren, und weil man darauf verzichtete, einen Weg zu beschreiten, an dessen Ende erst das adäquate poetische Produkt steht. Diese Versuche mußten um so gründlicher scheitern, als die poetischen Mittel in vielen Fällen nicht genügten und in einer bestimmten seelischen Verkrampfung nach Formen gesucht wurde, die dem zu meisternden Inhalt nicht notwendigerweise entsprachen. Ich behaupte natürlich nicht, daß man heute keine guten Sonette schreiben könne. Im Gegenteil. Das Sonett oder die Stanze werden immer ihre Möglichkeiten haben. Wenn wir aber das Gesicht unserer derzeitigen jungen Dichtung betrachten mit all seinen epigonalen Zügen, mit seiner zwischen Plagiat und Parodie oszillierenden Nachahmung des Unnachahmlichen, sind wir schon mitten im Politischen.

Das Unvermögen, die jüngste Vergangenheit und die Gegenwart dichterisch zu gestalten, hat wahrscheinlich viel mit der Tatsache zu tun, daß der Faschismus und sein Krieg bei uns fast durchweg erduldet, ja geduldet, aber nicht bekämpft wurde. Ich sage »fast durchweg« und nicht »immer«. Diesen Umstand näher zu betrachten, ist nicht meine Aufgabe. Mir scheint aber erwiesen zu sein, daß die höchst lebendige, höchst charakteristische zeitgenössische Literatur in einigen Ländern mit der aktiven und militanten Haltung der betreffenden Schriftsteller im Zusammenhang steht. Man hat über die Widerstandsliteratur bei uns schon eine Unmasse gesagt und geschrieben. Unsere zeitgenössische nichtfaschistische Literatur, unsere lyrische Dichtung im besonderen, trägt dagegen den Stempel des Troglodytenhaften, sie ist eine Dichtung von Höhlenbewohnern, wie ein junger Dichter bezeichnenderweise eines seiner Gedichte nannte. Daraus ergibt sich formal der Zug zum Konservativen, zum Statischen, zum Rückwärtsgewandten. Was den geistigen Gehalt angeht, scheut man das Direkte, das Konkrete, man flüchtet in die Metaphysik und nennt die Totschläger am liebsten Dämonen. Aus Widerwillen vor dem Marschieren stelzt man. Es ist an der Zeit, gehen zu lernen.

Die Dichtung der Höhlenbewohner hat noch einen anderen Aspekt, den ich hier andeuten möchte. Die Unmöglichkeit, vom Menschen und seinen Aufgaben offen zu sprechen, hat zwölf Jahre hindurch die Dichtung der Stillen im Lande auf das Gebiet des Außermenschlichen gedrängt. Aus der grotesken und blutigen Furchtbarkeit des Faschismus wucherte eine Welt blinder, vegetativer Kräfte, eine dämonisierte Natur erhob sich hier gleichnishaft, in der Larven, Lurche, Sporen, Pollen und Staubfäden ihre blinde, beharrliche Existenz führten. Eine Anzahl der bedeutendsten deutschen Lyriker hat sich in diese neue Innerlichkeit begeben, die für uns die Eröffnung neuer Realitäten bedeutete, heute aber den Weg in die Realität zu verlegen beginnt.

Es ist hier behauptet worden, daß es immer und bei allen Völkern Schriftsteller gegeben habe, die dem Zeitpolitischen zugewandt waren, und andere, die ihre Epoche nur auf gewissermaßen indirektem Wege gestaltet haben. Nun, es ist jedenfalls so, daß die ›Änëis‹ und die ›Göttliche Komödie‹ immer zeitpolitisch gemeint waren – daß diese Werke mehr wurden als flüchtiges Pamphlet oder Aufruf, verdanken sie dem Umstand, daß hier eine Zeit in ihrer ganzen Gliederung erfühlt und gestaltet und ihr so dauernde Bedeutung für die nachfolgenden Geschlechter verliehen wurde. Wirkliche Dichtung ist also stets Kompression, Verdichtung mächtiger, pausenloser und unaufhaltsamer gesellschaftlicher Prozesse.

Wie könnte es also eine junge deutsche Dichtung geben ohne die Lösung einer entsprechenden Aufgabe? Ich glaube, daß die Frage der Form heutzutage, wie in allen revolutionären Epochen der Menschheit, zurückzutreten hat hinter der Frage nach dem Inhalt, nach der Idee, die nur eine revolutionäre Idee sein kann. Das bedeutet weder das Ende des Naturgedichtes noch des Liebesgedichtes. Naturgedichte und Liebesgedichte jedoch, die ihrem emotionellen – nicht ästhetischen – Gehalt nach nicht einmal auf der Höhe eines Storm-Verses, das heißt auf der emotionellen Höhe der entwickelten bürgerlichen Individualität des 19. Jahrhunderts, sich befinden, sondern, wie es fast durchweg der Fall ist, weit hinter ihr zurücktreten, sind überflüssig geworden. Das Naturgedicht oder das Liebesgedicht zum Beispiel hat meiner Meinung nach nur dann eine Möglichkeit, wenn hinter den dialektischen Veränderungen einer

Landschaft oder eines menschlichen Gefühls Metamorphosen einer höheren, allgemeinmenschlichen Art aufleuchten. Jedes Zurückweichen vor dieser inneren Forderung führt nachweisbar zum Eklektizismus, zu den kalten und glasklaren Gewässern der poésie pure. Wir haben mit größtem Ernst also die Frage nach dem Gegenstand zu stellen. In einer Zeit, in der es außerordentlich modern ist, den jungen Dichtern Pessimismus und Zweifel zu predigen, da ja doch »alles Schwindel sei«, sollten die jungen Dichter um so leidenschaftlicher den Möglichkeiten einer humanistisch-heroischen Dichtung nachspüren, jenen Ideen, aus denen alle echte Dichtung seit jeher gespeist ward. Lassen Sie mich in diesem Zusammenhang zwei der Herkunft und geistigen Struktur nach so durchaus verschiedene Dichter nennen wie Wladimir Majakowski und Paul Valéry. Majakowski, dieser einzigartige und enthusiastische Rhapsode, rühmte sich, seinem »Gesang den Fuß auf die Kehle gesetzt« zu haben. Valéry sprach in ähnlichem Sinne vom »réfus«, der »Weigerung« des Dichters, sich selbst nachzugeben. Er stellte fest, daß das Kunstwerk erst als das Produkt einer Kette von solchen Weigerungen entstünde. Diese Mahnungen richten sich ins Innerste der jungen deutschen Dichtung. Es geht heute um die Verweigerung des allzu bequemen Gegenstandes. Die wirkliche Freiheit des jungen Dichters kann nur die verantwortungsbewußte, freiwillige Wahl seiner schwierigsten Möglichkeiten sein. Die jungen deutschen Dichter müssen allerdings die Sache der Freiheit als ihre dringendste Angelegenheit betrachten. Sie dürfen aber nie vergessen, daß die Freiheit etwas sehr Konkretes ist. Es gibt keine Freiheit in der schrankenlosen Ungebundenheit des Individuums. Die Freiheit des Dichters kann nur die Freiheit der vielen, der Erniedrigten und Beleidigten sein. Ja, die Freiheit ist uns teuer – darum wünschen wir, daß es bei uns niemals irgendwelche »Komitees zur Überwachung undeutscher Aktivität« geben möge ...

Ich erwähnte vorhin die Überschätzung der Lyrik. Es existiert jedoch, wie ich glaube, eine ganze Reihe von Vorurteilen bei uns gegenüber gewissen literarischen Formen. Heute versuchen eine Menge junger Menschen niederzuschreiben, was sie erlebt haben: Bomben, Hunger, Gefangenschaft, Flucht, politische Haft. Ich diskutierte vor kurzem mit einem begabten jungen Schriftsteller, der mir eine solche Auseinandersetzung mit der eigenen Vergangenheit gezeigt hatte. Bei dieser Arbeit – die übrigens in mancher Hinsicht bemerkenswert war – wie bei anderen fiel mir der Zug zur »höheren« Literatur auf: man scheut sich, die Dinge in ihrer grauenhaften und merkwürdigen Einfachheit darzustellen; so wie man aus Novellenstoffen Gedichte zu machen versucht, so bemüht man sich, dem Bericht die Form einer Novelle oder gar eines Romans zu geben. Es ist heutzutage schon erfreulich, wenn ein junger Schriftsteller um die Prosa bemüht ist – das sagte ich auch zu meinem Freund. Aber man sollte den Bericht Bericht sein lassen. Hier liegt ein reiches Gebiet, auf dem wir gerade jetzt mit Gewinn arbeiten können, wenn wir verstehen, die Dinge knapp, scharf, schonungslos darzustellen. Im Kriege ist in einigen Ländern Großartiges auf dem Gebiet der Reportage geleistet worden: ich denke an Harry Brown und Ernie Pyle in Amerika und an Konstantin Simonow in der Sowjetunion. Der Bericht steht durchaus für sich, er trägt sich selbst – das schließt nicht aus, daß er später einmal Material für eine Erzählung abgibt.

Was wir heute mehr denn je brauchen, ist eine lebendige, verantwortungsvolle Diskussion über unsere Literatur. Nur ganz flüchtig möchte ich darauf hinweisen, daß die literarische Kritik in ihrer Bedeutung bei uns nie voll erkannt wurde, während sie in anderen Ländern gleichberechtigt und gleich mächtig neben der eigentlichen Literatur existiert. Sie wird der Selbstverständigung der jungen Schriftsteller in entscheidendem Maße dienen. In dem Maße, in dem sie die lebendigen Tendenzen und den gesellschaftlichen Sinn der Literatur analysiert, wird sie das Universum von Erfahrungen und Aspekten des jungen Schriftstellers bilden helfen, das er haben muß, um arbeiten zu können. Wir haben in dieser Hinsicht keinen durchaus glücklichen Anfang zu vermelden. Die notwendige Forderung nach einem progressiven Realismus wird meiner Meinung nach manchmal allzusehr in der Richtung eines vulgären Naturalismus oder Neoklassizismus interpretiert. Andererseits sind kulturpolitische Konstrukteure am Werk, deren christlich-abendländisches Gehabe den jungen Schriftstellern beibringen möchte, Europa reiche vom Atlantik bis nach Hersfeld. Wenn ich erwähne, daß eine sogenannte »unabhängige« Zeitung der jungen Generation André Malraux, und zwar den Malraux der »atlantischen Kultur«, und den Zyniker Arthur Koestler zu geistigen Führern des jungen Europa erklären möchte, so ist das Bild nahezu komplett. Was wir brauchen, ist eine vielschichtige, aber nicht anarchische Literatur, eine Literatur ohne Simplifikateurs und metaphysische Glanzlichtmaler, eine praktisch-politische Literatur im weitesten Sinne. Das Universum des jungen Schriftstellers, von dem ich gerade sprach, diese Vielheit von Kenntnissen und Erkenntnissen, in dem ein

Stück Literatur organisch wächst und weitergegeben wird, ist vor allem von materiellen Lebens- und Bildungsmöglichkeiten bestimmt. Was können wir hier tun? Nicht alles, aber sicher einiges. Ich halte es für notwendig, daß der Schutzverband gemeinsam mit anderen Körperschaften an die Schaffung von Literaturinstituten, von Schriftstellerschulen geht. Das können zwar keine Einrichtungen sein, wo Genies gezüchtet werden, wo aber vielen jungen, desorientierten, richtungslosen Talenten eine bestimmte Hilfe zuteil werden könnte.

WOLFDIETRICH SCHNURRE
Alte Brücken – Neue Ufer

Wer Gelegenheit hat, in den Gedichtmanuskripten heutiger junger Menschen zu blättern, dem wird, abgesehen von stilistischer Geschraubtheit, mangelndem Formgefühl und innerer Substanzlosigkeit, ein Gemeinsames auffallen, das sie alle verdunkelt: Der Schatten Rilkes.

Keiner dieser jungen Menschen hat begriffen, daß es, seiner verschütteten Werte habhaft zu werden, heute anderer formaler und substantieller Voraussetzungen bedarf als vor dem Kriege. Keinem merkt man die große Erschütterung an, keinem die Sehnsucht nach Neuland, den Mut zur Originalität, die Absage an die Tradition. Ängstlich an die Barriere überkommener Gewohnheit geklammert, taumeln sie die ausgetretenen Pfade verwaschenen Epigonentums. Allen voran: Die Legion der Rilke-Jünger. An ihrer Spitze: Er, der Meister selbst, in den samtenen Mantel seiner magischen Verse gehüllt – ein neuer, ein auf ewig gefährlicher Rattenfänger.

Gefährlich? Rilke gefährlich? Rilke gefährlich, ja. Gefährlich als Vorbild, gefährlich als Verführer, gefährlich als Götze. Rilke hindert. Rilke hemmt. Rilke ist ein Wehr, ein riesiger Wall, an dem die Wogen werdender Größe sich brechen. Er ist ein Strudel; ein Magnetberg. Von überall her zieht er die aufstrebenden Jungen in seinen Bann, saugt er sie auf und läßt sie erst wieder, wenn sie ihm hörig sind bis zur Unselbständigkeit.

Und das heute, da nichts wichtiger wäre, als neue Wege und neues Sagen. Das: Diese knechtische Selbstaufgabe, diese hündische Jüngerschaft *jetzt*, da die Trümmer jener Welt, an der Rilke ermüdete, uns die Sonne verfinstern, so daß unsere Tage zu Nächten geworden sind.

Warum löst sich der junge Mensch von heute, dem diese einzigartige, so nie wiederkehrende Fülle an Gesichten und Erlebnissen geworden ist, nicht endlich von seinen veralteten Abgöttern und wird er selbst? Soll denn ewig eine Hand voll Großer die Nachkommenden beschatten? Wie dürfte uns, den taumelnden Überlebenden dieses Krieges, den verbissenen Suchern, den abgrundtief Gestürzten heute noch ein Rilke Vorbild sein? Kannte er die Nächte des Grauens? Kannte er das Heulen der Bomben? Kannte er das Chaos? Er mag es geahnt haben. Kennengelernt aber, erlebt und erlitten haben nur *wir* es. Und aus *unseren* Reihen muß der kommen, der die Kraft der Verwandlung besitzt, aus den Trümmern und Angstträumen der Vergangenheit den Mut für die Zukunft zu läutern.

Hierzu aber taugt jetzt weder ein Hölderlin noch ein Rilke: hierzu taugt einzig einer von uns. Rilke und Hölderlin sind Gipfel. Wir jedoch stehen am Fuß ihres Gebirges. Wir wollen hinaufschauen und sie verehren in ihrer Majestät. Aber wir wollen ihnen nicht mehr verfallen.

Rilke hatte den Auftrag, das Unsagbare seiner künstlerischen Einsamkeit zum Sagbaren, das Sagbare zum Lied, das Lied zum Leide zu steigern. *Wir* haben die Aufgabe, neue Massen zu finden. Meiden wir daher die lockenden Gemeinplätze der Epigonen. Beginnen wir, andere Wege zu suchen. Ein Gebirge hat viele Gipfel. Einer heißt Goethe, einer heißt Hölderlin, einer heißt Rilke. Hunderte aber sind namenlos. Hunderte ragen in den dunstigen Brodem unbekannter Regionen. Brechen wir auf, ihnen Namen zu geben. Finden wir den Mut zum Beginn. Streifen wir die Last der Traditionen von den Schultern. Was kümmern uns die Älteren und Besserwisser. Sie hätten früher genau so gedacht? Unmöglich. Die heutige Situation, die Gelegenheit, aus einer völlig neuen, dem Erlebnis dieses Krieges entwachsenen Schau heraus, sich von Rilke, ja, überhaupt von jedem altgewordenen Vorbild zu lösen, – ganz anders und neu zu beginnen, – ist einmalig.

Wir müssen unsere Chance jetzt wahrnehmen; wenige Jahre später, und das Gras träger Überlieferung ist darüber gewachsen. Nur jetzt, nach diesem gewaltigen Zusammenbruch, ist der Augenblick so günstig. Nicht lang, und der Schlamm stagnierender Gewohnheit wird wieder zur fließenden Lava. Noch ist es Zeit …

Steigen wir offenen Auges in die Schächte unserer aufgerissenen Seelen; läutern wir den empfangenen Schmerz; erheben wir den lastenden Pessimismus zur tröstlichen Schau. Beginnen wir endlich, das verpflichtende Erbe erlittenen Grauens bejahend einzustufen in die Leiter zum Licht. Es darf nicht sein, daß, wie es heute bereits aller Orten geschieht, vor unserer jüngsten Vergangenheit Barrikaden errichtet werden mit siebenfachen Riegeln. Wir, die wir glauben, einmal zu Kündern des Kommenden und zu Deutern des Bleibenden berufen zu sein, wir haben, wie niemand sonst, die Verpflichtung, die geschlagene Wunde nicht verharschen zu lassen. Mag die Hände vors Antlitz heben, wenn wir unsere Gesichte beschwören, wer will. Wir können den Zusammenbruch einer Scheinwelt nicht überlebt haben, nur, um auf ihren Trümmern eine neue Welt des Scheins zu errichten. Und daher hat auch nur der heute ein Recht zu schreiben und vor die Öffentlichkeit zu treten, der, was er sagt, aus dem Wissen geschöpft hat, das die jüngste Vergangenheit ihm aufbürdete.

Es hat keinen Sinn, die Nacht zu leugnen. Es ist sinnlos zu tun, als sei nichts geschehn, als könne da wiederbegonnen werden, wo – irgendwann einmal – aufgehört wurde. Wer heute noch schreibt, wie seine Väter schrieben, der belügt sich und uns. Wie dürfte es auch sein, daß eine Zeitwende größten Ausmaßes angebrochen ist und wir, die Kommenden, bedienten uns, unsere Freuden und Schmerzen, unsere Sehnsüchte und Zweifel auszudrücken, noch der gleichen Vokabeln, wie sie schon Generationen vor uns gebrauchten?

Nein, das Alte ist abgetan. Vor uns liegt, wenn auch noch unter Trümmern verborgen, eine neue und morgendliche Welt. Eine Welt, wie sie so jungfräulich, aber auch so schwer an Verantwortung noch vor keiner Generation sich erstreckte. Taumeln wir nicht mit Scheuklappen, stolpern wir nicht, Strophen der Vergangenheit lallend, in sie hinein. Unsere Sprache, unser Denken sei ihr gemäß. Unsere Lieder seien neue Lieder. Finden wir die Ausdrucksform, finden wir die Klarheit, die sie bedingt.

GÜNTER EICH
Der Schriftsteller

Der Schriftsteller, er sei mit ironischem Ernst nach einem verschollenen Vorbild Rönne genannt, Rönne also betrachtet sorgenvoll seine bereits arg angegriffene Lebensmittelkarte. Die sich sonst im Weltall bewegenden Gedanken sind seit langem auf die Erde zurückgekehrt. Er denkt in Feuerung und Kartoffeln, seine Vision ist ein Linsengericht, seine Träume sind die gleichen, wie alle sie träumen, die klamme Finger haben und nicht satt sind. Er lebt mit Frau und Kind in einem Zimmer und in fremden Möbeln, und seine nach den Grundsätzen der Militärregierung umgestaltete Uniform ist nicht repräsentabel. Seit Monaten bemüht er sich um einen Bezugsschein für Schuhe, und hat er etwas geschrieben, so tippt ers auf der Schreibmaschine, die ihm der Bäckermeister von nebenan stundenweise leiht.

Man sieht, es ist Rönne nicht besser und nicht schlechter ergangen als Millionen anderen. Er hat, auf seine Weise, die gleichen Sorgen wie der Flüchtling X, der Handwerker Y oder der Angestellte Z. Es fehlt ihm an Bleistiften und Papier, er hat, um Lebensmittel einzutauschen, keine Gegenwerte, und manchmal verflüchtigen sich auch die Gedanken.

Er hat, auf seine Weise, auch die gleiche, die einzige Möglichkeit und die gleiche, die einzige Aufgabe: zu arbeiten.

Indessen: Der schon erwähnte Bäckermeister von nebenan hat es einfacher. Die Güte seiner Brote bleibt von seinen Meinungen und Gedanken unbeeinflußt. Er mag ein braver Bürger sein oder ein schlechter Kerl, er mag sich für Föderalismus oder für Briefmarken interessieren, – das Brot bleibt gleich. Er kann seine Arbeit tun und alles andere aufschieben, er wartet ab, unverbindlich, er entscheidet sich nicht. So können es alle tun und tun es auch meistens. In schwachen Stunden tut es auch Rönne. Er blinzelt hinauf zum Mond und versinkt in schwelgerische Gefühle, er spaziert durch den Wald und erlaubt es sich, ihn mit den Augen Stifters oder Eichendorffs zu sehen, er belügt sich und andere, als gäbe es noch Inseln der Schönheit und ein Jahr der Seele. Wie die Bäckermeister von nebenan und in aller Welt hat auch er den status quo als Ideal und bemüht sich nach Kräften zu tun, als wäre nichts geschehen. Noch eine Hymne an das Laub, und die Sonntagsglocken klingen auch wieder und die Veilchen träumen schon.

Der arme Rönne! Sein Arbeitsmaterial, die Sprache, macht es ihm recht schwer. Er bemüht sich, sie zu einem angenehmen Teig zu zerkneten, doch gelingt es ihm schlecht. Der Stoff ist widerspenstig. Wie ärgerlich, daß die Sprache letzten Endes doch immer wieder Gedanken ausdrückt! So sieht sich Rönne gezwungen zu denken. Es ist noch etwas mühsam, aber, mein Gott, mit der Zeit wird es schon gehen. Übung macht den Meister.

Der hier an Rönne demonstrierte Vorgang der Verwandlung vollzieht sich nicht allein im Schriftsteller, aber in ihm am sichtbarsten. Er hat auch nicht genau nach dem zweiten Weltkrieg begonnen, sondern dauert schon länger an. Das Tempo freilich hat sich beschleunigt. Die Lawine ist nicht aufzuhalten.

Das bedeutet vor allem, daß die Möglichkeit der Isolation schwindet. Die Verkapselung in die private Sphäre wird undicht. Die Atomkraft zertrümmert die starken Mauern, die sich die Seele errichtet hat; durch die Breschen pfeift der schneidend kalte Wind der unentrinnbaren Wirklichkeit. Da Schreiben ein Akt der Erkenntnis ist, ist die Situation des Schriftstellers die eines vorgeschobenen Postens. Im Treiben der Welt kann er sich der immer stärkeren Aktivierung nicht entziehen. Seine Aufgabe hat sich vom Ästhetischen zum Politischen gewandelt (– was der Wendung des Menschen vom Genuß zur Arbeit entspricht).

Man mißverstehe mich nicht. Rönne soll nicht unbedingt die Kollektivschuld in Sonettform abwandeln oder die deutsche Romantik zugunsten des amerikanischen Romans in Fetzen reißen, er muß auch nicht vom Dichter zum Journalisten werden, aber alles, was er schreibt, sollte fern sein jeder unverbindlichen Dekoration, fern aller Verschönerung des Daseins. Im Sonnenuntergang, den Rönne besingt, geht nicht ein Tag der Gefühle zu Ende, sondern vorerst einmal eine genau meßbare Anzahl von Stunden, in denen Fabriksirenen ertönen, Straßenbahnen kreischen und ein Bagger den Häuserschutt von den Straßen räumt. Durch den Wald, von dem Rönne spricht, klingt kein Posthorn mehr, sondern bei Morgengrauen ziehen die Kinder und Frauen mit klappernden Eimern in die Beeren; dort werden Reisig und Zapfen gesammelt, nicht weil es poetisch ist, sondern weil es keine Kohlen gibt; Aufforstung und Abholzung, statistische Zahlen und eine Ziffer im Haushaltplan, – so trockene Dinge können bedeutender sein als die subtilen Gefühle, die der Spaziergänger beim Einatmen des Tannenduftes hat. Ich will nicht sagen, daß es keine Schönheit gibt, aber sie setzt Wahrheit voraus.

Der Zwang zur Wahrheit, das ist die Situation des Schriftstellers. Er bedauert sie nicht, er begrüßt sie, auch wenn sie nur um den Preis des bequemen Lebens zu erkaufen war.

Wenn die Wahrheit einmal unser aller Eigentum geworden ist, wird es auch möglich sein, eine echte Ethik darauf zu gründen. Bauen wir nicht auf Triebsand! Ich bemerke, daß ich schon gar nicht mehr vom Schriftsteller spreche. Und das ist richtig so, denn seine Situation ist auch die Situation aller.

Hermann Broch
Der Tod des Vergil

(...)
und er wußte auch, daß das nämliche für die Kunst zu gelten hat, daß sie desgleichen nur so weit besteht – oh, besteht sie noch, darf sie noch bestehen? – so weit sie Eid und Erkenntnis enthält, so weit sie Menschenschicksal ist und Seinsbewältigung, so weit sie sich am Unbewältigten erneuert, so weit sie solches bewerkstelligt, indem sie die Seele zu fortgesetzter Selbstbewältigung aufruft und sie solcherweise Schichte um Schichte ihrer Wirklichkeit aufdecken, Schichte um Schichte tiefer dringen läßt, Schichte um Schichte ihres innersten Seins-Gestrüpps durchdringend, Schichte um Schichte hinabdringend zu den niemals erreichbaren, trotzdem stets erahnten, stets gewußten Dunkelheiten, aus denen das Ich stammt und zu denen es einkehrt, die Dunkelheitsregionen des Ich-Werdens und des Ich-Verlöschens, der Seele Eingang und Ausgang, doch zugleich auch Eingang und Ausgang alles dessen, was ihr Wahrheit ist, ihr angezeigt von dem wegweisenden, dem goldleuchtenden Zweig im Schattendunkel, vom goldenen Zweig der Wahrheit, der durch keine Gewaltanstrengung gefunden und gebrochen werden kann, weil die Gnade des Fundes und die des Abstiegs ein und dieselbe ist, die Gnade eines Selbsterkennens, das ebensowohl der Seele wie der Kunst angehört, als ihre gemeinsame Wahrheit, als ihre gemeinsame Wirklichkeitserkenntnis; wahrlich, dies wußte er,
und so wußte er auch, daß in solcher Wahrheit die Pflicht allen Künstlertums liegt, die Pflicht zur selbsterkennenden Wahrheitsfindung und Wahrheitsäußerung, dem Künstler zur Aufgabe gesetzt, damit die Seele, gewahr des großen Gleichgewichts zwischen dem Ich und dem All, sich im All wiederfinde, damit sie das, was dem Ich durch die Selbsterkenntnis zugewachsen ist, wiedererkenne als Seins-Zuwachs im All, in der Welt, ja im Menschentum überhaupt, und wenn dieser doppelte Zuwachs auch immer nur sinnbildhaft sein kann, gebunden von vorneherein an die Sinnbildhaftigkeit des Schönen, an die Sinnbildhaftigkeit der schönen Grenze, wenn es also auch immer nur sinnbildhafte Erkenntnis bleibt, sie ist gerade infolge solcher Sinnbildhaftigkeit imstande, die unüberschreitbaren innersten und äußersten Grenzen des Seins trotzdem zu neuen Wirklichkeiten auszudehnen, keineswegs bloß zu neuen Formen, nein, zu neuen Inhalten der Wirklichkeit, weil sich eben hierin das tiefste Wirklichkeitsgeheimnis, das Geheimnis der

Entsprechung auftut, die gegenseitige Entsprechung von Ich-Wirklichkeit und Welt-Wirklichkeit, jene Entsprechung, welche dem Sinnbild die Schärfe der Richtigkeit verleiht und es zum Wahrheits-Sinnbild erhebt, die wahrheitsgebärende Entsprechung, von der alle Wirklichkeitsschöpfung ausgeht, Schichte um Schichte vordringend, vortastend, vorahnend bis zu den unerreichbaren Dunkelheitsregionen des Anfangs und des Endes, vordringend zum unerforschlich Göttlichen im All, in der Welt, in der Seele des Nebenmenschen, vordringend zu jener letzten Gottesverborgenheit, die aufdeckungs- und erweckungsbereit allüberall und selbst noch in der verworfensten Seele da ist –, dies, die Aufdeckung des Göttlichen durch das selbsterkennende Wissen um die eigene Seele, das ist die menschliche Aufgabe der Kunst, ihre Menschheitsaufgabe, ihre Erkenntnisaufgabe und ebendarum ihre Daseinsberechtigung, erwiesen an der ihr auferlegten dunklen Todesnähe, weil sie bloß in solcher Nähe zur echten Kunst zu werden vermag, weil sie bloß darum die zum Sinnbild entfaltete Menschenseele ist; wahrlich, dies wußte er,

doch er wußte auch, daß die Schönheit des Sinnbildes, und sei es noch so sehr richtigkeits-scharfes Sinnbild, niemals Selbstzweck werden darf, daß immer wenn solches geschieht und die Schönheit sich als Selbstzweck vordrängt, die Kunst in ihren Wurzeln angegriffen wird, weil dann ihre Schöpfungstat unweigerlich sich umkehrt, weil dann plötzlich das Erzeugende durch das Erzeugte ersetzt ist, der Wirklichkeitsinhalt durch die leere Form, das erkenntnishaft Richtige eben durch das bloß Schöne, in einer ständigen Verwechslung, in einem ständigen Vertauschungs- und Umkehrungskreis, dessen Insichgeschlossenheit keinerlei Erneuerung mehr zuläßt, nichts mehr erweitert, nichts mehr entdeckt, weder das Göttliche im Verworfenen, noch das Verworfene in des Menschen Göttlichkeit, sondern sich einfach an leeren Formen, an leeren Worten berauscht und in solcher Unterscheidungslosigkeit, ja Eidlosigkeit, die Kunst zur Unkunst, die Dichtung aber zum Literatentum herabwürdigt; wahrlich, dies wußte er, wußte es sehr schmerzlich,

und ebendarum wußte er auch um die innersten Gefahren alles Künstlertums, ebendarum wußte er um die innerste Einsamkeit des zum Künstler bestimmten Menschen, um diese ihm eingeborene Einsamkeit, die ihn in die noch tiefere der Kunst und in die Sprachlosigkeit der Schönheit treibt, und er wußte, daß die meisten an solcher Vereinsamung scheitern, daß sie einsamkeitsblind werden, blind für die Welt, blind für das Göttliche in ihr und im Nebenmenschen, daß sie, einsamkeitsberauscht, nur noch die eigene Gottähnlichkeit, als wäre sie eine ihnen allein zukommende Auszeichnung, zu sehen vermögen, und daß sie daher solch anerkennungslüsterne Selbstvergötzung mehr und mehr zum einzigen Inhalt ihres Schaffens machen –, Verrat am Göttlichen wie an der Kunst, Verrat, weil auf diese Weise das Kunstwerk zum Un-Kunstwerk wird, zu einem unkeuschen Mantel der Künstlereitelkeit, zu einem Flitterstaat, in dessen Unehrlichkeit sogar die selbstgefällig zur Schau gestellte eigene Nacktheit sich zur Maske verfälscht, und wenn auch das unkeusch Selbstgenießerische, das Schönheitsverspielte und Wirkungsbedachte, das unerneuerbar Kurzfristige und unerweiterbar Begrenzte solcher Unkunst einen leichteren Weg zu den Menschen hat, als echte Kunst ihn je finden könnte, es ist nur ein Schein-Weg, ein Ausweg aus der Einsamkeit, nicht jedoch der Anschluß an die Menschengemeinschaft, den die echte Kunst in ihrem Menschheitsstreben sucht, nein, es ist der Anschluß an die Pöbelhaftigkeit, ist Anschluß an deren eidbrüchige und eidunfähige Nicht-Gemeinschaft, die keinerlei Wirklichkeit bewältigt oder schafft, auch gar nicht gewillt ist solches zu tun, vielmehr im Wirklichkeitsvergessen dahindämmert, wirklichkeitsverlustig wie die Unkunst, wirklichkeitsverlustig wie das Literatentum, die innerste und tiefste Gefahr aller Künstlerschaft; oh, wie sehr schmerzlich wußte er darum,

und er wußte deshalb auch, daß die Gefahr der Unkunst und des Literatentums ihn seit jeher umfangen gehalten hatte, ihn immerzu gefangen hielt, daß er daher – hatte er auch niemals gewagt sich dies ehrlich einzugestehen – seine Dichtung eigentlich nicht mehr Kunst nennen durfte, da sie, bar jeglicher Erneuerung und Erweiterung, nichts als unkeusche Schönheitserzeugung ohne Wirklichkeitsschöpfung gewesen war, da sie vom Anfang bis zum Ende, vom Ätnagesang bis zur Äneis lediglich der Schönheit gefrönt hatte, selbstgenügsam auf die Verschönerung von längst Vorgedachtem, längst Vorerkanntem, längst Vorgeformtem beschränkt, ohne richtigen innern Fortschritt, es sei denn der einer ständig zunehmenden Pracht und Überladung, eine Unkunst, die niemals imstande gewesen war, aus sich selbst heraus das Sein zu bewältigen und zu wirklichem Sinnbild zu erheben. Oh, an seinem eigenen Leben, am eigenen Werk hatte er die Verlockung der Unkunst erfahren, die Vertauschungsverlockung, die das Erzeugte an die Stelle des Erzeugenden setzt, das Spiel an die Stelle der Gemeinschaft, das Erstarrte an die Stelle der lebendig fortwirkenden Schöpfung, das Schöne

an die Stelle der Erkenntnis, er wußte um diese Vertauschung und
Umwendung, wußte es um so mehr, als es auch die seines Lebens-
weges gewesen war, des Unheilsweges, der ihn von der Heimaterde
zur Großstadt geführt hatte, vom werktätigen Schaffen bis hinab
zur selbstbetrügerischen Schönrednerei, von der Verantwortungs-
pflicht der Menschlichkeit bis hinab zu einem verlogenen Schein-
mitleid, das die Dinge von oben herab betrachtet und zu keiner
wirklichen Hilfe sich aufrafft, sänftengetragen, sänftendurchtragen,
ein Weg von der gesetzesbedingten Gemeinschaft hinab in die zu-
fallsüberantwortete Vereinzelung, der Weg, nein, der Absturz in die
Pöbelhaftigkeit und dorthin, wo sie am ärgsten ist, ins Literatentum! War es ihm auch selten bewußt geworden, er war immer wieder dem Rauschhaften erlegen, möge es sich ihm als Schönheit, als
Eitelkeit, als künstlerische Verspieltheit, als spielerisches Vergessen
dargeboten haben, von hier aus war sein Leben bestimmt worden,
als ob es von kreisend gleitenden Schlangenringen umfangen gewesen wäre, schwindelerregend der Rausch der unablässigen Umwendung und Umkehrung, der verlockende Rausch der Unkunst,
und mochte er jetzt, da er auf dieses Leben zurückblicke, auch
Scham darob empfinden, mochte er jetzt, da die Zeitengrenze erreicht war und der Abbruch des Spieles bevorstand, sich auch in
kalter Rauschernüchterung sagen müssen, daß er ein nichtswürdig
armseliges Literatenleben geführt hatte, nicht besser als das eines
Bavius oder Mävius oder das irgend eines andern der von ihm
so verachteten eitlen Wortemacher, ja, mochte sich gerade daran
wieder zeigen, daß in jeder Verachtung auch ein Stück Selbstverach-
tung steckt, da diese jetzt mit einer so schamerfüllten und so schneidenden Schmerzhaftigkeit in ihm hochstieg und ihn aufwühlte, daß
es nur noch eine einzige, zulässige und wünschenswerte Lösung
gab, nämlich Selbstauslöschung und Tod, so war trotzdem das, was
ihn überkommen hatte, etwas anderes als Scham, war mehr als
Scham: wer ernüchtert auf sein Leben zurückblickt und hiebei
erkennt, daß jeder Schritt seines Fehlweges notwendig und unvermeidlich, ja selbstverständlich gewesen war, daß durch Schicksals-
gewalt und Göttergewalt der Umkehrungsweg ihm vorgeschrieben
ist, daß es ihn deshalb unbeweglich an den Platz gebannt hält, unbeweglich bei all seinem Vorwärtsstreben, verirrt im Gestrüpp der
Bilder, der Sprache, der Worte, der Töne, schicksalsbefohlen die
Verstrickung im Gezweige des Innen und Außen, schicksalsverbo-
ten, götterverboten die Hoffnung des Führerlosen, die Hoffnung
auf den golden aufleuchtenden Zweig im Gestrüpp der Kerker-

wände, wer solches erkannt hat, wer solches erkennt, der ist noch mehr beschämt, der ist von Entsetzen erfüllt, denn er erkennt, daß für die Himmlischen alles Geschehen in Gleichzeitigkeit vor sich geht, daß eben darum Jupiters Wille und der des Schicksals zu einem einzigen hatten werden können, in furchtbarer Gleichzeitigkeit als unzersprengbare Einheit von Schuld und Strafe sich dem Irdischen offenbarend. Oh, tugendhaft ist nur der, den das Schicksal zur gemeinschaftstragenden, helfenden Pflichterfüllung bestimmt hat, nur er wird von Jupiter auserwählt, auf daß aus dem Dickicht das Schicksal ihn führe, doch wenn ihr gemeinsames Wollen die Pflichterfüllung nicht zuläßt, dann gilt ihnen Hilfsunfähigkeit und Hilfsunwilligkeit gleich, und sie bestrafen beides mit Hilflosigkeit: hilfsunfähig, hilfsunwillig, hilflos in der Gemeinschaft, gemeinschaftsscheu und eingeschlossen in den Kerker der Kunst ist der Dichter, führungslos und führungsunfähig in seiner Preisgegebenheit, und wollte er sich auflehnen, wollte er trotzdem zum Helfenden, zum Erwecker in der Dämmerung werden, um damit zum Eid und zur Gemeinschaft zurückzufinden, er wäre mit solchem Streben – oh, daß er mit entsetzter Scham dessen gewahr werde, waren die drei zu ihm hergesandt worden! – von vorneherein zum Scheitern verurteilt; seine Hilfe wäre Scheinhilfe, seine Erkenntnisse wären Scheinerkenntnisse, und würden sie von den Menschen überhaupt angenommen werden, sie wären ihnen immer nur unheilbringende Mißleitung, fern jeder heilsweisenden Leitung, fern dem Heile. Ja, das war das Ergebnis: der Erkenntnislose als Erkenntnisbringer für die Erkenntnisunwilligen, der Wortemacher als Spracherwecker für die Stummen, der Pflichtvergessene als Verpflichter der Pflichtunwissenden, der Lahme als Lehrer der Torkelnden.

Thomas Mann
Doktor Faustus

Nun, habe ich nicht, als ich von Leverkühns apokalyptischem Oratorium ein Bild zu geben suchte, auf die substantielle Identität des Seligsten mit dem Gräßlichsten, die innere Einerleiheit des Engelskinder-Chors mit dem Höllengelächter hingewiesen? Da ist, zum mystischen Schrecken des Bemerkenden, eine formale Utopie von schauerlicher Sinnigkeit verwirklicht, die in der Faust-Kantate universell wird, das Gesamtwerk ergreift und es, wenn ich so sagen darf, vom Thematischen restlos verzehrt sein läßt. Dies riesenhafte

›Lamento‹ (seine Dauer beträgt circa fünf Viertelstunden) ist recht eigentlich undynamisch, entwicklungslos, ohne Drama, so, wie konzentrische Kreise, die sich vermöge eines ins Wasser geworfenen Steins, einer um den anderen, ins Weite bilden, ohne Drama und immer das gleiche sind. Ein ungeheueres Variationenwerk der Klage – negativ verwandt als solches dem Finale der ›Neunten Symphonie‹ mit seinen Variationen des Jubels – breitet es sich in Ringen aus, von denen jeder den anderen unaufhaltsam nach sich zieht: Sätzen, Großvariationen, die den Texteinheiten oder Kapiteln des Buches entsprechen und in sich selbst wieder nichts anderes als Variationenfolgen sind. Alle aber gehen, als auf das Thema, auf eine höchst bildsame Grundfigur von Tönen zurück, die durch eine bestimmte Stelle des Textes gegeben ist.

Man erinnert sich ja, daß in dem alten Volksbuch, das Leben und Sterben des Erzmagiers erzählt, und dessen Abschnitte Leverkühn sich mit wenigen entschlossenen Griffen zur Unterlage seiner Sätze zurechtgefügt hat, der Dr. Faustus, als sein Stundenglas ausläuft, seine Freunde und vertrauten Gesellen, »Magistros, Baccalaureos und andere Studenten«, nach dem Dorfe Rimlich nahe Wittenberg lädt, sie dort den Tag über freigebig bewirtet, zur Nacht auch noch einen »Johannstrunk« mit ihnen einnimmt und ihnen dann in einer zerknirschten, aber würdigen Rede sein Schicksal, und daß dessen Erfüllung nun unmittelbar bevorsteht, kund und zu wissen tut. In dieser ›Oratio Fausti ad Studiosos‹ bittet er sie, seinen Leib, wenn sie ihn tot und erwürgt finden, barmherzig zur Erde zu bestatten; denn er sterbe, sagt er, als ein böser und guter Christ: ein guter kraft seiner Reue, und weil er im Herzen immer auf Gnade für seine Seele hoffe, ein böser, sofern er wisse, daß es nun ein gräßlich End mit ihm nehme und der Teufel den Leib haben wolle und müsse. – Diese Worte: »Denn ich sterbe als ein böser und guter Christ«, bilden das Generalthema des Variationenwerks. Zählt man seine Silben nach, so sind es zwölf, und alle zwölf Töne der chromatischen Skala sind ihm gegeben, sämtliche denkbaren Intervalle darin verwandt. Längst ist es musikalisch vorhanden und wirksam, bevor es an seinem Orte von einer Chorgruppe, die das Solo vertritt – es gibt kein Solo im ›Faustus‹ –, textlich vorgetragen wird, ansteigend bis zur Mitte, dann absinkend im Geist und Tonfall des Monteverdischen Lamento. Es liegt zum Grunde allem, was da klingt, – besser: es liegt, als Tonart fast, hinter allem und schafft die Identität des Vielförmigsten, – jene Identität, die zwischen dem kristallenen Engelschor und dem Höllengejohle der ›Apokalypse‹ waltet, und die nun allumfassend geworden ist: zu einer Formveranstaltung von letzter Rigorosität, die nichts Unthematisches mehr kennt, in der die Ordnung des Materials total wird, und innerhalb derer die Idee einer Fuge etwa der Sinnlosigkeit verfällt, eben weil es keine freie Note mehr gibt. Sie dient jedoch nun einem höheren Zweck, denn, o Wunder und tiefer Dämonenwitz! – vermöge der Restlosigkeit der Form eben wird die Musik als Sprache befreit. In einem gewissen, gröberen und tonmateriellen Sinn ist die Arbeit ja abgetan, ehe die Komposition nur anhebt, und diese kann sich nun völlig ungebunden ergehen, das heißt: sich dem Ausdruck überlassen, als welcher jenseits des Konstruktiven, oder innerhalb ihrer vollkommensten Strenge, wiedergewonnen ist. Der Schöpfer von Fausti Wehklage kann sich, in dem vororganisierten Material, hemmungslos, unbekümmert um die schon vorgegebene Konstruktion, der Subjektivität überlassen, und so ist dieses sein strengstes Werk, ein Werk äußerster Kalkulation, zugleich rein expressiv. Das Zurückgehen auf Monteverdi und den Stil seiner Zeit ist eben das, was ich die ›Rekonstruktion des Ausdrucks‹ nannte, – des Ausdrucks in seiner Erst- und Urerscheinung, des Ausdrucks als Klage.

Aufgeboten werden nun alle Ausdrucksmittel jener emanzipatorischen Epoche, von denen ich die Echo-Wirkung schon nannte, – besonders gemäß einem durchaus variativen, gewissermaßen stehenden Werk, in welchem jede Umformung selbst schon das Echo der vorhergehenden ist. Es fehlt nicht an widerhallartigen Fortsetzungen, der weiterführenden Wiederholung der Schlußphrase eines hingestellten Themas in höherer Lage. Orpheische Klage-Akzente sind leise erinnert, die Faust und Orpheus zu Brüdern machen als Beschwörer des Schattenreichs: in jener Episode, wo Faust Helena heraufruft, die ihm einen Sohn gebären wird. Hundert Anspielungen auf Ton und Geist des Madrigals geschehen, und ein ganzer Satz, der Zuspruch der Freunde beim Mahle der letzten Nacht, ist in korrekter Madrigalform geschrieben.

Aufgeboten aber, im Sinne des Résumés geradezu, werden die erdenklichsten ausdruckstragenden Momente der Musik überhaupt: nicht als mechanische Nachahmung und als ein Zurückgehen, versteht sich, sondern es ist wie ein allerdings bewußtes Verfügen über sämtliche Ausdruckscharaktere, die sich in der Geschichte der Musik je und je niedergeschlagen, und die hier in einer Art von alchimistischem Destillationsprozeß zu Grundtypen der Gefühlsbedeutung geläutert und auskristallisiert werden. Man hat da den tief aufholenden Seufzer bei solchen Worten, wie: »Ach, Fauste, du verwegenes und nichtwerdes Herz, ach, ach, Vernunft, Mutwill, Vermessenheit und freier Will ...«, die vielfache Bildung von Vorhalten, wenn auch nur als rhythmisches Mittel noch, die melodische Chromatik, das bange Gesamtschweigen vor einem Phrasenanfang, Wiederholungen wie in jenem ›Lasciatemi‹, die Dehnung von Silben, fallende Intervalle, absinkende Deklamation – unter ungeheueren Kontrastwirkungen wie dem tragischen Chor-Einsatz, a cappella und in höchster Kraft, nach der orchestral, als große Ballettmusik und Galopp von phantastischer rhythmischer Vielfalt gegebenen Höllenfahrt Fausti, – einem überwältigenden Klage-Ausbruch nach einer Orgie infernalischer Lustigkeit.

Diese wilde Idee des Niedergeholtwerdens als Tanz-Furioso erinnert noch am meisten an den Geist der ›Apocalipsis cum figuris‹, – daneben etwa noch das gräßliche, ich stehe nicht an zu sagen: zynische chorische Scherzo, worin »der böse Geist dem betrübten Fausto mit seltsamen, spöttischen Scherzreden und Sprichwörtern zusetzt«, – mit diesem fürchterlichen »Drumb schweig, leid, meyd und vertrag, dein Unglück keinem Menschen klag, es ist zu spat, an Gott verzag, dein Unglück läuft herein all Tag.« Im übrigen aber hat Leverkühns Spätwerk wenig gemein mit dem seiner dreißig Jahre. Es ist stilreiner als dieses, dunkler im Ton als Ganzes und ohne Parodie, nicht konservativer in seiner Rückwärtsgewandtheit, aber milder, melodischer, mehr Kontrapunkt als Polyphonie, – womit ich sagen will, daß die Nebenstimmen in ihrer Selbständigkeit mehr Rücksicht nehmen auf die Hauptstimme, die oft in langen melodischen Bögen verläuft, und deren Kern, aus dem alles entwickelt ist, eben das zwölftönige »Denn ich sterbe als ein böser und guter Christ« bildet. Längst vorhergesagt ist in diesen Blättern, daß im ›Faustus‹ auch jenes Buchstabensymbol, die von mir zuerst wahrgenommene Hetaera-Esmeralda-Figur, das h e a e es, sehr oft Melodik und Harmonik beherrscht: überall da nämlich, wo von der Verschreibung und Versprechung, dem Blut-Rezeß, nur immer die Rede ist.

Vor allem unterscheidet die Faust-Kantate sich von der ›Apokalypse‹ durch ihre großen Orchester-Zwischenspiele, die zuweilen nur allgemein die Haltung des Werkes zu seinem Gegenstande, hindeutend, wie ein »So ist es« aussprechen, zuweilen aber, wie die schauerliche Ballettmusik der Höllenfahrt, auch für Teile der Handlung stehen. Die Instrumentation dieses Schreckenstanzes besteht nur aus Bläsern und einem beharrenden Begleitsystem, das, zusammengesetzt aus zwei Harfen, Cembalo, Klavier, Celesta,

Glockenspiel und Schlagzeug, als eine Art von ›Continuo‹ immer wieder auftretend das Werk durchzieht. Einzelne Chorstücke sind nur davon begleitet. Bei anderen sind ihm Bläser, bei wieder anderen Streicher hinzugefügt; abermals andere haben volle Orchester-Begleitung. Rein orchestral ist der Schluß: ein symphonischer Adagiosatz, in welchen der nach dem Höllengalopp mächtig einsetzende Klage-Chor allmählich übergeht, – es ist gleichsam der umgekehrte Weg des ›Liedes an die Freude‹, das kongeniale Negativ jenes Überganges der Symphonie in den Vokal-Jubel, es ist die Zurücknahme ...

Mein armer, großer Freund! Wie oft habe ich, in dem Werk seines Nachlasses, seines Unterganges lesend, das soviel Untergang seherisch vorwegnimmt, der schmerzhaften Worte gedacht, die er beim Tode des Kindes zu mir sprach: des Wortes, es solle nicht sein, das Gute, die Freude, die Hoffnung, das solle nicht sein, es werde zurückgenommen, man müsse es zurücknehmen! Wie steht dieses »Ach, es soll nicht sein«, fast einer musikalischen Weisung und Vorschrift gleich, über den Chor- und Instrumentalsätzen von ›Dr. Fausti Weheklag‹, wie ist es in jedem Takt und Tonfall dieses ›Liedes an die Trauer‹ beschlossen! Kein Zweifel, mit dem Blick auf Beethovens ›Neunte‹, als ihr Gegenstück in des Wortes schwermütigster Bedeutung, ist es geschrieben. Aber nicht nur, daß es diese mehr als einmal formal zum Negativen wendet, ins Negative zurücknimmt: es ist darin auch eine Negativität des Religiösen, – womit ich nicht meinen kann: dessen Verneinung. Ein Werk, welches vom Versucher, vom Abfall, von der Verdammnis handelt, was sollte es anderes sein als ein religiöses Werk! Was ich meine, ist eine Umkehrung, eine herbe und stolze Sinnverkehrung, wie wenigstens ich sie zum Beispiel in der »freundlichen Bitt« des Dr. Faustus an die Gesellen der letzten Stunde finde, sie möchten sich zu Bette begeben, *mit Ruhe schlafen* und sich nichts anfechten lassen. Schwerlich wird man umhinkönnen, im Rahmen der Kantate, diese Weisung als den bewußten und gewollten Revers zu dem »Wachet mit mir!« von Gethsemane zu erkennen. Und wiederum: Der »Johannstrunk« des Scheidenden mit den Freunden hat durchaus rituelles Gepräge, als ein anderes Abendmahl ist er gegeben. Damit aber verbindet sich eine Umkehrung der Versuchungsidee, dergestalt, daß Faust den Gedanken der Rettung als Versuchung zurückweist, – nicht nur aus formeller Treue zum Pakt und weil es »zu spät« ist, sondern weil er die Positivität der Welt, zu der man ihn retten möchte, die Lüge ihrer Gottseligkeit, von ganzer

Seele verachtet. Dies wird noch viel deutlicher und ist viel stärker noch herausgearbeitet in der Szene mit dem guten alten Arzt und Nachbar, der Fausten zu sich lädt, um einen fromm bemühten Bekehrungsversuch an ihm zu machen, und der in der Kantate mit klarer Absicht als eine Verführerfigur gezeichnet ist. Unverkennbar ist die Versuchung Jesu durch Satan erinnert, unverkennbar das Apage zum stolz verzweifelten Nein! gegen falsche und matte Gottesbürgerlichkeit gewendet.

Aber einer anderen und letzten, wahrhaft letzten Sinnesverkehrung will gedacht, und recht von Herzen gedacht sein, die am Schluß dieses Werkes unendlicher Klage leise, der Vernunft überlegen und mit der sprechenden Unausgesprochenheit, welche nur der Musik gegeben ist, das Gefühl berührt. Ich meine den orchestralen Schlußsatz der Kantate, in den der Chor sich verliert, und der wie die Klage Gottes über das Verlorengehen seiner Welt, wie ein kummervolles »Ich habe es nicht gewollt« des Schöpfers lautet. Hier, finde ich, gegen das Ende, sind die äußersten Akzente der Trauer erreicht, ist die letzte Verzweiflung Ausdruck geworden, und – ich will's nicht sagen, es hieße die Zugeständnislosigkeit des Werkes, seinen unheilbaren Schmerz verletzen, wenn man sagen wollte, es biete bis zu seiner letzten Note irgendeinen anderen Trost als den, der im Ausdruck selbst und im Lautwerden, – also darin liegt, daß der Kreatur für ihr Weh überhaupt eine Stimme gegeben ist. Nein, dies dunkle Tongedicht läßt bis zuletzt keine Vertröstung, Versöhnung, Verklärung zu. Aber wie, wenn der künstlerischen Paradoxie, daß aus der totalen Konstruktion sich der Ausdruck – der Ausdruck als Klage – gebiert, das religiöse Paradoxon entspräche, daß aus tiefster Heillosigkeit, wenn auch als leiseste Frage nur, die Hoffnung keimte? Es wäre die Hoffnung jenseits der Hoffnungslosigkeit, die Transzendenz der Verzweiflung, – nicht der Verrat an ihr, sondern das Wunder, das über den Glauben geht. Hört nur den Schluß, hört ihn mit mir: Eine Instrumentengruppe nach der anderen tritt zurück, und was übrigbleibt, womit das Werk verklingt, ist das hohe g eines Cellos, das letzte Wort, der letzte verschwebende Laut, in Pianissimo-Fermate langsam vergehend. Dann ist nichts mehr, – Schweigen und Nacht. Aber der nachschwingend im Schweigen hängende Ton, der nicht mehr ist, dem nur die Seele noch nachlauscht, und der Ausklang der Trauer war, ist es nicht mehr, wandelt den Sinn, steht als ein Licht in der Nacht.

DEINE SÖHNE, EUROPA
Gedichte deutscher Kriegsgefangener

GÜNTER EICH
Inventur

Dies ist meine Mütze,
dies ist mein Mantel,
hier mein Rasierzeug
im Beutel aus Leinen.

Konservenbüchse:
Mein Teller, mein Becher,
ich hab in das Weißblech
den Namen geritzt.

Geritzt hier mit diesem
kostbaren Nagel,
den vor begehrlichen
Augen ich berge.

Im Brotbeutel sind
ein Paar wollene Socken
und einiges, was ich
niemand verrate,

so dient er als Kissen
nachts meinem Kopf.
Die Pappe hier liegt
zwischen mir und der Erde.

Die Bleistiftmine
lieb ich am meisten:
Tags schreibt sie mir Verse,
die nachts ich erdacht.

Dies ist mein Notizbuch,
dies meine Zeltbahn,
dies ist mein Handtuch,
dies ist mein Zwirn.

Gefangener bei Nacht

Die Sonne buk den Lehm zu Stein,
der mir den Rücken drückt.
Im Zeltbahngrün zieht Sternenschein
Konturen traurig und verrückt.

Vom eignen Schnarchen wurd ich wach.
Wer war war bei mir? Der Penis zuckt.
Die Kälte strafft das Leinendach.
Die Krätze an den Schenkeln juckt.

Gedanken gehn den Trampelpfad
wie ich armselig und bedrückt.
Sie machen halt am Stacheldraht
und kehren dumpf zu mir zurück.

Heinz Friedrich
Einst hat uns vor dem Tod gegraut

Wir haben dem Tod ins Antlitz geschaut
und haben gezittert. Uns hat es gegraut
vor seinen Augen und seinem Gebiß.
Wir sagen es offen: Wir hatten Schiss.
Aber wir haben trotzdem unseren Mann gestanden,
bis sie unsere Hände in Fesseln banden.
Wir haben nicht gebebt und sind nicht gewankt –
doch niemand hat uns unsere Haltung gedankt.
Im Gegenteil: Sie lachen uns aus
und werfen uns zu ihren Türen hinaus.
Wir sind ihnen irgendwie unangenehm.
Wir passen nicht in ihr warmes Leben,
wir sind unbequem
und vielleicht auch gefährlich.
Kurzum: Wir sind durchaus entbehrlich
und wie geschaffen für den Straßengraben. –
Wir wollen gehn, damit sie endlich ihre Ruhe haben.
Wir wollen sie nicht weiter stören.
Wir sind selber froh, wenn wir nichts mehr von ihnen hören.
Wir gehen auf die Straßen, in den Sturm –

dort passen wir hin.
Wir haben ja doch weiter nichts im Sinn
als Sturmgebraus und Vagantenleben –
Das aber sag ich euch:
Ihr werdet noch beben,
wenn ihr unser Antlitz schaut!
Denn uns hat einst vor dem Tode gegraut –
aber das ist nun längst vorbei –
jetzt sind wir frei!

HELMUT GÜNTHER
Vor den Baracken

Wir können nichts tun, als vor den Baracken
lungern und im dünnen Grase hocken,
Erinnrung zupfend aus dem blonden Rocken
vergangner Zeit. So weben wir ein Laken

des Traumes über den Abgrund. Wir schauen
einfach nicht hin, in den gewissen
Abgrund des Ungewissen, und wir schließen
die Augen und machen uns vor, das Grauen

sei nicht. Wir schlagen ins Gesicht dem Narren,
der davon redet, daß am Bahnhof drüben
schon die Wagen stehen und daß in Schüben
täglich Gefangne nach dem Osten fahren.

Das ist nicht wahr. Wir glauben den Gerüchten,
die von Befreiung faseln, und wir sprechen
nicht von drüben, vom Donbas. Wir zerbrechen
sonst. Uns bleibt nichts übrig, als zu flüchten

in die Vergangenheit und dazuhocken,
träumend im dünnen Gras vor den Baracken.
Bald wird man uns auch in die Wagen packen.
Wir sind nicht mehr wert als ein alter Socken.

WOLFGANG LOHMEYER
Gefangennahme

Verbannt aus allem, was uns lieb und wert,
in Draht gepfercht und wie ein Vieh verladen,
ja, als ein Tier genährt von fremden Gnaden,
hungrig und dürstend, frierend und versehrt,

und wissend, daß der heimatliche Herd
nächtlich zermalmt von stürzenden Fassaden,
und Weib und Kind vielleicht in Brandkaskaden
vom Feuerhagel mörderlich verzehrt:

Dies war das Ende. Meuchlings übermannt
von einem Wahn, der anhub, seinesgleichen
in Staub zu stampfen, weil es widerstand –

und ohne Sinn: so zogen wir im bleichen
Märzlicht wie Herden grauer Tiere hin –
Dies war das Ende: Häßlich. Ohne Sinn.

HANS WERNER RICHTER
Es ist ein müder Glanz

Es ist ein müder Glanz,
der hier von draußen noch
auf unser Leben fällt.
Es ist ein Widerschein,
der aus den hundert Bogenlampen
in der Nacht
dies karge Leben noch erhellt.
Es sind die Türme,
die ein Gott der Zeit
so wachsam rings
um dieses Leben stellt,
daß es so eingeengt
sich nur des Abends noch
in unsere Wünsche drängt,
und mit dem Morgen geht,
wenn es mit einer Pfeife schrill

in unsere Träume gellt.
Es ist die Erde,
die von Lehm verkrustet,
der Blume sparsam
ihre Säfte leiht.
Es ist das Leben,
das mit Drahtgewächsen
um uns zur immer
neuen Wirklichkeit gedeiht.
Es ist die Stille,
die nun wachsen will.
Und halten wir den Atem an,
ist hinter blaßgepreßten Bildern
nur noch der größere Wille.

In dieser Nacht

Ich sehe dich in dieser Nacht
und fühle so wie du
den Schmerz, der sich in ihr dir offenbart.
Ich weiß wie du,
daß nur das Leid in ihr erwacht
und auch der Kummer,
der noch auf uns harrt.

Im Schein der Kerzen
sehe ich dein Angesicht
und höre jedes Wort,
das diese Nacht verspricht.

Nur du, du schweigst.
In dir ist diese Einsamkeit schon groß.
Du trägst
in dieser gnadenlosen Zeit dein Los
bis an die Grenze ihrer Ewigkeit.

Du bist allein,
und auch der Baum in seinem Kerzenschein
gleicht nur dem Licht
in einem Schrein, das deine Sehnsucht
tausendfältig bricht.

Du aber schweigst.
Nur wenn ein Wunsch zu laut in dir erwacht,
kühlst du die Stirn am Altar dieser Nacht.

WOLFDIETRICH SCHNURRE
Heldenväter

Am Ende habt ihr's wirklich gut gemeint,
als ihr von »Mut« und »Ehre« überliefet ...
Doch nur die Mutter hat die Nacht geweint.
Ihr lagt, vom Skat erschöpft, im Bett und schliefet.

Wir aber in den Bächen warmen Blutes,
wir fragten starr da draußen: Kann es sein,
daß uns das Höchste, Letzte allen Gutes
ein väterlicher Metzgerblick soll sein?

Wo blieb, als wieder Bajonette blinkten,
die Vaterfaust, die zornig sie zerbrach?
Und wo ... seid still, wir fragen in die Leere:

Ich kenne Photos, drauf die Väter winkten,
feldgrau und froh, mit Blumen am Gewehre ...
Wir folgten nur, auf Leichen tretend, nach.

Der Schrei nach Aktualität

Ihr fordert, daß wir etwas schreiben sollen,
was zeigt, wie all das Grau'n wir überwanden?
Ihr fragt, ob wir denn immer schweigen wollen
und ob »in Schreibtischfächern« nichts vorhanden?

Ja, glaubt ihr denn, wir könnten unsre Tode
wie Brunnenwasser aus dem Schachte winden?
Nur, weil das Läutern heute grad mal Mode,
so meint ihr, sollten wir uns auch drein finden?

Was fuchtelt ihr mit eurer Zensorrute:
»Wo bleibt, ihr Jungen, heut das Aktuelle?«
Nur, weil den Leuten »aktuell« zumute,

tät's Not, daß man sich ihnen unterstelle?
Tragt *ihr* denn die Vergangenheit am Hute?
Wir tragen sie an andrer Stelle.

UNBEKANNT
Am Stacheldraht

Viele tauschen. Und bieten Juwelen –
weil sie keine Kleinode brauchen –
für ein billiges Bündel zum Rauchen.
Und sie böten auch ihre Seelen,
wenn sie daran etwas Goldenes hätten,
für einige Dosen.
Sie würden für ein paar Zigaretten
den saumlosen Rock des Heilands verlosen.

UNBEKANNT
Not

Nachts in dem großen Zelt schlagen sie zu,
beschimpfen sich um ein bißchen Platz, kreischen –
daß Bestien ihre Beute zerfleischen,
ist reiner als dies Jammern um Ruh.

Und sie heulen – Männer – und der Wind peitscht das Tuch –
und die draußen kauern, schauern und schmiegen
sich an die Plane mit hilflosem Fluch
und neiden den andern drinnen das Liegen.

Und stehen am Eingang, fordern, schreien
in die murrenden, trägen, gepfropften Reihen
und reißen das Tuch auf, wälzen sich zu

ins Volle, Warme, aus Furcht vor dem Regen
ohne Liebe, ohne Liebe – Fäuste sind Segen,
Liebe ist wie der Schlamm unterm Schuh.

Victor Klemperer
LTI

Heroismus
Statt eines Vorworts

Die Sprache des Dritten Reiches hat aus neuen Bedürfnissen heraus der distanzierenden Vorsilbe *ent* einigen Zuwachs zuteil werden lassen (wobei es jedesmal dahingestellt bleibt, ob es sich um völlige Neuschöpfung handelt oder um die Übernahme in Fachkreisen bereits bekannter Ausdrücke in die Sprache der Allgemeinheit). Fenster mußten vor der Fliegergefahr verdunkelt werden, und so ergab sich die tägliche Arbeit des Entdunkelns. Hausböden durften bei Dachbränden den Löschenden kein Gerümpel in den Weg stellen, sie wurden entrümpelt. Neue Nahrungsquellen mußten erschlossen werden: die bittere Roßkastanie wurde entbittert ...
Zur umfassenden Bezeichnung der notwendigsten Gegenwartsaufgabe hat man eine analog gebildete Wortform allgemein eingeführt: am Nazismus ist Deutschland fast zugrunde gegangen; das Bemühen, es von dieser tödlichen Krankheit zu heilen, nennt sich heute Entnazifizierung. Ich wünsche nicht und glaube auch nicht, daß das scheußliche Wort ein dauerndes Leben behält; es wird versinken und nur noch ein geschichtliches Dasein führen, sobald seine Gegenwartspflicht erfüllt ist.
Der zweite Weltkrieg hat uns mehrfach diesen Vorgang gezeigt, wie ein eben noch überlebendiger und scheinbar zu nie mehr ausrottbarer Existenz bestimmter Ausdruck plötzlich verstummt: er ist versunken mit der Lage, die ihn erzeugte, er wird später einmal Zeugnis von ihr ablegen wie eine Versteinerung. So ist es dem Blitzkrieg ergangen und dem ihm zugeordneten Adjektiv schlagartig, so den Vernichtungsschlachten und den dazugehörigen Einkesselungen, so auch dem »wandernden Kessel« – er bedarf schon heute der Kommentierung, daß es sich um den verzweifelten Rückzugsversuch eingekesselter Divisionen handelte –, so dem Nervenkrieg, so schließlich gar dem Endsieg. Der Landekopf lebte vom Frühjahr bis zum Sommer 1944, er lebte noch, als er schon zu unförmlicher Größe angeschwollen war; aber dann, als Paris gefallen, als ganz Frankreich zum Landekopf geworden, dann war es plötzlich durchaus vorbei mit ihm, und erst im Geschichtsunterricht späterer Zeiten wird seine Versteinerung wieder auftauchen.

Und so wird es auch mit dem schwerstwiegenden Entscheidungswort unserer Übergangsepoche gehen: eines Tages wird das Wort Entnazifizierung versunken sein, weil der Zustand, den es beenden sollte, nicht mehr vorhanden ist.

Aber eine ganze Weile wird es bis dahin noch dauern, denn zu verschwinden hat ja nicht nur das nazistische Tun, sondern auch die nazistische Gesinnung, die nazistische Denkgewöhnung und ihr Nährboden: die Sprache des Nazismus.

Wie viele Begriffe und Gefühle hat sie geschändet und vergiftet! Am sogenannten Abendgymnasium der Dresdener Volkshochschule und in den Diskussionen, die der Kulturbund mit der Freien Jugend veranstaltete, ist mir oft und oft aufgefallen, wie die jungen Leute in aller Unschuld und bei aufrichtigem Bemühen, die Lücken und Irrtümer ihrer vernachlässigten Bildung auszufüllen, an den Gedankengängen des Nazismus festhalten. Sie wissen es gar nicht; der beibehaltene Sprachgebrauch der abgelaufenen Epoche verwirrt und verführt sie. Wir redeten über den Sinn der Kultur, der Humanität, der Demokratie, und ich hatte den Eindruck, es werde schon Licht, es kläre sich schon manches in den gutwilligen Köpfen – und dann, das lag ja so unvermeidlich nah, sprach irgend jemand von irgendeinem heldischen Verhalten oder einem heroischen Widerstand oder von Heroismus überhaupt. Im selben Augenblick, wo dieser Begriff im geringsten ins Spiel kam, war alle Klarheit verschwunden, und wir staken wieder tief im Gewölk des Nazismus. Und nicht nur die jungen Menschen, die eben aus dem Felde und der Gefangenschaft zurückgekehrt waren und sich nicht genug berücksichtigt, geschweige denn gefeiert sahen, nein, auch Mädchen, die keinen Heeresdienst getan hatten, waren völlig befangen in der fragwürdigsten Auffassung des Heldentums. Außer Frage stand dabei nur, daß man nun doch unmöglich ein wirklich richtiges Verhältnis zum Wesen der Humanität, der Kultur und der Demokratie haben konnte, wenn man derart über Heldentum dachte oder, genauer gesagt, an ihm vorbeidachte.

Aber in welchen Zusammenhängen war denn dieser Generation, die 1933 noch kaum über das Abc hinaus gewesen, das Wort heroisch mit seinem ganzen Sippenzubehör ausschließlich entgegengetreten? Darauf war vor allem zu antworten, daß es immer in Uniform gesteckt hatte, in drei verschiedenen Uniformen, aber nie in Zivil.

Wo Hitlers Kampfbuch allgemeine Richtlinien der Erziehung aufstellt, da steht das Körperliche weitaus im Vordergrund. Er liebt den Ausdruck »körperliche Ertüchtigung«, den er dem Lexikon der Weimarischen Konservativen entnommen hat, er preist die Wilhelminische Armee als die einzige gesunde und lebensspendende Einrichtung eines im übrigen verfaulenden Volkskörpers, und er sieht im Heeresdienst vor allem oder ausschließlich eine Erziehung zu körperlicher Leistungsfähigkeit. Die Ausbildung des Charakters nimmt für Hitler ausdrücklich nur die zweite Stelle ein; nach seiner Meinung ergibt sie sich mehr oder minder von selber, wenn eben das Körperliche die Erziehung beherrscht und das Geistige zurückdrängt. An letzter Stelle aber, und nur widerwillig zugelassen und verdächtigt und geschmäht, steht in diesem pädagogischen Programm die Ausbildung des Intellekts und seine Versorgung mit Wissensstoff. In immer neuen Wendungen gibt sich die Angst vor dem denkenden Menschen, der Haß auf das Denken zu erkennen. Wenn Hitler von seinem Aufstieg, seinen ersten großen Versammlungserfolgen berichtet, dann rühmt er nicht weniger als die eigene Rednergabe die Kampftüchtigkeit seiner Ordnungsmänner, aus deren kleiner Gruppe sich bald die SA entwickelt. Die »braunen Sturmabteilungen«, deren Aufgabe eine rein bracchiale ist, die über politische Gegner innerhalb der Versammlung herzufallen und sie aus dem Saal zu treiben haben: das sind seine eigentlichen Helfer im Ringen um das Herz des Volkes, das sind seine ersten Helden, die er als blutüberströmte Besieger feindlicher Übermacht, als die vorbildlichen Heroen historischer Saalschlachten schildert. Und ähnliche Schilderungen und gleiche Gesinnung und gleiches Vokabular finden sich, wo Goebbels seinen Kampf um Berlin erzählt. Nicht der Geist ist Sieger, es geht nicht ums Überzeugen, nicht einmal die Übertölpelung mit den Mitteln der Rhetorik bringt die letzte Entscheidung zugunsten der neuen Lehre, sondern das Heldentum der frühesten SA-Männer, der »alten Kämpfer«.

Wobei sich mir Hitlers und Goebbels' Berichte ergänzen durch die fachliche Unterscheidung unserer Freundin, die damals Assistenzärztin im Krankenhaus eines sächsischen Industrienestes war. »Wenn wir am Abend nach den Versammlungen die Verletzten hereinbekamen«, erzählte sie oft, »dann wußte ich sofort, welcher Partei jeder angehörte, auch wenn er schon ausgekleidet im Bett lag: die mit der Kopfwunde vom Bierseidel oder Stuhlbein waren Nazis, und die mit dem Stilettstich in der Lunge waren Kommunisten.« Im Punkte des Ruhms verhält es sich mit der SA wie mit der italienischen Literatur, beide Male fällt der höchste, nie wieder zu gleicher Intensität erstarkte Glanz auf die Anfänge.

Die zeitlich zweite Uniform, in der nazistisches Heldentum auftritt, ist die Vermummung des Rennfahrers, sind sein Sturzhelm, seine Brillenmaske, seine dicken Handschuhe. Der Nazismus hat alle Sportarten gepflegt, und rein sprachlich ist er von allen andern zusammen nicht derart beeinflußt wie vom Boxen; aber das einprägsamste und häufigste Bild des Heldentums liefert in der Mitte der dreißiger Jahre der Autorennfahrer: nach seinem Todessturz steht Bernd Rosemeyer eine Zeitlang fast gleichwertig mit Horst Wessel vor den Augen der Volksphantasie. (Anmerkung für meine Hochschulkollegen: über wechselseitige Beziehungen zwischen Goebbels' Stil und dem Erinnerungsbuch der Fliegerin Elly Beinhorn: ›Mein Mann, der Rennfahrer‹ lassen sich die interessantesten Seminaruntersuchungen anstellen.) Eine Zeitlang sind die Sieger im internationalen Autorennen, hinter dem Lenkrad ihres Kampfwagens oder an ihn gelehnt oder auch unter ihm begraben, die meistphotographierten Tageshelden. Wenn der junge Mensch sein Heldenbild nicht von den muskelbeladenen nackten oder in SA-Uniform steckenden Kriegergestalten der Plakate und Denkmünzen dieser Tage abnimmt, dann gewiß von den Rennfahrern; gemeinsam ist beiden Heldenverkörperungen der starre Blick, in dem sich vorwärtsgerichtete harte Entschlossenheit und Eroberungswille ausdrücken.

An die Stelle des Rennkampfwagens tritt von 1939 an der Tank, an die Stelle des Rennfahrers der Panzerjäger. Seit dem ersten Kriegstag und nun bis zum Untergang des Dritten Reichs trägt alles Heldentum zu Wasser, zu Lande und in der Luft militärische Uniform. Im ersten Weltkrieg gab es noch ein ziviles Heldentum hinter der Front. Wie lange gibt es jetzt noch ein Hinter der Front? Wie lange noch ein ziviles Dasein? Die Lehre vom totalen Krieg wendet sich fürchterlich gegen ihre Urheber: alles ist Kriegsschauplatz, in jeder Fabrik, in jedem Keller bewährt man militärisches Heldentum, sterben Kinder und Frauen und Greise genau den gleichen heroischen Schlachtentod, oft genug sogar in genau der gleichen Uniform, wie sich das sonst nur für junge Soldaten des Feldheeres schickte oder zustande bringen ließ.

Durch zwölf Jahre ist der Begriff und ist der Wortschatz des Heroischen in steigendem Maße und immer ausschließlicher auf kriegerischen Mut, auf verwegene todverachtende Haltung in irgendeiner Kampfhandlung angewandt worden. Nicht umsonst hat die Sprache des Nazismus das neue und seltene Adjektiv neuromantischer Ästheten: »kämpferisch« in allgemeinen Umlauf gesetzt und zu einem seiner Lieblingsworte gemacht. Kriegerisch war zu eng, ließ nur an die Dinge des Krieges denken, war wohl auch zu offenherzig, verriet Streitlust und Eroberungssucht. Dagegen kämpferisch! Es bezeichnet in einer allgemeineren Weise die angespannte, in jeder Lebenslage auf Selbstbehauptung durch Abwehr und Angriff gerichtete, zu keinem Verzicht geneigte Haltung des Gemütes, des Willens. Der Mißbrauch, den man mit dem Kämpferischen getrieben hat, paßt genau zu dem übermäßigen Verschleiß an Heroismus bei schiefer und falscher Verwendung des Begriffes.

»Aber Sie tun uns wirklich Unrecht, Herr Professor! Uns – damit meine ich nicht die Nazis, ich bin keiner. Doch im Feld war ich, mit ein paar Unterbrechungen, die ganzen Jahre über. Ist es nicht natürlich, daß in Kriegszeiten besonders viel von Heldentum gesprochen wird? Und wieso muß es ein falsches Heldentum sein, das da an den Tag gelegt wird?«

»Zum Heldentum gehört nicht nur Mut und Aufsspielsetzen des eigenen Lebens. So etwas bringt jeder Raufbold und jeder Verbrecher auf. Der Heros ist ursprünglich ein Vollbringer menschheitsfördernder Taten. Ein Eroberungskrieg, und nun gar ein mit soviel Grausamkeit geführter wie der Hitlerische, hat nichts mit Heroismus zu tun.«

»Aber es hat doch unter meinen Kameraden so viele gegeben, die nicht an Grausamkeiten beteiligt und die der festen Überzeugung waren – man hatte es uns ja nie anders dargestellt –, daß wir, auch im Angreifen und Erobern, nur einen Verteidigungskrieg führten, und daß es auch zum Heil der Welt sein würde, wenn wir siegten. Die wahre Sachlage haben wir erst viel später und allzu spät erkannt ... Und glauben Sie nicht, daß auch im Sport wirkliches Heldentum entwickelt werden kann, daß eine Sportleistung in ihrer Vorbildlichkeit menschheitsfördernd zu wirken vermag?«

»Gewiß ist das möglich, und sicherlich hat es auch in Nazideutschland unter den Sportlern und den Soldaten gelegentlich wirkliche Helden gegeben. Nur im ganzen stehe ich dem Heldentum gerade dieser beiden Berufsgruppen skeptisch gegenüber. Es ist beides zu lautes, zu gewinnbringendes, die Eitelkeit zu sehr befriedigendes Heldentum, als daß es häufig echt sein könnte. Gewiß, diese Rennfahrer waren buchstäbliche Industrieritter, ihre halsbrecherischen Fahrten sollten den deutschen Fabriken und damit dem Vaterland zugute kommen, und vielleicht sollten sie sogar der Allgemeinheit Nutzen tragen, indem sie zur Vervollkommnung des Autobaus Erfahrungen beisteuerten. Aber es war doch soviel

Eitelkeit, soviel Gladiatorengewinn im Spiel! Und was bei den Rennfahrern die Kränze und Preise, das sind bei den Soldaten die Orden und Beförderungen. Nein, ich glaube in den seltensten Fällen an Heroismus, wo er sich in aller Öffentlichkeit laut betätigt, und wo er sich im Fall des Erfolges gar zu gut bezahlt macht. Heroismus ist um so reiner und bedeutender, je stiller er ist, je weniger Publikum er hat, je weniger rentabel er für den Helden selber, je weniger dekorativ er ist. Was ich dem Heldenbegriff des Nazismus vorwerfe, ist gerade sein ständiges Gekettetsein an das Dekorative, ist das Prahlerische seines Auftretens. Ein anständiges, echtes Heldentum hat der Nazismus offiziell überhaupt nicht gekannt. Und dadurch hat er den ganzen Begriff verfälscht und in Mißkredit gebracht.«

»Sprechen Sie stilles und echtes Heldentum den Hitlerjahren überhaupt ab?«

»Den Hitlerjahren nicht – im Gegenteil, die haben reinsten Heroismus gezeigt, aber auf der Gegenseite sozusagen. Ich denke an die vielen Tapferen in den KZ, an die vielen verwegenen Illegalen. Da waren die Todesgefahren, waren die Leiden noch ungleich größer als an den Fronten, und aller Glanz des Dekorativen fehlte so gänzlich! Es war nicht der vielgerühmte Tod auf dem ›Felde der Ehre‹, den man vor Augen hatte, sondern günstigstenfalls der Tod durch die Guillotine. Und doch – wenn auch das Dekorative fehlte und dieses Heldentum fraglos echt war, eine innere Stütze und Erleichterung haben diese Helden doch auch besessen: auch sie wußten sich die Angehörigen einer Armee, sie hatten den festen und wohlbegründeten Glauben an den schließlichen Sieg ihrer Sache, sie konnten den stolzen Glauben mit ins Grab nehmen, daß ihr Name irgendwann einmal um so ruhmreicher auferstehen werde, je schmachvoller man sie jetzt hinmordete.

Aber ich weiß von einem noch viel trostloseren, noch viel stilleren Heldentum, von einem Heroismus, dem jede Stütze der Gemeinsamkeit mit einem Heer, einer politischen Gruppe, dem jede Hoffnung auf künftigen Glanz durchaus abging, der ganz und gar auf sich allein gestellt war. Das waren die paar arischen Ehefrauen (allzu viele sind es nicht gewesen), die jedem Druck, sich von ihren jüdischen Ehemännern zu trennen, standgehalten hatten. Wie hat der Alltag dieser Frauen ausgesehen! Welche Beschimpfungen, Drohungen, Schläge, Bespuckungen haben sie erlitten, welche Entbehrungen, wenn sie die normale Knappheit ihrer Lebensmittelkarten mit ihren Männern teilten, die auf die unternormale Judenkarte gestellt waren, wo ihre arischen Fabrikkameraden die Zulagen der Schwerarbeiter erhielten. Welchen Lebenswillen mußten sie aufbringen, wenn sie krank lagen von all der Schmach und qualvollen Jämmerlichkeit, wenn die vielen Selbstmorde in ihrer Umgebung verlockend auf die ewige Ruhe vor der Gestapo hinwiesen! Sie wußten, ihr Tod werde den Mann unweigerlich hinter sich herzerren, denn der jüdische Ehegatte wurde von der noch warmen Leiche der arischen Frau weg ins mörderische Exil transportiert. Welcher Stoizismus, welch ein Aufwand an Selbstdisziplin war nötig, den Übermüdeten, Geschundenen, Verzweifelten immer wieder und wieder aufzurichten. Im Granatfeuer des Schlachtfeldes, im Schuttgeriesel des nachgebenden Bombenkellers, selbst im Anblick des Galgens gibt es noch die Wirkung eines pathetischen Moments, das stützend wirkt – aber in dem zermürbenden Ekel des schmutzigen Alltags, dem unabsehbar viele gleich schmutzige Alltage folgen werden, was hält da aufrecht? Und hier stark zu bleiben, so stark, daß man es dem andern immerfort predigen und es ihm immer wieder aufzwingen kann, die Stunde werde kommen, es sei Pflicht, sie zu erwarten, so stark zu bleiben, wo man ganz auf sich allein angewiesen ist in gruppenloser Vereinzelung, denn das Judenhaus bildet keine Gruppe trotz seines gemeinsamen Feindes und Schicksals und trotz seiner Gruppensprache: das ist Heroismus über jeglichem Heldentum.

Nein: den Hitlerjahren hat es wahrhaftig nicht an Heldentum gefehlt, aber im eigentlichen Hitlerismus, in der Gemeinschaft der Hitlerianer hat es nur einen veräußerlichten, einen verzerrten und vergifteten Heroismus gegeben, man denkt an protzige Pokale und Ordensgeklingel, man denkt an geschwollene Worte der Beweihräucherung, man denkt an erbarmungsloses Morden ...«

Gehört die Sippe der Heldentumsworte in die LTI? Eigentlich ja, denn sie sind dicht gesät und charakterisieren überall spezifische Verlogenheit und Roheit des Nazistischen. Auch sind sie eng verknotet worden mit den Lobpreisungen der germanischen Auserwähltheit: alles Heroische war einzig der germanischen Rasse zugehörig. Und eigentlich nein; denn alle Verzerrungen und Veräußerlichungen haben dieser tönenden Wortsippe schon oft genug vor dem Dritten Reich angehaftet. So mag sie hier im Randgebiet des Vorworts erwähnt sein.

Eine Wendung freilich muß als spezifisch nazistisch gebucht werden. Schon um des Trostes willen, der von ihr ausging. Im Dezember 1941 kam Paul K. einmal strahlend von der Arbeit. Er hatte unterwegs den Heeresbericht gelesen. »Es geht ihnen miserabel in Afrika«, sagte er. Ob sie das wirklich zugäben, fragte ich – sie berichteten doch sonst immer nur von Siegen.

»Sie schreiben: ›Unsere heldenhaft kämpfenden Truppen.‹ Heldenhaft klingt wie Nachruf, verlassen Sie sich darauf.«

Seitdem hat heldenhaft in den Bulletins noch viele, viele Male wie Nachruf geklungen und niemals getäuscht.

I. LTI

Es gab den BDM und die HJ und die DAF und ungezählte andere solcher abkürzenden Bezeichnungen.

Als parodierende Spielerei zuerst, gleich darauf als ein flüchtiger Notbehelf des Erinnerns, als eine Art Knoten im Taschentuch, und sehr bald und nun für all die Elendjahre als eine Notwehr, als ein an mich selber gerichteter SOS-Ruf steht das Zeichen LTI in meinem Tagebuch. Ein schön gelehrtes Signum, wie ja das Dritte Reich von Zeit zu Zeit den volltönenden Fremdausdruck liebte: Garant klingt bedeutsamer als Bürge und diffamieren imposanter als schlechtmachen. (Vielleicht versteht es auch nicht jeder, und auf den wirkt es dann erst recht.)

LTI: Lingua Tertii Imperii, Sprache des Dritten Reichs. Ich habe so oft an eine Alt-Berliner Anekdote gedacht, wahrscheinlich stand sie in meinem schönillustrierten Glaßbrenner, dem Humoristen der Märzrevolution – aber wo ist meine Bibliothek geblieben, in der ich nachsehen könnte? Ob es Zweck hätte, sich bei der Gestapo nach ihrem Verbleib zu erkundigen? ... »Vater«, fragt also ein Junge im Zirkus, »was macht denn der Mann auf dem Seil mit der Stange?« – »Dummer Junge, das ist eine Balancierstange, an der hält er sich fest.« – »Au, Vater, wenn er sie aber fallen läßt?« – »Dummer Junge, er hält ihr ja fest!«

Mein Tagebuch war in diesen Jahren immer wieder meine Balancierstange, ohne die ich hundertmal abgestürzt wäre. In den Stunden des Ekels und der Hoffnungslosigkeit, in der endlosen Öde mechanischster Fabrikarbeit, an Kranken- und Sterbebetten, an Gräbern, in eigener Bedrängnis, in Momenten äußerster Schmach, bei physisch versagendem Herzen – immer half mir diese Forderung an mich selber: beobachte, studiere, präge dir ein, was geschieht – morgen sieht es schon anders aus, morgen fühlst du es schon anders; halte fest, wie es eben jetzt sich kundgibt und wirkt.

Und sehr bald verdichtete sich dann dieser Anruf, mich über die Situation zu stellen und die innere Freiheit zu bewahren, zu der immer wirksamen Geheimformel: LTI, LTI!

Selbst wenn ich, was nicht der Fall ist, die Absicht hätte, das ganze Tagebuch dieser Zeit mit all seinen Alltagserlebnissen zu veröffentlichen, würde ich ihm dieses Signum zum Titel geben.

Man könnte das metaphorisch nehmen. Denn ebenso wie es üblich ist, vom Gesicht einer Zeit, eines Landes zu reden, genau so wird der Ausdruck einer Epoche als ihre Sprache bezeichnet. Das Dritte Reich spricht mit einer schrecklichen Einheitlichkeit aus all seinen Lebensäußerungen und Hinterlassenschaften: aus der maßlosen Prahlerei seiner Prunkbauten und aus ihren Trümmern, aus dem Typ der Soldaten, der SA- und SS-Männer, die es als Idealgestalten auf immer andern und immer gleichen Plakaten fixierte, aus seinen Autobahnen und Massengräbern. Das alles ist Sprache des Dritten Reiches, und von alledem ist natürlich auch in diesen Blättern die Rede. Aber wenn man einen Beruf durch Jahrzehnte ausgeübt und sehr gern ausgeübt hat, dann ist man schließlich stärker durch ihn geprägt als durch alles andere, und so war es denn buchstäblich und im unübertragen philologischen Sinn die Sprache des Dritten Reiches, woran ich mich aufs engste klammerte, und was meine Balancierstange ausmachte über die Öde der zehn Fabrikstunden, die Greuel der Haussuchungen, Verhaftungen, Mißhandlungen usw. usw. hinweg.

Man zitiert immer wieder Talleyrands Satz, die Sprache sei dazu da, die Gedanken des Diplomaten (oder eines schlauen und fragwürdigen Menschen überhaupt) zu verbergen. Aber genau das Gegenteil hiervon ist richtig. Was jemand willentlich verbergen will, sei es nur vor andern, sei es vor sich selber, auch was er unbewußt in sich trägt: die Sprache bringt es an den Tag. Das ist wohl auch der Sinn der Sentenz: *le style c'est l'homme*; die Aussagen eines Menschen mögen verlogen sein – im Stil seiner Sprache liegt sein Wesen hüllenlos offen.

Es ist mir merkwürdig ergangen mit dieser eigentlichen (philologisch eigentlichen) Sprache des Dritten Reiches.

Ganz im Anfang, solange ich noch keine oder doch nur sehr gelinde Verfolgung erfuhr, wollte ich so wenig als möglich von ihr hören. Ich hatte übergenug an der Sprache der Schaufenster, der Plakate, der braunen Uniformen, der Fahnen, der zum Hitlergruß gereckten Arme, der zurechtgestutzten Hitlerbärtchen. Ich flüchtete, ich vergrub mich in meinen Beruf, ich hielt meine Vorlesungen und übersah krampfhaft das Immer-leerer-werden der Bänke vor mir, ich arbeitete mit aller Anspannung an meinem Achtzehnten Jahrhundert der französischen Literatur. Warum mir durch das Lesen nazistischer Schriften das Leben noch weiter vergällen, als es mir ohnehin durch die allgemeine Situation vergällt war? Kam mir durch Zufall oder Irrtum ein nazistisches Buch in die Hände, so warf ich es nach dem ersten Abschnitt beiseite. Grölte irgendwo auf der Straße die Stimme des Führers oder seines Propagandaministers, so machte ich einen weiten Bogen um den Lautsprecher, und bei der Zeitungslektüre war ich ängstlich bemüht, die nackten Tatsachen – sie waren in ihrer Nacktheit schon trostlos genug – aus der ekelhaften Brühe der Reden, Kommentare und Artikel herauszufischen. Als dann die Beamtenschaft gereinigt wurde und ich mein Katheder verlor, suchte ich mich erst recht von der Gegenwart abzuschließen. Die so unmodernen und längst von jedem, der etwas auf sich hielt, geschmähten Aufklärer, die Voltaire, Montesquieu und Diderot, waren immer meine Lieblinge gewesen. Nun konnte ich meine gesamte Zeit und Arbeitskraft an mein weit fortgeschrittenes Opus wenden; was das achtzehnte Jahrhundert anlangt, saß ich ja im Dresdener Japanischen Palais wie die Made im Speck; keine deutsche, kaum die Pariser Nationalbibliothek selber hätte mich besser versorgen können.

Aber dann traf mich das Verbot der Bibliotheksbenutzung, und damit war mir die Lebensarbeit aus der Hand geschlagen. Und dann kam die Austreibung aus meinem Hause, und dann kam alles Übrige, jeden Tag ein weiteres Übriges. Jetzt wurde die Balancierstange mein notwendigstes Gerät, die Sprache der Zeit mein vorzüglichstes Interesse.

Ich beobachtete immer genauer, wie die Arbeiter in der Fabrik redeten, und wie die Gestapobestien sprachen, und wie man sich bei uns im Zoologischen Garten der Judenkäfige ausdrückte. Es waren keine großen Unterschiede zu merken; nein, eigentlich überhaupt keine. Fraglos waren alle, Anhänger und Gegner, Nutznießer und Opfer, von denselben Vorbildern geleitet.

Ich suchte dieser Vorbilder habhaft zu werden, und das war in gewisser Hinsicht über alle Maßen einfach, denn alles, was in Deutschland gedruckt und geredet wurde, war ja durchaus parteiamtlich genormt; was irgendwie von der einen zugelassenen Form abwich, drang nicht an die Öffentlichkeit; Buch und Zeitung und Behördenzuschrift und Formulare einer Dienststelle – alles schwamm in derselben braunen Sauce, und aus dieser absoluten

Einheitlichkeit der Schriftsprache erklärte sich denn auch die Gleichheit aller Redeform.

Aber wenn das Heranziehen der Vorbilder für tausend andere ein Kinderspiel bedeutet hätte, so war es doch für mich ungemein schwer und immer gefährlich und manchmal ganz und gar unmöglich. Kaufen, auch Ausleihen jeder Art von Buch, Zeitschrift und Zeitung war dem Sternträger verboten. Was man heimlich im Haus hatte, bedeutete Gefahr und wurde unter Schränken und Teppichen, auf Öfen und Gardinenhaltern versteckt oder beim Kohlenvorrat als Anheizmaterial aufbewahrt. Derartiges half natürlich nur, wenn man Gück hatte.

Nie, in meinem ganzen Leben nie, hat mir der Kopf so von einem Buche gedröhnt wie von Rosenbergs Mythus. Nicht etwa, weil er eine so ausnehmend tiefsinnige, schwer zu begreifende oder seelisch erschütternde Lektüre bedeutete, sondern weil mir Clemens den Band minutenlang auf den Kopf hämmerte. (Clemens und Weser waren die besonderen Folterknechte der Dresdener Juden, man unterschied sie allgemein als den Schläger und den Spucker.) »Wie kannst du Judenschwein dich unterstehen, ein solches Buch zu lesen?« brüllte Clemens. Ihm schien das eine Art Hostienentweihung. »Wie kannst du es überhaupt wagen, ein Werk aus der Leihbibliothek hier zu haben?« Nur daß der Band nachweislich auf den Namen der arischen Ehefrau ausgeliehen war, und freilich auch, daß das dazugehörige Notizblatt unentziffert zerrissen wurde, rettete mich damals vor dem KZ.

Alles Material mußte auf Schleichwegen herangeschafft, mußte heimlich ausgebeutet werden. Und wie vieles konnte ich mir auf keine Weise beschaffen! Denn wo ich ins Wurzelwerk einer Frage einzudringen suchte, wo ich, kurz gesagt, fachwissenschaftliches Arbeitsmaterial brauchte, da ließen mich die Leihbüchereien im Stich, und die öffentlichen Bibliotheken waren mir ja verschlossen.

Vielleicht denkt mancher, Fachkollegen oder ältere Schüler, die inzwischen zu Ämtern gekommen waren, hätten mir aus dieser Not helfen, sie hätten sich für mich als Mittelsmänner in den Leihverkehr einschalten können. Du lieber Gott! das wäre ja eine Tat persönlichen Mutes, persönlicher Gefährdung gewesen. Es gibt einen hübschen altfranzösischen Vers, den ich oft vom Katheder herab zitiert, aber erst später, in der kathederlosen Zeit, wirklich nachgefühlt habe. Ein ins Unglück geratener Dichter gedenkt wehmütig der zahlreichen *amis que vent emporte, et il ventait devant ma porte,* »der Freunde, die der Wind davonjagt, und windig war's vor meiner Tür«. Doch ich will nicht ungerecht sein: ich habe treue und tapfere Freunde gefunden, nur waren eben nicht gerade engere Fachkollegen oder Berufsnachbarn darunter.

So stehen denn in meinen Notizen und Exzerpten immer wieder Bemerkungen wie: Später feststellen! ... Später ergänzen! ... Später beantworten! ... Und dann, als die Hoffnung auf das Erleben dieses Später sinkt: Das müßte später ausgeführt werden ...

Heute, wo dies Später noch nicht völlige Gegenwart ist, aber es doch in dem Augenblick sein wird, da wieder Bücher aus dem Schutt und der Verkehrsnot auftauchen (und da man mit gutem Gewissen aus der Vita activa des Mitbauenden in die Studierstube zurückkehren darf), heute weiß ich, daß ich nun doch nicht imstande sein werde, meine Beobachtungen, meine Reflexionen und Fragen zur Sprache des Dritten Reichs aus dem Zustand des Skizzenhaften in den eines geschlossenen wissenschaftlichen Werkes hinüberzuführen.

Dazu würde mehr Wissen und wohl auch mehr Lebenszeit gehören, als mir, als (vorderhand) irgendeinem Einzelnen zur Verfügung stehen. Denn es wird sehr viel Facharbeit auf verschiedensten Gebieten zu leisten sein, Germanisten und Romanisten, Anglisten und Slavisten, Historiker und Nationalökonomen, Juristen und Theologen, Techniker und Naturwissenschaftler werden in Exkursen und ganzen Dissertationen sehr viele Einzelprobleme zu lösen haben, ehe ein mutiger und umfassender Kopf es wagen darf, die Lingua Tertii Imperii in ihrer Gesamtheit, der allerärmseligsten und allerreichhaltigsten Gesamtheit, darzustellen. Aber ein erstes Herumtasten und Herumfragen an Dingen, die sich noch nicht fixieren lassen, weil sie noch im Fließen sind, die Arbeit der ersten Stunde, wie die Franzosen so etwas nennen, wird doch für die danach kommenden eigentlichen Forscher immer seinen Wert haben, und ich glaube, es wird ihnen auch von Wert sein, ihr Objekt im Zustand einer halb vollzogenen Metamorphose zu sehen, halb als konkreten Erlebnisbericht und halb schon in die Begrifflichkeit der wissenschaftlichen Betrachtung eingegangen.

Doch wenn dies die Absicht meiner Veröffentlichung ist, warum gebe ich dann das Notizbuch des Philologen nicht ganz so wieder, wie es sich aus dem privateren und allgemeineren Tagebuch der schweren Jahre herausschälen läßt? Warum ist dies und jenes in einem Überblick zusammengefaßt, warum hat sich zum Gesichtspunkt des Damals so häufig der Gesichtspunkt des Heute, der ersten Nachhitlerzeit gesellt?

Ich will das genau beantworten. Weil eine Tendenz im Spiel ist, weil ich mit dem wissenschaftlichen Zweck zugleich einen erzieherischen verfolge.

Es wird jetzt soviel davon geredet, die Gesinnung des Faschismus auszurotten, es wird auch soviel dafür getan. Kriegsverbrecher werden gerichtet, »kleine PG.s« (Sprache des Vierten Reichs!) aus ihren Ämtern entfernt, nationalistische Bücher aus dem Verkehr gezogen, Hitlerplätze und Göringstraßen umbenannt, Hitler-Eichen gefällt. Aber die Sprache des Dritten Reichs scheint in manchen charakteristischen Ausdrücken überleben zu sollen; sie haben sich so tief eingefressen, daß sie ein dauernder Besitz der deutschen Sprache zu werden scheinen. Wie viele Male zum Exempel habe ich seit dem Mai 1945 in Funkreden, in leidenschaftlich antifaschistischen Kundgebungen etwa von »charakterlichen« Eigenschaften oder vom »kämpferischen« Wesen der Demokratie sprechen hören! Das sind Ausdrücke aus dem Zentrum – das Dritte Reich würde sagen: »aus der Wesensmitte« – der LTI. Ist es Pedanterie, wenn ich mich hieran stoße, kommt hier der Schulmeister ans Licht, der in jedem Philologen verborgen kauern soll?

Ich will die Frage durch eine zweite Frage bereinigen.

Was war das stärkste Propagandamittel der Hitlerei? Waren es Hitlers und Goebbels' Einzelreden, ihre Ausführungen zu dem und jenem Gegenstand, ihre Hetze gegen das Judentum, gegen den Bolschewismus?

Fraglos nicht, denn vieles blieb von der Masse unverstanden oder langweilte sie in seinen ewigen Wiederholungen. Wie oft in Gasthäusern, als ich noch sternlos ein Gasthaus betreten durfte, wie oft später in der Fabrik während der Luftwache, wo die Arier ihr Zimmer für sich hatten und die Juden ihr Zimmer für sich, und im arischen Raum befand sich das Radio (und die Heizung und das Essen) – wie oft habe ich die Spielkarten auf den Tisch klatschen und laute Gespräche über Fleisch- und Tabakrationen und über das Kino führen hören, während der Führer oder einer seiner Paladine langatmig sprachen, und nachher hieß es in den Zeitungen, das ganze Volk habe ihnen gelauscht.

Nein, die stärkste Wirkung wurde nicht durch Einzelreden ausgeübt, auch nicht durch Artikel oder Flugblätter, durch Plakate oder Fahnen, sie wurde durch nichts erzielt, was man mit bewußtem Denken oder bewußtem Fühlen in sich aufnehmen mußte.

Sondern der Nazismus glitt in Fleisch und Blut der Menge über durch die Einzelworte, die Redewendungen, die Satzformen, die er ihr in millionenfachen Wiederholungen aufzwang und die mechanisch und unbewußt übernommen wurden. Man pflegt das Schiller-Distichon von der »gebildeten Sprache, die für dich dichtet und denkt«, rein ästhetisch und sozusagen harmlos aufzufassen. Ein gelungener Vers in einer »gebildeten Sprache« beweist noch nichts für die dichterische Kraft seines Finders; es ist nicht allzu schwer, sich in einer hochkultivierten Sprache das Air eines Dichters und Denkers zu geben.

Aber Sprache dichtet und denkt nicht nur für mich, sie lenkt auch mein Gefühl, sie steuert mein ganzes seelisches Wesen, je selbstverständlicher, je unbewußter ich mich ihr überlasse. Und wenn nun die gebildete Sprache aus giftigen Elementen gebildet oder zur Trägerin von Giftstoffen gemacht worden ist? Worte können sein wie winzige Arsendosen: sie werden unbemerkt verschluckt, sie scheinen keine Wirkung zu tun, und nach einiger Zeit ist die Giftwirkung doch da. Wenn einer lange genug für heldisch und tugendhaft: fanatisch sagt, glaubt er schließlich wirklich, ein Fanatiker sei ein tugendhafter Held, und ohne Fanatismus könne man kein Held sein.

Die Worte fanatisch und Fanatismus sind nicht vom Dritten Reich erfunden, es hat sie nur in ihrem Wert verändert und hat sie an einem Tage häufiger gebraucht als andere Zeiten in Jahren. Das Dritte Reich hat die wenigsten Worte seiner Sprache selbstschöpferisch geprägt, vielleicht, wahrscheinlich sogar, überhaupt keines. Die nazistische Sprache weist in vielem auf das Ausland zurück, übernimmt das meiste andere von vorhitlerischen Deutschen. Aber sie ändert Wortwerte und Worthäufigkeiten, sie macht zum Allgemeingut, was früher einem einzelnen oder einer winzigen Gruppe gehörte, sie beschlagnahmt für die Partei, was früher Allgemeingut war, und in alledem durchtränkt sie Worte und Wortgruppen und Satzformen mit ihrem Gift, macht sie die Sprache ihrem fürchterlichen System dienstbar, gewinnt sie an der Sprache ihr stärkstes, ihr öffentlichstes und geheimstes Werbemittel.

Das Gift der LTI deutlich zu machen und vor ihm zu warnen – ich glaube, das ist mehr als bloße Schulmeisterei. Wenn den rechtgläubigen Juden ein Eßgerät kultisch unrein geworden ist, dann reinigen sie es, indem sie es in der Erde vergraben. Man sollte viele Worte des nazistischen Sprachgebrauchs für lange Zeit, und einige für immer, ins Massengrab legen.

Wolfgang Borchert
Draußen vor der Tür
Ein Stück, das kein Theater spielen und kein Publikum sehen will

Ein Mann kommt nach Deutschland.

Er war lange weg, der Mann. Sehr lange. Vielleicht zu lange. Und er kommt ganz anders wieder, als er wegging. Äußerlich ist er ein naher Verwandter jener Gebilde, die auf den Feldern stehen, um die Vögel (und abends manchmal auch die Menschen) zu erschrecken. Innerlich – auch. Er hat tausend Tage draußen in der Kälte gewartet. Und als Eintrittsgeld mußte er mit seiner Kniescheibe bezahlen. Und nachdem er nun tausend Nächte draußen in der Kälte gewartet hat, kommt er endlich doch noch nach Hause.

Ein Mann kommt nach Deutschland.

Und da erlebt er einen ganz tollen Film. Er muß sich während der Vorstellung mehrmals in den Arm kneifen, denn er weiß nicht, ob er wacht oder träumt. Aber dann sieht er, daß es rechts und links neben ihm noch mehr Leute gibt, die alle dasselbe erleben. Und er denkt, daß es dann doch wohl die Wahrheit sein muß. Ja, und als er dann am Schluß mit leerem Magen und kalten Füßen wieder auf der Straße steht, merkt er, daß es eigentlich nur ein ganz alltäglicher Film war, ein ganz alltäglicher Film. Von einem Mann, der nach Deutschland kommt, einer von denen. Einer von denen, die nach Hause kommen und die dann doch nicht nach Hause kommen, weil für sie kein Zuhause mehr da ist. Und ihr Zuhause ist dann draußen vor der Tür. Ihr Deutschland ist draußen, nachts im Regen, auf der Straße.

Das ist ihr Deutschland.

(...)

2. Szene

Ein Zimmer. Abends. Eine Tür kreischt und schlägt zu.
Beckmann. Das Mädchen

MÄDCHEN So, nun will ich mir erst einmal den geangelten Fisch unter der Lampe ansehen. Nanu – *sie lacht* aber sagen Sie um Himmels willen, was soll denn dies hier sein?

BECKMANN Das? Das ist meine Brille. Ja. Sie lachen. Das ist meine Brille. Leider.

MÄDCHEN Das nennen Sie Brille? Ich glaube, Sie sind mit Absicht komisch.

BECKMANN Ja, meine Brille. Sie haben recht: vielleicht sieht sie ein bißchen komisch aus. Mit diesen grauen Blechrändern um das Glas. Und dann diese grauen Bänder, die man um die Ohren machen muß. Und dieses graue Band quer über die Nase! Man kriegt so ein graues Uniformgesicht davon. So ein blechernes Robotergesicht. So ein Gasmaskengesicht. Aber es ist ja auch eine Gasmaskenbrille.

MÄDCHEN Gasmaskenbrille?

BECKMANN Gasmaskenbrille. Die gab es für Soldaten, die eine Brille trugen. Damit sie auch unter der Gasmaske was sehen konnten.

MÄDCHEN Aber warum laufen Sie denn jetzt noch damit herum? Haben Sie denn keine richtige?

BECKMANN Nein. Gehabt, ja. Aber die ist mir kaputt geschossen. Nein, schön ist sie nicht. Aber ich bin froh, daß ich wenigstens diese habe. Sie ist außerordentlich häßlich, das weiß ich. Und das macht mich manchmal auch unsicher, wenn die Leute mich auslachen. Aber letzten Endes ist das ja egal. Ich kann sie nicht entbehren. Ohne Brille bin ich rettungslos verloren. Wirklich, vollkommen hilflos.

MÄDCHEN Ja? Ohne sind Sie vollkommen hilflos? *Fröhlich, nicht hart.* Dann geben Sie das abscheuliche Gebilde mal schnell her. Da – was sagen Sie nun! Nein, die bekommen Sie erst wieder, wenn Sie gehen. Außerdem ist es beruhigender für mich, wenn ich weiß, daß Sie so vollkommen hilflos sind. Viel beruhigender. Ohne Brille sehen Sie auch gleich ganz anders aus. Ich glaube, Sie machen nur so einen trostlosen Eindruck, weil Sie immer durch diese grauenhafte Gasmaskenbrille sehen müssen.

BECKMANN Jetzt sehe ich alles nur noch ganz verschwommen. Geben Sie sie wieder raus. Ich sehe ja nichts mehr. Sie selbst sind mit einmal ganz weit weg. Ganz undeutlich.

MÄDCHEN Wunderbar. Das ist mir gerade recht. Und Ihnen bekommt das auch besser. Mit der Brille sehen Sie ja aus wie ein Gespenst.

BECKMANN Vielleicht bin ich auch ein Gespenst. Eins von gestern, das heute keiner mehr sehen will. Ein Gespenst aus dem Krieg, für den Frieden provisorisch repariert.

MÄDCHEN *herzlich, warm.* Und was für ein griesgrämiges graues Gespenst! Ich glaube, Sie tragen innerlich auch so eine Gas-

maskenbrille, Sie behelfsmäßiger Fisch. Lassen Sie mir die Brille. Es ist ganz gut, wenn Sie mal einen Abend alles ein bißchen verschwommen sehen. Passen Ihnen denn wenigstens die Hosen? Na, es geht gerade. Da, nehmen Sie mal die Jacke.
BECKMANN Oha! Erst ziehen Sie mich aus dem Wasser, und dann lassen Sie mich gleich wieder ersaufen. Das ist ja eine Jacke für einen Athleten. Welchem Riesen haben Sie die denn gestohlen?
MÄDCHEN Der Riese ist mein Mann. War mein Mann.
BECKMANN Ihr Mann?
MÄDCHEN Ja. Dachten Sie, ich handel mit Männerkleidung?
BECKMANN Wo ist er? Ihr Mann?
MÄDCHEN *bitter, leise.* Verhungert, erfroren, liegen geblieben – was weiß ich. Seit Stalingrad ist er vermißt. Das war vor drei Jahren.
BECKMANN *starr.* In Stalingrad? In Stalingrad, ja. Ja, in Stalingrad, da ist mancher liegengeblieben. Aber einige kommen auch wieder. Und die ziehen dann das Zeug an von denen, die nicht wiederkommen. Der Mann, der Ihr Mann war, der der Riese war, dem dieses Zeug gehört, der ist liegengeblieben. Und ich, ich komme nun her und ziehe sein Zeug an. Das ist schön, nicht wahr. Ist das nicht schön? Und seine Jacke ist so riesig, daß ich fast darin ersaufe. *Hastig.* Ich muß sie wieder auszuziehen. Doch. Ich muß wieder mein nasses Zeug anziehen. Ich komme um in dieser Jacke. Sie erwürgt mich, diese Jacke. Ich bin ja ein Witz in dieser Jacke. Ein grauenhafter, gemeiner Witz, den der Krieg gemacht hat. Ich will die Jacke nicht mehr anhaben.
MÄDCHEN *warm, verzweifelt.* Sei still, Fisch. Behalt sie an, bitte. Du gefällst mir so, Fisch. Trotz deiner komischen Frisur. Die hast du wohl auch aus Rußland mitgebracht, ja? Mit der Brille und dem Bein noch diese kurzen kleinen Borsten. Siehst du, das hab ich mir gedacht. Du mußt nicht denken, daß ich über dich lache, Fisch. Nein, Fisch, das tu ich nicht. Du siehst so wunderbar traurig aus, du armes graues Gespenst: in der weiten Jacke, mit dem Haar und dem steifen Bein. Laß man, Fisch, laß man. Ich finde das nicht zum Lachen. Nein, Fisch, du siehst wunderbar traurig aus. Ich könnte heulen, wenn du mich ansiehst mit deinen trostlosen Augen. Du sagst gar nichts. Sag was, Fisch, bitte. Sag irgendwas. Es braucht keinen Sinn zu haben, aber sag was. Sag was, Fisch, es ist doch so entsetzlich still in der Welt. Sag was, dann ist man nicht so allein. Bitte, mach deinen Mund auf, Fischmensch. Bleib doch da nicht den ganzen Abend stehen. Komm. Setz dich. Hier, neben mich. Nicht so weit ab, Fisch. Du

kannst ruhig näher rankommen, du siehst mich ja doch nur verschwommen. Komm doch, mach meinetwegen die Augen zu. Komm und sag was, damit etwas da ist. Fühlst du nicht, wie grauenhaft still es ist?

BECKMANN *verwirrt*. Ich sehe dich gerne an. Dich, ja. Aber ich habe bei jedem Schritt Angst, daß es rückwärts geht. Du, das hab ich.

MÄDCHEN Ach du. Vorwärts, rückwärts. Oben, unten. Morgen liegen wir vielleicht schon weiß und dick im Wasser. Mausestill und kalt. Aber heute sind wir doch noch warm. Heute abend nochmal, du. Fisch sag was, Fisch. Heute abend schwimmst du mir nicht mehr weg, du. Sei still. Ich glaube dir kein Wort. Aber die Tür, die Tür will ich doch lieber abschließen.

BECKMANN Laß das. Ich bin kein Fisch, und du brauchst die Tür nicht abzuschließen. Nein, du, ich bin weiß Gott kein Fisch.

MÄDCHEN *innig*. Fisch! Fisch, du! Du graues repariertes nasses Gespenst.

BECKMANN *ganz abwesend*. Mich bedrückt das. Ich ersaufe. Mich erwürgt das. Das kommt, weil ich so schlecht sehe. Das ist ganz und gar nebelig. Aber es erwürgt mich.

MÄDCHEN *ängstlich*. Was hast du? Du, was hast du denn? Du?

BECKMANN *mit wachsender Angst*. Ich werde jetzt ganz sachte sachte verrückt. Gib mir meine Brille. Schnell. Das kommt alles nur, weil es so nebelig vor meinen Augen ist. Da! Ich habe das Gefühl, daß hinter deinem Rücken ein Mann steht! Die ganze Zeit schon. Ein großer Mann. So eine Art Athlet. Ein Riese, weißt du. Aber das kommt nur, weil ich meine Brille nicht habe, denn der Riese hat nur ein Bein. Er kommt immer näher, der Riese, mit einem Bein und zwei Krücken. Hörst du – teck tock. Teck tock. So machen die Krücken. Jetzt steht er hinter dir. Fühlst du sein Luftholen im Nacken? Gib mir die Brille, ich will ihn nicht mehr sehen! Da, jetzt steht er ganz dicht hinter dir.

MÄDCHEN *schreit auf und stürzt davon. Eine Tür kreischt und schlägt zu. Dann hört man ganz laut das »Teck tock« der Krücken.*

BECKMANN *flüstert*. Der Riese!

DER EINBEINIGE *monoton*. Was tust du hier. Du? In meinem Zeug? Auf meinem Platz? Bei meiner Frau?

BECKMANN *wie gelähmt*. Dein Zeug? Dein Platz? Deine Frau?

DER EINBEINIGE *immer ganz monoton und apathisch*. Und du, was du hier tust?

BECKMANN *stockend, leise*. Das hab ich gestern nacht auch den Mann gefragt, der bei meiner Frau war. In meinem Hemd war. In meinem Bett. Was tust du hier, du? hab ich gefragt. Da hat er die Schultern hochgehoben und wieder fallen lassen und hat gesagt: Ja, was tu ich hier. Das hat er geantwortet. Da habe ich die Schlafzimmertür wieder zugemacht, nein, erst noch das Licht wieder ausgemacht. Und dann stand ich draußen.

EINBEINIGER Komm mit deinem Gesicht unter die Lampe. Ganz nah. *Dumpf.* Beckmann!

BECKMANN Ja. Ich. Beckmann. Ich dachte, du würdest mich nicht mehr kennen.

EINBEINIGER *leise, aber mit ungeheurem Vorwurf.* Beckmann ... Beckmann ... Beckmann!!!

BECKMANN *gefoltert.* Hör auf, du. Sag den Namen nicht! Ich will diesen Namen nicht mehr haben! Hör auf, du!

EINBEINIGER *leiert.* Beckmann, Beckmann.

BECKMANN *schreit auf.* Das bin ich nicht! Das will ich nicht mehr sein. Ich will nicht mehr Beckmann sein!
Er läuft hinaus. Eine Tür kreischt und schlägt zu. Dann hört man den Wind und einen Menschen durch die stillen Straßen laufen.

DER ANDERE Halt! Beckmann!

BECKMANN Wer ist da?

DER ANDERE Ich. Der Andere.

BECKMANN Bist du schon wieder da?

DER ANDERE Immer noch, Beckmann. Immer, Beckmann.

BECKMANN Was willst du? Laß mich vorbei.

DER ANDERE Nein, Beckmann. Dieser Weg geht an die Elbe. Komm, die Straße ist hier oben.

BECKMANN Laß mich vorbei. Ich will zur Elbe.

DER ANDERE Nein, Beckmann. Komm. Du willst diese Straße hier weitergehen.

BECKMANN Die Straße weitergehen! Leben soll ich? Ich soll weitergehen? Soll essen, schlafen, alles?

DER ANDERE Komm, Beckmann.

BECKMANN *mehr apathisch als erregt.* Sag diesen Namen nicht. Ich will nicht mehr Beckmann sein. Ich habe keinen Namen mehr. Ich soll weiterleben, wo es einen Menschen gibt, wo es einen Mann mit einem Bein gibt, der meinetwegen nur das eine Bein hat? Der nur ein Bein hat, weil es einen Unteroffizier Beckmann gegeben hat, der gesagt hat: Obergefreiter Bauer, Sie halten Ihren Posten unbedingt bis zuletzt. Ich soll weiterleben, wo es diesen Einbeinigen gibt, der immer Beckmann sagt? Unablässig Beckmann! Andauernd Beckmann! Und er sagt das, als ob er Grab sagt. Als ob er Mord sagt, oder Hund sagt. Der meinen Namen sagt wie: Weltuntergang! Dumpf, drohend, verzweifelt. Und du sagst, ich soll weiterleben? Ich stehe draußen, wieder draußen. Gestern abend stand ich draußen. Heute steh ich draußen. Immer steh ich draußen. Und die Türen sind zu. Und dabei bin ich ein Mensch mit Beinen, die schwer und müde sind. Mit einem Bauch, der vor Hunger bellt. Mit einem Blut, das friert hier draußen in der Nacht. Und der Einbeinige sagt immerzu meinen Namen. Und nachts kann ich nicht mal mehr pennen. Wo soll ich denn hin, Mensch? Laß mich vorbei!

DER ANDERE Komm, Beckmann. Wir wollen die Straße weitergehen. Wir wollen einen Mann besuchen. Und dem gibst du sie zurück.

BECKMANN Was?

DER ANDERE Die Verantwortung.

BECKMANN Wir wollen einen Mann besuchen? Ja, das wollen wir. Und die Verantwortung, die gebe ich ihm zurück. Ja, du, das wollen wir. Ich will eine Nacht pennen ohne Einbeinige. Ich gebe sie ihm zurück.

Ja! Ich bringe ihm die Verantwortung zurück. Ich gebe ihm die Toten zurück. Ihm! Ja, komm, wir wollen einen Mann besuchen, der wohnt in einem warmen Haus. In dieser Stadt, in jeder Stadt. Wir wollen einen Mann besuchen, wir wollen ihm etwas schenken – einen lieben guten braven Mann, der sein ganzes Leben nur seine Pflicht getan, und immer nur die Pflicht! Aber es war eine grausame Pflicht! Es war eine fürchterliche Pflicht! Eine verfluchte – fluchte – fluchte Pflicht! Komm! Komm!

FRIEDRICH DÜRRENMATT
Es steht geschrieben

Man erblickt Kaiser Karl den Fünften auf einem Sessel sitzend, in einem Raum strengster Ordnung.
DER KAISER Ich bin Kaiser Karl der Fünfte.
   Ihr habt mich ohne Zweifel an meinem Barte erkannt, an der spanischen Kopfbedeckung und am reinen weißen Kragen, den ich trage.

Sowie am feierlich dunklen Mantel und den schwarzen Strümpfen,
die sich vorteilhaft vom roten Teppich abheben, der unter dem Lehnstuhl ausgebreitet ist, auf welchem ich sitze.
Ich sehe immer ein wenig aus, als käme ich von einem Begräbnis.
Der Schminkkünstler des Theaters hat mich mit außerordentlicher Geschicklichkeit dem Bilde ähnlich gemacht, das Tizian von mir gemalt, und welches in der alten Pinakothek zu Münster hängt.
Beachtet, ich bitte euch, wie sanft und herrisch zugleich ich den Handschuh in meiner Rechten halte, und nur aus dieser klug berechneten Pose werdet ihr erkennen, daß ich über ein sehr großes Gebiet regiere. Ich darf sagen, daß über meinem Land die Sonne nicht untergeht, und die Zahl meiner Ländereien ist so groß, daß ich sie nicht einmal auswendig aufsagen kann, obschon man solches bei euch von jedem Schuljungen verlangt.
Ich habe viel zu regieren, aber ich liebe die Eintönigkeit,
die allein meinem Herzen angemessen ist, welches tief unter diesem Mantel schlägt, von keinem der Menschen erkannt noch gewußt,
denn Gott hat in seiner Weisheit eine Mauer aufgerichtet zwischen mir und den Menschen und der Welt, welche mir übergeben wurde als meine Qual und als Stachel, gegen den zu löcken mir bestimmt ist. Gott schuf die Menschen nach seinem Bilde, und viele sind, in denen sich seine Güte offenbart, und manche, die von seiner Gerechtigkeit zeugen oder von seinem Zorn.
In mir aber grub der Herr das Denkmal seiner Ferne und seiner Verborgenheit.
Ich liebe nicht das planlose Spiel des Zufalls, ich bewundere die regelmäßigen Bahnen der Gestirne.
Mein Wunsch ist es, einmal in ein Kloster zu gehn, wenn Don Felipe groß geworden ist.
Es muß ein Kloster sein, abgelegen in kahlen Bergen, mit einem kreisrunden Hof in der Mitte,
umgeben von einem Laubengang spätantiker Säulen, überspannt vom tiefblauen Bogen des Himmels.
In der Mitte des Hofes aber muß ein Standbild der Gerechtigkeit stehen, mit verbundenen Augen und einer Waage, sowie einem Schwert:
Eine Gerechtigkeit, wie man sie überall sieht, bunt bemalt, in den Gerichtshöfen über den Sitzen der Richter, gar nicht besonders gut dargestellt.

Es muß eine gewöhnliche Gerechtigkeit sein.
Um diese nun will ich kreisen zehn Stunden am Tage innerhalb des Laubengangs, in immergleichem Abstand, wie um eine Sonne, jahrelang, und nichts anderes,
als etwa noch, hin und wieder in einer verdämmerten Stunde, ein leises Gespräch mit dem letzten der Mönche, sicherlich etwas vertrottelt, über einen Kirchenvater oder über so eine Legende.
Dann wird der Abend meines Lebens leicht sein, wie das Spiel eines sanften Windes, und der Tod wird kommen als ein Gast, spät noch in einer lauen Sommernacht.
Noch aber ist es dumpfer Mittag und noch bin ich die Sonne, um die sich alles dreht.
Der Zeremonienmeister tritt durch eine Türe links im Hintergrund herein und verbeugt sich tief.
DER ZEREMONIENMEISTER *sehr feierlich.* O Du meine Majestät!
DER KAISER Das ist mein Zeremonienmeister. Ich habe Respekt vor ihm, mag er euch vielleicht auch lächerlich vorkommen, ist er doch der einzige Mensch, den ich fürchte.
DER ZEREMONIENMEISTER *welcher in seiner halsbrecherischen Verbeugung verharrt ist, indem er sich aufrichtet.* O du meine Majestät!
DER KAISER Wir sehen an der geschwächten Kraft der Sonne, deren Strahl schräg durch die Fenster dieses Saales fällt, in dem wir uns zur Ruhe begeben haben, daß der Tag sich dem Abend entgegen neigt.
DER ZEREMONIENMEISTER *mit einer neuen sehr erstaunlichen Verbeugung.* O Du meine Majestät befinden sich in Deutschland!
DER KAISER In Deutschland? Wir vergaßen, wir vergaßen. Wir glaubten uns im Palast zu Madrid. Dann wird die Mitte des Tages noch nicht vorüber sein.
DER ZEREMONIENMEISTER O Du meine Majestät halten sich in Worms auf.
DER KAISER In Worms. Unser Gedächtnis, Zeremonienmeister, unser Gedächtnis! Es ist ein zerbrechliches Geschöpf, der Mensch. Was machen wir in Worms?
DER ZEREMONIENMEISTER Der Reichstag, o Du meine Majestät! Der Reichstag ist einberufen!
DER KAISER Scheußlich, der Reichstag! Wir lieben diese deutschen Angelegenheiten nicht, sie sind unplastisch.
DER ZEREMONIENMEISTER *wie ein Echo.* Unplastisch, o Du meine Majestät!

DER KAISER Wir haben Durst.
DER ZEREMONIENMEISTER *mit einer Verbeugung, die alle bisherigen übertrifft.* Geruhen o Du meine Majestät sich an die Mißbilligung zu erinnern, die arabischer Leibarzt in Hinsicht auf das Einnehmen von Flüssigkeit vor dem Essen unterbreitet hat?
DER KAISER Der Arzt? Ihr habt recht, der Arzt! Wir haben nicht Durst.
DER ZEREMONIENMEISTER O Du meine Majestät pflegten gestern dem Bischof von Minden, Osnabrück und Münster in Westfalen gegenüber zu erwähnen, daß o Du meine Majestät denselben heute um einviertel Uhr zu empfangen die Gnade haben würden.
DER KAISER Um was handelt es sich, Zeremonienmeister?
DER ZEREMONIENMEISTER Es handelt sich um die Wiedertäufer, o Du meine Majestät.
DER KAISER Es ist peinlich, uns über Gegenstände unterhalten zu müssen, an die zu denken wir nur mit größtem Abscheu fähig sind. Wieviel Uhr ist es?
DER ZEREMONIENMEISTER Ich will am türkischen Chronometer nachsehen, den o Du meine Majestät im Kriege wider die Heiden erbeutet hast.
Er öffnet eine sargähnliche, reichverzierte und aufrechtstehende Kiste, in der ein Türke mit einem Stock steht, mit dem der arme Kerl in regelmäßigen Abständen auf den Boden der Kiste klopfen muß.
DER CHRONOMETRISCHE TÜRKE Es ist beim Schlag des reichverzierten Stockes genau: dreizehn Uhr, 14 Minuten und zehn Sekunden.
DER KAISER Führt den Bischof herein.
DER ZEREMONIENMEISTER *der den chronometrischen Türken wieder eingeschlossen hat* O Du meine Majestät gestatten!
Er nimmt so etwas wie einen Staubwedel, den er die ganze Zeit unter dem Arm getragen, und staubt damit seine Majestät ein wenig ab, wie ungefähr ein Antiquar ein kostbares Möbelstück abstauben würde, rückt dann dem Kaiser das Barett zurecht.
DER ZEREMONIENMEISTER *mit einer wunderschönen Verbeugung.*
O Du meine Majestät, wir führen vor!
Er geht zur Türe links und öffnet diese, klopft mit dem Staubwedel dreimal auf den Boden, während seine Majestät starr wie eine Statue auf dem Throne sitzt. Die zwei Pagen stoßen den Bischof herein.
DER ZEREMONIENMEISTER Der Bischof von Osnabrück, Minden und Münster in Westfalen!

Der Bischof macht mit seiner Rechten das Zeichen des Kreuzes, die Pagen sinken auf die Knie.
DER BISCHOF Eure Majestät!
DER KAISER Eminenz!
Es entsteht eine lange Pause.
DER KAISER Wir haben eure Eminenz mit der Absicht empfangen, das Gespräch, welches wir gestern beim Frühstück vorsichtig und andeutungsweise miteinander geführt haben, deutlicher und bestimmter fortzusetzen.
DER BISCHOF Das Gespräch über die Bedrohung, die unserer heiligen Religion von Seiten der Täufer erwachsen ist, berührte die Möglichkeit einer gemeinsamen Aktion.
DER KAISER Ihr habt uns um Hilfe gebeten, Eminenz?
DER BISCHOF Dies war unsere Absicht, Majestät.
DER KAISER Wir möchten nicht in die Verwirrung der Deutschen einwirken, wir möchten nicht in ein Wespennest greifen.
DER BISCHOF Es ist Sache des Kaisers, die Ruhestörer zu vernichten.
DER KAISER Ihr kennt dieses Land. Es ist dies Sache der Fürsten.
DER BISCHOF Ihr kennt die Fürsten, Majestät. Sie belauern einander. Sie haben Truppen versprochen und halten nicht, was sie zugestanden haben. Ein jeder fürchtet, sich vor dem andern zu schwächen.
DER KAISER Noch ist unsere Zeit nicht gekommen, den zweifelhaften Versuch zu wagen, Ordnung aus Unordnung, Einheit aus Vielheit zu schaffen.
DER BISCHOF Es geht um den Ast, auf welchem wir sitzen, Majestät.
DER KAISER Wir selbst haben den Willen, jede Art der Ketzerei zu vernichten, doch sind unsere Hände gebunden. Wir müssen die Fundamente des Gebäudes sichern, bevor wir den Ratten zu Leibe rücken. Auch möge Eminenz die unglückliche Rolle seiner Heiligkeit in Rom nicht vergessen, die er uns gegenüber, seinem treuen Diener, zu übernehmen für richtig fand.
DER BISCHOF Wir erlauben uns nicht, über diese Dinge höchster Politik ein Urteil zu bilden. Es kommt uns nur zu, eure Majestät auf die Gefahr hinzuweisen. Die Menge wendet sich zu jenen, die am meisten versprechen und am wenigsten halten. Der Aufstand der Bauern und die Ketzerei der Täufer sind Flammen desselben unterirdischen Feuers, das wir höchstens noch einzudämmen vermögen.

DER KAISER Wir sind uns dieser Zusammenhänge bewußt, doch sind wir außerstande, einzugreifen. Nicht unsere Person zügelt die Geschichte, sie ist es, die uns durch die Zeiten schleppt. Wir versuchen, gewisse Strecken abzumessen und uns nach dem zu halten, was wir vorauszusehen hoffen. Doch erhöhen unsere Taten die Verwirrung. Wir können die Köpfe nicht bessern und wir dürfen Experimenten nicht nachgehen, um das bißchen festen Boden nicht zu verlieren, welches wir noch unter den Füßen haben.

DER BISCHOF Wir verstehen die Sorgen, welche eurer Majestät Herz bewegen, doch ist in eure Hände die Welt gelegt, denn die Kirche ist erschüttert und ihre Macht zerfallen. Mögen das eure Majestät nicht vergessen. Die Zeit drängt. Die Täufer fassen sich zusammen. Ihre Aufstände waren schwach und ungeordnet, nun handeln sie gemeinsam und nach festen Plänen. Unser kleines Heer, gemindert durch Niederlage und gelockert durch Mangel, vermag die Stadt nicht abzuschließen. Ihre Macht wächst, die unsrige schwindet. Münster haben sie gewonnen, und schon entfachen ihre Boten in allen Ländern neues Unheil.

DER KAISER Wir bekämpfen sie, indem wir sie verachten.

DER BISCHOF Johann Bockelson aus Leyden hat öffentlich das Bildnis eurer Majestät und des heiligen Vaters zu Rom verbrennen lassen.

DER KAISER Wir haben von ihm mit großem Ärger und Abscheu gehört, wie wir uns zu erinnern glauben, Zeremonienmeister!

DER ZEREMONIENMEISTER Es handelt sich um den Brief, o Du meine Majestät.

DER KAISER Um welchen Brief?

DER ZEREMONIENMEISTER *sehr verlegen sich räuspernd, unter unendlichen Bücklingen.* Um den Brief, den dieser gewisse Johann Bockelson aus Leyden o Du meiner Majestät geschrieben, worin *flüsternd* o Du meine Majestät mit Bruder angeredet werden, und von ganz ungebührlichen Dingen geredet wird.

DER KAISER *nach einer langen Pause außerordentlich würdig.* Wir erinnern uns mit Verachtung dieser Person, dieses Ketzers an unserer heiligen Religion, eines Kerls, der in früheren Jahren ein Schneidergeselle gewesen ist. *Nach einer zweiten Pause.* Ich erwarte von euch, Eminenz, als seinem Landesherrn, daß ihr diesen Frevler an unserer Majestät vor Gericht stellt und ihn, den Verruchten, wie es das Gesetz verlangt, nach endlosen Folterungen, zum Tode durch das Rad verurteilt, um seinen Leichnam dann,

eingeschlossen in einen Käfig aus Eisen, an die höchste Spitze der Kathedrale in Münster aufzuhängen.
Ein Kind beginnt hinter der Bühne ganz gewaltig zu schreien, so daß man kein Wort mehr auf der Bühne versteht. Dann wird es ganz plötzlich wieder still.
DER KAISER O Du mein Gott, was hat der erst zwei Monate alte Don Philipp, der im Zimmer nebenan in einer goldenen Wiege schläft?
DER ZEREMONIENMEISTER O Du meine Majestät, Don Philipp pflegt immer zu schreien, sobald von Aufhängen die Rede, Rädern oder anderen Todesarten.
DER KAISER *wieder zum Bischof.* Damit eure Eminenz aber im Stande sind, unseren Willen gegen die Rebellen voll durchzusetzen, sind wir gewillt, euch hundert Landsknechte abzutreten.
DER BISCHOF *mit einer müden Handbewegung.* Der Verdurstende ist für jeden Tropfen dankbar und zu schwach, zurückzuweisen, was nicht helfen kann.
DER KAISER Dagegen bitten wir von der Kirche dreizehn Kardinäle, Don Philipp zu erziehen.
DER BISCHOF Eure Majestät können von der Kirche Kardinäle in jeder beliebigen Menge erhalten.
DER KAISER Und hundert Messen für unsere arme Seele.
DER BISCHOF Hätten eure Majestät an einem weißen Elephanten Interesse, der sich in meinen Stallungen zu Osnabrück befindet?
DER KAISER Don Philipp wird über ein solches Wesen erfreut sein. Wir sind bereit, für dieses Tier fünfzig weitere Landsknechte zu liefern. Dagegen muß die Zahl der Messen um weitere fünfzig erhöht werden.
DER BISCHOF Wir sind eurer Majestät zu großem Dank verpflichtet.
DER KAISER Wir entlassen eure Eminenz in höchster Gnade!
Der Bischof macht das Zeichen des Kreuzes, und die Pagen stoßen ihn hinaus.
DER KAISER Zeremonienmeister!
DER ZEREMONIENMEISTER O Du meine Majestät!
DER KAISER Laßt hundertfünfzig Landsknechte aussuchen, jämmerliche Kerle, Dummköpfe, mit allen Krankheiten behaftet, mit Beulen und Gebresten, die zum Himmel stinken, denen bald ein Arm fehlt und bald ein Bein. Schickt sie nach Münster: Sie werden diese Stadt des Unsinns zerschmettern, und wäre sie an den Himmel geschmiedet!

MAX FRISCH
Tagebuch mit Marion

Du sollst dir kein Bildnis machen

Es ist bemerkenswert, daß wir gerade von dem Menschen, den wir lieben, am mindesten aussagen können, wie er sei. Wir lieben ihn einfach. Eben darin besteht ja die Liebe, das Wunderbare an der Liebe, daß sie uns in der Schwebe des Lebendigen hält, in der Bereitschaft, einem Menschen zu folgen in allen seinen möglichen Entfaltungen. Wir wissen, daß jeder Mensch, wenn man ihn liebt, sich wie verwandelt fühlt, wie entfaltet, und daß auch dem Liebenden sich alles entfaltet, das Nächste, das lange Bekannte. Vieles sieht er wie zum ersten Mal. Die Liebe befreit es aus jeglichem Bildnis. Das ist das Erregende, das Abenteuerliche, das eigentlich Spannende, daß wir mit den Menschen, die wir lieben, nicht fertig werden: weil wir sie lieben; solang wir sie lieben. Man höre bloß die Dichter, wenn sie lieben; sie tappen nach Vergleichen, als wären sie betrunken, sie greifen nach allen Dingen im All, nach Blumen und Tieren, nach Wolken, nach Sternen und Meeren. Warum? So wie das All, wie Gottes unerschöpfliche Geräumigkeit, schrankenlos, alles Möglichen voll, aller Geheimnisse voll, unfaßbar ist der Mensch, den man liebt –
    Nur die Liebe erträgt ihn so.
    Warum reisen wir?
    Auch dies, damit wir Menschen begegnen, die nicht meinen, daß sie uns kennen und ein für allemal kennen; damit wir noch einmal erfahren, was uns in diesem Leben möglich sei –
    Es ist ohnehin schon wenig genug.

Unsere Meinung, daß wir das andere kennen, ist das Ende der Liebe, jedesmal, aber Ursache und Wirkung liegen vielleicht anders, als wir anzunehmen versucht sind – nicht weil wir das andere kennen, geht unsere Liebe zu Ende, sondern umgekehrt: weil unsere Liebe zu Ende geht, weil ihre Kraft sich erschöpft hat, darum ist der Mensch fertig für uns. Er muß es sein. Wir können nicht mehr! Wir künden ihm die Bereitschaft, auf weitere Verwandlungen einzugehen. Wir verweigern ihm den Anspruch alles Lebendigen, das unfaßbar bleibt, und zugleich sind wir verwundert und enttäuscht, daß unser Verhältnis nicht mehr lebendig sei.
    »Du bist nicht«, sagt der Enttäuschte oder die Enttäuschte: »wofür ich Dich gehalten habe.«

Und wofür hat man sich denn gehalten?

Für ein Geheimnis, das der Mensch ja immerhin ist, ein erregendes Rätsel, das auszuhalten wir müde geworden sind. Man macht sich ein Bildnis. Das ist das Lieblose, der Verrat.

WALTER KOLBENHOFF
Von unserem Fleisch und Blut

7. Kapitel

Die Ruinen wurden wieder größer und stattlicher und die Schatten länger und tiefer. Es gab Häuser, von denen waren nur die Dächer abgerissen, von anderen stand nur eine Hälfte. Zwischen den Mauern waren Bäume stehengeblieben, ihre Blüten dufteten süß und traurig, in den zerbrochenen Zweigen hingen leere Vogelnester. Der Mond warf die Schatten der Bäume auf die gemarterte Erde, wie er es getan hatte, als hier noch junge Menschen standen, sich neckten und küßten. An einem zerschmetterten Zaun hing ein Schild mit der Aufschrift »Frau Veronika Krause, Hebamme«. Neben einem zerschmetterten Bücherschrank lag ein umgeworfener Kinderwagen.

Ein Streife ging langsam die Straße entlang, die Soldaten hielten die Gewehre schußbereit in der Hand und sahen argwöhnisch von rechts nach links. Er wartete bis sie verschwunden waren, dann ging er hinter ein Haus und untersuchte das Terrain. Er fand eine Tür und wollte sie eindrücken, aber die Tür gab nicht nach und er schlich weiter. Eine Katze fing an zu miauen und er blieb stehen. Sie näherte sich ihm furchtlos, er sah auf sie herab und dachte: Morgen vielleicht schon wird man dich fangen und schlachten. Die Katze beschnupperte sein Bein und schlich miauend davon.

Hinter der Tür lagen ein junges Mädchen und ein Deserteur. Sie lagen dicht aneinandergepreßt und hörten die leisen Schritte, die sich der Tür näherten und das leise Geräusch, als der Junge versuchte sie einzudrücken.

»Es ist jemand da«, flüsterte sie.

Der Deserteur antwortete nicht und preßte sie nur fester an sich. Als das Geräusch verschwunden war, sagte er: »Keine Angst, ich habe sie gut verbarrikadiert.«

»Ich würde mitgehen oder sterben, wenn sie dich holen würden«, sagte sie.

»Keine Angst«, sagte er. »Wer sollte mich holen? Der Krieg ist aus.« Aber er zitterte.

»Vielleicht kommen sie zurück und nehmen die Stadt wieder ein«, sagte sie. »Was sollen wir nur tun? Vielleicht ist es besser, du gibst dich morgen gefangen.«

»Nein«, sagte er. »Ich habe genug von dem Mist. Es ist alles das gleiche. Ich will frei sein. Sie haben fünf Jahre mit mir herumkommandiert, jetzt will ich frei sein.

»Küß mich«, sagte sie. »Du hast viel gelitten.«

Er sagte: »Was habe ich gehabt? Nichts. Die Alten sollen nur die Schnauze halten und ganz ruhig sein. Sie haben alles gehabt und dann haben sie diesen Krieg angefangen. Erst haben sie geschrien: Nie wieder Krieg! und dann haben sie uns gesagt, wir müßten mit, jetzt sei alles anders. Sie hatten alles, Familien und Wohnungen und alles und wir haben nichts gehabt und sie haben uns in den Krieg geschickt.«

Das junge Mädchen drückte sich an ihn und flüsterte:

»Der Krieg ist aus. Vielleicht wird jetzt alles gut.«

»Ich glaube an nichts mehr«, sagte er wütend. »Mir soll niemand mehr etwas erzählen. Ich sage dir, das ist das beste was du tun kannst. Niemandem mehr etwas glauben. Wenn einer kommt und will dir etwas erzählen, dann nimmst du am besten gleich den ersten besten Knüppel und haust ihm eins über den Schädel. Er will dich doch nur verkaufen.«

»Es wird alles wieder gut werden«, sagte sie.

»Was soll noch gut werden?«

»Ich weiß es nicht, aber wir müssen ja leben.«

»Und ich sage dir, glaub niemandem mehr. Glaube nichts.«

»Auch dir nicht?«, fragte sie.

»Vielleicht auch mir nicht.«

»Ich liebe dich.«

»Du sollst es nicht sagen«, sagte er. »Wer weiß, was morgen geschieht.«

»Ich liebe dich trotzdem.«

Er sagte traurig: »Weißt du noch, wie wir als Kinder in dieser Straße gespielt haben? Einmal mußte ich dich greifen und du ranntest eine Treppe hoch. Als du ganz oben warst, holte ich dich ein.«

»Ja«, sagte sie. »Und dann hast du mich zum erstenmal geküßt.«

»Ja, ich küßte dich.«

»Ich dachte erst, du würdest noch mehr machen und ich hatte fürchterliche Angst. Aber dann bist du plötzlich wieder die Treppe hinuntergerannt und ich stand da oben in der Dunkelheit und wußte nicht was ich tun sollte.«

»Ich hatte größere Angst als du«, sagte er.

Sie lächelten beide.

»Ich muß dir etwas sagen«, sagte er. »Ich habe es noch niemandem erzählt, aber jetzt will ich dir sagen, was ich damals werden wollte.«

Sie preßte sich an ihn und dachte: Ich liebe ihn! Ich liebe seine Stimme und seine Gedanken und ich liebe was er jetzt erzählen wird. Niemand soll ihn mir nehmen. Wenn sie kommen und ihn holen, werde ich mit ihm gehen und mit ihm sterben.

»Das war immer mein Traum«, flüsterte er. »Hinter dem Vorhang zu stehen – und das Tau in die Hand zu nehmen, und dann den Vorhang aufzuziehen.«

»Auf der Bühne?«, flüsterte sie zurück.

»Ja, auf der Bühne. Verstehst du? Nicht als Schauspieler. Nein. Den Vorhang wollte ich aufziehen.«

»Ich verstehe.«

»Wie soll ich es erklären –? Ich wollte auf der Bühne stehen, in den Kulissen, in einem weißen Kittel. Einen weißen Kittel muß man dabei anhaben.«

»Ich verstehe dich vollkommen.«

»Ich stehe da und alles ist fertig«, sagte er mit leiser atemloser Stimme. »Alles. Die Schauspieler stehen da geschminkt in ihren Kostümen und alles ist fertig. Draußen sitzen die Leute. Das Theater ist voll, die Leute sitzen da in ihren guten Kleidern und sind in Feststimmung. Durch den Vorhang hört man sie murmeln. Ein paar Mädchen lachen. Dann ertönt der Gong. Buuummm –. Dann gibt der Regisseur das Zeichen. Er winkt mir zu. Aber ich warte noch ein Weilchen. Nur eine Sekunde. Ich warte. Und dann erst, ganz langsam, ziehe ich den Vorhang auf –«

»Ah –«

»Verstehe mich: Ich halte das Tau in meinen Händen. Er hat mir das Zeichen gegeben, aber ich warte noch. Nur eine Sekunde. Diese Sekunde muß alles warten, alles, der Regisseur und die Schauspieler und die vielen Leute im Theater. Dann erst –«

Er lächelte im Dunkeln.

»Es hört sich nach nichts an«, sagte sie, »und ich verstehe dich doch.«

»Ich hätte es erreichen können«, sagte er. »Ich war so weit. Ich habe Regisseur Heimann schon manchmal geholfen. Die Schauspieler haben mit mir gesprochen wie mit ihresgleichen. Und dann haben sie mich geholt –«

»Du kannst es noch werden«, begann sie. Dann unterbrach sie sich erschrocken. »Nein –«. Sie erschrak wieder.

»Siehst du«, sagte er, »jeder kann sehen, daß alles aus ist. Es nützt nichts, daß man einander trösten will.«

»Aber es ist nicht richtig«, sagte sie. »Nach dieser Zeit wird eine andere kommen. Du wirst etwas anderes tun.«

»Aber ich wollte den Vorhang aufziehen! Begreifst du nicht? Nein«, sagte er traurig, »du begreifst es nicht.«

»Heinz«, sagte sie unglücklich, »ich weiß, daß du mir nicht glaubst, aber es wird alles wieder gut werden.«

»Auch wenn alles wieder gut wird, können sie mir die letzten fünf Jahre nicht wiedergeben«, sagte er bitter. »Fünf Jahre, das ist viel. Ich habe sie gelebt und ich habe sie doch nicht gelebt. Vor diesen verfluchten fünf Jahren liegt meine Kindheit. Die ist endgültig vorbei. Was kommt jetzt?«

Das Mädchen sagte: »Wir werden ein Kind haben –«

»Nein«, sagte er. »Das ist nicht wahr.«

»Ja, wir werden ein Kind haben.«

»Verflucht!« sagte er.

»Ich kann auch nicht dafür. Aber jetzt wird es da sein und wir müssen für es da sein.«

Er machte sich von ihr los. »Ich kann keine Kinder mehr sehen«, sagte er. »Wenn ich kleine Kinder sehe, muß ich heulen.«

»Aber es ist unser Kind.«

»Ich will auch unser Kind nicht sehen. Ich habe zu viele tote Kinder gesehen.«

»Du denkst nur an dich«, sagte sie weinend. »An mich denkst du nicht. Ich habe das gleiche Elend gesehen wie du.«

»Aber ich will kein Kind haben, verstehst du?«

»Es ist unser Kind, unser eigenes Kind!«

»Zum Teufel mit allen Kindern!«

»Dann mußt du mich wegschicken!«

»Wir müssen alles versuchen«, sagte er. »Das Kind darf nicht geboren werden. Ich will kein Kind haben.«

»Oh –«, sagte sie. »Dieser verfluchte Krieg!«

»Weine nicht«, sagte er. »Wir zwei werden leben. Ich verspreche dir, daß ich alles tun werde, was du sagst, du bist die stärkere von uns beiden. Aber das Kind darf nicht leben.«

»Und was sollen wir tun?«

»Ich weiß es nicht«, sagte er. »Aber irgend etwas müssen wir tun.«
Er legte sich wieder neben sie. »Es ist billig, es zu sagen«, sagte er.
»Aber es ist wahr. Ich wünsche, ich wäre gefallen. Gleich zu Anfang. Gleich in der ersten Woche.«

Plötzlich richtete er sich wieder auf. »Wir werden wie die Wölfe leben müssen«, sagte er. »Wie die Tiere im Dschungel. Jeder muß aufpassen, daß er nicht erschlagen wird und daß er den größten Bissen kriegt.«

»Nein«, sagte sie. »Du denkst verkehrt. Ich fühle es, du denkst verkehrt. Wir müssen wieder gut werden. Wir haben vergessen gut zu sein.«

»Sei gut«, sagte er, »und du gehst unter.«

»Ich kann es nicht so ausdrücken«, sagte sie, »aber ich weiß, daß du im Unrecht bist. Das Gute hat unser Elend nicht bewirkt. Die Menschen haben vergessen gut zu sein und sind dadurch unglücklich geworden.« Sie schwieg, erkennend, daß sie nicht ausdrücken konnte was sie bewegte. Dieses Unvermögen quälte sie. Sie hätte ihm sagen wollen, was sie fühlte, aber sie wußte nicht, wie beginnen. »Du bist auch gut«, sagte sie schließlich, »und du wirst bald wieder so denken, wie ich denke.«

Sie lagen lange schweigend nebeneinander, der Deserteur und das Mädchen, das Mutter werden sollte. Über ihnen türmte sich das phantastische Gebirge der Ruinen mit seinen wilden Schluchten, verrußten Gipfeln und trostlosen Tälern. Unter den Ruinen lagen die Träume der Menschen, die hier gelebt hatten; mit dem Einstürzen der Kolosse zerbrach der Geist ihrer Bewohner. Aber das Mädchen war nicht zerbrochen, jetzt mehr als zuvor wollte es leben. Es wird alles wieder gut werden, dachte es zuversichtlich. Vielleicht wird mein Kind wieder in einem richtigen Hause wohnen, es wird satt sein und lachen und wir werden in den Park spazierengehen, es wird mit den anderen Kindern spielen und ich werde mit den Frauen schwatzen. Ist das zuviel verlangt? Zwei Zimmer und einen Mann und ein Kind und genug zu essen? Das ist nicht zuviel verlangt.

Heinrich Böll
Die Botschaft

Kennen Sie jene Drecknester, wo man sich vergebens fragt, warum die Eisenbahn dort eine Station eingerichtet hat; wo die Unendlichkeit über ein paar schmutzigen Häusern und einer halbverfallenen

Fabrik erstarrt scheint, ringsum Felder, die zur ewigen Unfruchtbarkeit verdammt sind; wo man mit einem Male spürt, daß sie trostlos sind, weil kein Baum und nicht einmal ein Kirchturm zu sehen ist? Der Mann mit der roten Mütze, der den Zug endlich, endlich wieder abfahren läßt, verschwindet unter einem großen Schild mit hochtönendem Namen, und man glaubt, daß er nur bezahlt wird, um zwölf Stunden am Tage mit Langeweile zugedeckt zu schlafen. Ein grauverhangener Horizont über öden Äckern, die niemand bestellt.

Trotzdem war ich nicht der einzige, der ausstieg; eine alte Frau mit einem großen braunen Paket entstieg dem Abteil neben mir, aber als ich den kleinen schmuddeligen Bahnhof verlassen hatte, war sie wie von der Erde verschluckt, und ich war einen Augenblick ratlos, denn ich wußte nun nicht, wen ich nach dem Wege fragen sollte. Die wenigen Backsteinhäuser mit ihren toten Fenstern und gelblich-trüben Gardinen sahen aus, als könnten sie unmöglich bewohnt sein, und quer zu dieser Andeutung einer Straße verlief eine schwarze Mauer, die zusammenzubrechen schien. Ich ging auf die finstere Mauer zu, denn ich fürchtete mich, an eins dieser Totenhäuser zu klopfen. Dann bog ich um die Ecke und las gleich neben dem schmierigen und kaum lesbaren Schild »Wirtschaft« deutlich und klar mit weißen Buchstaben auf blauem Grund »Hauptstraße«. Wieder ein paar Häuser, die eine schiefe Front bildeten, zerbröckelnder Verputz, und gegenüber lang und fensterlos die düstere Fabrikmauer wie eine Barriere ins Reich der Trostlosigkeit. Einfach meinem Gefühl nach ging ich links herum, aber da war der Ort plötzlich zu Ende; etwa zehn Meter weit lief noch die Mauer, dann begann ein flaches grauschwarzes Feld mit einem kaum sichtbaren grünen Schimmer, das irgendwo mit dem grauen himmelhohen Horizont zusammenlief, und ich hatte das schreckliche Gefühl, am Ende der Welt wie vor einem unendlichen Abgrund zu stehen, als sei ich verdammt, hineingezogen zu werden in diese unheimlich lockende, schweigende Brandung der Hoffnungslosigkeit.

Links stand ein kleines, wie plattgedrücktes Haus, wie es sich Arbeiter nach Feierabend bauen; wankend, fast taumelnd bewegte ich mich darauf zu, und nachdem ich eine ärmliche und rührende Pforte durchschritten hatte, die von einem kahlen Heckenrosenstrauch überwachsen war, sah ich die Nummer, und ich wußte, daß ich am rechten Haus war.

Die grünlichen Läden, deren Anstrich längst verwaschen war, waren fest geschlossen, wie zugeklebt; das niedrige Dach, dessen

Traufe ich mit der Hand erreichen konnte, war mit rostigen Blechplatten geflickt. Es war unsagbar still, jene Stunde, wo die Dämmerung noch eine Atempause macht, ehe sie grau und unaufhaltsam über den Rand der Ferne quillt. Ich stockte einen Augenblick lang vor der Haustür, und ich wünschte mir, ich wäre gestorben, damals ... anstatt nun hier zu stehen, um in dieses Haus zu treten. Als ich dann die Hand heben wollte, um zu klopfen, hörte ich drinnen ein girrendes Frauenlachen; dieses rätselhafte Lachen, das ungreifbar ist und je nach unserer Stimmung uns erleichtert oder uns das Herz zuschnürt. Jedenfalls konnte so nur eine Frau lachen, die nicht allein war, und wieder stockte ich, und das brennende, mich zerreißende Verlangen quoll in mir auf, mich hineinstürzen zu lassen in die graue Unendlichkeit des sinkenden Dämmers, die nun über dem weiten Feld hing und mich lockte, lockte ... und mit meiner allerletzten Kraft pochte ich heftig gegen die Tür.

Erst war Schweigen, dann Flüstern – und Schritte, leise Schritte von Pantoffeln, und dann öffnete sich die Tür, und ich sah eine blonde, rosige Frau, die auf mich wirkte wie eins jener unbeschreiblichen Lichter, die die düsteren Bilder Rembrandts erhellen bis in den letzten Winkel. Golden-rötlich brannte sie wie ein Licht vor mir auf in dieser Ewigkeit von Grau und Schwarz. Sie wich mit einem leisen Schrei zurück und hielt mit zitternden Händen die Tür, aber als ich meine Soldatenmütze abgenommen und mit heiserer Stimme gesagt hatte: »N'Abend«, löste sich der Krampf des Schreckens aus diesem merkwürdig formlosen Gesicht, und sie lächelte beklommen und sagte »Ja«. Im Hintergrund tauchte eine muskulöse, im Dämmer des kleinen Flures verschwimmende Männergestalt auf. »Ich möchte zu Frau Brink«, sagte ich leise. »Ja«, sagte wieder diese tonlose Stimme, die Frau stieß nervös eine Tür auf. Die Männergestalt verschwand im Dunkeln. Ich betrat eine enge Stube, die mit ärmlichen Möbeln vollgepfropft war und worin der Geruch von schlechtem Essen und sehr guten Zigaretten festgesetzt schien. Ihre weiße Hand huschte zum Schalter, und als nun das Licht auf sie fiel, wirkte sie bleich und zerflossen, fast leichenhaft und zerquält, nur das helle rötliche Haar war lebendig und warm. Mit immer noch zitternden Händen hielt sie das dunkelrote Kleid über den schweren Brüsten krampfhaft zusammen, obwohl es fest zugeknöpft war – fast, als fürchte sie, ich könne sie erdolchen. Der Blick ihrer wässrigen blauen Augen war ängstlich und schreckhaft, als stehe sie, eines furchtbaren Urteils gewiß, vor Gericht. Selbst die billigen Drucke an den Wänden, diese süßlichen Bilder, waren wie ausgehängte Anklagen.

»Erschrecken Sie nicht«, sagte ich gepreßt, und ich wußte im gleichen Augenblick, daß das der schlechteste Anfang war, den ich hatte wählen können, aber bevor ich fortfahren konnte, sagte sie seltsam ruhig: »Ich weiß alles, er ist tot ... tot.« Ich konnte nur nicken. Dann griff ich in meine Tasche, um ihr die letzten Habseligkeiten zu überreichen, aber im Flur rief eine brutale Stimme »Gitta!« Sie blickte mich verzweifelt an, dann riß sie die Tür auf und rief kreischend: »Warte fünf Minuten – verdammt –« und krachend schlug die Tür wieder zu, und ich glaubte mir vorstellen zu können, wie sich der Mann feige hinter dem Ofen verkroch. Ihre Augen sahen trotzig, fast triumphierend zu mir auf.

Ich legte langsam den Trauring, die Uhr und das Soldbuch mit den verschlissenen Photos auf die grüne samtene Tischdecke. Da schluchzte sie plötzlich wild und schrecklich wie ein Tier. Die Linien ihres Gesichtes waren völlig verwischt, schneckenhaft weich und formlos, und helle kleine Tränen purzelten zwischen ihren kurzen, fleischigen Fingern hervor. Sie rutschte auf das Sofa und stützte sich mit der Rechten auf den Tisch, während ihre Linke mit den ärmlichen Dingen spielte. Die Erinnerung schien sie wie mit tausend Schwertern zu durchschneiden. Da wußte ich, daß der Krieg niemals zu Ende sein würde, niemals, solange noch irgendwo eine Wunde blutete, die er geschlagen hat.

Ich warf alles, Ekel, Furcht und Trostlosigkeit von mir ab wie eine lächerliche Bürde und legte meine Hand auf die zuckende, üppige Schulter, und als sie nun das erstaunte Gesicht zu mir wandte, sah ich zum ersten Male in ihren Zügen Ähnlichkeit mit jenem Foto eines hübschen liebevollen Mädchens, das ich wohl viele hundert Male hatte ansehen müssen, damals ...

»Wo war es – setzen Sie sich doch – im Osten?« Ich sah es ihr an, daß sie jeden Augenblick wieder in Tränen ausbrechen würde.

»Nein ... im Westen, in der Gefangenschaft ... wir waren mehr als hunderttausend ...«

»Und wann?« Ihr Blick war gespannt und wach, und unheimlich lebendig, und ihr ganzes Gesicht war gestrafft und jung – als hinge ihr Leben an meiner Antwort.

»Im Juli 45«, sagte ich leise.

Sie schien einen Augenblick zu überlegen, und dann lächelte sie – ganz rein und unschuldig, und ich erriet, warum sie lächelte.

Aber plötzlich war mir, als drohe das Haus über mir zusammenzubrechen, ich stand auf. Sie öffnete mir, ohne ein Wort zu sagen, die Tür und wollte sie mir aufhalten, aber ich wartete beharrlich, bis sie vor mir hinausgegangen war; und als sie mir ihre kleine, etwas feiste Hand gab, sagte sie mit einem trockenen Schluchzen: »Ich wußte es, ich wußte es, als ich ihn damals – es ist fast drei Jahre her – zum Bahnhof brachte«, und dann setzte sie ganz leise hinzu: »Verachten Sie mich nicht.«

Ich erschrak vor diesen Worten bis ins Herz – mein Gott, sah ich denn wie ein Richter aus? Und ehe sie es verhindern konnte, hatte ich diese kleine weiche Hand geküßt, und es war das erstemal in meinem Leben, daß ich einer Frau die Hand küßte.

Draußen war es dunkel geworden, und wie in Angst gebannt, wartete ich noch einen Augenblick vor der verschlossenen Tür. Da hörte ich sie drinnen schluchzen, laut und wild, sie war an die Haustür gelehnt, nur durch die Dicke des Holzes von mir getrennt, und in diesem Augenblick wünschte ich wirklich, daß das Haus über ihr zusammenbrechen und sie begraben möchte.

Dann tastete ich mich langsam und unheimlich vorsichtig, denn ich fürchtete jeden Augenblick in einem Abgrund zu versinken, bis zum Bahnhof zurück. Kleine Lichter brannten in den Totenhäusern, und das ganze Nest schien weit, weit vergrößert. Selbst hinter der schwarzen Mauer sah ich kleine Lampen, die unendlich große Höfe zu beleuchten schienen. Dicht und schwer war der Dämmer geworden, nebelhaft dunstig und undurchdringlich.

In der zugigen, winzigen Wartehalle stand außer mir noch ein älteres Paar, fröstelnd in eine Ecke gedrückt. Ich wartete lange, die Hände in den Taschen und die Mütze über die Ohren gezogen, denn es zog kalt von den Schienen her, und immer, immer tiefer sank die Nacht wie ein ungeheures Gewicht.

»Hätte man nur etwas mehr Brot und ein bißchen Tabak«, murmelte hinter mir der Mann. Und immer wieder beugte ich mich vor, um in die sich ferne zwischen matten Lichtern verengende Parallele der Schienen zu blicken.

Aber dann wurde die Tür jäh aufgerissen, und der Mann mit der roten Mütze, diensteifrigen Gesichts, schrie, als ob er es in die Wartehalle eines großen Bahnhofs rufen müsse: »Personenzug nach Köln fünfundneunzig Minuten Verspätung!«

Da war mir, als sei ich für mein ganzes Leben in Gefangenschaft geraten.

Wolfgang Borchert
Das Brot

Plötzlich wachte sie auf. Es war halb drei. Sie überlegte, warum sie aufgewacht war. Ach so, in der Küche hatte jemand gegen einen Stuhl gestoßen. Sie horchte nach der Küche. Es war still. Es war zu still und als sie mit der Hand über das Bett neben sich fuhr, fand sie es leer. Das war es, was es so besonders still gemacht hatte: sein Atem fehlte. Sie stand auf und tappte durch die dunkle Wohnung zur Küche. In der Küche trafen sie sich. Die Uhr war halb drei. Sie sah etwas Weißes am Küchenschrank stehen. Sie machte Licht. Sie standen sich im Hemd gegenüber. Nachts. Um halb drei. In der Küche.

Auf dem Küchentisch stand der Brotteller. Sie sah, daß er sich Brot abgeschnitten hatte. Das Messer lag noch neben dem Teller. Und auf der Decke lagen Brotkrümel. Wenn sie abends zu Bett gingen, machte sie immer das Tischtuch sauber. Jeden Abend. Aber nun lagen Krümel auf dem Tuch. Und das Messer lag da. Sie fühlte, wie die Kälte der Fliesen langsam an ihr hochkroch. Und sie sah von dem Teller weg.

»Ich dachte, hier wäre was«, sagte er und sah in der Küche umher.

»Ich habe auch was gehört«, antwortete sie und dabei fand sie, daß er nachts im Hemd doch schon recht alt aussah. So alt, wie er war. Dreiundsechzig. Tagsüber sah er manchmal jünger aus. Sie sieht doch schon alt aus, dachte er, im Hemd sieht sie doch ziemlich alt aus. Aber das liegt vielleicht an den Haaren. Bei den Frauen liegt das nachts immer an den Haaren. Die machen dann auf einmal so alt.

»Du hättest Schuhe anziehen sollen. So barfuß auf den kalten Fliesen. Du erkältest dich noch.«

Sie sah ihn nicht an, weil sie nicht ertragen konnte, daß er log. Daß er log, nachdem sie neunundreißig Jahre verheiratet waren.

»Ich dachte, hier wäre was«, sagte er noch einmal und sah wieder so sinnlos von einer Ecke in die andere, »ich hörte hier was. Da dachte ich, hier wäre was.«

»Ich hab auch was gehört. Aber es war wohl nichts.« Sie stellte den Teller vom Tisch und schnippte die Krümel von der Decke.

»Nein, es war wohl nichts«, echote er unsicher.

Sie kam ihm zu Hilfe: »Komm man. Das war wohl draußen. Komm man zu Bett. Du erkältest dich noch. Auf den kalten Fliesen.«

Er sah zum Fenster hin. »Ja, das muß wohl draußen gewesen sein. Ich dachte, es wäre hier.«

Sie hob die Hand zum Lichtschalter. Ich muß das Licht jetzt ausmachen, sonst muß ich nach dem Teller sehen, dachte sie. Ich darf doch nicht nach dem Teller sehen. »Komm man«, sagte sie und machte das Licht aus, »das war wohl draußen. Die Dachrinne schlägt immer bei Wind gegen die Wand. Es war sicher die Dachrinne. Bei Wind klappert die immer.« Sie tappten sich beide über den dunklen Korridor zum Schlafzimmer. Ihre nackten Füße platschten auf den Fußboden.

»Wind ist ja«, meinte er. »Wind war schon die ganze Nacht.«

Als sie im Bett lagen, sagte sie: »Ja, Wind war schon die ganze Nacht. Es war wohl die Dachrinne.«

»Ja, ich dachte, es wäre in der Küche. Es war wohl die Dachrinne.« Er sagte das, als ob er schon halb im Schlafe wäre.

Aber sie merkte, wie unecht seine Stimme klang, wenn er log. »Es ist kalt«, sagte sie und gähnte leise, »ich krieche unter die Decke. Gute Nacht.«

»Nacht«, antwortete er und noch: »Ja, kalt ist es schon ganz schön.«

Dann war es still. Nach vielen Minuten hörte sie, daß er leise und vorsichtig kaute. Sie atmete absichtlich tief und gleichmäßig, damit er nicht merken sollte, daß sie noch wach war. Aber sein Kauen war so regelmäßig, daß sie davon langsam einschlief.

Als er am nächsten Abend nach Hause kam, schob sie ihm vier Scheiben Brot hin. Sonst hatte er immer nur drei essen können.

»Du kannst ruhig vier essen«, sagte sie und ging von der Lampe weg. »Ich kann dieses Brot nicht so recht vertragen. Iß du man eine mehr. Ich vertrag es nicht so gut.«

Sie sah, wie er sich tief über den Teller beugte. Er sah nicht auf. In diesem Augenblick tat er ihr leid.

»Du kannst doch nicht nur zwei Scheiben essen«, sagte er auf seinen Teller.

»Doch. Abends vertrag ich das Brot nicht gut. Iß man.«

Erst nach einer Weile setzte sie sich unter die Lampe an den Tisch.

Ernst Schnabel
Der 29. Januar 1947

DER NEUE VERGIL Wind, Stille und Dunkelheit. Nur die Uhren.
Aber die Uhr in der Mansarde ist stehengeblieben. Die junge Frau
hier im Bett hat es noch gar nicht gemerkt. Sie hat auch vorhin
nichts gemerkt, als auf dem Korridor draußen der Streit war. Ihre
Wirtin hat sich mit dem Fremden gestritten, wegen des Klaviers,
das er dann mitnahm. Sie konnten sich über den Preis nicht einig
werden. Sie ist viel zu müde, die junge Frau hier im Bett. Sie ist
erst um elf gekommen. Sie war in Kassel, ist mit dem Güterzug
hingefahren, um ihren Vater zu suchen. Er war aber gar nicht in
Kassel. Sie ist von einem Amt zum anderen gegangen. Man wußte
nicht, wo er hin ist. Da ist sie zurückgefahren. Sie weiß nichts von
ihrem Vater. Aber vier Röhrchen ›Butteraroma‹ hat sie mitge-
bracht von der Reise. Die gabs auf dem Bahnhof in Kassel.
Jetzt schläft sie und hört nichts ... auch nicht das Auto und die
Autotür schlagen, nebenan, vor dem Nachbarhaus ...
JUNGE FRAUENSTIMME Good night, Joe. And thank you.
MÄNNERSTIMME So long, baby. Good night.
DIE FRAUENSTIMME And to-morrow ... please, don't forget it!
MÄNNERSTIMME All right, baby. To-morrow.
DER NEUE VERGIL Aber die junge Frau schläft, ohne Traum. Ihr
Mann ist in Frankreich, räumt Minen. Er ist noch in Kriegsgefan-
genschaft. Über dem Bett hängt übrigens ein Bild. Bei Tag ist ein
Engel darauf.
Jetzt geht es auf zwei.
Zwei
Zwei vorbei.
Wenn es drei wird, werden die ersten wach. Es gibt viele, die um
drei nicht mehr schlafen, – die Alten, weil sie zu alt sind, und den
Jungen ist manchmal kalt. Dann liegen sie wach: Es ist dunkel ...
JUNGES MÄDCHEN Jetzt schläft er ... aber er schläft. Ob er auch
schliefe, wenn er wüßte, daß ich noch wach bin?
EINE FRAU Drei. Guter Gott. Vierzig Menschen sind einfach zu
viele in einer Baracke. Man hört jeden, hinausgehen, wiederkom-
men, so geht es die ganze Nacht, raus und rein. Sie sagen, das
machen die Steckrüben. Ist ja auch alles bloß Wasser. Und die
Kleine weint auch schon wieder ...
Ob ich zu Kurt ins Bett geh? Dann hätten wir drei Decken und
hättens schön warm. Aber wir haben schon sechs Kinder. Kurt

war ein starker Mann früher. Wenn ich jetzt komme, glaubt er nicht, daß ich nur warm werden will, und dann schämt er sich, weil er jetzt schwach ist ... Was koch ich bloß heute ...
Wenn man bloß nicht alles hörte! Fräulein Kresses Bett knarrt. Sie hat Besuch. Nebenan. Und der alte Schmidt weint wieder. Will essen. Kanns nicht begreifen. Dabei geben sie ihm, was sie haben, aber er weint und sagt, sie essens selber. Wenn er nicht weint, gehts ja noch. Aber will auf den Hof zurück, will wieder nach Liegnitz und begreift es einfach nicht mehr.
Und jetzt geht der Willy vorbei. Das ist er, hat diesen Gang. Ob er zur Ida will? Oder geht er zu seiner Krausen?
Es knarrt. Jetzt knarrt es von hüben und drüben. Zwei Betten, die knarren jetzt. Und jetzt noch die Kinder.
Singt da einer? Da singt einer. Mein Gott, *da singt einer!*
(...)

DER NEUE CHARON Hinter dem Ural kam jetzt die Sonne heraus. Khai-udy-paj heißt der Berg, den sie zuerst trifft. Es war der Morgen, der anbrach. – Die Wetterlage hatte sich wenig verändert: Das Hoch lag über der Ostsee, das Tief bei den Azoren. Sie hatten sich kaum bewegt. Nur in Peking, wo es die ganze Woche wie Frühling gewesen war, regnete es, seit zwei Stunden. Auch etwas Schnee fiel. Regen mit Schnee untermischt. Südlich von Nepal aber ...

DER NEUE VERGIL Es bleibt kalt in Deutschland. Immerhin kommt das Leben jetzt langsam in Gang, wo es auf fünf geht. Bei denen, die um sechs zur Arbeit müssen, haben die Wecker geklingelt, bei den Arbeitern im Hamburger Hafen, auch im Ruhrgebiet. Die erste Tagschicht fährt um sechs ein. An den Laderampen der Zechen stehen schon die Güterzüge, die mit Kohle beladen werden sollen. Dann fahren die Züge ins Land.
Auch in Hannover haben die Wecker geweckt, und jetzt sind sie unterwegs, Frauen, Kinder, Männer mit Karren und Säcken. Manche haben sich nur getraut, die Einholtaschen mitzunehmen, aber andere tragen gleich zwei, drei leere Säcke offen über dem Arm. Sie haben alle den gleichen Weg ...

RUNDFUNKREPORTER *Zehn vor sieben – der erste Zug läuft ein. Der Rangierbahnhof ist hell erleuchtet, man sieht ziemlich genau: zehn – zwölf – sechzehn offene Waggons sinds, die heranrollen, einige mit Briketts, die meisten mit Steinkohle beladen. Und jetzt kommen sie – jeden Morgen dasselbe. Sie kommen von allen Seiten, rennen über die Gleise, vermummte Gestalten, rennen zu den*

Waggons. Sie sehen unheimlich aus mit ihren vermummten Gesichtern. Wie hieß das mal? ›Lichtscheues Gesindel‹. So hat man das früher genannt, aber jetzt ... Wenn Sie eins der Gesichter sehen – von einem, der grad unter einer Laterne durchkommt –, weiß man nicht: Vielleicht sind Sie's, oder ich bins. Ich könnte es sein. Neulich hat sich die Polizei aus der Maskerade der vermummten Männer, Frauen und Kinder einen Staatsanwalt herausgegriffen ...
Die ersten sind auf den Waggons. Sie schaufeln. Wo haben sie plötzlich die Schaufeln her? Manche wühlen auch mit bloßen Händen. Sie füllen die Säcke gleich oben. Welche werfen Kohlen herunter. Die Frauen und Kinder, die unten stehen, sammeln sie in ihre Einkaufstaschen. Vor mir ein alter Mann mit einer Aktentasche, hält jedes Stück Kohle erst gegen die Laterne, ehe er es in die Tasche steckt. Traut er der Sache nicht? Ein paar Jungens sind mit einem Blockwagen an den zweiten Waggon herangefahren. Sie arbeiten stumm und präzise. Der Zug setzt sich in Bewegung. Keiner springt ab. An der Weiche steht ein Rangierarbeiter und schwenkt seine Laterne in der Luft. Die Jungens mit dem Rollwagen fahren neben dem Zug her und arbeiten. Der dritte, der vierte Sack wird heruntergeworfen. Das ist der fünfte. Die Leute lassen sich nicht stören. Wer oben auf den Waggons ist, bleibt oben, die mit den Einkaufstaschen laufen nebenher ...

SCHREI EINER FRAU Polente!

RUNDFUNKREPORTER *Zwei vor sieben ... acht Minuten hat es gedauert. Gestern waren sie erst nach zwölf Minuten da.*
Ein paar Militärpolizisten sind unter den Beamten. Ich sehe vier Hunde. Die Beamten machen sie los. Die Leute springen von den Waggons, aber immer noch arbeiten welche. Jetzt die Flucht ... die Säcke ... die Hunde ...

POLIZIST Halt! Stehenbleiben! Bleiben Sie stehen ...

RUNDFUNKREPORTER *Die Militärpolizisten sind zurückgeblieben, ihre deutschen Kollegen haben die Sache in die Hand genommen. Die große Flucht ist im Gang. Nur der Blockwagen mit den Jungens ist verschwunden. Sie müssen einen anderen Weg gewußt haben als die Menge. Da, der alte Mann von vorhin ist gestürzt, und einer von den Hunden ...*

POLIZIST Stehenbleiben! Halt!

RUNDFUNKREPORTER *Und jetzt die Schüsse wieder. Wie gestern. Werden sie morgen und übermorgen auch noch in die Luft schießen? – Es ist jetzt sieben Uhr eins, nach meiner Uhr. Der Spuk ist vorbei.*

GÜNTER EICH
Zwischen zwei Stationen

Ich erreichte den Zug noch. Er fuhr an, als ich eben die Schiebetür geschlossen und mich auf den einzigen leeren Platz gesetzt hatte. Mein Eintreten hatte offenbar ein Gespräch unterbrochen; jetzt wurde es fortgesetzt. Die Frau neben mir am Fenster sagte laut über den Mittelgang hinüber: »Wissen Sie auch in Gleiwitz Bescheid?« Ein einarmiger entlassener Soldat nickte. »Ja, aber hier mein Kumpel noch besser, der ist aus Gleiwitz.« Der Kumpel sortierte eben den Tabak aus den Kippen. Mir kam es vor, als schielte er. Er war jung wie der andere und stak wie der in einer zerschlissenen Luftwaffenbluse.

Ich hörte nur halb hin. Es war eines der unzähligen Suchgespräche, wie sie auf Landstraßen, in Zügen und Wartesälen ohne Ende geführt werden. Fragesätze mit immer neuen Personen- und Ortsnamen, so klang es mir hier wie anderswo und beinahe schon vertraut ins Ohr. Ich blickte aus dem Fenster. Es war im Sommer, auf manchen Feldern hatte die Ernte schon begonnen, man sah die ersten Kornmandeln. Es war ein schöner Tag. Durfte man sich freuen?

»Ob man jemals wieder hinkommt?« seufzte die Frau neben mir.

»Freilich!« antwortete der Einarmige. »Wir holen eben unsere Klamotten ab und dann gehen wir 'rüber.«

Der Frau gab es einen Ruck. »Schwarz?« fragte sie. Und ich horchte jetzt auch ein bißchen genauer.

»Gar nicht schwarz, ganz amtlich.«

»Wieso?«

»Wenn man Pole ist, kann man 'rüber«, sagte der Einarmige und grinste ein bißchen.

»Sind Sie denn Pole?«

»Natürlich.«

»Ich dachte, weil Sie so gut Deutsch sprechen –«

»Mein Kumpel hier kann Polnisch und ich lerne es gerade.«

»Dann sind Sie also eigentlich doch Deutscher?«

»Ich – Deutscher?« Die Stimme war voller Hohn. »Nein, mit Deutschland haben wir nichts mehr zu tun. Ich habe den rechten Arm verloren und mein Kumpel sein Auge – wir Idioten! Ja, uns hat man's beigebracht, was wir für Idioten waren! Wir hätten desertieren sollen, hat man uns gesagt, den Kompaniechef totschlagen, die Knarre wegwerfen. Ihr habt eben Pech gehabt, sagen sie uns,

Deutschland gibt es nicht mehr, das war sowieso bloß eine preußische Erfindung. Geht nur wieder dahin, wo ihr hergekommen seid, wir haben euch nicht gerufen. Na, schön, und jetzt sind wir eben auf dem Weg.«

»Hier will man nichts von uns wissen«, bestätigte der Kumpel, »und man hat nichts für uns übrig, nicht einmal eine Hose. Ich brauche dringend eine. Ich war bei einem Bauern, der hatte fünfzig Wehrmachtshosen, irgendwo organisiert bei Kriegsende. Meinen Sie, er hätte mir eine gegeben? Ich habe ihn dann angezeigt und er wurde seine fünfzig Hosen auf einmal los. Nein, hier haben wir bestimmt nichts verloren.«

»Trotzdem«, meinte die Frau, »trotzdem, es ist doch furchtbar!«

»Wieso furchtbar? Was ist furchtbar?«

»Daß Sie nun Pole werden.«

»Da ist doch nichts Furchtbares dran. Es ist sehr schön, wenn man weiß, wo man hingehört.«

»Das einzige, was wir hier anfangen können«, fügte der andere hinzu, »ist der Schwarzhandel, aber dazu fehlt uns das Anfangskapital.«

»Ich bin auch aus Schlesien und möchte auch gern zurück, aber Polin möchte ich nicht werden«, sagte die Frau.

»Das kann jeder halten, wie er Lust hat«, sagte der Einarmige gleichgültig, »wir pfeifen jedenfalls auf das alles hier.« Sein Kamerad hatte ihm eine Zigarette gerollt und gab ihm Feuer.

Die Frau schwieg und blickte verärgert weg, zum Fenster hinaus, wo man die Weizenfelder unterm Sonnenlicht sah.

Der Zug fuhr langsamer und ich ging hinaus auf die Plattform, um auszusteigen.

WOLFDIETRICH SCHNURRE
Der Fremde

Eine Zeit oder besser: eine Ewigkeit, nachdem alles getan war, und der Tischler an seiner Hobelbank, der Arzt an seinem Mikroskop stand, und der Bauer mit dem Pflug die Erde zerschnitt, da freute sich Gottvater, daß ein jeder zu tun hatte, und stieg hernieder, zu fragen, ob sie glücklich seien bei ihrer Arbeit.

Der Tischler sah von dem Sarg auf, an dem er werkte, kniff die Augen zusammen und dachte: Dies ist ein vornehmer Herr. Ich will ihm nicht wehtun, wenn er mich fragt, und ihn lieber belügen. –

Gottvater aber fragte: »Was tust du da, mein Sohn?« – »Ich baue ein Bett, Herr«, antwortete der Tischler. – »Ein Bett?« fragte Gott, der nach jenem biblischen Sonntag nicht mehr geruht hatte; »ein Bett, was ist das: ein Bett?« – »Ein Bett«, sagte der Tischler, »ist etwas sehr Schönes und Nützliches. Wir legen uns darein, wenn wir müde sind.« – »Müde – wessen?« – »Der Arbeit, Herr, der Sorgen, der Not, des Kummers.« – »Nur dann?« – Der Tischler kraulte sich den struppigen Wollschädel. »Nein«, sagte er zögernd; »auch ...« – »Auch?« – »Auch wenn wir Sehnsucht haben nach dem Weibe ...« – Da lächelte der Herr. »Ja, ich entsinne mich jetzt«, sagte er. »Es ist gut, mein Sohn.« Doch auf der Schwelle fiel ihm ein, weshalb er gekommen; und er drehte sich um. »Was ich dich noch fragen wollte –: bist du glücklich bei deiner Arbeit?« – Der Tischler, der gerade den Deckel des Sarges aufhob, fuhr sich über die Augen. Es war die Frage, die er von Anfang an erwartet hatte. »Ja«, sagte er heiser und viel zu schnell, »ja, Herr, ich bin glücklich bei meiner Arbeit.« – »Dann ist es gut.« Gottvater nickte versonnen. »Lebe wohl.« – »Ja, ich lebe wohl!« schrie da der Tischler und schlug krachend mit dem Hammer auf den Sargdeckel. – Doch da war der Herr schon entrückt.

Und stand gegen Abend im Operationssaal des Arztes. Der Arzt sah über seine Brille hinweg, blinzelte und dachte: Dies ist ein gütiger Herr. Ich will ihm nicht wehtun, wenn er mich fragt, und ihn lieber belügen. Und er legte ein Tuch über die Schnittwunde der Frau vor ihm, die das tote Kind geboren hatte. – Gottvater aber fragte: »Was tust du da, mein Sohn?« – »Ich helfe dieser Frau«, antwortete der Arzt; »sie hat ein Kind geboren und ist nun so schwach vor Glück, daß es besser ist, bei ihr zu sein.« – »Ein Kind?« fragte Gott, der seinen Sohn ja erst auffahren ließ zu sich, als er Mann war; »ein Kind – was ist das?« – »Ein Kind«, sagte der Arzt, »ist etwas sehr Schönes und Heiliges. Es ist ein neuer Mensch.« – »Ein neuer Mensch ... Warum ein neuer? Taugt der alte nichts mehr?« – »Doch, Herr«, log der Arzt; »der Mensch ist gut ...« – »Nur?« – Der Arzt behauchte seine Brille und putzte sie hastig. »Nur ...« – »Nun?« – »Nur bedarf er des Kindes, seine Güte fortzuerben.« – Gottvater sah ungläubig auf das graue und hohlwangige Gesicht der Frau nieder. »Im Gesicht dieser Frau steht wenig von Güte zu lesen.« – »Herr«, sagte der Arzt, »sie ist in Verzückung wegen des Kindes.« – Da nickte der Herr und gedachte Marias. »Ja, ich entsinne mich jetzt«, sagte er. »Es ist gut, mein Sohn.« Doch auf der Schwelle fiel ihm ein, weshalb er gekommen.

Und er drehte sich um. »Was ich dich noch fragen wollte –: bist du glücklich bei deiner Arbeit?« – Der Arzt, der gerade eine Morphiumspritze bereitete, um die Schmerzen der Frau zu mildern, strich sich über die Stirn. Es war die Frage, auf die er von Anfang an gewartet hatte. »Ja«, sagte er mit fremder Stimme, »ja, Herr, ich bin glücklich bei meiner Arbeit.« – Gottvater nickte versonnen. »Dann ist es gut. Sei gesegnet.« – »Ja, ich bin gesegnet!« schrie da der Arzt, daß die Frau zusammenzuckte und zu wimmern begann. Aber da war der Herr schon entrückt.

Und stand gen Morgen auf dem Acker des Bauern. Der Bauer erhob sich von dem Haufen Schädel und Knochen, die die Pflugschar ans Licht gebracht hatte, schob die Mütze in den Nacken und dachte: Das ist endlich mal ein Vornehmer. Dem will ich's zeigen. Er soll die Wahrheit hören, wenn er mich fragt. – Gottvater aber fragte: »Was tust du da, mein Sohn?« – »Ich breche den Acker um für die neue Saat, Herr«, antwortete der Bauer. – »Und das hier?« fragte Gott, der seit der Erschaffung des Menschen keinen Schädel mehr gesehen hatte, und deutete auf die Knochen, zwischen denen es von verrosteten Waffen und Helmen leuchtete. – »Das hier«, sagte der Bauer und wies über den Hals des Pferdes weit ausholend ins Land, »das war ein Schlachtfeld, Herr.« – »Eine Schlacht – was ist das?« – »Ein Blutbad, Herr; ein Höllentraum.« – »Wer träumt ihn?« – Der Bauer lachte ungut. »Nun«, sagte er, »der Teufel, der Mensch, der Liebe Gott … sie teilen sich drein.« – Gottvater sah sinnend auf den Schädelhügel. »Das hier *ist*. Ein Traum aber verfliegt beim Erwachen.« – »Herr«, sagte der Bauer, »du bist weltfremd. Aus Träumen dieser Art gibt es erst ein Erwachen, wenn es zu spät ist.« – »Und wann glaubst du, sei es zu spät?« – »Immer«, sagte der Bauer und hob einen Schädel auf, »wenn ein Mensch getötet worden ist.« – »Getötet – was ist das?« – »Hier«, sagte der Bauer und reichte ihm den Schädel, »*das* ist es.« – Gottvater nahm ihn und betrachtete ihn versunken. »Schau«, sagte er und wies auf die Schädelnaht, »ist sie nicht schön?« – »Schön?« Der Bauer trat einen Schritt zurück. »Das … das ist ein Totenschädel, Herr!« – »Ein *Menschen*schädel«, sagte der Herr; »ich entsinne mich jetzt, es war mein bestes Werk.« – »Wie, Herr?« Der Bauer kam um die Kruppe seines Pferdes herum, »dein Werk? So wärst du …« – »Gott, ja.« Der Herr nickte und blickte versonnen auf einen Zitronenfalter, der sich mit zuckenden Flügeln auf den Schädel gesetzt hatte. – »Gott?« sagte der Bauer, der eben erst aus einem Kriege gekommen war, »Gott? Und du lebst?« – Der Herr lächelte; »ich *bin*«, sagte er milde. – Der Bauer aber wurde immer erregter. »Und wo«, fragte er und trat ganz dicht vor ihn hin, »wo warst du während des Krieges?«

Der Herr betupfte behutsam die atmenden Flügel des Schmetterlings, daß ein Hauch des gelben Schmelz' an seiner Fingerkuppe haften blieb, und betrachtete ihn prüfend. »Während des Krieges?« wiederholte er abwesend; »... war denn Krieg?« – Dem Bauer wollte fast die Stimme versagen. »Sechs Jahre war Krieg«, flüsterte er leichenblaß. »Sechs Jahre, Herr ... sechs Jahre ...« – Der Herr besann sich; »daß ich das auch vergaß«, sagte er plötzlich, »hab' ich die Zeit doch verbracht, ein neues Blau für die Kornblume zu mischen. Hier – schau«: Und er nahm den Schädel unter den Arm und zog eine strahlende Kornblume aus dem Faltenwurf seines Gewandes; »gefällt sie dir?« –

Doch den er fragte, er rannte, von Sinnen und eine Staubwolke unter den Füßen, bereits querfeld über den Acker ... – Nur das Pferd stand noch da und rieb seine warmen Nüstern an der Schulter des Herrn.

Horst Lange
Die Eisblumen

Jedesmal, wenn der Zug auf einer der kleinen Stationen länger als sonst hielt, hatte die blasse Wintersonne genügend Zeit, um die Eisblumen auf den Fensterscheiben an der Südseite zum Verschwinden zu bringen. Langsam verloren sie ihre Konturen, lösten sich auf und gingen zuletzt in einer Wasserlache unter, die über das schmutzige Glas niederperlte. Lauter Tränen, die umsonst geweint werden, eine Flut von Tränen, die den Blick ins Freie eintrüben ... Aber dann, kaum, daß die Räder wieder rollten, kaum, daß der eisige Fahrtwind über die Scheiben strich, wuchsen die zarten, gefiederten Rispen, Blätter und Palmwedel von neuem aus dem Nichts empor, verschränkten sich, bildeten ein undurchdringliches Dickicht, hinter dem viele Geheimnisse verborgen sein mußten, von der Art, welche die Menschen niemals ergründen können.

Im Abteil war es kalt. Es war eine Kälte, die einen frieren ließ bis ins Mark. Der Atemhauch zog in Fahnen von Mund zu Mund. Die Worte klangen spröde; der große Frost, der die Welt getroffen hatte, machte alles, was da gesagt wurde, noch härter und unbarmherziger als es in Wirklichkeit sein mochte.

Der Mann, der am Fenster saß, müde von der Schlaflosigkeit vieler Nächte, war es längst überdrüssig geworden, all die Gesichter zu betrachten, all den Gesprächen zu lauschen, die unaufhörlich an seinem Gehör vorüberzogen: seit Wochen, seit Monaten schon dieselbe dunkle Litanei, ein unablässiges Gemurmel aus Angst, Leid und Hilflosigkeit, von jungen und alten Lippen gestammelt, ohne Hoffnung auf Erlösung, ohne Hoffnung auf Licht. Er sah den Eisblumenfeldern auf den drei Glasscheiben zu, wie sie aufkeimten und wieder hinwelkten, er glaubte ein Gleichnis darin zu finden, aber er konnte nicht sagen, was mit diesem Gleichnis eigentlich gemeint war, obwohl er wußte, daß es keine andere Bedeutung haben könnte als eine sehr tröstliche.

Die Frauen redeten von ihren Wohnungen, die sie nicht mehr betreten würden, und zählten einander die Schätze auf, die in den verbrannten und zertrümmerten Schränken und Truhen verborgen gewesen waren: Linnen und Spitzendecken, Geschirr und Schmuck. Die Männer sprachen vom Krieg, der noch immer in ihrer Erinnerung weitertobte, von Feldzügen im Osten, Norden und Süden, die noch nicht zu Ende gegangen waren, von Gefallenen, die ihr Leben noch nicht eingebüßt hatten, von Feuersbrünsten, die nicht erlöschen wollten. Ein junges Mädchen hockte ängstlich und verschüchtert auf ihrem Rucksack und wagte nicht, ein Wort lautwerden zu lassen. Der Mann am Fenster sah tief in den Eisblumenwald hinein, dessen Astwerk von Licht glitzerte. Es war ihm zumute, als lockte ihn jemand in dieses Dickicht, er betrat es, – die Zweige bogen sich vor ihm auseinander und schnellten hinter ihm wieder zusammen. Niemand vermochte ihm in diese gleißende, tote Einöde zu folgen, keiner vermißte ihn, keiner rief ihn zurück ...

Später, nachdem er aus seinem Verdämmern wieder aufgewacht war, fiel ihm ein, daß der Dichter Strindberg einmal behauptet hatte: in den Formen, zu denen das Wasser kristallisiert, wenn es Eisblumen bildet, äußerte sich sein Erinnerungsvermögen an all die Pflanzenteile – Blätter, Algen, Gräser, Halme –, die es je und je durchflossen habe. Er dachte darüber nach, ob die Eisblumen, die er an den Fenstern der russischen Bauernhäuser gesehen hatte, andere Formen gehabt hätten als diese hier, aber er kam mit dieser Überlegung zu keinem Ende, denn auf einmal, in einem jähen Schreck, wurde er sich dessen bewußt, daß in zwei Tagen Weihnachten sei. Plötzlich schien ihm die Reise, die ihn seit Wochen dahin und dorthin geführt hatte, kreuz und quer durch das Land, in Städte, Dörfer, Ortschaften, deren Namen ihm früher unbekannt gewesen waren, immer auf der Suche und höchst ungewissen Spuren folgend, nur diesen einzigen Sinn und dieses Ziel gehabt zu haben, daß ihm jetzt und in dieser Minute, zwischen fremden Menschen und an einem fremden Ort einfiel: in zwei Tagen ist Weihnachten. Weihnachten, – ein Wort ohne jede Bedeutung für ihn. Es gab noch mehr solcher Worte, sie hießen: Frieden, Glück, Heimat, Liebe ... Die einfachsten Worte also, man konnte ihren Sinn eben noch ahnen, aber sie bezeichneten nichts Wirkliches mehr. Worte, die unverständlich werden, muß man ausmerzen; wenn man sie immer wieder hören läßt, werden sie schnell zu Lügen. Und Lügen vergiften das Denken ...

Der Mann blickte sich um, als befürchtete er, daß ihn jemand auf solchen Gedanken ertappt haben könnte. Es war nicht unmöglich, daß er laut vor sich hingesprochen hatte und belauscht worden war. Die Frauen redeten von den Möbeln und Standuhren, die sie einst besessen hatten, und beachteten ihn nicht. Die Männer schwiegen und machten sorgenvolle Gesichter. Der Blick des jungen Mädchens ruhte voll auf ihm, aber es war ein leerer, abwesender, toter Blick, der ihn gar nicht erkannte. All diese Leute reisen nun der Station entgegen, die Weihnachten heißt – sagte er sich, aber sie werden dort ebensowenig ankommen, wie ich, – es sei denn, daß der Zug plötzlich rückwärts zu fahren beginnt und viele Jahre überwindet, die hinter uns liegen ...

In diesem Augenblick erst fielen ihm die beiden Kinder auf. Sie mußten wohl eingestiegen sein, während er so vor sich hin gedacht hatte. Zuerst hatten sie sich still verhalten, aber nun wurden sie immer lauter. Es waren Kinder, die jene Intelligenz besaßen, vor der Erwachsene mitunter kleinlaut werden, frühreife Kinder also, die aus einer der großen Städte stammen mochten, von denen nur noch Trümmerfelder übriggeblieben sind, ohne Glockengeläut, ohne die Lichter, die zu Weihnachten gehören, wie Sonne, Mond und Sterne zum Himmel. Geschwister: ein stupsnäsiger Junge von dreizehn Jahren und ein Mädchen, das nicht viel älter war. Abgetragene Kleider – stellte der Mann fest –, oftmals geflickt und ausgebessert, die ihnen schon nicht mehr paßten, genau so wenig, wie ihre Kindheit ihnen paßt, – Kinder von einer großen Unbekümmertheit, traumlos vielleicht, all den Verzauberungen fremd, von denen man selbst früher in diesen Jahren gelebt hat wie von einer geheimen Nahrung, welche die Seele und das Herz speiste ...

Kaum, daß sie in dem Abteil ein wenig heimisch geworden waren, hatten sie ihr Spiel begonnen. Es war ein nüchternes Spiel:

sie nahmen die ganze Welt in Besitz. Der Junge stellte Fragen, die Schwester mußte sie ihm beantworten, die beiden hellen Stimmen übertönten alle Geräusche, die das Abteil bis jetzt erfüllt hatten: das Gerede der Frauen, das Rollen der Räder, das Kreischen der Bremsen. »Eine Stadt in Indien?« fragte der Junge. Und als die Schwester nicht antworten konnte, half er ihr ein: »Eine Stadt in Indien, – fängt mit K. an!« Das Mädchen überlegte sehr lange. »Kalkutta!«, rief der Junge triumphierend. »Kalkutta doch!« Jeder durfte so lange fragen, bis der andere eine Antwort gefunden hatte. »Ein Gebirge in Amerika?« »Die Alpen!«, antwortete das Mädchen. »Die Anden!«, verbesserte sie der Bruder ernsthaft, als sei er betrübt über soviel Unwissenheit. »Die Anden«, wiederholte das Mädchen. »Ich habe mich nur versprochen.« »Das gilt nicht«, sagte der Junge und war sich nicht schlüssig darüber, was für eine vertrackte Frage er nun stellen sollte. »Ein Land in Rußland?« »Eine Stadt in China?« »Ein Meer ... ein See ... eine Wüste ... eine Insel?« Die Frauen, die ihre Unterhaltung nicht mehr fortsetzen konnten, versuchten die vorlauten Kinder zurechtzuweisen. Es gelang ihnen nicht, – die Welt war zu groß; vor dieser unbetretbaren Weite galt der verlorene Hausrat nichts mehr ...

Der Mann am Fenster betrachtete den Jungen genau: wenn wir nun August hätten, wäre sein ganzes Gesicht mit Sommersprossen gesprenkelt, er unterscheidet sich durch nichts von allen den anderen Jungens, die ich in fremden Ländern gesehen habe, – nur, daß er diese Sprache spricht, nur, daß er schon in der Jugend mehr verloren hat als er jemals besitzen wird. Und nun nimmt er in seinen Gedanken, spielerisch und voller Rechthaberei, die Welt in Besitz. Die, denen nichts geblieben ist, haben nur noch ihre Phantasie, um sich etwas anzueignen, sagte sich der Mann, indem er die Kinder nicht aus den Augen ließ. Haben sie wirklich nicht mehr? – fragte er sich gleich danach, aber er konnte sich keine Antwort geben, denn der Zug fuhr in eine größere Station ein. Reisende stiegen aus und zu. Die Kinder wurden vor die Knie des Mannes gedrängt, in die Nähe der Fenster, auf denen die Eisblumen eben im Wasser untergingen.

»Ist es noch weit?« fragte das Mädchen den Bruder. Ihre Stimme, die vorhin, während des Spiels, so fest gewesen war, klang nun ängstlich und verschüchtert. »Übermorgen können wir dort sein«, gab der Junge zurück.

Übermorgen ist Weihnachten ... ergänzte der Mann das, was er eben gehört hatte. Es könnten meine Kinder sein, es wäre entsetzlich, wenn sie dort, wohin sie reisen, niemanden finden, der sie aufnimmt; es wäre unerträglich für mich zu wissen, daß sie genau so weitersuchen müssen, wie ich selbst ... Eigentlich sollte ich ihnen etwas schenken, wenn ihnen sonst niemand etwas schenkt, ist die Reihe an mir. In Gedanken ging er sein ganzes Gepäck durch, aber er fand nur lauter unbrauchbare Sachen, Gegenstände, die mit dem Geruch und dem Schweiß des Krieges gleichsam imprägniert waren, – kein einziges Ding, das für den Frieden zeugte, den der Engel jenen armen Hirten verkündigte, als sie sich nachts auf den Feldern fürchteten.

Der Zug war angefahren und holperte über die Weichen, an Schuppen vorüber, an Zäunen und Signalen dahin. Das Tauwasser zitterte auf dem Glas. Jeden Augenblick konnten die ersten Rispen, Halme und Farne aus dem Nichts wachsen. Ich werde ihnen die Eisblumen schenken – sagte sich der Mann –, das ist etwas, das sie nie vergessen werden ...

»Habt ihr schon einmal gesehen, wie Eisblumen wachsen?«, fragte er den Jungen. »Nein«, gab er zurück, trotzig, weil ihn die unerwartete Anrede verlegen machte, »nein, – Eisblumen wachsen gar nicht. Die sind einfach da ...« »Sie wachsen nicht?« sagte der Mann. »Sieh dahin und dorthin!« Er wies mit dem Finger auf die Stellen, wo sich eben, mit einer raschen, kaum wahrnehmbaren Bewegung, zwei, drei gefiederte Gräser bildeten, wie den anmutigen Linien eines flüchtigen Entwurfs folgend, der von unsichtbarer Hand in die Feuchtigkeit gezeichnet worden war.

»Allerhand!« sagte der Junge mit deutlicher Anerkennung für die Überlegenheit des Mannes. »Sie wachsen wirklich!« »Woraus wachsen sie denn?« fragte das Mädchen. »Hat sie jemand gesät?«

Es fiel dem Mann nicht leicht, den Namen auszusprechen, aber schließlich nannte er ihn doch. »Ja«, sagte der Junge, »manchmal könnte man sich vorstellen, daß Gott ein Gärtner wäre. Bloß, daß es soviel Unkraut gibt! Und er hat keine Zeit, um es auszureißen ...«

Der Mann antwortete nichts mehr. Zu dritt sahen sie zu, wie die Eisblumen verdarben und wieder aufblühten. Am Ende, als der Zug an den ersten Ruinen vorüberfuhr, verrußten, zerbröckelnden Wänden, welche die Nähe der Stadt und die Nähe des unvergessenen Grauens bezeugten, war es ihnen so, als befänden sie sich mitten in einem wunderbaren Garten, der kein Unkraut kennt, und über dem die Sonne niemals untergeht. Für Minuten glaubten sie, endlich heimgefunden zu haben, denn von hier konnte sie keine Macht der Welt mehr vertreiben ...

Otto Flake
Bettine

Nach ein paar Zügen legte Old Man die Zigarre fort: »Die Anordnung der Räume war in Bonn dieselbe wie nun hier; ans Wohnzimmer grenzte mein Studio. Im Anfang hatte Bettine sich, wenn ich um zehn an den Schreibtisch ging, daneben in den roten Ledersessel gesetzt, mit einer Stickerei oder einem Buch. Die Zeit wurde ihr lang, ich schrieb gewöhnlich bis Mitternacht. In der Folge gab sie diese Gewohnheit auf und zog sich gleich zurück. Jedoch, sie sagte, damals noch: ›Schlaf wohl, bis morgen früh.‹

Wenn es dämmerte, kam sie zu mir. Ich war so sehr darauf eingestellt, das Tapetentürchen, das unsere Zimmer verband, sich öffnen zu hören, daß ich, wenn sie eintrat, stets erwachte. Nachtwarm und weich schmiegte sie sich an meine Seite, und diesen freiwilligen Besuch empfand ich als Neigung, Vertrauen, tägliche Kommunion.

In Wien und Budapest hatten wir uns noch nicht aufeinander abgestimmt; jetzt liebte ich mehr als jede andere Begegnung diese morgendliche, die ebenso Improvisation war, wie sie die Situation schuf – nicht plump, nicht überdeutlich. Eros liebt das Zwischenreich, weder hellen Tag, noch bewußte Nacht. In dieser Auffassung begegneten wir uns. Bettine war eine mehr vegetative als animalische Natur. Und ich würde, wenn ich mich analysieren müßte, von mir sagen: er wußte, daß der Eros eine dämonische Gottheit, nicht nur der Gefährte der Biskuit-Psyche ist, und es war ihm lieber, ihm in dieser zarten Stunde zu begegnen. Gesprächen, wie Männer sie beim Wein gern führen, kann man entnehmen, wie viele Enttäuschungen und oft entsetzte Entdeckungen es gibt, wenn einer feststellt, daß das Schicksal ihm eine gierige Frau zugeteilt hat.

So vergingen zwei Jahre, bis der große Umschwung im Staate kam. Die Schwierigkeiten begannen. Nicht mehr das persönliche Gewissen galt als Norm: die Machthaber lieferten die fortan zu befolgende zum nachdrücklich empfohlenen Gebrauch. Sah ich mir ihre Gestalten an, so hielt ich für gewiß, daß ein neuer Orden sich des Gemeinwesens bemächtigt hatte und es mit einem beispiellos dichten Netz der logischen Verknüpfung überzog. Ich konnte ins Ausland gehn und tat es nicht. Warum? Weil ich vor wenigen Jahren erst in die Heimat zurückgekehrt war; weil ich glaubte, das System erledige sich rasch; weil die Folgerichtigkeit, von der wir vorhin sprachen, ich meine den Entschluß, nicht abzubrechen, was begonnen ist, eine Rolle spielte, und weil ich draußen nicht Bittsteller sein wollte, selbst wenn man mich mit offenen Armen empfing.

Ich blieb, lehnte die ärgsten Zumutungen ab, wurde langsam in den toten Winkel gedrängt und mußte es hinnehmen, daß man mich, als die Reihe an mir war, nicht Dekan werden ließ. In den Verkehr mit den Kollegen schlich sich Mißtrauen ein; wir zerfielen in Anhänger, Mitläufer, Gegner des Systems. Sie kennen die Welt und wissen, was für Verheerungen Ehrgeiz, Machtbedürfnis, Neid anrichten können. Ein großer Teil der Herren stieß mich ab, der Umgang schlief ein.

Bettine machte keinen Unterschied. Sie fand, die schwarze Uniform kleide die jungen Männer gut. Kam ich nach Hause, so konnte es geschehen, daß drei, vier auf einmal in diesem Anzug an ihrem Teetisch saßen. Es war mir unerträglich, in meinen eigenen Räumen mit Armausstrecken begrüßt zu werden, das Hakenkreuz zu erblicken. Vor irgendeiner Gesellschaft, die sie gab, ereignete sich ein Zusammenstoß.

Ich fragte zum erstenmal, wer geladen werden solle, und strich zwei Teilnehmer; ich wünschte, nur Privatpersonen zu sehn. Ihre Bemerkung, ich fände mich in der Zeit nicht mehr zurecht, verletzte; ich ließ mich darüber aus, eine Frau tue gut, zu ihrem Mann, seinen Anschauungen zu stehn, und erfuhr einen unerwartet heftigen Widerspruch: auch eine Frau habe ihre Auffassungen und ihre Rechte.

Es ist gefährlich, bei Meinungsverschiedenheiten die grundsätzlichen Standpunkte zu beziehn; Grundsätzlichkeit versteift. Ich sagte, eine Frau, die Mendelssohn liebe, passe nicht zu Leuten, die durch ihren Eid verpflichtet seien, alles zu decken, was in den Lagern geschehe; zwar wußte man noch nicht viel, doch das genügte bereits.

Mißstimmigkeiten, die das Kind betrafen, traten wieder auf, und nach einer von ihnen stellte Bettine ihre morgendlichen Besuche ein. Deren eigentlicher Sinn war gewesen: die Frau ist es, die dem Mann ihre Zärtlichkeit andeutet, das umgekehrte Verfahren wirkt um soviel plumper. So kam es, daß ich, vielleicht zu wenig, mein Bedauern zu verstehen gab; das Tapetentürchen öffnete sich nicht mehr.

Inzwischen hatte Agnes Maier den Vater Bettines geheiratet; in ihrer neuen Würde als Stief- und Schwiegermutter besuchte sie uns. Sie schaute aus den kleinen Augen noch listiger in die Welt. Gelegentlich einer Eheirrung, die im Hause eines Privatdozenten vorfiel, nahm sie die Partei der Frau, die nicht zu entschuldigen war, und erklärte, in Liebesdingen sei die Lüge gang und gäbe, unter den Geschlechtern der Betrug entschuldigt.

Es gibt Frauen, sogar recht viele, die auf eine für den Mann unfaßbare Weise Freundinnen in die intimsten Einzelheiten einweihen. Ich wußte nicht, ob Bettine dazu gehörte, glaubte aber zu fühlen, daß die Stiefmutter sich bestens auskannte und Bettine bestärkte. Mit einem unfreundlichen Scherz sagte ich, sie sei maierhörig – eine Bemerkung, die an die Maier weitergegeben und als witziges Kompliment behandelt wurde.

Am Abend, der der Abreise dieser Vertrauten voranging, sagte ich wie immer meiner Tochter, die schon lag, gute Nacht und öffnete, da die Luft verbraucht war, das Fenster. Draußen fror es; ich bat daher Bettine, die sich in diesem Stockwerk aufhielt, das Fenster nach ein paar Minuten zu schließen, es könne sonst ein Unglück mit der Zentralheizung geben. Gegen Morgen weckte mich Renate; die Heizschlange war gesprungen, das Wasser drang durch die Decke und beschädigte meine Bücher.

Ich rief einen Klempner an und begann, mit dem Personal das Studio zu räumen. Als Bettine erschien, stellte ich sie zur Rede. Die Antwort war, sie könne sich nicht jeden Abend um meine Tochter kümmern. Trotz des Auftrages war sie nicht zu ihr gegangen. Ein Wort gab das andere; manches bisher Ungesagte wurde ausgesprochen. Zuletzt stellte Bettine fest, daß sie, als schlechte Hausfrau in meinen Augen, mit der Stiefmutter abreisen könne. Der Schaden im Studio war groß, ihre Erwiderungen steigerten meinen Zorn – ich ließ mich zu dem Satz hinreißen: Gewiß, sie könne packen, ihre Koffer und sich.

Als ich von der Vorlesung zurückkehrte, waren beide Frauen abgereist. Es vergingen zwei Wochen, ohne daß Nachricht gekommen wäre. Ich schrieb nach Schlesien, an Bettines Vater. Er teilte mir mit, die Damen seien zum Wintersport in der Hohen Tatra weitergefahren.«

Old Man in der Diwanecke änderte seine Lage, setzte die Zigarre wieder in Brand und berichtete weiter:

»Die nächsten Begebnisse darf ich so erzählen, wie sie sich mir später darstellten, als ich die Wahrheit kannte. Der Maler aus Budapest hatte mich bei seinem letzten Besuch durch die These verblüfft, der Mann allein liebe – die Frau lasse sich nur lieben, ihre Bestimmung sei, ihm Leid zuzufügen. Es lief darauf hinaus, daß der Teil, der leidet, der aktive ist, weil nur er weiß, was Liebe bedeutet.

Ich hatte gar nicht erst eingewandt, daß man dieses Diktum ebensogut umkehren könne, vielmehr auf eine uns fremde Art der Männlichkeit geschlossen. Gewisse Naturen oder gar Nationen suchen, wenn sie erleben, den Druck – denselben, den auch der Trinker braucht – und werden dank diesem Verhalten der Tiefe teilhaftig: wo sich alles auflöst und die Energie der Bewußtheit, der wohltätigen Oberfläche, ihren Rang verliert.

Der Ungar also war es, bei dem Bettine fand, was ich nicht gab – nach ihrer Auffassung hatte ich sie von mir gestoßen. Sich ihm an den Hals zu werfen, war nicht ihre Absicht gewesen; aber als sie ihm aus der Tatra schrieb, rief er das Hotel an und belegte ein Zimmer. Das tägliche Zusammensein, der Rückschlag in einer Frau, die sich beleidigt fühlte, die Verehrung, auf die er sich so gut verstand, vereinigten sich. Ich will nicht behaupten, daß die Stiefmutter nachhalf, ich weiß es nicht.

Frauen strafen oder rächen mit dem, womit sie auch belohnen. Sie hatte kein Recht, so zu handeln. Man begeht nicht, wenn der erste Konflikt oder die erste Enttäuschung da sind, gleich Ehebruch. Auch die Erinnerung an jene morgendlichen Begegnungen hinderten sie nicht daran. In die letzten Regungen eines andern sieht man nicht hinein, geht aber auch nicht fehl mit der Vermutung, daß Frauen, die sich ja als die Schwächeren in der vom Mann geordneten Welt empfinden, dem Vergeltungsbedürfnis leichter nachgeben. Sie ertragen es nicht, die Partie zu verlieren, und bekommen sich durch den, wenn auch heimlichen Ausgleich wieder in die Hand – der Ehebruch aus verletztem Herzen dient, neutral gesehn, der Wiederherstellung des Selbstgefühls. Gleichwohl: selbst wenn man ihn im Fall Bettines durch das so oft betonte Bedürfnis nach Zärtlichkeit erklären will, vertreten läßt er sich niemals.

Die Zeit lief ab. Der Maler wurde in Budapest gebraucht, und Bettine konnte nicht ewig im Hotel bleiben. Der neue Freund verlangte die Scheidung von mir, die Heirat mit ihm. Die Stiefmutter, der Bettine doch wohl in hohem Grade hörig war, entschied, sie müsse nach Bonn zurückkehren und die Ehe mit mir weiterführen. Eines Abends, sechs Wochen nach der Abreise, klingelte Bettine an der Tür. Sie war verändert; ich spürte es sofort, deutete aber diese weiche Scheu als Unsicherheit und fand sie reizend.

Sie aß eine Kleinigkeit und berichtete vom Aufenthalt in der Tatra; der Ungar blieb unerwähnt. Auf die Frage, weshalb sie nicht geschrieben habe, lautete die Antwort: ›Ich war mit dir böse.‹ –

›Und jetzt?‹ – Sie brach in Tränen aus. Ermüdet von der Reise suchte sie ihr Zimmer auf. Als ich gegen Morgen den Knopf der Tapetentür leise drehte, war sie verschlossen.

Am Vormittag kehrte ich von der Vorlesung mit einigen Zweigen Treibhausflieder zurück, fand Bettine in ihrem Zimmer und reichte ihr die Blumen. Entsetzt wehrte sie ab: ›Nein, nein, das nicht.‹ Ich war betroffen; für einen Augenblick wehte mich die Wahrheit an, doch verstand ich sie nicht zu deuten. Um klar zu sehn, bedarf es der Kenntnis aller Faktoren: dem hinters Licht geführten Ehemann wird sie vorenthalten, und aus diesem Grunde schon ist Betrug so unwürdig.

Der Ehemann nahm an, alles sei wieder gut; doch seltsame Wochen folgten. Die Stimmungen Bettines wechselten so beängstigend, daß ich sie zum Nervenarzt schicken wollte. Sie wehrte sich, ihr Lachen schien mir hysterisch. In der ersten Woche schrak sie selbst vor dem Gutenachtkuß zurück; in der zweiten machte sie mir den ersten Morgenbesuch, bat aber um Schonung. Fast immer blieb sie in ihrem Zimmer und brach, wenn ich nach ihr schaute, mir unbekannte Gedanken ab. Aber die Erzählung gerät zu tief in Einzelheiten –« unterbrach Mertens sich.

»Einzelheiten gehören zur Erzählung, bitte kürzen Sie nicht«, bat Lily. »Sie gerät auch wieder aufs Gebiet des Intimen, seien Sie nachsichtig«, erwiderte er. »Am Ende der zweiten Woche gab sie sich erregter und kühner als vorher, aber beunruhigt sah ich dann die schweren Tränen, die einzeln über ihr Gesicht liefen. Am nächsten Morgen fuhr sie neben mir auf, das Mädchen hatte einen eingeschriebenen Brief für sie und klopfte. Im Verlauf des Tages lernte ich, noch eben von ihrer sinnlicher gewordenen Weiblichkeit benommen, eine völlig andere, eine erstarrte Bettine kennen. Ich brachte diesen Wechsel noch nicht mit dem Brief zusammen, nach dem ich mich nebenher erkundigte: er sei von ihrem Vater, der neuerdings die Marotte habe, seine Post nur eingeschrieben aufzugeben, erwiderte sie.

Alles fing von vorne an, die Scheu, die Meidung, die Tränen bei unverständlichen Anlässen. Ich trug den Fall nun dem Nervenarzt selber vor. Achselzuckend meinte er: ›Tragödie der versagten Mutterschaft.‹ Das klang annehmbar, aber ich glaube doch, daß mein Unterbewußtsein schon mehr ahnte, als ich mir eingestand. Ich mied das Eingeständnis nicht aus Mangel an Mut, sondern weil ich eine Entscheidung nahen fühlte und sie nicht anders behandeln wollte als alles, was reift. Wachstum soll man nicht unterbrechen;

ob gute oder schädliche Frucht, auch sie hat ihr Recht und darf Zeit beanspruchen. Wenn Sie wollen, ist es der Respekt vor dem Organischen, zu dem das Denken als Beruf anleitet.

Alles wiederholte sich – die Annäherung, die Aussöhnung, die Glut und abermals die Störung durch eine neue Einschreibesendung. Ich erwähnte nicht, daß inzwischen ein schwiegerväterlicher Brief mit gewöhnlicher Marke für mich gekommen war – ich hielt mich bereit zum Handeln. Als wir zum drittenmal in der Phase der Wärme waren, sagte das Mädchen zum drittenmal draußen: ›Für die gnädige Frau etwas Eingeschriebenes.‹ Ich war vor Bettine an der Tür, unterzeichnete und betrachtete den Stempel. Budapest stand auf den ungarischen Marken.

Ich öffnete den Brief mit dem Papiermesser, das immer auf meinem Nachttisch lag, reichte ihr den Inhalt ungelesen, aber mit dem Bemerken, ich wünsche Einblick zu gewinnen. ›Tue es nicht‹, flehte sie, erfuhr aber, ich sei entschlossen, der Sache auf den Grund zu gehn. Das Schreiben war aufschlußreich. Der Ungar duzte sie, beschwor nicht nur die Tage des Februars, sondern auch die Nächte, und warf ihr vor, sie sei mutlos oder wankelmütig, da sie nichts unternehme, um die Scheidung durchzusetzen. Ich fragte nur, ob sie den Mann für wahnsinnig erklären oder mir bestätigen wolle, daß er ein Recht zu dieser Zuschrift besitze. Sie weinte hilflos, gleich einem kleinen Mädchen; mehr als einmal habe ich empfunden, daß Frauen in gewissen Augenblicken wie Kinder wirken, denen die unbarmherzige Natur Schoß und Busen aufgezwungen hat – ungefragte Geschöpfe, denen man keine Vorwürfe machen darf.

Aber das sind Erwägungen, die ein Philosoph sich leisten kann; anders reagiert man als Ehemann. Ich erklärte Bettine, der Heirat mit dem Ungarn werde ich nicht im Wege stehn. Sie überraschte mich durch die Mitteilung, der Wunsch sei verblaßt, bald nach der Rückkehr schon, und das Schuldgefühl verbinde sie noch mehr mit mir. Jedoch, aus dem abgefangenen Brief wußte ich, daß sie auch nach der Rückkehr noch zugesagt hatte, jenen in Köln zu treffen, er fuhr wieder nach Paris. ›Um ihm zu gestehn, wie es in mir aussieht‹, fiel sie ein.

Während der nächsten Tage überlegte ich, ob es mir möglich sei, mich zu überwinden und den Ehebruch als verzeihliche Irrung anzusehn. Aber er war nicht einmal im ersten Affekt begangen worden, diese Entschuldigung fiel fort. Zurückgekehrt, hatte sie, den andern hinhaltend und Briefe tauschend, wieder mit mir verkehrt. Und wenn sie, nach der Unterredung in Köln, beschloß, bei ihrem

Mann zu bleiben, verschwieg sie mir die Wahrheit und mißbrauchte meine Ahnungslosigkeit. Mein Gefühl für Sauberkeit weigerte sich; ich sprach meinerseits davon, zum Anwalt zu gehn. Bettine fuhr nach Schlesien.

Ein Brief der Stiefmutter kam. Er verbreitete sich weitläufig über die Vorgeschichte, aus der sie entschuldigende Gründe zog. Von der Verfehlung selbst sagte sie, die Gefühle würden dadurch vertieft. Ich erinnere mich noch, daß sie von Bereicherung und Reizsteigerungen sprach.

Mir schien, Bettine sei von mir, dem strengeren Richter, zu dem in Dialektik erfahrenen Verteidiger geflohn. Ein Entschluß war nötig; ich legte den Brief des Ungarn einem Anwalt vor. Ein schneller Verlauf stand außer Frage; wir reichten die Klage ein. Die zwei ersten Termine fanden statt, der letzte nahte, mit ihm die Ferienzeit. Ich ging, um in der Nähe zu bleiben, ins Lahntal und erhielt hier, von Bonn nachgeschickt, eine Zuschrift Bettines: sie wolle mir mitteilen, daß der Ungar durch einen Sturz im Bühnenhaus den Tod gefunden habe, daß sie sich unglücklich fühle und die Stiefmutter zu hassen beginne. Ein Ausschnitt aus dem Berliner Tageblatt lag bei, er bestätigte die Nachricht.

Ich besuchte von meinem Stützpunkt die Ausflugsorte im Gebiet der Lahn, von einer Unruhe getrieben, die ich mir nicht erklären konnte. Im Dom zu Limburg gestand ich mir, daß ich über das Ausscheiden des Mitspielers Befriedigung empfand. Nicht daß ich ihm Böses gewünscht hätte, wenn es in meiner Macht gewesen wäre, aber – er fiel nun fort. Wenn ein Mann sich betrogen sieht, wird er sagen, seine Anschauungen über Ehre, Würde, Vertrauen und Moral seien verletzt. Er überträgt seine Empfindungen ins Grundsätzliche – er sucht Schutz beim Objektiven, die Welt kann ohne Ordnung nicht bestehn. Aber was in Wahrheit leidet, ist sein Selbstbewußtsein, sein armes Ich. Er unterscheidet sich darin nicht im geringsten von der Frau, auch er ist nur ein Mensch.

Der Gedanke, daß irgendwo ein anderer Mann sich mit ironischer Genugtuung sagt, ihm sei es gelungen, uns auszustechen, oder die Furcht, wir könnten ins Gerede kommen, quält mehr als die Überlegung, daß die Frau sich nicht uns allein entschleiert hat. Auf die Einmaligkeit legt man bei Witwen und Geschiedenen sowieso keinen Wert, ich erwähnte es schon; aber die Angst, die uns verbundene Frau könne die Untreue wiederholen, wenn wir vergeben, bedroht die Sicherheit, diese Grundforderung des ewig unsicheren Selbstgefühls.

Vor einem Kaffeehaus sitzend, machte ich es mir zur Pflicht, ganz ehrlich mit mir selbst zu sein. Der Eindringling, der Mitwisser, der Nebenbuhler hatte das Feld geräumt. Weder seine Ironie noch seine Indiskretion waren länger zu fürchten. Der Tod löschte nicht nur ihn, sondern auch eine Verirrung aus – wenn ich mich entschloß, von Verirrung zu sprechen, nicht von einem moralischen Defekt. Ich staunte über die primitive Reaktion, die sich in mir vollzog, und lernte in dieser halben Stunde vor dem Café mehr von der menschlichen Natur kennen, als in Jahren zuvor. Nebenbei, Sie sehen an diesem Beispiel, daß auch die philosophischen Einsichten dem Erlebnis entspringen und alle Theorie aufs Konkrete angewiesen ist.

In ziemlicher Verwirrung kehrte ich in meinen Kurort zurück. War ich nun tatsächlich bereit, auf Bettine wieder einzugehn? Ihr Briefchen schien anzudeuten, daß sie sowieso bereute. Der Tod übt immer eine moralische Wirkung aus; er enthält eine Lehre und mahnt zur Besinnung. Im Dom war ich auf eine Frage gestoßen, die mich oft und lange beschäftigt hat. Die Kirche vergibt die Sünde, sobald der Sünder den Wunsch erkennen läßt. Sie hält sich nicht wie der Mensch bei den Wirkungen des Vergehens auf – nicht dabei, daß etwas vielleicht Unersetzliches wie das Vertrauen zerstört worden ist. Sie kann den Betrug nicht ungeschehen machen, aber sie weist ihn in die Kategorie der menschlichen Schwäche und erklärt aufs bestimmteste, daß einer sich ändern, daß er eine neue Rechnung beginnen kann. Hat sie mit dieser großzügigen Auffassung recht? Sie lehrt die Macht der Idee: wer sich der Idee der Pflicht, der Treue unterstellt, lagert sein Inneres um – insofern nämlich, als er fortan bejaht, was er vernachlässigt hat.

In solcher Verfassung ging ich zu Bett. Am nächsten Morgen merkte ich, daß die liebe Seele sich über Nacht geordnet hatte. Nicht wechseln, nicht umwerfen, sagte sie; bedenke, der dritte Termin steht vor der Tür; Bettine durfte eine Beleidigung, die im Affekt ausgestoßen wurde, nicht mit einem Ehebruch beantworten; bedenke, was geschieht, wenn wieder einmal ein Konflikt ausbricht – du bist ihrer nicht sicher, überlasse die Scheidung ihrem Verlauf.

Das ist gut und schön, erwiderte ich (es war ein Zwiegespräch), aber wenn du nicht wechseln willst, ließe dieser Entschluß sich so gut anwenden auf die Ehe mit Bettine selbst. Du brauchtest nur zu vergeben und für erledigt erklären: auch das ist konsequent und Treue gegen die zuerst gewählte Idee. Es war ein Kampf um die

Folgerichtigkeit, doch boten sich statt des einen Weges zwei Wege – den Gabelungen entgehn wir nie.

Ich wohnte in einem Hotel. Es war ein trüber Tag, ich ging nicht aus und nahm den Tee in der Halle. Der Boy kam auf mich zu und gab mir einen Brief. Verwundert öffnete ich den Umschlag, der keine Marke hatte und keine Anschrift trug. Ich hielt ein Besuchskärtchen Bettines in der Hand; ein paar Zeilen teilten mir mit, sie habe das Bedürfnis gehabt, mich zu sprechen, in Bonn meinen Aufenthalt erfahren, sich in die Bahn gesetzt und Nummer dreizehn genommen, in diesem Hotel. Die Dreizehn war unterstrichen; ich wußte, daß Bettine sie als Glückszahl ansah.

Während ich noch über diese neue Verwicklung nachdachte, erschien Bettine auf der Treppe; der Boy mochte ihr gesagt haben, ich sei in der Halle. Eine gutgewachsene Frau ist nie hübscher, als wenn sie Stufen hinunterschreitet; und sie war auch eine gutangezogene Frau. Von Sommerkleidern sagt man wohl, sie sind duftig. Ich stand auf, sie ergriff meine Hand und flüsterte meinen Namen. Ich bestellte frischen Tee und sah halb amüsiert, halb bewegt zu, wie sie den Toast für mich mit Butter oder Marmelade herrichtete. Amüsiert, weil ich die Absicht fühlte und auch fühlen sollte – die Werbung, den Einsatz ihres Frauenreizes.

Sie lächelte, strich über meinen Arm und hatte den Charme der Reife, der zugleich bewirkte, daß sie höchstens in der Mitte der Zwanzig zu stehn schien. Als ich Sankt Georg in Limburg erwähnte, schlug sie vor, dorthin überzusiedeln. ›Vielleicht bekommen wir ein Auto‹, sagte sie, ›darf ich dich dazu einladen?‹ – ›Wie, heute noch?‹ fragte ich verwundert, sie nickte und sah mich bittend an. Ich weiß nicht, welche Augen sich wirksamer verdunkeln, die hellen oder die braunen; ihre hatten den Glanz der Nacht.

Es regnete nicht mehr; wir fuhren offen durch den Vorabend und ein schönes Land. Sie hatte mich entführt und wohl gewußt, was Beschwingung ist. Reisemarschall, ließ sie sich in Limburg pro forma Einzelzimmer zeigen, fand sie unansehnlich und wählte das schönste der gemeinsamen. Am nächsten Morgen blieb mir nur übrig, den Anwalt in Bonn anzurufen. Ich zog die Klage zurück und hörte ihn seufzen – es war ein so glatter Fall.

Von der Post gingen wir zum Dom. Ich traute meinen Augen nicht, als ich sie vor dem Altar die Reverenz erweisen sah, die den Frauen so gut ansteht. Vor dem Portal vernahm ich, in den trüben Tagen der Verbannung nach Schlesien sei ein religiöses Bedürfnis in ihr erwacht – ob ich sie mir als Katholikin denken könne? Warum nicht, das könne man bei jeder musikalischen und weiblichen Frau, erwiderte ich und nahm an, es handle sich um eine Stimmung des Augenblicks. Katholikin war übrigens meine erste Frau gewesen.

Wir hatten an der Reise im Auto Gefallen gefunden und benutzten dieses Mittel, um bis in den Schwarzwald vorzustoßen. Auf den Hängen, die zum Rhein abstiegen, reifte das Obst. Hier war gut wohnen, und da ich Grund hatte anzunehmen, meine Tage als Hochschullehrer seien gezählt, sah ich, ohne Bettine vorerst einzuweihn, Quellenbaden mit den Augen eines Mannes an, der an seinen Ruhesitz denkt.

Am Tag, an dem wir diesen Ort verlassen wollten, erhielt ich die Nachricht, man habe mich pensioniert. Der Studentenführer, ein schneidiger Nationalsozialist, hatte die Verabschiedung durchgesetzt. Damit, liebe Freundin, ist ein Abschnitt erreicht, den Schluß erzähle ich ein andermal.«

WOLFDIETRICH SCHNURRE
Das Begräbnis

Steh ich in der Küche auf dem Stuhl. Klopfts. Steig ich runter, leg den Hammer weg und den Nagel, mach auf: Nacht, Regen. Nanu, denk ich, hat doch geklopft. Ptsch, machts in der Dachrinne. »Ja?« sag ich.

Rufts hinter mir: »Hallo!«

Geh ich zurück. Liegt ein Brief auf dem Tisch. Nehm ihn. Klappt die Tür unten. Leg ich den Brief hin, geh runter, mach auf: Nichts. Donnerwetter, denk ich. Geh rauf wieder. Liegt der Brief da; weiß mit schwarzem Rand. Muß eins gestorben sein, denk ich und seh mich um.

»Riecht nach Weihrauch«, sagt meine Nase.

»Hast recht«, sag ich, »war doch vorher nicht. Komisch.« Mach den Brief auf, setz mich, putz die Brille; so. Richtig: eine Traueranzeige. Ich buchstabiere:

VON KEINEM GELIEBT, VON KEINEM GEHASST
STARB HEUTE NACH LANGEM, MIT HIMMLISCHER
GEDULD ERTRAGENEM LEIDEN:
GOTT.

Klein, drunter: »Die Beisetzung findet heute nacht in aller Stille auf dem St. Zebedäusfriedhof statt.«

Siehste, denk ich, hats ihn auch geschnappt, den Alten; ja, ja. Ich steck die Brille ins Futteral und steh auf.

»Frau!« ruf ich, »den Mantel.«

»Wieso'n?« brummelt sie oben.

»Frag nich so blöd«, sag ich, »muß zur Beerdigung.«

»Kenn ich«, greint sie, »Skat kloppen.«

»Quatsch«, sag ich, »Gott ist gestorben.«

»Na und?« sagt sie; »vielleicht noch'n Kranz kaufen, was?«

»Nee, nee«, sag ich; »aber Paul'ns Zylinder könnste rausrücken. Wer weiß, wer alles da is.«

»Ach nee«, sagt sie, »vielleicht noch'n Wilhelm markier'n? Nee, is nich. Außerdem is duster; sieht sowieso keiner, daß d'n Zylinder aufhast.«

Gut, denk ich, dann nicht, zieh mein Paletot an, klapp den Kragen hoch und geh runter zur Tür.

Es pladdert. Den Schirm, denk ich. Aber den Schirm hat Emma.

»'n Nacht«, sag ich und mach zu hinter mir. Alles wie immer draußen: Glitschiger Asphalt, bißchen Laternenlicht; paar Autos, paar Fußgänger. Auch die Straßenbahn fährt.

Frag ich einen: »Schon gehört, Gott ist gestorben.«

Sagt der: »Nanu, heut erst?«

Der Regen wird dichter. Taucht ein Kiosk auf mit einer Karbidlampe drin. Halt, denk ich, mußt doch mal sehn. Beug mich rein. Blättere. Such:

HEUTE: nichts. MORGEN: nichts. NEUE WELT: nichts. DIE ZUKUNFT: nichts. DIE WELTPOST: nichts. Keine Zeile. Nicht mal unter Kurznachrichten.

Frag ich: »Sonst noch was?«

»Anzeigenblatt«, sagt der Zeitungsmann.

»Aha«, sag ich. Such. Finds. Letzte Seite. Reiner Zufall. Unter »SONSTIGES«, klitzeklein:

> VON KEINEM GELIEBT, VON KEINEM GEHASST
> STARB HEUTE NACH LANGEM, MIT HIMMLISCHER
> GEDULD ERTRAGENEM LEIDEN:
> GOTT.

Aus. Alles. Zeig's dem Zeitungsmann: »Na?«

Sagt der: »Armer Teufel. Kein Wunder.«

Auf dem Paradeplatz, mitten im Nebel, steht ein Schutzmann.

Frag ich: »Nichts durchs Radio gekommen?«

»Krieg«, sagt er, »überall.«

»Nee«, sag ich, »was Besondres.«
»Nee«, sagt er.
»Kein Todesfall? Gott soll tot sein.«
Horcht er auf: »Auf welcher Seite hat er'n gekämpft?«
Wird dunkler. Die Straße verengt sich. Ecke Kadettenstraße renn ich einen an.
Sagt der: »Geht's 'n zum Zebedäusfriedhof?«
»Pfarrer?« frag ich, »Beerdigung?«
»Ja.«
»Wen?«
Sagt der: »Einen gewissen Klott oder Gott oder so ähnlich.«
Gehn wir zusammen. An Mietkasernen vorbei, schorfigen Brandmauern, flackernden Gaslaternen.
Fragt der Pfarrer: »Verwandt mit dem Toten?«
»Nee«, sag ich, »bloß so.«
Irgendwo wird ein Fenster aufgerissen. »Hilfe!« schreit eine Frau. Ein Blumentopf klirrt aufs Pflaster. Ein Hund bellt. Gegenüber zieht eins die Jalousie hoch, Licht fällt auf die Straße. »Ruhe!« brüllt es.
»Noch weit?« fragt der Pfarrer.
»Nee«, sag ich; »gleich.«
Der Regen ist jetzt so dicht, daß man auf zehn Meter kaum noch die Laternen erkennt. Meine Schuhe schaufeln Wasser, wie offne Krokodilschnauzen. Bin naß bis aufs Hemd. Wir biegen in die Marschallstraße.
»Hier«, sag ich; »links jetzt.«
Ist die Kanonengasse. Mündet auf einen Kohlenplatz, der jetzt mit Stacheldraht umzäunt ist und zum Quarantänelager gemacht ist für Heimkehrer. Sie stehn im Regen und warten. Links klebt der Zebedäusfriedhof dran. Er ist zwischen diesen Platz und die finnige Rückwand von WALDEMARS BALLSÄLEN gepreßt wie ein asthmatisches Reh zwischen Käfigstangen. Rechts steht die Stickstoffabrik. Ihre verschmierten Fenster sind hell; man hörts, sie läuft auf Hochtouren. Ihre zwölf Schornsteine sind von unten beleuchtet. Oben verlieren sie sich im Nebel.
Vorm Friedhof steht was. Ein Pferd, paar Mann, eine Kiste.
»n'Abend«, sag ich.
Fragt einer: »Bist'n der Pfarrer?«
»Nee«, sag ich, »der.«
Sagt der Mann: »Los, pack mit an.«
Der Pfarrer greift zu, schweigend. Sie heben die Kiste auf den Rücken und schwanken durchs Tor.

»Beeilt euch«, schreit ihnen der Kutscher nach. Er steht unter einer Decke an sein Pferd gelehnt und raucht.

Das Tor quietscht, als ichs zumach. Langsam schlendre ich hinter den Männern mit der Kiste her.

Zwei haben Spaten unterm Arm. Die kenn ich, sind die Totengräber. Der Dritte hat einen blauen Kittel an, hinter seinem rechten Ohr klebt eine aufgeweichte Zigarette. Die andern beiden stecken in verschossenen Feldblusen und haben speckige Mützen auf; sicher Heimkehrer aus dem Lager. Der Sechste ist der Pfarrer.

Jetzt sind sie aus dem Schritt gekommen, die Kiste auf ihren Schultern liegt schief. Wegen dem Pfarrer. Kriegts Kreuz nicht raus. Schreit plötzlich: »Absetzen!« Duckt sich. Rumms. Der Deckel fliegt ab. Haben sie die Bescherung. Der Pfarrer hinkt. Hat die Kiste auf den Fuß gekriegt.

Der Tote ist rausgefallen. Liegt da, bleich. Die Azetylenlampen vom Lager leuchten ihn an. Er hat ein graues Hemd an, ist hager, und an seinem Mund und im Bart ist etwas Blut festgetrocknet. Er lächelt.

»Idiot«, sagt der Kittelmann.

Sie drehn die Kiste um und heben den Toten wieder rein.

Sagt der eine Heimkehrer: »Paß auf, er ist dreckig.«

»Schon gut«, sagt der andre.

Wie der Deckel drauf ist, bücken sie sich.

»Haaaau – ruck!« schrein die Totengräber. »Maaaarsch!«

Der Pfarrer hinkt.

An einem vermantschten Erdhaufen steht eine Frau. Kenn ich. Ist die Inspektorin. Sie hat einen durchlöcherten Schirm aufgespannt, durch den man die beleuchteten Schornsteine der Stickstoffabrik sieht. Den Rock hat sie sich über den Kopf gezogen. Ihr Unterrock ist aus Sackleinen. STÄDTISCHE DÜNGEWERKE steht drauf.

»Hierher!« schreit sie.

Neben dem Erdhaufen ist ein Loch. Neben dem Loch liegt ein Strick. Daneben ein Blechkreuz mit einer Nummer drauf.

Die Träger schwenken ein.

»Seeeetzt ab!« kommandieren die Totengräber.

Die Kiste rumpelt zur Erde. H. GOTT ist mit Kreide draufgeschrieben. Drunter eine Zahl, schon verwischt aber.

Der Pfarrer räuspert sich.

»Junge, Junge«, sagt der eine Heimkehrer und wischt sich den Schweiß ab.

Der andere setzt sich auf die Kiste und beugt sich vornüber. »Sauwetter«, sagt er und bewegt die Zehen, die aus seinen Schuhen heraussehen.

»Los, Leute«, sagt die Frau, »haut hin.«

Der eine Totengräber mißt mit dem Spatenstiel die Länge des Lochs aus. »Werd verrückt«, sagt er.

»Was'n«, fragt der andere.

»Zu kurz«, sagt der erste.

Sie schippen. Klatsch macht's, klatsch, klatsch, wenn die Brocken ins Loch fallen; Grundwasser.

»Paßt«, sagt der Kittelmann.

Der Pfarrer räuspert sich. »Liebe Anwesende«, sagt er.

»Hier«, brummt der eine Totengräber, »faß ma'n Strick an. So. Jetzt 'n Sarg drauf.«

Sie heben ihn an und stellen ihn auf den Strick, der rechts und links mit je drei Schlaufen drunter vorsieht.

»Zuuuugleich!« kommandieren die Totengräber.

Die Kiste schwebt überm Loch.

Taghell machens die Azetylenlampen. Die Blechkreuze rings auf den flachen Hügeln sind nicht höher als Kohlköpfe. Es regnet ununterbrochen. Von der schimmligen Wand von »Waldemars Ballsälen« löst sich ein Putzplacken und haut zwei Grabkreuze um.

»Nachlassen«, sagt der Totengräber, »langsam nachlassen.« Die Kiste senkt sich.

»Woran is er'n gestorben?« frag ich.

Die Frau zuckt die Schultern. »Schwindsucht«, sagt sie, »keiner um ihn gekümmert. Alte Lied.«

Vom Quarantänelager kommt Harmonikamusik rüber.

»Bei drei! loslassen«, sagt der andere Totengräber; zählt: »eins, zwei –«

»Moment«, sagt der Pfarrer und zieht sein Bein aus der Grube, »so.«

»Drei!«

Klang, als wär' ein Sack ins Wasser geplumpst.

»Sauerei«, sagt der Kittelmann und wischt sichs Gesicht ab. Die Heimkehrer tun die Mützen runter. Der Pfarrer faltet die Hände.

»Na ja«, knurrt der eine Totengräber und wickelt den Strick auf.

»Bißchen tiefer hättet Ihr ruhig gehn können«, sagt die Frau. Der Pfarrer hat fertig gebetet. Er nimmt einen Batzen von dem klebrigen Lehm und wirft ihn auf die Kiste.

Bums, macht es.

Auch ich bück' mich.

Bums.

Der Kittelmann schubst seinen Klumpen mit dem Fuß rein.

Bums.

Einen Augenblick ist es still, und man hört nur das Rattern und Stampfen der Maschinen aus der Stickstoffabrik. Dann setzt die Musik wieder ein, lauter jetzt. Die Heimkehrer haben die Mützen wieder aufgesetzt, wiegen sich in den Hüften und pfeifen mit.

»Fertig?« fragt der Kittelmann.

»Fertig«, sagt die Frau. »Haut das Kreuz weit genug rein.« Der Pfarrer putzt sich die Hände ab. »Liebe Anwesende«, sagt er.

»He!« schreit draußen der Kutscher.

»Ja!« brüllt der Kittelmann zurück. Tippt an die Mütze. »'n Abend.«

»'n Abend«, sagen die Heimkehrer und gehn auch.

Die Frau folgt. Sieht aus wie eine Steckrübe mit ihrem geschürzten Rock.

Die Totengräber fangen an zu schippen. Rums, macht es, rums, rums.

»Verfluchter Dreck«, sagt der eine und tritt mit dem Absatz den Lehm vom Spaten.

»Geb'n se 'n heute im Odeum?« fragt der andere.

Der Pfarrer starrt auf die Wand von »Waldemars Ballsälen«. »*Das steinerne Herz*«, sagt er.

»Hüh!« schreit der Kutscher draußen.

»'n Abend«, sag ich.

Der Pfarrer rührt sich nicht.

»'n Abend«, sagen die Totengräber.

Die Friedhofstür quietscht, als ich sie zumach'. Am Zaun ist ein Zettel aufgespießt. Nehm ihn ab. Stückchen Zeitungspapier. Inseratenteil, weich vom Regen; links sucht die Patriabar einen eleganten Kellner mit eigener Wäsche; rechts tauscht jemand ein Bettlaken gegen Lebensmittel. Mitte: schwarzer Rand, Traueranzeige.

VON KEINEM GELIEBT, VON KEINEM GEHASST
STARB HEUTE NACH LANGEM, MIT HIMMLISCHER
GEDULD ERTRAGENEM LEIDEN:
GOTT.

Ich dreh mich um. Der eine Totengräber ist ins Loch gesprungen und trampelt die Erde fest. Der andere schneuzt sich und schlenkert den Rotz von den Fingern.

In der Stickstoffabrik rattern die Maschinen. Ihre zwölf Schornsteine sind von unten erleuchtet. Oben verlieren sie sich im Nebel. Hinterm Stacheldraht auf dem Kohlenplatz stehn die Heimkehrer und warten. Es regnet. Taghell ists durch die Azetylenlampen. Wo sie nicht hinreichen, ist Nacht.

Jetzt ist auch die Harmonika wieder da. Einer singt zu ihr: »La Paloma, ohé ...«

Die Friedhofstür quietscht.

Ist der Pfarrer. Er hinkt.

Erich Fried
Weihnachtslied

Eine Streu von Stroh
Eine Wand von Wind
Eine Woge als Wiege
Ein winziges Kind

Ein Schwamm voller Essig
Eine Kammer voll Gas
Eine Waage am Wege
Eine Grube im Gras

Eine Gasse voll Dirnen
Eine Gosse voll Wut
Eine Stirne voll Dornen
Eine Mutter voll Blut

Eine Streu von Stroh
Eine Wand von Wind
Eine Woge als Wiege
Ein winziges Kind

Gebet für den Zenturio

Der mein Gewand
Gewinnt,
Von dem bin ich wund.

Nun fährt er mit einem Ruck
In meinen Rock
Und blickt nicht mehr zurück.

Er trägt den Rock zu den Frauen
Um sich zu freuen
Und von der Angst zu befreien.

Vater, laß ihn sich freuen
Unter den Frauen,
Und mach ihn frei von dem Grauen.

    Vater, wirf keinen Fluch
    Auf den Bruder in meinem Tuch!

    Sonne, wirf keinen Brand
    Auf den Bruder in meinem Gewand!

    Boden, klaff du nicht weit
    Vor dem Bruder in meinem Kleid!

    Wind, kühl das Gelock
    Dem Bruder in meinem Rock!

FRIEDRICH WOLF
Vox Humana

So wie der Luftstrom in dem Orgelwerk gepreßt
durch die Kanäle und die Lade ward gebunden,
bis der Registerzug ihn zu dem Ton entläßt
und er befreit die Stimme hat gefunden,

wie in der brausenden Akkorde Schall
die dunkle Gambe auftönt, um sich jäh zu wenden
zu der Posaune richtend hellem Hall,
dann in der vox angelica sich zu vollenden,

so unser Leben strömt vertausendfacht
gepreßt, getrieben und zum Atemzug erhoben
durch dieses Zeitenlabyrinths vielstimmige Nacht,
wo Krieg und Tod und Auferstehung toben

um die Entscheidung; plötzlich aus dem Sturmakkord
der Elemente und Posaunen
löst zart sich zweier Menschenwesen Raunen
zur Stimme – vox humana – und zum Wort.

Dein Volk

Ich liebe dich und ich liebe dein Land,
und ich liebe dein Volk in dir,
dein Volk, das mit seiner breiten Hand
hat umgeformt dies Riesenland
vom Eismeer zum Steppenrevier.

Ich liebe den weiten Horizont
und das endlose Weizenmeer
und die Erde, von glühender Sonne besonnt,
und das glühende Herz, das hassen gekonnt
und lieben noch mehr, noch viel mehr!

Ich liebe der Ukraine herben Wein
und die Melone des Kuban,
ich liebe dein Wesen, das herb kann sein
und so feurig süß wie Kaukasierwein,
wenn dein Herz sich erst aufgetan.

Ich liebe deines Volkes Gesang,
so wild und voll Kindeskraft,
ich liebe seinen Tanz, seinen schweren Gang,
seines Essens Lust, seinen Überschwang,
seine unbändige Leidenschaft.

Ich weiß, was dein Volk ertragen kann
an übermenschlicher Not,
ich weiß auch, wie es sich schlagen kann,
und wie es die Fahne tragen kann,
die Fahne wie Herzblut so rot.

Das Blut, das in deinem Volke braust
so stark und voll und gesund,
auch durch dein Herz unbändig saust –
ich blicke auf deines Volkes Faust
und deinen lachenden Mund.

Ost und West
(*Neujahr 1944/45*)

Wir sitzen in dem niedren Zimmer
In Moskau's altem Adelshaus,
Im warmen Holz glimmt noch ein Schimmer
Vom alten Glanz und Charme und Flaus;

Hier ist Krapotkin aufgewachsen
Der Fürst und Revolutionär,
Leibeigene brachten Stör und Lachsen
Zum Neujahr von der Wolga her.

Und unter den geschnitzten Bögen
Fürstin Gagarina wohl saß,
Derweil mit umgeschnallten Degen
Der Sohn in Freiheitsschriften las.

Heut sitzen wir im gleichen Zimmer,
Zwei Menschen, fern von Ost und West,
Und draußen blinkt der Schnee noch immer
Von jener Ulme weiß Geäst.

Da jene Zeiten längst vergingen
Und in dem Holz tickt schon der Wurm,
Aufs neu zwei Menschenstimmen klingen
In einem neuen Zeitensturm.

Du sprichst von Deinen Jugendtagen,
Vom Newastrand und von Taschkent,
Ich seh den Smolny in dem Nebel ragen,
Ich seh die Stadt, die voller Rosen brennt,

Ich seh mich selbst in Wolgasteppenzonen –
Die Wangen von dem Froste glühn –
Gemeinsam mit den roten Divisionen
Im Schafspelz gegen Westen ziehn;

Der Schnee fiel über uns in dicken Flocken,
Der Schlittenkufen leise sang ...
Heut seh ich vor mir Deine goldnen Locken
Und höre Deiner Sprache weichen Klang.

Welch weiter Weg in diesen stürmischen Zeiten,
Welch weiter Weg in diesem Riesenland,
Und doch wie nah der Weg, den jeder von uns beiden
Zum andern fand!

Und wenn Du heut in meiner Sprache plauderst
Mit Deinem weichen russischen Akzent,
Ists, weil Du auch im Herzen nicht mehr zauderst,
Weil Herz und Sprach' uns nicht mehr trennt,

Weil ich beglückt in Deiner Sprache liebe
Dich und Dein Volk in Deinem großen Land
Und meine Sprache durch das dunkele Getriebe
Den Weg zu Deinem Herzen fand.

RUDOLF HAGELSTANGE
Der Strom der Zeit

Rauschend geht der Strom der Zeit,
immer wechselnd seine Weise.
Wilde Wirbel, milde Kreise
bildet die Vergänglichkeit.

Stark und stetig ist sein Drang.
Kein bedächtiges Verweilen,
kein bestürztes Übereilen
rühren seiner Mitte Gang.

Manchmal sperrt ein Fels den Weg.
Doch in wildem Katarakte
sprengt des Stromes Lauf das nackte,
widerspenstige Geheg.

An der Oberfläche Saum
treibt das Schwemmholz, scheinbar rege.
In den Buchten lagern träge
Blasen, Kot und trüber Schaum.

Aber zwischen Saum und Grund
eilt das jungfräuliche frische

Wasser, ist das Reich der Fische,
lebt Geheimstes, kühl und bunt.

Nur der Fischer, der sein Netz
auswirft, und des Tauchers Kunde
sind mit seiner Kraft im Bunde,
denn sie kennen sein Gesetz.

Bildet die Vergänglichkeit
wilde Wirbel auch und Kreise,
überm Wechsel seiner Weise
schwebt das Lied der Ewigkeit.

Horst Lange
Marschieren

Der Frost frißt sich ins öde Land,
Wintergestirne regieren,
Die Sonne sank, der Sommer schwand,
Es klirrt, wenn wir marschieren.
Es klirrt von Eisen und von Eis,
Die toten Äcker sind so weiß,
Es klirrt, wenn wir marschieren.

Kein Ende nimmt der lange Weg
Infanteristen und Pionieren,
Der Nebel steigt und wälzt sich träg,
Es dröhnt, wenn sie marschieren.
Die Stirn ist kalt, das Blut ist heiß,
Und innen pocht das Herz mit Fleiß,
Es klirrt, wenn wir marschieren.

So Schritt um Schritt und Tritt um Tritt,
Bäume und Gärten erfrieren,
Es ziehn Erinnerungen mit,
Indes wir im Schnee marschieren.
Gar manche Worte, laut und leis,
Denen man keine Antwort weiß,
Es klirrt, wenn wir marschieren.

Den Heimweg kennen wir nicht mehr,
Die wir uns in Rußland verlieren
Mit blanken Waffen und Gewehr
Und weiter und weiter marschieren.
Die Wolken ziehn auf freiem Gleis,
Die Kälte würgt manch junges Reis,
Es klirrt, wenn wir marschieren.

Otto Flake
Der Fortunat

Nicht ohne Zögern übergebe ich den Lesern einen so großen Roman. Vierzehn Monate vor dem Ausbruch des Krieges begonnen, hat er mich bis zum Ende des Jahres 1943 beschäftigt und mir erlaubt, diese Zeit des Unglücks der Völker als die Klausur anzusehen, auf die eine Arbeit von solcher Breite drängt.

Ein günstiges Schicksal fügte es, daß ich in einer Stadt wohnte, die nicht gebombt worden ist; mit Godesberg und Heidelberg erfuhr am Rhein nur Baden-Baden diesen Vorzug oder diese Gnade, die auf keinem Verdienst beruht.

Wohl sorgten die Flugzeuge in der Luft dafür, daß es an Spannungen nicht fehlte; aber alles in allem lebte ich während der ersten Kriegsjahre in meinem abseits gelegenen Häuschen wie in einem Idyll, des seltsamen Kontrastes zur angeblichen Wirklichkeit draußen bewußt und entschlossen, nicht auf Reflexionen einzugehn, die am unerbittlichen Gang der Dinge nichts geändert hätten. Ich beschrieb ein Leben, das ganz in Friedenszeiten spielt oder zum mindesten in solchen, die einen Krieg für die kurzfristige Unterbrechung des Normalzustandes ansahen: das neunzehnte Jahrhundert zum Beispiel – ein menschenwürdiges, selbständiges Leben, diese Idee schwebte mir wohl vor.

Zwischen Roman und Biographie besteht ein Zusammenhang. Jeder Roman stellt ja einen Ausschnitt aus einem Dasein dar. Wenn man diesen Gedanken zu Ende führt, liegt es nah, einen Roman so anzulegen, daß er ein Leben durcherzählt. Er verwandelt sich also in eine Biographie, die zwar erdacht ist, aber eben diesen Ablauf hätte nehmen können.

Sie wird sachlich dargestellt, als ein Vorgang, der nicht an einem bestimmten Punkt, inmitten der Aktion, aufhört, sondern von der Wiege bis zum Grabe reicht. Auch aus diesem Grund bedurfte ich der freien Strecke, die nicht von der Gegenwart, nur von der Vergangenheit geliefert wird. Der Fortunat kommt 1814 zur Welt und verläßt sie 1897; ein ganzes Jahrhundert liefert diese freie Bahn.

Der Roman ist die bewegliche Kunstform; er paßt sich veränderten Bedingungen am leichtesten an und hält Schritt mit dem Wandel der Zeit. Mein Versuch, eine fiktive und vollständige Biographie zu geben, mag als Beispiel für diese Fähigkeit gelten.

Aber Voraussetzung des Romans ist grundsätzlich, daß das von ihm eingefangene Geschehen sich völlig überblicken läßt.

Die Menschen und die Dinge, über die der Epiker berichtet, müssen erledigt in den Orkus gesunken sein. Alle epischen Gestalten schweben von jenseits des Acheron heran; Kunst hat ein tiefes Verhältnis zum Toten, das durch sie Wiederbelebung erfährt.

Man sieht, was mich verlockte: den Roman zu seinem Ursprung zurückzuführen, dem Epos – das nie Gegenwart spiegelt, stets Vergangenheit. Die homerischen Epen sind sicher nicht während der Kämpfe um Ilion entstanden, sondern nachher, als Bilder der Erinnerung.

Der wesentlichste Unterschied zwischen dem früheren und dem heutigen Epos ist ein äußerlicher und technischer: der Gebrauch der Prosa statt des Verses. Damit wird der Sprache eine neue Aufgabe gestellt, und diese Frage beschäftigte mich bei der Abfassung ungemein.

Die wahre Darstellungsform des Erzählers ist das Imperfektum. Er sagte, er tat, er hatte, er war – das sind die richtigen Tempora. Die Wahl des Präsens, der man in vielen Romanen begegnet, täuscht eine Lebendigkeit vor, die in Wirklichkeit bewirkt, daß wir die Regieanweisungen eines Filmmanuskriptes zu lesen glauben. Ein Leben dauert sechzig, siebzig Jahre – auch achtzig, wenn das Alter sich voll auswirken soll. Der Träger meiner erdachten Handlung wird in der Tat über achtzig: Er vollendet sich.

Aus dem allem ergibt sich, daß ich den Fortunat nicht mit der Absicht schrieb, einen historischen Roman zu liefern, nämlich einen, der kulturgeschichtliche oder gesellschaftliche Zustände schildern will.

Es kam mir auf den Menschen an, einen bestimmten Menschen von bestimmter Geisteshaltung. Natürlich mußte ich ihm auch eine bestimmte Zeit zuweisen; aber sie war nur Mittel, nicht etwa Zweck. Wenn gleichwohl ein Bild eben dieser Zeit – des neunzehnten Jahrhunderts – entstand, so ergab es sich nebenher. Ich denke kritisch von geschichtlichen Romanen, ja ich lehne sie zumeist ab.

Als der Band des Fortunat erschien, lobten mich die ersten Leser für die kulturgeschichtliche Belehrung – man werde in das Biedermeier, die Jahre um 1830, versetzt. Schön: aber halten Sie sich an die Hauptfigur selbst, pflegte ich zu erwidern, dem Biedermeier folgen das zweite Kaiserreich, folgen 1870 und die Jahrzehnte der Republik in Frankreich, der preußischen Hegemonie in Deutschland, und alle sind nichts als Hintergrund, die Freskowand für ein Einzelleben – es ist der Roman eines Individuums, einer Einzelperson.

Dem Namen Fortunat begegnet man in Erzählungen der Romantiker Eichendorff und Tieck, die ihn wiederum dem alten Volksbuch vom Fortunat aus Famagusta auf Zypern entnommen haben, der Geschichte des Besitzers des Wünschhütleins.

An diesen Zusammenhang dachte die Mutter des Fortunat nicht, als er Anno 1814 zu Hüningen bei Basel geboren wurde, Kind eines französischen Emigranten und ihrer selbst, des Bauernmädchens aus dem Badischen drüben. Die Hebamme war es, die dem Buben zu dem ungewöhnlichen Namen verhalf. Er kam mit den Eihäuten zur Welt, und das galt beim Volk als Glückszeichen.

Der bekannteste unter den in der Eihaut Geborenen war einst Mazarin; da ich mich einmal, als ich über die Großen Damen des Barock, insbesondere die sieben Nichten Mazarins schrieb, mit diesem erfolgreichen Emporkömmling beschäftigt hatte, war mir das Eihautmotiv bekannt und kam so in den Roman.

Damit war sowohl der Charakter des Fortunat oder Fortuné wie auch der Verlauf des Romans gegeben: die Geschichte eines Menschen von so glücklichem Naturell, daß er alles in allem ein harmonisches Leben führt – will sagen das eines Menschen, der mit den Problemen, Erschütterungen, Gefährdungen fertig werden wird.

Natürlich hätte ich auch den umgekehrten Weg wählen können: der Lebenslauf straft den Namen Lügen, es geht mit dem Fortunat gar nicht glückhaft zu. Nun, ich blieb bei der Übereinstimmung von Namen und Schicksal, und damit komme ich zum tieferen Sinn der Gestalt.

Der Fortunat – bürgerlich zuerst Jakob, dann Jacques, nachdem er nämlich zu Paris seinen natürlichen Vater wiedergefunden hat und Franzose geworden ist – der Fortunat ist weder als genialer, noch als genialischer Mensch angelegt: bloß als begabter, geistig lebendiger, der nur durch die Fähigkeit, das Gleichgewicht zu bewahren, den Durchschnitt überragt.

Man soll als Dichter immer etwas weniger geben, als man kann. Einen vom Leben wild bewegten, in den Strudeln des Daseins um Selbstbehauptung kämpfenden Menschen darzustellen, einen, der durch die Höllen aller modernen Probleme politischer oder sozialer Art geht, wäre mir wohl auch gelungen.

Aber was wäre anderes übriggeblieben, als ihn zum Republikaner oder Anarchisten oder Stockkonservativen, zum Positivisten oder Darwinianer oder Neomystiker zu machen, kurzum ihn in eine der zur Verfügung stehenden »Weltanschauungen« einlaufen zu lassen?

Die einen hätten mich dafür gelobt, die anderen getadelt, je nach ihrer eigenen Weltanschauung. Um sowohl der Uferlosigkeit wie der Festlegung zu entgehn, übte ich die *Beschränkung*, das alte und doch so richtige Künstlerrezept.

Indem ich einen Menschen zeichnete, der den Wahlspruch im Wappen der Stadt Paris zu seinem macht – Fluctuat nec mergitur, er schwankt auf den Wogen, sie verschlingen ihn nicht –, hatte ich von Anfang bis zum Ende den so wichtigen festen Punkt, das unerschütterliche Zentrum: die in sich ruhende, die ihrer selbst sichere eine Persönlichkeit, die sich der Welt öffnet, aber auch erwehren kann. Sie bleibt, was sie durch Gnade des Schicksals ist, elastische, selbstordnende Gestalt.

Wenn dem Leben ein Sinn abgewonnen werden kann, besteht er in der Auffassung, man sei da, um das Leben zu bestehn – um ihm Muße, Genuß, Ruhe abzugewinnen, in einem wohlverstandenen und berechtigten Sinn. Am Ende muß man sagen können, es habe sich gelohnt zu leben, weil man nicht nur Sklave anderer, nicht nur Diener anmaßender Gottheiten wie Staat, Klasse, Doktrin, Beruf und Geschlecht gewesen sei, sondern freies, überlegenes Individuum, das die Motive des Abstandes, der Würde, der Haltung selbständig zu entwickeln weiß.

Darf ich sagen, daß mir diese Auffassung vom Menschsein heute, auf dem äußeren und inneren Trümmerfeld, angesichts des Schwundes der Werte, angesichts der Bedrohung durch den Zerfall des Willens zur Konzentration auf das Wesentliche, tiefste oder höchste Zeitgemäßheit zu besitzen scheint?

Überlassen wir uns weiter der Zersetzung unserer Widerstandskraft, so ist das Zeitalter der Masse da – das tatsächliche Ende der

Zivilisation, die auf den schöpferischen Elan, auf die Gestaltung verzichtet hat.

Der Fortunat wendet sich, mit anderen Worten, von der subjektivistischen Darstellung der objektivistischen zu.

Die romantische Auffassung der Person ist verlassen, der Aspekt der klassischen taucht auf. Wir haben dem Prinzip des Dynamischen so sehr geopfert, daß uns seine äußerste Auswirkung, der Zusammenbruch, nicht erspart geblieben ist. Die Reihe ist an der Wiederkehr der statischen Bestrebungen.

Noch Schiller nannte den Roman den Halbbruder der Dichtung; aber der Bastard rückt sofort in den Rang der Legitimen ein, sobald man ihm als wesentlichste Aufgabe nicht die Erörterung von Zeitfragen, sondern das Erzählen zuweist. Den Abfluß, das Hinströmen des Lebens wiederzugeben, das ist der Ehrgeiz, der den Erzähler bewegt.

Eine gute Erzählung gleicht in der Tat dem Strom, der durch weite Ebenen seine Gewässer dem Meer, der großen Mutter, zuführt. Epik, auch in der Prosa, soll homerische Empfindungen zu geben suchen: gleichmäßig, gelassen, die Bilder und Situationen und Geschehnisse aneinanderreihend.

Der Strom, der die Ebene durchfließt, hat ein inneres, unaufhaltsames Gefälle, einen intensiven Drang, durch die Zeit zu gleiten – die Ebenen des Epos sind die Gefilde der Zeit. Und so hat der Epiker die Aufgabe, im Leser das Gefühl zu erzeugen, er stehe am Rand eines Stromes, der in gebändigten Ufern durch die Zeit sich wälzt.

Ich wäre glücklich, wenn die Leser dem Fortunat zubilligten, diese homerische Stimmung werde von ihm erzeugt. Sie zu erzeugen ist nicht leicht, da an die dreitausend Jahre uns von jenen weit naiveren Zuständen trennen. Und doch ist auch heute letzte und schwerste Aufgabe des Erzählers, den Leser dazu zu bringen, daß er die so viel verwickelteren Gestalten seines Jahrhunderts als naive – selbstverständliche, dem Lebenstrieb gehorsame Figuren ansieht.

Ich weiß nicht, wie viele Personen in meinem Roman auftreten; ich weiß nur, daß die Zahl groß ist, an die Aufmerksamkeit des Lesers Anforderungen stellt. Manche dieser Gestalten spielen eine nebensächliche Rolle, andere kehren leitmotivisch wieder und behaupten sich. Der Leser wiederum weiß nicht, zu welcher dieser Gattungen eine neue Figur gehört; er muß jeder Beachtung schenken, wenn er der Handlung folgen will. Der Autor stellt so eine Zumutung an ihn.

Die größte Schwierigkeit geht von den Verwandtschaften aus. Einige sind verwickelt, weil illegitime Kinder unter dem legitimen Namen segeln. Kaum hat man sich eine Angelika gemerkt, so tritt eine Blandine auf. Danach kehren beide für lange in den Hintergrund zurück, und wenn sie eines Tages wieder auf die Bühne kommen, hat der Leser vergessen, welches der Unterschied zwischen Angelika und Blandine, Marcelle und Jeanne sein mag.

Der Autor kann es nicht ändern. Er hat eine Liste der Verwandtschaften angehängt, damit man sich unterrichten kann, und das ist alles, was er zu tun vermag. Es bleibt ihm nichts übrig, als zu verlangen, daß der Leser sich die Mühe nicht verdrießen läßt – daß er ruhig, zäh, ja hingegeben liest und sich sagt, so reich sei das Leben. Das ist die größte Zumutung von allen; am Ende schlägt der Autor gar noch vor, sein Buch zweimal zu lesen, und das in einer Zeit, die keine Zeit zum Angelegentlichen bewilligt.

Der Autor hofft, daß seine Sprache das Geschehen tragen möge. Ihm stellten sich zwei Aufgaben: Bändigung der Fülle durch die Form und durch den Ton. Er ruft das Auge an und das Ohr. Unter Ton versteht er den Tonfall des Satzes. In der künstlerischen Darstellung hat jeder Satz eine doppelte Funktion: einatmen und ausatmen. Darin besteht sein Leben.

Ein Prosasatz soll nicht die Rhythmik eines Verses haben, aber er besitzt seine eigene, geheime Skandierung, vor allem seinen eigentümlichen Abschluß. Es ist eine Kunst der Silben noch, von der man nichts merken darf. Gute Prosa stellt nach meiner Meinung eine höhere Leistung als recht gute Lyrik dar. Ich fühle mich nie mehr als Künstler, als wenn ich meine Prosa schreibe.

Eine besondere Schwierigkeit wird dem deutschen Schriftsteller durch die deutsche Sprache bereitet. Er sieht ganz einfach ein Unglück in der Tatsache, daß wir nicht das Verbum erstens ungeteilt und zweitens sofort bringen können. Es ist nicht schön, Silben wie *an* oder *mit* vom Stamm zu trennen; aber abscheulich ist es, in den zusammengesetzten Zeiten Hilfsverb und Verb zerreißen zu müssen.

Die Sinnerfassung leidet, wenn man oft fünfzig Worte hindurch nicht weiß, worauf diese Häufung zielt, da das Verbum noch nicht zur Verfügung steht. Treten Nebensätze auf, bevor das Verbum auftritt, so verstrickt man sich in Fußfesseln. Die Möglichkeit, den als solchen nicht kenntlichen Akkusativ vor den Nominativ zu setzen, ja mit ihm den Satz zu beginnen, begünstigt die Verschwommenheit.

Leser und Hörer begnügen sich bei uns, den Sinn eines Satzes ungefähr zu begreifen, und da der Sinn das Wichtigste ist, kommt das Wesentlichste, die Form, zu kurz. Ich möchte den Deutschen den Menschen des ungefähren Erfassens nennen.

Der Wille zur Klarheit bleibt rückständig in einer Sprache, die keine geordnete Syntax besitzt. Plumpheit, Hölzernheit, Uneleganz sind die Laster dieses Ausdrucksmittels, das dafür wieder einen unvergleichlichen Vorzug hat: den Tiefgang, den Ursinn, den Gottesklang des Wortes.

Aber ich bin mit den Nachteilen noch nicht fertig. Wäre nur der Wert des Artikels sofort greifbar, aber er ist es nicht. *Die* ist Nominativ und Akkusativ im Plural für alle Geschlechter. Und um das Elend vollzumachen, *die* ist auch Pronomen: zweimal im Singular, vier- oder gar sechsmal im Plural, hier nämlich für alle drei Geschlechter.

Wie oft muß man einen Satz also zweimal lesen, um zu merken, ob *die* Artikel oder Pronomen ist. Wie oft folgt auf *die* ein Substantivum, derart, daß man glaubt, es handele sich um den weiblichen Artikel, während das Pronomen gemeint ist.

Um so klar zu schreiben wie ein Franzose oder Engländer, muß sich der deutsche Schriftsteller seine Regeln selbst zusammenstellen. Ich wenigstens tat es und lege alles darauf an, daß auf den ersten Blick die Konstruktion klar liegt. Man findet bei uns Aufsätze oder Bücher, worin in einem einzigen Absatz fünf, sechsmal das Wort wurde vorkommt: ein Zeichen für den Verfall des konkreten Sehens, für die Vorherrschaft der Abstraktion. Wie denn in kaum einer anderen Sprache der Rationalismus so sehr die Anschaulichkeit bedroht wie in der deutschen – weil sie ihm widerstrebt.

Nichts schützt vor ihm so sicher wie Strenge der Form, wie der Wille zum Künstlerischen, zum Konzentrischen, zur Bändigung. Man sieht, daß auch ein Romanwerk die Probleme aufwerfen kann, die uns zur Suche einer neuen Lebenshaltung drängen. Die Zersetzung aller Werte steht uns nicht bevor, wir sind mittendrin, und ihr Symptom ist der Radikalismus, der gegen das organische Wachstum, gegen Maß und Bändigung angeht.

Die Herren von der Kritik sind die Herren von Tages-, will sagen von Massen- und Schnellbetrieb. Die Kritik ist in den Händen entweder der Journalisten oder der Zahllosen, die auch schreiben, des Gewimmels. Die Maßstäbe, die sie an ein Buch anlegen, sind zufällig und privat; die Untugenden der Nation treten zutage im kritischen Unwesen: am greifbarsten der Mangel an Fairneß und die Vorschrift der Gesinnung.

Als Edschmid ziemlich gleichzeitig mit dem Fortunat den Roman ›Das Gute Recht‹ veröffentlichte, fielen die Sprecher wie auf Verabredung über ihn her: er habe, während draußen die Männer ihr Blut für das Land vergossen (oder, je nachdem, sich für Hitlers Wahnsinn opferten), in der Heimat gelebt und nichts Besseres zu tun gewußt, als die bürgerlichen, individualistischen Nöte eines breitzutreten, dessen Widersacher Blockwalter und Wohnungsämter gewesen seien.

Der Herausgeber einer Zeitschrift, bei dem ich anfragte, weshalb nicht er wenigstens, in seinem Blatt, dafür sorge, daß derartig billige Gesichtspunkte ausfielen, gab mir zur Antwort, Edschmid erweise sich in seinem Roman als Egoist, der auf siebenhundert Seiten sein Ich ausbreite – der Egoismus erfahre die Züchtigung nach Verdienst.

Nichts kann deutscher sein: Zurechtweisung unter einer möglichst hochgegriffenen Forderung allgemeinster Natur; Ethos bei falscher Gelegenheit; Ausfälle gegen den, der die bedrohten Persönlichkeitsrechte für so wichtig hält wie die Schlachten dieser Generäle, dieser Anbeter der Tat. Faire, gelassene Einstellung hätte nur fragen dürfen, wie fällt das Bild aus innerhalb des Rahmens, den der Autor darum zieht? Ist es gut, hintergründig, humorvoll gezeichnet, in der Farbengebung echt?

Warum soll einer nicht einen Etappen- oder Heimatroman vorlegen? Andere legen die Romane über Stalingrad und die Mordlager vor, es besteht Arbeitsteilung. In England würde man ohne Zweifel ein Buch wie das Edschmidsche als Bericht über interne Erlebnisse gelten lassen und Sinn dafür haben, daß ein Gentleman seinen Widerstand gegen Bürokratie, Lenkung, Gehässigkeit und Bevormundung in Anschauung umsetzt: ein eigener Ton im Chorus der Stimmen. Von solcher Duldung sind wir weit entfernt, in diesem Land, wo Besinnung weniger gilt als Gesinnung, das Belehren und Schulmeistern in Blüte steht: vor den Nazis, unter ihnen und nachher.

Auch der Fortunat sah sich sofort diesen deutschen Kategorien und Etiketten ausgesetzt: kein Buch von heute, vielmehr eines, das einer erledigten Epoche, der verpönten des Individualismus, den Vorzug gebe. Einer der Kritiker merkt an, man fühle doch bedenklich die seidenen Vorhänge der Bourgeoizeit durch diese Stuben oder Lebensräume wehen.

Es stimmt, daß auch einmal von seidenen Vorhängen die Rede ist, von Bronzen im Salon, von Goldrahmen und von Nippes. Der Fortunat macht dazu die Bemerkung, daß die Pariser Industrie des zweiten Kaiserreiches diese Dinge im großen herstelle und durch das Angebot die Nachfrage künstlich schaffe. Auch er rückt vom Plüsch des Liberalismus ab, ohne allerdings darum gleich auf die Barrikaden zu gehn; es fehlt ihm leider doch am echten, dem jakobinischen Sinn.

Was wird die Kritik erst sagen, wenn der Titel des zweiten Teils, Ein Mann von Welt, geradezu herausfordernd ihr ein Stichwort gibt? Da haben wir es, wird sie sagen, der Mann von Welt das Ideal des Autors Flake. Nun, im dritten Band ist der Fortunat tatsächlich ein Mann von Welt – ein Frauenarzt der Gesellschaft, der am Hof verkehrt und große Reisen macht, nach Spanien und Amerika, nach England und Österreich.

Im letzten Bande gar gelangt er bis Moskau und wohnt bei der steinreichen Kapitalistin, der Frau von Meck, der Beschützerin Tschaikowskys. Aber im gleichen Band zieht er sich aus der großen Welt zurück in sein badischen Häuschen, damit – in wohlüberlegter Steigerung – den Jahrzehnten der Betätigung die der menschlichen und geistigen Vollendung folgen. Vollendung? Das christliche und humanistische Ideal? Hört man denn nie auf, uns zu langweilen mit diesem Lied von der Persönlichkeit?

Es gilt zu allen Zeiten – also auch in unserer noch. Katastrophen, Ruinen, die Zerschlagung der Nation und die drängendsten sozialen Fragen dürfen nicht von jenem Ziel entfernen. Es muß sichtbar bleiben, nicht nur am Horizont, sondern über ihm stehen: in solcher Absicht habe ich den Fortunat geschrieben.

Unter Persönlichkeit verstehe man kein Herren- und kein Klassenrecht. Persönlichkeit ergibt sich, wenn einer das Leben geschmeckt und gekostet hat. Die Möglichkeit erlischt, sobald es nicht mehr den Bauern und den Bürger gibt.

Gegen das neunzehnte Jahrhundert mögen seine Gegner sagen, was sie wollen. Es war gleichwohl ein reiches Jahrhundert, mit gewaltigen Spannungen, ein Universum der Gegenständlichkeiten, die von der Differenzierung abhängig sind, ein Kosmos der Motive, der Impulse und der Farben.

Man wird das noch erkennen, noch oft und lang die Aufmerksamkeit dieser klassischen Zeit des Bürgerlichen zuwenden, die Fülle der Stimmungen ihm neiden. Auch uns noch ist die Aufgabe gestellt, eine bürgerliche Ordnung zu finden; nicht nur eine

Ordnung schlechthin, sondern eine, die ein tragendes Bürgertum ermöglicht. Die beiden Jahrhunderte gehören zusammen, und wir werden den großen besonnenen Rückschlag gegen die Radikalisierung erleben.

Der Literat, der es mit der Gesinnung zu tun hat, mag das leugnen. Ich bin kein Literat, der das Streckbrett des Prokrustes im Wappen führt: es sei an jenes andere, das Schiff mit dem Spruch vom Wogen und Nieuntergehn erinnert.

Ich bin eher konservativ als radikal und überzeugt, daß nicht der Geist der erzwungenen Einheit, vielmehr der des Maßes, der konkreten Völker und der gestalthaften Personen die Welt ordnen wird. Auch im Fortunat verbergen sich ein Programm und eine Lehre; aber sie verbergen sich, sie schwenken keine Fahne. Ich gebe mich anmaßend der Meinung hin, daß man ihn in dreißig Jahren den klassischen Roman der neuen Vernünftigkeit nennen wird: im Hitlerkrieg geschrieben, als ich schon voller Reaktion gegen Maßlosigkeit und Entfesselung war.

ALFRED DÖBLIN
November 1918

Die Behörden

Die Behörden haben in dieser Zeit in Berlin nichts zu lachen. Aber sie ziehen sich mit Geschick aus der Affäre. Ein kleiner Mann hat sich an die Macht geschlichen und betrügt seine Umgebung. Es ist der 23. November 1918.

Rückzug des Heeres

Wie Wurzeln eines Baumes, die tief und verzweigt im Boden haften, so mußte das gewaltige deutsche Heer nach dem Waffenstillstand vom 11. November seine Truppen aus den Gräben, Stollen, Häusern ziehen.

Sie mußten bis zum 17. November über Antwerpen–Termonde hinaus sein, südlich über Longwy–Brieg–Metz–Zabern–Schlettstadt–Basel. Darauf gab es keine Ruhe für sie; sie hatten zu marschieren, um bis zum 21. Turntout und den Hasselkanal, Diest und die Nordgrenze von Luxemburg zu erreichen. Belgien mußte bis zum 27. November geräumt sein. Am 1. Dezember sollte, so befahl der Waffenstillstand, das Front- und Etappenheer der deutschen

Eroberer alles Gebiet westlich von Neuß und Düsseldorf verlassen haben und nach Westen zu die Linie Duran, Sedan, Bernkastel, Rhein, Schweizergrenze nicht überschreiten. Danach sollten sie sich aus dem Rheinland verfügen und bis zum 9. Dezember den Rest des linksrheinischen Gebiets freigeben. Die alliierten Sieger würden ihnen dann auf das Ostufer des Rheins folgen, um die Brückenköpfe von Köln, Koblenz, Mainz in der Tiefe von 30 km zu besetzen, und dort haltmachen.

Und nun marschierten, ritten, flogen und fuhren sie, die Soldaten der deutschen Militärmacht, unter deren Fußtritten ganze Reiche wie Kartenhäuser zusammengebrochen waren – die Infanterie und die Kavallerie, die schwere Artillerie, die Feldartillerie, Fußartillerie, die Jäger und Radfahrer, Pioniere und Minenwerfer-Abteilungen, Maschinengewehr- und Nachrichtenformationen, Bombenflieger, Jagdflieger. Sie bewegten sich von Ort zu Ort mit der Präzision einer Uhr. Denn dieselbe eiserne Gewalt, dasselbe eisige Gehirn, das die zusammengebrochenen Eroberungspläne ausgedacht hatte, dirigierte sie noch immer, dasselbe Generalhauptquartier – jetzt mit dem Sitz in Kassel –, dieselben Generale und Offiziere, die dem Kaiser den Treueid geleistet hatten.

Die Straßen waren aufgeweicht, es gab Flachland und Berghöhen. Der schwarzweißrot gesprenkelte Heerwurm schlängelte sich durch die Städte, Dörfer, über die Chausseen. Das deutsche Land hatte den Krieg nicht in seinen Grenzen gehabt, jetzt bekam es seinen Schatten zu sehen.

An allen Orten leuchtete der Anschlag des alten Generalfeldmarschalls: »Bis zum heutigen Tag haben wir unsere Waffen in Ehren geführt. In treuer Hingabe und Pflichterfüllung hat die Armee Gewaltiges vollbracht. Aufrecht und stolz gehen wir aus dem Kampf.«

Der schwarzweißrote Heerwurm schlängelt durch das Land. Die Generale wollen ihn auf Berlin rollen lassen, um der Stadt ihr Schicksal zu bereiten.

Kabinettssitzung

Straßen und Plätze stehen in Berlin, am Vormittag des 22. November 1918, bewegungslos herum, friedlich, wie es ihre Natur ist, und der graue Novemberhimmel blinzelt sie ohne Interesse an. Man könnte diese Straßen und Plätze lethargisch nennen, wenn man sie so zu jeder Tages- und Nachtzeit am selben Fleck antrifft, immer mit der gleichen Fensterzahl, derselben Etagenhöhe und mit nur geringen Veränderungen an den Fenstern, an den Läden, die aber auch nicht von ihnen selber ausgehen, sondern von andern, von Menschen, die in ihnen wohnen. Aber dann erinnert man sich, daß sie aus schwer beweglichen, langsamen, zögernden Elementen gemacht sind, aus Stein, Mörtel, Lehm und Beton, die über größere Zeit als wir verfügen. Man ist ihnen dankbar, daß sie nicht an der allgemeinen Raserei der Zeit teilnehmen und ohne Nervenkrise zu jeder Stunde dasselbe Gesicht zeigen.

Wie jeden Tag, so fahren auch heute Autos und winden sich von Straße zu Straße.

Wir sehen von Treptow nach Berlin ein Auto durch die Köpenicker Straße rollen, über die Inselbrücke, den Mühlendamm. Es lenkt in die Breitestraße ein. Wir sehen, wie es tapfer rudert, den Schloßplatz nimmt und in die Linden eintritt. Da begrüßen es historische Gebäude und Statuen. Das Taxi aber nimmt keine Kenntnis davon. Sein Fahrbedürfnis ist noch nicht erschöpft, der Chauffeur wankt und weicht nicht, denn er ist ein Mann, dem ein bestimmter Straßenname und eine Hausnummer vor Augen steht. Man hat sie ihm in Treptow zugerufen, und sein Gehirn hält sie fest. Nun ist er in der Wilhelmstraße und hält.

Er hält vor einem mit Gittern verschlossenen Gebäude, auf dessen Vorplatz Soldaten und Matrosen ein Durcheinander bilden. Aus dem Auto steigen zwei jüngere Männer mit steifen Hüten, die sie beim Passieren der Autotür abnehmen, um sie nicht einzubeulen. Jeder drückt fest, aber ohne Liebe, eine dicke Aktenmappe an sich, und einer von ihnen bezahlt den Chauffeur nach einem Blick auf die Autouhr. Auch an dieser Uhr ist die Strecke von Treptow bis hier vorbeigeglitten. Die Uhr hat nur auf den Boden gestiert und gezählt, wieviel Meter unter ihr wegliefen. Die reine Wegeslänge beschäftigte die Uhr, auf ein so abstraktes Ding konzentrierte sich ihr Interesse, sie arbeitete in philosophischer Schau. Nach einem Blick auf diesen Philosophen strich der Chauffeur das Geld ein, addierte das Trinkgeld, und dann kam für ihn, auch für das Auto und die Uhr, wieder der Weg um die stillen Häuser herum.

Hinter den beiden jüngeren Leuten stieg ein dritter Mann aus dem Wagen, gemäß dem Sprichwort: »Das dicke Ende kommt nach.« Es war in der Tat ein kleiner dicklicher, gedrungener Herr, der sich hinter den ersten beiden gradeswegs auf das Gittertor zubewegte, das prompt vor ihm aufsprang: Sesam öffne dich! Er war in einen braunen Wintermantel gehüllt, der seinen Körperumfang noch vermehrte, den Kragen hat er frostig hochgeschlagen, auf dem Kopf saß auch ihm ein steifer runder Hut. So stieg er zwischen seinen Begleitern die Stufen zu der Baulichkeit hinauf, ohne die militärischen Evolutionen der Soldaten und Matrosen zu beachten, die offenbar auf Ehrenerweisungen hinausliefen.

Diese Männer, die von dem Auto hertransportiert nun in das Haus eindrangen, waren rüstige, ausgewachsene Personen, die eine ruhige Nacht hinter sich hatten, obwohl im übrigen Revolution war, und die darangingen, ihre Arbeit zu verrichten. Als Arbeitsstätte war ihnen im Verlauf der Ereignisse, Krieg und Revolution, dieses Haus zugefallen. Daher bewegten sie sich hier mit vollkommener Sicherheit. Um niemanden im unklaren darüber zu lassen, wo wir uns befinden, machen wir darauf aufmerksam, daß es sich um die sogenannte Reichskanzlei handelt, also um ein Gebäude, das sich früher deutsche Kaiser und Könige hatten errichten lassen, um ihren obersten Beamten in Greifweite zu haben; sie selbst wohnten am Schloßplatz. Jetzt aber, wo sich Kaiser und Könige verflüchtigt haben, standen noch ihre Gebäude hier herum, und es war unvermeidlich, daß die Überlebenden, die Hinterbliebenen, sich Gedanken darüber machten, was mit diesen Gebäuden geschehen sollte und daß sie selber leckere Vorstellungen von Macht und Herrlichkeit daran knüpften.

Wir verfolgen den kleinen dicken Mann und seine Begleitung durch das Gebäude. Wie er, eingerahmt von den beiden, ein Vorzimmer durchschreitet, das dicht besetzt ist, läuft ihm der Diener nach, der sich seit der Kaiserzeit hier befindet. Und sofort, wie von einem magischen Finger berührt, vom Hauch der Vergangenheit angeweht, knöpft sich der kleine Mann den Mantel auf, reicht seinen Hut hin, und der Diener hilft ihm aus dem Mantel, was nicht leicht geht. Dann übergeben ihm die beiden Männer ihre dicken Aktenmappen, und er verschwindet damit in dem Sprechzimmer.

Es ist ein Volksbeauftragter, der bekannte Sozialdemokrat Ebert. Kaum steht er allein in dem großen, mit weißem Holz ausgelegten Raum, vor den Konsolen mit den Marmorbüsten von Staatsmännern und Feldherren, als er die Aktenmappen auf den Tisch wirft, eine fällt auf den Teppich, er placiert sich wütend hinter einen Stuhl, einen gewöhnlichen, freilich goldlackierten, und faßt sich ans Kinn.

Es funktionierte noch immer nicht mit dem Hereintreten und dem Ausziehen des Mantels. Man gab ihm noch immer die Aktenmappen, statt daß der Diener sie hinter ihm her trug. Diese kümmerlichen Parteisitten. Als wenn es sich noch immer um eine Sitzung des Parteivorstandes in der Lindenstraße handle.

Er setzte sich in den großen Präsidentenstuhl, in dem Fürst Bismarck, der eiserne Kanzler, gesessen hatte. Unsere Leute lernen nichts. Es liegt auch an mir, ich muß ihnen nicht die Arme hinhalten, daß sie mir den Mantel ausziehen. Und dann das Gehen, den Kopf halten.

Er klingelte: »Ferdinand, wir sind doch früher, kommt mir vor, anders gegangen, nicht durch das Vorzimmer. Ist der Seitenkorridor verschlossen?«

»Zu Befehl, Exzellenz. Den Schlüssel hat Herr Volksbeauftragter Hase.«

»Warum?«

»Der Korridor führt zum Zimmer Eurer Exzellenz, und früher hatte der Herr Reichskanzler auch den Weg genommen, aber vor dem Korridor liegt das Sprechzimmer von Herrn Volksbeauftragten Hase, und der Korridor muß ihm als Vorraum dienen.«

»Aha. Wenig Platz.«

Der Diener wiegte respektvoll lächelnd den Kopf.

Ebert: »Man sitzt sich auf der Pelle.«

Der kaiserliche Diener: »Die Räume sind groß, aber früher saß bloß einer hier.«

Ebert winkte ab: »Danke, danke. – Jedenfalls nehmen Sie in Zukunft die Aktenmappen und tragen sie herein, und den Mantel und Hut lege ich hier ab.«

Der Diener verneigte sich und ging.

Der Volksbeauftragte fluchte vor sich und zog die Zigarrenkiste heran. Was mußte das für einen Eindruck machen, wenn man sich hier so auf die Füße trat. Partei, Partei, und so wollte man regieren. Er ärgerte sich noch, als er schon die rauchende Zigarre im Mund hatte. Und plötzlich stand er auf, unter einem neuen, angenehmeren Gedanken, und begann langsam, langsam, den Kopf mit der rauchenden Zigarre zurückgebogen, auf dem Teppich hin und her zu schreiten. Er sagte sich: Immer Schritt für Schritt, links – rechts, links – rechts, und nicht die Miene verändern. Bei dem Gedanken: nicht die Miene verändern, blickte er sich im Raum um; natürlich kein Spiegel, um sich zu kontrollieren. Er zog seine silberne Uhr; der Deckel spiegelte, aber verzerrt. Ich brauche einen Taschenspiegel. Darauf zog er ein Notizbuch und schrieb unter das Datum 22. November ein: »Taschenspiegel, Pickel.« »Pickel« schrieb er hinzu, damit ein anderer, der etwa neben ihm in das Buch blickte, gleich zur Erklärung »Pickel« las. Wie er mehrfach gravitätisch hin und her geschritten war, fiel ihm ein: jetzt laß ich einen herkommen und probiere es direkt aus. Er klingelte.

Als der erste eintrat, stand er vor einem Aktenschrank hinter dem Tisch, versunken, nickte, ließ den Herrn sprechen. Dann fing er an, wie vorhin, die Hände auf dem Rücken, ernst auf und ab zu gehen. Sein Gram: ihm kam vor, gehen ist überhaupt schlecht bei meiner kleinen Figur, besser ist stehen. Und plötzlich war er auch darüber so unklar, daß er sich auf seinem Sessel niederließ und sich fragte: mit wem kann man denn das einmal besprechen, mit dem Schneider oder mit dem Friseur?

Inzwischen redete der Herr, Ebert nickte verdrossen. Wenn er über diese Frage »Würde« nicht bald hinwegkäme, konnte vieles schief gehen. Was quatschte dieser langbärtige Herr? Er drückte, ohne daß der Redner es merkte, auf einen Knopf unter der Tischplatte. Bald klopfte es heftig, und es stürzten zwei Männer herein, drängten den Langbärtigen beiseite und flüsterten etwas mit Hinweis auf ein Aktenstück, das der eine geöffnet hinhielt. Der Herr wurde gebeten, draußen zu warten.

Die beiden Männer, die sonst mit einem beliebigen leeren Aktendeckel hereinkamen, hatten diesmal wirklich etwas darin: die eben eingelaufene Liste der in der Nacht befreiten Gefangenen, darunter einige politische. Ebert brüllte, Schweinerei, den Polizeipräsidenten wollte er sprechen.

»Wer hat diesen Mist gemacht?«

Als einer der Männer antwortete: »Matrosen«, brüllte Ebert: »Es gibt keine Matrosen. Es gibt überhaupt keine Matrosen. Nächstens kommen Sie mir mit dem lieben Gott.«

Mitten im Brüllen beruhigte er sich. Die Sache, bemerkte er, hatte etwas Gutes: es waren auch Einbrecher und Taschendiebe mitbefreit, das fiel auf die Bande. Darauf ließ er den langbärtigen Herrn wieder hereinkommen. Es stellte sich heraus, daß es sich um einen Geheimen Justizrat handelte, der vortragen sollte, daß seine Juristenvereinigung der »Sache des Friedens und der Ordnung« ergeben sei, die grade Ebert mit solcher Festigkeit vertrete.

Dasselbe hatte der Herr schon vorhin ausführlich und mit Schwung gesagt, nahm aber keinen Anstoß daran, es noch einmal vorzutragen.

Ebert fragte mißtrauisch, was seine Gruppe vorhabe.

»Alles zu tun, was dem Frieden und der Ordnung dient, in unserm engen Rahmen. Wir sind für eine Bürgerwehr, damit Berlin wieder in den Ruf einer zivilisierten Stadt kommt.«

»Ich bitte, nichts Selbständiges zu unternehmen. Die Aktion könnte mißverstanden werden. Sie werden mit dem Polizeipräsidenten und dem Stadtkommandanten Fühlung nehmen müssen.«

»Natürlich, natürlich«, beteuerte der Geheime Justizrat. »Es liegt uns an nichts so sehr, als daß die Legalität bewahrt wird, und zwar nach jeder Seite hin.«

Der Volksbeauftragte nickte würdevoll. Mit diesem Geheimen Justizrat gelang es ihm. Er machte seinem Herzen Luft: »Das Bandenwesen in der Stadt. Man überschwemmt uns mit Verbrechern. Man will unsere Sache diskreditieren. Sie werden von dem Anschlag heute nacht gehört haben.«

Der Geheime Justizrat hatte nichts gehört.

Ebert sprach nunmehr, neben seinem Stuhl, eine Hand fest auf dem Tisch, die gesamte Juristengruppe hinter diesem ehrerbietigen Vertreter an und endete, es gelang glatt: »Wir wollen jedenfalls in bezug auf Straßensicherheit hinter dem alten Kaiserreich nicht zurückstehen.«

Der Justizrat war fest davon überzeugt. Er verneigte sich mehrfach. Ihm lag auf der Zunge, von dem neuen Stahlgitter zu berichten, das er selber gestern an seiner Bürotür hatte anbringen lassen, und wenn Ebert noch eine Minute so freundlich zu ihm war, würde er es erzählen. Aber da drückte ihm der die Hand. Strahlend zog der langbärtige Herr ab, im Kopf die Worte »Männerstolz vor Fürstenthronen«, und »Fühl in den Thrones Glanz.«

Zu seinem Abscheu sah der Volksbeauftragte, wie sich gleich hinter dem Justizrat der Parteigenosse Wrede hereinschlängelte. Vor dem nahm er sich nun gar nicht zusammen. »Ich bin der Nächste«, lachte der in der Tür und näherte sich ohne weiteres; Ebert konnte es nicht verhindern, da haben wir den Salat, das mit dem Vorzimmer muß anders werden.

Nervös tippte er auf den Tisch: »Also? Ich bin im Druck« – er zog seine Uhr –, »um 12 haben wir Sitzung.«

»Nichts für ungut, Genosse, ich sitze schon seit neun und warte auf dich. Im Polizeipräsidium stinkt es.«

»Was heißt das?«

»Da sitzen Politische.«

»Quatsch. Hab' ich schon gehört. Ihr seid alle verrückt.« Seine Hand zuckte wieder nach der Uhr. Da zog der Genosse einen Zettel aus der Brusttasche: »Hier hast du die Adressen und Namen von den Leuten, die sich bei uns in der Lindenstraße gemeldet haben, und die im Polizeipräsidium gesessen haben.«

Ebert, puterrot vor Zorn darüber, schlug auf den Tisch: »Ich sage, ihr seid verrückt. Wer soll denn verhaftet haben? Die Leute sind Schwindler. Hier ist eine ganz andere Liste.«

Und er griff nach dem Blatt, das man ihm eben gebracht hatte. »Das sind Leute, die man 'rausgelassen hat, Kriminalverbrecher, ganz gewöhnliche Einbrecher, zwei rückfällige Taschendiebe, die hat man befreit. Gratuliere zu dieser Bereicherung der Revolution.«

Der Genosse friedlich: »Zeig deine Namen. Die kenn' ich nicht. Unsere hab' ich vorhin selbst gesprochen.«

Ebert stemmte die Fäuste in die Hüften: »Und? Ich schenk' dir deine Namen. Jedenfalls, du willst die Sache decken? Diesen unerhörten Überfall auf das Präsidium, wodurch Berlin wieder einmal vor dem Reich bis auf die Knochen blamiert wird?«

Wrede: »Von uns waren jedenfalls eingeschriebene Mitglieder unserer Partei dabei. Denen darf man nicht mit ehrenrührigen Sachen kommen. Da sind Leute vom Präsidium, natürlich nicht Eichhorn, mit im Spiel.«

Darauf wurde der Volksbeauftragte ruhiger, schrieb sich die Namen der Leute auf: »Möchte bloß wissen, wer ein Interesse daran haben soll, diese Leute einzusperren.« Der Besucher zwinkerte Ebert zu: »Man hat schon mal was von Reaktion und von Offizieren gehört, Genosse.«

Er hörte nicht, als er die Tür hinter sich zuzog, wie der kleine Volksbeauftragte, an seinem Platz sitzend, den Kopf in beide Hände aufgestemmt, hinter ihm zischte: »Idioten. Idioten.«

Ebert hob den Telephonhörer, verlangte die Stadtkommandantur. Der Kommandant war nicht da; er fuhr den Diensttuenden an: »Was war das für eine Schweinerei heute nacht im Präsidium?«

»Wir hatten nicht mehr zuverlässige Leute zur Verfügung.«

»Frage ich nicht. Wer hat Politische eingesteckt?«

Drüben langes Räuspern. Ein anderer meldete sich, stellte sich militärisch forsch als Offizierstellvertreter Barthaupt oder Bartau vor: »Von Politischen ist diesseits nichts bekannt.«

Der Volksbeauftragte hieb den Hörer hin und rief den Polizeipräsidenten an. Nicht da. Ein Geheimrat meldete sich. Die Verhafteten seien ordnungsmäßig eingeliefert. Er bat um die Erlaubnis, eine Bitte vortragen zu dürfen, nämlich, daß die Sicherheitswache im Präsidium verstärkt werde.

»Wird geschehen!« lachte Ebert giftig.

Die Beratung der Volksbeauftragten fand im Kleinen Konferenzsaal statt. Von den Männern, die eintraten, nahmen nur wenige Kenntnis von dem hoheitsvollen Charakter dieses Raums. Um so mehr Ebert.

Da Ebert annahm, daß man bald mit dem Sturm auf das Präsidium kommen würde, ging er, was ihm als Vorsitzenden leicht war, zum Angriff über, noch vor Eintritt in die Tagesordnung. Er wetterte über den Unfug der Ausweise an alle möglichen Personen, die sich Räte nannten und dann irgendwelche Soldaten auf der Straße für irgendwelche Zwecke requirierten. Zum Beispiel haben sich, unter den Befreiten von heute nacht, tatsächlich Politische befunden, und zwar, wie er nicht verheimlichen wolle, Politische von der sozialdemokratischen Partei. Er donnerte: »Man will die Revolution diskreditieren.«

Wer die Leute verhaftet habe, wollte ein skeptischer Unabhängiger wissen.

Herr Scheidemann, Eberts Freund und Nachbar, bemerkte, daß man zwei Fragen zu unterscheiden habe: Wer verhaftet habe – natürlich Leute mit gefälschten Ausweisen – und wer mit Gewalt befreit habe. Über das letztere sei man jedenfalls im klaren. Aufgehetzte Massen mit Spartakus an der Spitze.

Der Frager murrte: hier seien dunkle Kräfte am Werk; man verhafte, um unangenehme Personen zu beseitigen, und das Präsidium sei mit im Spiel, und wenn man das Volk reize, würde noch mehr geschehen als ein Sturm auf das Präsidium.

Scheidemann wog ernst den Kopf: »Rätselhafte Anspielung. Sprechen Sie doch deutlicher.«

Da man keine genauen Angaben machen konnte, blieb nichts weiter übrig, als einen Beschluß anzunehmen, wonach zum zweitenmal alle bisherigen Ausweise für ungültig erklärt wurden, außer solchen, die den Kommandanturstempel trugen.

Dann war man bei der Tagesordnung. Es wurden zwei Herren beauftragt, den Aufruf an die heimkehrenden Truppen zu entwerfen. Stolz, Bewunderung seien an die erste Stelle zu setzen, Anerkennung der Leistungen des Feldheeres, Ankündigung des neuen Aufbaus auf einer gerechten Grundlage (»Das walte Gott!« rief drohend ein Unabhängiger, die Sozialdemokraten sahen ihn beleidigt an), schließlich Bemerkungen, daß man nicht im Überfluß schwimme, daß man schwer werde arbeiten müssen.

»Schwer, schwer!« bestätigte Ebert bekümmert. »Voraussetzung ist natürlich Ordnung, keine Störung der Lebensmittelversorgung.

Da kommen wir gleich zu einem andern Punkt« (er hob ein Schriftstück). »Der Feldmarschall Hindenburg aus Schloß Wilhelmshöhe bei Kassel« (Zwischenruf eines älteren Unabhängigen, der entweder schwerhörig war oder so tat: »Von wem?«). »Von Feldmarschall Hindenburg aus Schloß Wilhelmshöhe, Genosse.« »Ah, der. Was tut denn der da?« »Das ist das Hauptquartier.« »Kassel? Das ist gut. Da hat auch Napoleon gesessen, wie er den Krieg verloren hatte« (mißbilligendes Schweigen und Lächeln, Räuspern). »Das Telegramm von Hindenburg lautet: ›Es ist nicht ausgeschlossen, daß die Franzosen sich Rechtstitel für eine Wiederaufnahme des Krieges verschaffen wollen. Ich muß ausdrücklich betonen, daß das deutsche Heer infolge der Härte der Waffenstillstandsbedingungen und unter dem Einfluß der Ereignisse in der Heimat nicht in der Lage ist, den Kampf wieder aufzunehmen.‹«

Der schwerhörige Unabhängige (immer die Hand am Ohr) benutzte die tragische Pause, um loszulegen: »Der gute Onkel will uns Moralpredigten halten? Der soll sich lieber an die eigene Nase fassen. Da schiebt er uns nächstens noch seinen verlorenen Krieg zu. Da soll mit einmal das Heer bloß wegen Waffenstillstandsbedingungen oder Revolution nicht mehr kämpfen können. Das ist doch allerhand.«

Der Sozialdemokrat rechts von dem Vorsitzenden, der seriöse, gepflegte Mann mit braunem Vollbart, also Scheidemann, ließ seine ölige Stimme vernehmen: »Wir haben jedenfalls keinen Grund, uns der Waffenstillstandsbedingungen zu erfreuen.«

Der Schwerhörige, den Kopf vorgebeugt: »Von mir können sie alle Knarren und Kanonen kriegen, und die Generale dazu.«

Der ölige Herr: »Jedenfalls freuen sich andere nicht derart über unerhörte Waffenstillstandsbedingungen.«

»Wohl auch nicht über die Revolution, was?«

Indigniertes Kopfschütteln um den Vorsitzenden Ebert: »Genosse, so kommen wir nicht weiter. Ich bin beim Verlesen des Telegramms des Feldmarschalls Hindenburg.

Der Schwerhörige: »Der sollte mal lieber den Mund halten.«

Ebert seufzte geduldig, seine Nachbarn taten verzweifelt. Ebert: »Ich denke, wir waren uns einig, daß wir zufrieden sein können, daß er sich uns zur Verfügung gestellt hat.«

Der Schwerhörige: »Wenn der sich nicht zur Verfügung gestellt hätte, dann säße er nicht in seinem feinen Schloß Wilhelmshöhe, sondern in Spandau oder Magdeburg im Gefängnis, mit Ludendorff und Genossen und hätte sich zu verantworten.«

Ebert sah sich dem empörten Ansturm seiner Nachbarn ausgesetzt, die ihn zu einem energischen Auftreten veranlassen wollten. Aber er hob die Hände: »Wofür, Genosse? Du wirfst Hindenburg technische Fehler vor, in der Heeresleitung? Welche, wenn ich fragen darf?«

Der Schwerhörige erbittert: »Du verteidigst den? Wilhelms Hindenburg? Wozu sitzt du hier?«

Ebert drehte sich mit einem ratlosen Lächeln, quasi um Verzeihung für die Taktlosigkeit bittend, zu seinen Nachbarn.

Der Oppositionelle schickte, bevor er sich in seinem geräumigen Stuhl zurücklegte, um seinen Grimm zu verdauen, noch einen Tusch nach: »Da können wir ja gleich Hindenburg bitten, herzukommen und für uns alles zu machen. Wären wir ja ganz überflüssig.«

Ebert, das Blatt in der Hand, verlas weiter mit sachlicher Stimme: »›Ich halte es für meine Pflicht, dies deshalb zu betonen, weil aus Äußerungen der feindlichen Presse hervorgeht, daß die feindlichen Regierungen nur mit einer deutschen Regierung, die sich auf die Mehrheit des Volkes stützt, Frieden schließen werden.‹ Nun«, beendete der Vorsitzende diese Verlesung, »hiergegen wird sich wohl von keiner Seite Widerspruch erheben.«

Der Schwerhörige fraß in seinem Stuhl an seinem Ärger.

Aber der angesehene Volksbeauftragte Hase, ein kluger, vorsichtiger Mann, machte nun eine Bewegung, hob seinen kleinen gelben Bleistift, der Vorsitzende nickte verbindlich, – wir verstehen uns doch –, aber Hase erwiderte den Ausdruck nicht: »Natürlich wird kein Widerspruch erhoben, weder gegen die Gedanken noch gegen die Form, in der sich der Feldmarschall äußert. Wir stellen mit Genugtuung fest, daß sich der Feldmarschall zu der Ansicht bekehrt hat, daß zum Regieren die Zustimmung der Mehrheit des Volkes notwendig ist. Er bekennt sich, wie es sich für einen Funktionär der Republik von selbst versteht, zur Demokratie. (Ebert saß, die Augen auf dem Papier, unbeweglich; der Schlag mußte erst kommen.) Was veranlaßt aber den Generalfeldmarschall zu diesem Telegramm? Die Militärherrschaft, weiß er, ist zu Ende, schon seit der Flucht Ludendorffs. Für Einmischung des Militärs in zivile Geschäfte dürfte heutzutage die Öffentlichkeit sehr empfindlich sein.«

Ebert wechselte mit seinem Nachbarn einige Flüsterworte; Hase blickte hin und unterbrach sehr höflich: »Beliebt etwas?«

Ebert ebenso höflich: »Entschuldigung. Ich vergaß, worauf man mich eben aufmerksam machte, in der Tat das Begleitschreiben vorzulesen, worin der Feldmarschall direkt bittet, seine Äußerung oder Kundgebung zur Veröffentlichung der Presse zu übergeben.«

Ein Unabhängiger, rotes jugendliches Gesicht: »Aber ich bin absolut dagegen.«

Ebert resigniert: »Darf ich meine Ansicht formulieren? Was mich (und er legte vertraulich seine Hand auf den Handrücken seines Nachbarn, der zusammenzuckte) und meinen Freund veranlaßte, die Meinungsäußerung des alten Feldmarschalls vorzulegen, war die unbestreitbare, noch heute auf große, uns fernstehende Volksmassen wirkende Popularität des Mannes. Wir können natürlich das Telegramm einfach liegen lassen. Aber wenn Hindenburg die Augen darüber aufgegangen sind, daß nur Demokratie die Basis einer Regierung bilden kann – womit er seine ganze Vergangenheit desavouiert, wie Genosse Hase richtig bemerkt hat –, warum sollen wir das nicht an andere gelangen lassen, die vielleicht noch nicht so weit sind. Es leistet uns gute Dienste. Wenn er hier öffentlich seinen alten Standpunkt widerruft und uns unterstützt – warum die Hilfe ablehnen? Wir sind auf viel guten Willen in der nächsten Zeit angewiesen. Je breiter unsere Basis ist, um so sicherer wird die deutsche Demokratie sein.«

Hase, nachdem er einen Blick mit dem Vorsitzenden ausgetauscht hatte: »Es wäre wünschenswert, wenn sich noch andere Genossen äußerten.«

Der elegante Sozialdemokrat mit dem schöngeistigen Bart: »Ich bin für Schluß der Debatte, da doch Übereinstimmung darüber besteht, daß man für die Demokratie eine breite Basis braucht.«

»Wer wünscht sich noch zu äußern?«

Der verärgerte Unabhängige aus seinem Stuhl: »Ich bin dagegen.«

Ebert unbewegt: »Wer sonst?«

Abstimmung. Vier Stimmen für, eine gegen die Veröffentlichung. Hase enthielt sich.

Ebert steckte das Blatt in die Aktenmappe neben sich: »Kleine Unstimmigkeiten, Genossen, Geschmacksunterschiede. Wenn es nach mir ginge, sitze ich auch lieber mit Genossen in einem Bierlokal zusammen und lasse mich von Marx, Engels und Lassalle führen. Zur Demokratie muß man besonders in Deutschland leider erst die Leute erziehen.«

Der finstere Unabhängige: »Und nachher paßt du dich an.«

Ebert mit gutmütigem Blick zu ihm herüber, während er schon das nächste Blatt ergreift: »Wollen's nicht hoffen.«

Geheimlinie 998

Abends sprach Ebert, wie gewöhnlich mit Kassel, Schloß Wilhelmshöhe, auf Geheimlinie 998, die noch vom Krieg her aus der Kanzlei in das Hauptquartier führte.

Gröner, der Generalquartiermeister, meldete sich sofort. Ebert: »Nichts Besonderes. Aber ich wollte mich bedanken, daß Sie die Kundgebung des Herrn Generalfeldmarschalls, die ich anregte, so rasch erledigt haben. Sie wird uns nützlich sein.«

»Das Ding ist in Ihren Händen? Hindenburg hat glatt unterhauen. Er sieht einen bei solchen Papieren bloß groß an, lesen tut er nicht lange, und knurrt: >Wenn's nicht gegen meine Ehre geht.<«

Ebert fröhlich: »Nein, das tut es gewiß nicht. Die Kundgebung steht heute abend in allen Zeitungen. Nochmals ergebenen Dank.« Und dann (er zögerte): »Spartakisten haben uns hier heut nacht einen bösen Streich gespielt. Sie haben einen Sturm auf das Polizeipräsidium gemacht und Gefangene befreit.«

»Schweinerei. Hab' davon gehört.«

»Es fehlte nicht viel, daß sie das Präsidium nahmen. Uns fehlen Leute.«

»Was macht ihr für Geschichten. Sie haben doch nicht Furcht, lieber Reichskanzler? Wollen Sie, daß ich Truppen schicke?«

Sehr rasch, überstürzt kam die Antwort: »Vielen Dank, durchaus nicht, nein, ich danke.«

»Aber Sie wollen doch nicht, daß Ihnen die Kerle die Bude über dem Kopf anstecken?«

Gezwungenes Lachen: »Gewiß nicht, Exzellenz.« Kurze Pause.

Die Stimme von Wilhelmshöhe gleichmütig und unverändert wohlwollend: »Ist mir jedenfalls recht, daß Sie mich informieren. Sie erleben da, verehrter Reichskanzler, wie es im Krieg zugeht, mal 'rauf, mal 'runter. Wer die besten Nerven hat, siegt.«

Er sprach über den Rückzug des Feldheeres. Alles vollzöge sich diszipliniert, in der größten Ordnung. Anfang Dezember würden die Berliner Regimenter einziehen. Ebert dankte für die Aufklärung. Er hängte gedankenvoll ab. Drüben der württembergische General auf seinem Sessel spielte mit dem Globus, der vor ihm neben dem Apparat stand. Er runzelte die breite Stirn und schlug die Arme übereinander.

Macht dieser Mann in Berlin schon jetzt Schwierigkeiten?

Anna Seghers
Transit

VIII

Gewiß, jetzt war ich bereit, jedwede Forderung zu erfüllen, damit man mich bleiben ließ, die unsinnigsten Abfahrtsbeweise zu beschaffen.

Mit mistralverzerrten Gesichtern drängten sich die Menschen in den Vorraum des amerikanischen Konsulats. Hier war es wenigstens warm. Seit ein paar Tagen gesellte sich noch die bitterste Kälte zu allen Leiden der Abfahrtssüchtigen.

Der Torhüter der Kanzlei des Konsulats der Vereinigten Staaten stand, stark wie ein Boxer, hinter dem aktenbeladenen Tisch, der den Aufgang der Treppe versperrte. Er hätte mit einer kleinen Bewegung seines mächtigen Brustkorbs den ganzen dürren Schwarm Abfahrtsbesessener hinausschieben können, die an diesem Morgen ein eisiger Windstoß auf den Place Saint-Ferréol trieb. Wie Kalk lag der Puder auf den von Kälte gesteiften Gesichtern der Frauen, die nicht bloß sich und die Kinder, sondern auch ihre Männer geputzt hatten, um Gnade bereits vor den Augen des Türhüters zu erlangen. Er drehte zuweilen mit seiner gewaltigen Hüfte den aktenbeladenen Tisch, so daß ein Spalt frei wurde, ein Nadelöhr, durch das ein bevorzugter Transitär nach oben steigen konnte.

Ich erkannte kaum den Kapellmeister wieder ohne Sonnenbrille. Der eisige Mistral der letzten Tage hatte ihn völlig verheert, soweit ein Mistral noch ein Gerippe verheeren kann. Er war aber fein gescheitelt, er zitterte freudig: »Sie hätten früher beginnen sollen. Ich werde heute das Konsulat mit meinem Transit verlassen.« Er drückte die Ellenbogen an sich, damit sein schwarzes Fräckchen in dem Gedränge nicht Not leide.

Die Wartenden gerieten plötzlich in Wut. Meine eigene Zimmernachbarin, bunt gekleidet, zog gleichmütig ein mit ihren zwei Doggen an straffen Leinen. Der Türhüter aber, der bereits wußte, daß sie dem Konsul genehm war, gab augenblicklich den Weg zwischen Tisch und Treppe frei mit einer stumpfen Ehrerbietung, als seien die beiden Doggen die durch einen Bann verzauberten Bürgen. Ich hatte die kleine Bresche genutzt, ich sprang der Hundefrau nach. Ich warf dem Türhüter meinen Anmeldeschein zu, Seidler, genannt Weidel. Der Türhüter schrie; da sah er, wie mich die Hunde vertraut begrüßten, worauf er mich aufwärtsziehen ließ in die Region der Konsulatssekretariate.

Auch hier gab es wieder Warteräume. Die Hunde erschreckten hier oben ein halbes Dutzend kleiner jüdischer Kinder. Die drängten sich um ihre Eltern und ihre Großmutter, eine gelbe, starre Frau, die so alt war, als sei sie nicht durch Hitler, sondern durch das Edikt der Kaiserin Maria Theresia aus Wien vertrieben worden. Um festzustellen, was dieser Lärm bedeute, erschien aus einer der Konsulatstüren ein junges Fräulein, das sicher den ganzen Krieg, die ganze Verheerung der Erde auf einem Wölkchen schwebend verbracht hatte, so zart und rosa wie ihr Gesicht. Sie führte lächelnd und flügelschlagend die ganze Familie, die aber beklommen und düster blieb, gegen den Schreibtisch des Konsuls. Ich fühlte in meiner Ansteckung von Transitärewut, in meinem eigenen Nebel von Visumbesessenheit, ein Augenpaar auf mich gerichtet. Ich fragte mich, wo ich dem Mann schon einmal begegnet war, der mich jetzt ruhig musterte, da er die anderen Wartenden schon gemustert und augenblicklich nichts Besseres zu tun hatte. Er trug seinen Hut in der Hand – ich hatte gestern auf dem Reisebüro nicht wahrnehmen können, daß er fast kahl war. Wir begrüßten uns nicht. Wir lächelten uns nur spöttisch an, weil jeder von uns sich im klaren darüber war, daß wir wohl oder übel einander noch hundertmal treffen mußten als Mittransitäre, wodurch unser Leben nun einmal verknüpft war, selbst gegen unsere Neigung und gegen unseren Willen und sogar gegen das Schicksal. Dann kam auch mein Kapellmeisterlein. Er hatte rote Flecken auf seinen Kinnbacken. Seine Knöchelchen zuckten. Er zählte Photographien ab, wobei er uns ständig versicherte: »Es waren bestimmt zwölf im Hotel, ich schwöre es Ihnen.« Meine Zimmernachbarin nutzte die Zeit, ihre Hunde zu bürsten.

Ich schäme mich, es einzugestehen: Mein Herz klopfte damals bange. Ich gab eine Weile nicht mehr auf die Menschen acht, die nach mir einzeln, mit dünnem Atem, den zweiten, höheren Warteraum betraten. Ich dachte: Wie auch der Mensch aussehen mag, den man Konsul nennt, er hat Macht über mich, das ist sicher. Zwar ist seine Macht, zu lösen und zu binden, nur auf sein eigenes Land beschränkt. Doch wenn er mir jetzt das amerikanische Transit verweigert, dann bin ich gebrandmarkt als ein mißratener Transitär, gebrandmarkt für alle Beamten der Stadt und für alle Konsulate. Ich werde von neuem flüchten müssen, und ehe ich sie noch gewonnen habe, meine Liebste verlieren.

Doch als man den Namen Weidel ausrief, wurde ich ruhig. Ich fürchtete mich vor keiner Entlarvung mehr und vor keiner Verweigerung. Ich spürte den unermeßlichen, den uneinholbaren Abstand, der diesen aufgerufenen Mann von dem Konsul trennte, der, Fleisch und Blut, dürr das eine, dünn das andere, gleichmütig hinter dem Schreibtisch saß. Ich sah, als stünde ich außerhalb meiner selbst, mit Neugierde dieser Geisterbeschwörung zu, der Aufrufung eines Schattens, der sich längst in irgendeiner der schemenhaften, verwesenden, hakenbekreuzten Totenstädte verflüchtigt hatte.

Er aber, der Konsul, musterte mich, den Lebenden, der zwischen ihm und dem Schatten stand, mit hochmütiger Genauigkeit. Er sagte: »Sie heißen Seidler? Sie schreiben unter dem Namen Weidel. Warum?« Ich sagte: »Bei Schriftstellern kommt es häufig vor.«

»Was hat Sie bewogen, Herr Weidel-Seidler, sich um ein mexikanisches Visum zu bewerben?«

Ich antwortete auf seine strenge Frage mit bescheidener Offenheit. »Ich habe mich nicht beworben, ich nahm das erste Visum, das sich mir bot. Das entsprach meiner Lage.« Er sagte: »Wie kommt es, Herr, daß Sie sich niemals um Einreise in die Vereinigten Staaten bemüht haben als Schriftsteller, wie die meisten Ihrer Kollegen?« Ich antwortete diesem Manne: »Wo hätte ich wohl diesen Antrag stellen sollen? Bei wem? Wie? Ich, außerhalb der Welt. Die Deutschen zogen ein! Der Abend aller Tage war gekommen.«

Er tickte mit dem Bleistift. »Das Konsulat der Vereinigten Staaten versah gleichwohl seinen Dienst am Place de la Concorde.«

»Wie hätte ich das erfahren sollen, Herr Konsul? Ich ging nicht mehr auf die Concorde. Unsereins zeigte sich nicht auf den Straßen.« Er runzelte die Stirn. Ich wurde gewahr, daß in seinem Rücken die Schreibmaschinen das ganze Verhör mitklapperten. Ein wenig Geklapper mehr in dem großen Lärm, der großen Furcht vor der Stille.

»Welchen Umständen, Herr Seidler, verdanken Sie die Ausstellung Ihres mexikanischen Visums?«

»Vermutlich günstigen Zufällen«, erwiderte ich, »und irgendwelchen guten Freunden.« – »Warum irgendwelchen? Sie haben gewisse Freunde in den Kreisen der ehemaligen Regierung der ehemaligen spanischen Republik, die heute mit gewissen Kreisen der mexikanischen Regierung verbunden sind.«

Ich dachte an meinen armen Toten, in Hast bestattet, an seine klägliche Hinterlassenschaft. Ich rief: »In einer Regierung? Freunde? Gewiß nicht!«

Er fuhr fort: »Sie haben der ehemaligen Republik gewisse Dienste erwiesen, für ihre Presse gearbeitet.«

Ich dachte an das Bündelchen Papiere auf dem Boden des Handkoffers, an jenes vertrackte Märchen, das mich, wie lang war das alles her, an einem traurigen Abend benommen hatte. Ich rief: »Ich habe nie dergleichen geschrieben.« »Verzeihen Sie, wenn ich auch hier wieder Ihrem Gedächtnis nachhelfe. Da gibt es zum Beispiel aus Ihrer Feder eine gewisse, in zahlreiche Sprachen übersetzte Darstellung von den Erschießungen in Badajos.« – »Von was, Herr Konsul?« – »Von den Massenerschießungen von Roten in der Arena von Badajos.«

Er sah mich scharf an. Er schrieb gewiß mein Erstaunen der unüberbietbaren Vollständigkeit seines Wissens zu. Ich war auch unmäßig erstaunt. Was auch meinen Toten bewogen hatte, jene Begebenheit aufzuschreiben, die ihm jemand erzählt haben mochte, er hatte ihr sicher den Zauber verliehen, der jetzt mit ihm im Grab lag. Erloschen, zerbrochen lag sie bei ihm, die Wunderlampe, die alles für immer erhellte, worauf er sie je gerichtet hielt, zumeist auf verzwickte Abenteuer, doch einmal auch auf diese Arena. Wie blöd war mein Toter gewesen, daß er sie selbst ausgeblasen hatte. Wer die Lampe hat, so heißt es doch, nicht wahr, dem gehorcht der Geist der Lampe. Ich hätte viel darum gegeben, die Begebenheit zu lesen.

Ich sagte: »Ich habe nie vorher, nie nachher etwas Ähnliches geschrieben.«

Der Konsul stand aufrecht da und sah mich mit einem Blick an, den man hätte durchdringend nennen können, wenn er nur den richtigen durchdrungen hätte.

Er fragte: »Haben Sie hier einen Bürgen?«

Woher, in aller Welt, sollte ich einen Bürgen nehmen, der dem Konsul beschwor, daß mein Toter nie vorher, nie nachher etwas Ähnliches geschrieben habe, der beschwor, daß mein Toter nie mehr über die Massenerschießungen von Roten in welcher Arena immer schreiben würde? – Die Schreibmaschinen waren mit dem Verhör verstummt. Und als die Stille selbst diesem Raum bedrohte, besann ich mich auf den Anfang der langen Begebenheit, ich besann mich auf das Paulchen. Ich sagte: »Gewiß, mein Freund, Paul Strobel, im Hilfskomitee in der Rue Aix.« Der Name wurde zu Namen gegeben, die Akten zu den Akten, das Dossier zu den Dossiers, und ich erhielt meine Konvokation auf den 8. Januar.

Mich zog es nach solchem Verhör ins nächste Café. Doch als ich die Treppe hinunterstieg aus den Konsulatsräumen in die untere große Vorhalle, da konnte ich mich lange nicht durch das Gedränge durchzwängen. Da herrschte Bestürzung und Schreck. Ein Sanitätswagen hielt vor dem Tor, und als ich hinaustrat, packten sie einen auf ihre Bahre und schleppten ihn ab. Ich erkannte den kleinen Kapellmeister. Er war jetzt tot. Die Menschen sagten: Er ist in der Reihe zusammengebrochen. Er sollte heute sein Visum bekommen. Da hat ihn der Konsul zurückgeschickt, weil er ein Photo zu wenig hatte. Dadurch war seine Konvokation vertagt, seine Abfahrt hinfällig, was ihn stark erregte. Und wie wir ihm helfen, die Photos nachzuzählen, da hatte er sich überdies nur verzählt, zwei Photos waren zusammengeklebt, da hat er sich noch einmal in die Reihe gestellt, da ist er zusammengebrochen.

GÜNTHER WEISENBORN
Memorial. Erinnerungen

52

Wenn man dir das erstemal Fesseln anlegt, bist du aufs neue verwirrt von der Hartnäckigkeit dieser Justiz, dich absolut als Verbrecher zu behandeln. Du sagst dir, du bist keiner, du fühlst dich ganz sicher, daß du kein Verbrecher bist und kämpfst mit der Versuchung, dem Zivilisten (ach, diese ewigen Gestapozivilisten mit Stahlfesseln und Revolver in der Manteltasche und mit ihrem sonderbar starren Lächeln) einige Worte etwa folgenden Inhalts zu sagen: Sie sehn doch ein, Mann, daß man über den Krieg verschiedene Meinungen haben kann, nicht wahr? Sie haben einen Revolver und sind trainiert und wohlgenährt, ich bin immerhin nach neun Monaten Einzelhaft, in Frost und fast im Dunkeln verbracht, ein wenig geschwächt. Ich wiege hundert Pfund. Die Fesseln können Sie sich doch wohl sparen, wie?

Aber ich vergesse, der Mann hat seine Befehle, und mit einem Gemisch von Scham, Empörung und belustigter Spannung halte ich ihm die Hände hin. Er legt dir mit der geübten sanften Bewegung eines Friseurs die Spezialstahlfessel um die Handgelenke, drückt sie zusammen und schließt sie mit einem winzigen Schlüssel ab, indes der Wachtmeister in der Pforte lächelnd zusieht. Es ist ein sonniger Frosttag, du bist seit einer Woche nicht rasiert, der Bart kratzt am Rollkragen deines blauen Sweaters, und der Stahl ist noch warm von der Tasche des Gestapobeamten.

Dann besteigst du den großen Privatwagen der Gestapo mit seiner biederen IA-Nummer. Und schon werden die Stahlspangen,

die an den hinteren Sitzen unten befestigt sind, um die Fußgelenke gelegt. Der Beamte setzt sich neben den SS-Mann, der steuert, aber auch Zivil trägt, und nun fahren drei arglos bürgerlich gekleidete Männer die Heerstraße entlang. Keiner, der uns sieht, ahnt, daß hier die Gestapo mit einem Todeskandidaten fährt. Wir sehen so gleichgültig aus, so konventionell, so unauffällig. Und doch sind wir keine Geschäftsleute, keine Bürger auf einer Vergnügungsfahrt an diesem sonnigen Frostmorgen auf der eleganten Heerstraße. Wir sind die Blutjustiz mit einem Opfer, ein wenig verkleidet, damit uns keiner erkennt. Und es erkennt uns keiner!
(...)

73

Unsere Jugend nach dem ersten Weltkrieg war durchaus nicht gut anzusehen. Diese Jugend war mit strahlenden Idealen aufgezogen worden, sie hatte in den Schulen Gebrauchsanweisungen für das Leben erhalten, ethische, moralische, vaterländische, religiöse. Aber als die Jugend sie anwenden wollte, diese strahlenden Ideale, diese heroischen Postulate, siehe, da paßten sie nicht auf die Welt. Sie hätten für eine Welt der Lesebücher und freundlicher, älterer Herren gepaßt, aber die vorliegende Welt war leider ganz anders.

In dieser Welt raste der Hunger, der Haß, die Heimtücke, der Profit, die Anarchie. In dieser Welt kam es leider nicht auf die edlen Stirnen der Jünglinge an, sondern auf die eisernen Kiefer. Weiß der Teufel, mit jenen Idealen war da nicht viel anzufangen. Sie nützten nichts, jene Gebrauchsanweisungen für die sittlich gereiften, gebildeten jungen Männer aus gutem Hause.

Hat man je in der Schule davon gehört, daß politischer Kurs und Börsenkurs so viel miteinander zu tun haben? Hat man etwa gelernt, daß Politik und Wirtschaft so eng zusammengehören? Wurde einem beigebracht, daß nicht nur Minister Politik machen, sondern auch Industrielle, Konzerne, Gewerkschaften und wer weiß wer? Wer hat einem das gesagt? Niemand.

Man hat uns aufwachsen lassen wie Barbaren. Höchstens, daß wir wissen, wann Sedan war oder die Schlacht bei Issus. Immer die Augen rückwärts, ihr jungen Leute! Vorwärts? Bewahre, höchstens bis Goethe, bis zu den Klassikern, wer Glück hatte, bis Hebbel. Soll die Jugend das Museum ihrer Väter darstellen? Zum Teufel, sie soll es nicht.

Wir Studenten kämpften damals um unsere Ideale, wir bemühten uns, wir wendeten sie nach allen Seiten, wir bogen sie zurecht, aber es ging nicht. Schließlich schimpften wir über diese alte Ware von Idealen, die man uns verkauft hatte. Wir waren geneppt, man hatte uns Ladenhüter verkauft, gebrauchte Ideale, geflickte Ideale, abgenutzte Ideale. Erziehung und Tatsache standen sich feindlich gegenüber. Die junge Generation wurde in den brutalsten und raffiniertesten Kampf des Lebens geschickt mit einem geistigen Rüstzeug, das bei Kreuzzügen unter Hohn als veraltet abgelehnt worden wäre. Man ahnt, daß es in der Seele eines jungen Mannes nicht weihnachtlich aussieht, wenn er solche Entdeckungen macht, sich so verraten sieht von der alten Generation.

GERHARD NEBEL
Bei den nördlichen Hesperiden
Tagebuch aus dem Jahre 1942

Cherbourg, den 1.3.1942

(...)

Ich kann das in der preußischen Armee geforderte und gepflegte Verhältnis von Offizier und Mann gar nicht anders als durch die Kategorien von Herr und Sklave ausdrücken. Das schließt ein, daß die menschliche Gemeinsamkeit zwischen beiden Klassen sehr gering ist, und daß das Sein des Sklaven, der ja nach römischem Recht keine Person, sondern eine Sache ist, sich darin erschöpft, eine Funktion zu versehen und eine Leistung zu verrichten. Daß dies in der Tat der Fall ist, kann man an den Verrenkungen sehen, die solch ein vom Preußentum geprägter Vorgesetzter ausführen muß, um einmal die Menschlichkeit der »Leute« in den Blick zu bekommen. Die Nichtigkeit des Mannes, ein Abgrund, der nicht auszuloten ist, bekundet sich darin, daß er nur zu empfangen, aber nichts zu geben, nur zu bitten, zu antworten, zu melden, aber nichts zu sagen hat, und das alles in der Haltung verkrampfter und verschrobener Steifheit, die als »soldatisch« gilt. Er muß sich ständig dafür entschuldigen, daß er überhaupt die Frechheit besitzt, da zu sein, und mit wahrhaft chinesischen Wendungen Verzeihung dafür zu erlangen trachten, daß er es wagte, in den Blickkreis des Gewaltigen einzutreten, dessen Aufmerksamkeit auf so ein bißchen Schmutz zu ziehen und auch nur eine Sekunde seiner kostbaren Zeit in Anspruch zu nehmen. Der andere wiederum behandelt dieses unglückselige Gemisch von Erstarrung und Selbstverneinung im besten Fall mit den Allüren eines leutseligen Wohlwollens, und die volle Schale seiner Gnade gießt er aus, wenn er andeutet, daß er hinter dem Automaten, wenn auch in undeutlichen Umrissen, so etwas wie einen Menschen wahrnimmt. Von allen Haltungen, die Offiziere mir gegenüber einnehmen können, ist mir die wohlwollende die unerträglichste. In vollendeter Weise erscheint in der sogenannten »Grundstellung« nicht nur das Automatische (sofern man sich dabei in widernatürlichen Aktionen des Versteifens, Pressens und Erstarrens ergehen muß), sondern auch das Sklavenhafte. Man muß sagen, daß es dem Preußentum gelungen ist, eine Haltung zu erfinden und zu befehlen, in der sich die ganze Inferiorität des Soldaten, die ihm als einem Sklaven im Verhältnis zu seinem Herrn zukommt, überzeugend manifestiert. Allein schon der Eindruck der blöden Beschränktheit, den ein »stillstehender« Soldat macht, muß im Herzen auch des dümmsten Offiziers das Gefühl triumphierender geistiger Überlegenheit erwecken und ihm eine sonst gefährdete Sicherheit verleihen.

Wenn ich dieses und anderes bedenke (Dinge, die keineswegs in der besonderen Gemeinheit einzelner Offiziere, sondern im System gründen) und wenn ich mich dann auf den möglichen Konflikt zwischen Hitler und der Generalität, von dem der Capitano mir viel berichtet hat, beziehe, dann sage ich mir, daß die totale Kaserne des Preußentums doch nur unwesentlich vom totalen Zuchthaus der Despotie absticht, und daß diese Geringfügigkeit keinen Grund abgeben kann, seine Haut für jene gegen dieses zu Markte zu tragen. Gewiß, die Generale sind zumeist keine Frevler und Komplizen des Verbrechens und leiden unter dem Unrecht, dem sie beiwohnen und das sie sogar ausführen müssen; aber im Grunde lehnen sie sich ja nicht gegen den Tyrannen auf, weil er Unrecht tut, sondern weil sie merken, daß er verspielen wird. Sie sind selbst der Freiheit und der Kultur zu fern und der Idee der Macht zu sehr versklavt, um sich von Hitlers Verbrechen wahrhaft absetzen zu können. Nein, Leute, die die »Grundstellung« kultivieren, werden nicht imstande sein, den Menschen und das Recht wiederherzustellen.

Hans Erich Nossack
Der Untergang

> Im allgemeinen sprachen sie wenig über ihre Vergangenheit, sie erzählten nicht gern und bemühten sich, wie es schien, nicht an das Frühere zu denken.
>
> Dostojewskij, Aus einem Totenhaus.

Ich habe den Untergang Hamburgs als Zuschauer erlebt. Das Schicksal hat es mir erspart, eine Einzelrolle dabei zu spielen. Ich weiß nicht warum, es läßt sich nicht einmal entscheiden, ob ich es als Bevorzugung nehmen soll. Ich habe viele Hunderte von denen gesprochen, die dabei gewesen sind, Männer und Frauen; was sie erzählen, wenn sie überhaupt davon sprechen, ist so unvorstellbar grauenhaft, daß es nicht zu begreifen ist, wie sie es bestehen konnten. Aber sie hatten ihre Rolle und ihr Stichwort und mußten danach handeln; und was sie zu berichten wissen, mag es als Einzelnes noch so erschütternd sein, ist immer nur der Teil, der mit ihrem Stichwort zusammenhängt. Die meisten wußten ja gar nicht, als sie aus ihrem brennenden Hause ins Freie liefen, daß die ganze Stadt brannte. Sie glaubten, es wäre nur ihre Straße oder höchstens ihr Stadtteil, und das war vielleicht ihre Rettung.

(...)

Es begann eine maskenlose Zeit; die gewohnten Verkleidungen fielen von selber ab, wie es den beiden Kiefern in der Nacht geschehen war. Gier und Angst zeigten sich in schamloser Nacktheit und verdrängten jedes zartere Gefühl. Wir alle haben in diesen Wochen erkennen müssen, daß die Gewichte, mit denen wir bisher gewogen hatten, nicht mehr stimmten. Die Nächsten oder die wir Freunde nannten, verschwiegen sich entweder ganz oder entzogen sich ihrer Pflicht mit ein paar fadenscheinigen Worten über die schweren Kriegszeiten, die ihnen nicht zu helfen erlaubten. Der Begriff Verwandtschaft versagte völlig. Man frage heute hundert Menschen, ganz gleich welchen Standes und ob es Verschonte oder Betroffene sind, neunundneunzig werden mit einem wegwerfenden Zug um den Mund antworten: Lieber Fremde als Verwandte! Dies sei als Tatsache festgestellt, ohne jede Bitterkeit und ohne voreilige Schlüsse daraus zu ziehen. Halten wir uns lieber an die beglückende Erfahrung, daß stattdessen die bisher Fernsten, nur flüchtigen Grußbekanntschaften manchmal oder solche, mit denen man beruflich zu tun hatte, freiwillig in die Bresche traten, und das mit einer solchen Selbstverständlichkeit und mit soviel zarter Wärme, daß man sich beschämt fragen muß, ob man im umgekehrten Falle ebenso gehandelt hätte.

Aber die gebefreudigste Hand kann müde werden im Geben, und noch viel schwerer ist es zu erlernen, sich geben zu lassen und zu nehmen, immer nur zu nehmen, ohne dadurch unfrei zu werden. Doch reicht dies aus, um zu erklären, warum schon so bald ein Zwiespalt offenbar wurde? Nein. Ich glaube eher, daß die Menschen etwas ganz anderes voneinander erwarteten, als ihnen zu leisten möglich war. Wer darf den Helfenden die Enttäuschung verübeln, die sie empfanden, wenn sie erkennen mußten, daß mit dem Obdach, der Verpflegung und den Kleidern, die sie gewährten, im Grunde gar nichts geändert wurde. Über das Gesicht des Beschenkten huschte vielleicht so etwas wie Freude, aber es blieb nicht haften. Sie gingen durch die fremden Zimmer, sie berührten einen Gegenstand, hielten ihn in der Hand und betrachteten ihn abwesend. Der Gastgeber verfolgte sie mit den Augen und dachte, daß es nun heißen würde: So etwas haben wir auch einmal gehabt, und vielleicht hätte er den Gegenstand dann verschenkt. Aber stattdessen legte der andere die Dinge wieder beiseite, und es klang unausgesprochen durch den Raum: Wozu hat man eigentlich noch solche Sachen? Leichter wäre es gewesen, eine laute Klage zu stillen. Es ist sehr wahrscheinlich, daß man diese Klage erwartete oder wenigstens eine gezwungene Gefaßtheit, die auf zurückgedämmte Tränen schließen ließ. Die, von denen man wußte, daß sie unvorstellbar grauenhafte Stunden erlebt hatten, die brennend durch Feuer gelaufen und über verkohlte Leichen gestolpert waren, vor deren Augen und in deren Armen Kinder erstickten, die ihr Haus zusammenstürzen sahen, in das der Vater oder ihr Mann sich gerade zurückgewandt hatte, um noch etwas zu retten, alle diese, die monatelang auf Nachricht von Vermißten hofften und die zum mindesten ihre gesamte Habe in wenigen Minuten verloren, – warum klagten und weinten sie nicht? Und warum diese Gleichgültigkeit im Tonfall, wenn sie von dem, was hinter ihnen lag, sprachen, diese leidenschaftslose Art der Rede, als berichteten sie von einem furchtbaren Begebnis aus vorgeschichtlicher Zeit, das heute nicht mehr möglich ist und dessen Erschütterungen nur noch durch unsere Träume nachklingen? Und dann diese gedämpfte Stimme, durch die das grelle Tageslicht nicht hindurchdrang, und so voller Scheu, wie man nachts im Freien spricht, wenn man nicht weiß, wo noch ein heimliches Ohr sein könnte, das zuhört.

Und was erwarteten die Betroffenen, wenn sie alles, was man ihnen Gutes tat, beinahe nur deshalb anzunehmen schienen, um den Gebern gefällig zu sein? Der Instinkt der Helfenden wehrte sich dagegen: nicht nur daß ihre Gabe dadurch entwertet wurde, es raubte ihnen auch alle Sicherheit und erweckte Zweifel in ihnen am eigenen Besitz.

Ich wage heute die Antwort darauf zu geben. Wir erwarteten, daß uns jemand anrufen würde: Wacht doch auf! Es ist ja nur ein schlechter Traum! Aber wir konnten nicht darum bitten, der Alb verschloß uns den Mund bis zum Ersticken. Uns wie sollte uns jemand wecken können.

So geschah es, daß Menschen, die in demselben Hause zusammenlebten und am gleichen Tische beieinander saßen, die Luft ganz verschiedener Welten atmeten. Sie versuchten, sich die Hand zu geben und griffen vorbei. Wer war nun blind von ihnen? Sie redeten dieselbe Sprache, aber sie meinten mit ihren Worten ganz andere Wirklichkeiten. Wer war nun taub von ihnen? Es gibt auch heute noch keine Möglichkeiten, sich dies gegenseitig zu übersetzen. Die einen sagen durch ihr Tun: Seht, das Leben geht weiter. Trotzdem! Wir hören es und nicken mit dem Kopf: Ja, so ist es, wir wissen es von früher. Und dann versucht vielleicht einer von uns seinerseits es so zu erklären: Stellen Sie sich vor, Sie schlössen die Augen für eine einzige Sekunde und wenn Sie sie wieder öffneten, wäre nichts mehr da von all dem, was vorher da war. Sofort versteht der Zuhörer es falsch und meint, wir trauerten um verlorene Menschen und um Dinge, die wir entbehrten, oder wir sprächen vom Geldwert oder der bürgerlichen Behaglichkeit. Und nach dieser Meinung versucht er uns zu trösten, daß sich dies alles wieder schaffen ließ. Aber darum handelt es sich ja gar nicht. Wir versuchen dann vielleicht von einer verlorenen Atmosphäre zu reden, und auch das wird mißverstanden. Schließlich werden wir ungeduldig und ungerecht gegen den Zuhörer. Oder wir schämen uns, zuviel davon zu sprechen und geben es auf. Ob es wohl besser verstanden würde, wenn man es im Zwielicht als Märchen erzählte? Es war einmal ein Mensch, den hatte keine Mutter geboren. Eine Faust stieß ihn nackt in die Welt hinein, und eine Stimme rief: Sieh zu, wie du weiter kommst. Da öffnete er die Augen und wußte nichts anzufangen mit dem, was ihn umgab. Und er wagte nicht hinter sich zu blicken, denn hinter ihm war nichts als Feuer.

Wir haben keine Vergangenheit mehr. Vielleicht würden wir dies gar nicht so schmerzlich empfinden, wenn es nicht noch Menschen gäbe, die eine Vergangenheit haben, von der sie ihren Maßstab für den morgigen Tag nehmen. Und sie scheinen uns die Stärkeren zu sein, nach denen wir uns ausrichten müßten. Ach, welch eine vergebliche Anstrengung, ihr Ziel zu dem unserigen zu machen. Und so ist die Welt in zwei Teile geteilt, dazwischen liegt ein unsichtbarer Abgrund, um den beide wissen. Die Menschen diesseits und jenseits haben einander zu hassen begonnen, ohne es zu wollen und ganz ohne Schuld, obwohl sie sich einander die Schuld zuschieben möchten. Wie oft höre ich heute, wenn ich einen der Betroffenen nach jemand frage, von dem ich weiß, daß er mit ihm befreundet war, die Antwort: Er ist für mich erledigt.

Wir haben an uns mehr als einmal erfahren, in welchem erschreckenden Maße wir den bisherigen Selbstverständlichkeiten entfremdet waren. Als Misi und ich durch unseren zerstörten Stadtteil gingen und nach unserer Straße suchten, sahen wir an einem Hause, das einsam und unzerstört in der Trümmerwüste stand, eine Frau die Fenster putzen. Wir stießen uns an, wir blieben wie gebannt stehen, wir glaubten eine Verrückte zu sehen. Das Gleiche geschah, als wir Kinder einen kleinen Vorgarten säubern und harken sahen. Das war so unbegreiflich, daß wir anderen davon erzählten, als wäre es Wunder was. Und eines Nachmittags gerieten wir in einen völlig unzerstörten Vorort. Die Leute saßen auf ihren Balkons und tranken Kaffee. Es war wie ein Film, es war eigentlich unmöglich. Ich weiß nicht, welcher Umwege des Denkens es bedurfte, bis wir erkannten, daß nur wir mit verkehrten Augen auf das andere Tun blickten. Und dann wiederum erschraken wir über uns.

(...)

Am Sonnabend also fuhren wir endlich nach Hamburg. Es war vor dem letzten Angriff, der dann am Montag erfolgte. Die Fahrt nach Hamburg ging folgendermaßen vor sich: Man hielt auf der Landstraße ein Lastauto an, auf dem man noch Platz vermutete, und fuhr so weit mit, wie es paßte. Dann wartete man auf einen anderen Wagen und gelangte so nach drei- oder viermaligem Umsteigen verhältnismäßig rasch in die Stadt. Es waren Autos aus dem ganzen Reich für diese Fahrten eingesetzt. Später, als die Züge wieder fuhren und der Autoverkehr wieder aufgehoben wurde, brauchte man sehr viel mehr Zeit, ungefähr je vier Stunden hin und zurück für die kurze Strecke. Am Bahnhof Maschen, wenn der Zug aus Lüneburg endlich einlief, mußte man um einen Platz kämpfen und dann in Harburg noch einmal. Die Leute stiegen durch die

Fenster und hingen während der Fahrt wie Trauben auf den Trittbrettern. Völlig erschöpft kam man endlich an.

Auf diese Art war eine unzählige Menschenmenge täglich unterwegs. Ich habe den Eindruck, daß diese Fahrten meistens nicht durchaus notwendig waren, sei es, um noch etwas zu retten oder nach Angehörigen Ausschau zu halten, sei es aus beruflichen Gründen. Doch ich möchte auch nicht behaupten, daß es nur Neugier war. Die Menschen waren einfach ohne Mittelpunkt; die Wurzeln waren ausgerissen, pendelten hierhin und dahin, suchten nach irgendeinem Erdreich, und alles war voller Angst, etwas zu versäumen. Oder es war auch einfach das, was einen Mörder an seinen Tatort zurückzwingt.

Ich habe mit vielen Tausenden gesprochen. Die Unterhaltung drehte sich allerdings immer um das gleiche Thema: Wo haben Sie gewohnt? Haben Sie auch alles verloren? In welcher Nacht war es? Wie sind Sie jetzt untergekommen? Und was soll nun werden? – Wir waren ohne Ausnahme der festen Überzeugung, daß der Krieg in ganz kurzer Zeit beendet wäre; darüber wurde gar nicht debattiert, für uns war ja die Entscheidung bereits getroffen. Es handelte sich lediglich noch darum, wie und in welchem Zufluchtsort wir diese kleine Pause überstehen könnten. Weiter dachte damals kein Mensch. Die Parole, daß wir den Krieg gewinnen müßten, um überhaupt auf einen Ersatz unseres Verlustes hoffen zu dürfen, wurde erst später ausgegeben und auch von der Masse teilweise angenommen. Wenn wir in jenen Tagen zufällig eine Zeitung in die Hand bekamen, lasen wir die Heeresberichte gar nicht erst, wir verstanden nicht einmal, wozu sie noch herausgegeben wurden. Wir blätterten sofort die Seite mit den Bekanntmachungen auf, die uns angingen. Was außerhalb von uns geschah, existierte einfach nicht. Unser Schicksal war vollzogen, die Ereignisse der übrigen Welt vermochten nichts mehr daran zu ändern. Diese Einstellung hat uns manchen Fehler machen lassen. Übrigens muß die Zukunft lehren, ob wir nicht doch im Grund recht hatten. Inzwischen sind zwar einige Monate verstrichen und andere Städte in der gleichen Weise zerstört worden, aber Hamburg war die erste große Stadt, die vernichtet wurde. Wir empfingen vielleicht die tödliche Wunde, und was noch folgt, ist nur ein Verenden. Wenn wir vom Krieg absehen und davon, daß ihn die eine oder andere Partei gewinnen könnte, wenn wir nur an unsere Heimat Europa denken, so war es zweifellos richtig, daß wir unser Schicksal als das Ende empfanden.

Es wäre aber verkehrt, damals von einer Bereitschaft zu Aufstand und Unruhen zu reden. Nicht nur die Feinde, sondern auch die eigenen Behörden haben sich hierin verrechnet. Es ging alles sehr ruhig und durchaus mit einem Willen zur Ordnung her, und der Staat richtete sich nach dieser aus den Umständen gewachsenen Ordnung. Wollte er seinerseits organisierend eingreifen, wurden die Menschen nur aufgeregt und schimpften. Machthaber und Behörden waren zum Teil wie vom Erdboden verschwunden, wo sie aber noch ein Scheinleben, und gleichsam geduldet, führten, gaben sie sofort nach, wenn einer aufbegehrte. Was sollten sie auch tun? Auf dem Bahnhof in Harburg hörte ich eine Frau, die, ich weiß nicht was, getan hatte, schreien: Stecken Sie mich doch ins Gefängnis! Dann habe ich wenigstens ein Dach über'm Kopf! und drei bewaffnete Bahnpolizisten wußten nichts anderes zu tun, als sich verlegen fortzudrücken und es der Menge zu überlassen, die Frau zu beruhigen. Ich habe noch viele andere Fälle erlebt, auch wohl solche von größerer Feindseligkeit, doch dies Beispiel mag genügen; es schildert am eindeutigsten unsere Einstellung und die Machtlosigkeit des Staates. Jeder von uns hätte das gerufen, was jene Frau rief, wenn der Staat uns in die Quere gekommen wäre.

Er rechnet sich heute seine Zurückhaltung als Verdienst an, aber das ist lächerlich. Andere meinen, wir wären damals viel zu apathisch gewesen, um uns auflehnen zu können. Auch das stimmt nicht. Damals sprach jeder aus, was er dachte, kein Gefühl war den Menschen ferner als Furcht. Nach allem, was ich gehört habe, komme ich zu dem Ergebnis, daß man dem gegenüber, was man Macht oder Staat nennt, keine größere Verachtung zeigen konnte, als indem man es als etwas völlig Nebensächliches behandelte, das an einem Schicksal, wie es Hamburg erlitt, weder Schuld war noch in der Lage, etwas daran zu ändern. Es war ein Augenblick, wo sich der Mensch nicht mehr als der Sklave seiner Einrichtungen zeigte. Zum Beispiel wußte jeder, daß gerade die, die ihrer Stellung und ihren Versprechungen nach besonders verpflichtet gewesen wären, bis zuletzt auf ihrem Posten auszuharren und zu helfen, als erste die Flucht ergriffen und ihren Einfluß noch obendrein mißbraucht hatten, sich rücksichtslos Fahrzeuge zu verschaffen, um ihren Besitz fortzubringen; ja, und daß sie andere Flüchtlinge mit ihrem letzten Bündel auf der Straße liegen ließen. Dies ist kein Einzelfall und nicht übertrieben, Tausende sahen es. Doch wenn sie davon sprachen, geschah es wohl mit bittern Worten, aber fern allen Hetzens und mehr so, als machten sie sich über sich selbst lächerlich, daß sie je etwas anderes erwartet hätten. Wehe uns, wenn sich die Macht eines Tages für diese Verachtung rächt! Ich glaube aber, sie hat es nicht einmal begriffen.

Und noch etwas anderes: Ich habe nicht einen einzigen Menschen auf die Feinde schimpfen oder ihnen die Schuld für die Zerstörung geben hören. Wenn in den Zeitungen Ausdrücke wie Luftpiraten oder Mordbrenner standen, so hatten wir kein Ohr dafür. Eine viel tiefere Einsicht in die Dinge verbot uns, an einen Feind zu denken, der dies alles verursacht haben sollte; auch er war uns höchstens ein Werkzeug unkennbarer Mächte, die uns zu vernichten wünschten. Und so habe ich auch nicht einen einzigen Menschen getroffen, der sich mit dem Gedanken an eine Rache tröstete. Im Gegenteil, man sagte oder dachte: Wozu sollen die andern auch noch zu Grunde gehen. Es ist mir berichtet worden, daß man einen Schwätzer, der von Vergeltung und Vernichtung der Feinde durch das Gas redete, windelweich geprügelt habe. Ich war nicht dabei, doch wenn es geschehen ist, dann geschah es, um eine entweihende Dummheit zum Schweigen zu bringen.

Dies alles muß einmal gesagt werden; denn es gereicht dem Menschen zum Ruhm, daß er am jüngsten Tage sein Schicksal so groß empfand. Und wenn es auch nur für eine kurze Spanne war; denn inzwischen hat sich das Bild wieder verwirrt. –

Auf dem ersten Wagen, der uns Hamburg näher brachte, erlebte ich in mir etwas, worüber ich noch mit keinem sprach und was mich mit scheuer Verwunderung erfüllt, weil ich die Deutung dafür nicht zu geben wage. Für Misi hatte sich auf einer Gemüsekiste ein Platz gefunden mit dem Rücken gegen die Wand des Führersitzes, so daß sie einigermaßen vor Zug geschützt war. Ich stand dicht gedrängt mit zwanzig oder dreißig anderen Menschen. Wir hielten uns an den Stangen für die Wagenplane fest, um nicht hinausgeschleudert zu werden. Oft mußten wir uns ducken, wenn uns die Zweige der Obstbäume peitschen wollten, die die Straße beschatteten. Es war gegen acht Uhr morgens und die Luft frisch und jung. Das Getreide stand in voller Reife. Auf den satten Marschwiesen kauten die schwarzweißen Kühe verschlafen wieder. Hier und da staunte ein Fohlen über den Zaun und sprang jäh zurück, um der Mutter von uns zu erzählen. Und aus der fruchtbaren Fläche hoben sich vertraute Inseln von Eichengruppen, unter denen alte Bauernhöfe sich verbargen. Manchmal ragte eine Dorfkirche hervor oder das barocke Dach eines Pastorats.

In rascher Fahrt ging es durch dies Land des Friedens auf die tote Stadt zu. Da überkam mich, ich weiß nicht woher, ein so echtes und zwingendes Glücksgefühl, daß es mich Mühe kostete, nicht jubelnd auszurufen: Nun beginnt endlich das wirkliche Leben. Als ob eine Gefängnistür vor mir aufgesprungen wäre und die klare Luft der längstgeahnten Freiheit schlüge mir entgegen. Es war wie eine Erfüllung.

Martin Kessel
Aphorismen

Folgen der Technik: Bequemlichkeit, Fatalismus, Zynismus, Magie.

Wo die Technik im Spiel ist, tritt die Katastrophe in Galauniform auf.

Die Entwicklung technischer und wohl auch menschlicher Dinge geht nicht so vor sich, daß sich mühelos eines aus dem andern entwickelt, sondern meistens derart, daß mit jedem erfolgreichen Schritt auch ein bedenkliches Zugloch entsteht, eine gleichsam von allerlei Wirbeln und Gegenkräften beunruhigte Frage, die es stets mitzubeachten, stets mitzubehandeln und gegebenenfalls mitzubeantworten gilt.

Die Statistik ist das Märchen der Vernunft.

Es ist erstaunlich, wieviel Götter die Stadt gebiert, auf den Thron setzt und dort vergißt. Sportgrößen, Schauspielergrößen, Tagesgrößen, sie alle verschrumpfen allmählich auf ihren Thronen. Das Teuflische ist auch, daß es gar keine Götter, sondern Abgötter sind, wie ihre Verehrer nicht fromm oder andächtig sind, sondern Erfolgsanbeter.

Nicht was sie prophezeien, sondern daß die Zeit für Prophezeiungen reif ist, ist das Wichtige an den Propheten.

Der Rationalisierung der Welt entspricht die Dämonisierung; diese ist nur die über die Grenze ihrer selbst getriebene Rationalisierung, gleichsam ihr ins Gespenst verlängerter Schatten. Deshalb eignet ihr auch etwas Zynisches und durchaus nichts Magisch-Sakrales. Es ist die losgelassene Selbstherrlichkeit der Mittel, wobei auch der Mensch als Mittel benutzt wird, und zwar von seinesgleichen.

Katastrophen sind der Ausbruch von auf die lange Bank geschobenen Übeln.

Ein politisch begabtes Volk zeichnet sich dadurch aus, daß es die Henkertypen nicht an die Macht läßt.

Es ist ein Trugschluß der Politik, daß sie uns einreden will, die Rose sei die Sklavin des Dorns.

Da die Politik oft beträchtlich viel Staub aufwirbelt, ist's wahrlich nicht verwunderlich, daß manche so tun, als ob das Staubaufwirbeln die Hauptsache wäre. Es gibt denn auch typische Staubaufwirbler, und zwar im Dienste derer, die dahinter die lukrativsten Geschäfte abwickeln.

Wo das Leistungsprinzip oder die Staatsmaxime die Vorderhand hat, entsteht nur allzubald der Verdacht, daß die Menschenwürde nur eine Art Mehrwert ist, den irgendein konzessionierter Großunternehmer so nebenbei mit herauswirtschaftet.

Macht ist deshalb ein so schwieriger, politisch-romantischer Faktor, weil sich alles, was auf sie zukommt, verwandelt: die Unschuld in Schuldlosigkeit, die Lauheit in Fahrlässigkeit, das zu Begehende ins zu Berechnende, das Natürliche ins Symbol, – und weil sie in allem, was vorgebracht wird, Absichten wittert. In welchem Spiegel auch immer die Macht sich erblickt: stets schimmert durch ihr eigenes Gesicht das romantische Widerspiel ihrer selbst, ihr Doppelgänger, die Gegenmacht.

Man hört oft sagen, nach einer Katastrophe seien die Hirne voller Schutt. Ich fand die Gehirne nur öd und leer und die Herzen erschöpft. Aber ich sah und hörte es täglich, wie ganze Staubwolken und Schuttmassen von Argumentationen durch die Menschen hindurchgeschleust wurden und wie sich dort schließlich nichts mehr verfing. Deshalb scheint mir nach Katastrophen nichts notwendiger, als zuzupacken und in sich zu gehen, und nichts überflüssiger, als zu argumentieren und zu reden.

Die grausamste Ironie, die einer Idee widerfahren kann, rekrutiert sich aus deren Verfechtern.

ERICH KÄSTNER
Kurz und bündig
Epigramme

Präzision

Wer was zu sagen hat,
hat keine Eile.
Er läßt sich Zeit und sagt's
in einer Zeile.

Zum eigenen Geburtstag

»Wird's besser? Wird's schlimmer?«
fragt man alljährlich.
Seien wir ehrlich:
Leben ist immer
lebensgefährlich.

Eine Feststellung

Wir haben's schwer.
Denn wir wissen nur ungefähr,
woher,
jedoch die Frommen
wissen gar, wohin wir kommen!

Wer glaubt, weiß mehr.

Von Mord und Totschlag

Denkt ans fünfte Gebot:
Schlagt eure Zeit nicht tot!

In memoriam memoriae

Die Erinn'rung ist eine mysteriöse
Macht und bildet die Menschen um.
Wer das, was schön war, vergißt, wird böse.
Wer das, was schlimm war, vergißt, wird dumm.

Eine Mutfrage

Wer wagt es,
sich den donnernden Zügen entgegenzustellen?
Die kleinen Blumen
zwischen den Eisenbahnschwellen!

Folgenschwere Verwechslung

Der Hinz und der Kunz
sind rechte Toren:
Lauschen offenen Munds,
statt mit offenen Ohren!

Aggregatzustände

Junge Dichter
sind strenge Richter.
Später sind sie dann mitleidiger
und werden Verteidiger.

Einmal etwas Musikalisches

Geschehn und Geschichte sind asynchron.
Das ist gar nicht schwer zu beweisen.
Und:
Fis und Ges sind derselbe Ton,
obwohl sie verschieden heißen.

Das Verhängnis

Das ist das Verhängnis:
Zwischen Empfängnis
und Leichenbegängnis
nichts als Bedrängnis.

Es hilft nicht schönzufärben

Sollen die Kinder erben,
müssen die Eltern sterben.

Die Grenzen der Aufklärung

Ob Sonnenschein, ob Sterngefunkel:
Im Tunnel bleibt es immer dunkel.

Moral

Es gibt nichts Gutes
außer: Man tut es.

GOTTFRIED BENN
Quartär –

I.
Die Welten trinken und tränken
sich Rausch zu neuem Raum
und die letzten Quartäre versenken
den ptolemäischen Traum.
Verfall, Verflammen, Verfehlen –
in toxischen Sphären, kalt,
noch einige stygische Seelen,
einsame, hoch und alt.

II.
Komm – laß sie sinken und steigen,
die Cyclen brechen hervor:
uralte Sphinxe, Geigen
und von Babylon ein Tor,
ein Jazz vom Rio del Grande,
ein Swing und ein Gebet –
an sinkenden Feuern, vom Rande,
wo alles zu Asche verweht.

Ich schnitt die Gurgel den Schafen
und füllte die Grube mit Blut,
die Schatten kamen und trafen
sich hier – ich horchte gut –,
ein Jeglicher trank, erzählte
von Schwert und Fall und frug,
auch stier- und schwanenvermählte
Frauen weinten im Zug.

Quartäre Cyclen – Scenen,
doch keine macht dir bewußt,
ist nun das Letzte die Tränen
oder ist das Letzte die Lust
oder beides ein Regenbogen,
der einige Farben bricht,
gespiegelt oder gelogen –
du weißt, du weißt es nicht.

III.
Riesige Hirne biegen
sich über ihr Dann und Wann
und sehen die Fäden fliegen,
die die alte Spinne spann,
mit Rüsseln in jede Ferne
und an alles, was verfällt,
züchten sich ihre Kerne
die sich erkennende Welt.

Einer der Träume Gottes
blickte sich selber an,
Blicke des Spiels, des Spottes
vom alten Spinnenmann,
dann pflückt er sich Asphodelen
und wandert den Styxen zu –,
laß sich die Letzten quälen,
laß sie Geschichte erzählen –
Allerseelen –
Fini du Tout.

BERTOLT BRECHT
Freiheit und Democracy

Frühling wurds in deutschem Land.
Über Asch' und Trümmerwand
flog ein erstes Birkengrün
probweis, delikat und kühn,

als von Süden, aus den Tälern,
herbewegte sich von Wählern
pomphaft ein zerlumpter Zug,
der zwei alte Tafeln trug.

Mürbe war das Holz von Stichen
und die Inschrift sehr verblichen,
und es war so etwas wie
Freiheit und Democracy.

Von den Kirchen kam Geläute.
Kriegerwitwen, Fliegerbräute,
Waise, Zittrer, Hinkebein –
offnen Maules stands am Rain.

Und der Blinde frug den Tauben
was vorbeizog in den Stauben,
hinter einem Aufruf wie
Freiheit und Democracy.

Vornweg schritt ein Sattelkopf
und er sang aus vollem Kropf:
»Allons, enfants, god safe the king
und den Dollar, kling, kling, kling.«

Dann in Kutten schritten zwei,
trugen 'ne Monstranz vorbei.
Wurd die Kutte hochgerafft,
sah hervor ein Stiefelschaft.

Doch dem Kreuz dort auf dem Laken
fehlten heute ein paar Haken,
da man mit den Zeiten lebt,
sind die Haken überklebt.

Drunter schritt dafür ein Pater,
Abgesandt vom Heiligen Vater,
welcher tief beunruhigt
wie man weiß, nach Osten blickt.

Dicht darauf die Nichtvergesser,
die für ihre langen Messer
stampfend in geschlossnen Reihn
laut nach einer Freinacht schrein.

Ihre Gönner dann, die schnellen
grauen Herrn von den Kartellen:
Für die Rüstungsindustrie
Freiheit und Democracy.

Einem impotenten Hahne
gleichend stolzt ein Pangermane,
pochend auf das freie Wort.
Es heißt Mord.

Gleichen Tritts marschiern die Lehrer,
Machtverehrer, Hirnverheerer
für das Recht, die deutsche Jugend
zu erziehn zur Schlächtertugend.

Folgen die Herrn Mediziner,
Menschverächter, Nazidiener,
fordernd, daß man ihnen buche
Kommunisten für Versuche.

Drei Gelehrte, ernst und hager,
Planer der Vergasungslager,
fordern auch für die Chemie
Freiheit und Democracy.

Dort die Stürmerredakteure
sind besorgt, daß man sie höre,
und nicht etwa jetzt vergesse
auf die *Freiheit unsrer Presse.*

Einige unsrer besten Bürger,
einst geschätzt als Judenwürger,
jetzt verschrien, seht ihr hier schreiten
für das Recht der Minderheiten.

Früherer Parlamentarier,
in den Hitlerzeiten Arier,
bietet sich als Anwalt an:
Schafft dem Tüchtigen Freie Bahn!

Und der schwarze Marketier
sagt, befraget: Ich marschier
auf Gedeih (und auf Verderb)
für den Freien Wettbewerb.

Und der Richter dort: zur Hetz
schwenkt er frech ein alt Gesetz
lachend von der Hitlerei
spricht er sich und alle frei.

Künstler, Musiker, Dichterfürsten,
schrei'nd nach Lorbeer und nach Würsten,
all die Guten, die geschwind
nun es nicht gewesen sind.

Peitschen klatschen auf das Pflaster:
Die SS macht es für Zaster,
aber Freiheit braucht auch sie,
Freiheit und Democracy.

Und die Hitlerfrauenschaft
kommt, die Röcke hochgerafft,
fischend mit gebräunter Wade
nach des Erbfeinds Schokolade.

Spitzel, Kraft-durch-Freude-Weiber,
Winterhelfer, Zeitungsschreiber,
Steuer-Spenden-Zins-Eintreiber,
Deutsches-Erbland-Einverleiber,

Blut und Dreck in Wahlverwandtschaft,
zog das durch die deutsche Landschaft,
rülpste, kotzte, stank und schrie:
Freiheit und Democracy.

Und kam, berstend vor Gestank,
endlich an die Isarbank,
zu der Hauptstadt der Bewegung,
Stadt der deutschen Grabsteinlegung.

Informiert von den Gazetten,
hungernd zwischen den Skeletten
ihrer Häuser stand herum
das verstörte Bürgertum.

Und als der mephistische Zug
durch den Schutt die Tafeln trug,
traten aus dem Braunen Haus
schweigend sechs Gestalten aus.

Und es kam der Zug zum Halten.
Neigten sich die sechs Gestalten
und gesellten sich dem Zug,
der die alten Tafeln trug.

Und sie fuhrn in sechs Karossen,
alle sechs Parteigenossen
durch den Schutt, und alles schrie:
Freiheit und Democracy.

Knochenhand am Peitschenknauf,
fuhr die *Unterdrückung* auf.
In 'nem Panzerkarrn fuhr sie,
dem Geschenk der Industrie.

Groß begrüßt, in rostigem Tank
fuhr der *Aussatz*. Er schien krank.
Schämig zupfte er im Winde
hoch zum Kinn die braune Binde.

Hinter ihm fuhr der *Betrug*,
schwenkend einen großen Krug
Freibier. Müßt nur, draus zu saufen,
eure Kinder ihm verkaufen.

Alt wie das Gebirge, doch
unternehmend immer noch,
fuhr die *Dummheit* mit im Zug,
ließ kein Auge vom *Betrug*.

Hängend überm Wagenbord
mit dem Arm, fuhr vor der *Mord*.
Wohlig streckte sich das Vieh,
sang: sweet dream of liberty.

Und im letzten Wagen fuhr
auf der *Raub* in der Montur
eines Junkers Feldmarschall,
auf dem Schoß einen Erdball.

Aber alle die sechs Großen,
Eingesessnen, Gnadenlosen,
alle nun verlangten sie
Freiheit und Democracy.

Holpernd hinter den sechs Plagen
fuhr ein Riesentotenwagen,
drinnen lag, man sahs nicht recht:
's war ein unbekannt Geschlecht.

Und ein Wind aus den Ruinen
sang die Totenmesse ihnen,
die dereinst gesessen hatten
hier in Häusern. Große Ratten

schlüpften aus gestürzten Gassen,
folgend diesem Zug in Massen.
Hoch die Freiheit: piepsten sie,
Freiheit der Democracy.

Paul Celan
Der Sand aus den Urnen

Schimmelgrün ist das Haus des Vergessens.
Vor jedem der wehenden Tore blaut dein enthaupteter Spielmann.
Er schlägt dir die Trommel aus Moos und bitterem Schamhaar,
mit schwärender Zehe malt er im Sand deine Braue.
Länger zeichnet er sie, als sie war, und das Rot deiner Lippe.
Du füllst hier die Urnen und speisest dein Herz.

Mohn

Die Nacht mit fremden Feuern zu versehen,
die unterwerfen, was in Sternen schlug,
darf meine Sehnsucht als ein Brand bestehen,
der neunmal weht aus deinem runden Krug.

Du mußt der Pracht des heißen Mohns vertrauen,
der stolz verschwendet, was der Sommer bot,
und lebt, daß er am Bogen deiner Brauen
errät, ob deine Seele träumt im Rot.

Er fürchtet nur, wenn seine Flammen fallen,
weil ihn der Hauch der Gärten seltsam schreckt,
daß er dem Aug der süßesten von allen
sein Herz, das schwarz von Schwermut ist, entdeckt.

Todesfuge

Schwarze Milch der Frühe wir trinken sie abends
wir trinken sie mittags und morgens wir trinken sie nachts
wir trinken und trinken
wir schaufeln ein Grab in den Lüften da liegt man nicht eng
Ein Mann wohnt im Haus der spielt mit den Schlangen der schreibt
der schreibt wenn es dunkelt nach Deutschland dein goldenes
                                    Haar Margarete
er schreibt es und tritt vor das Haus und es blitzen die Sterne er
                                  pfeift seine Rüden herbei
er pfeift seine Juden hervor läßt schaufeln ein Grab in der Erde
er befiehlt uns spielt auf nun zum Tanz

Schwarze Milch der Frühe wir trinken dich nachts
wir trinken dich morgens und mittags wir trinken dich abends
wir trinken und trinken
Ein Mann wohnt im Haus der spielt mit den Schlangen der schreibt
der schreibt wenn es dunkelt nach Deutschland dein goldenes
                                                                               Haar Margarete
Dein aschenes Haar Sulamith wir schaufeln ein Grab in den
                                    Lüften da liegt man nicht eng

Er ruft stecht tiefer ins Erdreich ihr einen ihr andern singet und
                                                                                       spielt
er greift nach dem Eisen im Gurt er schwingts seine Augen sind
                                                                                         blau
stecht tiefer die Spaten ihr einen ihr andern spielt weiter zum Tanz
                                                                                             auf

Schwarze Milch der Frühe wir trinken dich nachts
wir trinken dich mittags und morgens wir trinken dich abends
wir trinken und trinken
ein Mann wohnt im Haus dein goldenes Haar Margarete
dein aschenes Haar Sulamith er spielt mit den Schlangen

Er ruft spielt süßer den Tod der Tod ist ein Meister aus Deutschland
er ruft streicht dunkler die Geigen dann steigt ihr als Rauch in die
                                                                                               Luft
dann habt ihr ein Grab in den Wolken da liegt man nicht eng

Schwarze Milch der Frühe wir trinken dich nachts
wir trinken dich mittags der Tod ist ein Meister aus Deutschland
wir trinken dich abends und morgens wir trinken und trinken
der Tod ist ein Meister aus Deutschland sein Aug ist blau
er trifft dich mit bleierner Kugel er trifft dich genau
ein Mann wohnt im Haus dein goldenes Haar Margarete
er hetzt seine Rüden auf uns er schenkt uns ein Grab in der Luft
er spielt mit den Schlangen und träumet der Tod ist ein Meister
                                                                                           aus Deutschland

dein goldenes Haar Margarete
dein aschenes Haar Sulamith

Ilse Aichinger
Die größere Hoffnung

Als Ellen aus dem Keller kroch, bemerkte sie zu ihrer Linken ein Pferd. Das lag und röchelte und hatte die Augen in unnennbarer Zuversicht auf sie gerichtet, während aus seinen tiefen Wunden schon der süßliche Geruch der Verwesung strömte.

»Du hast recht!« sagte Ellen eindringlich. »Man muß Vertrauen bewahren – man muß –« Sie wandte sich ab und erbrach. »Verzeih –« stammelte sie verwirrt, »aber warum ist das alles so widerlich, so entwürdigend? Warum wird man so erniedrigt und verächtlich gemacht, bevor man suchen geht?« Der Wind hatte sich gedreht und blies ihr warm und betäubend die Fäulnis ins Gesicht, alle Fäulnis der Welt.

Das Pferd entblößte die Zähne, hatte aber nicht mehr die Kraft, den Kopf zu heben. »Vertrauen –« wiederholte Ellen hilflos. Sie schwankte, kauerte nieder und griff nach seiner Mähne, die verklebt war von Blut.

Am Himmel war ein heller Fleck, umhüllt von Pulverdampf. »Die Sonne tarnt sich!« tröstete Ellen das Pferd. »Glaub mir! Du wirst sehen – du darfst keine Angst haben – der Himmel ist blau! Siehst du?«

Der Himmel war blau. Blau, noch immer! Das Haus gegenüber war weggerissen. Am Rande des Trichters streckte eine kleine Schlüsselblume ihre frischen Blüten ahnungslos aus der zerwühlten Erde.

»Gott spottet!« sagte Ellen zu dem Pferd. »Warum spottet Gott? Warum –«

Aber das Pferd gab nicht nur keine Antwort, sondern sah sie nur noch einmal mit einem nun schon veränderten, tödlich geängstigten Blick an und streckte dann, um eine weitere Vermessenheit zu verhindern, mit einem kurzen, entschiedenen Ruck die Beine von sich.

»Warum?« schrie Ellen, um das Heulen einer Granate zu übertönen. »Warum hast du Angst gehabt?«

Aus der Tiefe des Kellers hörte sie noch einmal die hohen und etwas lächerlichen Stimmen der Erwachsenen, die sie zurückriefen. Entschlossen richtete sich Ellen aus ihrer gebückten Haltung auf und rannte gegen die Stadt zu. Sie rannte schnell und federnd, mit leichten, gleichmäßigen Schritten und ohne sich noch einmal umzusehen. Sie rannte auf Georg zu, auf Herbert, Hanna und Ruth und die tanzenden Kirschbäume. Sie vermutete dort die Küste des Atlantik und die Küste des Pazifik, die Ufer des Heiligen Landes. Sie wollte zu ihren Freunden. Sie wollte nach Hause.

Trümmer wuchsen wie Hürden und versuchten, sie aufzuhalten, ausgebrannte Ruinen, die – wie blinde Soldaten – mit leeren Fensterhöhlen in die scheue Sonne starrten, Panzerwagen und fremde Befehle.

»Was kann denn geschehen?« dachte Ellen. Sie rannte zwischen Kanonen, Ruinen und Leichen, zwischen Lärm, Unordnung und Gottverlassenheit und schrie leise vor Glück: »Meine Seele harret auf den Herrn, meine Seele hoffet auf sein Wort –« und gleich darauf: »Heut' tanz' ich mit dir in den Himmel hinein –« und dazwischen wieder: »Denn er wird Israel erlösen von allen seinen Sünden!«

So lange ging das, bis die Kraft des Sonnengeflechts sie verließ. Aus hellvioletten Fliederbüschen ragte ein Geschützrohr. Ellen wollte vorbei. Ein fremder Soldat riß sie zur Seite. Schnell und wild und nachlässig, mit der linken Hand. Irgendein Befehl kam von der Richtung des Geschützes. Der Soldat wandte den Kopf und ließ Ellen los.

Das Parkgitter war an dieser Stelle zerborsten. Dichtes, wildes Gestrüpp nahm Ellen auf und entließ sie wieder. Hoch und grün stand das Gras. In der Ferne hing an einer jungen Buche eine Uniform, von der man nicht erkennen konnte, ob sie noch den Leib eines Menschen beherbergte. Sonst war niemand zu sehen. Noch einmal schlug es dicht hinter Ellen tief in den frischen Boden. Brocken von Stein und Erde spritzten hoch und trafen sie an den Schultern. Es war, als hätte ein Rudel kleiner Jungen hinter einem Busch hervor nach ihr geworfen.

Aber je weiter sie in die Mitte des Gartens kam, desto stiller wurde es. Der Lärm des Kampfes flutete ab, als wäre er nie gewesen. Wie ein sanftes Geschoß fiel der Frühlingsabend und traf alle auf einmal.

Ellen übersprang den Bach. Der hölzerne Steg war eingebrochen. Die weißen Schwäne waren verschwunden. Versunken die vollendete Nachlässigkeit ihres Verlangens. Was noch zu füttern blieb, ließ sich nicht mehr von Kindern das Brot reichen. Das Glas des Wetterhäuschens war eingeschlagen. Der Zeiger steckte und zeigte von nun an bis in Ewigkeit »Veränderlich«. Nirgends bog eine weiße Bonne um den Kiesweg. Nichts mehr schien daran zu glauben, daß es jemals Parkwächter gegeben hatte.

Auf dem Spielplatz in der Sandkiste lagen drei Tote. Sie lagen dort kreuz und quer, als hätten sie zu lange gespielt und den Ruf der Mütter überhört. Nun waren sie eingeschlafen, ohne das Licht auf der andern Seite des Tunnels zu sehen.

Ellen rannte den Hang hinauf. Plötzlich hörte sie das Klirren von Schaufeln. Ganz nahe. Sie gruben die Gräber. Ellen warf sich zu Boden. Im Zwielicht kauerte sie zwischen den Schatten.

Mit großen Schaufeln hoben die fremden Soldaten die aufgelockerte Erde aus dem Boden. Diese Erde war schwarz und feucht und sanftmütig. Sie gab nach vor der Bodenlosigkeit allen Bodens. Die Soldaten arbeiteten schweigend. Einer von ihnen weinte dabei.

Leichter Wind brach durch die stummen Büsche. Ab und zu bebte der Grund unter dem fernen Einschlag großer Geschosse. Ellen lag ganz still. Sie lag jetzt dicht an den Boden gepreßt, vereinigt mit seinem Beben und seiner Dunkelheit.

Unerschütterlich lächelte die Brunnenfigur mit dem zerschossenen Arm über die offenen Gräber. Auf dem Kopf trug sie einen Krug. Er hielt, ohne daß sie ihn hielt. Er machte sie wesentlich. Der Brunnen war längst versiegt.

Ellen fühlte Durst. Als die Soldaten die Leichen aus der Sandkiste holten, blieb sie allein zurück. Sie lag im Gras, hob den Kopf ein wenig über die Arme und sah ihnen nach. Mit großen Sprüngen sprangen sie nach abwärts. Ellen konnte sehen, wie sie das Dunkle aus dem weißen Sand hoben. Sie rührte sich nicht. Wie ein hohes Schrapnell stieg der Abendstern und blieb gegen jede Erwartung am Himmel stehen.

Schwer und widerwillig hingen die Toten in den Armen ihrer Kameraden. Sie konnten es ihnen nicht leichter machen. Es war nicht so einfach. Trotzig krümmte sich der Hügel.

Knapp bevor die Soldaten die Höhe wieder erreicht hatten, streckte sich Ellen lang aus und rollte wie ein eingeschlagener Teppich auf der anderen Seite hinunter. Sie schloß die Augen und landete in einem Granattrichter. Sie zog sich hoch, richtete sich halb auf und rannte über die Wiese gegen die hohen Bäume zu. Die Bäume standen ruhig, gewohnt, der Deckung zu dienen. Einzelne Äste schienen geknickt. Weiß und wund leuchtete das Holz aus der gesprengten Rinde.

Als Ellen die Mitte der Wiese erreicht hatte, hörte sie sich gerufen. Ihre Füße stockten. Sie war nicht sicher, ob es die Großmutter war, die sie rief, ein Eichelhäher oder der Gehenkte. Und sie dachte nicht darüber nach. Sie wollte nach Hause. Sie wollte zu den

Brücken. Und sie durfte sich jetzt nicht länger aufhalten lassen. Geduckt rannte sie weiter.

Es war fast finster. In der Ferne hinter der niedrigen Mauer dröhnten die Motoren schwerer Wagen. Sie brachten Nachschub gegen den Kanal. Gegen denselben Kanal, an dessen Ufer das Ringelspiel gelassen im letzten Schein zwischen den Fronten stand. Wollt ihr fliegen? Und wollt ihr Musik dazu? Dieses Ringelspiel!

Wenige Schritte, bevor die Bäume Ellen in den tieferen Schatten ihrer Kronen nahmen, rief es wieder. Es war nun viel näher und schied sich deutlich von dem Branden der Stille, die sogar das Dröhnen der Panzerwagen von Zeit zu Zeit in sich barg. Eine grelle, sehr laute Stimme. Ellen sprang in den Schatten, umfing einen Stamm, holte Atem und rannte weiter.

Die Leute im Keller hatten soeben ihre Kartenpartie beendigt. »Ellen!« riefen sie gereizt. »Ellen!!« – »Wo sind die Kinder?« Die Kinder kauerten an der Kellerluke, die ein Geschoß erweitert hatte, und stritten lärmend darum, durchschauen zu dürfen. Durch die Luke sah man Schutt und den Himmel mit dem ersten Stern. Aber Ellen war nicht mehr bei den Kindern. Ellen war in den Schutt gelaufen, um den Stern zu finden. Und sie war schnell gelaufen, mit dem brennenden Eifer, mit der letzten, späten Kindlichkeit ihres verwundeten Herzens.

»Man müßte die Polizei verständigen, aber fragen Sie, welche!«

Ellen tauchte aus dem Schatten der Bäume. Sie fühlte Schwindel, stolperte über einen verlorenen Helm und wußte plötzlich, daß ihre Kraft zu Ende war, aufgezehrt an der grenzenlosen Erwartung, verbrannt an dem Schauer des Unfaßbaren. Sie fluchte. Weshalb war sie aus dem Keller gelaufen? Weshalb hatte sie nicht auf den Hofrat gehört, auf die Tante, den Hausbesorger – auf alle diese Menschen, die nicht aufhörten, Vernunft und Behagen über alles zu schätzen? Weshalb war sie dem Unbändigen gefolgt, das sie geheißen hatte, zu laufen und zu suchen, was unauffindbar war?

Maßloser Zorn ergriff sie, Zorn gegen dieses zwingende, schweigende Locken, das sie hierhergeführt hatte.

Weiß und einsam standen die kleinen, steinernen Bänke an dem ausgetrockneten Fluß. Schatten verspannten sich zum Drahtseil. Nein – es war nicht ein Seil, es waren viele Seile, aber welches von den vielen Seilen war das einzige? Welches von den vielen Seilen hielt?

Ellen schwankte. Blitzlicht überflutete den dunklen Garten. Die Erde bäumte sich auf, der Gehenkte begann zu tanzen und die

Toten wälzten sich unruhig in ihren frischen Gräbern. Feuer zerriß den Himmel. Ein Feuer sind alle Flammen. Die aus den Fenstern schlagen, die in den Lampen wohnen, die von den Türmen leuchten. Ein Feuer sind alle Flammen. Die ihre Hände wärmen, die aus den Schlünden schießen. Ein Feuer mitten in der Nacht.

Die Soldaten am Teich warfen sich zu Boden. Die Stelle war geschützt. Durch die Böschung gedeckt, schien sie wie keine andere dazu geeignet, ein schnelles Feuer zu machen und daran vom Kampf zu ruhen. Und doch war es, als hätte der Teich schwarz und tückisch das kleine Feuer an den großen Himmel geworfen, als wäre es dasselbe Feuer, das die Macht hatte, Wasser zu kochen, und zu töten.

Sie richteten sich auf und füllten den Kessel von neuem. Der Kessel sang und auch die Soldaten begannen wieder zu singen. Es war wie das Rollen eines Wagens im Halbdunkel. Ihr Lied klang tief und verborgen. Einige von ihnen rannten die Böschung hinauf, lauschten dem fernen Kampflärm und beobachteten geduckt die Schatten der Bäume, die Wiese und den Himmel. Geblendet durch die Flamme schien ihnen die Finsternis vorerst undurchdringlich, und so war es besser, sich auf die Dinge zu verlassen, die sich am Himmel abzeichneten.

So kam es, daß die Wache am Hang die beiden Gestalten erst jetzt bemerkte. So kam es, daß Ellen und der Posten vom anderen Ufer ganz plötzlich vor ihnen standen. Hier oben war das Gras naß und hoch. So schien es den Soldaten, als wären zwei dunkle Halme vor ihnen in die Höhe geschossen und hätten gegen ihren eigenen Willen helle Gesichter bekommen.

Die Wachen am Hang knackten ganz leicht mit den Hähnen ihrer Gewehre.

»Ich habe sie gefunden!«

Die Wachen packten sie.

»Was suchst du hier?«

»Sie ist über die Wiese gelaufen«, sagte der andere. »Sie ist über die Wiese gelaufen, als ob es Sonntag wäre!« Er lachte. »Als es drüben niederging, habe ich sie gesehen. Ich hab sie angerufen. Sie ist weitergelaufen. Gegen die Bäume zu. Als ob es dort nicht mehr gelten würde, als ob es Sonntag wäre!«

»Was suchst du hier?«

Sie brachten Ellen ans Feuer.

Gegen den Teich zu fiel die Wiese ab. Der Flieder blühte hier, weiß und wild und üppig. Stumm lag der Musikpavillon auf dem

Hügel gegenüber. Rund und gefallsüchtig hob sich sein dunkles Dach gegen den Feuerschein, der von den Brücken kam. Es war jetzt so hell, daß Ellen die Notenständer erkennen konnte, die wie eine Schar ängstlicher Zivilisten in der Ecke des Tanzbodens lehnten.

Der Tanzboden war zur Hälfte weggerissen und von Steinen bedeckt. Rauch schwelte über den zerstampften Rasen.

Erregt berieten die Offiziere. Das Feuer flackerte, wob ihre Schatten gegeneinander und warf Ellen dazwischen.

»Was suchst du hier?«

Ellen zitterte vor Kälte. Als sie einen Laib Brot sah, hörte sie auf, Widerstand zu leisten und sagte: »Hunger!«

Die fremden Soldaten verstanden dieses Wort. Sie wußten wenig von der fremden Sprache, aber dieses Wort wußten sie aus der tiefen und begründeten Unersättlichkeit des menschlichen Geschlechtes. Sie geboten ihr, sich niederzusetzen. Einer von ihnen schnitt ein Stück Brot ab. Ein anderer schrie ihr etwas zu, das sie nicht verstand.

»Sie ist schwach«, sagte der, der sie gefunden hatte, »gebt ihr zu trinken!«

»Hat sie Papiere bei sich?«

»Gebt ihr zu trinken!« wiederholte der andere. »Sie ist schwach.«

Sie gaben ihr Wein. Leere Flaschen warfen sie über den Teich. Das Wasser spritzte silbrig auf und schloß sich wieder darüber.

»Sie hat nichts bei sich!« sagte er.

Nach wenigen Minuten stieg Ellen das Blut zu Kopf. Sie richtete sich auf und rief: »Habt ihr den Frieden gesehen?«

Der andere lachte und übersetzte. Die Soldaten schwiegen erstaunt und brachen plötzlich in Gelächter aus. Alle hatten großen Spaß daran. Einer der Offiziere sah ihr verwundert ins Gesicht. Niemand gab ihr Antwort. Und selbst derjenige, der alle Fliederbüsche und alle Sehnsucht der Welt so offensichtlich wachsen ließ, schwieg beharrlich. Der Frühlingswind strich herüber und riß Ellen eine Locke aus dem Gesicht, so daß ihre Stirne weiß und erwartungsvoll dahinter zum Vorschein kam. Am anderen Ufer tanzten die Birken Ballett. Aber niemand gab ihr Antwort.

Elias Canetti
Die Blendung

Der Tod

Auf dem Heimweg machte Therese ihrer Empörung Luft.

Sie ladet den Menschen ein und zum Dank wird er frech. Hat sie vielleicht was von ihm wollen? Sie hat das nicht nötig, fremden Männern nachzurennen. Sie ist eine verheiratete Frau. Sie ist kein Dienstbot', der mit jedem Mann geht.

Im Gasthaus hat er erst die Speisekarte genommen und gefragt, was er uns bestellen soll. Sie war so dumm und hat darauf gesagt: »Aber zahlen tu ich.« Was der sich alles bestellt hat. Sie würde sich ja jetzt noch vor den Leuten schämen. Er hat geschworen, er ist ein besserer Mensch. Es ist ihm auch nicht an der Wiege gesungen worden, daß er ein armer Angestellter sein muß. Sie hat ihn getröstet. Da hat er gesagt, ja, dafür hat er bei den Frauen Glück, aber was hat er schon davon? Er braucht ein Kapital, es muß kein großes sein, weil jeder sein eigener Herr sein will. Die Frauen haben kein Kapital, bloß Ersparnisse, schäbige, mit solchen Bagatellen fängt man kein Geschäft an, ein anderer vielleicht, er nicht, weil er aufs Ganze geht, mit Dreck läßt er sich nicht abspeisen.

Bevor er mit dem zweiten Schnitzel anfängt, nimmt er ihre Hand und sagt: »Das ist die Hand, die mir zu meinem Glück verhelfen wird.«

Dabei kitzelt er sie. So schön kitzeln kann der Mensch. Das hat ihr noch niemand gesagt, daß sie ein Glück ist. Und ob sie sich beteiligen möchte an seinem Geschäft?

Woher er denn auf einmal das Geld dazu hat?

Da hat er gelacht und gesagt: das Kapital gibt ihm seine Geliebte.

Sie spürt, wie sie einen roten Kopf kriegt vor Wut. Wozu hat er eine Geliebte, wenn sie da ist, sie ist auch noch ein Mensch!

Wie alt die Geliebte ist? hat sie gefragt.

Dreißig, hat er gesagt.

Ob sie schön ist? hat sie gefragt.

Die Schönste von allen, hat er gesagt.

Da hat sie ein Bild von der Geliebten sehen wollen.

»Gleich, bitte sehr, auch damit kann ich dienen.« Auf einmal steckt er ihr den Finger in den Mund, so einen schönen, dicken Finger hat er, und sagt: »Das ist sie!«

Wie sie drauf nichts antwortet, zupft er sie am Kinn, so ein zudringlicher Mensch, macht unterm Tisch was mit seinem Bein, drückt fest, tut man das, und schaut ihr in den Mund und sagt: er ist in einem glücklichen Liebestaumel und wann er die prachtvollen Hüften ausprobieren darf. Sie soll sich auf ihn verlassen. Er versteht was vom Geschäft. Bei ihm geht nichts verloren.

Da hat sie gesagt, sie liebt die Wahrheit über alles. Sie muß es ihm gleich gestehen. Sie ist eine Frau ohne Kapital. Ihr Mann hat sie aus Liebe geheiratet. Sie war eine einfache Angestellte wie er. Ihm kann sie's ja sagen. Mit dem Ausprobieren muß sie schau'n, wie sie's einrichtet. Sie möcht' ja auch gern. Die Frauen sind so. Sie ist sonst nicht so, aber sie macht ihre Ausnahmen. Der Herr Grob soll nicht glauben, daß sie auf ihn angewiesen ist. Auf der Straße schau'n ihr alle Männer nach. Sie freut sich schon drauf. Punkt zwölf geht der Mann schlafen. Er schläft gleich ein, er ist so genau. Sie hat ein besonderes Zimmer, wo früher die Wirtschafterin geschlafen hat. Jetzt ist die nicht mehr im Haus. Sie kann den Mann nicht leiden, weil sie ihre Ruh' haben will. Der Mensch ist so zudringlich. Dabei ist er gar kein Mann. Drum schläft sie allein in dem Zimmer, wo früher die Wirtschafterin war. Um 12 $1/4$ geht sie mit dem Haustorschlüssel hinunter und macht ihm auf. Er braucht keine Angst zu haben. Der Hausbesorger schläft fest. Der ist so müd von seiner Arbeit am Tag. Sie schläft ganz allein. Das Schlafzimmer kauft sie nur, damit die Wohnung nach was aussieht. Sie hat immer Zeit. Sie wird es so einrichten, daß er jede Nacht kommt. Eine Frau will auch was vom Leben haben. Auf einmal ist man vierzig und die schöne Zeit hat ein Ende.

Gut, hat er gesagt, er schafft seinen Harem ab. Wenn er liebt, tut er alles für eine Frau. Sie soll sich revanchieren, wie es sich gehört, und den Mann um das Kapital bitten. Er nimmt es nur von ihr, von keiner andern Frau, weil das höchste Glück ihm heute Nacht bevorsteht, die Liebesseligkeit.

Sie liebt die Wahrheit über alles, macht sie ihn aufmerksam, und muß es ihm gleich gestehn. Ihr Mann ist geizig und gönnt niemandem was. Der gibt nichts aus der Hand, nicht einmal ein Buch. Wenn sie ein Kapital hätt', sie tät es sofort in sein Geschäft. Ihm glaubt eine jede aufs bloße Wort und zu so einem Menschen hat jede Vertrauen. Er soll doch kommen. Sie freut sich schon drauf. Zu ihrer Zeit gab es ein schönes Sprichwort, da hieß:»Kommt Zeit, kommt Rat.« Jeder muß einmal sterben. Das ist bei den Menschen so. Er kommt jede Nacht um 12 $1/4$ und das Kapital ist auf einmal da.

Sie hat den alten Mann nicht aus Liebe geheiratet. Man muß auch an seine Zukunft denken.

Da gibt er das eine Bein unterm Tisch weg und sagt: »Schon gut, liebe Frau, aber wie alt ist der Mann?«

Vierzig vorüber, das weiß sie genau.

Da gibt er das zweite Bein unterm Tisch auch weg, steht auf und sagt: »Erlauben Sie mal, das find' ich empörend!«

Er soll doch weiteressen, bittet sie ihn. Sie kann nichts dafür, aber der Mann sieht wie ein Skelett aus und ist bestimmt nicht gesund. Jeden Morgen beim Aufstehn denkt sie: Heut ist er tot. Wenn sie hereinkommt und ihm das Frühstück bringt, lebt er noch. Ihre Mutter selig war auch so. Mit dreißig war sie schon krank und mit vierundsiebzig ist sie gestorben. Und da ist sie erst noch verhungert. Dem zerlumpten Weib hätt's niemand geglaubt. Da legt der interessante Mensch Gabel und Messer zum zweitenmal hin und sagt: Er ißt nicht weiter, er fürchtet sich.

Erst hat er nicht sagen wollen warum, dann tut er den Mund doch auf und meint: Wie leicht ist ein Mensch vergiftet! Das sitzen wir beide glücklich beisammen und kosten beim Diner die wonnige Nacht aus. Der Wirt oder ein Kellner schüttet aus Neid so ein verstecktes Pulver ins Essen und wir sind beide im kühlen Grab. Da ist die Liebe ausgeträumt, bevor wir noch in der Seligkeit mitten drin waren. Er glaubt aber doch nicht, daß die das tun, weil es in einem öffentlichen Lokal herauskommt. Wenn er verheiratet wär, hätt' er immer Angst. Einer Frau ist alles zuzutrauen. Er kennt die Frauen besser als seine Tasche, inwendig und auswendig, nicht nur die Hüften und Schenkel, obwohl die das Beste an einer Frau sind, wenn man sich drauf versteht. Die Frauen sind tüchtig. Erst warten sie, bis ihnen das Testament garantiert paßt, dann machen sie mit dem Mann, was sie wollen und reichen über der frischen Leiche dem treuen Geliebten die Hand zum Ehebunde. Der revanchiert sich natürlich und nichts kommt heraus.

Sie hat aber gleich eine Antwort gewußt. Das tut sie nicht. Sie ist eine anständige Frau. Manchmal kommt es doch heraus und dann wird man eingesperrt. Einsperren gehört sich nicht für eine anständige Frau. Es wär Vieles schöner, wenn man nicht gleich eingesperrt würde. Man darf sich nicht rühren. Kaum kommt was heraus, schon ist die Polizei da und sperrt einen ein. Die nehmen keine Rücksicht darauf, daß eine Frau das nicht aushält. Die müssen in alles ihre Nase hereinstecken. Was geht die das an, wie eine Frau mit ihrem Mann lebt? Die Frau muß sich alles gefallen lassen. Die

Frau ist kein Mensch. Dabei ist der Mann zu nichts zu gebrauchen. Ist das ein Mann? Das ist ja kein Mann. Um so einen Mann ist es nicht schad'. Am besten wär's noch, der Geliebte nähm eine Hacke und gäb' ihm damit eine über den Kopf, wenn er schläft. Aber er sperrt sich ja nachts immer ein, weil er Angst hat. Der Geliebte soll schau'n, wie er es selber macht. Er sagt ja, es kommt nichts heraus. Sie tut das nicht. Sie ist eine anständige Frau.

Da unterbricht sie der Mensch. Sie soll nicht so laut schrei'n. Das bedauerliche Mißverständnis tut ihm leid. Sie wird doch nicht behaupten wollen, daß er sie zu einem Giftmord angestiftet hat? Er ist eine herzensgute Seele und tut keiner Fliege was zuleid'. Drum haben ihn die Frauen alle zum Fressen gern.

»Die wissen was gut ist!« hat sie gesagt.

»Ich auch«, sagt er. Auf einmal steht er auf, nimmt ihren Mantel vom Ständer und tut so, als ob ihr kalt wär'. In Wirklichkeit war das nur, um ihr einen Kuß auf den Nacken zu drücken. Lippen hat der Mensch wie die Stimme. Und was er dazu gesagt hat: »Schöne Nacken küss' ich gern und überlegen Sie sich die Sache!«

Wie er wieder sitzt, fängt er zu lachen an: »So macht man das! Wie hat das geschmeckt? Wir werden zahlen müssen!«

Dann hat sie für beide gezahlt. Warum war sie so dumm. Alles war schön. Auf der Straße hat dann das Unglück begonnen. Erst sagt er lange nichts. Sie hat nicht gewußt, was sie drauf antworten soll. Wie sie beim Möbelgeschäft sind, frägt er:

»Ja oder nein?«

»Aber ich bitt' Sie, ja! Punkt 12¼!«

»Das Kapital mein ich!« sagte er.

Ganz unschuldig gibt sie ihm eine schöne Antwort: »Kommt Zeit, kommt Rat.«

Da gehen sie beide ins Geschäft hinein. Er verschwindet hinten. Der Herr Chef kommt plötzlich und sagt:

»Wünschen wohl gespeist zu haben. Morgen vormittag wird das Schlafzimmer geliefert. Oder haben Sie was dagegen?«

»Nein!« sagt sie, »bezahlt hätt' ich gern heut.«

Er nimmt das Geld und gibt ihr die Bestätigung. Da kommt der interessante Mensch von hinten und sagt zu ihr laut vor allen Leuten:

»Für die Stelle als Hausfreund werden Sie sich schon wem andern aussuchen müssen, Gnädigste! Ich hab' Jüngere wie Sie. Um was die schöner sind wie Sie, Gnädigste!«

Da ist sie rasch hinausgelaufen, hat die Tür zugeschlagen und auf der Straße vor allen Leuten zu weinen begonnen.

Hat sie vielleicht was von ihm wollen? Sie zahlt das Essen und er wird frech. Sie ist eine verheiratete Frau. Sie hat es nicht nötig, fremden Männern nachzurennen. Sie ist kein Dienstbot', der mit jedem Mann geht. Da hätt' sie ja zehn an jedem Finger. Auf der Straße schau'n ihr alle Männer nach. Und wer ist schuld dran? Ihr Mann ist schuld! Sie läuft in der ganzen Stadt für ihn herum und kauft ihm die Möbel ein. Und zum Dank dafür muß man sich beleidigen lassen. Er soll lieber selber gehn. Er ist ja zu nichts zu gebrauchen. Die Wohnung gehört doch ihm. Das kann ihm doch nicht egal sein, was für Möbel bei seinen Büchern stehn. Warum hat sie soviel Geduld? So ein Mann glaubt, er kann auf einem herumtrampeln. Erst tut man alles für ihn, und dann läßt er die Frau vor allen Leuten beleidigen. Der Frau vom interessanten Menschen hätt' das passieren sollen! Aber der hat ja keine. Warum hat er keine? Weil er ein Mann ist. Ein richtiger Mann hat keine Frau. Ein richtiger Mann heiratet erst, bis er was vorstellt. Der zu Hause stellt doch nichts vor! Was stellt er vor? So ein Skelett! Man könnte ja glauben, er ist gestorben. Wozu lebt so was. So was lebt auch noch. So ein Mensch ist zu nichts gut. Der nimmt den anderen nur das schöne Geld weg.

Sie betrat das Haus. Der Hausbesorger erschien auf der Schwelle seines Kabinetts und brüllte:

»Heut gibt's was, Frau Professor!«

»Man wird ja seh'n!« gab sie zurück und kehrte ihm verächtlich den Rücken.

Oben sperrte sie die Wohnungstür auf. Niemand rührte sich. Im Vorzimmer lagen alle Möbel durcheinander. Sie öffnete lautlos die Tür zum Speisezimmer. Da erschrak sie furchtbar. Die Wände sahen plötzlich anders aus. Früher waren sie braun, jetzt sind sie weiß. Da war was gescheh'n. Was war gescheh'n? Im Nebenzimmer dieselbe Veränderung. Im dritten, das sie als Schlafzimmer herrichten wollte, ging ihr ein Licht auf. Der Mann hatte die Bücher umgedreht!

Bücher gehören so, daß man den Rücken fassen kann. Zum Abstauben muß das sein. Wie soll man sie sonst herausnehmen? Ihr ist es recht. Sie hat das ewige Abstauben satt. Fürs Abstauben hält man sich eine Bedienerin. Geld hat er genug. Für Möbel wirft er Geld hinaus. Er soll lieber sparen. Die Frau im Hause hat auch ein Herz.

Sich suchte ihn, um ihm dieses Herz an den Kopf zu werfen. Sie fand ihn in seinem Arbeitszimmer. Er lag seiner ganzen Länge nach am Boden, von der Leiter bedeckt, die noch ein Stück über seinen Kopf hinausreichte. Der schöne Teppich ringsherum war von Blut befleckt.

Solche Flecken gehen sehr schwer heraus. Womit soll sie es am besten versuchen? Auf die Arbeit nimmt er gar keine Rücksicht! Er hat es zu eilig gehabt, da ist er von der Leiter heruntergestürzt. Was hat sie gesagt, der Mann ist nicht gesund. Der interessante Mensch müßte das sehen. Sie freut sich nicht drüber, so ist sie nicht. Ist das ein Tod? Der Mensch kann ihr beinahe leid tun. Sie möcht' nicht auf die Leiter steigen und tot herunterfallen. Tut man das, daß man so unvorsichtig ist? Jedem was ihm gebührt. Über acht Jahre ist sie täglich auf der Leiter herumgestiegen und hat Staub gewischt, und ist ihr vielleicht was passiert? Ein anständiger Mensch hält sich fest. Warum war er so dumm? Jetzt gehören die Bücher ihr. In diesem Zimmer sind erst die halben umgedreht. Die stellen ein Kapital vor, hat er immer gesagt. Er muß es ja wissen, er hat sie selber gekauft. Sie rührt die Leiche nicht an. Da plagt man sich mit der schweren Leiter und auf einmal hat man Schererein mit der Polizei. Sie läßt alles lieber so liegen, wie es ist. Nicht wegen dem Blut, das macht ihr nichts. Das ist ja kein Blut. Wo hat der Mann ein richtiges Blut? Flecken machen kann er mit dem Blut, das ist alles. Um den Teppich tut es ihr leid. Dafür gehört ihr jetzt alles, die schöne Wohnung ist auch was wert. Die Bücher verkauft sie gleich. Wer hätte das gestern gedacht? Aber so geht es einem. Erst erlaubt man sich Frechheiten mit der Frau und dann ist man auf einmal tot. Sie hat immer gesagt, das nimmt kein gutes Ende, aber sie hat ja nichts sagen dürfen. So ein Mann glaubt, er ist allein auf der Welt. Um 12 Uhr schlafen gehn und die Frau nicht in Ruhe lassen, tut man das? Ein anständiger Mensch geht um 9 Uhr schlafen und läßt die Frau schön in Ruh'.

Aus Mitleid mit der Unordnung, die auf dem Schreibtisch herrschte, glitt Therese auf diesen zu. Sie schaltete das Licht der Tischlampe an und suchte unter den Papieren nach einem Testament. Sie nahm an, daß er es vor seinem Sturz oben zurechtgelegt habe. Sie zweifelte nicht daran, daß sie zur einzigen Erbin eingesetzt sei, da sie von keinem andern Angehörigen wußte. Doch in den wissenschaftlichen Notizen, die sie von A bis Z las, war nirgends von Geld die Rede. Blätter mit fremden Schriftzeichen legte sie gewissenhaft auf die Seite. Da standen besondere Werte drin, die man verkaufen konnte. Bei Tisch hatte er einmal zu ihr gesagt, was er da schreibe, sei Gold wert, aber ihm sei es nicht um Gold zu tun.

Nach einer Stunde sorgfältigen Ordnens und Lesens stellte sie entrüstet fest, daß kein Testament da war. Er hatte nichts vorbereitet. Bis zum letzten Augenblick war er derselbe, der Mann, der nur an sich denkt und für die Frau nichts übrig hat. Seufzend beschloß sie, auch das Innere des Schreibtisches, sämtliche Laden, der Reihe nach zu durchsuchen, bis das Testament zum Vorschein kam. Schon der erste Griff enttäuschte sie schwer. Der Schreibtisch war zugesperrt. Die Schlüssel trug er immer in der Hosentasche. Eine schöne Geschichte, jetzt stand sie da. Sie durfte doch nichts herausnehmen. Wenn sie zufällig ans Blut ankam, konnte die Polizei glauben. Sie trat in die nächste Nähe der Leiche, bückte sich und wurde aus der Lage der Taschen nicht klug. Sie fürchtete sich davor, einfach niederzuknieen. Vor großen Augenblicken pflegte sie erst ihren Rock abzulegen. Sie faltete ihn redlich zusammen und vertraute ihn einer entlegenen Ecke des Teppichs an. Dann kniete sie einen Schritt von der Leiche nieder, drückte, um besseren Halt zu haben, ihren Kopf an die Leiter und bohrte den Zeigefinger ihrer Linken langsam in seine rechte Tasche hinein. Sie kam nicht weit. Er lag so ungeschickt. Tief im Innern der Tasche glaubte sie etwas Hartes zu spüren. Da fiel ihr zu ihrem größten Schrecken ein, daß die Leiter vielleicht auch blutig war. Rasch stand sie auf und griff sich mit der Hand an die Stirn, dort, wo sie auf der Leiter gelegen hatte. Sie fand kein Blut. Doch die vergebliche Suche nach Testament und Schlüsseln hatte sie entmutigt. »Da muß was geschehn'«, sagte sie laut, »man kann ihn doch nicht so liegen lassen!« Sie zog sich den Rock wieder an und holte den Hausbesorger.

»*Was* ist?« fragte er drohend. Von einem gewöhnlichen Menschen ließ er sich in seiner Arbeit nicht so leicht stören. Auch hatte er sie nicht verstanden, weil sie leise sprach, wie es sich bei einer Leiche gehörte.

»Aber ich bitt' Sie, tot ist er!«

Jetzt hatte er verstanden. Alte Erinnerungen regten sich in ihm. Er war schon zu lange pensioniert, um ihnen sofort zu trauen. Nur langsam wichen seine Zweifel dem Glauben an ein so schönes Verbrechen. Im selben Maße veränderte sich seine Haltung. Er wurde harmlos und schwach, wie in jenen mächtigen Tagen als Polizist, wenn es ein besonderes Wild zu überführen galt. Man hätte ihn für mager halten können. Das Gebrüll blieb ihm in der Kehle stecken. Seine Augen, sonst starr auf den Gegner gerichtet, rückten zahm in die Winkel und legten sich hier auf die Lauer. Der Mund versuchte zu lächeln. Durch den steifen, gebügelten, engsitzenden

Schnurrbart wurde er daran gehindert. Da halfen zwei brave Fingerstumpen nach und drückten die Mundwinkel zum Lächeln zurecht.

Die Mörderin ist niedergeschlagen und gibt kein Lebenszeichen von sich. In voller Uniform tritt er vor die Richter und erklärt, wie man so was machen müsse. Er ist der Kronzeuge des sensationellen Prozesses. Der Staatsanwalt lebt nur von ihm. Sobald die Mörderin in andere Hände gekommen ist, hat sie alles widerrufen.

»Meine Herren!« sagt er mit schallender Stimme, die Journalisten schreiben jedes Wort nach. »Der Mensch braucht eine Behandlung. Der Verbrecher ist auch nur ein Mensch. Ich bin schon lange pensioniert. In meiner freien Zeit studiere ich das Leben und Treiben, die Seele, wie man sagt, dieser Subjekte. Behandeln Sie das Subjekt gut, dann gesteht die Mörderin ihre Tat. Aber ich warne Sie, meine Herren, behandeln Sie das Subjekt schlecht, dann leugnet die Mörderin frech und das Gericht kann schau'n, wo es die Beweise hernimmt. In diesem sensationellen Mordprozeß können Sie sich auf mich verlassen. Meine Herren, ich bin ein Belastungszeuge. Aber ich frage Sie, meine Herren, wieviel solche Zeugen gibt es? Ich bin der Einzige! Jetzt passen Sie gut auf. So leicht geht das nicht, wie Sie glauben. Erst hat ein Mensch den Verdacht. Dann sagt man nichts und schaut sich die Täterin genau an. Auf der Treppe fängt man zum Reden an:

»Ein brutaler Mensch.«

Seit der Hausbesorger so freundlich dreinsah, verspürte Therese eine entsetzliche Angst. Sie konnte sich seine Verwandlung nicht erklären. Sie wollte alles tun, damit er nur wieder zu brüllen anfing. Er stampfte nicht voran wie gewöhnlich, unterwürfig ging er neben ihr her, und als er zum zweitenmal aufmunternd fragte: »Ein brutaler Mensch?« hatte sie noch immer nicht verstanden, wen er meinte. Sonst verstand man ihn genau. Um ihn wieder in die vertraute Laune zu versetzen, sagte sie: »Ja.«

Er stieß sie an und während sein Auge schlau und bescheiden auf sie gerichtet blieb, forderte er sie mit dem ganzen Körper zur Abwehr gegen die Brutalität ihres Mannes auf. »Da wehrt man sich eben.«

»Ja.«

»Da kann leicht was gescheh'n.«

»Ja.«

»Der Mensch ist hin wie nichts.«

»Hin, ja.«

»Das sind mildernde Umstände.«
»Umstände.«
»Die Schuld hat er.«
»Er.«
»Aufs Testament hat er vergessen.«
»Das wär noch schöner.«
»Der Mensch braucht was zum Leben.«
»Zum Leben.«
»Es geht auch ohne Gift.«

Therese hatte im selben Augenblick dasselbe gedacht. Sie sprach kein Wort mehr. Sie wollte sagen, der interessante Mensch hat mir zugeredet, aber ich hab' mich gewehrt. Auf einmal hat man Scherereien mit der Polizei. Da fiel ihr ein, daß der Hausbesorger selbst zur Polizei gehörte. Der weiß alles. Gleich wird er sagen: Vergiften darf nicht sein. Warum haben Sie das getan? Sie läßt sich das nicht gefallen. Der interessante Mensch ist schuld. Er heißt Herr Grob und ist ein einfacher Angestellter bei der Firma Groß & Mutter. Erst wollte er um Punkt 12 1/4 ins Haus kommen, um ihr keine Ruhe zu geben. Dann hat er gesagt, er nimmt ein Beil und bringt den Mann um, im Schlaf. Sie ist auf nichts eingegangen, auch aufs Vergiften nicht und jetzt hat sie die Scherereien. Kann sie denn was dafür, daß der Mann tot ist? Das Testament darf sie haben. Alles gehört ihr. Sie ist Tag und Nacht bei ihm zu Hause gewesen und hat sich für ihn gerackert wie ein Dienstbot'. Man konnte ihn ja nicht allein lassen. Einmal geht sie weg, um für ihn das Schlafzimmer einzukaufen, er kennt sich in Möbeln nicht aus. Da steigt er auf die Leiter und fällt sich zu Tod. Bitte, er tut ihr ja leid. Gehört sich das vielleicht nicht, daß die Frau was erbt?

Von Stockwerk zu Stockwerk gewann sie ein Stück ihres Mutes zurück. Sie überzeugte sich davon, daß sie unschuldig war. Da konnte die Polizei lange kommen. Die Wohnungstür öffnete sie als die Herrin aller hier aufbewahrten Werte. Der Hausbesorger merkte sich die leichtfertige Miene, die sie plötzlich wieder aufsetzte, genau. Bei ihm nützte ihr das nichts. Sie hatte gestanden. Er freute sich auf die Konfrontation von Mörderin und Opfer. Sie bot ihm den Vortritt. Er dankte mit listigem Blinzeln und ließ sie nicht aus den Augen.

Die Situation war ihm auf den ersten Blick klar, er stand noch auf der Schwelle des Arbeitszimmers. Die Leiter hat sie nachträglich auf die Leiche gelegt. Ihn legt man damit nicht herein. Er kennt sich aus.

»Meine Herren, ich gehe auf den Tatort zu. Ich wende mich an die Mörderin und sage: ›Helfen Sie mir die Leiter wegheben!‹ Jetzt glauben Sie ja nicht, ich kann keine Leiter von allein heben« – er zeigt seine Muskeln, »ich hab' konstatieren wollen, was die Angeklagte für ein Gesicht macht. Das Gesicht ist die Hauptsache. Da sehen Sie alles. Ein Mensch macht ein Gesicht!«

Noch während dieser Rede bemerkte er, daß die Leiter sich bewegte. Er stutzte. Einen Augenblick lang tat es ihm leid, daß der Professor lebte. Dessen letzte Worte drohten dem Kronzeugen einen großen Teil seines Glanzes zu rauben. Amtlichen Schrittes trat er an die Leiter heran und hob sie mit einer Hand.

Kien kam eben zu sich und krümmte sich vor Schmerzen. Er versuchte aufzustehen, aber es ging nicht.

»Der ist noch lang net tot!« brüllte der Hausbesorger, wieder der Alte, und half ihm auf die Beine.

Therese glaubte ihren Augen nicht. Erst als Kien, eingesunken, doch länger als seine Stütze, vor ihr stand und mit schwacher Stimme »die elende Leiter!« sagte, begriff sie, daß er lebte.

»Das ist eine Gemeinheit!« kreischte sie. »Das gehört sich nicht! Ein anständiger Mensch! Ich bitt' dich! Man könnte glauben!«

»Kusch, Scheißgefrieß!« fiel ihr der Hausbesorger in die rasende Klage. »Hol' den Doktor! Ich leg' ihn derweil ins Bett!«

Er legte sich den mageren Professor über die Schulter und trug ihn ins Vorzimmer hinaus, wo unter den übrigen Möbeln das Bett war. Während er ausgekleidet wurde, erklärte Kien immerfort: »Ohnmächtig war ich nicht, ohnmächtig war ich nicht.« Er konnte es nicht verwinden, daß er für kurze Zeit das Bewußtsein verloren hatte. »Wo sind die Muskeln zu dem Gestell?« fragte sich der Hausbesorger und schüttelte den Kopf. Vor Mitleid mit dem traurigen Gerippe vergaß er seinen stolzen Prozeßtraum.

Therese holte indessen den Arzt. Auf der Straße beruhigte sie sich allmählich. Drei Zimmer gehörten ihr, das hatte sie schriftlich. Nur manchmal schluchzte sie noch leise vor sich hin:

»Tut man das, daß man lebt, wenn man tot ist, tut man das?«

BERTOLT BRECHT
Herr Puntila und sein Knecht Matti

Puntila findet einen Menschen

Nebenstube im Parkhotel von Tavasthus. Der Gutsbesitzer Puntila, der Richter und der Ober. Der Richter fällt betrunken vom Stuhl.

PUNTILA Ober, wie lange sind wir hier?
DER OBER Zwei Tage, Herr Puntila.
PUNTILA *vorwurfsvoll zum Richter.* Zwei Täglein, hörst du! Und schon läßt du nach und täuschst Müdigkeit vor! Wenn ich mit dir bei einem Aquavit ein bissel über mich reden will und wie ich mich verlassen fühl und wie ich über den Reichstag denk! Aber so fallt ihr einem alle zusammen bei der geringsten Anstrengung, denn der Geist ist willig, aber das Fleisch ist schwach. Wo ist der Doktor, der gestern die Welt herausgefordert hat, daß sie sich mit ihm mißt? Der Stationsvorsteher hat ihn noch hinaustragen sehn, er muß selber gegen sieben Uhr untergegangen sein, nach einem heldenhaften Kampf, wie er gelallt hat, da ist der Apotheker noch gestanden, wo ist er jetzt hin? Das nennt sich die führenden Persönlichkeiten der Gegend, man wird ihnen enttäuscht den Rücken kehrn, und – *zum schlafenden Richter* – was das für ein schlechtes Beispiel gibt für das tavastländische Volk, wenn ein Richter nicht einmal mehr Einkehren in einem Gasthof am Weg aushält, das denkst du nicht. Einen Knecht, der beim Pflügen so faul wär wie du beim Trinken, tät ich auf der Stell entlassen. Hund, würd ich ihm sagen, ich lehr dir's, deine Pflicht auf die leichte Achsel zu nehmen! Kannst du nicht dran denken, Fredrik, was von dir erwartet wird, als einem Gebildeten, auf den man schaut, daß er ein Vorbild gibt und was aushält und ein Verantwortungsgefühl zeigt! Warum kannst du dich nicht zusammennehmen und mit mir aufsitzen und reden, schwacher Mensch? *Zum Ober.* Was für ein Tag ist heut?
DER OBER Samstag, Herr Puntila.
PUNTILA Das erstaunt mich. Es soll Freitag sein.
DER OBER Entschuldigens, aber es ist Samstag.
PUNTILA Du widersprichst ja. Du bist mir ein schöner Ober. Willst deine Gäst hinausärgern und wirst grob zu ihnen. Ober, ich bestell einen weiteren Aquavit, hör gut zu, daß du nicht wieder alles verwechselst, einen Aquavit und einen Freitag. Hast du mich verstanden?

DER OBER Jawohl, Herr Puntila. *Er läuft weg.*
PUNTILA *zum Richter.* Wach auf, Schwächling! Laß mich nicht so allein! Vor ein paar Flaschen Aquavit kapitulieren! Warum, du hast kaum hingerochen. Ins Boot hast du dich verkrochen, wenn ich dich übern Aquavit hingerudert hab, nicht hinaus hast du dich schaun trauen übern Bootsrand, schäm dich. Schau, ich steig hinaus auf die Flüssigkeit – *er spielt es vor* – und wandle auf dem Aquavit, und geh ich unter? *Er sieht Matti, seinen Chauffeur, der seit einiger Zeit unter der Tür steht.* Wer bist du?
MATTI Ich bin Ihr Chauffeur, Herr Puntila.
PUNTILA *mißtrauisch.* Was bist du? Sag's noch einmal.
MATTI Ich bin Ihr Chauffeur.
PUNTILA Das kann jeder sagen. Ich kenn dich nicht.
MATTI Vielleicht haben Sie mich nie richtig angesehn, ich bin erst fünf Wochen bei Ihnen.
PUNTILA Und wo kommst du jetzt her?
MATTI Von draußen. Ich wart seit zwei Tagen im Wagen.
PUNTILA In welchem Wagen?
MATTI In Ihrem. In dem Studebaker.
PUNTILA Das kommt mir komisch vor. Kannst du's beweisen?
MATTI Und ich hab nicht vor, länger auf Sie draußen zu warten, daß Sie's wissen. Ich hab's bis hierher. So könnens einen Menschen nicht behandeln.
PUNTILA Was heißt: einen Menschen? Bist du ein Mensch? Vorhin hast du gesagt, du bist ein Chauffeur. Gelt, jetzt hab ich dich auf einem Widerspruch ertappt! Gib's zu!
MATTI Das werdens gleich merken, daß ich ein Mensch bin, Herr Puntila. Indem ich mich nicht behandeln laß wie ein Stück Vieh und auf der Straß auf Sie wart, ob Sie so gnädig sind herauszukommen.
PUNTILA Vorhin hast du behauptet, daß du dir's *nicht* gefallen läßt.
MATTI Sehr richtig. Zahlens mich aus, 175 Mark, und das Zeugnis hol ich mir auf Puntila.
PUNTILA Deine Stimm kenn ich. *Er geht um ihn herum, ihn wie ein fremdes Tier betrachtend.* Deine Stimm klingt ganz menschlich. Setz dich und nimm einen Aquavit, wir müssen uns kennenlernen.
DER OBER *herein mit einer Flasche.* Ihr Aquavit, Herr Puntila, und heut ist Freitag.
PUNTILA Es ist recht. *Auf Matti zeigend.* Das ist ein Freund von mir.

DER OBER Ja, Ihr Chauffeur, Herr Puntila.
PUNTILA So, du bist Chauffeur? Ich hab immer gesagt, auf der Reis' trifft man die interessantesten Menschen. Schenk ein!
MATTI Ich möcht wissen, was Sie jetzt wieder vorhaben. Ich weiß nicht, ob ich Ihren Aquavit trinke.
PUNTILA Du bist ein mißtrauischer Mensch, seh ich. Das versteh ich. Mit fremden Leuten soll man sich nicht an einen Tisch setzen. Warum, wenn man dann einschläft, möchtens einen ausrauben. Ich bin der Gutsbesitzer Puntila aus Lammi und ein ehrlicher Mensch, ich hab neunzig Kühe. Mit mir kannst du ruhig trinken, Bruder.
MATTI Schön. Ich bin der Matti Altonen und freu mich, Ihre Bekanntschaft zu machen. *Er trinkt ihm zu.*
PUNTILA Ich hab ein gutes Herz, da bin ich froh darüber. Ich hab einmal einen Hirschkäfer von der Straß auf die Seit in den Wald getragen, daß er nicht überfahren wird, das ist ja schon übertrieben bei mir. Ich hab ihn auf einen Stecken aufkriechen lassen. Du hast auch so ein gutes Herz, das seh ich dir an. Ich kann nicht leiden, wenn einer »ich« mit einem großen I schreibt. Das soll man mit einem Ochsenziemer austreiben. Es gibt schon solche Großbauern, die dem Gesinde das Essen vom Maul abzwacken. Ich möcht am liebsten meinen Leuten nur Braten geben. Es sind auch Menschen und wollen ein gutes Stückel essen, genau wie ich, sollen sie! Das meinst du doch auch?
MATTI Unbedingt.
PUNTILA Hab ich dich wirklich draußen sitzen lassen? Das ist mir nicht recht, das nehm ich mir sehr übel, und ich bitt dich, wenn ich das noch einmal mach, nimm den Schraubenschlüssel und gib mir eine über den Deetz! Matti, bist du mein Freund?
MATTI Nein.
PUNTILA Ich dank dir. Ich wußt es. Matti, sieh mich an! Was siehst du?
MATTI Ich möcht sagen: einen dicken Kloben, stinkbesoffen.
PUNTILA Da sieht man, wie das Aussehen täuschen kann. Ich bin ganz anders. Matti, ich bin ein kranker Mann.
MATTI Ein sehr kranker.
PUNTILA Das freut mich. Das sieht nicht jeder. Wenn du mich so siehst, könntest du's nicht ahnen. *Düster, Matti scharf anblickend.* Ich hab Anfälle.
MATTI Das sagen Sie nicht.
PUNTILA Du, das ist nichts zum Lachen. Es kommt über mich

mindestens einmal im Quartal. Ich wach auf und bin plötzlich sternhagelnüchtern. Was sagst du dazu?

MATTI Bekommen Sie diese Anfälle von Nüchternheit regelmäßig?

PUNTILA Regelmäßig. Es ist so: die ganze andere Zeit bin ich vollkommen normal, so wie du mich jetzt siehst. Ich bin im vollen Besitz meiner Geisteskräfte, ich bin Herr meiner Sinne. Dann kommt der Anfall. Es beginnt damit, daß mit meinen Augen irgend etwas nicht mehr stimmt. Anstatt zwei Gabeln – *er hebt eine Gabel hoch* – sehe ich nur noch eine.

MATTI *entsetzt.* Da sind Sie also halbblind?

PUNTILA Ich seh nur die Hälfte von der ganzen Welt. Aber es kommt noch böser, indem ich während dieser Anfälle von totaler, sinnloser Nüchternheit einfach zum Tier herabsinke. Ich habe dann überhaupt keine Hemmungen mehr. Was ich in diesem Zustand tue, Bruder, das kann man mir überhaupt nicht anrechnen. Nicht, wenn man ein Herz im Leibe hat und sich immer sagt, daß ich krank bin. *Mit Entsetzen in der Stimme.* Ich bin dann direkt zurechnungsfähig. Weißt du, was das bedeutet, Bruder, zurechnungsfähig? Ein zurechnungsfähiger Mensch ist ein Mensch, dem man alles zutrauen kann. Er ist zum Beispiel nicht mehr imstande, das Wohl seines Kindes im Auge zu behalten, er hat keinen Sinn für Freundschaft mehr, er ist bereit, über seine eigene Leiche zu gehen. Das ist, weil er eben zurechnungsfähig ist, wie es die Advokaten nennen.

MATTI Tun Sie denn nichts gegen diese Anfälle?

PUNTILA Bruder, ich tue dagegen, was ich überhaupt nur kann. Was überhaupt nur menschenmöglich ist! *Er ergreift sein Glas.* Hier, das ist meine einzige Medizin. Ich schlucke sie hinunter, ohne mit der Wimper zu zucken, und nicht nur kinderlöffelweise, das kannst du mir glauben. Wenn ich etwas von mir sagen kann, so ist es, daß ich gegen diese Anfälle von sinnloser Nüchternheit ankämpfe wie ein Mann.

Hans Henny Jahnn
Armut, Reichtum, Mensch und Tier

Innenraum einer Bergmühle

Abend. Mondschein. Balkenwerk dunkel verwittert. In der Mitte ein paar granitene rohbehauene Schrotsteine. Links eine große Tür zu einem stallartigen Vorraum. Heu ist in einer Raufe aufgesteckt. Primitives Gestänge eines Wasserschotts. Zischen und Grollen herabstürzender Wassermassen.
(...)
Draußen wird der Lärm von Pferdehufen hörbar. Schritte eines Menschen. In den Vorraum tritt Manao Vinje, eine Laterne in der Hand. Er zieht eine tiefbraune, wohlgepflegte Stute am Zaumzeug hinter sich her. Er nimmt ihr die Trense aus dem Maul, berührt zärtlich ihre Nüstern. Hebt zwei kleine Säcke voll Korn von ihrem Rücken ab, trägt sie in die Mühle. Kehrt zurück, beklopft das Tier in Freundschaft. Dann schüttet er Korn in den Mahltrichter, öffnet das Schott. Stärkerer Wasserlärm. Harte Schurr- und Klappgeräusche der Mühle. Die Schrotsteine drehen sich, Manao Vinje nimmt einen dreibeinigen Schemel, setzt sich darauf. Brönnemann, Yngve, Tunrider sind verschwunden. Brönnemann hat sich zwischen das Gestänge des Wasserschotts fallen lassen. Yngve ist hinter das Mühlwerk getreten. Tunrider ist in den Boden versunken. Das Pferd nimmt gemächlich Heu aus der Raufe, frißt.
YNGVE *kommt langsam hervor.* Warum plagst du dich? Warum ziehst du so spät am Abend nach der Mühle herauf, während andere in ihren Stuben bleiben? Warum sendest du den Knecht nicht, wenn es dir notwendig erscheint, daß die Kühe morgen früh Schrot in ihren Trog bekommen und deine Stute einen angemachten warmen Kuchen sich munden läßt?
MANAO *schweigt.*
YNGVE Oder fürchtest du, das Tier würde die Beine brechen, an einem Grat abstürzen, von einer Brücke in den Fluß springen, wenn der Knecht statt deiner die Zügel nimmt? Bist du so eingeschlossen, daß du nur an dich glaubst?
MANAO *schweigt.*
YNGVE Wie soll dein Leben auf rechte Weise bestellt werden, wenn du deine Jugend falsch verstehst? Deine Liebe der Einsamkeit schenkst, die dich ausdörren wird. Deine Zärtlichkeit zufälligen Tieren, die dich nicht suchen. Deine Fürsorge einem nutzlosen

und bequemen Burschen, der dich betrügen wird, sobald seine Barthaare härter geworden sind und seine Brust fest und bewachsen.

BRÖNNEMANN *steigt herauf.* Du machst alles falsch. Was drei Jahre lang erlaubt war, ist im vierten das Verbotene. Du hast deinen Vater begraben, hast dich an seinen Platz gestellt; aber du hast nicht getan, was er tat, als er seinen Vorgänger ersetzte: dir niemand ins Bett genommen. Du kennst die grausame Stille, die der Schein einer Kerze birgt, wenn kein Zwiegespräch aufkommen kann. Du hast deine Tage mit Arbeit dahingebracht. Du hast dich nicht geschont und keine Feierstunden eingelegt. Dein Sonntag ist wie der Alltag gewesen. Feste hast du nicht geschmeckt. Frühmorgens hast du das Vieh gefüttert, die Kühe gemolken. Und hast es am Abend wiederholt. Haus und Hof sind gut bestellt. Die Rinder in deinem Stall strotzen. Der Käse, den du auf den Markt bringst, ist fein und wohlschmeckend. Du hast Gestein in den Bergen gebrochen und neue Gebäude aufgeschichtet, sicher gegen Schneestürme und andere winterliche Unbill. Du hast Ackerboden auf deinem Rücken getragen und Halden unfruchtbaren Gerölls errichtet, daß deine Ernte an Korn und Kartoffeln wüchse.

YNGVE Warum tatest du's? Du hattest ja Brot und Zutaten im Hause auch vordem. Sind dir die Rinder an die Seele gewachsen? Schaust du in sie hinein und erkennst du das gewaltige Herz, das dumpf schlägt und sich in Geduld erfüllt? Fürchtest du, sie zu enttäuschen, wenn du sie nicht für ihre Ergebenheit belohnst? Siehst du die Wasseradern im Gestein und die silbrigen aus Metall und Kristallen? Gierst du nach Schätzen, die du mit niemand zu teilen brauchst? Bist du vernarrt in den Nüsterngeruch deines Pferdes und in den Samtglanz des Felles?

BRÖNNEMANN Du kannst die Schätze nicht heben. Du mußt sie ruhen lassen, wo sie liegen. Du bist kein Troll, der durch die Steine steigt wie gute Schwimmer durchs Wasser. Du bist nicht weise und dauernd wie ein Sternenhimmel, daß du auf den Grund des Lebens blicken könntest und die Trennungen von Geburt und Tod an ihren Enden verflöchtest. Du bist nicht der Nachfahre einer Sagenwelt, in der Hippokampen die Erde bestampfen; du bist nicht verwachsen durch den Sattel hindurch mit dem Rücken des Reittieres. Du träumst nur. Du wirst kein neues Geschlecht erzeugen, wie weit du auch mit deinen Gefühlen schweifst. Du bist in des Menschen Gestalt gebannt. Du gehörst zu den Deinen.

Die Berge sind deine Heimat. Aber du bist kein Teil des glühenden Grundes; du bist losgelöst und gehst auf Füßen.

YNGVE Glaubst du, Auflehnung gegen die Bestimmung wird dich verwandeln? Oder ungewöhnliches Tun die Gestalt dir abtragen? Daß du ein Geist würdest. Ein Baum in der Schlucht. Ein Kiesel im Bach. Ein äsendes Tier. Ein Kämpe der Vorzeit. Unsichtbar. Unverwundbar. Befahrer der Luft. Bist du ein Narr? Ein wenig mißraten? Ein Schmetterling, der sich wiegt, aber dem stärkeren Winde verfallen ist?

BRÖNNEMANN Geh zu dir selbst und den Deinen! Gib dem Knecht die Arbeit, die ihm zukommt. Suche ein Weib, das an den Flanken der Kühe hocken kann und im Hause walten. Deine Jahre sind nur einmal. Wenn deine Nachkommen ausfallen, bist du das verworfene Glied einer Kette. Mit klaren Zahlen will ich versuchen, dich zu erreichen. Du bist im fünfundzwanzigsten Jahre. Und wenn der Ablauf nicht gehemmt wird, wirst du mit siebenzig enden. Dein Knecht ist achtzehn Jahre alt. Und wenn es nicht vorher geschieht, wird er mit fünfundzwanzig Jahren Weib und Kinder haben. Und wird dich mit dreißig Jahren beherrschen. Und mit fünfzig Jahren prügeln. Du wirst in seiner Hand sein und ein Gespött seiner Kinder bis an dein Ende. Er wird deinem Herzen höhnen und deine Stute zum Schinder schleppen, wenn sie gebrechlich vor Alter und untauglich zur Arbeit ist. Es wird dir nichts bleiben außer dem Brot, das dir bitter schmeckt. Kein Sattel, kein Pferderücken, kein Traum, nur ein grausames Wachsein.

TUNRIDER *steigt herauf.* Ich kann Ihnen mit einigen Auskünften helfen. Sie sind in einer gefährlichen Verfassung des Gemüts. Sie leben getrennt von den Menschen tausend Meter über den unteren Wohnungen. Sie haben sich als Ersatz für mangelnde Gesellschaft eigene Richtlinien des Handelns und Fühlens zurechtgelegt. Einen gläsernen Weltbau. Sie sind dabei in Widerspruch zu Ihrem Alter gekommen und zu Ihrem gesunden Körper, zu dem vierschrötigen Bild aus Wasser und Lehm. Sie sind in Gefahr, ein erbarmenswürdiges Opfer der Leidenschaft zu werden. Raserei kann Sie befallen, während Sie sich noch mit der wilden Pracht einer unnahbaren Natur und des Getiers betäuben, durch die Erdkruste starren, dort eine Schöpfung entdecken, die auf tausend Inseln ein vollkommenes Dasein bietet. Die Verfinsterungen des Himmels sind über der Erde. Das Unglück wird Ihnen auf allen Wegen begegnen. Ich rate Ihnen deshalb, folgen Sie meinem Beispiel. Lösen Sie sich vom Fleisch. Es ist höchst angenehm, gestorben zu sein. Als ich wie Sie, in Ihrem Alter, ein Mensch, die Erde bewandelte, wurde ich von der Torheiten des lebendigen Staubes ergriffen. Ich liebte ein Mädchen. An ihren Mund zu denken oder an ihre Brüste, verwirrte mich mit unbegreiflichen Strudeln. Doch war ich für sie ungenügend. Zu zahm oder zu wild, zu häßlich oder nicht wohlredend, kurz, es war eine einseitige Liebe. Und deshalb verließ ich die Stadt, ging ins Gebirge, suchte Einsamkeiten. Und ein Schmerz übermannte mich. Ich stürzte mich in den Strom. Ein paar lästige Augenblicke. Dann trug mich das Wasser und legte mich am Stauwerk der Mühle nieder. Der Weg hierher war eine Straße der Seligkeiten. Gewiß holperte ein toter Körper über Wackersteine und Klippen. Mir aber schien es lauter samtenes Fleisch. Wie zehntausend Geliebte. Und ich vergaß die eine. Mein Gerippe ist längst mit Busch und Schlamm und Stein bedeckt. Ich habe eine beträchtliche Zeit vor mir, in der ich unbeschwert lustwandeln darf. Ich bin verjüngt. Melodien spielen in mir. Sie werden süßer und leiser allmählich, bis ich ganz entschlafe. Der Tod ist das Schicksal des Menschen, ob er ihn wählt oder ihn flieht. Sie stehen an der Schwelle des Peinvollen. Befolgen Sie meinen Rat, mir dauernde Gesellschaft zu leisten. Hier unter den Balken ist ein schöner Ort.

MANAO *richtet sich auf. Er beklopft den Schrotsack, schließt das Wasserschott. Er verbindet den Sack, trägt ihn hinaus. Legt ihn dem Pferd auf. Die Mühlsteine stehen still. Das Wassergeräusch ähnelt dem anfänglichen. Yngve, Brönnemann, Tunrider sind verschwunden. Manao hält die Laterne. Er gibt dem Pferd die Trense ins Maul, zieht davon.*

PETER HUCHEL
Der Rückzug

I

Ich sah des Krieges Ruhm.
Als wärs des Todes Säbelkorb,
durchklirrt von Schnee, am Straßenrand
lag eines Pferds Gerippe.
Nur eine Krähe scharrte dort im Schnee nach Aas,
wo Wind die Knochen nagte, Rost das Eisen fraß.

II Die Schwalbe

Weißbrüstige Schwalbe,
dein Schnabel ritzt
das grau sich kräuselnde Wasser
an Schilf und Toten vorbei
im gleitenden Flug.

Ich hörte den windschnellen Schrei
und sah dich aus lehmigem Loch,
hinter klagendem Draht, entwurzelten Weiden,
wo es verwest und brandig roch.

Zwischen den beiden
Sicheln des Mondes wurde ich alt
wie der blutgetränkte Fluß voll treibender Leichen,
wie der aschig trauernde Wald.

III

Am Bahndamm rostet das Läutwerk.
Schienen und Schwellen starren zerrissen,
zerschossen die Güterwagen.
Auf der Chaussee,
den Schotter als Kissen,
vom Sturz zersplitterter Pappeln erschlagen
liegt eine Frau im schwarzen Geäst.

Noch klagt ihr Mund
hart an der Erde.
In offene Augen
fällt Regen und Schnee.

O Klage der Mütter,
nicht löschen die Tränen
die Feuer der Schlacht.

Hinter der Hürde des Nebels,
Schnee in den Mähnen,
weiden die toten Pferde,
die Schatten der Nacht.

IV

Zersträhntes Stroh, ödkalter Stall,
die trübe Lampe flackernd blakt.
Und draußen wächst der Wälder Hall.
Es jagt der Wind, das Fenster klagt.

Der durch verbrannte Wälder streift,
der graue Hengst, er wittert Schnee.
Sein Zugseil dünn am Boden schleift.
Vergeßne Reuse fault im See.

O Schlaf der Flucht, gewürgter Traum,
als läg auf starrer Brust ein Joch.
Am Göpel knarrt der fahle Baum.
Die Ratte pfeift am Scheunenloch.

Der Hof hallt hohl, der Bauer floh.
Im Nebelwald ist er zu Haus.
Ich suchte Schutz in seinem Stroh.
Der Wind drückt jäh die Lampe aus.

Gesenkten Haupts vorm Hoftor steht
der graue Hengst, sein Huf scharrt leis.
Die Mähne lang im Nebel weht.
Die schwarze Distel klirrt im Eis.

V Die Schattenchaussee

Sie spürten mich auf. Der Wind war ihr Hund.
Sie schritten die Schattenchausseen.
Ich lag zwischen Weiden auf moorigem Grund
im Nebel verschilfter Seen.
Die Nacht nach Rohr und Kalmus roch,
des Zwielichts bittere Laugen
erglänzten fahl im Wasserloch.
Da sah ich mit brennenden Augen:

Den Trupp von Toten, im Tod noch versprengt,
entkommen der Feuersbrunst,

von aschigem Stroh die Braue versengt,
geschwärzt vom Pulverdunst,
sie gingen durch Pfahl und Stacheldraht
vorbei am glosenden Tank
und über die ölig verbrannte Saat
hinunter den lehmigen Hang
und traten, gebeugt von modernder Last,
aus wehendem Nebelgebüsch.
Am Wasser suchten sie späte Rast,
ein Stein war ihr Hungertisch.

Sie standen verloren im Weidengrau
mit Händen blutig und leer.
Und kalt durchdrang mich der Blätter Tau,
die Erde hielt mich schwer.
Stumm zogen sie weiter, der Weg war vermint,
sie glitten wie Schatten dahin.
Sie hatten dem großen Sterben gedient
und Sterben war ihr Gewinn.
Im Acker lag ein rostiger Pflug,
sie starrten ihn traurig an ...
Da sah ich mich selber im grauen Zug,
der langsam im Nebel zerrann.

O schwebende Helle, du kündest den Tag
und auch die Schädelstätte.
Zerschossen die Straße, zerschossen der Hag,
zermalmt von des Panzers Kette.
Ich schmeckte im Mund noch Sand und Blut
und kroch zum See, die Lippen zu feuchten.
Und sah der Sonne steigende Glut
im nebligen Wasser leuchten.

VI

Des Frühjahrs Regengüsse,
distelsausende Nacht!
Den qualmigen Nebel der Flüsse
saugen die ausgehölten Weiden ein
wie längst verstorbener Feuer Rauch.

Im wirbelnden Wasser mahlt der Stein
das weiße Hirn verfaulter Nüsse,
knochige Äste, Scherben aus Ton,
das Gold der Herbste, schwarz im Sand,
es knirscht Gebein,
das treibende, das keine Ruhe fand.

O Nacht, erstickend! Ödes Wort,
verscharrt im Nebel! Tanz der Lahmen
mit grauen Weibern, halb verdorrt,
die wehend aus den Weiden kamen,
das Auge hohl, voll Spinngewebe.
Es riß das harte Licht sie fort.

O daß ich atme noch und lebe,
den Spuk erkennend, der nicht gilt!
Und sah im Tanz der Grauen, Lahmen
der Nacht zerschundnes armes Bild!

Die Lampe flammt im Nebel schwer.
Ihr Öl aus alten Wunden quillt.
Ihr Docht ist Schmerz, der schwelend brennt.
Ihr Schein wärmt nicht die Schatten mehr:
Verweste, die kein Holzkreuz nennt,
kein Soldbuch und kein Regiment.
Wo schlammt ein Loch im Nebelrauch,
wo Rinde häutet ab der Strauch,
wo kahl ein Fingerzacken streift
vergilbtes Kraut, das sich bereift,
wo nagelrostig starrt ein Brett,
begrub die Nacht die letzte Spur,
des Todes armes Amulett,
das dünne Blech an dünner Schnur.

Verbrannt, vereist,
o öder Samen,
der Toten Feld im Wind verwaist!
Daß wir den grauen Halm vergessen,
o tiefe Schuld!
Im Namen wessen
erweisen sie Geduld?

Beim Lehm dieser Erde,
geheiligt vom Pflug,
getröstet vom Tau
aus der Nächte Krug,
beim Moder des Himmels
im sumpfigen Jahr,
chimärischen Dunkel
des Januar,
beim Feuer der Felder
– der Schmiede Glut –
beim Messer des Mondes,
gefärbt von Blut!

Des Krieges fette Ratte tragend
huscht es vorbei im kalten Flur,
die Krallen wund, katzmäulig klagend.
Der Sand füllt still die Stundenuhr.
Der Pappel Schatten mißt die Nacht.
Im Laubloch fault der Schnee zu Tau.
Des Windes Webstuhl saust und kracht:
Wer webt mit unsichtbarer Hand
des Monds Gespinst, spinnwebig grau,
aus Schatten webend ein Gewand?
Des Fährmanns Eisen hallt im Rohr,
im Mund der Toten rostet Geld.
Der Trauer Hunde stehn am Tor,
rauh kläffend, wenn der Regen fällt.

Umarmt vom öden
Wind der Nacht,
heunasse Böden,
von Furcht bewacht,
Eis wächst wie Schorf,
frißt die Chaussee,
geduckt das Dorf,
bewohnt von Schnee,
ein Hofhund jault,
der Ratten Kost,
am Stiefel fault
der Fuß im Frost,
der Kinder Schrei,

der Alten Fluch,
mondwärts vorbei
an Fenn und Luch
der Toten Treck,
vermorschte Wagen,
die Lampe leck,
das Rad zerschlagen,
am starren Pferd
die Leine schlaff,
der Karren fährt
ins tote Haff.

O Nacht der Trauer, Nacht April,
die ich im Feuerdunst durchschwamm,
umweht vom schwarzen Wassergras,
als schwankte Haar auf trübem Schlamm,
mit Pfählen treibend und mit Brettern,
mit Knäuln von Ästen und mit Aas,
versengtem Schilf, vereisten Blättern,
flußabwärts mit den Toten still.

O Grund der Welt, noch ungebunden,
o Pflug, der Gräber nicht verletzt,
o Mensch, verloren und gefunden,
auf morschem Floß noch ausgesetzt,
o öder Anhauch bleicher Lippen,
mit Blut und Regen kam der Tag,
da auf des Flusses steingen Rippen
das Morgenlicht zerschmettert lag!

Des Frühjahrs Regengüsse,
sickernd durch Gräber und Finsternis,
sind es die Wasser der Wiedergeburt?
Eis war die Furt,
Nebel zerriß.
Aus der erdigen Wurzel des Korns
zieht die weiße Sonne ihr Licht.

Unter der eiszerfressenden Rinde
wächst das bleiche Holundermark,
saugt aus der Toten Knochen ...

Hinter der klagenden Morgenröte
steht wieder auf das fahle Gebein,
aus dem Felsen des Schlafs gebrochen,
blütenglimmend und blätterstark,
mit der drängenden Wut des Halms
sprengend die Nacht wie einen Stein.

Und es wächst im Nebel das Korn,
noch überwölbt von Finsternis,
hinter dem Hang vergorener Herbste,
Wasser und Schlamm, leuchtet die Sichel
im Widderhorn.

Günter Eich
Die Häherfeder

Ich bin, wo der Eichelhäher
zwischen den Zweigen streicht,
einem Geheimnis näher,
das nicht ins Bewußtsein reicht.

Es preßt mir Herz und Lunge,
nimmt jäh mir den Atem fort,
es liegt mir auf der Zunge,
doch gibt es dafür kein Wort.

Ich weiß nicht, welches der Dinge
oder ob es der Wind enthält.
Das Rauschen der Vogelschwinge,
begreift es den Sinn der Welt?

Der Häher warf seine blaue
Feder in den Sand.
Sie liegt wie eine schlaue
Antwort in meiner Hand.

KARL KROLOW
Dezembermorgen

Rauch, quellend über die Dächer,
vom Gegenlichte gesäumt.
Ich hab in die Eisblumenfächer
deinen Namen geträumt.

Diesen Dezembermorgen
weiß ich schon einmal gelebt,
offenbar und verborgen,
wie ein Wort auf der Zunge schwebt.

Wachsen mir in die Fenster
Farne, golden von Licht,
zeigt sich im Schnee beglänzter
Name und Angesicht.

Muß ich dich jetzt nicht rufen,
weil ich dich nahe gespürt?
Über die Treppenstufen
hat sich kein Schritt gerührt.

KARL KROLOW
Fische

Die bei Molch und Alge schliefen,
Sanft vom grünen Stein beschattet,
Traumerstarrt in blinden Tiefen,
Zeigen sich und drehn im schiefen
Licht die Schwänze, früh ermattet.

Ruhig leuchten ihre Flossen.
Wind kämmt die gelöste Welle.
Vogel kommt vorbeigeschossen.
Und sie stehen, zart gegossen,
In der jäh geweckten Helle.

Unkenruf aus Hollergräben
Tönt im Ohr wie ferne Trommel.
Weißling und Forelle schweben.
Und die glatten Kiemen beben.
Antwort gibt die dunkle Dommel.

Glänzt der gelbe Mond gebogen,
Regen sich geflammte Lurche,
Kommen Hecht und Barsch gezogen.
Vom Gestirne angesogen,
Wandern Aale durch die Furche.

Rundes Maul fährt aus den Fluten.
Blankes Wasser muß sich teilen.
Fischhaupt steigt in gold'nem Gluten,
Wird am Angeldorne bluten,
Reusenmasche wird's ereilen.

Räuber, der im Boote lauert:
Messer zuckt schon in den Händen!
Kühler Gott im Schlamme kauert,
Hilflos sieht er's an und trauert,
Wie die Graugeschuppten enden.

Ilse Langner
Nebel

Mein Glück versinkt. Es halten mich nicht mehr
Der Träume goldne Schnüre überm Abgrund,
Noch einmal breite ich die Arme aus,
Und greife nichts mehr als das leere Nichts.

Mir ist zumute wie im Nebelreich,
Wo Farb und Ton und Laut sich hell verhüllen,
Die Menschen gleiten um mich geisterbleich:
Grüßt mich ein Blick? Ich seh es nur verschwommen.

So leb ich ohne Glück, dem Traum entrissen,
Grad wie im Traum, und alles wird zum Schein.
Mich freut nichts, grämt nichts mehr, bin ich gestorben?
Wie wär ich glücklich, fühlt ich wieder Schmerz.

Günter Eich
Ende August

Mit weißen Bäuchen hängen die toten Fische zwischen
                    Entengrütze und Schilf.
Die Krähen haben Flügel, dem Tod zu entrinnen.
Manchmal weiß ich, daß Gott am meisten sich sorgt um das
                    Dasein der Schnecke.
Er baut ihr ein Haus. Uns aber liebt er nicht.

Eine weiße Staubfahne zieht am Abend der Omnibus, wenn er
                    die Fußballmannschaft heimfährt.
Der Mond glänzt im Weidengestrüpp, vereint mit dem Abendstern.
Wie nahe bist du, Unsterblichkeit, im Fledermausflügel,
im Scheinwerfer-Augenpaar, das den Hügel herab sich naht.

Wolfgang Weyrauch
Traum des armen Fressers

Ich hungre, friere, Himmel ist mein Dach,
die Nacht ist alles, nichts ist mir der Tag,
ins Elendhaus kommt Distel, Strunk und Baum –
da träumt der Hungrige den satten Traum:

Ich hocke an dem wurmzerfressnen Tisch,
ich fresse schmatzend einen weißen Fisch.
Ich schneide durch das braune Fleisch vom Rind,
ich zerre einen Käse aus dem Spind.

Ich stopfe schwitzend Kuchen in den Mund,
ich saufe goldnen Wein gleich aus dem Spund.
Ich beiße in die Birne, daß das Naß
vom Wein, vom Obst mich füllt gleich einem Faß.

Ich öffne meinem Mädchen kühn das Kleid,
ich sehe Schlechtigkeit und Herrlichkeit,
ich fliege taumelnd zu den Himmeln hin,
ich weiß, daß ich in tiefen Höllen bin.

Ich fresse Tiere, Tiere fressen mich.
Wir sind zwei Brüder, jener Wurm und ich.
Und, ach, ihr edlen, gotterfüllten Armen,
habt mit dem Gottverlorenen Erbarmen.

Luise Rinser
Die rote Katze

Ich muß immer an diesen roten Teufel von Katze denken, und ich weiß nicht, ob das richtig war, was ich getan hab. Es ging damit an, daß ich auf dem Steinhaufen neben dem Bombentrichter in unserm Garten saß. Der Steinhaufen ist die größere Hälfte von unserm Haus. Die kleinere steht noch, und da wohnen wir, ich und die Mutter und Peter und Leni, das sind meine kleinen Geschwister. Also, ich sitz da auf den Steinen, da wächst überall schon Gras und Brennesseln und anderes Grünes. Ich halt ein Stück Brot in der Hand, das ist schon hart, aber meine Mutter sagt, altes Brot ist gesünder als frisches. In Wirklichkeit ist es deswegen, weil sie meint, am alten Brot muß man länger kauen und dann wird man von weniger satt. Bei mir stimmt das nicht. Plötzlich, da fällt mir ein Brocken Brot runter. Ich␣bück mich, aber im nämlichen Augenblick fährt eine rote Pfote aus den Brennesseln und angelt sich das Brot. Ich hab nur dumm schauen können, so schnell ist es gegangen. Und da seh ich, daß in den Brennesseln eine Katze hockt, rot wie ein Fuchs und ganz mager. »Verdammtes Biest«, sag ich und werf einen Stein nach ihr. Ich hab sie gar nicht treffen wollen, nur verscheuchen. Aber ich muß sie doch getroffen haben, denn sie hat geschrien, nur ein einziges Mal, aber so wie n Kind. Fortgelaufen ist sie nicht. Da hat es mir leid getan, daß ich nach ihr geworfen hab, und ich hab sie gelockt. Aber sie ist nicht aus den Nesseln rausgegangen. Sie hat ganz schnell geatmet. Ich hab gesehen, wie ihr rotes Fell über dem Bauch auf und ab gegangen ist. Sie hat mich immerfort angeschaut mit ihren grünen Augen. Da hab ich sie gefragt: »Was willstn eigentlich?« Das war verrückt, denn sie ist doch kein Mensch, mit dem man reden kann. Dann bin ich ärgerlich geworden über sie und auch über mich, und ich hab einfach nicht mehr hingeschaut und hab ganz schnell mein Brot runtergewürgt. Den letzten Bissen, das war noch n großes Stück, den hab ich ihr hingeworfen und bin ganz zornig fortgegangen.

Im Vorgarten, da waren Peter und Leni und haben Bohnen geschnitten. Sie haben sich die grünen Bohnen in den Mund gestopft, daß es nur so geknirscht hat, und Leni hat ganz leise gefragt, ob ich nicht noch n Stückchen Brot hab. »Na«, hab ich gesagt, »du hast doch genau so n großes Stück gekriegt wie ich und du bist erst neun und ich bin dreizehn. Größere brauchen mehr.« »Ja«, hat sie gesagt, sonst nichts. Da hat Peter gesagt: »Weil sie ihr Brot doch der Katze gegeben hat.« »Was für einer Katze?« hab ich gefragt. »Ach«, sagt Leni, »da ist so eine Katze gekommen, eine rote, wie so n kleiner Fuchs und so schrecklich mager. Die hat mich immer angeschaut, wie ich mein Brot hab essen wollen und da hab ich es ihr gegeben, weil sie es hat haben wollen.« »Dummkopf«, hab ich ärgerlich gesagt, »wo wir doch selber nichts zu essen haben.« Aber sie hat nur mit den Achseln gezuckt und ganz schnell zu Peter hingeschaut. Der hat n roten Kopf gehabt, und ich bin sicher, er hat sein Brot auch der Katze gegeben. Da bin ich wirklich ärgerlich gewesen, und ich hab ganz schnell weggehen müssen.

Wie ich auf die Hauptstraße komm, steht da n amerikanisches Auto, so n großer, langer Wagen, n Buick, glaub ich, und da fragt mich der Fahrer nach m Rathaus. Auf Englisch hat er gefragt, und ich kann doch n bißchen Englisch. »The next street«, hab ich gesagt, »and then left and then« – geradeaus hab ich nicht gewußt auf Englisch, das hab ich mit dem Arm gezeigt, und er hat mich schon verstanden. – »And behind the Church is the marketplace with the Rathaus.« Ich glaub, das war n ganz gutes Amerikanisch, und die Frau im Auto hat mir n paar Schnitten Weißbrot gegeben, so n ganz weißes, und wie ichs aufklapp, is da Wurst zwischen, ganz dick. Da bin ich gleich heimgerannt mit m Brot. Wie ich in die Küche komm, da verstecken die zwei Kleinen schnell was unterm Sofa, aber ich habs doch gesehen. Es ist die rote Katze gewesen. Und auf m Boden war n bißchen Milch verschüttet und da hab ich alles gewußt. »Ihr seid wohl verrückt«, hab ich geschrien, »wo wir doch nur n halben Liter Magermilch haben im Tag, für vier Personen.« Und ich hab die Katze unterm Sofa rausgezogen und hab sie zum Fenster rausgeworfen. Die beiden Kleinen haben kein Wort gesagt. Dann hab ich das amerikanische Weißbrot in vier Teile geschnitten und den Teil für die Mutter im Küchenschrank versteckt.

»Woher hastn das?« haben sie gefragt und ganz ängstlich geschaut. »Gestohlen«, hab ich gesagt und bin rausgegangen. Ich hab nur schnell mal nachsehn wollen, ob auf der Straße keine Kohlen liegen, weil nämlich n Kohlenauto vorbeigefahren war und die verlieren schon mal was. Da sitzt im Vorgarten die rote Katze und schaut so an mir rauf. »Geh weg«, hab ich gesagt und mit m Fuß nach ihr gestoßen. Aber sie ist nicht weggegangen. Sie hat bloß ihr kleines Maul aufgemacht und gesagt: »Miau.« Sie hat nicht geschrien, wie andere Katzen, sie hat es einfach so gesagt, ich kann das nicht so erklären. Dabei hat sie mich ganz starr angeschaut mit den grünen Augen. Da hab ich ihr voll Zorn n Brocken von dem amerikanischen Weißbrot hingeworfen. Nachher hats mich gereut.

Wie ich auf die Straße komm, da sind schon zwei andere da, Größere, die haben die Kohlen aufgehoben. Da bin ich einfach vorbeigegangen. Sie haben einen ganzen Eimer voll gehabt. Ich hab schnell hineingespuckt. Wär das mit der Katze nicht gewesen, hätt ich sie alle allein gekriegt. Und wir hätten n ganzes Abendessen damit kochen können. Es waren so schöne glänzende Dinger. Nachher hab ich dafür n Wagen mit Frühkartoffeln getroffen, da bin ich n bißchen drangestoßen, und da sind n paar runtergekollert und noch n paar. Ich hab sie in die Taschen gesteckt und in die Mütze. Wie der Fuhrmann umgeschaut hat, hab ich gesagt: »Sie verlieren Ihre Kartoffeln.« Dann bin ich schnell heimgegangen.

Die Mutter war allein daheim und auf ihrem Schoß, da war die rote Katze. »Himmeldonnerwetter«, hab ich gesagt, »ist das Biest schon wieder da?« »Red doch nicht so grob«, hat die Mutter gesagt, »das ist eine herrenlose Katze, und wer weiß, wie lang sie nix mehr gefressen hat. Schau nur, wie mager sie ist.« »Wir sind auch mager«, hab ich gesagt. »Ich hab ihr n bißchen was von meinem Brot gegeben«, hat sie gesagt und hat mich schief angeschaut. Ich hab an unsere Brote gedacht und an die Milch und an das Weißbrot, aber gesagt hab ich nichts. Dann haben wir die Kartoffeln gekocht, und die Mutter war froh. Aber woher ich sie hab, hat sie nicht gefragt. Meinetwegen hätt sie schon fragen können. Nachher hat die Mutter ihren Kaffee schwarz getrunken, und sie haben alle zugeschaut, wie das rote Biest die Milch ausgesoffen hat. Dann ist sie endlich durchs Fenster rausgesprungen. Ich habs schnell zugemacht und richtig aufgeatmet. Am Morgen, um sechs, hab ich mich für Gemüse angestellt. Wie ich um acht heimkomm, sitzen die Kleinen beim Frühstück und auf dem Stuhl dazwischen hockt das Vieh und frißt eingeweichtes Brot aus Leni ihrer Untertasse. Nach n paar Minuten kommt die Mutter zurück, die ist seit halb sechs beim Metzger angestanden. Die Katze springt gleich zu ihr hin, und wie die Mutter denkt, ich geb nicht acht, läßt sie n Stück Wurst fallen. Es war zwar markenfreie Wurst, so n graues Zeug, aber wir hätten sie uns auch gern aufs Brot gestrichen, das hätte Mutter doch wissen müssen. Ich verschluck meinen Zorn, nehm die Mütze und geh. Ich hab das alte Rad aus m Keller geholt und bin vor die Stadt gefahren. Da ist n Teich, da gibts Fische. Ich habe keine Angel, nur so n Stecken mit zwei spitzen Nägeln drin, da stech ich nach den Fischen. Ich hab schon oft Glück gehabt und diesmal auch. Es ist noch nicht zehn Uhr, da hab ich zwei ganz nette Dinger, genug fürn Mittagessen. Ich fahr heim so schnell ich kann, und daheim leg ich die Fische auf den Küchentisch. Ich geh nur rasch in n Keller und sags der Mutter, die hat Waschtag. Sie kommt auch gleich mit rauf. Aber da ist nur mehr ein Fisch da und ausgerechnet der kleinere. Und auf dem Fensterbrett, da sitzt der rote Teufel und frißt den letzten Bissen. Da krieg ich aber die Wut und werf n Stück Holz nach ihr, und ich treff sie auch. Sie kollert vom Fensterbrett, und ich hör sie wie n Sack im Garten aufplumpsen. »So«, sag ich, »die hat genug.« Aber da krieg ich von der Mutter eine Ohrfeige, daß es nur so klatscht. Ich bin dreizehn und hab sicher seit fünf Jahren keine mehr gekriegt. »Tierquäler«, schreit die Mutter und ist ganz blaß vor Zorn über mich. Ich hab nichts anderes tun können als fortgehen.

Mittags hat es dann doch Fischsalat gegeben mit mehr Kartoffeln als Fisch. Jedenfalls sind wir das rote Biest losgewesen. Aber glaub ja keiner, daß das besser gewesen ist. Die Kleinen sind durch die Gärten gelaufen und haben immer nach der Katze gerufen, und die Mutter hat jeden Abend ein Schälchen Milch vor die Tür gestellt, und sie hat mich vorwurfsvoll angeschaut. Und da hab ich selber angefangen, in allen Winkeln nach dem Vieh zu suchen, es konnte ja irgendwo krank oder tot liegen. Aber nach drei Tagen war das Biest wieder da. Sie hat gehinkt und hat ein Wunde am Bein gehabt, am rechten Vorderbein, das war von meinem Scheit. Die Mutter hat sie verbunden, und sie hat ihr auch was zu fressen gegeben. Von da an ist sie jeden Tag gekommen. Es hat keine Mahlzeit gegeben ohne das rote Vieh und keiner von uns hat irgendwas vor ihm verheimlichen können. Kaum hat man was gegessen, so ist sie schon dagesessen und hat einen angestarrt. Und alle haben wir ihr gegeben, was sie hat haben wollen, ich auch. Obwohl ich wütend war. Sie ist immer fetter geworden, und eigentlich war es eine schöne Katze, glaub ich. Und dann ist der Winter sechsundvierzig auf siebenundvierzig gekommen. Da haben wir wirklich kaum mehr was zu essen gehabt. Es hat ein paar Wochen lang kein Gramm Fleisch gegeben und nur gefrorene Kartoffeln, und die Brotrationen waren wieder gekürzt, und wir waren so mager, daß die Kleider nur so geschlottert haben an uns. Und einmal hat Leni ein Stück Brot gestohlen beim Bäcker vor Hunger. Aber das weiß nur ich.

Und Anfang Februar, da hab ich zu der Mutter gesagt: »Jetzt schlachten wir das Vieh.« »Was fürn Vieh?« hat sie gefragt und hat mich scharf angeschaut. »Na, die Katze halt«, hab ich gesagt und hab gleichgültig getan, aber ich hab schon gewußt, was kommt. Sie sind alle über mich hergefallen. »Was! Unsere Katze! Schämst du dich nicht?« »Nein«, hab ich gesagt, »ich schäm mich nicht. Wir haben sie von unserm Essen gemästet, und sie ist fett wie n Spanferkel, jung ist sie auch noch, also?« Aber Leni hat angefangen zu heulen, und Peter hat mir unterm Tisch n Fußtritt gegeben, und Mutter hat traurig gesagt: »Daß du so n böses Herz hast, hab ich nicht geglaubt.« Die Katze ist auf dem Herd gesessen und hat geschlafen. Sie war wirklich ganz rund, und sie war so faul, daß sie kaum mehr aus m Haus zu jagen war.

Wie es dann im April keine Kartoffeln mehr gegeben hat, da haben wir nicht mehr gewußt, was wir essen sollen. Aber die Katze ist weiter gefüttert worden. Eines Tages, ich war schon ganz verrückt, da hab ich sie mir vorgenommen und hab gesagt: »Also hör mal, wir haben nichts mehr, siehst du das nicht ein?« Und ich hab ihr die leere Kartoffelkiste gezeigt und den leeren Brotkasten. »Geh fort«, hab ich gesagt, »du siehst ja, wie s bei uns ist.« Aber sie hat nur geblinzelt und sich auf dem Herd rumgedreht. Da hab ich vor Zorn geheult und auf den Küchentisch geschlagen. Aber sie hat sich nicht darum gekümmert. Da hab ich sie gepackt und untern Arm geklemmt. Es war schon n bißchen dunkel draußen, und die Kleinen waren mit der Mutter fort, Kohlen am Bahndamm zusammensuchen. Das rote Vieh war so faul, daß es sich einfach forttragen hat lassen. Ich bin an den Fluß gegangen. Auf einmal ist mir n Mann begegnet, der hat gefragt, ob ich die Katze verkauf. »Ja«, hab ich gesagt und hab mich schon gefreut. Aber er hat nur gelacht und ist weitergegangen. Und dann war ich auf einmal am Fluß. Da war Treibeis und n bißchen Nebel und kalt war es. Da hat sich die Katze ganz nah an mich gekuschelt und dann hab ich sie gestreichelt und mit ihr geredet. »Ich kann das nicht mehr sehen«, hab ich gesagt, »es geht nicht, daß meine Geschwister hungern und du bist fett, ich kann das einfach nicht mehr mit ansehn.« Und auf einmal hab ich ganz laut geschrien, und dann hab ich das rote Vieh an den Hinterläufen genommen und habs an einen Baumstamm geschlagen. Aber sie hat bloß geschrien. Tot war sie noch lange nicht. Da hab ich sie an eine Eisscholle gehaut, aber davon hat sie nur ein Loch im Kopf gekriegt, und da ist das Blut herausgeflossen, und überall im Schnee waren dunkle Flecken. Sie hat geschrien wie ein Kind. Ich hätt gern aufgehört, aber jetzt hab ichs schon fertig tun müssen. Ich hab sie immer wieder an die Eisscholle geschlagen, es hat gekracht, ich weiß nicht, ob es ihre Knochen waren oder das Eis, und sie war immer noch nicht tot. Eine Katze hat sieben Leben, sagen die Leute. Aber die hat mehr gehabt. Bei jedem Schlag hat sie laut geschrien, und auf einmal hab ich auch geschrien, und ich war ganz naß vor Schweiß bei aller Kälte. Aber einmal war sie dann doch tot. Da hab ich sie in den Fluß geworfen und hab mir meine Hände im Schnee gewaschen, und wie ich noch einmal nach dem Vieh schau, da schwimmt es schon weit draußen mitten unter den Eisschollen, dann war es im Nebel verschwunden. Dann hat mich gefroren, aber ich hab noch nicht heimgehen mögen. Ich bin noch in der Stadt rumgelaufen, aber dann bin ich doch heimgegangen. »Was hastn du?« hat die Mutter gefragt, »du bist ja käseweiß. Und was ist n das für n Blut an der Jacke?« »Ich hab Nasenbluten gehabt«, hab ich gesagt. Sie hat mich nicht angeschaut und ist an den Herd gegangen und hat mir Pfefferminztee gemacht. Auf einmal ist mir schlecht geworden, da hab ich schnell mal raus müssen, dann bin ich gleich ins Bett gegangen. Später ist die Mutter gekommen und hat ganz ruhig gesagt: »Ich versteh dich schon. Denk nimmer dran.« Aber nachher hab ich Peter und Leni die halbe Nacht unterm Kissen heulen hören. Und jetzt weiß ich nicht, ob es richtig war, daß ich das rote Biest umgebracht hab. Eigentlich frißt so n Tier doch gar nicht viel.

MAX BENSE
Das literarische Gewissen

Das literarische Gewissen besteht in der Überzeugung, daß die Literatur nicht sich, sondern das Volk rechtfertigt, erhöht und erkennen läßt. Aus dieser Überzeugung folgen die Voraussetzungen guter Literatur: der Entschluß, Literat zu sein, Selbstkritik, beständige Überwachung des literarischen Niveaus und die Einsicht in die Notwendigkeit der Literatur.

Literatur ist nicht speziell, sondern allgemein. Sie ist Sammelbecken des Geistes, darin alle, wissenschaftliche wie künstlerische, ökonomische und militärische, politische und theologische Ideen zusammenströmen, sich mischen und einen neuen Kristall bilden,

den wir, auf der Ebene des Sprachlichen, eben Literatur nennen und als solchen bewundern. Denn Literatur ist der Inbegriff des geselligen Geistes. Diese Eigenschaft, daß Literatur die allgemeine Substanz des Geistes zur Voraussetzung hat, erfordert vom Literaten ein Niveau in der allgemeinen Bildung und bestimmt als allgemeine Aufgabe der Literatur die Satzung, Sichtbarmachung und Überlieferung der inneren Gemeinschaft eines Volkes, die Gemeinschaft durch den Geist, die Gemeinschaft durch das Denken, durch die Bildung.

Das literarische Gewissen weiß, daß der Geist eines Volkes im Weltgeist ruht, daß es diesen bereichert oder verbraucht. Die Vollkommenheit in der Literatur offenbart die Tiefe dieser inneren Gemeinschaft, für die der Schriftsteller zugleich Arzt und Seismograph ist, also Wächter, Förderer und Verkäufer der Sprache. Denn die Reife der Sprache wird ja nicht nach der Zweckmäßigkeit bemessen, irgend etwas verständlich zu sagen, sondern nach der Vielfalt der Möglichkeiten, die sie bereit hält, einen Gedanken zum Ausdruck zu bringen.

Der Schriftsteller ist entweder Feingeist oder Schöngeist. Als Feingeist entwuchs er der Wissenschaft, als Schöngeist entwuchs er der Dichtung. Natürlich zeichnet es das vollkommene literarische Gewissen aus, daß es sowohl den Forderungen des Feingeistes als auch den Forderungen des Schöngeistes genügt. Das literarische Gewissen beruht also weniger auf einer literarischen Bildung als vielmehr auf einem literarischen Charakter. Was ist unter dem literarischen Charakter zu verstehen? Welches Verhältnis insbesondere hat der literarische Charakter zum literarischen Gewissen? Während der literarische Charakter in jeder Zeile bemüht ist, das Volk heraufzuziehen, ohne die Literatur herabzubringen in Bildung und Geschmack, also wesentlich den Literaten auszeichnet, besteht das literarische Gewissen darin, Geschmack und Ohr so ausgebildet zu haben, daß es Literatur nicht nur vernehmen, sondern nach Möglichkeit sogar ihr Echo sein kann; das literarische Gewissen zeichnet also lediglich den Leser aus, obwohl natürlich auch der Literat mit jeder Zeile sich vor ihm verantworten muß. Auch Dichtung, Wissenschaft, Philosophie und Politik dürfen nie vergessen, daß sie Substanz der Literatur sein können. Also haben sich auch Dichtung, Wissenschaft, Philosophie und Politik vor dem literarischen Gewissen zu rechtfertigen und haben sich auch Dichter, Wissenschaftler, Philosophen und Politiker durch einen literarischen Charakter auszuzeichnen. Die Philosophie tröstet nur dort, wo sie beansprucht. Und wodurch tröstet sie dort? – Nicht durch Ablenkung. Die Philosophie ist die einzige Tätigkeit, die nicht durch Ablenkung, sondern gerade durch Hinlenkung, durch Vertiefung in das, was Trost verlangt, tröstet. Sie vereint mit dem Schmerzlichen, sie tröstet durch Anerkennung, durch eine Duldsamkeit im Geiste, die auch das Unvollendete in der Welt einbezieht, sie gesteht ein, daß es auch prästabilierte Feindschaften gibt.

Die Arbeit der Philosophie besteht darin, Ordnung, gute Nachbarschaft unter den Gedanken zu schaffen. Sie ist unermüdlich tätig, alles an einen wohlbestimmten Ort zu stellen; dadurch bringt sie alle Dinge zu sich selbst und macht sich sichtbarer oder unsichtbarer, je nachdem wie die Substanz dieser Dinge es verlangt. Auf diese Weise wird die Philosophie zur versöhnlichsten Tätigkeit unseres Geistes; sie ist ohne Zweifel ihrer Natur nach polemisch, und sie handhabt die Polemik nur dann, wenn die gute Nachbarschaft der Gedanken ohne Zorn und ohne Streit nicht mehr verwirklicht werden kann.

Die Philosophie versucht, die Gedanken der Menschen zu Ende zu denken. Manchmal kommt sie an ein Ende, manchmal vermeint sie nur, dort angelangt zu sein, oder sie gibt zu, das Ende nicht erreichen zu können. Das sind alles Stadien, Seinsweisen der Philosophie, die von einer wunderbaren Geduld des Geistes Zeugnis ablegen. Diese Geduld ist das Große, das Entscheidende in der Philosophie. Manchmal ist sie so groß, daß selbst nicht der Tod des Philosophen jenen noch nicht zu Ende gedachten Gedanken abreißen läßt; ein anderer, späterer Philosoph nimmt den Gedanken auf, und so werden die Philosophen eigentlich nicht geboren, sondern immer nur wiedergeboren, indem der eine den Gedanken des anderen weiterdenkt.

Die Philosophen haben auch die Aufgabe, die alten Wahrheiten beständig hin und her zu wenden, damit sie nicht zu Billigkeiten werden und der allgemeinen Gedankenlosigkeit verfallen.

Lege in die Nachdenklichkeit über die Welt auch den Widerstand gegen ein falsches Niveau.

Es tröstet nur jene Philosophie, in deren Gedeihen einmal ein rettendes oder verzehrendes Feuer gebrannt hat, und sie tröstet nur den, in dessen Leben einmal ein rettendes oder verzehrendes Feuer brannte.

Alfred Andersch
Deutsche Literatur im Vorraum der Freiheit

Unsere Betrachtung hat das Ausmaß des Widerstandes erwiesen, das die deutsche Literatur gegen den Nationalsozialismus geleistet hat, eines Widerstandes, der nicht abgewertet werden sollte, nur weil ihm der endgültige Erfolg versagt war. Sie hat aber auch nachgewiesen, daß dieser Kampf ein riesiges Maß an Kraft verzehrt, viele gesunde Tendenzen in die Isolation oder in Sackgassen der Form getrieben und eine ganze Generation geistig schöpferischer Menschen verbraucht hat. Aus diesen Gründen, wie aus dem Zwang einer völlig neuartigen Situation heraus, steht die junge Generation vor einer tabula rasa, vor der Notwendigkeit, in einem originalen Schöpfungsakt eine Erneuerung des deutschen geistigen Lebens zu vollbringen.

Vor einem neuen »Sturm und Drang«

Mag der revolutionäre Charakter der deutschen Situation durch die von den Besatzungsmächten applizierte Ruhe und Ordnung noch so sehr verhüllt werden, er gibt sich doch in allen Zeichen einer tiefgehenden geistigen und sozialen Umwälzung kund. Seinen äußeren Erscheinungsformen, den Ruinen und dem Schwarzhandel, den Flüchtlingen und der verwahrlosten Jugend, dem Hunger und den Demontagen, entsprechen viele psychische und geistige Phänomene. Man denke etwa an die Atmosphäre latenter Grausamkeit, die immer noch über uns lagert, oder an die Bewegung, in die schon beinahe stagnierende religiöse Formen plötzlich getreten sind, oder an die Relativierung des bürgerlichen Besitzgedankens durch den Bombenkrieg, um nur einige dieser Erscheinungen zu nennen. Der Zusammenbruch der alten Welt hat aber, vor allem bei der jungen Generation, das Gefühl einer völligen Voraussetzungslosigkeit geschaffen, das Vorgefühl eines originalen Neu-Werdens, für das es keine Muster und Vorbilder gibt. Im Literarischen bedeutet das, daß die künstlerische Formsuche nur von solchen Tendenzen gespeist werden kann, die von einer ähnlichen Voraussetzungslosigkeit ausgehen, also etwa dem zynischen Moralisieren *Kästners* im ›Fabian‹, der realistischen Nüchternheit proletarischer Schriftsteller, dem büchnerischen Wüten *Brechts*, der religiösen Unbedingtheit, für die wir in Deutschland kein Beispiel hätten, das dem *Bernanos'* entspräche, wenn nicht Elisabeth *Langgässer* mit dem in langen Jahren des erzwungenen Schreibens gereiften Epos ›Das unauslöschliche Siegel‹ diese Lücke geschlossen hätte. Wenn nicht alle Zeichen trügen, so richtet sich der dichterische Wille der jungen Generation auf einen neuen Sturm und Drang, wobei dieses Wort hier nur als sehr ungenügender Hilfsbegriff dienen soll.

Realisten und Surrealisten

Die Verachtung aller überkommenen formalen Gesetze ist jedenfalls groß. Man spürt, daß die alten Formen den geistigen Inhalt der neuen Zeit nicht tragen können. So wenden sich einige der neuen Schriftsteller, wie etwa Ernst *Kreuder* und Wolfdietrich *Schnurre* deutlich zum Surrealismus und zur Phantastik. Der Hauptstrom scheint aber instinktiv zum reinen Realismus hinzudrängen, bemüht, diesen mit neuen Formen, mit der Intensität unmittelbarer Erlebniskraft zu füllen. Am nachhaltigsten bisher in dem ›Stalingrad‹-Epos Theodor *Pliviers*, in Walter *Kolbenhoffs* Roman ›Von unserem Fleisch und Blut‹, in den Erzählungen Wolfgang *Borcherts*, Heinz *Ulrichs* und Wolfgang *Weyrauchs*, in den Gedichten Hermann *Mostars* und Günter *Eichs*. Wenn es dieser jungen Literatur gelingt, sich formal überzeugend zu prägen, wird ihr die Zukunft gehören, unbeschadet des breiten Stroms der Kalligraphie, der immer noch den Vordergrund beherrscht.

Wenn irgendetwas zur Kritik dieser Bemühungen des jungen literarischen Deutschland gesagt werden muß, so dies, daß an ihnen mitunter eine Art von Bewußtlosigkeit beobachtet werden kann. Sie tritt immer dort auf, wo der Sturm und Drang deutlich von allzu romantischen Quellen gespeist wird. Es ist dies eine Gefahr, die gesehen werden muß. Der jungen Literatur kann es durchaus nicht schaden, wenn sie sich ihres internationalen Standortes bewußt wird, aus dem Vergleich mit fremden Literaturen Maßstäbe gewinnt und überdies daran ihr eigenes Selbstbewußtsein stärkt. Denn sie wird beim Aneignen ausländischer Einflüsse zu ihrem Nutzen feststellen können, daß die neuen Schriftsteller, etwa Amerikas, Frankreichs, Englands und Italiens, sich auf durchaus ähnlichen Pfaden bewegen, künstlerisch aber dank der freiheitlichen Tradition ihrer Länder eine Form erreicht haben, die verarbeitet werden will, wenn man den Wunsch hat, eine deutsche Literatur zu schaffen, die aus provinzieller Enge heraustritt. Ablehnung der Epigonie ist eine gute Sache, aber es hieße, in eine Art Analphabetismus verfallen, wollte man von dem Werk etwa Henry *Millers* und Albert *Camus'*, Ignazio *Silones* und Arthur *Koestlers* keine Notiz nehmen. Die tiefe, kenntnisreiche Bewegtheit aus solchem Wissen heraus spiegelt sich vor allem in den Arbeiten Stephan *Hermlins*.

Aber wichtiger noch als die Bewältigung solcher künstlerischen Probleme ist die große Aufgabe, die vor dem deutschen Schriftsteller steht: sich seiner allgemeinen Lage bewußt zu werden. Diese Lage hat ihre gesellschaftliche und ihre metaphysische Seite, und beide durchdringen und ergänzen einander.

Der Schriftsteller in der Kolonialität

Seine gesellschaftliche Lage ist mit einem kurzen Satz zu umreißen; er ist – und wird es für die kommenden Jahrzehnte sein – Angehöriger der intellektuellen Schicht eines halbkolonialen Volkes.

Der besondere Charakter der deutschen Kolonialität besteht in ihrer Selbstverschuldetheit. Deutschland hat seinen Kolonialstatus der Politik seiner eigenen imperialistischen und kapitalistischen Bankrotteure zu verdanken. Dieser Umstand macht den Kampf um die geistige Freiheit – diese ständige Hauptaufgabe der Intellektuellen eines Landes – so kompliziert. Dieser Kampf wird nicht einfach nur dadurch geführt, daß man die kolonialen Erscheinungsformen angreift, also etwa die Wegnahme der staatlichen Souveränität, die Eingriffe in Fragen der inneren Ordnung, die Ausbeutung der deutschen Wirtschaft für fremde Zwecke und die Sanktionierung all dieser Maßnahmen durch die aufgedrungene Anerkennung einer Kollektivschuld, ihre Verhüllung durch ein schein-humanitäres und geistig völlig flaches System der sogenannten »Rück-Erziehung« – dieser Kampf muß sich ebensosehr gegen die latente Bedrohung der Freiheit aus dem Denken heraus richten, das für diese Zustände verantwortlich ist, also mithin gegen den deutschen Nationalismus und das Ressentiment, das er heute produziert, gegen jegliches Aufkommen von Revanchegedanken, gegen den deutschen Superioritätskomplex. Die Aufgabe des Intellektuellen ist also eine zweifach unpopuläre: er muß im Namen der wahren Demokratie die Heuchelei derjenigen enthüllen, die heute die Demokratie durch ihre Politik gegenüber Deutschland diskreditieren, und er muß den Geist der Demokratie verteidigen gegen alle, die aus der Diskrepanz zwischen Theorie und Praxis, an der wir leiden, bereits wieder ihre faschistischen Schlüsse ziehen. Zweifellos kann das Ziel eines freiheitlichen Ringens nur aus dem Geist der unerbittlichen Selbstkritik heraus erreicht werden. Nur eine solche Ehrlichkeit wird die deutschen Schriftsteller mit der geistigen Elite aller Nationen zusammenführen und Deutschland aus der Isolierung lösen. Sie wird Deutschland notwendig in Verbindung bringen vor allem mit jenen Völkern, die historisch in einer ähnlichen Lage sind, einer Völkergruppe, die geographisch gleich einem riesigen Halbkreis sich zwischen den großen Weltmacht-Blöcken ausdehnt und, von England bis China, um eine sozialistische Synthese von Freiheit und sozialer Gerechtigkeit ringt. Fast erübrigt es sich auszusprechen, daß solche Dinge nur für Schriftsteller gesagt werden, die überhaupt ein Bewußtsein ihrer gesellschaftlichen Lage haben. Es wird immer noch genug geben, die in den Elfenbeinturm entfliehen.

Die Entscheidung zur Freiheit

Wir haben von der Analogie der gesellschaftlichen und metaphysischen Situation gesprochen. Was im Raum des Politischen sich als Zweifrontenkrieg des Geistes vollzieht, das drückt sich auch im Geistigen aus: als Zwang zur kritischen Untersuchung aller Wertsysteme, die uns von den großen Weltmächten sowohl wie vom Nationalismus präsentiert werden. Wir können diese Wertsysteme, die uns als Ausweg aus der Krise propagandistisch angeboten werden, in ihren heutigen Formen schon deshalb nicht annehmen, weil wir ihre Bereitschaft kennen, unter der Maske höchster ethischer Postulate die tiefste Entwürdigung des Menschen vorzubereiten: den Krieg. Solange sich hinter den Begriffen der Freiheit und Humanität die Atombombe verbirgt, hinter dem der sozialen Gerechtigkeit das größte Landheer der Welt, und hinter dem Begriff der Nation der faschistische Galgen, solange werden uns diese Begriffe selbst als ihres Inhalts beraubt und tief verdächtig gelten.[1] Die Gestalt des Don Quichote mag eine Figur von ewigem Wert sein; unser Leben aber hängt davon ab, die Realitäten zu sehen.

Die Ablehnung aller Wertsysteme, die sich selbst als absolut begreifen, wird den Vorwurf des Nihilismus nach sich ziehen. Und umso stärker, je größer der Teil der schöpferischen Kraft sein wird,

---

[1] Es ist erfreulich, daß der 1. Deutsche Schriftsteller-Kongreß in Berlin (Oktober 1947) dieses Mißtrauen klar zum Ausdruck gebracht hat, indem er eine Entschließung annahm, welche den deutschen Intellektuellen abrät, sich von den Propagandawellen des Westens gegen den Osten, und umgekehrt, mitnehmen zu lassen.

der sich in der Entlarvung dieser »absoluten Werte« verbraucht. (Aber welche Aufgaben liegen hier für eine künftige Satire!) Nun, ein temporärer Nihilismus wäre nicht das Schlechteste; die permanente Langweiligkeit unserer »werthaltigen« Literatur könnte ein solches reinigendes Gewitter schon gebrauchen.

Aber ein solcher kritischer Vorwurf – der durchaus von Menschen guten Willens kommen könnte – vergißt, daß die Lösung von den Systemen erst die Bindung an jenen letzten Wert möglich macht, den die idealistischen wie materialistischen Entwürfe augenscheinlich vergessen haben, an den Wert, den der Mensch selbst als Träger einer absoluten Freiheit besitzt.

Hier soll nicht der Versuch gemacht werden, den Zusammenbruch aller Werte mit einem neuen Rezept zu beantworten, dem des Existentialismus. Wahrscheinlich ist der Existentialismus in seiner gegenwärtigen Form nicht mehr als die Vorstufe einer neuen und umfassenden Anthropologie, auf die wir warten. Aber es steht außer Frage, daß das existentielle Denken heute von bewegender Kraft ist. In seinem Appell an die persönliche Entscheidung weist es der menschlichen Freiheit den beherrschenden Platz ein, mehr noch, indem es Freiheit und Existenz identifiziert, die Viskosität eines entscheidungslosen Daseins gleichsetzt mit Unmenschlichkeit und Tod, übernimmt es die dialektische Rolle einer geistigen Bewegung, welche die Welt, um ein Wort von Marx zu gebrauchen, nicht nur interpretiert, sondern verändert. Die Bedeutung des Existentialismus zeigt sich auch darin, daß er durch alle Lager hindurch wirkt, es gibt einen glaubenslosen und einen christlichen Existentialismus, genau so, wie sich ein marxistischer denken ließe. Die Entscheidung zur Freiheit läßt zunächst noch keinen Rückschluß auf die Art des Inhalts der Freiheit zu; so mag in der Zukunft eine katholische oder rationalistische, eine kommunistische oder liberale Literatur durchaus möglich sein. Doch wird die Lebensfähigkeit solcher Strömungen davon abhängen, inwieweit sie sich mit den schärfsten selbstkritischen Vorzeichen versehen. Eine derartige Selbstkritik rührt aus der letzten Verpflichtung dem Menschen gegenüber – und hier ist der Punkt erreicht, wo die Dämonie des Zwanges zur Entscheidung, des »Verdammtseins zur Freiheit«, umschlägt in Toleranz.[2]

---

[2] Gerade der Faschisierungsprozeß, dem der Liberalismus und der Marxismus in der Verteidigung der hypothetischen Absolutheit ihrer Wertsysteme unterliegen, zeigt, daß die Toleranz-Idee heute in einer wesentlich tieferen

Solche Entwürfe zu einer Literatur der Freiheit klingen unseren Ohren wie ferne Zukunftsmusik. Aber täuschen wir uns nicht – sie wollen verwirklicht sein, in einer Welt, die sich wie auf des Messers Schneide bewegt, in dem schmalen Raum zwischen einer apokalyptischen Vergangenheit und dem Alptraum eines nahen Untergangs. Nur dieser schmale Raum, nur eine kurze Spanne Zeit ist uns zugemessen, in der wir handelnd über die Art unserer Zukunft entscheiden können. Vermögen die deutschen Intellektuellen überhaupt, die Basis eines eigenen Handelns zu finden, ein eigenes Wort zu sprechen, sie, die den Gespenstern eines totalen Zusammenbruchs ausgeliefert erscheinen? Von einer ähnlichen Situation, von der Lage des durch Hitler geschlagenen Frankreich, hat ein französischer Schriftsteller mit den Worten berichtet: »Unsere Vergangenheit existierte nicht mehr. Sie war uns in der Hand zerronnen, ohne daß wir Zeit hatten, sie festzuhalten, sie weiterhin zu beachten, um sie zu begreifen. Neu aber war – auch wenn ein feindliches Heer Frankreich besetzt hatte – die Zukunft! Wir hatten Gelegenheit, sie kritisch zu prüfen: es stand uns frei, daraus eine Zukunft der Besiegten zu machen oder – in umgekehrter Richtung – eine Zukunft der freien Menschen, die sich gegen die Behauptung wehren, daß eine Niederlage das Ende alles dessen bedeutet, was das menschliche Leben lebenswert macht.«

Und er fährt fort und wendet sich an die Deutschen (denn wir befinden uns in der Vorrede Jean-Paul *Sartres* zur deutschen Ausgabe seines Dramas ›Die Fliegen‹): »Heute haben die Deutschen das gleiche Problem vor sich. Auch für die Deutschen, glaube ich, ist Selbstverleugnung unfruchtbar. Ich will damit nicht sagen, daß die Erinnerung an die Fehler der Vergangenheit aus ihrem Gedächtnis verschwinden soll. Nein. Aber ich bin überzeugt, daß nicht eine willfährige Selbstverleugnung ihnen jenen Pardon verschafft, den

---

Schicht begründet werden muß als in derjenigen der allgemeinen Duldsamkeit gegenüber Ideen. Die Moral von Lessings Ringparabel kann nicht auf den Nationalsozialismus angewendet werden. Diese Schicht kann nur in dem Für-sich-sein der menschlichen Existenz selbst und der ihr zugehörigen Freiheit gefunden werden. Dem Christentum ist der Gedanke der existentiellen Freiheit immanent, indem es den Menschen durch die von Gott gegebene Freiheit aus der Naturwelt heraushebt. Leider aber vergißt es in seiner geschichtlichen Praxis sehr oft diesen Urgrund des Wagnisses und strebt nach Gesichertheit in der Anlehnung an die Macht, statt nach jener echten Sicherung, die ihm in der ständigen Verteidigung der personalen Würde und Freiheit des Menschen gegen die Macht zuteil wird.

die Welt ihnen gewähren kann. Dazu verhelfen ihnen nur: eine totale und aufrichtige Verpflichtung auf eine Zukunft in Freiheit und Arbeit, ein fester Wille, diese Zukunft aufzubauen, und das Vorhandensein der größtmöglichen Zahl von Menschen guten Willens.«

Das allerdings wären die Voraussetzungen einer freien deutschen Literatur.

Editorische Notiz

Als Vorlage für die Textwiedergabe dienten, wenn irgend möglich, die Fassungen der Erstdrucke (deshalb konnte ich auch einige wenige mir wichtige Texte vor 1945 verstorbener Autorinnen und Autoren aufnehmen, die nach 1945 aus Nachlässen publiziert wurden).

Im Anhang sind der Erstdruck und die abweichend verwendete Vorlage verzeichnet. Zuerst in Zeitschriften gedruckte Gedichte wurden in der Regel nach dem Erstdruck wiedergegeben. Dort, wo Gedichte als Repräsentanten eines Gedichtbandes anzusehen sind, wurde dieser Gedichtband als Vorlage herangezogen. Wenn Autoren auf dem Abdruck späterer Fassungen bestanden, wird dies in den Nachweisen vermerkt.

Es wurden möglichst nur abgeschlossene Texte (Gedichte, Erzählungen usw.) gedruckt. Aus umfangreicheren Texten (Romanen, Dramen, Hörspielen usw.) wurden in sich geschlossene Sinneinheiten aufgenommen. Auslassungen zu Beginn und am Ende eines Textes wurden nicht gekennzeichnet. Auslassungen im Text sind durch (...) markiert. Leerzeilen vor und nach dem Auslassungszeichen bedeuten, daß nicht nur Absätze, sondern ganze Kapitel ausgelassen wurden. Vom Herausgeber eingesetzte Haupt- und Gedicht-Titel sind kursiv.

Offensichtliche Druckfehler wurden stillschweigend korrigiert. Hervorhebungen, in den Vorlagen gesperrt und kursiv, erscheinen hier kursiv. Wo die Vorlage einer typographischen Konvention folgend für das scharfe s »ss« bietet, wurde stillschweigend in »ß« korrigiert. In den Kolumnentiteln stehen Jahreszahl und Autorennamen. Eine Ausnahme bilden hier nur die Titel von Anthologien, die in ihrer Gesamtheit vorgestellt werden.

Als ich die Arbeit an dieser Anthologie 1982 begann, haben mir Ingrid Laurien und Angelika Machinek, später hat Michael Töteberg bei der Besorgung von Texten und bibliographischer Gewißheit geholfen. Jan Strümpel hat für den Druck die Nachweise hergestellt und überprüft. Dafür danke ich ihnen.

Schließlich danke ich den Lizenzgebern, daß sie diese Dokumentation möglich gemacht haben – und dem Deutschen Taschenbuch Verlag dafür, daß er dieses umfängliche Unternehmen an die Öffentlichkeit bringt.

H. L. A.

Nachweise 1945 – 1948

Bei einigen Texten waren die Rechteinhaber nicht zu ermitteln. Da diese Texte für die Anthologie unerläßlich waren, sind sie dennoch aufgenommen worden. Wir bitten dafür um Verständnis. Rechteinhaber solcher Texte mögen sich bitte beim Verlag melden.

ADORNO, THEODOR W. s. Horkheimer, Max.

AICHINGER, ILSE (* 1921)
»Die größere Hoffnung. Roman«. Erstveröffentlichung: Amsterdam (Bermann-Fischer) 1948. S. 358-368. © 1948 by Bermann-Fischer Verlag NV, Amsterdam. Abdruck mit Genehmigung des S. Fischer Verlags, Frankfurt/M. *Seite 464*

ANDERS, GÜNTHER (1902-1992)
»Sprachelegie«. Erstveröffentlichung: »Neue Rundschau«. Zweijahresband 1945/46. S. 324. © by C. H. Beck Verlag, München. *Seite 122*

ANDERSCH, ALFRED (1914-1980)
– »Das junge Europa formt sein Gesicht«. Erstveröffentlichung: »Der Ruf. Unabhängige Blätter der jungen Generation«. Jg. 1. Nr. 1. 15.8.1946. S. 1-2. © by Diogenes Verlag, Zürich. *Seite 196*
– »Deutsche Literatur im Vorraum der Freiheit«. Aus: »Deutsche Literatur in der Entscheidung. Ein Beitrag zu der Analyse der literarischen Situation«. Erstveröffentlichung: Karlsruhe (Volk und Zeit) 1948. S. 24-31. © 1979 by Diogenes Verlag, Zürich. *Seite 506*

ANONYM
»500. Rede an die deutsche Jugend. Eine Parodie, frei nach Ernst Wiechert«. Erstveröffentlichung: »Der Ruf. Unabhängige Blätter der jungen Generation«. Jg. 1. Nr. 1. 15.8.1946. S. 12. *Seite 80*

BECHER, JOHANNES R. (1891-1958)
»Deutsches Bekenntnis«. Erstveröffentlichung: »Aufbau«. 1945. H. 9. Hier aus: Ders.: »Gesammelte Werke«. Bd. 16: »Publizistik 2. 1939-1945«. Berlin, Weimar (Aufbau) 1978. S. 475-480, 490-492. © by Aufbau-Verlag, Berlin. *Seite 49*

BECHER, ULRICH (1910-1990)
»Verhör eines Paßlosen«. Erstveröffentlichung: »Reise zum blauen Tag. Verse«. St. Gallen (Verlag Buchdruckerei Volksstimme) 1946. S. 66-69. © by Liepman AG, Zürich. *Seite 124*

BEHEIM-SCHWARZBACH, Martin (1900-1985)
»Schlaflos«. Erstveröffentlichung: »Herz von Glas. Zwanzig Gedichte«. Hamburg (Hans Dulk) 1947. S. 20. © by Jan Thorbecke Verlag, Sigmaringen. *Seite 312*
BENN, GOTTFRIED (1886-1956)
»Quartär – «. Erstveröffentlichung: »Statische Gedichte«. Zürich (Arche) 1948. S. 9-11. © 1948, 1983 by Arche Verlag, Zürich. *Seite 455*
BENSE, MAX (1910-1990)
»Das literarische Gewissen«. Erstveröffentlichung: »Von der Verborgenheit des Geistes«. Berlin (Carl Habel Verlagsbuchhandlung) 1948. S. 16-18. © by Dr. Elisabeth Walther-Bense. *Seite 503*
BERGENGRUEN, WERNER (1892-1964)
»Die Lüge«; »An die Völker der Erde«. Erstveröffentlichung: »Dies Irae. Eine Dichtung«. Zürich (Arche) 1945. Hier aus: München (Zinnen-Verlag Kurt Desch) o.J. (1946). S. 7, 41-43. © by Dr. N. Luise Hackelsberger. *Seite 28/29*
BÖLL, HEINRICH (1917-1985)
»Die Botschaft«. Erstveröffentlichung: »Karussell«. 1947. Jg. 2. H. 14. S. 43-47. © 1994 by Verlag Kiepenheuer & Witsch, Köln. *Seite 374*
BORCHERT, WOLFGANG (1921-1947)
– »Aranka«; »Abschied«; »Der Wind und die Rose«; »Das graurotgrüne Großstadtlied«. Erstveröffentlichung: »Laterne, Nacht und Sterne. Gedichte um Hamburg«. Hamburg (Verlag Hamburgische Bücherei) 1946. Hier aus: Ders.: »Das Gesamtwerk«. Hamburg (Rowohlt) 1949. S. 14, 15, 18, 19. © 1949 by Rowohlt Verlag, Hamburg. *Seite 208/209*
– »Das Brot«. Erstveröffentlichung: »Karussell«. 1947. Jg. 2. H. 8. S. 43-44. © 1949 by Rowohlt Verlag, Hamburg. *Seite 379*
– »Draußen vor der Tür. Ein Stück, das kein Theater spielen und kein Publikum sehen will«. Erstsendung als Hörspiel: NWDR, 13.2.1947. Uraufführung: Kammerspiele Hamburg, 21.11.1947. Regie: Wolfgang Liebeneiner. Erstveröffentlichung: Hamburg, Stuttgart (Rowohlt) 1947. S. 8, 17-20. © 1949 by Rowohlt Verlag, Hamburg. *Seite 357*
BRECHT, BERTOLT (1898-1956)
– »Herr Puntila und sein Knecht Matti«. Uraufführung: Schauspielhaus Zürich, 5.6.1948. Regie: Kurt Hirschfeld, Bertolt Brecht. Erstveröffentlichung: München (Desch) 1948. Hier aus:

Ders.: »Gesammelte Werke«. Bd. 4: »Stücke 4«. Frankfurt/M. (Suhrkamp) 1967. S. 1612-1616. © by Suhrkamp Verlag, Frankfurt/M. *Seite 480*
- »Freiheit und Democracy«. Erstveröffentlichung: »Ost und West. Beiträge zu kulturellen und politischen Fragen der Zeit«, Berlin. 1948. H. 10. S. 36-41. © by Suhrkamp Verlag, Frankfurt/M. – Der letzte Vers des Gedichts lautet in allen weiteren Drucken »Freiheit und Demokracy.« *Seite 456*

BRITTING, GEORG (1891-1964)
- »Unruhe«. Erstveröffentlichung: »Zauberäugig lockt die Frucht. Gedichte«. Iserlohn (Holzwarth) 1946. S. 14. © by Paul List Verlag im Südwest Verlag, München. *Seite 170*
- »Der Tod an den Dichter«. Erstveröffentlichung: »Die Begegnung. Gedichte«. München (Nymphenburger Verlagshandlung) 1947. S. 49. © 1957 by Nymphenburger Verlagshandlung in der F.A. Herbig Verlagsbuchhandlung, München. *Seite 314*

BROCH, HERMANN (1886-1951)
»Der Tod des Vergil«. Deutschsprachige Erstveröffentlichung: Zürich (Rhein-Verlag) 1947. S. 135-140. [Zuerst: New York (Pantheon Books) 1945]. © by Suhrkamp Verlag, Frankfurt/M. *Seite 326*

CANETTI, ELIAS (1905-1994)
»Die Blendung«. Deutsche Erstveröffentlichung: München (Weismann) 1948. Hier aus: München (Hanser) 1963. S. 102-112. © 1963 by Carl Hanser Verlag, München, Wien. *Seite 470*

CAROSSA, HANS (1878-1956)
- »Gestreift vom Todeswind. 1943«. Erstveröffentlichung: »Stern über der Lichtung. Neue Gedichte«. Hameln (Verlag der Bücherstube Fritz Seifert) 1946. S. 30-31. © by Insel Verlag, Frankfurt/M. *Seite 114*
- »Verse an das Abendland«. Erstveröffentlichung: Zürich (Arche) 1946. S. 22-25. © by Insel Verlag, Frankfurt/M. *Seite 168*

CELAN, PAUL (1920-1970)
»Der Sand aus den Urnen«; »Mohn«; »Todesfuge«. Erstveröffentlichung: »Der Sand aus den Urnen«. Wien (Sexl) 1948. Hier (mit den Korrekturen von Celans Handexemplar) aus: Ders.: »Gesammelte Werke«. Bd. 3: »Gedichte 3«. Frankfurt/M. (Suhrkamp) 1983. S. 46, 17, 63-64. © by Deutsche Verlags-Anstalt, Stuttgart. *Seite 462*

DÖBLIN, ALFRED (1878-1957)
- »Als ich wiederkam...«. Aus: »Abschied und Wiederkehr«.

Bearbeitete Fassung des Erstdrucks (»Badische Zeitung«, 22.2.1946): »Die neue Rundschau«, Stockholm. 1945/46. Nr. 56/57. S. 476-480. Vorabdruck aus: »Schicksalsreise«. Frankfurt/M. (Knecht-Carolusdruck) 1949. © by Walter-Verlag, Solothurn. *Seite 86*
- »Der Oberst und der Dichter oder Das menschliche Herz«. Erstveröffentlichung: Freiburg i.Br. (Karl Alber) 1946. S. 13-34. © by Walter-Verlag, Solothurn. *Seite 104*
- »November 1918. Eine deutsche Revolution«. Bd. 1: »Verratenes Volk«. Erstveröffentlichung: München (Karl Alber) 1948. S. 65-78. © by Walter-Verlag, Solothurn. *Seite 423*

DREXEL, JOSEPH (1896-1976)
»Im Kerker«. Erstveröffentlichung: Gunter Groll (Hg.): »De Profundis. Deutsche Lyrik in dieser Zeit. Eine Anthologie aus zwölf Jahren«. München (Desch) 1947. S. 91. *Seite 238*

DÜRRENMATT, FRIEDRICH (1921-1990)
»Es steht geschrieben«. Uraufführung: Zürcher Schauspielhaus, 19.4.1947. Regie: Kurt Horwitz. Erstveröffentlichung: Klosterberg, Basel (Benno Schwabe & Co.) 1947. S. 88-98. © 1980 by Diogenes Verlag, Zürich. *Seite 362*

EICH, GÜNTER (1907-1972)
- »Gedichte aus dem Lager«: »Pfannkuchenrezept«; »Frühling«; »Latrine«. Erstveröffentlichung: »Der Ruf. Unabhängige Blätter der jungen Generation«. Jg. 1. Nr. 7. 15.11.1946. S. 12. © by Suhrkamp Verlag, Frankfurt/M. *Seite 206/207*
- »Zwischen zwei Stationen«. Erstveröffentlichung: »Der Ruf. Unabhängige Blätter der jungen Generation«. Jg. 1. Nr. 10. 1.1.1947. S. 2. © by Suhrkamp Verlag, Frankfurt/M. *Seite 384*
- »*Der Schriftsteller*«. Erstveröffentlichung: »Skorpion«, Probenummer (100 Exemplare) 1947. Reprint, mit einer Dokumentation zur Geschichte des »Skorpion« und einem Nachwort von Heinz Ludwig Arnold: Göttingen (Wallstein) 1991. S. 3-4. © by Suhrkamp Verlag, Frankfurt/M. *Seite 323*
- »Inventur«; »Gefangener bei Nacht«. Erstveröffentlichung: Hans Werner Richter (Hg.): »Deine Söhne, Europa. Gedichte deutscher Kriegsgefangener«. München (Nymphenburger Verlagshandlung) 1947. S. 17, 21. © by Suhrkamp Verlag, Frankfurt/M. *Seite 336/337*
- »Ende August«. Erstveröffentlichung: »Merkur«. 1948. H. 3. S. 397. © by Suhrkamp Verlag, Frankfurt/M. *Seite 497*
- »Die Häherfeder«; »Dezembermorgen«. Erstveröffentlichung:

»Abgelegene Gehöfte«. Frankfurt/M. (Schauer) 1948. Hier aus: Ders.: »Gesammelte Werke«. Bd. 1: »Die Gedichte. Die Maulwürfe«. Hg. von Axel Vieregg, Frankfurt/M. (Suhrkamp) 1991. S. 43 f., 49 f. © by Suhrkamp Verlag, Frankfurt/M. *Seite 494/495*

FALLADA, HANS (1893-1947)

»Jeder stirbt für sich allein. Roman«. Erstveröffentlichung: Berlin (Aufbau) 1947. Hier aus: Reinbek (Rowohlt) 1964. (= rororo 671). S. 356-363. © by Aufbau-Verlag, Berlin. *Seite 248*

FEUCHTWANGER, LION (1884-1958)

»Der Schriftsteller im Exil«. Erstveröffentlichung: »Das Goldene Tor«. 1947. H. 2. S. 142-147. © by Aufbau-Verlag, Berlin. *Seite 284*

FLAKE, OTTO (1880-1963)

– »Die Deutschen. Ein Verwaltungsobjekt«. Erstveröffentlichung: »Die Deutschen«. Karlsruhe (Schwerdtfeger) 1946. S. 12-16. Abdruck mit Genehmigung des S. Fischer Verlags, Frankfurt/M. *Seite 96*

– »Bettine«. Erstveröffentlichung: »Karussell«. 1947. Jg. 2. H. 9. S. 10-18. Vorabdruck aus: »Old Man«. Kassel (Schieber) 1947. © by Rolf Hochhuth. *Seite 393*

– »Der Fortunat«. [Nachwort]. Erstveröffentlichung: »Zuweisungen«. Baden-Baden (Keppler) 1948. Hier aus: Ders.: »Werke«. Bd. 2: »Fortunat. Roman in zwei Büchern«. Hg. von Rolf Hochhuth und Peter Härtling. Frankfurt/M. (Fischer) 1974. S. 819-827. © 1974 by S. Fischer Verlag, Frankfurt/M. *Seite 414*

FRIED, ERICH (1921-1988)

– »An der Bahn«; »Krüppellied«; »Ein Ostarbeiter«; »Nach fünf Jahren Krieg«; »Des Führers Erbe«. Erstveröffentlichung: »Österreich. Gedichte«. London, Zürich (Atrium) 1946 [tatsächlich Herbst 1945]. Hier aus: Ders.: »Frühe Gedichte«. Düsseldorf (Claassen) 1986. S. 64, 91, 96, 101, 104. © by Claassen Verlag, Hildesheim. *Seite 39/40*

– »Weihnachtslied«; »Gebet für den Zenturio«. Erstveröffentlichung: »Das Goldene Tor«. 1948. Jg. 3. H. 2. S. 163-164. © by Verlag Klaus Wagenbach, Berlin. *Seite 408*

FRIEDRICH, HEINZ (* 1922)

»Einst hat uns vor dem Tod gegraut«. Erstveröffentlichung: Hans Werner Richter (Hg.): »Deine Söhne, Europa. Gedichte deutscher Kriegsgefangener«. München (Nymphenburger Verlagshandlung) 1947. S. 24. © by Heinz Friedrich. *Seite 337*

FRISCH, MAX (1911-1991)
- »Nun singen sie wieder. Versuch eines Requiems«. (Letztes Bild). Uraufführung: Schauspielhaus Zürich, 29.3.1945. Regie: Kurt Horwitz. Erstveröffentlichung: Klosterberg, Basel (Benno Schwabe & Co.) 1946. Hier aus: Ders.: »Stücke 1«. Frankfurt/M. (Suhrkamp) 1972. (= suhrkamp taschenbuch 70). S. 129-132. © by Suhrkamp Verlag, Frankfurt/M. *Seite 33*
- »Tagebuch mit Marion«. Erstveröffentlichung: Zürich (Atlantis) 1947. S. 30-32. © by Suhrkamp Verlag, Frankfurt/M. *Seite 369*

GLAESER, ERNST (1902-1963)
»Das Unvergängliche«. Erstveröffentlichung: »Karussell«. 1946. Jg. 1. H. 4. S. 18-21. © by Mathilde Glaeser. *Seite 90*

GOES, ALBRECHT (* 1908)
»Das Wort«. Erstveröffentlichung: »Die Herberge«. Berlin (Suhrkamp) 1947. S. 37. © 1978 by S. Fischer Verlag, Frankfurt/M. *Seite 312*

GÜNTHER, HELMUT
»Vor den Baracken«. Erstveröffentlichung: Hans Werner Richter (Hg.): »Deine Söhne, Europa. Gedichte deutscher Kriegsgefangener«. München (Nymphenburger) 1947. S. 30. *Seite 338*

HAECKER, THEODOR (1879-1945)
»Tag- und Nachtbücher. 1939-1945«. Hg. und mit einem Vorwort von Heinrich Wild. Erstveröffentlichung: München (Hegner-Bücherei bei Josef Kösel) 1947. S. 76-77, 211-213. © by Kösel-Verlag, München. *Seite 234*

HAGELSTANGE, RUDOLF (1912-1984)
- »Venezianisches Credo«. Erstveröffentlichung: Verona (Officina Bodoni) 1945. (Privatdruck). Hier aus: Wiesbaden (Insel) 1946. S. 9, 12, 17, 26, 42. © by Regine Stoltzke. *Seite 30*
- »Der Strom der Zeit«. Erstveröffentlichung: »Strom der Zeit. Gedichte«. Wiesbaden (Insel) 1948. S. 5. © by Regine Stoltzke. *Seite 412*

HAUSHOFER, ALBRECHT (1903-1945)
»Maschinensklaven«; »Gefährten«; »Nachbarn«; »Schuld«. Erstveröffentlichung: »Moabiter Sonette«. Berlin (Blanvalet) 1946. S. 21, 30, 44, 47. © 1976 by Deutscher Taschenbuch Verlag, München. *Seite 116-118*

HAUSMANN, MANFRED (1898-1986)
»Oktoberlich«. Erstveröffentlichung: »Karussell«. 1946. Jg. 1. H. 4. S. 1. © by Neukirchener Verlag des Erziehungsvereins Neukirchen-Vluyn. *Seite 171*

HERMLIN, STEPHAN (* 1915)
- »Ballade von den alten und neuen Worten«. Erstveröffentlichung: »Über die Grenzen«. 1945. H. 7. Hier aus: Ders.: »Gesammelte Gedichte«. München, Wien (Hanser) o.J. (1979). S. 47-49. © by Verlag Klaus Wagenbach, Berlin. *Seite 36*
- »Über Friedrich Georg Jüngers ›Perfektion der Technik‹«. Erstveröffentlichung: »Die Umschau«, Mainz. 1947. H. 3. Hier aus: Ders.: »Äußerungen 1944-1982«. Hg. von Ulrich Dietzel. Berlin, Weimar (Aufbau) 1983. S. 29-33. © by Verlag Klaus Wagenbach, Berlin. *Seite 227*
- *»Wo bleibt die junge Dichtung?«* Erstveröffentlichung: »Aufbau«. 1947. H. 11. Hier nach: »Wo bleibt die junge Dichtung? Rede auf dem I. Deutschen Schriftstellerkongreß 1947« aus: Ders.: »Äußerungen 1944-1982«. Hg. von Ulrich Dietzel. Berlin, Weimar (Aufbau) 1983. S. 55-60. © by Verlag Klaus Wagenbach, Berlin. *Seite 316*

HESSE, HERMANN (1877-1962)
»Das Glasperlenspiel. Versuch einer Lebensbeschreibung des Magister Ludi Josef Knecht samt Knechts hinterlassenen Schriften«. Erstveröffentlichung: Zürich (Fretz und Wasmuth) 1943. Hier aus: Berlin (Suhrkamp) 1946. Bd. 1: S. 22-32. Bd. 2: S. 217, 229, 233. © by Suhrkamp Verlag, Frankfurt/M. *Seite 182*

HOCKE, GUSTAV RENÉ (1908-1985)
»Deutsche Kalligraphie oder Glanz und Elend der modernen Literatur«. Erstveröffentlichung: »Der Ruf. Unabhängige Blätter der jungen Generation«. Jg. 1. Nr. 7. 15.11.1946. S. 9-10. © by Edeltraud Hocke. *Seite 201*

HORKHEIMER, MAX (1895-1973) / ADORNO, THEODOR W. (1903-1969)
»Zur Kritik der Geschichtsphilosophie«. Aus: »Dialektik der Aufklärung. Philosophische Fragmente«. Erstveröffentlichung: Amsterdam (Querido) 1947. Hier aus: Frankfurt/M. (Fischer) 1969. S. 234-237. © 1987 by S. Fischer Verlag, Frankfurt/M. *Seite 231*

HUCH, RICARDA (1864-1947)
»Mein Herz, mein Löwe, hält seine Beute«. Erstveröffentlichung: Gunter Groll (Hg.): »De Profundis. Deutsche Lyrik in dieser Zeit. Eine Anthologie aus zwölf Jahren«. München (Desch) 1947. S. 176. © by Dr. Alexander Böhm. *Seite 242*

HUCHEL, PETER (1903-1981)
»Der Rückzug«. Zyklus. Erstveröffentlichung: »Gedichte«. Ber-

lin (Aufbau) 1948. Hier aus: Ders.: »Gesammelte Werke in zwei Bänden«. Bd. 1: »Die Gedichte«. Hg. von Axel Vieregg. Frankfurt/M. (Suhrkamp) 1984. S. 100-107. © 1967 by R. Piper Verlag, München. *Seite 487*

JAHNN, HANS HENNY (1894-1959)
»Armut, Reichtum, Mensch und Tier. Ein Drama«. Uraufführungen: 25.7.1948. Deutsches Schauspielhaus Hamburg. Regie: Theodor Haerten; Städtische Bühnen Wuppertal. Regie: Willi Rohde. Erstveröffentlichung: München (Weismann) 1948. Hier aus: Ders.: »Dramen. Bd. 2«. Frankfurt/M. (Europäische Verlagsanstalt) 1965. S. 254, 258-262. © 1993 by Hoffmann und Campe Verlag, Hamburg. *Seite 484*

JASPERS, KARL (1883-1969)
»Die Schuldfrage«. Erstveröffentlichung: Heidelberg (Lambert Schneider) 1946. S. 29-34. © 1979 by R. Piper Verlag, München. *Seite 152*

JÜNGER, ERNST (* 1895)
»Der Friede. Ein Wort an die Jugend Europas. Ein Wort an die Jugend der Welt«: »Zweiter Teil: Die Frucht«. Erstveröffentlichung: Hamburg (Hanseatische Verlagsanstalt) 1945. Laut ausdrücklicher Anordnung des Autors an den Verlag durfte hier nur gedruckt werden nach: »Sämtliche Werke«. Bd. 7. Stuttgart (Klett-Cotta) 1980. S. 207-213. © by Verlag Klett-Cotta, Stuttgart. – Der ursprüngliche Text von 1945 in den hier zitierten Passagen wurde stilistisch bearbeitet; vor allem hat Jünger Manierismen korrigiert. Neu im Text: S. 70 das gesamte Motto; S. 74 der Satz: »Uns preßt der Schicksalszwang.« Am Schluß steht statt »der Geschichte gegenüber«: »der ererbten Enge gegenüber«; statt »im Denken und in alten Zwisten«: »im Denken und im Hasse«. *Seite 70*

JÜNGER, FRIEDRICH GEORG (1898-1977)
– »Die Perfektion der Technik«. Erstveröffentlichung: Frankfurt/M. (Vittorio Klostermann) 1946. S. 8-12. © by Vittorio Klostermann Verlag, Frankfurt/M. *Seite 223*
– »Ultima Ratio«. Erstveröffentlichung: »Der Westwind. Ein Gedichtband«. Frankfurt/M. (Vittorio Klostermann) 1946. S. 50. © by Vittorio Klostermann Verlag, Frankfurt/M. *Seite 167*
– »Tadelst du den Gang«. Erstveröffentlichung: »Das Weinberghaus«. Hamburg (Hans Dulk) 1947. S. 23-24. © by Vittorio Klostermann Verlag, Frankfurt/M. *Seite 308*

- »Zwar hat der Verstand bekräftigt«. Erstveröffentlichung: »Die Silberdistelklause«. Hamburg (Hans Dulk) 1947. S. 38-39. © by Vittorio Klostermann Verlag, Frankfurt/M. *Seite 307*

KANTOROWICZ, ALFRED (1899-1979)
»Deutsche Schriftsteller im Exil«. Erstveröffentlichung: »Ost und West«. 1947. H. 4. S. 42-51. © by Ingrid Kantorowicz. *Seite 264*

KASACK, HERMANN (1896-1966)
»Die Stadt hinter dem Strom«. Erstveröffentlichung: Berlin (Suhrkamp) 1947. S. 418-426. © by Suhrkamp Verlag, Frankfurt/M. *Seite 295*

KASCHNITZ, MARIE LUISE (1901-1974)
- »Von der Schuld«. Erstveröffentlichung: »Die Wandlung«. 1945. H. 2. Hier aus: Dies.: »Menschen und Dinge 1945. Zwölf Essays«. Heidelberg (Lambert Schneider) 1946. S. 87-94. © by Claassen Verlag, Hildesheim. *Seite 13*
- »Das einfache Leben«. Erstveröffentlichung: »Gedichte«. Hamburg (Claassen & Goverts) 1947. S. 157. © by Claassen Verlag, Hildesheim. *Seite 302*

KÄSTNER, ERICH (1899-1974)
- »Wert und Unwert des Menschen«. Erstveröffentlichung: »Neue Zeitung«. Februar 1946. Hier aus: Ders.: »Der tägliche Kram. Chansons und Prosa 1945-1948«. Zürich (Atrium) 1948. S. 74-79. © by Atrium Verlag, Zürich. *Seite 164*
- »Marschlied 1945«. Erstveröffentlichung: »Schaubude«. Frühjahr 1946. Hier aus: Ders.: »Der tägliche Kram. Chansons und Prosa 1945-1948«. Zürich (Atrium) 1948. S. 57-59. © by Atrium Verlag, Zürich. *Seite 94*
- »Kurz und bündig. Epigramme«. Erstveröffentlichung: Olten (Vereinigung Oltener Bücherfreunde) 1948. © by Atrium Verlag, Zürich. *Seite 453*

KERCKHOFF, SUSANNE (1918-1950)
»Die Schuld«. Erstveröffentlichung: Gunter Groll (Hg.): »De Profundis. Deutsche Lyrik in dieser Zeit. Eine Anthologie aus zwölf Jahren«. München (Desch) 1947. S. 209-211. © by Dina Haerendel. *Seite 240*

KESSEL, MARTIN (1901-1990)
»Aphorismen«. Erstveröffentlichung: Stuttgart, Hamburg, Baden-Baden (Rowohlt) 1948. S. 162-165, 167-168, 172-174, 179, 183-184. © by Katharina Müller-Grote. *Seite 451*

KESTEN, HERMANN (* 1900)
»Die Zwillinge von Nürnberg. Roman«. Erstveröffentlichung:

Amsterdam (Querido) 1947. S. 88-91. © by Hermann Kesten. *Seite 274*

KEUN, IRMGARD (1905-1982)
»Der Hofnarr«. Erstveröffentlichung: »Bilder und Gedichte aus der Emigration«. Köln (Epoche) 1947. S. 40. © by Freifrau von der Recke. *Seite 310*

KLEMPERER, VICTOR (1881-1960)
»Heroismus«; »LTI«. Erstveröffentlichung: »LTI«. Berlin (Aufbau) 1947. S. 7-22. © by Dr. Hadwig Klemperer. *Seite 343*

KLEPPER, JOCHEN (1903-1942)
»Museum und Brücke«. Erstveröffentlichung: »Gedichte. Olympische Sonette. Der König«. Berlin-Dahlem (Christlicher Zeitschriftenverlag) 1947. Hier aus: Ders.: »›Ziel der Zeit‹. Die gesammelten Gedichte«. Witten, Berlin (Eckart) 1962. S. 37. © by Luther-Verlag / Evangelisches Verlagshaus, Bielefeld. *Seite 314*

KOGON, EUGEN (1903-1987)
»Gericht und Gewissen«. Erstveröffentlichung: »Frankfurter Hefte«. 1946. H. 1. S. 31-36. Vorabdruck aus: »Der SS-Staat«. © by Kindler Verlag, München. *Seite 158*

KOLBENHOFF, WALTER (1908-1993)
»Von unserem Fleisch und Blut«. Erstveröffentlichung: München (Nymphenburger Verlagshandlung) 1947. S. 49-56. © 1947 by Nymphenburger Verlagshandlung in der F. A. Herbig Verlagsbuchhandlung, München. *Seite 370*

KOLMAR, GERTRUD (1894-1943)
»Aus dem Dunkel«. Erstveröffentlichung: »Welten«. Frankfurt/M. (Suhrkamp) 1947. S. 34-36. © by Kösel-Verlag, München. *Seite 300*

KRAUSS, WERNER (1900-1976)
»Postfrevel«. Aus: »PLN. Die Passionen der halykonischen Seele«. Erstveröffentlichung: Frankfurt/M. (Vittorio Klostermann) 1946. S. 214-219. © by Vittorio Klostermann Verlag, Frankfurt/M. *Seite 180*

KREUDER, ERNST (1903-1972)
»Die Gesellschaft vom Dachboden. Erzählung«. Erstveröffentlichung: Hamburg (Rowohlt) 1946. Hier aus: Frankfurt/M. (Suhrkamp) 1978. (= Bibliothek Suhrkamp 584). S. 20-27. © by Erika Kreuder. *Seite 218*

KROLOW, KARL (* 1915)
– »An den Frieden«. Erstveröffentlichung: »Der Ruf. Unabhängi-

ge Blätter der jungen Generation«. Jg. 1. Nr. 4. 1.10.1946. S. 12.
© by Suhrkamp Verlag, Frankfurt/M. *Seite 122*
- »Fische«. Erstveröffentlichung: »Heimsuchung«. Berlin (Volk und Welt) 1948. Hier aus: Ders.: »Ausgewählte Gedichte«. Frankfurt/M. (Suhrkamp) ²1963. (= edition suhrkamp 24). S. 8-9. © by Suhrkamp Verlag, Frankfurt/M. *Seite 495*

LANGE, HORST (1904-1971)
- »Die Eisblumen«. Erstveröffentlichung: »Windsbraut. Erzählungen«. Hamburg (Claassen & Goverts) 1947. S. 102-107. © by Dr. Eberhard Horst. *Seite 388*
- »Marschieren«. Erstveröffentlichung: »Gedichte aus zwanzig Jahren«. München (Piper) 1948. S. 83. © 1948 by R. Piper Verlag, München. *Seite 413*

LANGGÄSSER, ELISABETH (1899-1950)
- »Das unauslöschliche Siegel. Roman«. Erstveröffentlichung: Hamburg (Claassen & Goverts) 1946. S. 5-15. © by Claassen Verlag, Hildesheim. *Seite 209*
- »Schriftsteller unter der Hitler-Diktatur«. Erstveröffentlichung: »Ost und West«. 1947. H. 4. S. 36-41. © by Claassen Verlag, Hildesheim. *Seite 258*
- »In den Mittag gesprochen«; »Rose im Oktober«. Erstveröffentlichung: »Der Laubmann und die Rose«. Hamburg (Claassen & Goverts) 1947. S. 42, 52-53. © by Claassen Verlag, Hildesheim. *Seite 308/309*

LANGNER, ILSE (1899-1987)
»Nebel«. Erstveröffentlichung: »Zwischen den Trümmern. Gedichte«. Berlin (Aufbau) 1948. S. 47. © by Aufbau-Verlag, Berlin. *Seite 496*

LE FORT, GERTRUD VON (1876-1971)
»Stimme des Heilands«. Erstveröffentlichung: Gunter Groll (Hg.): »De Profundis. Deutsche Lyrik in dieser Zeit. Eine Anthologie aus zwölf Jahren«. München (Desch) 1947. S. 108-109. © by Eleonore von La Chavalliere. *Seite 239*

LEHMANN, WILHELM (1882-1968)
»Mit den Toten«; »Entzückter Staub«; »Fallende Blütenblätter«. Erstveröffentlichung: »Entzückter Staub«. Heidelberg (Lambert Schneider) 1946. S. 39, 27, 29. © 1982 by Verlag Klett-Cotta, Stuttgart. *Seite 172/173*

LOHMEYER, WOLFGANG (* 1919)
»Gefangennahme«. Erstveröffentlichung: Hans Werner Richter (Hg.): »Deine Söhne, Europa. Gedichte deutscher Kriegsge-

fangener«. München (Nymphenburger Verlagshandlung) 1947.
S. 59. © by Wolfgang Lohmeyer. *Seite 339*
MANN, HEINRICH (1871-1950)
»Ein Zeitalter wird besichtigt«. Erstveröffentlichung: Stockholm (Neuer Verlag) 1945. Hier aus: Berlin (Aufbau) 1947. S. 100-111. © by Aufbau-Verlag, Berlin. *Seite 41*
MANN, THOMAS (1875-1955)
- »Über die deutsche Schuld«. BBC-Rede vom 8. Mai 1945 aus Santa Monica. Erstveröffentlichung: »Bayerische Landeszeitung«, Nachrichtenblatt der Alliierten 6. Heeresgruppe für die deutsche Zivilbevölkerung, München, 18.5.1945. Hier nach »Die Lager« aus: Ders.: »Gesammelte Werke in dreizehn Bänden«. Bd. 12: »Reden und Aufsätze 4«. Frankfurt/M. (Fischer) 2. durchgesehene Auflage 1974. S. 951-953. © 1960, 1974 by S. Fischer Verlag, Frankfurt/M. *Seite 55*
- »Warum ich nicht nach Deutschland zurückgehe«. Erstveröffentlichung: »Aufbau«, New York, 28.9.1945. Hier aus: Ders.: »Gesammelte Werke in dreizehn Bänden«. Bd. 12: »Reden und Aufsätze 4«. Frankfurt/M. (Fischer) 2. durchgesehene Auflage 1974. S. 953-962. (Titel nach Gesamtausgabe). © 1960, 1974 by S. Fischer Verlag, Frankfurt/M. *Seite 63*
- »Doktor Faustus. Das Leben des deutschen Tonsetzers Adrian Leverkühn, erzählt von einem Freunde«. Erstveröffentlichung: New York 1947; Stockholm (Fischer) 1947 (= Stockholmer Gesamtausgabe). Hier aus: Ders.: »Gesammelte Werke in dreizehn Bänden«. Bd. 6. Frankfurt/M. (Fischer) 2. durchgesehene Auflage 1974. S. 645-651. © 1947 by Thomas Mann. Abdruck mit Genehmigung des S. Fischer Verlags, Frankfurt/M. *Seite 330*
MEHRING, WALTER (1896-1981)
»Desert Flower«. Erstveröffentlichung: »Neue Rundschau«. Zweijahresband 1945/46. S. 342-344. © by Claassen Verlag, Hildesheim. *Seite 123*
MOLO, WALTER VON (1880-1958)
- »*An Thomas Mann*«. Erstveröffentlichung: »Hessische Post«, 4.8.1945. Hier aus: Heinz Ludwig Arnold (Hg.): »Geschichte der deutschen Literatur aus Methoden«. Bd. 6: »Deutsche Literatur im Exil 1933-1945«. Bd. I: »Dokumente«. Frankfurt/M. (Athenäum) 1974. S. 245-247. © by Conrad von Molo. *Seite 57*
- »Lob des Leides«. Erstveröffentlichung: Baden-Baden (Keppler) 1947. S. 9. © by Conrad von Molo. *Seite 313*

MOOSSEN, INGE (* 1911)
»Gespensternacht«. Erstveröffentlichung: Gunter Groll (Hg.): »De Profundis. Deutsche Lyrik in dieser Zeit. Eine Anthologie aus zwölf Jahren«. München (Desch) 1947. S. 258. © by Inge Moossen. *Seite 241*

NEBEL, GERHARD (1903-1974)
»Bei den nördlichen Hesperiden. Tagebuch aus dem Jahre 1942«. Erstveröffentlichung: Wuppertal (Marées) 1948. S. 28-30. © by Josephine Nebel. *Seite 442*

NICK, DAGMAR (* 1926)
»Flucht«. Erstveröffentlichung: »Märtyrer. Gedichte«. München (Drei Fichten Verlag) 1947. S. 13. © 1994 by Rimbaud Verlag, Aachen. *Seite 302*

NIEBELSCHÜTZ, WOLF VON (1913-1960)
»Grave Doppio Movimento«. Erstveröffentlichung: »Posaunenkonzert«. Hamburg (Heinrich Ellermann) 1947. S. 3. *Seite 303*

NOSSACK, HANS ERICH (1901-1977)
– »Bericht eines Marsbewohners über die Menschen«. Erstveröffentlichung: »Wiesbadener Kurier«, 23.10.1946. Unter dem Titel: »Bericht eines fremden Wesens über die Menschen« in: Ders.: »Dieser Andere. Ein Lesebuch mit Briefen, Gedichten, Prosa«. Hg. von Christoph Schmid. Frankfurt/M. (Suhrkamp) 1976. S. 163-166. © by Suhrkamp Verlag, Frankfurt/M. *Seite 177*
– »Der Untergang«. Erstveröffentlichung: »Interview mit dem Tode«. Hamburg (Krüger) 1948. S. 198, 214-218, 223-228. © by Suhrkamp Verlag, Frankfurt/M. *Seite 444*

PLIEVIER, THEODOR (1892-1955)
»Stalingrad. Roman«. Erstveröffentlichung: »Internationale Literatur« (Moskauer Exilzeitschrift) 1943/44; »El Libro libre« (mexikanischer Exilverlag) 1945; Berlin (Aufbau) 1945 (Vorauflage). Hier aus: Berlin (Aufbau) 1946. S. 18-23. © 1983 by Verlag Kiepenheuer & Witsch, Köln. *Seite 22*

RASCHE, FRIEDRICH (1900-1965)
»Geistfahrt«. Erstveröffentlichung: Wolfgang Weyrauch (Hg.): »Die Pflugschar. Sammlung neuer deutscher Dichtung«. Berlin (Aufbau) 1947. S. 360-361. © by Aufbau-Verlag, Berlin. *Seite 315*

RECK-MALLECZEWEN, FRIEDRICH PERCYVAL (1884-1945)
»Tagebuch eines Verzweifelten«. Erstveröffentlichung: Lorch/Württ., Stuttgart (Bürger) 1947. S. 187-190. *Seite 236*

REMARQUE, ERICH MARIA (1898-1970)
»Arc de Triomphe. Roman«. Deutsche Erstveröffentlichung: Zürich (F.G. Micha) 1946. S. 81-84. © 1972, 1979, 1988 by Verlag Kiepenheuer & Witsch, Köln. *Seite 127*

RICHTER, HANS WERNER (1908-1993)
»Es ist ein müder Glanz«; »In dieser Nacht«. Erstveröffentlichung: Hans Werner Richter (Hg.): »Deine Söhne, Europa. Gedichte deutscher Kriegsgefangener«. München (Nymphenburger Verlagshandlung) 1947. S. 70, 71. © by Toni Richter. *Seite 339/340*

RINSER, LUISE (* 1911)
– »Gefängnistagebuch«. Erstveröffentlichung: München (Zinnen-Verlag Kurt Desch) 1946. Hier aus: Frankfurt/M. (Fischer) 1984. (= Fischer Taschenbuch 1327). S. 36-37. © 1946 by Zinnen-Verlag Kurt Desch, München. Abdruck mit Genehmigung des S. Fischer Verlags, Frankfurt/M. *Seite 118*
– »Die rote Katze«. Erstveröffentlichung: »Karussell«. 1948. Jg. 3. H. 19. S. 23-27. © 1956 by S. Fischer Verlag, Frankfurt/M. *Seite 498*

SACHS, NELLY (1891-1970)
»O die Schornsteine«; »O der weinenden Kinder Nacht!«; »Wer aber leerte den Sand aus euren Schuhen«; »Ihr Zuschauenden«. Erstveröffentlichung: »In den Wohnungen des Todes«. Berlin (Aufbau) 1947. Hier aus: Dies.: »Fahrt ins Staublose. Die Gedichte der Nelly Sachs«. Frankfurt/M. (Suhrkamp) 1961. S. 8, 10, 11, 20. © by Suhrkamp Verlag, Frankfurt/M. *Seite 293/294*

SAHL, HANS (1902-1993)
»Der verlorene Sohn«. Erstveröffentlichung: »Der Ruf. Unabhängige Blätter der jungen Generation«. Jg. 1. Nr. 1. 15.8.1946. S. 11. © 1991 by Luchterhand Literaturverlag, München. *Seite 82*

SCHAEFER, ODA (1900-1988)
»Tote Stadt«. Erstveröffentlichung: »Irdisches Geleit«. München (Desch) 1946. S. 14. © by Dr. Eberhard Horst. *Seite 169*

SCHNABEL, ERNST (1913-1986)
»Der 29. Januar 1947«. Hörspiel. Ursendung: NWDR Hamburg, 1947. Erstveröffentlichung: »Ein Tag wie morgen. 29. Januar 1947. – 1. Februar 1950. Zwei Collagen«. Stuttgart (Reclam) 1971. (= Reclams Universal-Bibliothek 8383/84). S. 18-22. © by Corinna Schnabel im Auftrag der Schnabel-Erben. *Seite 381*

SCHNEIDER, REINHOLD (1903-1958)
- »Die Geschlagenen«. Erstveröffentlichung: »Apokalypse. Sonette«. Baden-Baden (Hans Bühler jr.) 1946. S. 38. © by Insel Verlag, Frankfurt/M. *Seite 116*
- »Schuld und Gnade«. Erstveröffentlichung: »Die neuen Türme. Ausgewählte Sonette«. Wiesbaden (Insel) 1946. S. 28. © by Insel Verlag, Frankfurt/M. *Seite 115*
- »An meinen Birnbaum«. Erstveröffentlichung: »Herz am Erdensaume«. Heidelberg (F.H. Kerle) 1947. S. 7. © by Insel Verlag, Frankfurt/M. *Seite 306*

SCHNURRE, WOLFDIETRICH (1920-1989)
- »Der Fremde«. Erstveröffentlichung: »Der Ruf. Unabhängige Blätter der jungen Generation«. Jg. 1. Nr. 14. 1.3.1947. S. 11. © by Marina Schnurre. *Seite 385*
- »Alte Brücken – Neue Ufer«. Erstveröffentlichung: »Der Ruf. Unabhängige Blätter der jungen Generation«. Jg. 1. Nr. 16. 1.4.1947. S. 12. © by Marina Schnurre. *Seite 321*
- »Heldenväter«; »Der Schrei nach Aktualität«. Erstveröffentlichung: Hans Werner Richter (Hg.): »Deine Söhne, Europa. Gedichte deutscher Kriegsgefangener«. München (Nymphenburger Verlagshandlung) 1947. S. 83, 85. © by Marina Schnurre. *Seite 341*
- »Das Begräbnis«. Erstveröffentlichung: »Ja. Zeitung der jungen Generation«, Berlin. 1948. Nr. 3. S. 5. © by Marina Schnurre. – Die Redaktion der Zeitschrift »Ja« stellte dieser Erzählung folgenden Text voran: »Mit der vorliegenden Arbeit, die auch in der Redaktion heftige Debatten hervorgerufen hat, unternimmt es Wolfdietrich Schnurre, an einem extremen Beispiel die Verzweiflung dieser Zeit darzustellen. Seine Geschichte ist keine Negation, sondern ein literarischer Versuch, die Leser aufzurütteln.« *Seite 402*

SCHRÖDER, RUDOLF ALEXANDER (1878-1962)
»Vom Beruf des Dichters in dieser Zeit«. Erstveröffentlichung: »Merkur«. 1947/48. H. 6. S. 864-865, 872-874. © by Suhrkamp Verlag, Frankfurt/M. *Seite 304*

SEGHERS, ANNA (1900-1983)
- »Die Unschuldigen«. Erstveröffentlichung: »Aufbau«. 1946. H. 3. S. 244-246. © 1994 by Aufbau Taschenbuch Verlag, Berlin. *Seite 99*
- »Das siebte Kreuz. Roman«. Erstveröffentlichung: Berlin (Aufbau) 1946. S. 20-29. © by Aufbau-Verlag, Berlin. *Seite 131*

– »Transit. Roman«. Erstveröffentlichung: Konstanz (Weller) 1948. Hier aus: Neuwied, Berlin (Luchterhand) 1963. S. 134-139. © 1993 by Aufbau Taschenbuch Verlag, Berlin. *Seite 436*

STERNBERG, HENRI (* 1905)
»Das Lied vom Brot (Aus dem Zyklus ›Theresienstadt‹)«. Erstveröffentlichung: Gunter Groll (Hg.): »De Profundis. Deutsche Lyrik in dieser Zeit. Eine Anthologie aus zwölf Jahren«. München (Desch) 1947. S. 392. *Seite 242*

TAUBE, OTTO FREIHERR VON (1879-1973)
»Eingangsgedicht«. Erstveröffentlichung: »Vom Ufer, da wir abgestoßen«. Wiesbaden (Insel) 1947. S. 15. © by Insel Verlag, Frankfurt/M. *Seite 313*

THIESS, FRANK (1890-1977)
»*Innere Emigration*«. Erstveröffentlichung als Flugschrift ohne Jahresangabe 1945 (oder Anfang 1946). Hier aus: Heinz Ludwig Arnold (Hg.): »Geschichte der deutschen Literatur aus Methoden«. Bd. 6: »Deutsche Literatur im Exil 1933-1945«. Bd. I: »Dokumente«. Frankfurt/M. (Athenäum) 1974. S. 247-249. © by Sigrid Mielke. *Seite 59*

TUMLER, FRANZ (* 1912)
»An der Waage. Aufzeichnungen aus dem Lagerhaus«. Erstveröffentlichung: Hameln (Verlag der Bücherstube Fritz Seifert) 1947. S. 63-68. © by Franz Tumler. *Seite 244*

UNBEKANNT
»Am Stacheldraht«; »Not«. Erstveröffentlichung: Hans Werner Richter (Hg.): »Deine Söhne, Europa. Gedichte deutscher Kriegsgefangener«. München (Nymphenburger Verlagshandlung) 1947. S. 112, 113. *Seite 342*

USINGER, FRITZ (1895-1982)
»Im reinsten Auge ist die ganze Welt«. Aus dem Zyklus: »Das Gastgeschenk«. Erstveröffentlichung: »Das Glück«. Darmstadt (Darmstädter Verlag) 1947. S. 33. © by Waldkircher Verlag, Waldkirch. *Seite 311*

VIERTEL, BERTHOLD (1885-1953)
»Wo immer ...«; »Der Haß des Bürgers«; »Der nicht mehr deutsch spricht«; »Ode an Deutschland«; »Gedenkstein«. Erstveröffentlichung: »Der Lebenslauf. Gedichte«. New York (Aurora) 1946. Berlin (Aufbau) 1947. Hier aus: Ders.: »Daß ich in dieser Sprache schreibe. Gesammelte Gedichte«. Hg. von Günther Fetzer. München (Hanser) 1981. S. 92, 95, 102, 119-120, 121. © 1981 by Carl Hanser Verlag, München, Wien. *Seite 289 – 292*

VRING, GEORG VON DER (1889-1968)
»Die Liebenden«. Erstveröffentlichung: »Verse für Minette«. München (Piper) 1947. S. 31. © by Rita Späth-Schneider.   *Seite 311*
WEINERT, ERICH (1890-1953)
»Die einige Front«. Erstveröffentlichung: »Neues Deutschland«, 27.4.1946. Hier aus: Ders.: »Gesammelte Gedichte«. Bd. 6: »Gedichte 1941-1953«. Berlin, Weimar (Aufbau) 1975. S. 515-516. © by Aufbau-Verlag, Berlin.   *Seite 120*
WEISENBORN, GÜNTHER (1902-1969)
– »Die Illegalen. Drama aus der deutschen Widerstandsbewegung«. Uraufführung: Hebbel-Theater Berlin, 21.3.1946. Regie: Franz Reichert. Erstveröffentlichung: Berlin (Aufbau) 1946. S. 83-92. © by Aufbau-Verlag, Berlin.   *Seite 145*
– »Anrufung II«. Erstveröffentlichung: Gunter Groll (Hg.): »De Profundis. Deutsche Lyrik in dieser Zeit. Eine Anthologie aus zwölf Jahren«. München (Desch) 1947. S. 455. © by Margarete Weisenborn.   *Seite 243*
– »Memorial. Erinnerungen«. Erstveröffentlichung: München (Desch) 1948; Berlin (Aufbau) 1948. S. 75-77, 100-102. © by Aufbau-Verlag, Berlin.   *Seite 440*
WERFEL, FRANZ (1890-1945)
»Stern der Ungeborenen. Ein Reiseroman«. Erstveröffentlichung: Stockholm (Bermann-Fischer) 1946. Hier aus: Ders.: »Stern der Ungeborenen«. Gesammelte Werke. Frankfurt/M. (Suhrkamp) 1949. S. 589-595. © 1946 by Alma Mahler-Werfel. Abdruck mit Genehmigung des S. Fischer Verlags, Frankfurt/M.   *Seite 190*
WEYRAUCH, WOLFGANG (1904-1980)
– »Die drei deutschen Todsünden«. Erstveröffentlichung: »Karussell«. 1946. Jg. 1. H. 5. S. 13-16. © by Margot Weyrauch.   *Seite 173*
– »Traum des armen Fressers«. Erstveröffentlichung: »Lerche und Sperber. Gedichte«. München (Piper) 1948. S. 9. © by Margot Weyrauch.   *Seite 497*
WIECHERT, ERNST (1887-1950)
– »Der Totenwald. Ein Bericht«. Erstveröffentlichung: Zürich (Rascher) 1945. Hier aus: Ders.: »Der Totenwald. Eine Mauer um uns baue. Tagebuchnotizen und Briefe«. München (Langen Müller) 1979. S. 63-65, 78-82. © by Langen Müller Verlag in der F.A. Herbig Verlagsbuchhandlung, München.   *Seite 17*

– »Rede an die deutsche Jugend 1945«. Erstveröffentlichung: München (Zinnen-Verlag Kurt Desch) 1945. (= Europäische Dokumente 1). S. 5, 8-10, 16-18, 30-33, 39. © by Langen Müller Verlag in der F. A. Herbig Verlagsbuchhandlung, München. *Seite 76*

WOLF, FRIEDRICH (1888-1953)
»Vox Humana«; »Dein Volk«; »Ost und West«. Erstveröffentlichung: »Ost und West«. 1948. H. 8. S. 29-32. © by Aufbau-Verlag, Berlin. *Seite 409 – 411*

ZUCKMAYER, CARL (1896-1977)
»Des Teufels General. Drama in drei Akten«. Uraufführung: Schauspielhaus Zürich, 14.12.1946. Regie: Heinz Hilpert. Erstveröffentlichung: Stockholm (Bermann-Fischer) 1946. Hier aus: Frankfurt/M. (Fischer) 1973. (= Fischer Taschenbuch 7019). S. 147-153, 155-156. © 1947 by Bermann-Fischer Verlag A.B., Stockholm. Abdruck mit Genehmigung des S. Fischer Verlags, Frankfurt/M. *Seite 139*

ZWEIG, ARNOLD (1887-1968)
»Das Beil von Wandsbek«. Erstveröffentlichung: Stockholm (Neuer Verlag) 1947. S. 11-21. © by Aufbau-Verlag, Berlin 1959. *Seite 277*

4 Bde 298.-